中国海关年鉴
2024

《中国海关年鉴》编纂委员会　编

中国海关出版社有限公司
·北京·

图书在版编目（CIP）数据

中国海关年鉴. 2024 /《中国海关年鉴》编纂委员会编. -- 北京 : 中国海关出版社有限公司, 2024. 12.（中国海关史料丛书）. -- ISBN 978-7-5175-0851-9

Ⅰ. F752. 55-54

中国国家版本馆 CIP 数据核字第 2024PB4945 号

中国海关年鉴（2024）

ZHONGGUO HAIGUAN NIANJIAN（2024）

作　　者：《中国海关年鉴》编纂委员会
责任编辑：夏淑婷　吴　婷　傅　晟
责任印制：孙　倩
出版发行：中国海关出版社有限公司
社　　址：北京市朝阳区东四环南路甲 1 号　　邮政编码：100023
编 辑 部：01065194242-7539（电话）
发 行 部：01065194221/4238/4246/5127（电话）
社办书店：01065195616（电话）
https://weidian.com/?userid=319526934（网址）
印　　刷：北京新华印刷有限公司　　经　　销：新华书店
开　　本：889mm×1194mm　1/16
印　　张：38.75　　字　　数：1198 千字
版　　次：2024 年 12 月第 1 版
印　　次：2024 年 12 月第 1 次印刷
书　　号：ISBN 978－7－5175－0851－9
地图审图号：GS 京（2024）2101 号
定　　价：320.00 元

《中国海关年鉴》编纂委员会

《中国海关年鉴》
编辑部

中国海关关区分布图

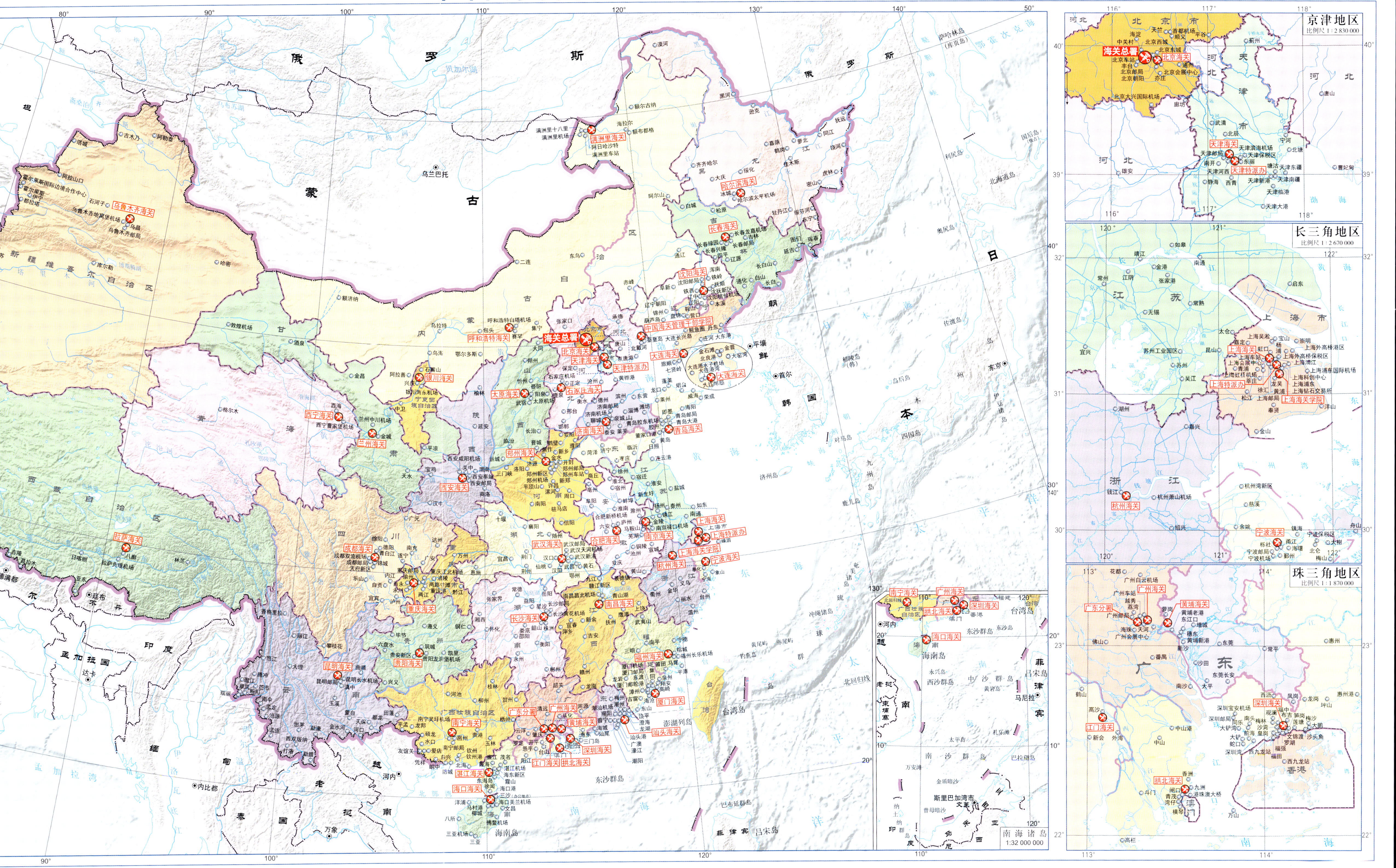

俄罗斯
蒙古
日本
朝鲜
韩国
印度
孟加拉国
缅甸
老挝
越南
泰国
菲律宾
海关总署
乌鲁木齐海关
满洲里海关
哈尔滨海关
长春海关
沈阳海关
呼和浩特海关
北京海关
天津海关
天津特派办
中国海关管理干部学院
大连海关
石家庄海关
太原海关
银川海关
西宁海关
兰州海关
济南海关
青岛海关
郑州海关
西安海关
拉萨海关
成都海关
武汉海关
合肥海关
南京海关
上海海关
上海特派办
上海海关学院
杭州海关
宁波海关
重庆海关
长沙海关
南昌海关
福州海关
厦门海关
昆明海关
贵阳海关
南宁海关
广州海关
广东分署
黄埔海关
汕头海关
深圳海关
江门海关
拱北海关
湛江海关
海口海关
京津地区
长三角地区
珠三角地区
南海诸岛
1:32 000 000

编辑说明

一、《中国海关年鉴》由海关总署组织编纂，是全面、客观、系统记载中国海关发展历程的编年史料，集权威性、综合性、实用性于一体的资料性工具书，每年出版一卷，本卷为第3卷。

二、《中国海关年鉴（2024）》坚持以马克思列宁主义、毛泽东思想、邓小平理论、“三个代表”重要思想、科学发展观、习近平新时代中国特色社会主义思想为指导，载录2023年度中国海关工作的基本情况，包括全国海关改革发展的重要举措、重大事件以及成绩和经验，资政育人，凝心聚力，为建设社会主义现代化海关提供精神动力和史实支撑。

三、《中国海关年鉴（2024）》记述范围为海关总署及所属部门、直属海关单位、直属企事业单位和社会团体管辖事务。设类目、分目、条目3个层级，部分设次分目。设有特载、专记、大事记、中国海关概览、政治建设、国家口岸管理、改革与法治建设、海关监管、海关检疫、税收征管、打击走私、国际及港澳台地区合作、统计与研究、海关科技、海关文化、综合保障、直属派出机构、直属海关、人物和集体荣誉、附录20个类目，98个分目。

四、《中国海关年鉴（2024）》记述时限为2023年1月1日至12月31日，特载内容适当上溯。凡文中直书月、日的，均指2023年的日期；“年内”一律指2023年；“同比”均指“比上年”；同一条目下数据对比，未明确标注的，均指同比。

五、《中国海关年鉴（2024）》设双重检索系统：正文前有中英文目录，卷末附索引，并附二维码供扫描查询和检索使用。

六、《中国海关年鉴（2024）》统计数据和单位名称以及标点符号的使用均依据国家有关规定，计量单位采用国家法定计量单位和国际单位，技术规范、专业名词从规范要求。涉及货币单位“元”，未标明币种的，均指人民币。

七、由于统计数据来源、口径、方式、时间等不同，所载数据存在不一致的，以统计部门公布的数据为准。

2023年
数说海关

海关税收
入库

2.21
万亿元

进出口
总值

41.76
万亿元

中国海关推进共建“一带一路”

中欧班列	开行 **1.7万列**	发送货物 **190万标箱**
西部陆海 新通道班列	运输货物 **86万标箱**	
海关监管 验放中老铁路	进出口货物 **421.8万吨**	同比增长 **94.9%**

2023年，我国与共建“一带一路”国家（地区）
进出口达到

19.47万亿元

全年立案侦办走私犯罪案件

4959

起

案值886.1亿元

检出检疫性有害生物

7.5

万种次

检出各类传染病

49

种

3.1万例

海关新增准许

51

个国家和地区

146种次优质农食产品输华

通关提速

进口铁矿“卸毕即检毕”

压缩通关时间65%

离港确认

节省1~2天的中转时间

出口检验检疫证书“云签发”——企业证书申领耗时

由原来1~2天压缩到最快10分钟

高新技术货物布控查验模式

可压缩通关时间约80%

“鲜活易腐商品绿色通道”——农食产品查检时长

最快缩减到3小时以内

2023年，全国海关全年立案侦办走私犯罪案件统计

全国海关全年立案侦办走私犯罪案件

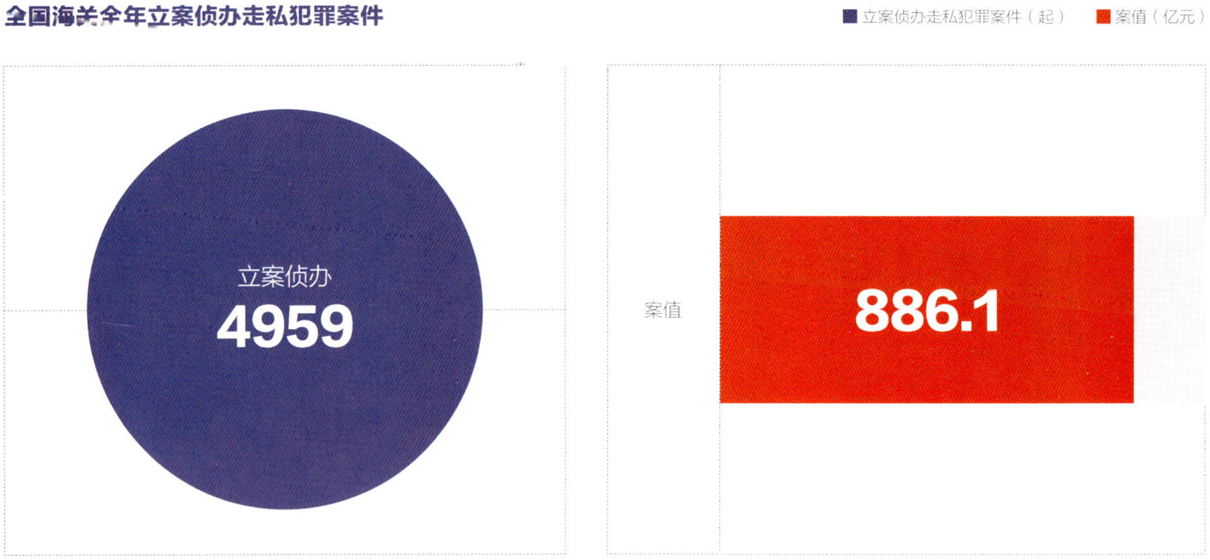

打击重点渠道、重点领域、重点商品走私分类

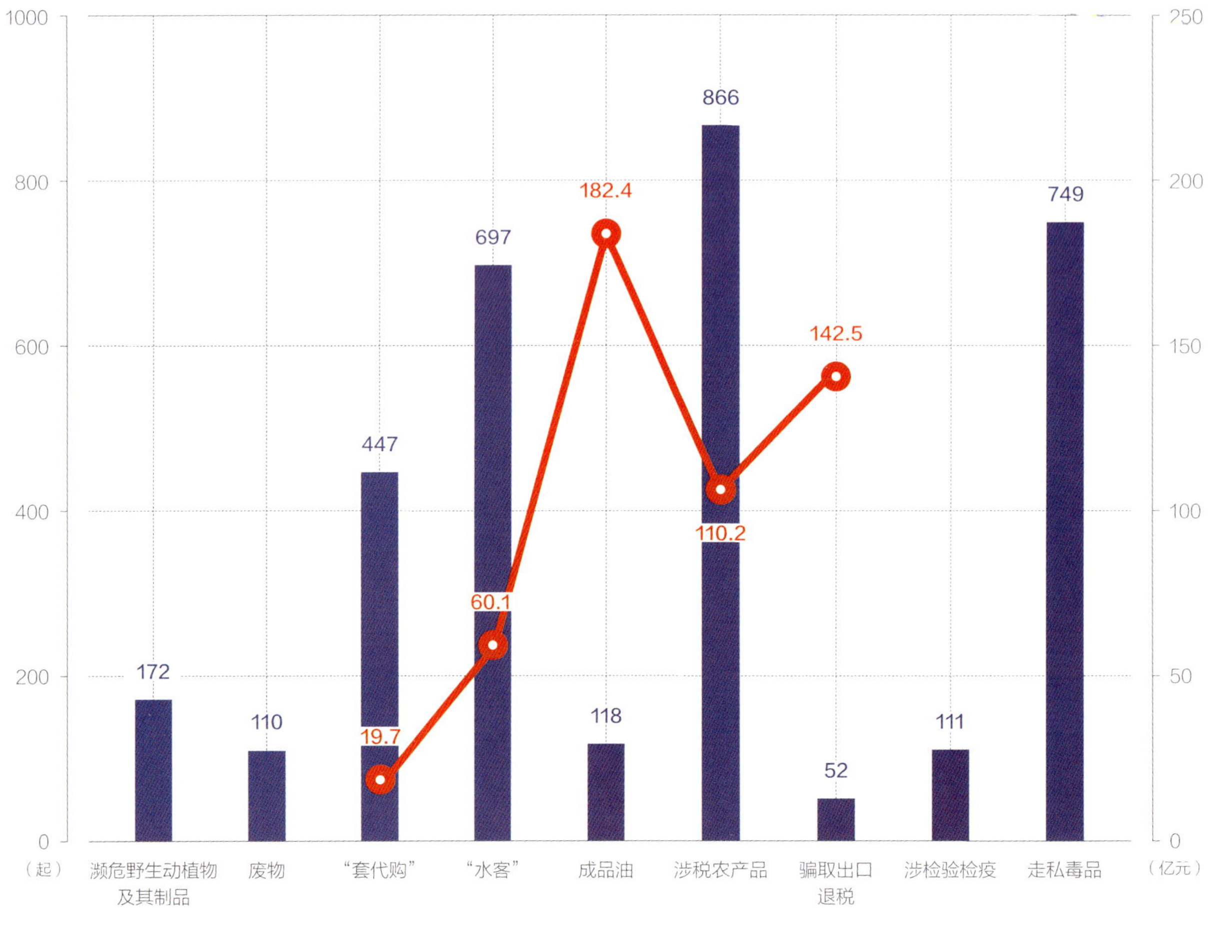

贯彻落实党中央关于区域协调发展的决策部署

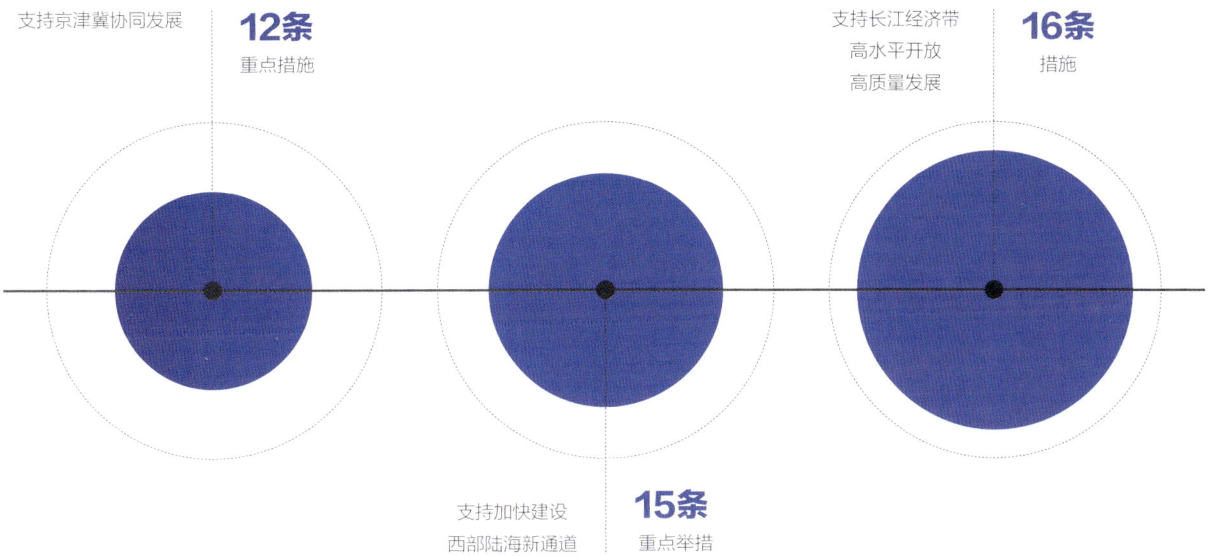

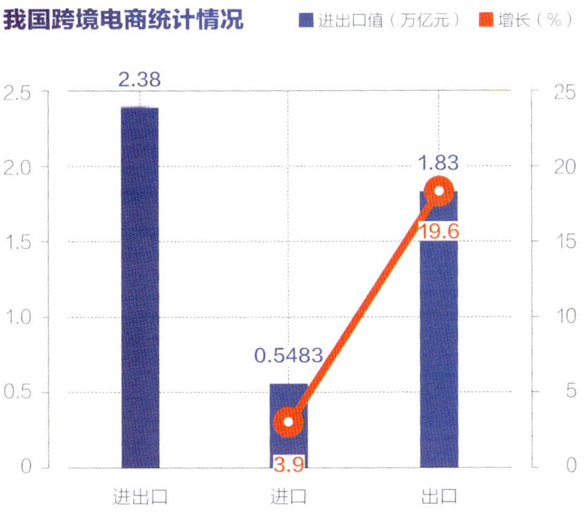

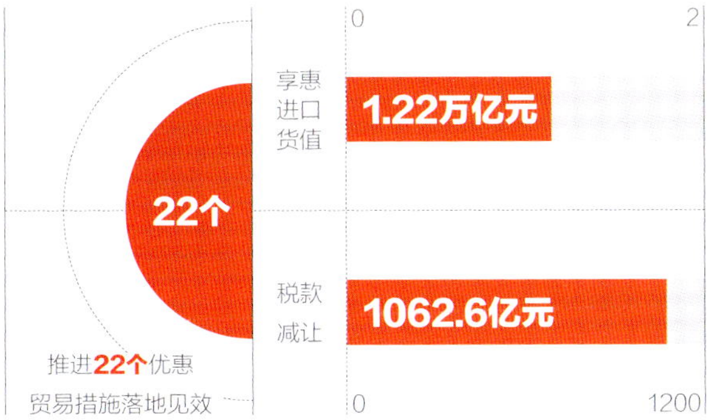

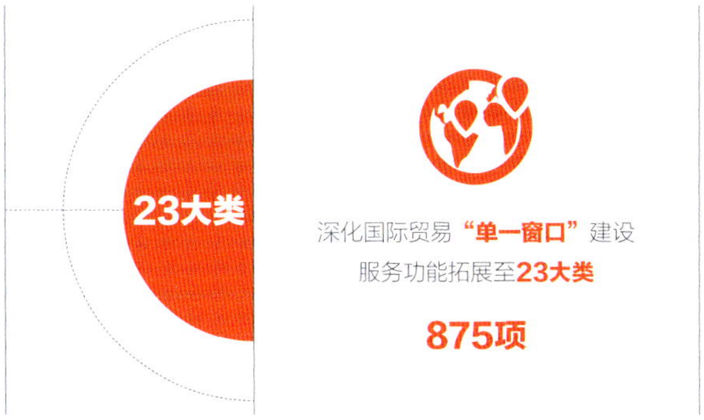

守国门　促发展
当好让党放心
让人民满意的国门卫士

中共中央总书记、国家主席、中央军委主席习近平给红其拉甫海关全体关员的回信

红其拉甫海关的同志们：

你们好！来信收悉。你们克服高寒缺氧等困难，扎根雪域边疆的国门一线，忠于职守，默默奉献，创造了不平凡的业绩，展现了新时代海关人奋发有为的精神风貌。今年是海关关衔制度实行20周年，借此机会向海关系统全体同志致以诚挚的问候！

海关担负着守国门、促发展的职责使命，做好海关工作意义重大。希望同志们胸怀“国之大者”，弘扬海关队伍的优良作风，提高监管效能和服务水平，筑牢国门安全屏障，助推高质量发展、高水平开放，当好让党放心、让人民满意的国门卫士，为强国建设、民族复兴积极贡献力量。

习近平

2023年9月11日

▲ 中国—巴基斯坦边境界碑 （海关总署政工办 / 供图）

▲ 严寒中坚守岗位 （海关总署政工办 / 供图）

▲ 2023 年 4 月 20 日，乌鲁木齐海关所属红其拉甫海关关员在红其拉甫国门描红界碑 （红其拉甫海关 / 供图）

红其拉甫海关地处被称为“生命禁区”的帕米尔高原，所在口岸是中国与巴基斯坦唯一陆路进出境通道。2005 年，红其拉甫海关被国务院授予“艰苦奋斗模范海关”荣誉称号，2023 年被评为全国海关系统先进集体。

在海关关衔制度实行 20 周年之际，红其拉甫海关全体关员给习近平总书记写信，汇报接续守卫国门、服务发展的情况，表达为推进中国式现代化贡献力量的决心。

▼ 2023 年 10 月 20 日，乌鲁木齐海关所属红其拉甫海关关员在国门前宣誓 （红其拉甫海关 / 供图）

▲ 2023 年 7 月 12 日，海关总署署长俞建华（左四）在红其拉甫口岸调研并看望慰问一线关警员 （刘嘉城 / 摄）

▲ 2023 年 10 月 24 日，海关总署署长俞建华（前排中）在横琴口岸二期客货车通道调研 （张建林 / 摄）

▲ 2023 年 7 月 26 日，海关总署副署长王令浚（左二）在蚌埠调研浮法玻璃新技术国家重点实验室 （周锋 / 摄）

▲ 2023 年 12 月 18 日，驻署纪检监察组组长王林（右二）在哈尔滨海关关史展厅调研（李大川 / 摄）

▲ 2023 年 1 月 19 日，时任海关总署政治部主任许大纯（前排右三）赴丹东慰问边关关警员（丹东海关 / 供图）

▲ 2023 年 12 月 4 日，海关总署政治部主任吕伟红（左四）在卢氏县兴贤里万人搬迁社区调研（郑州海关 / 供图）

▲ 2023 年 11 月 10 日，时任海关总署综合业务司司长吴海平（左一）在天津宝坻组织筹备智慧海关建设集中会战总结会 （海关总署 / 供图）

▲ 2023 年 8 月 31 日，时任海关总署党委委员、办公厅（国口办）主任赵增连（右三）到南昌海关所属吉安海关调研并慰问一线关员 （南昌海关 / 供图）

▲ 2023 年 11 月 27 日，海关总署党委委员、广东分署主任李魁文（前排左）到深圳海关所属惠州海关调研　（深圳海关 / 供图）

▼ 2023 年 9 月 12 日，乌鲁木齐海关组织收看中央广播电视总台播放的习近平总书记给红其拉甫海关全体关员回信 （金秋百卉 / 摄）

▲ 2023 年 10 月 16 日，南京海关所属常熟海关组织开展“我们都是收信人”主题分享活动　（朱爱青 / 摄）

▲ 2023 年 9 月 26 日，宁波海关举办“牢记领袖嘱托　笃信奋进前行”学习贯彻习近平总书记重要回信精神宣讲会　（余长河 / 摄）

2023 年 11 月 23 日，青岛海关举办“我们都是收信人”主题演讲比赛 （高瑞刚 / 摄）

2023 年 9 月 21 日，成都海关办公室党支部开展“我们都是收信人”主题党日活动 （邓茗芳 / 摄）

▲ 2023 年 12 月 11 日，大连海关所属丹东海关关员在丹铁进出口场站对出境列车施加海关锁 （肖建军 / 摄）

▲ 2023 年 12 月 19 日，哈尔滨海关所属漠河海关关员对进口原油管道进行巡检 （赵洪杰 / 摄）

▲ 2023 年 12 月 18 日，贵阳海关所属六盘水海关关员开展出境动物疫病监测取样 （黄方贵 / 摄）

▲ 2023 年 12 月 14 日，石家庄海关所属黄骅港海关关员在中储粮黄骅港储备库监管进口储备粮入储（韩冠双 / 摄）

中國海關 CHINA CUSTOMS 换

2003年2月28日，第九届全国人民代表大会常务委员会第32次会议通过了《中华人民共和国海关关衔条例》，海关成为继军队、警察之后的我国第三支实行衔级管理的队伍。

2003年9月12日，国务院在人民大会堂举行授衔仪式，国务院领导主持授衔仪式并为海关高级关衔人员授衔。

2003年，海关总署下发《海关内务规范（试行）》，并分别于2006年、2010年、2016年、2019年、2023年进行了修订。

2004年底，海关总署出台《2004-2010年准军事化海关纪律部队建设指导方案》。

★ 2003年

★ 2003年

★ 2003年

★ 2004年

2011年 ★

2015年 ★

2016年 ★

2018年 ★

2011年10月，海关总署在苏州召开党组扩大会议，提出"内涵学军"的要求，研究印发《2011-2015年准军事化海关纪律部队建设指导方案》。

2015年3月，为贯彻落实全面从严治党要求，准军事化海关纪律部队建设工作动员会在署召开，提出建设一支让党和人民放心，经得起各种考验的准军事化海关纪律部队。

2016年4月，修订后的《海关内务规范》规定：每年4月份全国海关统一开展"内务规范强化月"。

2018年4月20日，原出入境检验检疫系统统一以海关名义对外开展工作，统一着海关制服，统一佩戴关衔。

2018年
研究印发《
律部队建设
"政治坚定、
奉献"的准军

回眸二十载 奋进新征程

新生 勇毅前行

2005年6月，海关总署准
化海关纪律部队建设试
作会议在深圳海关召开，
在深圳海关等9个单位开
点工作。

2005年

2006年5月，海关总署在厦门召开全国海关准军事化纪律部队建设工作会议，研究印发了《海关总署党组关于全面开展准军事化海关纪律部队建设的决定》。

2006年

2006年11月，海关总署成立检查组，历时一个月，在全国海关开展内务规范达标检查。

2006年

2007年4月，海关总署在青岛召开全国海关准军事化纪律部队建设工作会议，研究印发了《海关总署关于建立全面开展准军事化海关纪律部队建设长效机制的指导意见》。

2007年

关总署党委
事化海关纪
出锻造一支
行禁止、担当
部队。

2020年

2020年1月，面对突如其来的新冠疫情，海关队伍在以习近平同志为核心的党中央坚强领导下，闻令而动、遵令而行，坚持人民至上，科学精准做好口岸疫情防控，坚决筑牢口岸检疫防线。

2022年

2022年10月24日，海关总署召开全国海关学习宣传贯彻党的二十大精神视频会议，总署党委提出“铸忠诚、担使命、守国门、促发展、齐奋斗”的工作要求，努力锻造一支堪当新时代重任的准军事化纪律部队。

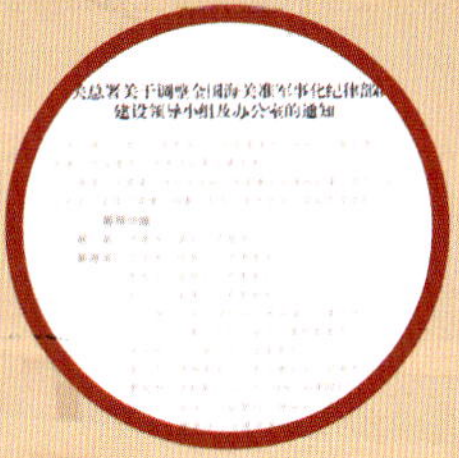

2023年

2023年4月10日，海关总署召开全国海关学习贯彻习近平新时代中国特色社会主义思想主题教育动员会议，总署党委强调，全国海关要坚持不懈地用习近平新时代中国特色社会主义思想凝心铸魂，把“两个确立”的政治共识转化为坚决做到“两个维护”的自觉行动，做到有感悟、有表达、有情感、有行动、有成效。

▲ 2003 年 9 月 12 日，国务院在人民大会堂举行授衔仪式，国务院领导主持授衔仪式并为海关高级关衔人员授衔 （海关总署 / 供图）

▶ 2003 年 9 月，沈阳海关举行首次授衔仪式，关员互相佩戴关衔 （沈阳海关 / 供图）

▲ 2021 年 10 月，拉萨海关所属日喀则海关开展冬季“缺氧对抗”野外拉练 （拉萨海关 / 供图）

◀ 2005 年 7 月，杭州海关在浙江舟山海域举行大规模海上缉私队伍建设汇报演练 （杭州海关 / 供图）

▶ 2003 年 9 月，长沙海关关员手持授衔命令（长沙海关 / 供图）

▲ 2023 年 1 月 3 日，南京海关所属常州海关举行“元旦”升国旗仪式 （陈云鹏 / 摄）

▲ 2023 年 5 月 4 日，厦门海关举行“五一”升国旗仪式 （刘雨龙 / 摄）

▼ 2023 年 9 月 12 日，南昌海关举行海关队伍授衔 20 周年升国旗仪式 （邓浩 / 摄）

▲ 2023 年 9 月 12 日，海关总署举行海关队伍授衔 20 周年升国旗仪式暨队列展示活动 （海关总署 / 供图）

▼ 2023 年 10 月 7 日，北京海关举行“十一”升国旗仪式 （王晓龙 / 摄）

▲ 2023 年 9 月 11 日，黄埔海关举行海关队伍授衔 20 周年升国旗仪式暨队列展示活动 （何映虹 / 摄）

▲ 2023 年 9 月 13 日，北京海关举行海关队伍授衔 20 周年队列展示活动 （王晓龙 / 摄）

▲ 2023 年 9 月 7 日，海关总署国旗护卫队开展训练 （海关总署 / 供图）

▶ 2023 年 12 月 28 日，拱北海关关员开展队列训练 （俞波 / 摄）

▲ 2023 年 9 月 4 日，天津海关派员参加海关总署国旗护卫队训练 （魏鹏 / 摄）

▲ 2023 年 4 月 26 日，南宁海关所属南宁吴圩机场海关关员开展队列训练 （杨凯迪 / 摄）

▲ 2023 年 11 月 28 日，乌鲁木齐海关所属吐尔尕特海关全体干部职工重温入党誓词 （代慧玲 / 摄）

▲ 2023 年 8 月 20 日，呼和浩特海关所属额济纳海关与阿拉善边境管理支队在算井子精神高地开展“弘扬英楷精神　汲取奋进力量”主题党日活动 （张婷 / 摄）

▲ 2023 年 1 月 18 日，宁波海关举行宪法宣誓仪式 （毛敏华 / 摄）

▲ 2023 年 7 月 4 日，重庆海关所属西永海关在三级监控指挥中心开展智慧综保全景展示模块介绍 （姚阳 / 摄）

▲ 2023 年 5 月 30 日，厦门海关所属泉州海关关员对入境旅客行李实施智慧监管 （洪森森 / 摄）

2023 年 11 月 11 日，宁波数据分中心为企业提供技术热线服务 （陈琦 / 摄）

2023 年 11 月 30 日，湛江海关所属东海岛海关关员运用“智慧商检——大宗资源性商品监管（铁矿石）”业务场景开展进口铁矿查验监管作业 （刘文雄 / 摄）

▲ 2023 年 11 月 20 日，合肥海关所属合肥新桥机场海关关员对进口樱桃进行查验 （胡慧敏 / 摄）

▲ 2023 年 5 月 23 日，天津海关所属天津新港海关关员开展进口汽车调研 （都业良 / 摄）

2023 年 12 月 26 日，深圳海关所属西沥海关关员验放全球首个跨物种、全尺度脑科学创新科研平台（简李昱 / 摄）

2023 年 10 月 1 日，石家庄海关所属京唐港海关关员对集装箱无人作业车辆开展监管作业（骈小铭 / 摄）

2023 年 11 月 6 日，拉萨海关所属普兰海关关员运用无人机在海拔 100 米的山口开展边境巡查（旦增卓嘎 / 摄）

▶ 2023 年 6 月 1 日，西宁海关所属西宁曹家堡机场海关关员应用智慧旅检系统验放旅客 （仁青措 / 摄）

▲ 2023 年 5 月 3 日，贵阳海关所属贵阳龙洞堡机场海关口岸监管工作犬嗅探旅客行李 （沈星啸 / 摄）

▶ 2023 年 8 月 14 日，合肥海关所属合肥新桥机场海关关员应用智慧旅检通道验放新加坡客运航班首航旅客 （胡慧敏 / 摄）

▲ 2023 年 9 月 8 日，成都海关所属天府新区海关关员对三星堆出展香港文物进行监管 （邓茗芳 / 摄）

▲ 2023 年 5 月 25 日，青岛海关所属枣庄海关关员到辖区 AEO 企业调研 （王龙飞 / 摄）

▲ 2023 年 1 月 18 日，哈尔滨海关所属抚远海关关员对出口货物进行查验 （孙靖松 / 摄）

◀ 2023 年 4 月 10 日，满洲里海关所属额尔古纳海关关员监管工程机械车辆出口（赵亮 / 摄）

2023 年 12 月 20 日，长春海关所属长白海关关员对出口货物开展查验监管工作（徐磊 / 摄）

2023 年 12 月 12 日，拉萨海关所属日喀则海关关员监管里孜口岸开放后首批活羊出口（洪杰 / 摄）

▼2023年2月5日，石家庄海关所属曹妃甸海关关员在曹妃甸港弘毅码头对入境散货船舶实施登临检疫（王永强/摄）

2023 年 3 月 21 日，深圳海关所属大铲湾海关关员对大铲湾码头开港以来首批进口远洋海捕金枪鱼进行查验 （孙秋平 / 摄）

2023 年 12 月 13 日，贵阳海关所属贵阳龙洞堡机场海关关员对贵州省首架全货运包机开展登临检疫 （王政 / 摄）

2023 年 7 月 5 日，南宁海关所属钦州港海关关员在中粮码头对进境大豆开展现场查验（王瑞 / 摄）

◀ 2023 年 2 月 20 日，长沙海关所属岳阳海关关员开展首批进境原木现场检疫查验工作 （胡茜 / 摄）

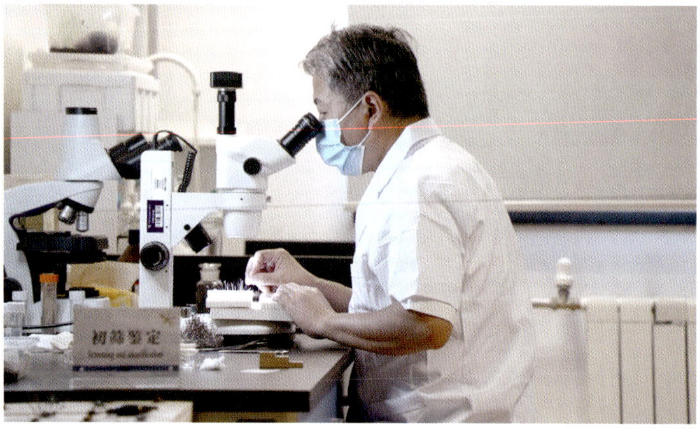

◀ 2023 年 8 月 17 日，天津海关所属天津南疆海关关员对截获的外来入侵物种进行鉴别 （吴芸 / 摄）

▲ 2023 年 4 月 12 日，福州海关所属莆田海关关员在秀屿港区进境木材堆场拆查昆虫诱捕灯 （陈典 / 摄）

▲ 2023 年 9 月 11 日，杭州海关所属钱江海关关员对千岛湖活鱼出口实施现场检验检疫和监装验放（郑晓晗 / 摄）

▼ 2023 年 8 月 23 日，汕头海关所属海城海关关员在果园开展检疫性实蝇监测 （袁国宏 / 摄）

▼ 2023 年 3 月 27 日，长沙海关所属星沙海关关员对从巴西进境的 1000 个玉米品种隔离种植实施监管 （王舒婷 / 摄）

▲ 2023 年 7 月 20 日，沈阳海关所属锦州海关关员对装载出口货物船舶进行现场监管 （王俊 / 摄）

▼ 2023 年 1 月 21 日，福州海关所属莆田海关关员在莆田港东吴港区对进口煤炭进行表层查验 （陈典 / 摄）

▼ 2023 年 7 月 10 日，重庆海关所属重庆港海关关员在港口查验进口铬矿 （冉从勇 / 摄）

▲ 2023 年 2 月 23 日，石家庄海关所属京唐港海关关员在入境船舶上开展大豆表层现场检疫工作（孙超强 / 摄）

▲ 2023 年 11 月 23 日，西安海关所属渭南海关关员对首次销往香港的柿饼实施查验 （李颜 / 摄）

▲ 2023 年 4 月 4 日，福州海关所属莆田海关关员在莆田港东吴港区国际航行船舶供水点开展水质快检 （陈典 / 摄）

▲ 2023 年 7 月 13 日，江门海关所属新会海关关员监管新造船舶出口 （梁剑青 / 摄）

▲ 2023 年 4 月 1 日，武汉海关所属鄂州花湖机场海关关员保障该机场正式通航的首条国际货运航线 （柯皓 / 摄）

▲ 2023 年 11 月 10 日，青岛海关所属青岛大港海关关员在码头快速验放出口的工程车辆 （高瑞刚 / 摄）

▲ 2023 年 11 月 21 日，南京海关所属太仓海关关员监管出口新能源产品 （杨泽浩 / 摄）

◀ 2023 年 5 月 3 日，广州海关所属南沙海关关员对出口国产品牌汽车进行监管 （李钊 / 摄）

▲ 2023 年 5 月 9 日，福州海关所属宁德海关关员对出口的新能源巴士开展现场监管 （黄云好 / 摄）

▲ 2023 年 3 月 7 日，合肥海关所属淮北海关关员对出口锂电池开展现场查验 （朱子豪 / 摄）

▲ 2023 年 7 月 14 日，海口海关所属海口美兰机场海关关员监管海南自由贸易港“零关税”大型货运飞机通关（李想 / 摄）

▲ 2023 年 2 月 22 日，郑州海关所属新郑海关助力河南 TIR 跨境公路货运模式正式开启（郑州海关 / 供图）

▲ 2023 年 9 月 11 日，济南海关所属潍坊海关关员对辖区原油保税仓库开展巡查 （于涛 / 摄）

▲ 2023 年 9 月 12 日，江门海关所属外海海关关员开展监管场所巡查 （梁伟源 / 摄）

▲ 2023 年 3 月 17 日，宁波海关所属大榭海关关员清点查获的鳄鱼皮 （张珂 / 摄）

2023 年 6 月 2 日，合肥海关缉私局参加合肥市公开销毁毒品仪式 （姜莱 / 摄）

2023 年 4 月 20 日，大连海关所属大连周水子机场海关关员查获象牙摆件 （蒋艳双 / 摄）

2023 年 4 月 13 日，拱北海关所属湾仔海关关员查获进口固体废物 48 吨 （陈汇杨 / 摄）

▲ 2023 年 2 月 2 日，广东分署派员在香港参加国际海关节活动 （广东分署 / 供图）

▲ 2023 年 2 月 8 日，广东分署与香港海关举行粤港海关联合“云战—断流”缉毒专项行动座谈会 （广东分署 / 供图）

▲ 2023 年 9 月 21 日，厦门海关承办中国—南非海关 AEO 互认实施工作会议 （刘雨龙 / 摄）

▲ 2023 年 11 月 6 日，上海海关所属上海会展中心海关关员在进口农食产品展馆开展巡馆宣传介绍工作 （陈兴洲 / 摄）

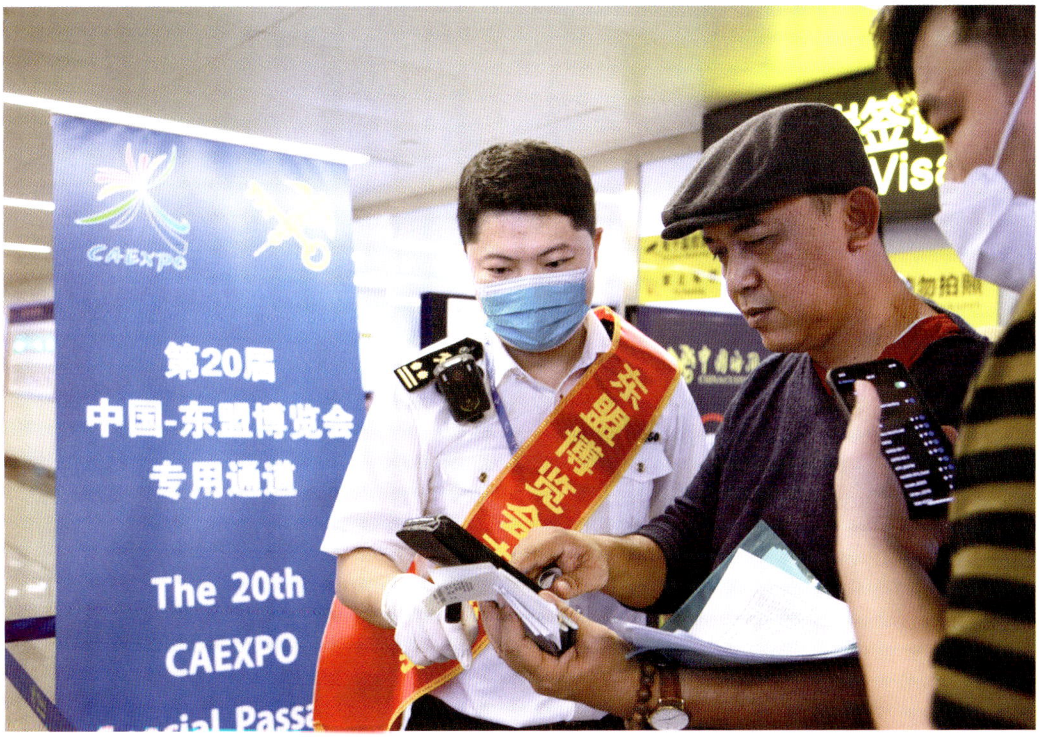

▲ 2023 年 9 月 17 日，南宁海关所属南宁吴圩机场海关关员为第 20 届中国—东盟博览会进境展商开展志愿服务工作 （梁凯迪 / 摄）

▲ 2023 年 9 月 22 日，银川海关关员开展第六届中国—阿拉伯国家博览会驻场监管 （孙芳 / 摄）

▲ 2023 年 12 月 28 日，拉萨海关所属拉萨贡嘎机场海关关员开展复航后首次国际航班登临检查（白巍峰 / 摄）

2023 年 3 月 26 日，海口海关所属博鳌机场海关保障博鳌论坛年会期间首架公务机入境 （邹明悦 / 摄）

2023 年 6 月 2 日—11 日，中蒙跨境病媒生物联合监测组在中国二连浩特和蒙古国扎门乌德口岸开展联合监测 （郭纳 / 摄）

2023 年 5 月 30 日，世界海关组织（WCO）官员到深圳海关 AEO 实训基地考察 （杨辉 / 摄）

▲ 2023 年 10 月 7 日，杭州海关所属杭州萧山机场海关关员开展亚运会马匹的复出境工作（周雨亮 / 摄）

▲ 2023 年 7 月 20 日，宁波海关所属梅山海关关员保障杭州亚运会首批海运进境物资通关（应俊 / 摄）

▲ 2023 年 7 月 21 日，成都海关所属成都双流机场海关关员保障大运会首批运动员入境 （曹昱 / 摄）

▼ 2023 年 10 月 17 日，杭州海关所属杭州萧山机场海关关员保障亚残运会运动员入境 （张岳 / 摄）

2023 年 4 月 28 日，昆明海关所属勐腊海关青年志愿者开展“一带一路”中老命运共同体建设宣讲 （文翔 / 摄）

2023 年 7 月 5 日，上海海关所属吴淞海关关员监管出口“一带一路”国家和地区车辆 （路慎利 / 摄）

2023 年 8 月 1 日，厦门海关所属厦门邮轮港海关关员为厦金“小三通”航线旅客办理通关手续 （田一喆 / 摄）

▲ 2023 年 10 月 12 日，满洲里海关所属满洲里车站海关关员在满洲里铁路口岸对中欧班列开展监管作业 （刘博 / 摄）

▼ 2023 年 9 月 16 日，太原海关所属武宿海关关员保障首列“太原—马德里”中欧班列开行（石毅潇 / 摄）

▲ 2023 年 6 月 26 日，郑州海关所属郑州机场海关保障进境种猪快速通关 （郑州海关 / 供图）

▲ 2023 年 10 月 9 日，长沙海关所属常德海关关员查验出口蜜橘 （秦睿彤 / 摄）

▲ 2023 年 4 月 11 日，大连海关所属七贤岭海关关员现场监管大花飞燕草 （韩明 / 摄）

▲ 2023 年 9 月 5 日，郑州海关所属南阳海关关员在银耳生产基地开展监管工作 （郑州海关 / 供图）

▲ 2023 年 12 月 4 日，杭州海关所属绍兴海关关员在辖区黄酒企业开展“冬酿”日常巡检 （李宁洁 / 摄）

◀ 2023 年 10 月 12 日，长春海关所属长白山海关关员在辖区企业开展调研 （王风帆 / 摄）

▶ 2023 月 11 月 28 日，长沙海关所属星沙海关关员在企业开展“走百县进千企，送百策解千题”行动（黄勇华 / 摄）

▲ 2023 年 5 月 9 日，杭州海关所属湖州海关关员在辖区企业开展调研 （谢颖 / 摄）

▼ 2023 年 3 月 7 日，南京海关所属连云港海关关员对出境花卉生产基地开展日常监管及技术帮扶 （林军 / 摄）

▲ 2023 年 5 月 17 日，兰州海关举办“青出于兰 向党报告”演讲比赛 （张雪韬 / 摄）

▲ 2023 年 3 月 1 日，湛江海关举办“听党话颂党恩 奋斗礼赞二十大”红色经典影视作品配音展演 （黄翔 / 摄）

▼ 2023 年 2 月 22 日，汕头海关举办学习宣传贯彻党的二十大精神知识竞赛决赛 （洪东林 / 摄）

▲ 2023 年 3 月 8 日，昆明海关先进代表参加“巾帼心向党　奋进新征程”全国三八红旗手宣讲走进海关总署活动 （高立强 / 摄）

▼ 2023 年 6 月 9 日，“海关西南文化协作区习近平新时代中国特色社会主义思想学习竞赛活动”在重庆举办，西南文化协作区 6 个直属海关同台竞技 （王韧 / 摄）

▲ 2023 年 9 月 8 日，南昌海关所属上饶海关关员参观“廉政之门”警示教育展，落实“求实、扎实、朴实”文化精神 （姬文灏 / 摄）

▲ 2023 年 7 月 14 日，兰州海关为退休党员颁发“光荣在党 50 年”纪念章 （蒙琳 / 摄）

▲ 2023 年 11 月 20 日，海关总署驻民权县帮扶工作组、商丘海关慰问赵洪坡村脱贫户 （谢云浩 / 摄）

▲ 2023 年 12 月 2 日，广州海关举办“爱满国门，相守今生”——第十届“情定穗关”集体婚礼 （池兆恩 / 摄）

◀ 2023 年 12 月 11 日，南京海关所属太仓海关关员在女职工之家参与手工制作活动 （杨泽浩 / 摄）

▶ 2023 年 1 月 16 日，江门海关开展“福满江关　喜谱新篇”新年挥春活动 （高瑞莲 / 摄）

▲ 2023 年 12 月 4 日，昆明海关所属沧源海关关员开展“法治宣传”志愿服务活动 （李宁洁 / 摄）

▲ 2023 年 12 月 1 日，乌鲁木齐海关驻塔什库尔干县工作队干部向村民宣传国家政策 （贾勇 / 摄）

▶ 2023 年 6 月 1 日，南宁海关所属邕州海关开展六一儿童节“小手拉大手”关爱贫困山区儿童活动（梁长璨 / 摄）

▼ 2023 年 6 月 1 日，成都海关所属成都双流机场海关开展“童眼观世界‘童’筑国门梦”海关开放日活动 （陈凯伦 / 摄）

▲ 2023 年 10 月 20 日，深圳海关举办重阳节慰问大会，展示“求实、扎实、朴实”文化成果 （朱光磊 / 摄）

▲ 2023 年 9 月 10 日，上海海关学院举办 70 周年校庆晚会 （姜越 / 摄）

▲ 2023 年 7 月 6 日，广东分署组队参加广东省直机关“百歌颂中华”歌咏活动 （广东分署 / 供图）

▲ 2023 年 7 月 26 日，湛江海关举办庆祝建党 102 周年先进事迹报告会暨海关队伍授衔 20 周年成果汇报会（黄翔 / 摄）

▼ 2023 年 9 月 6 日，厦门海关代表队获厦门市职工文化节工间操大赛一等奖 （厦门海关 / 供图）

缉私局队
新港海关队
机场海关队
荣誉方队

▲ 2023 年 5 月 20 日，天津海关举办春季运动会（魏鹏 / 摄）

▲ 2023 年 5 月 5 日，汕头海关举办“青春闪亮　赛龙夺锦”篮球赛　（洪东林 / 摄）

▲ 2023 年 8 月 19 日，广州海关举办“建功新时代‘乒’博展风采”乒乓球比赛　（池兆恩 / 摄）

▲ 2023 年 10 月 8 日，济南海关所属潍坊海关开展“庆国庆　迎关庆”金秋篮球三对三对抗赛 （王龙 / 摄）

▼ 2023 年 9 月 25 日，广东分署举办“贺中秋　迎国庆”趣味运动会 （广东分署 / 供图）

目　录

特　载

专　记

大事记

中国海关概览

政治建设

改革与法治建设

海关监管

海关检疫

税收征管

打击走私

国际及港澳台地区合作

统计与研究

海关科技

海关文化

综合保障

直属派出机构

直属海关

人物、集体荣誉

附　录

索　引

“中国海关史料丛书”编委会

Contents

REFORM AND LAW-BASED GOVERNANCE

CUSTOMS SUPERVISION

QUARANTINE

DUTY COLLECTION AND ADMINISTRATION

ANTI-SMUGGLING

CUSTOMS COOPERATION

STATISTICS AND RESEARCH

CUSTOMS SCIENCE AND TECHNOLOGY

CUSTOMS CULTURAL

COMPREHENSIVE LOGISTICS

SUB-ADMINISTRATION AND DIRECTLY SUBORDINATED OFFICES OF THE CENERAL ADMINISTRATION OF CUSTOMS OF THE PEOPLE'S REPUBLIC OF CHINA (GACC)

CUSTOMS DISTRICTS

HONORARY TITLES

APPENDIX

INDEX

EDITORIAL BOARD OF CHINA CUSTOMS HISTORY SERIES

特载

在 2024 年全国海关工作会议上的讲话

海关总署署长、党委书记　俞建华

（2024 年 1 月 23 日）

这次会议的主要任务是：以习近平新时代中国特色社会主义思想为指导，深入学习贯彻党的二十大和二十届一中、二中全会精神，落实中央经济工作会议精神和党中央、国务院决策部署，认真贯彻落实习近平总书记重要指示批示和给红其拉甫海关全体关员重要回信精神，总结 2023 年海关工作，部署 2024 年工作。

一、全面学习、把握、落实党的二十大精神，以海关现代化服务助推中国式现代化迈出坚实步伐

2023 年，在以习近平同志为核心的党中央坚强领导下，全国海关认真落实党中央、国务院决策部署，铸忠诚、担使命、守国门、促发展、齐奋斗，较好完成各项重点任务，成绩可圈可点，为全面建设社会主义现代化国家开好局、起好步作出了海关贡献。

回顾过去一年，我们经历了意义非凡、影响深远的 3 件大事。一是开展学习贯彻习近平新时代中国特色社会主义思想主题教育取得实效，全国海关党员干部受到深刻的政治教育、思想淬炼、精神洗礼，更加深刻领悟“两个确立”的决定性意义，做到“两个维护”有感悟、有表达、有情感、有行动、有成效。二是深入贯彻落实党的二十大精神，海关现代化建设实现良好开局，大力推动落实“12 个必”重点工作和“1+1+6”重点任务，集全国海关之力、聚全国海关之智，推进智慧海关建设、“智关强国”行动谋篇布局、实现突破。三是习近平总书记给红其拉甫海关全体关员亲切回信，为做好新时代新征程海关工作提供了根本遵循，这是全国海关最高的荣誉、无上的光荣，是对全国海关广大干部职工莫大的激励和极大的鞭策。开展“我们都是收信人”大讨论，进一步增强了同以习近平同志为核心的党中央保持高度一致的政治自觉、思想自觉和行动自觉。

一年来，海关各领域工作取得一系列新进展新成效。

（一）坚持政治统领，坚定拥护“两个确立”、坚决做到“两个维护”

学习贯彻习近平新时代中国特色社会主义思想走深走实。牢牢把握主题教育“学思想、强党性、重实践、建新功”总要求，各级党委落实主体责任，上下联动、一体推进，在以学铸魂、以学增智、以学正风、以学促干上取得扎实成效，获得中央指导组肯定。强化理论学习，组织党员干部系统研学指定书目，各级党委开展中心组学习 9129 次、举办读书班 692 期，组织干部脱产培训 21.8 万人次，准确把握运用党的创新理论的世界观、方法论和贯穿其中的立场观点方法，做到真学真懂真信真用。大兴调查研究，各级党委制订调研课题方案，带头领题破题答题，弘扬“浦江经验”、用好“四下基层”工作法，深入业务一线、口岸码头、外贸企业，奔着问题去、带着答案回，有效解决企业、群众和基层急难愁盼问题，海关总署作为中央和国家机关代表在中央主题教育领导小组座谈会上交流经验做法。认真检视整改，突出问题全部销号，推动解决罚没象牙移交难等专项整治事项 764 个。坚持边实践边总结，固化长效机制，形成典型案例、特色做法等“四个一百”经验成果，打击海南离岛免税“套代购”走私典型案例入选全国百个整改整治案例。

贯彻落实习近平总书记重要指示批示精神坚

决有力。坚持党委会“第一议题”制度，海关总署党委会传达学习、贯彻落实习近平总书记重要指示批示精神28次、47项。坚持全流程闭环抓落实机制，组织3次“回头看”全面检视落实情况，挂牌督办、对账销号，确保事事有着落、件件有回应。

（二）坚持守正创新，智慧海关建设、“智关强国”行动落地见效

完成“蓝图”绘制。海关总署党委成立领导小组和工作专班，以数字化转型、智能化升级为目标，完成智慧海关建设总体方案和推进方案制订，明确业务运行体系和科技支撑体系，搭建起智慧海关建设的“四梁八柱”；以贯彻落实党的二十大重大任务为重点，完成“智关强国”行动计划制订，部署近期6大重点行动和8个专项任务，明确中远期阶段安排和主要目标。

形成实施体系。组织开展智慧海关集中会战，3500多名业务、技术骨干经过90多天奋战，形成由34个业务条线实施方案和132个业务场景应用方案构成的智慧海关建设“N+X”方案体系。细化“智关强国”行动措施294项，建立“指定+认领+自选”责任机制，直属海关制定落实举措9043项，拓展了一批本地化特色化措施，打造丰富生动的“强国图景”。

取得早期收获。坚持“急用先上”原则，推进智慧动植检、智慧商检、智慧旅检等领域先行先试初见成效，93个早期收获项目落地见效，评选年度十佳项目，发挥引领示范效应。应国家所需、尽海关所能，上下协同、精准发力实施“智关强国”行动，取得108项成果。

（三）坚持底线思维，国门安全防线更加牢固

“滞”的堵点有效疏通。加强业务运行监控调度，强化口岸与属地联动，加大与周边国家（地区）、有关部门、地方政府的协调力度，保障重点口岸进出口危险品、生鲜产品通关高效顺畅。口岸疫情防控实现平稳转段，持续优化变异株监测、核酸抽检比例，适时调整出入境健康申报模式，便利国际经贸往来和人员交流。

“瞒”的风险有效化解。提升风险监测、评估、布控水平，加强单证审核、实货查验，有效防范不实申报、伪瞒报等风险。开展“打击进出口危险品伪瞒报”专项行动，扩大检验监管模式改革试点，严厉打击涉危不报、高危低报等行为，口岸实现重特大安全事故零发生。强化知识产权海关保护，共查扣侵权嫌疑货物6.2万批次、8288.9万件。

“逃”的行径有效遏制。加强进出口货物在途监管、非贸渠道监管，规范监管作业场所管理，完善三级监控指挥体系，深入推进全业务领域智能审图研发应用。坚持依法科学征管，深化综合治税，优化税收风险防控机制，全力以赴组织税收，全年海关税收入库2.21万亿元，为保障中央财政收入作出积极贡献。深入开展“国门利剑2023”联合专项行动，严厉打击特定方向和产品走私，深化反走私综合治理，开展国际联合执法行动，立案侦办走私违法犯罪案件4959起、案值886.1亿元，第5次获得联合国环境署亚洲执法奖。

“骗”的行为有效整治。加强企业信用管理，深化稽核查改革，稽查、核查有效率进一步提高。加强协同共治，开展“金钥2023”、打击骗退税等稽查专项行动，“强化海关监管、防范地方进出口数据不实”专项工作，海关统计数据真实可靠基础进一步夯实。

“害”的输入有效防控。加强口岸卫生检疫，完成口岸公共卫生核心能力强制性标准制定，坚持“多病同防”、“水陆空”同防，检出猴痘、霍乱等各类传染病49种、3.1万例。严格进出境动植物检疫，开展严防外来物种入侵三年专项行动，检出检疫性有害生物7.5万种次，截获“异宠”296种、4.4万只。开展“国门守护”专项行动，退运或销毁不合格食品化妆品2403批次。严把进出口商品质量安全关，检出不合格商品4.37万批。

（四）坚持综合施策，促进高质量发展高水平开放取得积极成效

进出口实现促稳提质。认真落实党中央、国务院关于外贸稳规模优结构决策部署，认真落实税收优惠和减免税措施，“关长送政策上门”、关“助”发展等帮扶措施受到企业欢迎。优化完善检疫准入程序，准许51个国家（地区）146种次农食产品输华。跨境电商综合改革取得积极成效，支持市场采购、保税维修等新业态创新发展。加强外贸形势分析，做好数据发布和解读，首次发布"一带一路"共建国家（地区）等贸易指数，有力服务宏观决策、提振市场信心。2023年，我国外贸进出口41.76万亿元，同比增长0.2%，连续7年保持全球货物贸易第一大国地位。

口岸营商环境持续优化。推出海关优化营商环境16条，各直属海关制定相应细化措施。开展促进跨境贸易便利化专项行动，国际贸易"单一窗口"新增服务功能77项，在全国15个地区开展"智慧口岸"试点。推动边境口岸恢复客货运功能，实现"能开尽开"，"澳车北上""港车北上"大幅增长。扩大应用"直提直装""组合港""属地查检绿色通道"等便利化措施。推动水路、铁路通关一单到底，助力中欧班列发展和西部陆海新通道建设。推广高新技术产品布控查验模式，优化能源资源产品检验，助力产业链供应链安全稳定。

开放平台建设扎实推进。认真做好海南自由贸易港全岛封关准备工作，"放、管、建、立、试"协同推进，海关智慧监管平台获批立项，海关监管办法制定、口岸建设和压力测试有序推进。出台横琴粤澳深度合作区监管办法，牵头完成上海东方枢纽国际商务合作区总体方案编报工作。制定出台推动综合保税区高质量发展23条、促进加工贸易持续高质量发展16条等系列改革措施。制定出台支持京津冀协同发展、长江经济带高水平开放高质量发展等支持举措，推动新开、扩大开放口岸7个，与16个省（自治区、直辖市）签署新一轮合作备忘录，进博会、亚运会、大运会等通关服务保障高效顺畅。

（五）坚持合作斗争，服务大国外交作出新贡献

服务元首外交取得新成效。积极参与首届中国—中亚峰会、第三届"一带一路"国际合作高峰论坛等元首外交和重大主场外交活动22场，89项海关检验检疫合作成果纳入元首外交成果，成功举办"一带一路"海关食品安全合作研讨会、中国—中亚海关署长会晤。

深化国际合作取得新成果。巩固深化与美、欧、非及周边国家（地区）海关检验检疫合作，签署156份合作文件。积极践行"三智"重要合作理念，联合世界海关组织（WCO）全力推进智慧海关合作伙伴计划。建设性参与WCO改革以及《跨境电商标准框架》《经修订的京都公约》等标准规则制定修订，引领国际海关规则重塑。深化AEO国际互认合作，互认国家（地区）数量增至52个，5700余家AEO企业享受境内外通关便利，互认国家（地区）和享惠企业数量居世界第一。

（六）坚持统筹协调，运行保障更加高效顺畅

政务运行提质增效。制定实施为基层减负15条措施，着力纠治推诿扯皮、文山会海、层层加码等问题。修订印发海关总署工作规则，信息宣传、机要保密、档案管理、政务公开取得新成效，人大建议、政协提案办理满意度达100%。完善"响应、呼应、反应"海关运行机制，办文、办会、办事质效进一步提升。

法治建设不断夯实。统筹推进海关法律规范"立改废释"，《中华人民共和国关税法》《中华人民共和国国境卫生检疫法》《中华人民共和国海关法》等重大立法工作取得实质性进展，制定修订25部规章，对40部规章开展立法后评估，完成"八五"普法中期评估。践行新时代"枫桥经验"，完善行政争议化解机制，评选一批基层示范点。有序推进海关系统权责清单编制等工作，执法规范化水平不断提升。

综合保障更加有力。积极做好财政预算保障，落实"过紧日子"要求，严控一般性支出和"三公"经费，有力保障重大改革项目和各类民生支出。出台加强和改进艰苦地区海关支持保障工作28条措施，为干部职工办实事承诺事项全部落实到位。

（七）坚持严的基调，全面从严治党治关纵深推进

党建工作质量不断提升。出台压紧压实机关党建主体责任24条措施。开展海关关衔制度实行20周年系列活动，评选表彰全国海关准军事化纪律部队建设先进集体和先进个人100个、海关系统先进集体和先进个人75个。深入推进"战斗堡垒项目"、"四强"党支部创建，抓实"书记项目"，建立党建实训点5个，评选"党务之星"35名。

加强海关文化建设，《中国海关年鉴（2022）》获评第九届全国地方志优秀成果（年鉴类）特等奖。海关总署定点帮扶工作连续6年在中央单位考核为“好”，“组团式”援藏援疆、支援海南取得新成效。

干部队伍建设不断加强。落实新时代好干部标准，“选育管用”一体推进，选优配强各级领导班子。大力培养选拔优秀年轻干部，出台并实施加强新时代隶属海关关长、执法一线科长队伍建设指导意见。完成“三定”执行情况、机构编制使用情况效益评估和优化调整。提升教育培训质量，创建19个业务实训示范点。深化技术机构改革，做深做实专业技术人才工作，完成有关专家任职资格评定和职称评审工作。开展干部队伍教育整顿，严格选人用人检查。

清廉海关建设不断深化。完善海关全面从严治党体系，扎实开展“落实全面从严治党政治责任 全面加强党的纪律作风建设”专项监督，精准运用监督执纪“四种形态”，强化打私反腐“一案双查”。严格落实中央八项规定及其实施细则精神。深化“制度+科技”运用，督审工作质效不断提升，巡视、督察、审计等各类监督贯通协调、合力增强。深入开展警示教育，做实以案促改、以案促治，打造“清风国门”廉洁文化品牌。

此外，一署两办作用得到有效发挥，各企事业单位、院校、驻外等有关工作取得新进展，老干部、工青妇工作取得新成效。

过去一年海关工作取得的成绩，是习近平总书记作为党中央的核心、全党的核心掌舵领航的结果，是习近平新时代中国特色社会主义思想科学指引的结果，是各有关方面大力支持的结果，是一代一代海关人接续奋斗的结果。在此，我谨代表海关总署党委，向支持海关工作的各地区、各部门、各单位，向全国海关广大干部职工和离退休同志，表示衷心感谢和崇高敬意！

二、以习近平总书记重要回信精神为根本遵循，坚决当好让党放心、让人民满意的国门卫士

习近平总书记在给红其拉甫海关全体关员重要回信中，肯定了新时代海关人忠于职守、默默奉献、克服困难、奋发有为的精神风貌和优良作风；明确了海关守国门、促发展的职责使命；强调了提高监管效能和服务水平，筑牢国门安全屏障，助推高质量发展、高水平开放的任务要求；提出了当好让党放心、让人民满意的国门卫士的殷切期望，为新时代新征程海关服务强国建设、民族复兴指明了前进方向。全国海关要深刻领悟重要回信的丰富内涵、核心要义和精神实质，把思想和行动统一到重要回信精神上来，牢记重托、团结奋斗，加快推进中国特色社会主义现代化海关建设，打造“政治强、水平高、作风硬、纪律严”的世界一流现代化海关队伍，当好让党放心、让人民满意的国门卫士。海关总署党委经过认真研究，听取方方面面的意见，初步认为至少要做到以下4点：

（一）必须对党绝对忠诚，走好践行“两个维护”第一方阵

当好让党放心、让人民满意的国门卫士，必须做到对党绝对忠诚，准确把握海关首先是政治机关的根本属性，一以贯之坚持和加强党对海关工作的全面领导，坚定拥护“两个确立”，坚决做到“两个维护”，确保海关这块阵地始终由忠诚于党、忠诚于党的事业、忠诚于党的核心的人来把守。

思想上要更加统一。坚持不懈用习近平新时代中国特色社会主义思想凝心铸魂，持续在把握科学体系、核心要义、实践要求上下功夫，自觉用党的创新理论武装头脑、指导实践、推动工作，做到学思用贯通、知信行统一。政治上要更加坚定。始终在政治立场、政治方向、政治原则、政治道路上同以习近平同志为核心的党中央保持高度一致，做到党中央提倡的坚决响应，党中央决定的坚决照办，党中央禁止的坚决不做。行动上要更加有力。提高政治敏锐性，不断提升政治判断力、政治领悟力、政治执行力，牢记没有脱离政治的业务、也没有脱离业务的政治，不折不扣贯彻落实习近平总书记重要指示批示精神，做到习近平总书记有号令、党中央有部署，海关有行动、有成效。

（二）必须践行初心使命，做到人民海关为人民

当好让党放心、让人民满意的国门卫士，必须坚持全心全意为人民服务的根本宗旨，准确把握

"人民海关为人民"的价值追求，树牢造福人民的正确政绩观，全面履行守国门、促发展职责使命，切实增强企业和人民群众获得感、幸福感、安全感。

为民意识要更加牢固。厚植为民情怀，把心系群众、情系企业体现到守国门、促发展全过程各领域，真正做到群众有所呼、发展有所需、海关有所应。利民措施要更加精准。各级领导干部要带头深入开展调研，坚持问题导向，认真听取意见建议，找准企业和群众急难愁盼问题，研究采取切实可行的解决措施，增强政策供给的针对性。惠民成效要更加明显。加大各项惠企利民政策措施宣传推介和落实力度，定期开展有效性评估，动态优化、持续完善，不断释放政策红利。

（三）必须胸怀"国之大者"，创造一流工作业绩

当好让党放心、让人民满意的国门卫士，必须坚持高度自觉的大局意识，准确把握中国式现代化这个新时代最大的政治，主动对标党的二十大部署的各项重点任务，持之以恒落实海关"12个必"重点工作，以海关现代化的实绩实效服务中国式现代化。

服务大局要更加主动。以实施"智关强国"行动为牵引，立足"两个大局"，主动对接国家重大战略，找准海关服务强国建设、民族复兴的切入点、着力点，先行一步、多做一些，既为一域增光、也为全局添彩。改革创新要更加有为。以建设智慧海关为抓手，坚持解放思想、守正创新、先立后破，主动对接国际高标准制度规则，打造在国际上最具竞争力的海关监管体制机制，引领世界海关改革变革潮流。能力本领要更加过硬。以实施"国门卫士能力提升三年行动"为重点，强化思想淬炼、政治历练、实践锻炼、专业训练，全面提高干部队伍理论素养、政策水平、思维能力和斗争本领，加强人才队伍建设，着力打造堪当新时代重任的高素质专业化海关队伍。

（四）必须弘扬优良作风，锻造纪律严明海关队伍

当好让党放心、让人民满意的国门卫士，必须坚持党的自我革命精神，准确把握新时代海关队伍建设的目标要求，弘扬红其拉甫海关"四特"、大铲海关"四勇"等宝贵精神，把严的规矩立起来，实的作风树起来，以过硬纪律作风保障全面履职尽责。

工作作风要更加务实。崇尚"求实、扎实、朴实"，强化"响应、呼应、反应"，坚决反对形式主义、官僚主义，深入整治"昏、懒、庸、推、贪"，树正气、易俗气、遏邪气。精神风貌要更加昂扬。始终保持干事创业的精气神，内强素质、外树形象。加强关心关爱，健全奖励激励机制，不断增强海关队伍向心力、凝聚力、战斗力。纪律执行要更加严明。坚持律己要严、履职要严、平常要严，严格遵守各项纪律规矩，锤炼令行禁止、整齐划一的纪律作风；以永远在路上的坚韧和执着，一体推进"三不腐"，纵深推进全面从严治党治关。

三、切实履行守国门、促发展职责使命，更好统筹高质量发展和高水平安全

习近平总书记在重要回信中指出，海关担负着守国门、促发展的职责使命，做好海关工作意义重大。全国海关要深入学习领会习近平总书记重要指示精神，从理论和实践上深入回答新时代海关"守国门守什么、怎么守""促发展促什么、怎么促"这个重大课题，更好统筹高质量发展和高水平安全，开创更优监管、更高安全、更大便利、更严打私的海关工作新局面。

（一）守国门，就是筑牢国门安全屏障，守护高水平安全

安全是发展的前提，国门安全才能保障开放安全，开放安全才能保障新发展格局安全。守国门是海关最基本、最重要的职责，是海关落实总体国家安全观，坚决维护国家主权、安全、发展利益的必然要求。

当前，百年变局加速演进，各类输入性风险挑战不断增大，国门安全在国家安全中的分量越来越重，我们必须把防风险、保安全放在更加突出的位置，进一步强化"时时放心不下"的责任感，落实意识形态工作、维护社会稳定等责任制，健全风险防控机制，提升风险防控能力，切实守牢安全底线、监管红线。要守护好政治安全，紧盯非法出

版物、印刷品、音像制品等各类反宣品，加强口岸监管查缉，坚决维护国泰民安的政治环境。要守护好经济安全，紧盯关系国计民生重点商品走私和偷税漏税骗税、利用高值进出口商品进行洗钱等不法行为，保持高压严打态势，坚决维护平稳健康的经济环境。要守护好社会安全，紧盯枪支弹药、核生化爆、危险品、毒品及易制毒化学品和不合格进出口食品商品等，深化综合治理和专项整治，坚决维护和谐稳定的社会环境。要守护好生物安全和生态安全，紧盯疫病疫情传入、外来物种入侵和洋垃圾、象牙等濒危物种及其制品走私等，筑牢“境外、口岸、境内”三道防线，坚决维护人民生命安全和山清水秀的生态环境。要守护好综合安全，紧盯“滞、瞒、逃、骗、害”等各类风险，实施精准有效防控，严防关联耦合、转化漂移、相互叠加，坚决维护安全有序的口岸环境。

（二）促发展，就是助推高质量发展，促进高水平开放

高质量发展是全面建设社会主义现代化国家的首要任务，坚持高质量发展是新时代的硬道理。海关处在国内国际双循环的交汇枢纽，海关工作是国民经济发展中的重要一环，促发展是海关应尽的职责使命，是海关服务中国式现代化建设的必然要求。

我们必须完整、准确、全面贯彻新发展理念，全力以赴促进经济实现质的有效提升和量的合理增长，推动形成更大范围、更宽领域、更深层次对外开放新格局。要促进现代化产业体系建设，坚持审慎监管理念，落实产业帮扶政策，支持构建与新生产、物流方式相适应的“陆海空网”立体高效国际物流大通道，促进生产要素跨境快速流动，提升产业链供应链韧性和安全水平。要促进贸易强国建设，加强海关稳外贸政策措施的创新和协调配合，推出更多贸易便利化措施，打造市场化、法治化、国际化一流口岸营商环境，促进内外贸一体化发展，支持扩大进口、促进自主品牌出口，助力拓展中间品贸易，培育壮大外贸发展新动能，助推新质生产力加快形成，推动外贸稳规模优结构。要促进构建新发展格局，落实区域协调发展战略、区域重大战略，提升开放平台能级，优化对外开放布局，增强两个市场、两种资源联动效应，形成东中西优势互补、功能互济的开放新局面。要促进构建多元稳定国际经贸关系，紧紧围绕中国特色大国外交需要，加强统筹谋划，巩固深化与共建“一带一路”国家（地区）海关检验检疫机制化合作，积极探索规则、规制、管理、标准等制度型开放新举措，务实推进各项合作项目取得更大成果。

守国门、促发展是辩证统一的，守国门是促发展的前提和条件，国门守不住开放发展就无从谈起；促发展是守国门的目的和基础，不发展就是最大的不安全。我们必须一体推进守国门、促发展，寓监管于服务之中、寓服务于监管之中，实现良性互动、相得益彰。各部门各单位要结合工作实际，进一步梳理细化守国门、促发展具体任务，责任到岗、任务到人，以更大担当、更大作为履行好守国门、促发展职责使命。

四、坚持稳中求进，扎实做好 2024 年重点工作

2024 年是新中国成立 75 周年，是实施“十四五”规划的关键一年，也是海关现代化建设的关键一年。面对新形势新任务新要求，全国海关要以习近平新时代中国特色社会主义思想为指导，全面贯彻落实党的二十大和二十届二中全会精神，认真落实习近平总书记重要指示批示和给红其拉甫海关全体关员重要回信精神，按照中央经济工作会议部署，坚持和加强党的全面领导，持续巩固拓展主题教育成果，坚持稳中求进工作总基调，完整、准确、全面贯彻新发展理念，铸忠诚、担使命、守国门、促发展、齐奋斗，加快推进智慧海关建设和“智关强国”行动，统筹高质量发展和高水平安全，守护国门安全毫不含糊、促进高质量发展毫不保留、服务大国外交毫不懈怠、全面从严治党毫不松劲，全面建设中国特色社会主义现代化海关，当好让党放心、让人民满意的国门卫士，为强国建设、民族复兴积极贡献力量。

2024 年要着力抓好以下 7 项重点任务：

（一）着力推进智慧海关方案体系落地见效

智慧海关建设进入全面实施阶段，必须按照习近平总书记关于“智慧海关、智能边境、智享

联通”的重要指示要求，咬定青山不放松，系统推进“N+X”方案落地落实。

要统筹整体和局部。加强统筹协调、规范管理，科学合理推进各领域、各场景项目建设。发挥重点统筹事项引领作用，全力推进九大标志性工程取得决定性进展。加强先行先试项目分类管理，既有项目由主办部门和承办海关统一组织建设和复制推广。进一步加强信息化项目立项统筹，明确2024年建设项目清单，建立更新迭代长效机制。

要统筹进度和质量。发挥好工作专班统筹督战作用，按照项目清单明确的年度目标、责任分工、实施步骤，抓好进度管理。高起点、高标准推进业务优化、项目建设、技术应用，严把项目验收质量关，加强成熟项目的评估和复制推广。严密防范建设过程中新旧换挡、机制转换过程中产生的风险。

要统筹内部和外部。开展机构改革“回头看”，优化业务运行架构、机构编制、人力配置和经费保障，推进关检深度融合。加强与智慧口岸建设的衔接协同，推动基础设施和场景项目共建、数据共享。加强与相关部委、地方政府、行业组织等系统对接、信息共享、经验互鉴，争取更多资源保障。

（二）着力推进“智关强国”行动提质增效

“智关强国”行动已全面启动，必须坚持问题导向，加强统筹谋划，狠抓任务落实，以海关之“智”服务强国之“强”。

要构建一个行动体系。围绕贯彻落实党的二十大决策部署、中央经济工作会议明确的2024年9项重点任务和政府工作报告涉及海关事项，深化细化6大行动和8个专项任务的年度重点举措。组织“强国有部署，海关有行动”大讨论，推进署级课题、专项课题研究，加强成果转化。健全行动进展情况通报机制，深度挖掘、及时推广经验做法。加强“自选动作”合规性审核，防范政策叠加和关联耦合导致的合成谬误、非预期风险。

要推出一批重点项目。制定2024年度重点实施项目清单，加强统筹推进、分步实施，推动重点项目取得突破。制定上下联动协作配合办法，发挥主办司局统筹作用，加强业务指导。将行动举措深度融入国家“十四五”规划重大部署、区域重大战略、地方重点项目，以特色化的新举措提升“智关强国”行动新成效。

要完善一套问效机制。夯实主办司局主体责任、直属海关实施责任、工作专班督办责任，根据重点任务，定职责、定要求、定目标，加强督查督办，突出“抓两头带中间”，层层传导压力，打通行动落实“最后一公里”。办好专题展览，充分利用全媒体进行深度宣传，讲好服务强国建设、民族复兴的“海关故事”。

（三）着力提高海关全要素监管效能

根据新形势下海关监管面临的突出问题和挑战，紧盯“滞、瞒、逃、骗、害”等全要素风险，构建全链条监管体系，深化跨部门、跨关区、跨渠道一体化风险防控，提升整体监管效能。

要增强风险防控精准性。坚持“数据+事件”联合经营，加强大数据管理和智能布控模型应用，建立智能风险分析平台，加强货、单、流、企、人、资金“穿透式”分析研判。完善布控规则动态调整机制，优化“预定+即决”布控模式，严密“选、查、处”闭环。

要强化税收征管。发挥综合治税机制作用，全力以赴完成税收预算目标。厘清税收征管权责，充分发挥税收征管局作用，完善税收风险研判处置机制，加强税收征管局、直属海关、隶属海关分级管理、分类管控、协同配合，确保应收尽收、应惠尽惠。

要筑牢检疫防线。强化源头管控，加强高风险特殊物品卫生检疫准入管理，健全动植物检疫风险评估预警机制，构建海关生物安全监测预警平台。动态调整口岸疫情防控措施，打造“平急转换”的口岸突发公共卫生事件应急防控体系，推动口岸核心能力强制性标准落地。严防重大动植物疫情疫病传入，深入推进严防外来物种入侵三年专项行动，严厉打击非法引进外来物种行为。

要加强监管检查。开展口岸运行监控及作业现场专项监督，科学规范开展人工和机检查验作业，强化在途监管、非贸监管、特殊区域监管、跨境司乘人员监管。严格进出口食品、商品检验，推进食品分级分类管理，加强进口矿产品、医疗器械等重点商品检验监管。组织实施“金钥2024”稽查专项行动，有序扩大远程视频属地查检试点。严格落实安全生产责任，完善应急处置预案，开展安全生产治本攻坚三年行动，推动口岸危险品综合治理和重大事故隐患排查整治工作常态化。

要保持打私高压态势。开展“国门利剑2024”联合行动，持续整治重点地区、重点领域、重点商品走私，严厉打击海南离岛免税“套代购”走私、“水客”走私、涉海走私和洋垃圾、象牙等濒危物种及其制品等走私。深化“打、防、管、控”一体化的反走私综合治理格局，加强国际执法合作。

（四）着力提高服务开放发展水平

当前，世界经济增长动能不足，国内新旧动能转换，部分行业企业产能和订单外迁压力加大，迫切需要海关发挥职能作用，提升服务的精细化水平，助力高质量发展高水平开放。

要服务外贸稳量提质。跟踪评估前期政策措施实施情况，适时出台更多看得见、摸得着、效果好的政策措施，用好“关长送政策上门”等长效机制。加强税政调研，推动完善税收政策，落实税收优惠措施。支持跨境电商、市场采购、保税维修、保税再制造等新业态新模式健康规范发展，促进并规范边境小额贸易和边民互市贸易发展。完善企业信用管理，培育更多AEO企业，给予更多便利化措施。加强“数据+调研”融合分析，提升服务宏观决策和稳预期能力。

要服务高水平开放平台建设。分步骤、分阶段推进海南自由贸易港全岛封关运作前海关重点工作，全力支持横琴粤澳深度合作区封关运作。深化海关监管制度创新，推进自由贸易试验区、上海东方枢纽国际商务合作区、河套深港科技创新合作区深圳园区等建设。推动综合保税区高质量发展综合改革措施落实落地，出台综合保税区规划调整和退出管理办法，完善保税物流中心设立审批管理工作。落实区域协调发展战略，扩大、深化署地合作，健全区域海关合作机制，制定出台针对性支持措施。

要服务产业链供应链安全稳定。落实高新技术企业减免税措施，优化检验监管模式，采取一业一策、一企一策、“菜单式”定制化监管服务，支持“专精特新”企业发展。积极稳妥推进农食产品检疫准入，落实推动加工贸易持续高质量发展改革措施，支持加工贸易转型升级、向中西部地区有序梯度转移。

要服务国际物流大通道建设。积极稳妥推进新增口岸开放，有序加快组织口岸验收，深入推进“智慧口岸”建设，拓展国际贸易“单一窗口”跨境互联互通功能。开展促进跨境贸易便利化专项行动，创新多式联运监管模式，优化完善国际公路运输系统和公铁联运业务流程，助力中欧班列和西部陆海新通道等国际物流大通道联动发展。

要服务高质量共建“一带一路”。主动服务元首外交，积极参与中非合作论坛、中拉峰会等国家重大外事活动，推进支持高质量共建“一带一路”八项行动涉海关工作落地实施，深化与中亚、东盟等周边国家（地区）海关检验检疫机制性合作。加强“三智”国际合作，大力推进智慧海关合作伙伴计划。筹备办好第六届全球AEO大会，继续扩大AEO互认国家（地区）数量。积极参与CPTPP、DEPA等自由贸易协定谈判，推进与RCEP成员原产地证书电子联网。

（五）着力推进高素质专业化干部队伍建设

新征程上，海关面临的形势更加严峻复杂、任务更加艰巨繁重，完成好党和人民赋予的任务，必须大力加强新时代海关干部队伍建设。

要大力加强各级领导班子建设。严把政治标准，坚持“一把尺、一张单、一盘棋”，完善干部考核体系，重政治、重品行、重基层、重担当、重实绩，选优配强各级领导班子，优化班子结构，合理使用各年龄段优秀干部。严格落实“三个区分开来”，优化容错纠错机制举措，推动干部能上能下常态化。加强干部监督管理，严格对“一把手”和领导班子监督。

要大力提升干部队伍素质能力。加强干部政治历练，构建具有海关特色的考察指标体系和干部政治素质档案，推动政治画像更加精准。坚持干什么就重点学什么、缺什么就重点补什么，有针对性开展教育培训、岗位练兵。加强行政执法类、专业技术类公务员队伍建设，落实落细新时代高素质专业化人才队伍建设意见，更好发挥派驻机构作用，建设各领域专家人才梯队。

要大力选拔使用优秀年轻干部。着眼海关事

业后继有人这个根本大计，加强系统谋划，以更大决心、更大力气，一以贯之优化干部队伍年龄结构。加强年轻干部选育管用，健全培养选拔常态化工作机制，分级分类建好用好优秀年轻干部库。注重在艰苦复杂环境、急难险重任务中培养锻炼和考察识别年轻干部，用好“百名优秀执法一线科长”。

（六）着力推进全面从严治党向纵深发展

海关系统反腐败斗争形势依然严峻复杂，全国海关要深入贯彻落实习近平总书记关于党的自我革命的重要思想，坚持“九个以”的实践要求，始终保持清醒坚定，把海关领域党的自我革命抓具体、抓深入。

要保持高压态势铲除滋生腐败土壤条件。加强各级党委对反腐败斗争全过程领导，全链条压实责任。持续保持惩治腐败高压态势，深化打私反腐“一案双查”，着力治理新型腐败和隐性腐败。探索建立行贿企业“黑名单”和执法、非执法领域“行贿人”惩戒机制。扎实开展“海关重点领域廉洁风险专项治理”工作，务实开展以案促改、以案促治。持续加强新时代海关廉洁文化建设，强化警示教育。巩固纪检干部队伍教育整顿成果，推进纪检工作规范化、法治化、正规化。

要突出严的基调强化正风肃纪。严肃党内政治生活，严格执行民主集中制，扎实开展政治生态分析，持之以恒净化政治生态。坚持党性党风党纪一起抓，围绕学习贯彻新修订的纪律处分条例，开展全员集中性纪律教育。发挥督审监督作用，一体推进督审揭示问题“上半篇文章”与整改问题“下半篇文章”。加强党委全面监督，严格落实党内法规执行责任制，发挥巡视综合监督作用，推动各类监督贯通协同。严格落实中央八项规定及其实施细则精神，重拳纠治形式主义、官僚主义，弘扬海关队伍优良作风。

要坚持大抓基层锻造坚强组织。落实全面提高中央和国家机关党的建设质量行动方案，坚持“四必”要求，抓好责任传导。巩固海关党建创新案例成果，用好党建、业务实训点，深化“四强”党支部创建，评选“四好”党员，规范党员网络行为，大力倡导“我是党员我来讲、我是党员我来干、我是党员我争先”。加强新时代海关文化建设，完善海关荣誉体系，开展优秀国门卫士评选，深化精神文明创建。

（七）着力推进主题教育常态化长效化

第二批主题教育临近收官，学习贯彻习近平新时代中国特色社会主义思想永无止境，必须在真学真懂真信真用、深化内化转化上持续用力、久久为功。

要做到理论学习不放松并常态化。健全落实常态化学习贯彻党的创新理论的制度机制，把学习习近平新时代中国特色社会主义思想作为一种政治追求、一种工作方式、一种生活习惯，持之以恒深学细悟、真信笃行。

要做到调查研究不放松并常态化。用好调查研究这个“传家宝”，在深、实、细、准、效上下足功夫，践行“四下基层”优良传统，通过调查研究了解新形势、掌握新情况、解决新问题、推动新发展。

要做到检视整改不放松并常态化。认真抓好专题民主生活会、专题组织生活会整改落实，加强整改整治成果督促检查，对已销号问题查漏补缺，通过整改“一个问题”实现解决“一类问题”，坚决防止问题反弹回潮，实现检视整改彻底到位。

要做到推动发展不放松并常态化。发挥垂管单位既是落实党中央大政方针“最初一公里”，也是直接服务群众“最后一公里”的优势，不断提高监管效能和服务水平，用推动高质量发展的实效来检验主题教育的成效。

要做到建章立制不放松并常态化。坚持“当下改”与“长久立”相结合，巩固好、运用好主题教育中形成的行之有效的方法举措，并不断加以优化完善、建章立制，以制度形式固化主题教育各项成果。

蓝图已经绘就，目标催人奋进，奋斗正当其时。让我们更加紧密地团结在以习近平同志为核心的党中央周围，深刻领悟“两个确立”的决定性意义，不断增强“四个意识”、坚定“四个自信”、做到“两个维护”，坚定信心、砥砺前行，守国门、促发展，当好让党放心、让人民满意的国门卫士，为强国建设、民族复兴作出海关新的更大贡献！

在 2024 年海关全面从严治党工作会议上的讲话

海关总署党委书记、署长　俞建华

（2024 年 1 月 23 日）

这次会议的主要任务是：以习近平新时代中国特色社会主义思想为指导，深入学习贯彻习近平总书记关于党的自我革命的重要思想，落实党的二十大和二十届二中全会精神，认真贯彻二十届中央纪委三次全会部署，总结 2023 年海关全面从严治党、党风廉政建设和反腐败工作，部署 2024 年工作任务。

一、2023 年工作回顾

2023 年是全面贯彻党的二十大精神的开局之年，习近平总书记给红其拉甫海关全体关员回信，在海关发展历程中具有重要里程碑意义。在以习近平同志为核心的党中央坚强领导下，全国海关坚决贯彻习近平总书记关于党的自我革命的重要思想，认真落实全面从严治党战略方针，坚持严的基调、严的措施、严的氛围，扎实开展学习贯彻习近平新时代中国特色社会主义思想主题教育，坚定不移正风肃纪反腐，深入推进清廉海关建设，全面从严治党、党风廉政建设和反腐败工作取得新进展新成效。

这一年，我们全面学习、全面把握、全面落实党的二十大精神，“两个维护”更加坚定坚决。广泛开展“深学习、实调研、大交流、抓落实”活动，严格执行“第一议题”制度，铸忠诚、担使命、守国门、促发展、齐奋斗，推动“12 个必”重点工作、2023 年“1+1+6”重点任务落到实处。认真学习宣传贯彻习近平总书记给红其拉甫海关全体关员重要回信精神，召开海关队伍授衔 20 周年大会，组织“我们都是收信人”大讨论、“感悟领袖关怀　当好国门卫士”学习实践，开展巡回宣讲，全国海关学习研讨 1.17 万余次，极大增强了海关队伍的荣誉感、责任感。扎实开展主题教育，两批前后衔接、贯通推进。坚持党委带头，抓机关带系统，通过读书班、中心组学习、“三会一课”等，把理论学习作为首要任务贯穿始终。将智慧海关建设和“智关强国”行动作为海关主题教育重要实践，践行“四下基层”，大兴调查研究，完成 2724 个调研课题，推动实现成果转化。坚持边学习、边对照、边检视、边整改，与相关部门联动解决一批“老大难”问题。围绕长效机制建设，建章立制 5130 个，形成“四个一百”“五个抓好”成果。

这一年，我们坚持激励约束并重，队伍战斗力凝聚力不断增强。严肃开展干部队伍教育整顿，深入推进政商“旋转门”“逃逸式辞职”、违规经商办企业等专项治理，严格落实个人有关事项申报最新要求，以严格教育纯洁思想，以严肃整顿纯洁组织。制定落实加强隶属海关关长、执法一线科长队伍建设措施，健全优秀年轻干部选育管用常态化工作机制，干部日常管理不断加强。制定压紧压实机关党建主体责任工作措施，实施基层党建“战斗堡垒项目”，开展严肃党内政治生活专项行动，培树 50 名全国海关党风廉政建设业务能手，基层基础进一步夯实。优化容错纠错机制，制定加强和改进艰苦地区海关支持保障工作 28 条新举措，党员干部获得感、幸福感得到提升。

这一年，我们推动监督贯通协同，权力运行监督制约持续加固。制定海关总署全面从严治党工作领导小组工作规则，开展直属海关单位党委书记述责述廉述党建，推动“关键少数”负责、守责、尽责。扎实开展“落实全面从严治党政治责任　全面加强党的纪律作风建设”专项监督，创新“下沉式”“穿透式”监督方式，首次开展政治生态画像，促进政治机关建设，海关政治生态得到持续优化。在智慧海关建设中强化“制度+科技”源头防控风险，加强对现场监管、行政审批、检测检验等关键环节的权力监督制约。制定海关总署党委巡视工作五年规划，对15个直属海关党委、3个副厅级隶属海关党委开展巡视，对37名署管干部开展经济责任审计，不断提高巡视和审计监督质量。在世界海关组织廉政分委会宣传介绍中国海关廉政建设经验，讲好中国海关故事。

这一年，我们突出重点、精准发力，正风肃纪更加深入。严格执行海关系统贯彻落实中央八项规定精神细化措施，查处通报培训期间违规聚餐饮酒、执法一线人员收受“红包”等问题。开展为基层减负增效专项行动，聚焦精文减会、纠治推诿扯皮等制定15条具体措施，坚决向形式主义、官僚主义开炮。组织窗口作风提升行动，完善政务服务“好差评”系统功能，以实际行动践行人民海关为人民。

这一年，我们坚定不移遏增量清存量，反腐败斗争毫不松劲。以最鲜明的态度、最果敢的行动，严查滥用职权、受贿放私等问题，严格落实打私反腐“一案双查”制度。深入开展海关系统纪检干部队伍教育整顿，动真碰硬查纠问题。在福州、青岛、南宁、大连海关开展集中治理，挖除“病灶”、清除“余毒”，深化以案促改、以案促治。开展警示教育月活动，召开海关警示教育大会，点名道姓通报典型案例。举办“清风国门”廉洁文化作品展，以清风正气浸润人心。

二、2024年主要任务

2024年是中华人民共和国成立75周年，是实现“十四五”规划目标任务的关键一年，是海关现代化建设的关键一年。全国海关要以习近平新时代中国特色社会主义思想为指导，全面贯彻落实党的二十大和二十届二中全会精神，深入学习贯彻习近平总书记关于党的自我革命的重要思想，认真贯彻二十届中央纪委三次全会部署，深入落实习近平总书记给红其拉甫海关全体关员重要回信精神，更加深刻领悟“两个确立”的决定性意义，不断增强“四个意识”、坚定“四个自信”、做到“两个维护”，始终保持清醒坚定，着力健全海关全面从严治党体系，纵深推进正风肃纪反腐，纵深推进清廉海关建设高质量发展，铸忠诚、担使命、守国门、促发展、齐奋斗，弘扬海关队伍优良作风，以彻底自我革命精神，当好让党放心、让人民满意的国门卫士，为建设中国特色社会主义现代化海关提供坚强政治保障。

重点抓好以下6个方面工作。

（一）坚持固本培元，高站位建设政治机关

2024年是习近平总书记发表“7·9”重要讲话5周年，要深化政治机关建设成效，与当好让党放心、让人民满意的国门卫士深度融合，牢记国门卫士首先要对党绝对忠诚，坚持不懈以党的创新理论统一思想意志行动，当好“三个表率”、建设模范机关。

坚定坚决走好第一方阵。深刻领悟“两个确立”的决定性意义，持续开展政治机关意识教育和对党忠诚教育，始终保持高度的政治敏锐性，不断提高政治判断力、政治领悟力、政治执行力，做到“两个维护”有感悟、有表达、有情感、有行动、有成效。坚持和加强党的全面领导，胸怀“国之大者”，强化号令意识，严格执行“第一议题”制度，把习近平总书记重要指示批示精神和党中央决策部署迅速转化为海关的实际行动和具体成效，确保政治靠得住、国门守得住、风险防得住、队伍管得住。

巩固拓展主题教育成果。不断把学习贯彻习近平新时代中国特色社会主义思想引向深入，完善以学铸魂、以学增智、以学正风、以学促干长效机制，着力提高党委理论学习中心组学习质量，用好“三会一课”、主题党日、青年理论学习等方式，切实在深化内化转化上持续用力，做到站位要高、学习要深、能力要强、作风要实、纪律要严。开展“国门卫士能力提升三年行动”，全面提升政治能力、把关服务能力、专业技术能力、文化塑造能力、拒腐防变能力，分领域组织培训、开展岗位练兵，强化实战实训实用，评选“三好关长”，铸牢国门之魂、增强国门智慧、培育国门文化、弘扬国门清风，擦亮国门卫士名片。

全面压实管党治党政治责任。党委主体责任、纪检机构监督责任、职能部门监管职责要同向发力、形成合力。海关总署党委要以上率下，从自身做起，从自身严起，带头落实全面从严治党责任清单，发挥全面从严治党工作领导小组作用，强化对海关全面从严治党和反腐败工作的全过程领导，带动各级党委敢管敢治、严管严治、长管长治。纪检机构要更加主动履行协助职责和监督专责，修订协助党委组织协调反腐败工作的规定，深化纪检队伍自身建设。职能部门管业务也要管监督防风险，细化责任清单，协同高效落实反腐败各项任务。完善问责制度程序，做到精准规范。

持之以恒净化政治生态。把严明政治纪律和政治规矩摆在突出位置，及时发现、着力解决“七个有之”问题。进一步细化“三重一大”事项决策清单，加强对贯彻执行民主集中制情况的监督检查，防止“一言堂”、议而不决、决而不行等问题。严格执行重大事项请示报告制度，既报喜又报忧，既报功又报过，既报结果又报过程。严格落实意识形态工作责任制，抓好海关所属报刊、网站、“两微一端”及研讨会、论坛等意识形态阵地的建设和管理。继续开展政治生态画像工作，深入研判形势，做到底数清、措施实、行动快。

（二）坚持源头治理，零容忍铲除腐败滋生的土壤和条件

反腐败绝对不能回头、不能松懈、不能慈悲，必须一体推进不敢腐、不能腐、不想腐，在遏增量、清存量上更加用力，坚决打赢反腐败斗争攻坚战持久战。

强化惩治高压态势。持续深化打私反腐“一案双查”，促进“外查走私”和“内挖腐败”协调联动。紧盯一线执法领域和重点岗位，紧盯“关键少数”特别是“一把手”和领导班子，紧盯政商“旋转门”“影子公司”“影子股东”等新型腐败和隐性腐败，坚决查处以权谋私、受贿放私等贪腐行为。坚决查处实验室建设、项目审批、基建工程、信息化系统、政府采购等资金资源集中领域腐败问题。坚决查处基层吃拿卡要、效率寻租等企业群众身边的“蝇贪蚁腐”。对不收敛不收手、胆大妄为、顶风违纪的，一律从严从快从重处理，绝不姑息。

拓展反腐败深度广度。系统排查腐败滋生土壤和风险隐患，推动腐败预警惩治联动。坚持风腐问题一体纠治，健全同查同治机制，着力铲除滋生腐败的作风温床。坚决阻断“围猎”利益链，探索建立“行贿人”惩戒机制，构建亲清关商关系。开展“海关重点领域廉洁风险专项治理”，聚焦动植物检疫、跨境电商及邮快件监管等领域，聚焦关商不正当经济交往等问题，聚焦重点岗位、科室和人员，对症下药、精准施治，以重点突破带动全域治理。

夯实清正廉洁思想根基。持续加强新时代海关廉洁文化建设，加快推进廉政警示教育基地建设，培树宣传廉洁典型，讲好廉洁故事，注重家庭家教家风，规范领导干部配偶、子女及其配偶经商办企业行为。深化同级同类警示教育，做实以案促改、以案促治，强化效果评估。积极参与世界海关组织廉政分委会工作，加强廉政建设国际交流与合作。

（三）坚持精准施策，全方位扎紧制度笼子

制度治党、依规治党是全面从严治党的重要保障，要通过制度管权治吏，增强权威性和执行力，把制度建设要求体现到海关管党治党全过程、各方面、各层级。

突出制度管人定规矩。完善从严管理监督干部制度机制，加强干部全方位管理和经常性监督。严格执行“凡提四必”，坚决防止“带病提拔”，把好选人用人政治关、廉洁关和能力关。落实干部能上能下要求，推动形成能者上、优者奖、庸者下、劣者汰的良好局面。严格落实重点事项监督自查报告和个人有关事项报告等规定，加强因私出国（境）管理。

突出制度管权划界限。全力推进《中华人民共和国海关法》等重点法律法规制定修订，加快推动制度立改废释，动态调整行政许可事项清单，不断压缩权力运行的任性空间。加大智慧海关建设成果应用力度，聚焦“征、免、验、放、检”等关键权力，围绕政策制定、决策程序、审批监管、现场执法等重点环节，推进权力行为进系统、标准化、留痕迹、可追溯。

突出制度执行抓落实。严格落实党内法规执行责任制，定期专题研究党内法规和海关全面从严治党制度执行工作。试点开展直属海关单位党委规范性文件备案审查。加强对制度执行情况的跟踪问效，坚持谁制定、谁检查、谁评估，探索建立对党建制度执行不力、落实不好、问题突出的提醒机制，推动各项制度一体遵循、一体执行。

（四）坚持治树并举，大力弘扬海关队伍优良作风

继承发扬长期以来海关队伍形成的对党忠诚、把关为民，令行禁止、担当奉献，敢于斗争、清正廉洁等优良作风，在新时代不断赋予其新内涵，为新征程现代化海关建设凝聚奋进力量。

树新风正气。始终站稳人民立场，用好新时代“枫桥经验”，巩固“关长送政策上门”等做法，推动基层政务公开标准化规范化，优化对外办事窗口设置，展现可亲、可敬、可靠海关形象。树牢造福人民的政绩观，大兴调查研究，把推动高质量发展作为领导班子和领导干部考核的重要内容，形成正确的工作导向。积极培育和践行具有海关特色的忠诚文化、法治文化、服务文化、实干文化、廉洁文化，健全海关荣誉体系，选树“四好”党员，凝心聚力、振奋精神。

纠“四风”顽疾。重拳纠治影响党中央决策部署落实落地、权力观扭曲政绩观错位、抓工作简单机械等形式主义、官僚主义问题，从领导机关抓起、领导干部改起。开展为基层减负措施落实情况“回头看”，制定防治“指尖上的形式主义”措施，细化惩戒机制，找问题、抓典型、强曝光，使党员干部的精力真正用在干事创业上。把落实中央八项规定及其实施细则精神纳入海关督查，重点整治违规吃喝等问题，破除特权思想和特权行为。坚持“过紧日子”，持续建设节约型机关，实训点、荣誉室、活动室等设施建设要勤俭节约，反对铺张浪费。

治“五大弊病”。坚持问题导向和从严要求，以机关、窗口作风提升为重点，集中治理“昏、懒、庸、推、贪”，对照查摆不足，深刻剖析原因，切实整改到位。加强监督检查，推动窗口作风大转变、机关效能大提升，“响应、呼应、反应”的海关运行机制更加顺畅。

（五）坚持严字当头，重养成强化纪律约束

纪律严明是自我革命的重要保证，必须把纪律建设摆在更加突出的位置，全面从严、一严到底，高悬纪律“戒尺”，形成遵规守纪的高度自觉。

以严的教育纯洁思想。按照党中央部署，围绕学习贯彻新修订的《中国共产党纪律处分条例》，全员开展集中性纪律教育，推动党员干部学纪、知纪、明纪、守纪。开展经常性纪律教育，举办领导干部党风廉政建设研修班，深化警示教育月活动，推动领导干部深入学习应知应会党内法规和国家法律清单。加大对年轻干部、新任职党员领导干部、重要岗位干部纪律培训力度，把纪律熟知精通、刻印在心。

以严的措施规范行为。用好用足监督执纪第一种形态，加强“八小时内外”监督，抓早抓小、防患未然。从严从快查处酒驾醉驾案件，一律开展责任分析，一律深挖酒局饭局背后的请托办事、利益勾兑等问题，一律与年度考核挂钩。规范直属海关违纪党员处分工作程序，严格执行事业单位工作人员处分规定。健全企事业单位党委履责机制和内部管理制度，严格临聘人员、协管员队伍管理。

以严管厚爱激励担当。严管出战斗力，厚爱出凝聚力。要把正确选人用人导向作为最重要的严管厚爱，坚持“一把尺、一张单、一盘棋”，公道对待干部，公平评价干部，公正使用干部。加大优秀年轻干部培养使用力度，合理使用各年龄段干部，做到越是重点选拔的越要重点管理、越是有培养潜力的越要严格要求。落实“三个区分开来”，完善海关容错纠错办法，进一步细化适用情形，以组织担当促干部担当。健全海关职业保障机制，完善慰问救助、休假疗养、子女教育、医疗保障、心理疏导等措施，认真落实好新时代加强和改进艰苦地区海关支持保障工作的措施，全面增强职业认同感和归属感。

（六）坚持系统施治，多维度织密监督网络

抓住了监督就抓住了管党治党的关键，要着力健全严密高效的海关监督体系，坚持有形覆盖

和有效覆盖相统一，使各项监督更加精准有力。

横向贯通监督力量。加强党委全面监督，推动纪律监督、巡视巡察监督、督察审计监督、干部监督、财会监督、统计监督等协同联动，建立监督时间、地点、任务等统筹机制，强化信息沟通、线索移送、成果共享。增强对“一把手”和领导班子监督实效，健全配套制度机制。加快“智慧监督”建设，推进跨领域数据关联分析。

纵向激活监督末梢。增强基层党组织的政治功能和组织功能，充分发挥党支部“管到人头”作用，严格落实组织生活制度，增强政治仪式效果，深化“四强”党支部梯次建设，切实加强日常教育管理监督。严把发展党员政治标准，疏通党员队伍出口。修订直属海关党委派驻纪检组管理制度，分类规范机关纪委设置，研究防范隶属海关派出机构廉政风险，打通监督“最后一公里”。

靶向强化巡视监督。认真贯彻落实新修订的巡视工作条例，坚持围绕中心、服务大局，紧扣守国门、促发展职责使命，坚守政治巡视定位，深入查找政治偏差，更好发挥巡视震慑作用。统筹安排常规、专项和机动巡视，开展提级巡视，推进巡视全覆盖。强化巡视整改和成果运用，压实整改责任，健全整改工作机制。完善巡视巡察工作格局，加强对各直属海关党委巡察工作的指导督导，促进巡察工作质量整体提升。对矛盾集中、问题突出的单位，采取整顿的方式抓整改，做到问题不解决不放手、成效不明显不收兵。

打造海关纪检铁军。纪检队伍是海关推进党的自我革命、全面从严治党的重要力量，打铁的人必须成为铁打的人，在思想上、作风上、廉洁上、严管上要勇于自我革命。筑牢政治忠诚，深化拓展教育整顿成果，常态化开展政治教育、党性教育，始终做到绝对忠诚、绝对可靠、绝对纯洁。锤炼过硬作风，提高依规依纪依法履职能力，坚持原则、勇于亮剑，敢于斗争、善于斗争，推进海关纪检工作高质量发展。从严自我管理，执纪者必先守纪，律人者必先律己。配齐配强纪检队伍，完善海关纪检干部监督制度，常态化检视纪检队伍存在的突出问题，自觉接受最严格的约束和监督，在勇于自我革命上走在前、作表率、树标杆。

新思想引领新实践，新征程呼唤新担当。让我们更加紧密地团结在以习近平同志为核心的党中央周围，深入学习贯彻习近平总书记重要回信精神，更加深刻领悟“两个确立”的决定性意义，不断增强“四个意识”、坚定“四个自信”、做到“两个维护”，牢记嘱托、团结奋斗，保持定力、坚定意志，持续发力、纵深推进海关全面从严治党、党风廉政建设和反腐败斗争，当好让党放心、让人民满意的国门卫士，为中国特色社会主义现代化海关建设提供坚强政治保障！

专记

全国海关学习贯彻习近平新时代中国特色社会主义思想主题教育

以县处级以上领导干部为重点，在全党深入开展学习贯彻习近平新时代中国特色社会主义思想主题教育（简称“主题教育”），是党中央为全面贯彻党的二十大精神、动员全党同志为完成党的中心任务而团结奋斗所作的重大部署。按照党中央统一部署，2023年4月至2024年1月，全国海关6.8万余名党员、9200多个党组织，分两批（2023年4月至9月，海关总署机关与各直属海关单位为第一批；2023年9月至2024年1月，各隶属海关单位为第二批）开展主题教育。各级党组织和党员干部把学习习近平新时代中国特色社会主义思想作为首要任务，紧扣学习贯彻习近平总书记给红其拉甫海关全体关员重要回信精神，牢牢把握“学思想、强党性、重实践、建新功”总要求，把理论学习、调查研究、推动发展、检视整改、建章立制全面贯通、有机融合、一体推进，扎实做好贯彻落实党的二十大精神“12个必”海关重点工作和2023年“1+1+6”重点任务，大力推进智慧海关建设、“智关强国”行动，做到守护国门安全毫不含糊、促进高质量发展毫不保留、服务大国外交毫不懈怠、全面从严治党毫不松劲，以学铸魂、以学增智、以学正风、以学促干，铸忠诚、担使命、守国门、促发展、齐奋斗，当好让党放心、让人民满意的国门卫士。

一、把“学思想”贯穿始终，走好践行“两个维护”第一方阵更加坚定坚决

全国海关把“学思想”作为主题主线，更加深刻领悟“两个确立”的决定性意义，做到“两个维护”有感悟、有表达、有情感、有行动、有成效。在海关关衔制度实行20周年之际，习近平总书记给红其拉甫海关全体关员亲切回信，明确了海关守国门、促发展的职责使命，提出了当好让党放心、让人民满意的国门卫士目标要求，对海关服务强国建设、民族复兴提出殷切期望。全国海关深入开展“感悟领袖关怀　凝聚奋进力量”专题宣讲，组织“我们都是收信人”大讨论，10万多名干部职工结合岗位谈体会、明责任、见行动，牢记重托、团结奋斗。海关总署党委带头读原著学原文悟原理，示范带领各级党委举办理论学习中心组等专题学习9123次、读书班693期。各基层党组织丰富学习载体、创新学习形式，在每周五支部集中学习研讨、党员每天不少于半小时读书的基础上，依托“书记讲给书记听”“学用讲堂”等，举办专题党课9700余堂，开展联学联建2241次，乐学好学的学风全面树立。团员青年积极参加“学思用新思想　海关青年在行动”活动和青年理论学用联盟，立足岗位挺膺担当、奋勇争先。全国海关理论武装取得新成效，广大党员干部的学习自觉、理论涵养、思想水平得到明显提升。

二、聚焦服务助推中国式现代化，海关现代化建设实践成果显现

全国海关胸怀“国之大者”，把海关工作放到中国式现代化大局中去定位、去谋划、去推进，将智慧海关建设、“智关强国”行动作为主题教育的重要实践，以海关之“智”服务强国之“强”。开展“我为海关改革献一策”活动，收集意见建议7000余条。坚持统筹推进和重点突破相结合，鼓励基层创新和主动探索，智慧海关建设93个早期收获项目落地见效，“智关强国”行动取得108项成果进展，分别评选年度十佳、十优项目，引领示

范效应得到发挥。一批来自基层、服务于群众的“小而美”创新项目“百花齐放”，“办事一站通”“网上面洽”“互联网指尖申报”等平台让数据多跑路、群众少跑腿；创新进境粮食“不见面”审批、推行“公路口岸+直通模式”改革、探索航空口岸“智慧旅检”等项目，实现审批简化、通关便利、成本降低；应用“5G+北斗”深化“智慧属地查检”，应用“人工智能+机器学习”创新风险评估等技术，海关执法更加精准高效，得到企业良好反响。

三、用好“四下基层”重要抓手，企业群众的获得感明显增强

全国海关用好“四下基层”重要抓手，紧盯急难愁盼“小切口”解决改革发展“大问题”，把步子迈下去、身子沉下去，聚焦发展所需、改革所急、基层所盼、民心所向的“关键小事”，紧盯企业群众“通得快、成本低、服务优”的普遍期盼，解决了一批难点痛点堵点问题。大兴调查研究之风，念好“深、实、细、准、效”五字诀，海关总署党委先后115次深入基层一线调研，示范带领全国海关召开成果交流会，集体研究分析，调研课题成果转化率97.1%。海关各级党委坚持问题导向，开展“驻厂办公”“当一次报关员”“走百县进千企、送百策解千题”等蹲点式、体验式、解剖式调研，创新推出“大湾区组合港”“内河运费扣减”“联动接卸”等项目，得到企业群众好评。各海关单位上下联动、检视整改，查摆销号问题5601个，制定落实整改措施1.6万条。会同国家林业和草原局开展罚没象牙移交难问题专项整治；与国家税务总局签署合作备忘录，加强数据信息共享，共同打击出口骗退税。开展窗口作风提升行动，严格落实“民呼我为”“接诉即办”，用好“关长接待日”“关长送政策上门”“问题清零”等机制。在业务现场打造155个新时代“枫桥经验”工作室，现场解决问题。全国海关政务服务“好差评”系统好评率达99.8%，“12360海关热线”满意度达99.7%。2023年12月20日，海关总署党委委员、政治部主任、全国海关主题教育领导小组办公室主任吕伟红在中央落实“四下基层”交流座谈会上，汇报交流海关系统践行“四下基层”、用好“一线工作法”、推动主题教育在国门一线取得实效的经验做法。

四、锚定新时代职责使命，统筹高质量发展和高水平安全取得扎实成效

全国海关坚持统筹高质量发展和高水平安全两手抓、两不误、两促进，开创更优监管、更高安全、更大便利、更严打私的海关工作新局面。坚持底线思维，强化正面监管，筑牢国门安全屏障，切实防范化解“滞、瞒、逃、骗、害”5方面海关监管风险，深化综合治税，2023年税收入库2.21万亿元，为保障中央财政收入作出贡献；加大对象牙等濒危物种及其制品走私、洋垃圾走私、“水客”走私、海南离岛免税“套代购”走私等各类违法行为的打击惩处力度，2023年立案4959起；开展“强化海关监管、防范地方进出口数据不实”专项工作，保障贸易行为真实。落实党中央、国务院促进外贸稳规模优结构部署，推出海关优化营商环境16条、推动综合保税区高质量发展23条、促进加工贸易持续高质量发展16条等系列措施；推动开放高地建设，支持海南自由贸易港、横琴粤澳深度合作区、自由贸易试验区等开放平台创新发展，牵头完成上海东方枢纽国际商务合作区总体方案编报工作；研究制定海关支持京津冀协同发展、长江经济带高水平开放高质量发展、新时代东北全面振兴等一系列重点举措，助力形成东中西优势互补、功能互济的开放新局面。2023年进出口总值41.76万亿元，连续7年保持全球货物贸易第一大国地位。服务元首外交，以习近平主席重要外事活动为主线，参与重大外交活动22场，89项海关检验检疫合作成果纳入元首外交成果；参与国际海关规则重塑，提出涉及核心治理改革的选举规则提案并获得通过；针对日本核污染水排海，第一时间全面暂停原产地为日本的水产品进口，守住食品安全底线。

五、着力强基固本，基层党组织战斗堡垒和党员先锋模范作用充分发挥

全国海关以主题教育为契机，坚持党建引领基层治理，把党的政治优势、组织优势转化为发展动能。出台压紧压实机关党建主体责任 24 条措施，做到抓党建必须抓责任制、抓责任制必须抓责任人、抓责任人必须抓“一把手”；深入开展“战斗堡垒项目”，深化“四强”党支部创建，抓实“书记项目”课题攻关，建立 5 个党建实训点；开展“学习身边榜样”活动，评选 35 名“党务之星”、50 名党风廉政建设岗位业务能手、97 个全国海关党建示范（培育）品牌，叫响“我是党员我来讲，我是党员我来干，我是党员我争先”。坚持以严肃教育纯洁思想、以严格整顿纯洁组织，开展干部队伍教育整顿，适时运用监督执纪“四种形态”；开展政商“旋转门”、“逃逸式辞职”专项治理，将 4950 家非国有跨境电商平台企业纳入限制从业企业清单管理。整治形式主义、官僚主义，制定实施为基层减负措施 15 条，建立常态化专班和情况直报机制，设立基层监测点 9 个，查摆“搞形象工程”“工作简单化一刀切”“执行走形变样”“加重基层负担”等问题，防范纠治“新形象工程”，杜绝“低级红”“高级黑”。崇尚“求实、扎实、朴实”海关文化，大力治昏、治懒、治庸、治推、治贪，树正气、易俗气、遏邪气，可亲、可敬、可靠的海关形象进一步树立。

▲2023 年 9 月 15 日，北京海关召开第一批主题教育总结大会暨第二批部署会议　（王晓龙/摄）

六、强化领责担责，两批主题教育有序推动、走深走实

全国海关成立海关总署、直属海关、隶属海关三级主题教育领导机构，在压实领导责任中强担当，在压实组织责任中强推动，在压实指导责任中强落实。建立“1+10+1”工作体系，通过“制度+机制”扎实推进。海关总署党委坚决履行“一把手”第一责任人职责和党委委员“一岗双责”，下基层调研时必检查主题教育、每月疫情防控指挥部会必汇报主题教育、年终述职必述主题教育。海关总署主题教育办积极发挥枢纽作用，建立工作例会机制，推动落实“五讲评、五促进”，加强调度、上下联动、一贯到底。两批主题教育 18 支指导督导队伍，运用“谈、听、查、访、评”督导五法，“抓两头、促中间”，每月进行综合评价，约谈“一把手”。坚持边实践边总结，按照五个“不放松并常态化”要求，“亮亮成绩单、比比含金量”，将有效做法固化为 5130 个制度机制，形成“百个特色做法”等“四个一百”和“抓好四下基层·关助发展”等“五个抓好”成果。9 篇工作信息在中央主题教育简报、中央和国家机关工委简报刊发；1 个案例入选全国主题教育整改整治百个案例。

全国海关学习宣传贯彻习近平总书记给红其拉甫海关全体关员重要回信精神

2003年，在党中央的亲切关怀下，海关成为继军队、警察之后第三支衔级管理队伍。20年来，全国海关内强素质、外树形象，队伍管理水平、把关服务能力、社会形象全面提升。特别是新时代的10年，全国海关始终坚持以习近平新时代中国特色社会主义思想为指导，坚决落实习近平总书记重要指示批示精神和党中央决策部署，铸忠诚、担使命、守国门、促发展、齐奋斗，高效统筹促进外贸保稳提质、维护国门安全和社会稳定等工作，加快建设中国特色社会主义现代化海关，为推进中国式现代化积极贡献力量。

2023年，海关总署组织开展海关队伍授衔20周年系列活动。边疆一线的红其拉甫海关全体关员向习近平总书记写信，抒发海关广大党员干部职工对党的领袖的敬仰之情、拥戴之心、追随之志。9月11日，习近平总书记给红其拉甫海关全体关员亲切回信，肯定新时代海关人奋发有为的精神风貌，明确了海关守国门、促发展的职责使命，提出了当好让党放心、让人民满意的国门卫士的殷切期望，为新时代新征程海关服务强国建设、民族复兴指明了前进方向、提供了根本遵循。

▲2023年9月12日，海关总署举行海关队伍授衔20周年升国旗仪式　（海关总署/供图）

一、海关总署党委带头学习习近平总书记重要回信精神，研究部署学习宣传贯彻工作

海关总署党委第一时间召开党委扩大会议，逐字逐句学习重要回信精神，交流认识体会，研究贯彻落实思路举措。9月12日，在全系统召开海关队伍授衔20周年大会，中共中央政治局委员、国务院副总理何立峰出席会议，传达习近平总书记重要回信并提出贯彻落实要求；海关总署党委书记、署长俞建华，红其拉甫海关党委书记、关长张晓波分别作表态发言，分别代表海关系统10万多名干部职工、红其拉甫海关全体35名同志，向习近平总书记致以崇高的敬意和衷心的感谢；会议就抓好学习宣传贯彻作出总体安排。海关总署党委在《人民日报》发表“当好让党放心、让人民满意的国门卫士”理论文章，在《中国国门时报》先后刊登6篇评论文章，研究制发学习宣传贯彻通知，部署12项具体工作，把学习贯彻落实重要回信精神与扎实开展第二批主题教育紧密结合起来，与谋划当前和今后一个时期海关工作紧密结合起来，深刻领悟“两个确立”的决定性意义，做到“两个维护”有感悟、有表达、有情感、有行动、有成效。

二、掀起学习宣传贯彻热潮，推动习近平总书记重要回信精神入脑入心

作为“写信人”，红其拉甫海关心怀感恩、深刻感悟，以忠诚履职回报习近平总书记殷殷嘱托。坚持讲好“行走的党课”，在高原上深学、同“兄弟关”联学、和系统外促学，立志扎根边关、奉献边关、建功边关；坚持争当“实干的先锋”，提出“海拔有禁区，通关无昼夜”，全力推进红其拉甫口岸常年开放，推动中巴经济走廊建设，助力乡

村振兴战略，履行好守国门、促发展的职责使命；坚持锤炼“过硬的队伍”，开展“强垒行动”，赓续“四特”精神红色血脉，培塑过硬政治品格、能力本领、队伍作风，做到路再远忠心向党、山再高不忘初心、天再寒激情不减、风再大必有定力，努力在当好让党放心、让人民满意的国门卫士中走在前作表率。红其拉甫海关所在关区，乌鲁木齐海关树立学习标杆，开展“重走红关路，再强边关志”系列活动，推动学习贯彻习近平总书记重要回信精神落地见效。

▲2023 年 12 月 12 日，乌鲁木齐海关所属阿拉山口海关关员在公路口岸顶风冒雪对进出境车辆进行监管（卡德热依·哈力布亚提/摄）

海关系统组织开展“感悟领袖关怀　凝聚奋进力量”巡回宣讲，47 个直属海关单位干部职工收听收看。综合运用“报、刊、台、网、端、微、屏”等传播媒介强化宣传，以“我们都是收信人”大讨论为抓手，引导全国海关人人学、人人讲、人人宣。组织评选表彰全国海关准军事化纪律部队建设先进集体和先进个人 100 个，发挥引领示范作用。把住舆论宣传政治性，规范宣传内容、统一宣传标识，在一线窗口、办公场所、监管场所广泛开展宣传，掀起热潮。

三、学习领悟习近平总书记重要回信深刻内涵，促进主题教育走深走实

全国海关围绕“学思想、强党性”，迅速召开党委会和举办党委理论学习中心组学习、专题读书班，专题学习重要回信精神。海关各级党组织结合主题教育，通过“三会一课”、主题党日等形式，组织“书记讲给书记听”“回信精神我来说”等学习交流，举办“大走访、大调研、大服务、大解题”等特色活动，开展各类学习研讨 1.17 万余次。围绕“重实践、建新功”，大力推进智慧海关建设、“智关强国”行动，取得早期成果 201 项。认真落实“四下基层”制度，运用好“千万工程”经验，打造“关长送政策上门”“关长接待日”“关助发展”等海关服务品牌，深化“立足岗位作贡献”，结合党员先锋岗、突击队、责任区创建，边学边悟边干，切实将学习成果转化为现代化海关建设的强大动力。

四、突出习近平总书记重要回信实践要求，推动新时代新征程海关工作取得新成效

全国海关坚持以习近平新时代中国特色社会主义思想为指导，学习贯彻习近平总书记重要指示批示和重要回信精神，聚焦“当好让党放心、让人民满意的国门卫士”，推动海关“1+2+7”工作安排落地落实。在全国海关组织实施“国门卫士能力提升三年行动”，提升政治能力、把关服务能力、专业技术能力、文化塑造能力、拒腐防变能力，分领域组织培训、开展岗位练兵，强化实战实训实用，擦亮国门卫士名片，锻造“政治强、水平高、作风硬、纪律严”的世界一流现代化海关队伍。完成智慧海关建设方案体系和“智关强国”行动计划体系研究制定工作，开展先行先试，深化改革和科技双轮驱动，紧盯“滞、瞒、逃、骗、害”等危害国门安全的风险隐患，打造在国际上最具竞争力的海关监管体制机制，开创更优监管、更高安全、更大便利、更严打私海关工作新局面，以海关自身现代化助推中国式现代化。

以关之智　助国之强

——记智慧海关建设和“智关强国”行动

2021年2月9日，习近平主席在中国—中东欧国家领导人峰会上提出开展“智慧海关、智能边境、智享联通”合作试点的重要合作倡议。2023年8月24日，习近平主席在“金砖+”领导人对话会上宣布实施智慧海关合作伙伴计划，为中国特色社会主义现代化海关建设提供了根本遵循。2023年9月11日，习近平总书记给红其拉甫海关全体关员回信，寄语海关广大干部职工“当好让党放心、让人民满意的国门卫士”。

海关总署党委认真贯彻落实习近平总书记重要指示批示精神，坚决做到习近平总书记有号令、党中央有部署、海关有行动，以智慧海关建设作为海关改革的总抓手，集全国海关之力、聚全国海关之智，加快海关监管服务数字化转型、智能化升级，全面建设中国特色社会主义现代化海关。同时，对标对表党的二十大战略部署，把海关工作放到中国式现代化大局中谋划、布局、推进，以智慧海关为抓手，实施“智关强国”行动，开展守护国门安全等6大行动和服务保障国家粮食进口供给安全等8个专项任务，全面履行守国门、促发展职责使命，以智慧海关之“智”服务强国建设之“强”。

一、智慧海关建设情况

全国海关强化“海关总署党委领战、相关司局主战、直属海关参战、工作专班督战”，将数字化、智能化新技术广泛应用于海关监管服务，打造先进的、在国际上最具竞争力的新型海关监管体制机制。

（一）加强前期调查研究

署领导主持召开片区专题座谈会6次，先后赴福州、厦门、深圳、呼和浩特、郑州、上海等关区深入一线实地调研。开展“我为海关改革献一策”活动，汇总626条意见建议进行研究吸收。摸底、收集326个基层首创项目、先行先试经验，为编制智慧海关业务场景建设项目清单夯实基础。组织开展专题研究，坚持问题导向、目标导向、结果导向，从各方需求、现实问题、科技供给、法律法规、经验做法、国际标准6个方面进行对照论证并贯穿智慧海关建设全过程。

（二）科学规划建设方案

编制《智慧海关建设总体方案》，搭建智慧海关“四梁八柱”，坚持改革和科技“双轮驱动”，全面构建智慧海关业务运行体系和科技支撑体系。聚焦守国门、促发展职责使命，构建“四全”机制；聚焦制约海关发展短板弱项，实施“六化”数字化转型；围绕业务运行体系建设需求，建设“五大平台”；围绕提升科技支撑能力，完善“三项机制”。为保证《智慧海关建设总体方案》顺利实施、落地见效，详细编制《智慧海关建设推进方案》，构建智慧海关“N+X”方案体系，共166个方案，包括12个重点统筹事项实施方案、22个部门事项实施方案和132个业务场景应用方案，形成对接紧密的“榫卯结构”，共同构建条线纵向穿透、现场横向贯通的业务运行模式。

（三）组织开展集中会战

自2023年8月1日起组织开展为期90天的“N+X”方案编制集中会战，各司局主动承担“主战”责任，广东分署、各直属海关积极“参战”。智慧海关建设领导小组工作专班设立前线指挥部，聚焦系统、数据、平台、流程、机制等问题，检视方案内容质量，加强需求评估分析，有序推动集中会战各项工作。成立业务专家和技术骨干组成的对接服务团队，组织专题攻关、加强跟踪督办，分解形成1143项建设任务，规划涵盖业务架构、应用架构、数据架构、技术架构和标准规范、网络安全、运行维护、工程管理的“四横四纵”总体架构。明确方案起草、征求意见、部门会签、专班审核、署领导审阅、统一会审等环节，确保方案编制过程管理闭环。

（四）推进形成早期收获

突出大局观念。海南自由贸易港智慧监管，首创“四个一”监管体系，率先实现“零关税”交通工具及游艇等5个业务场景智慧监管。横琴粤澳深度合作区智慧监管，坚持一站式监管、一二线联动、一码通溯源、一体化管控，服务合作区高质量发展。组合港场景，将枢纽港与支线港“两两组合”为一个整体，打造海运中转新模式，推动粤港澳大湾区资源要素便捷流动。全球贸易全景展示，快速提供全球贸易动态、监测全球市场份额、跟踪重点商品流向，智能生成分析报告。外贸预警预测气象站，通过大数据研判外贸形势变化，实现外贸走势预测和产能外迁预警。

突出急用先行。取样送检全流程信息监控，推动取样送检“一键”完成，检测结果自动回写。检验检疫“不合格上报”数据互联互通，通过数据一表采集、一键上报，上报用时由60分钟缩短到10分钟。全国海关统一门户，实现409个信息化应用入口统一、单点登录、待办集成，支持关员个性化定制工作桌面。随附单证自动审核，对境外官方证书智能识别、同屏对比、快速预警，作业效率提高80%以上。智慧边民互市监管，建设互市贸易监管“一体系”“两平台”，实现海关等部门全链条智能监控。进口食品境外生产企业注册管理，进一步落实三方责任，提升注册效率、完善风险防控、强化关企沟通。

突出试点示范。进境粮食智慧检疫监管，通过系统互联互通、智能装备应用、调运轨迹智能预警，实现审得快、检得准、放得稳、干得专。进境活动物检疫智慧监管，实现进境动物检疫流程智能管控，嵌入18个风险防控环节，压缩自由裁量权。智慧商检，构建10张主题表和44个统计分析模型，率先取消全部19张手工数据报表。大宗资源性商品（铁矿石）监管，应用近红外光谱、高速图像采集识别等新技术，实现进口铁矿石全过程智能感知、智能研判和智能处置。进口铁路运输铜精矿远程视频查验，运用“大数据+算法+智能装备”推动“口岸+卸货地”联合监管模式迭代升级。出口烟花爆竹智慧监管，形成从属地到口岸完整数据链，作业效率提升30%以上。进口管道运输（简称“管输”）管道运输管输能源智慧监管，顺势采集多源数据，检验时间由滞后货物入境10余天优化为实时监管。

突出科技赋能。智慧海关业务运行监控体系，业务全覆盖、监测全天候、管控全过程的运行监控模式已见雏形。大数据智能布控，引入神经网络等AI智能算法，实时开展风险排查，实现海关风控布控数字化智能化飞跃。关税风险“数智筛”，运用人工智能和自然语言处理技术，对商品申报信息进行智能识别，对风险线索进行智能筛查。智慧卫生检疫预警决策，建成卫生检疫全领域可视化业务监控平台，构建业务数据分析预警模型。智慧电讯检疫，对申报没有异常的运输工具，远程完成体温检测、流行病学调查、医学排查等检疫工作。航空口岸“智慧旅检”，打造一体化智能通道，一站式完成入境旅客卫生检疫和手提行李“双预检”。公路口岸进出境物流监管作业模式优化，通过更集约的系统融合、更智慧的通关模式、更安全的运行保障，提供新型跨境物流解决方案。属地查检系统及“云签发”，实现企业智能申请、单证智能审核、智能自助申领、业务智能监控，签证全过程智能化运作。智慧属地查检，通过视频实时连线实施远程作业，有效化解执法资源不足、企业快速通关等问题。艺术品智慧监管，通过自主研发的便携式设备，采集艺术品材料学唯一性特征信息，实现艺术品“此物是此物”认证与验证。评选智慧海关建设“2023年度十佳”项目：进境粮食智慧检疫监管、智慧海关业务运行监控体系、随附单证自动审核、航空口岸智慧旅检、关税风险“数智筛”、智慧电讯检疫、智慧纪检、横琴粤澳深度合作区智慧监管、智慧属地查检监管、取样送检全流程信息监控。

二、“智关强国”行动推进情况

为全面贯彻落实党的二十大精神，2023年4月4日，海关总署党委以智慧海关建设为重要牵引，决定实施“智关强国”行动。旨在通过智慧海关建设，打造中国特色社会主义现代化海关，提升海关服务强国建设的能力，为中国式现代化贡献海关力量。

（一）编制行动计划

2023 年 4 月 6 日，“智关强国”行动计划工作专班（简称“专班”）正式组建，研究编制“智关强国”行动计划。坚持统筹设计、开门问策、集中起草、调研论证协同推进，在海关政研设立专栏，召开 5 次不同层面座谈会，组织部分海关开展专题研究，与各司局及研究中心、标法中心密切配合，参阅各部门单位专题报告 105 份，各类调研文章 415 份，相关文件材料 130 份，分 3 轮向 47 个直属海关单位和 23 个海关总署司局、事业单位征集意见、建议 747 条。7 月 28 日，以海关工作专报形式向国务院领导报告“智关强国”行动计划（简称“行动计划”）主要内容。8 月 6 日，行动计划印发全国海关执行。

（二）明确主要内容

行动计划遵循“应党和国家之所需、尽海关之所能”的思路，全面对标对表党的二十大报告涉及海关工作的重要部署，回应各渠道各层面反映的突出问题，统筹发展与安全、国内与国际、目标与路径，打破按条线职能安排重点任务的常规布局，着眼未来 5 年，突出“强国建设”叙事。提出 6 大重点行动，包括守护国门安全、促进高质量发展、推进高水平开放、服务中国特色大国外交、维护国家利益行动、增进民生福祉，涉及 24 方面重点任务、294 项具体措施。明确 8 个专项任务，包括服务保障大豆玉米等主要粮食品种供应安全、服务保障肉类食糖等供应安全、服务保障原油天然气等重点能源安全、服务保障铁铜铝等战略性矿产安全、服务保障棉花橡胶等供给安全、服务保障集成电路产业可持续发展、服务保障中国优势产品出口、加强优势矿产资源出口监测分析。

（三）推动计划落实

制订重点任务分工方案，先后 3 轮征求海关总署各司局意见，征集意见建议 500 余条并逐条分析回应，走访相关司局面对面沟通，有序推动 294 项重点任务分解。建立量化考核机制，在直属海关领导班子客观考核指标体系中单独设立“智关强国”行动落实情况考核指标，发挥考核“指挥棒”“风向标”作用。突出上下联动，9 月 22 日，召开全国海关“智关强国”行动推进会，对推进实施行动计划作出总体部署、提出具体要求。各直属海关制定落实举措 9043 项，其中对照海关总署“规定动作”细化落实举措 8217 项，结合各自实际制定特色举措 826 项。加强培训宣传，对行动计划的起草背景、突出特点、主要内容等，在全国海关范围内进行多场合、多层级、多频次解读；利用海关信息载体，开设“‘智关强国’在行动”专刊，编发“智关强国”行动工作简报，建立台账制度，收集、展示全国海关推进落实中的标志性成果、创新性探索、突破性进展。

（四）争创早期收获

专班成员赴上海东方枢纽国际特定管理区、河套科技创新深港合作区、香港西九龙车站海关、“东莞—香港”国际空港中心等重要开放平台、区域场景，开展“解剖麻雀”式实地调研，既深入到实招多、特色突出的海关，又下沉到进展慢、困难较多的海关，通过“抓两头带中间”，指导全国海关破题解题答题。各直属海关找准“自己干”与“一起干”结合点，把推进“智关强国”行动与驻地重要规划、重大改革、重点项目深度融合，有效打造“智关强国”行动区域场景。全国海关“智关强国”行动取得 108 项成果，相关专报获中央领导批示肯定。评选“智关强国”行动“2023 年度十优”项目：“奋力谱写海关服务大国外交‘京’彩篇章”（北京海关）、“打好‘协同共治’组合拳　全力保障能源安全”（哈尔滨海关）、“创新以供应链为单元的海关风险管理模式　高质量推动发展与安全一体两翼”（上海海关）、“集成创新多维赋能　助推世界一流强港建设”（宁波海关）、“服务推动上合示范区高质量发展　打造‘一带一路’国际合作新平台”（青岛海关）、“打造进口粮食分拨中心新模式　强化‘四个通道’支持金砖国家粮食进口”（广州海关）、“‘一站式’通关机制服务集成电路产业高质量发展”（深圳海关）、“支持建设‘东莞—香港国际空港中心’　助力‘湾区制造’通达全球”（黄埔海关）、“支持中国—东盟产业合作区建设”（南宁海关）、“推动‘公路口岸+属地直通’改革　助力打造亚欧黄金通道和向西开放桥头堡”（乌鲁木齐海关）。

海关支持自由贸易试验区建设十年成就

建设自由贸易试验区是以习近平同志为核心的党中央在新时代推进改革开放的一项重要战略举措。十年来，海关总署坚决贯彻落实习近平总书记关于自由贸易试验区建设的重要讲话和重要指示批示精神，深入落实党的二十大关于“实施自由贸易试验区提升战略”部署要求，以制度创新为核心，以可复制可推广为基本要求，积极开展海关监管制度创新，持续优化营商环境，助力打造高水平对外开放平台。2023 年，全国自由贸易试验区货物贸易进出口 7.67 万亿元，同比增长 2.7%，以不到千分之四的国土面积贡献了占全国 18.4%的进出口贸易，进一步服务构建新发展格局。

一、以制度机制规范创新，提升创新举措“含金量”

海关总署研究制定自由贸易试验区海关监管制度创新工作规范以及创新举措备案、制度评审、制度复制推广工作规程，构建“1 个工作规范+3 个工作规程”海关监管创新制度体系。明确“上下联动、左右协调”的工作要求，形成“两上两下”的工作机制，倡导基层首创与做好顶层设计相结合，有序推动自由贸易试验区监管创新。

指导各自由贸易试验区海关因地制宜开展海关监管制度创新工作，围绕国家重大战略建立 4 个协同创新工作机制，鼓励基层海关发挥首创精神，坚持需求导向和问题导向，探索特色发展路径。在国务院发布的 7 批 162 项改革试点经验中，海关贡献了“国际海关经认证的经营者（AEO）互认制度”“原产地签证管理改革创新”等 62 项，占总数的 38.3%。2023 年备案“海关特殊监管区域货物进出区‘四化’监管新模式”“跨境电商零售进口支付信息和订购人身份信息智能验核”“《区域全面经济伙伴关系协定》（RCEP）享惠智选新模式”等海关创新举措 19 项。自 2019 年以来，全国自由贸易试验区海关备案创新举措 140 项，在突出新职能、对标新规则、打造新平台、服务新业态、应用新技术、防控新风险等方面开展了有益探索。

▲2023 年 3 月 21 日，重庆海关关员按照海关特殊监管区域货物进出区“四化”监管新模式对超长笼车实施便捷监管　（重庆海关/供图）

二、着力先行先试，支持上海自由贸易试验区高水平开放

2013 年 9 月，我国首个自由贸易试验区——中国（上海）自由贸易试验区（简称“上海自贸区”）正式挂牌成立。上海自贸区在上海外高桥保税区等 4 个海关特殊监管区域基础上设立。十年来，在海关总署指导下，上海海关围绕国务院印发的上海自贸区总体方案、深改方案、全改方案、临港新片区总体方案等确定的改革任务，出台 68 项创新举措，其中 33 项在全国复制推广。在国务院发布 7 批改革试点经验中，上海海关首创 22 项。十年间，上海自贸区进出口规模由 2013 年的 0.7 万亿元稳步扩容到 2023 年的 2.1 万亿元，引领示范和辐射带动作用发挥显著。

2020 年 5 月、2022 年 3 月，全国唯一的洋山特殊综合保税区一期、二期分别封关运行。创新实践以“一线”径予放行、“二线”单侧申报、区内充分自由、不设海关账册、统计高度简化、大数据充分运用为特征的全新进出境监管制度体系，构筑洋山特殊综合保税区最为开放的制度环境。海关总署指导上海海关为国产大飞机企业量身定制“一司两地”一体化监管模式，成功解决了上海飞机制造有限公司两个生产基地分别位于洋山特殊综合保税区围网内外、无先例可循的监管难题，助力全球首架国产 C919 大型客机于 2023 年 5 月顺利交付并商业运营；保障 ARJ21 国产新支线飞机高效通关，推动形成龙头企业在区内集聚、上下游产业链在区内外布局的新分工体系。推出“生物医药企业进口研发用物品白名单”“进出境特殊物品联合监管”两项创新制度，通过跨部门协作解决生物医药产业发展遇到的瓶颈问题。针对集成电路产业多主体、多频次、大跨度国内国际流动的运行特点，建立覆盖集成电路产业链全流程的新型海关监管服务体系，进一步扩大对外开放水平。

三、胸怀“国之大者”，服务国家区域重大战略

2023 年，全国自由贸易试验区数量已扩大至 22 个（见表 1），形成了覆盖东西南北中，统筹沿海、内陆、沿边的改革开放创新格局。海关总署紧紧围绕共建“一带一路”倡议，京津冀协同发展、长三角一体化、粤港澳大湾区建设等国家战略，聚焦西部大开发、振兴东北老工业基地、中部崛起、东部地区率先发展、兴边富民五大板块的区域发展战略，指导各自由贸易试验区海关创新思路、凝聚力量、突出特色、增创优势，大胆试、大胆闯、自主改，因地制宜开展海关监管制度创新工作，发挥制度创新的“头雁效应”。

表 1　截至 2023 年全国自由贸易试验区分布及名单

序号	名称	片区名称（按成立时间排序）	分布
1	中国（上海）自由贸易试验区	上海外高桥保税区、上海外高桥港综合保税区、洋山特殊综合保税区、上海浦东机场综合保税区、陆家嘴金融片区、金桥开发片区、张江高科技片区、临港新片区	上海市
2	中国（天津）自由贸易试验区	天津港片区、天津机场片区、滨海新区中心商务片区	天津市
3	中国（广东）自由贸易试验区	广州南沙新区片区	广州市
		深圳前海蛇口片区	深圳市
		珠海横琴新区片区	珠海市
4	中国（福建）自由贸易试验区	平潭片区、福州片区	福州市
		厦门片区	厦门市
5	中国（辽宁）自由贸易试验区	大连片区	大连市
		沈阳片区	沈阳市
		营口片区	营口市
6	中国（浙江）自由贸易试验区	舟山离岛片区、舟山岛北部片区、舟山岛南部片区	舟山市
		宁波片区	宁波市
		杭州片区	杭州市
		金义片区	金华市

表1 续1

序号	名称	片区名称（按成立时间排序）	分布
7	中国（河南）自由贸易试验区	郑州片区	郑州市
		开封片区	开封市
		洛阳片区	洛阳市
8	中国（湖北）自由贸易试验区	武汉片区	武汉市
		襄阳片区	襄阳市
		宜昌片区	宜昌市
9	中国（重庆）自由贸易试验区	两江片区、西永片区、果园港片区	重庆市
10	中国（四川）自由贸易试验区	成都天府新区片区、成都青白江铁路港片区	成都市
		川南临港片区	泸州市
11	中国（陕西）自由贸易试验区	中心片区、西安国际港务区片区	西安市
		杨凌示范区片区	咸阳市
12	中国（海南）自由贸易试验区	海南岛全岛	海南省
13	中国（山东）自由贸易试验区	济南片区	济南市
		青岛片区	青岛市
		烟台片区	烟台市
14	中国（江苏）自由贸易试验区	南京片区	南京市
		苏州片区	苏州市
		连云港片区	连云港市
15	中国（广西）自由贸易试验区	南宁片区	南宁市
		钦州港片区	钦州市
		崇左片区	崇左市
16	中国（河北）自由贸易试验区	雄安片区	保定市
		正定片区	石家庄市
		曹妃甸片区	唐山市
		大兴机场片区	北京市、廊坊市
17	中国（云南）自由贸易试验区	昆明片区	昆明市
		红河片区	红河哈尼族彝族自治州
		德宏片区	德宏傣族景颇族自治州
18	中国（黑龙江）自由贸易试验区	哈尔滨片区	哈尔滨市
		黑河片区	黑河市
		绥芬河片区	绥芬河市
19	中国（北京）自由贸易试验区	科技创新片区、国际商务服务片区、高端产业片区	北京市

表1 续2

序号	名称	片区名称（按成立时间排序）	分布
20	中国（湖南）自由贸易试验区	长沙片区	长沙市
		岳阳片区	岳阳市
		郴州片区	郴州市
21	中国（安徽）自由贸易试验区	合肥片区	合肥市
		芜湖片区	芜湖市
		蚌埠片区	蚌埠市
22	中国（新疆）自由贸易试验区	乌鲁木齐片区	乌鲁木齐市
		喀什片区	喀什市
		霍尔果斯片区	霍尔果斯市

助力高质量共建“一带一路”。重庆海关重点攻坚中欧班列运输国际邮件和进口整车的关键环节，监管运输国际邮件3500万件；监管进口车辆3.1万台，货值超200亿元。另创新海关特殊监管区域“四自一简”监管模式，推动形成以笔记本电脑代工为支柱的产业集群，实现了全球每3台笔记本电脑就有1台“重庆造”。推动京津冀发展不断迈上新台阶。北京、天津、石家庄海关创新进口医疗器械京津冀协同监管，增强进口医疗器械入境验证有效性，区域风险防控协同水平显著提升。助推长三角一体化高质量发展。上海、南京、杭州、合肥海关以“精准监管、顺势监管、信用监管”为原则，探索形成企业、区域管理主体多元参与的进境货物木质包装检疫监管新模式，通关时间减少2个工作日。推进粤港澳大湾区纵向建设。广州、深圳、拱北海关在粤港澳大湾区创新开展“进口预包装食品标签技术整改移动远程监管”，提升实际监管效能30%以上。

加强差异化创新探索。沿海海关以促外贸为突破口。厦门海关创新航空维修系列海关监管模式，支持中国（福建）自由贸易试验区建成“一站式”航空维修基地，2023年厦门海关监管进出口维修飞机440架次，保税维修进出口1678.1亿元，同比增长3.18倍，业务量居全国前列；青岛海关推出“进出口货物知识产权状况预确认”模式，有效提升海关知识产权保护效能，成功入选国务院知识产权战略实施工作部际联席会议办公室知识产权强国建设首批典型案例。中西部海关以强创新为着力点。成都海关、重庆海关创新“关银一KEY通”川渝一体化模式，实现成渝地区“电子口岸卡”跨关区通办，服务新入网企业7000余家，便捷办理相关业务逾万次，业务办理时间压缩三分之二以上；长沙海关创新“优化生物医药全球协同研发试验用特殊物品出境检疫查验流程”，对从长沙关区口岸出境的特殊物品，口岸和属地联动，实现通关“一次申报、一次检查、一次放行”。沿边海关以解难题为切入点。昆明海关结合云南边境贸易新特点新情况，推出“互联网+边民互市”海关监管创新举措，推进边民互市贸易创新发展，并在国务院第九次大督查中受到通报表扬。南宁海关建立自由贸易试验区建设关键绩效指标（KPI）核心指标考评机制，将试点任务落实、制度创新、复制推广等核心任务纳入绩效考核，定期发布指标情况，实施正向激励。哈尔滨、南宁、昆明海关开展沿边自贸协同创新，联合提出“出境竹木草制品检疫监管新模式”创新举措，促成“关企共治”。东北地区海关以优服务为落脚点。大连海关聚焦智慧海关建设，推出了“云签发”创新举措，被纳入国务院第七批在全国复制推广的改革试点经验。沈阳海关推出“飞机行业内加工贸易保税货物便捷调拨监管模式”创新措施，解决集团企业间料件结转手续烦琐、审批时间长等问题，压缩办理时间近70%，受益保税货物货值近40亿元。

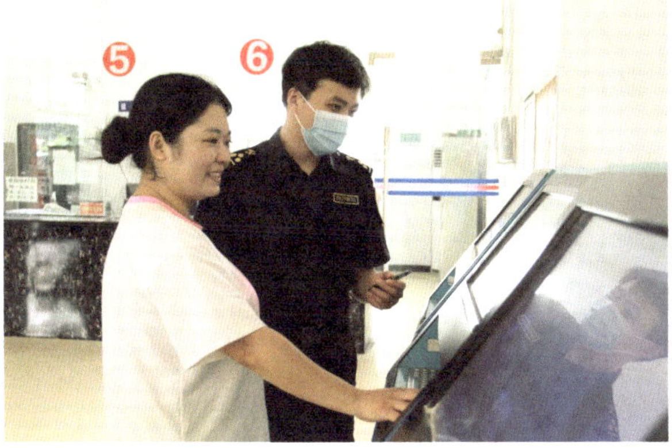

▲2023年7月22日，昆明海关关员指导边民通过“互联网+边民互市”模式办理边民互市相关业务（昆明海关/供图）

四、叠加两区政策，推动海关特殊监管区域与自由贸易试验区统筹发展

截至2023年底，22个自由贸易试验区内有70个海关特殊监管区域，实现了自由贸易试验区内海关特殊监管区域全覆盖。海关总署积极推进自由贸易试验区与综合保税区创新联动，加大探索差异化力度，充分发挥“保税+”政策优势，推出服务自由贸易试验区内海关特殊监管区域企业的创新举措62项。天津海关积极探索融资租赁监管新模式，支持融资租赁产业发展，支持中国（天津）自由贸易试验区成为继爱尔兰之后的全球第二大飞机融资租赁聚集地，创新实践入选国务院“最佳实践案例”。广州海关试点实施区内仓储保税和非保税货物状态互转，无须实际进出区，提升贸易灵活性，增强企业应变能力。在发挥“保税+”优势，服务新业态发展方面。南京海关启动“保税检测区内外联动改革试点”，试点企业可将待检测货物保税外发至境内区外检测，单票货物节省通关时间近2天，节约相关税费近800元。长沙海关实施“综合保税区优化进出区管理”新模式，进出区车辆申报时间由30~80分钟缩短至5分钟内。大连海关推出委内加工产品出口检验监管新模式，助力产品快速进入内销渠道，压缩通关时间近10日。昆明海关创新推出“综合保税区飞行模拟器培训”，助推了云南航空培训服务产业发展。重庆海关创新进出区精细化、差异化、智能化、一体化监管的“海关特殊监管区域货物进出区‘四化’监管新模式”，卡口通过效率提升约30%。

▲2022年7月29日，天津海关监管第2000架进口保税租赁飞机 （天津海关/供图）

五、聚焦市场主体诉求，精准支持重点产业

支持“卡脖子”产业发展。厦门海关推出“减免税快速审核模式”，支持集成电路、软件、新型显示器件、民用航空维修用航材企业全程无纸化办理减免税手续，快审快核，最快缩短至1分钟。深圳海关支持前海综合保税区打造“存储晶圆检测公共服务平台”和“亚太存储分测现货交易平台”，全程保障存储晶圆“随报随审、即到即测”，推动形成“原料供应—设备检验终端销售—售后维修”为一体的ICT产业生态链。

▲2023年10月4日，深圳海关支持前海蛇口片区晶圆检测服务平台落地前海综合保税区 （深圳海关/供图）

支持大宗资源性商品顺畅进口。杭州海关紧扣中国（浙江）自由贸易试验区建设大宗商品全球资源配置基地战略定位，启动全国首个保税燃料油跨关区直供无纸化试点，叠加“一船多供”“跨关区直供”等海关监管集成创新，不断提升供油效率，助力舟山港从全球第八提升至第四大加油港，2023年舟山口岸保税供油670.3万吨。宁波海关上线进口大宗商品重量鉴定智慧监管系统，覆盖进口石油、煤炭、铁矿石等10余种大宗散货，实现鉴定全过程留痕可控，为企业挽回经济损失约1.5亿元，平均每船次降低通关时间2~4小时，全方位保障能源资源商品供应链产业链畅通。宁波舟山港已成为我国最大的铁矿石、原油等大宗商品转运基地，承担了长江经济带50%铁矿石和90%油品中转业务。上海海关推出期货保税交割制度，支持原油、20号胶、低硫燃料油和国际铜4种国际化保税期货品种开展期货保税交割业务，拓展保税标准仓单质押业务，上海期货交易所原油期货已成为全球第三大原油期货品种。

▲2019年4月18日，上海海关所属洋山海关关员爬上位于洋山保税港区内的两万立方米容量的油罐进行监管工作　（上海海关/供图）

巩固跨境电商国际领先地位。宁波海关首创“跨境电商网购保税进口包裹出区嵌入式监管”，通过配备自动化分拣流水线、高速顶置拍照式扫描终端等软硬件设备，全面提升包裹出库速度。2023年“6·18”期间零售进口成交达881万单，货值27.2亿元。郑州海关推出跨境电商零售进口退货中心仓模式，允许企业在区内设置退货中心仓，省去区外的理货仓库环节，有效减少企业经营成本，压缩物流时间5~10天。该模式入选国务院第六批改革试点经验。

六、对标国际高标准经贸规则，打造制度型开放高地

海关总署坚持以制度集成创新为抓手，持续推动规则、规制、管理、标准等制度型开放。

支持有条件的自由贸易试验区和自由贸易港试点对接。按照《国务院印发关于在有条件的自由贸易试验区和自由贸易港试点对接国际高标准推进制度型开放若干措施的通知》，积极支持在5个有条件的自由贸易试验区和海南自由贸易港，试点实施海关预裁定展期从速决定等11项涉及海关的对接国际高标准推进制度型开放措施，不因原产地证书存在微小差错而拒绝给予货物优惠关税待遇、允许进口葡萄酒标签标注特定描述词等措施纷纷落地见效。落实《全面对接国际高标准经贸规则推进中国（上海）自由贸易试验区高水平制度型开放总体方案》中涉及海关的16条试点措施，聚焦提升通关便利化水平和打造一流口岸营商环境等方面重点发力，推进上海自贸区全面对接国际高标准经贸规则。

海关总署指导各自由贸易试验区海关对标国际经贸规则开展海关监管制度创新。武汉海关对标RCEP第四章第十二条“信息技术的应用”，提出“快件作业无纸化”，实现信息“秒”对比，监管效能显著提升。重庆海关学习借鉴WCO关于“商品条形码”应用的先进经验，实施“跨境电商零售进口商品条码应用”，依托商品条码实施最小颗粒度精准监控，在口岸查验、入库理货环节大幅提高识别准确率，监管实效提高25%。

深耕十年，自由贸易试验区硕果累累。乘风破浪，自贸建设再启新程。新征程上，全国海关将认真落实习近平总书记关于深入推进自由贸易试验区建设的重要指示精神，深入实施自由贸易试验区提升战略，坚持问题导向、需求导向，主动对接高标准国际经贸规则，强化海关监管制度集成创新，助力自由贸易试验区更高水平开放，当好让党放心、让人民满意的国门卫士。

大事记

1 月

1 日 首辆澳门单牌车零点 20 分在港珠澳大桥珠海公路口岸进境，当日拱北海关监管进出境澳门单牌车 5535 辆次，海关支持《粤港澳大湾区发展规划纲要》“澳车北上”施行。

3 日 青岛海关“十四五”首项国家重点研发计划项目“口岸重要消化道病原体快速检测鉴定溯源和处置技术研究”获得科技部立项批复。

4 日 海关总署分别与菲律宾农业部、财政部签署关于菲律宾鲜食榴莲输华植物检疫要求的议定书、关于“经认证的经营者”制度互认的安排。

8 日 海关总署署长俞建华在海关总署口岸运行监控指挥中心调度指挥“乙类乙管”调整首日航空口岸和陆路口岸检疫通关工作。

时任海关总署副署长吕伟红带队到首都机场海关现场检查指导“乙类乙管”调整首日北京首班入境航班旅客检疫通关工作。

9 日 海关总署与埃及农业与土地开垦部签署关于埃及新鲜椰枣输华植物检疫要求的合作谅解备忘录、关于埃及新鲜石榴输华植物检疫要求的合作谅解备忘录。

11 日 乌鲁木齐海关所属红其拉甫海关获评第十批“全国民族团结进步示范区示范单位”荣誉称号。

12 日 时任海关总署政治部主任许大纯出席中央党校中央和国家机关分校 2022 年秋季海关中青年处级领导干部进修班（总第 20 期）暨学习宣传贯彻党的二十大精神理论进修班（第 1 期）结业式。

13 日—14 日 2023 年全国海关工作会议和海关全面从严治党工作会议在北京召开。

14 日 驻署纪检监察组组长王林在署主持召开 2023 年海关纪检监察工作会议。

16 日 时任海关总署政治部主任许大纯看望退休干部原副署长吴乃文同志。

时任海关总署政治部主任许大纯在署出席 2022 年度下半年海关总署授予三级关务监督关衔授衔仪式。

17 日 海关总署党委书记、署长俞建华带领党委班子慰问额济纳、满洲里十八里、通化、同江、东兴、畹町、普兰、阿拉山口 8 个海关边关干部职工。

四川成都天府国际机场对外开放通过国家验收。

18 日 海关总署署长俞建华看望慰问原署长于广洲、牟新生同志。

2 月

1 日 海关总署副署长王令浚在署会见来访的商务部副部长凌激。

10 日 海关总署与柬埔寨农林渔业部签署关于柬埔寨输华食用水生动物检疫和卫生要求议定书。

湖北黄石棋盘洲综合保税区通过海关总署等 7 部委联合验收组正式验收。

广东湛江综合保税区通过海关总署等 7 部委联合验收组正式验收。

14 日 海关总署与伊朗农业部签署乳品输华检验检疫要求议定书、苹果输华植物检疫要求的议定书，与伊朗财经部签署关于国际贸易“单一窗口”合作的谅解备忘录。

海关总署与香港海关签署《海关总署与香港海关深化风险管理合作安排》。

广东港珠澳大桥珠海公路口岸扩大开放通过国家验收。

15 日 武汉海关、南昌海关和长沙海关数据分中心与中国建设银行湖北、江西、湖南省分行共同在线签署“湘鄂赣”跨省一 KEY 通合作备忘录。

16 日 时任海关总署副署长吕伟红在京参加国家制造强国建设领导小组第四次会议暨国家集成电路产业发展领导小组第四次会议。

18 日 江苏连云港口岸扩大开放获国务院批复。

山东青岛港口岸扩大开放获国务院批复。

24 日 驻署纪检监察组组长王林在京参加全国纪检监察干部队伍教育整顿动员部署会议。

26 日—28 日 海关总署署长俞建华在京参加中国共产党第二十届中央委员会第二次全体会议。

27日—28日 海关总署副署长、全国打私办主任王令浚在广西南宁出席2023年海关打击走私工作会议暨全国打私办主任会议并讲话。

28日 时任海关总署政治部主任许大纯赴海口海关所属三沙海关，看望慰问驻岛海关工作人员。

时任海关总署党委委员、办公厅（国口办）主任赵增连在京参加国务院新闻办公室新闻发布会。

3月

1日 海关总署与白俄罗斯农业和食品部签署关于白俄罗斯有机栽培介质输华植物检疫要求议定书。

2日 海关总署署长俞建华在署会见浙江省委书记易炼红、省长王浩一行。

海关总署署长俞建华在署会见新疆维吾尔自治区主席艾尔肯·吐尼亚孜一行。

3日 海关总署举行全国海关系统先进集体和先进工作者表彰大会暨先进事迹报告会。

8日 重庆永川综合保税区通过海关总署等7部委联合验收组正式验收。

10日 驻署纪检监察组组长王林在署主持召开全国海关纪检干部队伍教育整顿动员部署会议并讲话。

13日 海关总署署长俞建华在署会见澳门特别行政区行政长官贺一诚。

14日 “深圳—黄埔海关口岸与属地协同监管”首票进口货物顺利通关。

15日 海关总署署长俞建华在署会见香港特别行政区行政长官李家超。

17日 驻署纪检监察组组长王林在京参加中央纪委国家监委传达学习全国两会精神会议。

19日 驻署纪检监察组组长王林在杭州纪检监察培训中心主持召开海关系统纪检机构新任领导干部座谈会。

20日 海关总署署长俞建华，时任海关总署党委委员、办公厅（国口办）主任赵增连在京出席“守国门、促发展，为推进中国式现代化贡献海关力量”有关情况新闻发布会。

21日 南京海关所属江阴海关在进境板坯木质包装中首次截获有害生物筛孔六节象。

21日—23日 海关总署缉私局代表团与蒙古国海关总局缉私与安全局代表团在厦门举行2023中蒙海关缉私业务交流。

22日 中共中央政治局委员、国务院副总理何立峰到海关总署考察调研。

重庆海关所属重庆港海关保障全国首列西部陆海新通道新能源汽车铁海联运班列首发欧洲。

23日 海关总署署长俞建华在署会见巴西农业和畜牧业部长卡洛斯·法瓦罗。双方就深化中巴（西）检验检疫合作等交换意见。

24日 满洲里海关所属满洲里十八里海关监管首批TIR公约国际公路运输车辆进境，实现全国首次“中国证、中国车”TIR公约国际公路运输业务双向联通。

27日 财政部批复海关总署2023年部门预算新设“智慧海关及科技赋能专项”保障信息化建设和运维。

海关总署批复设立哈尔滨海关所属同江海关驻铁路口岸办事处（副处级），撤销哈尔滨海关所属同江海关驻东港办事处（副处级）。

海关总署批复设立昆明海关所属滇中海关驻楚雄办事处（副处级）、所属曲靖海关驻昭通办事处（副处级），撤销昆明海关所属瑞丽海关驻姐告办事处（副处级）、所属河口海关驻山腰办事处（副处级）。

28日 海关总署署长俞建华在署会见香港海关关长何珮珊。

29日 天津口岸首次截获医学节肢动物马六甲肉食螨。

30日 武汉新港空港综合保税区通过海关总署等7部委联合验收组正式验收。

拱北海关在拱北口岸办理全国首笔数字人民币缴纳行邮税。

31日 海关总署与西班牙王国农业、渔业和食品部签署关于西班牙扁桃仁输华检验检疫要求议定书、关于西班牙鲜食柿子输华检验检疫要求议定书。

4月

1日 海关总署与新加坡贸易及工业部签署关于进出口食品安全合作的谅解备忘录。

海关总署与马来西亚农业及粮食安全部签署关于马来西亚菠萝蜜输华植物检疫要求的议定书、关于马来西亚水产饲料输华检疫和卫生要求的议定书。

武汉海关助力鄂州花湖机场开通亚洲首个专业货运枢纽国际航线。

海口海关保障海南离岛免税政策新增“即购即提”“担保即提”提货方式落地实施，首日监管“即购即提”免税购物金额1172.2万元，购物件数11168件，购物人数5291人次。

4日 海关总署署长俞建华在署主持召开海关总署党委会。会议决定研究制订“智关强国”行动计划。

5日 呼和浩特海关所属呼和浩特白塔机场海关对首架“呼和浩特—乌兰巴托—伊斯坦布尔”全货运包机进行监管，该包机航线为“一带一路”新增空中走廊，由蒙古国航空公司定期执飞。

6日 海关总署与法国农业与粮食主权部签署关于中国从法国输入种猪的检疫和卫生条件议定书、关于中国从法国进口猪遗传物质的卫生条件议定书、关于中国从法国进口猪肉的检验检疫和兽医卫生要求议定书、关于中国从法国输入熟制猪肉制品的检验检疫和兽医卫生要求议定书、关于中国从法国进口腌制猪肉制品的检验检疫和兽医卫生要求条件议定书、关于法国饲用乳制品输华检疫和卫生要求的议定书、关于法国鲜食软枣猕猴桃输华植物检疫要求的议定书。

8日 时任海关总署副署长吕伟红在京参加2023年共和国部长义务植树活动。

10日 全国海关学习贯彻习近平新时代中国特色社会主义思想主题教育动员会议在署召开。

11日 海关总署署长俞建华在署会见驻WTO大使李成钢。

12日 山东临沂机场对外开放通过国家验收。

13日 昆明海关保障首列中老铁路国际客运列车顺利开行，当日监管经磨憨铁路口岸出入境人员368人次。

14日 海关总署与巴西农业和畜牧业部签署中国—巴西动物源性产品电子证书合作工作计划，以及关于巴西输华陆生动物蛋白饲料检疫和卫生要求的议定书。

17日 时任海关总署副署长吕伟红在署会见香港特别行政区政府环境及生态局局长谢展寰。

18日 时任海关总署政治部主任许大纯在北京海关参加全国海关“品味经典·书香海关”系列文化讲座活动启动仪式和首场讲座。

济南海关所属潍坊海关科研项目入选“生物技术与资源利用”教育部重点实验室本年度10项开放课题。

19日 浙江舟山港口岸扩大开放通过国家验收。

20日 天津口岸首次截获外来物种巴尔干锯蠢斯虫卵。

21日 海关总署署长俞建华在署以视频方式出席“中国—中亚五国”海关署长首次会晤并致辞。会议审议通过《“中国—中亚五国”海关署长会晤机制工作章程》草案。海关总署副署长王令浚主持会议，时任海关总署党委委员赵增连参加会晤。中亚五国海关署长率团出席会晤。

海关总署副署长王令浚在署会见来访的克罗地亚外交部国务秘书弗拉诺·马图斯奇。

25日 海关总署署长俞建华在署会见湖北省委书记王蒙徽、省长王忠林一行。

26日 海关总署署长俞建华在署会见中共中央政治局委员、重庆市委书记袁家军，重庆市委副书记、市长胡衡华一行。

时任海关总署副署长吕伟红在京参加中国与世界知识产权组织合作50周年纪念暨宣传周主场活动。

上海海关保障中国首次保税液化天然气（LNG）“船到船”锚地加注作业顺利开展。

湛江海关监管“深湛组合港”线路正式运行后首批116标箱、1460吨货物出口，湛江港纳入“大湾区组合港”扩圈范畴。

27日 李魁文同志任海关总署党委委员。

5月

4日 上海海关与南昌海关协同保障长三角区域外首票“联动接卸”业务顺利落地。

福州口岸发现首例高风险有害生物新德里番茄曲叶病毒。

8日 海关总署署长俞建华在署主持召开署务会议，审议并通过《2023年度海关总署立法计划》和《海关总署关于修改部分规章的决定》。

9日—10日 海关总署副署长王令浚参加2023年中央对台工作第一次全体会议。

12日 深圳海关办理全国首家港澳企业内地海关备案。

江门海关在进境原木中首次截获活体有害生物经纬大眼象。

15日 海关总署副署长王令浚在宁波出席第六届中国—中东欧国家海关检验检疫合作对话会并作主旨讲话。

海关总署副署长王令浚在宁波会见塞尔维亚农业、林业和水资源管理部部长塔纳斯科维奇。签署关于塞尔维亚宠物食品输华的检疫和卫生要求议定书、关于输华蜂蜜的检验检疫和兽医卫生要求议定书。

海关总署副署长王令浚在宁波会见中国欧盟商会副主席许倍帝。

上海海关学院“锻造国门卫士：创建中国特色一流海关本科教育的探索与实践”获国家级高等教育教学成果奖二等奖。

16日 海关总署副署长王令浚在宁波出席第三届中国—中东欧国家博览会暨国际消费品博览会开幕式。

时任海关总署政治部主任许大纯在上海海关学院出席2023年上半年海关总署授予三级关务监督关衔授衔仪式。

时任海关总署副署长吕伟红在署会见来访的爱尔兰农业、食品与海洋事务部部长查理·麦克纳洛格。

第二届中国—中东欧国家动植物卫生和食品安全（SPS）工作组会议在宁波召开。

中国—中东欧国家贸易指数（二期）景气指数正式发布。

17日 海关总署与哈萨克斯坦农业部签署关于哈萨克斯坦食用豌豆、兵豆输华检验检疫要求议定书，关于哈萨克斯坦输华葵花籽粕（饼）、红花籽粕（饼）、大豆粕（饼）、亚麻籽粕（饼）卫生与植物卫生要求议定书，关于哈萨克斯坦输华野生水产品的检验检疫和兽医卫生要求议定书。

18日 海关总署与塔吉克斯坦食品安全委员会签署关于塔吉克斯坦鲜食葡萄输华植物检疫要求的议定书。

海关总署与吉尔吉斯共和国农业部签署关于吉尔吉斯共和国鲜食葡萄输华植物检疫要求的议定书。

海关总署与土库曼斯坦政府签署关于海关事务合作与互助的协定、关于进出境动物检疫合作的谅解备忘录。

海关总署与乌兹别克斯坦投资部签署关于“经认证的经营者”制度互认的安排，与乌兹别克斯坦农业部签署关于中国从乌兹别克斯坦输入冷冻禽肉的检验检疫和兽医卫生要求议定书、关于乌兹别克斯坦鲜食葡萄输华植物检疫要求的议定书。

重庆海关、天津海关、南京海关与新加坡关税局在重庆举行中新关际合作四方会议。

18日—19日 海关总署署长俞建华在西安参加国家主席习近平主持的中国—中亚峰会。

19日 深圳海关所属罗湖海关在入境旅检渠道检出全国口岸首例艾滋病合并梅毒感染病例。

22日 时任海关总署副署长吕伟红在署会见来访的文莱初级资源和旅游部部长马纳夫。

23日 时任海关总署副署长吕伟红在京会见乌拉圭牧农渔业部部长费尔南多·马托斯。

北京中关村综合保税区获国务院批复同意设立，是全国首个以“研发创新”为特色的综合保税区。

24日 海关总署与俄罗斯联邦兽医和植物检疫监督局签署关于俄罗斯小米输华植物检疫要求议定书、关于俄罗斯植物源性中药材输华植物检疫要求的议定书。

湖北恩施许家坪机场对外开放获国务院批复。

29日 时任海关总署党委委员、办公厅（国口办）主任赵增连在京出席中越陆地边境口岸管理合作委员会第八次会议。

30日 黄河流域技术性贸易措施研究评议基地联盟在济南海关成立。

31日 海关总署署长俞建华在署会见中共中央政治局委员、上海市委书记陈吉宁一行。

海关总署与上海市人民政府签署新一轮合作备忘录。

上海海关学院完成首届国际商务、翻译专业硕士研究生招生录取工作，其中国际商务专业录取25人，翻译专业录取15人，招生计划完成率100%。

6月

1日 时任海关总署党委委员、办公厅（国口办）主任赵增连在署会见白俄罗斯共和国农业和食品部副部长沙戈伊科。

货物进口证明书和进口机动车辆随车检验单“两证合一”改革试点在上海启动。

内陆首个具备进口肉类、粮食、水果“三合一”资质的水运口岸重庆果园港进境水果指定监管场地通过海关总署验收。

深圳海关所属皇岗海关监管RCEP全面生效后全国首票出口享惠货物顺利通关。

2日 海关总署署长俞建华在署会见国家林业和草原局局长关志鸥一行。

为落实《党和国家机构改革方案》有关要求，中央编办统一按照5%比例精减海关总署机关行政编制43名。

5日 国务院批复同意设立天津临港综合保税区。

国务院批复同意设立江西上饶综合保税区。

6日 山西大同云冈机场对外开放通过国家验收。

7日 上海海关受理全国首份进境粮食检疫初审联系单，实现企业可直接在检疫审批系统上申请检疫许可证。

9日 时任海关总署副署长吕伟红在署会见来访的洪都拉斯经济发展部副部长梅尔文·恩里克·雷东多。

11日 北京海关检出全国首例在入境口岸直接拦截的猴痘阳性病例。

12日 海关总署与洪都拉斯农业和畜牧业部签署关于洪都拉斯输华养殖水产品的检验检疫和兽医卫生要求议定书、关于洪都拉斯未烘焙咖啡豆输华植物检疫要求议定书、关于洪都拉斯鲜食香蕉输华植物检疫要求议定书、关于进出口食品检验检疫合作备忘录、关于进出境动植物检疫技术合作谅解备忘录。

15日 海关总署党委委员、广东分署主任李魁文率团赴香港参加2023年粤港海关业务联系会议。

19日 国家发展改革委批复海南自由贸易港建设海关4个可行性研究报告。

20日—27日 海关总署署长俞建华参加WCO理事会年会并访问波兰、比利时和意大利。与WCO秘书长共同宣布启动“三智”项目合作，并正式提出中方提案推动完善WCO选举规则。签署重庆—卢布林关际合作备忘录，波兰牛肉、蓝莓和宠物食品输华议定书以及疯牛病防控合作备忘录，签署疯牛病防控合作备忘录、比利时芽球菊苣输华议定书、中比海关落实供应链互联互通备忘录的工作计划、经修订的中欧海关合作战略框架和中欧海关知识产权合作行动计划，签署意大利鲜梨输华议定书、加强关际合作的联合声明。

25日 国务院批复同意设立雄安综合保税区。

27日 时任海关总署党委委员、办公厅（国口办）主任赵增连在署会见蒙古国政府成员、国家口岸复兴委员会主任布·图拉嘎。

28日 海关总署与蒙古国海关总局签署关于蒙古国洗净毛绒输华检疫和兽医卫生要求议定书、关于蒙古国输华屠宰用绵羊和山羊的检疫和卫生要求议定书。

海关总署与新西兰农业部签署关于新西兰鲜食猕猴桃输华植物检疫要求出口计划。

29日 中国—非洲国家卫生与植物卫生（SPS）合作论坛在长沙举行。其间，中国海关发布《中国—非洲国家卫生与植物卫生（SPS）合作论坛联合声明》，启动中国—非洲国家SPS合作信息网站，首次发布“中国—非洲贸易指数”，与马达加斯加和津巴布韦签署农食产品准入协议。非洲国家、国际组织，中国海关和企业代表等180余人参加。

7月

1日 首辆香港单牌车零点08分在港珠澳大桥珠海公路口岸进境，当日拱北海关监管进出境香港单牌车158辆次，海关支持《粤港澳大湾区发展规划纲要》“港车北上”施行。

2日 郑州海关中欧班列（中豫号）“泰国—老挝—郑州”水果冷链回程专列首开。

昆明海关监管首列“中老铁路+中欧班列”货物列车顺利过境。

4日 厦门海关监管厦金“小三通”客运航线出入境旅客突破2000万人次。该航线自2001年1月开航。

6日 青岛空港综合保税区通过海关总署等7部委联合验收组正式验收。

6日—7日 中俄总理定期会晤委员会海关合作分委会地方海关合作工作组第五次会议在哈尔滨召开。

7日 海关总署署长俞建华在署主持召开智慧海关建设领导小组第一次会议。

9日 国务院批复同意整合福州保税区设立福州长乐国际机场综合保税区。

10日 海关总署与所罗门群岛相关部门签署关于所罗门群岛输华椰子粕卫生与植物卫生要求议定书。

上海海关实施全国首批进口服装第三方采信现场查验，实现进口服装以采信方式无感通关。

WCO与中国、意大利、波兰、俄罗斯、印度、喀麦隆、日本、泰国、纳米比亚、毛里求斯、塞内加尔、马尔代夫12个国家15名专家在WCO亚太地区培训中心（厦门）召开海关执法网络专家认证研讨会。

11日 中共中央政治局委员、新疆维吾尔自治区党委书记马兴瑞在乌鲁木齐会见海关总署署长俞建华。

海关总署副署长王令浚在京参加国务院副总理刘国中同白俄罗斯第一副总理斯诺普科夫主持召开的中白政府间合作委员会第五次会议。

江苏盐城港口岸扩大开放通过国家验收。

13日 海关总署副署长王令浚在署与伊朗经济事务和财政部副部长兼海关署署长穆罕默德·雷兹瓦尼法尔及伊朗农业部副部长阿莱依·莫加达姆举行会谈。

海关总署党委委员、广东分署主任李魁文在深圳参加2023年粤港澳卫生检疫、动植物检疫、食品安全控制会议。

14日 广东茂名港口岸扩大开放获国务院批复。

湖北宜昌航空口岸扩大开放通过国家验收。

17日 海关总署署长俞建华、时任海关总署党委委员赵增连在京参加全国生态环境保护大会。

18日 海关总署与阿尔及利亚财政部签署关于进出境动物检疫技术合作谅解备忘录、关于进出境植物检疫技术合作谅解备忘录。

19日 海关总署举办新提任厅局级领导干部宪法宣誓仪式。

天津海关“凭祥某供应链有限公司侵犯著作权案专案组”被国家版权局评选为“2022年度查处重大侵权盗版案件有功单位”。

拉萨海关监管首批尼泊尔青贮饲料从吉隆口岸进境。

19日—21日 国际原子能机构（IAEA）核安全与核安保部专家到中国海关管理干部学院访问。

20日 时任海关总署党委委员、办公厅（国口办）主任赵增连赴蒙古国大使馆磋商有关事宜。

海关总署部署开展严防外来物种入侵三年专项行动。

24日 海关总署和河北省人民政府签署合作备忘录。

25日 海口海关所属洋浦海关（副厅局级）开关。

26日 海口海关所属三亚机场海关（正处级）开关。

27日 海关总署与印度尼西亚签署关于印度尼西亚天竺黄输华植物检疫要求的议定书、关于印度尼西亚魔芋粉输华检验检疫要求议定书。

28日 海关总署印发《智慧海关建设总体方案》《智慧海关建设推进方案》。

31日 海关总署与巴基斯坦国家食品安全与研究部签署干辣椒输华议定书。

8月

1日 海关总署启动为期90天的智慧海关建设集中会战，形成智慧海关“N+X”方案体系。

6日 海关总署印发《“智关强国”行动计划》。

9日 重庆海关所属机场海关检出2023年全国口岸首例“四病合一”（艾滋病病毒、鼻病毒、肠致病性大肠埃希菌、肠集聚性大肠埃希菌）感染病例。

海关总署与陕西省人民政府签署合作备忘录。

西宁海关牵头推动青海高原冷凉蔬菜首批8种、10吨直供香港出口实现“零”的突破。

14日 首批经港珠澳大桥珠海公路口岸供香港新鲜水果龙眼4吨通关。首次实现内地全品类鲜活食品在指定时间经港珠澳大桥供香港。

16日 黑龙江同江港口岸扩大开放通过国家验收。

17日 昆明海关举办“中国—南亚博览会·进口食品企业安全责任年”活动，以“共担责任、共保安全、共促发展”为主题，缅甸、越南、老挝、孟加拉国、柬埔寨等国驻昆明总领事馆，海关总署标法中心，云南省商务厅、食安办、卫生健康委、昆明理工大学等单位部门，境内外企业代表300余人参加。

22日 海关总署与南非农业、土地改革和农村发展部签署关于南非鳄梨输华植物检疫要求的议定书。

23日 驻署纪检监察组组长王林赴驻应急部纪检监察组调研交流。

24日 习近平主席出席金砖峰会期间宣布实施智慧海关合作伙伴计划。

海关总署与尼加拉瓜农业保护和健康研究所签署关于中国从尼加拉瓜输入牛肉的检验检疫和兽医卫生要求议定书。

深圳海关缉私局“气动力枪支零部件查询工具”项目获评“智慧公安我先行”全国公安基层技术革新专项活动大数据智能化应用赛项决赛一等奖。

30日 2023年全国海关“热爱科学　崇尚科学”科普讲解比赛决赛在大连举行。评选出“2023年全国海关十佳科普讲解员”。

9月

1日 海关总署与贝宁共和国农业、畜牧业和渔业部签署关于贝宁鲜食菠萝输华植物检疫要求议定书。

海关总署署长俞建华在署会见海南省委书记冯飞、省长刘小明。

驻署纪检监察组组长王林在署主持召开海关总署党委与驻署纪检监察组全面从严治党专题会商任务分工部署会。

4日 江门海关在进境原木中截获全国首次有害生物黑带原尼辛天牛。

5日 广西峒中公路口岸对外开放通过国家验收。

6日 海关总署署长俞建华在署会见澳门海关关长黄文忠一行。

海关总署副署长王令浚与澳门海关关长黄文忠共同主持召开2023年海关总署与澳门海关业务联系年会。

海关总署与澳门海关签署《海关总署与澳门海关深化风险管理合作安排》。

广西龙邦公路口岸扩大开放通过国家验收。

厦门海关所属东渡海关监管“德国杜伊斯堡—厦门—中国台湾基隆”过境多式联运物流新通道开启。

海关总署授予昆明长水国际机场“国际卫生机场”称号。

7日 广西友谊关公路口岸扩大开放通过国家验收。

海关总署授予杭州海关杭州萧山国际机场“国际卫生机场”称号。

8日 海关总署、最高人民法院、最高人民检察院共同制订依法惩治非法引进外来入侵物种犯罪行动方案，联合开展为期1年的专项行动，坚决防范外来物种通过口岸进境入侵。

10日 海关总署智慧动植检早期收获成果合肥海关自由贸易试验区“供港活牛智慧检疫监管新模式”实施。

上海海关学院举行建校70周年高质量发展推进大会。

11日 海关总署收到习近平总书记给红其拉甫海关全体关员的回信。

12日 中共中央政治局委员、国务院副总理何立峰出席海关队伍授衔20周年大会。传达学习习近平总书记给红其拉甫海关全体关员的回信并讲话。海关总署机关开展海关队伍授衔20周年升国旗仪式暨队列展示。

13日 海关总署与委内瑞拉人民政权农业生产和土地部签署关于委内瑞拉咖啡豆输华植物检疫要求议定书、关于委内瑞拉鲜食鳄梨输华植物检疫要求议定书。

全国海关学习贯彻习近平新时代中国特色社会主义思想主题教育第一批总结暨第二批部署会议在京召开。

15日 海关总署与赞比亚农业部签署关于赞比亚鲜食蓝莓输华植物检疫要求议定书。

海关总署与柬埔寨农林渔业部签署关于柬埔寨鲜食椰子输华植物检疫要求议定书、关于中国从柬埔寨输入人工繁育猴检疫和卫生要求议定书。

海关总署副署长吕伟红在南宁出席“一带一路”海关食品安全合作研讨会并致辞。发布《“一带一路”海关食品安全合作倡议》。与巴拿马签署关于巴拿马输华野生水产品的检验检疫和兽医卫生要求议定书，与缅甸签署关于缅甸输华野生水产品的检验检疫和兽医卫生要求议定书、关于缅甸输华养殖水产品的检验检疫和兽医卫生要求议定书，与阿曼签署关于阿曼输华野生水产品的检验检疫和兽医卫生要求议定书。与巴拿马、缅甸、塞尔维亚、南非、卢旺达、文莱、巴布亚新几内亚等国家有关部门代表签署“一带一路”海关食品安全合作机制章程。

第20届中国—东盟博览会高层论坛之一的“一带一路”海关食品安全合作研讨会在南宁召开。会议通过了“一带一路”海关食品安全合作倡议，并签署了合作机制章程。

16日 海关总署进一步加大对艰苦边远地区海关支持保障力度座谈会在银川海关召开。

17日 全国首船首单采用智慧商检采信通关模式进口越南水泥业务在海南洋浦港落地。

18日 海关总署与欧盟委员会司法与消费者总司签署关于网络销售非食品类消费品安全的行动计划，以及相关行政安排。

19日 西藏里孜公路口岸对外开放通过国家验收。

驻署纪检监察组组长王林赴天津天宝会议中心检查指导智慧海关建设集中会战工作。

20日 重庆海关牵头西部陆海新通道建设沿线15地海关制定区域海关共同落实海关支持西部陆海新通道建设重点举措49条细化措施，提升西部陆海新通道时效性、便捷性。

20日—27日 海关总署政治部主任吕伟红一行访问芬兰、俄罗斯。签署中俄水产品检验检疫问题沟通协调机制备忘录以及俄罗斯野生水产品输华议定书。

23日 第19届亚洲运动会在杭州开幕，10月8日闭幕。赛事期间，杭州海关及上海、北京、广州、乌鲁木齐海关全力做好服务保障。

昆明海关从进境玉簪种苗上首次截获检疫性有害生物北方花生根结线虫。

25日 海关总署与尼泊尔农业与畜牧业发展部签署关于尼泊尔植物源性中药材输华植物检疫要求议定书。

27日 驻署纪检监察组组长王林赴驻国家市场监督管理总局纪检监察组座谈交流。

驻署纪检监察组组长王林在中国纪检监察学院主持召开海关单位纪检组长（纪委书记）座谈会。

10月

5日—11日 时任海关总署党委委员、办公厅（国口办）主任赵增连一行访问马来西亚、新加坡。与马来西亚农业及粮食安全部签署关于农产品检疫双边会谈联合声明、与新加坡关税局签署关于深化国际贸易“单一窗口”合作的联合声明。

16日 海关总署和匈牙利外交与对外经济部

签署关于匈牙利原羊毛输华的检疫和卫生要求议定书、关于加强供应链互联互通合作的谅解备忘录。

海关总署与埃塞俄比亚农业部签署关于埃塞俄比亚未烘焙咖啡豆输华植物检疫要求议定书。

海关总署署长俞建华前往北京首都机场迎接埃及总理穆斯塔法·马德布利来华出席第三届“一带一路”国际合作高峰论坛。

海关总署副署长王令浚在署会见阿根廷经济部农牧渔业国务秘书巴希洛。签署卫生与植物卫生领域合作备忘录、关于阿根廷小麦输华植物检疫要求议定书、关于阿根廷原羊毛输华的检疫和卫生要求议定书。

17日 海关总署与智利农业部签署关于开展植物检疫证书无纸化合作备忘录、关于智利鲜食核果输华植物检疫要求的议定书；与智利经济、发展和旅游部签署关于智利输华养殖水产品的检验检疫和兽医卫生要求议定书。

海关总署与印度尼西亚海洋事务与渔业部、检疫局分别签署关于印度尼西亚输华野生水产品的检验检疫和兽医卫生要求议定书、关于印度尼西亚共和国食用水生动物输华检疫和卫生要求议定书。

海关总署与乌兹别克斯坦农业部签署关于乌兹别克斯坦沙枣干输华检验检疫要求议定书。

海关总署与塞尔维亚农业、林业和水管理部签署关于塞尔维亚苹果输华植物检疫要求议定书。

海关总署与哈萨克斯坦农业部签署关于哈萨克斯坦油菜籽输华植物检疫要求议定书。

浙江舟山普陀山机场对外开放通过国家验收。

18日 海关总署与巴基斯坦国家食品安全研究部签署关于巴基斯坦加工用驴皮输华检疫和卫生要求议定书、关于巴基斯坦输华乳品检验检疫要求议定书。

海关总署与泰国农业和合作社部签署关于泰国鲜食西番莲输华植物检疫要求议定书。

海关总署署长俞建华在京参加第三届“一带一路”国际合作高峰论坛贸易畅通专题论坛并作大会发言。

时任海关总署党委委员、办公厅（国口办）主任赵增连在署会见蒙古国国家口岸复兴委员会主任。

19日 海关总署与斯里兰卡外交部签署关于斯里兰卡锡兰肉桂输华植物检疫要求议定书、关于斯里兰卡输华野生水产品的检验检疫和兽医卫生要求议定书。

海关总署与蒙古国海关总局签署关于蒙古国工业用陆生动物制品输华检疫和兽医卫生要求议定书、关于共同打击走私犯罪活动的谅解备忘录。

20日 海关总署与老挝外交部签署关于老挝植物源性中药材输华植物检疫要求议定书、关于老挝人工繁育猴输华检疫和卫生条件议定书、关于老挝鲜食芒果输华植物检疫要求议定书、关于老挝腰果输华检验检疫要求议定书。

22日 江苏如东洋口港口岸扩大开放获国务院批复。

25日 海关总署与哥伦比亚外交部签署关于哥伦比亚藜麦输华植物检疫要求议定书、关于中国从哥伦比亚输入冷冻牛肉的检验检疫和兽医卫生要求议定书。

哈尔滨、大连、呼和浩特、满洲里、长春海关和中国海关科学技术研究中心在哈尔滨海关签署“东北四省区五关一中心”边境口岸传染病联防联控合作协议。

26日 海关总署署长俞建华在署会见内蒙古自治区政府主席王莉霞。海关总署与内蒙古自治区签署合作备忘录。

28日 江苏启东港口岸扩大开放获国务院批复。

浙江宁波港口岸扩大开放获国务院批复。

第一届青莲湖“中国海关史”学术研讨会在上海海关学院举办。研讨会主题为“中国海关与中国现代化进程”研究。

31日 中国（新疆）自由贸易试验区正式获国务院批准。

11月

3日 海关总署政治部主任吕伟红在署会见丹麦食品、农业和渔业部部长雅克布·延森。签署关于中国从丹麦输入牛肉的检验检疫和兽医卫生要求议定书。

6 日 第六届中国国际进口博览会圆满开幕。其间，海关总署主办第二届“非关税贸易措施高质量发展论坛”，举行（广东廉江）小家电技术性贸易措施研究评议基地、（广东茂名）特色水果技术性贸易措施研究评议基地签约仪式。

7 日 全国海关警示教育大会在京召开。

8 日 上海海关学院与美国协和大学威斯康辛分校签署合作备忘录。

8 日—9 日 深圳海关派员参加 WCO 第三届全球原产地大会并作主旨发言。

9 日 海关总署副署长王令浚在署会见来访的芬兰共和国农业和林业部部长萨里·埃塞。签署关于中国从芬兰输入禽肉的检验检疫和兽医卫生要求议定书。

14 日 上海海关保障国产首艘大型邮轮“爱达·魔都号”顺利交付。

15 日 海关总署署长俞建华在署会见山西省委副书记、省长金湘军一行，时任海关总署党委委员赵增连参加会见。

17 日 海关总署政治部主任吕伟红在上海海关学院出席海关总署 2023 年下半年授予三级关务监督关衔授衔仪式。

20 日 驻署纪检监察组组长王林在署出席海关监督执纪工作奖励大会暨先进事迹报告会并作讲话。

21 日 江西九江港口岸扩大开放通过国家验收。

22 日 国务院批复同意设立佛山综合保税区。

海关总署与乌拉圭牧农渔业部签署关于乌拉圭鲜食柑橘输华植物检疫要求议定书、关于乌拉圭食用水生动物输华检疫和卫生要求议定书、关于中国从乌拉圭输入运动马的检疫和卫生要求议定书、关于中国从乌拉圭输入牛肉的检验检疫和兽医卫生要求议定书、关于中国从乌拉圭输入羊肉的检验检疫和兽医卫生要求议定书。

23 日 海关总署署长俞建华在署主持召开智慧海关建设领导小组第二次会议。会议审议并原则通过智慧海关“N+X”方案及《智慧海关建设实施安排》《智慧海关建设十佳项目评选办法》。

沈阳海关完成第十批 25 位在韩志愿军烈士遗骸及 335 件遗物归国保障任务。

24 日 山西运城机场对外开放通过国家验收。

南昌海关在比利时 WCO 第 10 次非侵入式查验技术专家组会议上，推介艺术品智慧监管项目。

25 日 海关总署印发《智慧海关建设实施安排》。

26 日—27 日 海关总署与哈萨克斯坦农业部签署关于哈萨克斯坦鲜食核果输华植物检疫要求议定书。

12 月

1 日 海关总署副署长王令浚出席 WCO“大地女神”第九期国际联合执法行动线上总结会。

安徽芜湖港口岸扩大开放通过国家验收。

3 日—10 日 海关总署党委委员、广东分署主任李魁文一行访问英国、爱尔兰，签署关于广州海关和费利克斯托口岸关际合作协议。

4 日 海关总署与山东省人民政府签署合作备忘录。

美国能源部代表团一行到中国海关管理干部学院访问。

5 日 吴海平任海关总署党委委员，17 日任海关总署副署长。

江门海关在进境原木中全国首次截获橙巴布捕鸟蛛。

7 日 昆明海关从入境旅客携带的番石榴中全国首次截获检疫性有害生物沙梨果实蝇。

10 日 全国首个进口再生金属原料目的地智慧检验监管试点在江西省鹰潭市顺利落地。

南昌海关、福州海关、厦门海关在江西省南昌市签署《南昌海关、福州海关、厦门海关推进全业务领域一体化工作协议》。

拱北海关所属中山港海关在进口圭亚那原木中首次截获有害外来物种刺状魔锯天牛。

12 日 海关总署与越南农业与农村发展部签署关于越南鲜食西瓜输华植物检疫要求议定书、关于口蹄疫免疫无疫区建设要求备忘录。

13 日 海关总署副署长王令浚在京参加全国人大专题会议，并就《中华人民共和国国境卫生检疫法（修订草案）》起草情况作汇报。

粤澳货物集中申报模式“一单两报”应用首票货物在拱北海关申报成功。

15日 海关总署与文莱初级资源和旅游部签署关于文莱输华野生水产品的检验检疫和兽医卫生要求议定书、关于文莱输华养殖水产品的检验检疫和兽医卫生要求议定书。

海关总署印发智慧海关业务条线实施方案和业务场景应用方案。

19日 海关总署与俄罗斯联邦兽医和植物检疫监督局签署关于俄罗斯宠物食品输华的检疫和卫生要求议定书、关于俄罗斯联邦玉米、水稻、大豆和油菜籽输华植物检疫要求议定书的补充条款、关于中国从俄罗斯输入猪肉的检验检疫和兽医卫生要求议定书，与俄罗斯联邦海关署签署关于海关智能领域合作备忘录。

天津海关完成全国首单1架空客A320飞机，货值2.5亿元的“融资租赁+保税维修”业务。

20日 海关总署与江西省人民政府签署合作备忘录。

21日 新疆伊宁机场对外开放通过国家验收。

21日—22日 2023年度中国—哈萨克斯坦边境海关负责人会谈在中哈霍尔果斯国际边境合作中心举行。

22日 “京津冀三关支持服务京津冀协同发展2023年联席会议”召开，审议并通过《北京海关、天津海关、石家庄海关支持服务京津冀协同发展工作机制》和12个重点领域专项工作组的任务分工。

23日 内蒙古包头机场对外开放通过国家验收。

28日 海关总署与国家税务总局签署合作备忘录。

海关总署副署长吴海平在全国海关信息中心调研，实地察看大数据应用中心、监控指挥大厅和机房，听取工作汇报。

29日 海关总署署长俞建华、副署长王令浚在京参加第十四届全国人大常委会第七次会议，审议《中华人民共和国国境卫生检疫法（草案）》。

南昌海关“关于进一步发挥稀土资源和产业优势　服务国家外交大局的调研报告”获评“中央和国家机关基层党组织优秀调研报告”一等奖。

上海海关学院公共管理、税务2个硕士学位授权点通过核验。

中国海关概览

历史沿革

【古代海关】 海关是国家（地区）依法设立并行使进出关境监督管理职权的行政机关。中国古代海关始自西周，历经关、津、市舶司、榷署、茶马司、督饷馆、户关、工关、清初四海关等的演变。西周时期，国家开始建立管理陆路进出境事务的机构——关，到春秋战国时期，各诸侯国在陆路边界及水陆交通要道设“关”“津”，逐渐明确关津具有征税、缉私等职权。关津管理制度经过秦汉及魏晋南北朝的发展，到隋唐时期已基本完备。唐至明代，随着国家经济重心南移，海上丝绸之路繁盛，政府开始在东南沿海港口设立市舶管理机构——市舶使（司）。当时，关津与市舶并存，关津主要负责内陆进出境检查，市舶则管理海上贸易。唐朝始设安南市舶使，在广州海阳设市舶使院。宋朝在广州、杭州、明州（今浙江宁波）、泉州、温州、密州板桥镇（今山东胶州）等地先后设市舶司及其下辖的市舶务。宋《元丰市舶条法》是已知世界上最早的海上外贸成文法规。元朝沿用宋朝的市舶司管理制度，在泉州、上海、广州、温州、杭州、庆元（今浙江宁波）、澉浦（今浙江海盐）设置7个市舶提举司。明初实行海禁政策，朝贡品以及随同朝贡船只的非朝贡货品入市贸易由设在广州、泉州及宁波等地的市舶司监管。明清时期，政府在运河、长江水道设关征税，称为“榷关”。榷关分属户部和工部管辖，也称户关和工关，户关又被称“钞关”。1684年起清朝在东南沿海设立闽海关、粤海关、江海关和浙海关，始现“海关”之称。

（叶东辉）

【近代海关】 鸦片战争后，西方列强强迫清政府签订的一系列不平等条约，成为攫夺海关主权的“法律依据”，中国关税自主权、海关管理权、海关税款收支保管权等主权相继旁落。1854年，英、美、法三国领事胁迫江海关监督设立由三国驻沪领事指定的外籍人员参加的“关税管理委员会”，江海关成为第一个由外国人管理的海关。1858年《通商章程善后条约》将该制度推向全国，形成“新关”（又称“洋关”，负责对进出口“洋船”和“洋式船只”及其所载货物进行监管和征税等）与“常关”（承担国内民船的监管与征税等职责）并存的局面，海关包括行政（机构、组织）、人事（任免、薪资、奖惩）、业务（征税、监管、缉私等）的管理权悉由洋人掌控。1854年至1949年的90余年间，中国近代海关由中国政府雇用洋人管理，统称“外籍税务司制度”（其中1854年至1859年为“税务监督制度”）。南京国民政府于1927年5月设立财政部，下设关税处（同年改称“关务署”）。近代海关主要承担监管、征税、查私、统计职能，还担负海务港务、海港检疫任务，先后办理气象观测、新式邮政、同文馆、军舰代购、商标挂号、国际展览会参展，并参与涉外事务、经理国家内外债赔款等。

（叶东辉）

【近代检验检疫】 1873年，清政府在厦门、上海两港实施海港卫生检疫，口岸卫生检疫诞生。1903年，清政府在由沙俄政府把持的中东铁路管理局成立中国最早的动植物检疫机关——兽医处，对来自沙俄的各种肉类食品进行检疫。1923年、1927年《出口肉类检验条例》《毛革肉类出口检查条例》相继出台，农工部毛革肉类检查所在天津设立。1928年，上海、广州先后成立农产物检查所。1928年至1929年，《出口商品检验暂行规则》《出口商品检验局暂行章程》相继由工商部颁布，上海、汉口、青岛、天津、广州等口岸设立商检局。1930年7月1日，卫生部海港检疫管理处成立，统一管理全国检疫工作，并颁布《海港检疫章程》等。清政府、国民政府的相关举措，在一定程度上收回了我国检验检疫主权。

（叶东辉）

【中国共产党领导收回关税主权斗争】 中国共产党成立后，一直主张关税自主，进行区域性探索并领导海关华员开展收回海关主权的斗争。20 世纪 30 年代至中华人民共和国成立以前，中国共产党在苏区、抗日根据地、解放区独立自主行使海关和检验检疫事权、施行海关和检验检疫制度，对海关和检验检疫工作进行区域性尝试与探索。1945 年 8 月 24 日，烟台解放后，胶东工商管理局派员接管东海关，中国共产党领导的第一个解放区海关诞生。从 1948 年底到 1950 年，中国共产党解放和接管了各地海关机构。

（叶东辉）

【中华人民共和国海关】1949 年 10 月 25 日，中央人民政府海关总署依据《中华人民共和国中央人民政府组织法》在北京成立，全国有 27 个海关（关）、19 个分关、127 个支关（所、站）。1952 年，对外贸易部设立商品检验总局，统一管理和领导全国的进出口商品检验工作。此后，农业部、卫生部分别设立出入境动植物检疫、卫生检疫机构。中华人民共和国成立后的近 30 年，新中国海关基本完成了对旧海关机构的接收改造，初步建成适应独立自主的对外贸易管理体系的新海关管理体制、法律体系。1978 年改革开放后，海关服务服从于经济建设这个中心，履行“把关、服务”职能，为推动改革开放、促进外向型经济发展作出贡献。1982 年，中华人民共和国动植物检疫总所成立，负责全国口岸进出境动植物检疫工作；1994 年，更名为中华人民共和国动植物检疫局。1988 年，中华人民共和国卫生检疫总所成立，负责管理口岸卫生检疫工作；1990 年，加挂“中华人民共和国进口食品卫生监督检验总所”牌子；1995 年，更名为“中华人民共和国卫生检疫局（中华人民共和国进口食品卫生监督检验局）”。1998 年 3 月，海关总署升格为正部级，承接口岸管理职能，中华人民共和国国家进出口商品检验局、中华人民共和国动植物检疫局、中华人民共和国卫生检疫局合并，组建中华人民共和国国家出入境检验检疫局，由海关总署管理。1999 年 1 月，海关缉私警察队伍成立，由海关总署和公安部双重领导、以海关领导为主。2001 年 4 月，国务院决定将国家出入境检验检疫局从海关划出，与国家质量技术监督局合并，组建国家质量监督检验检疫总局。2018 年 3 月 21 日，国家质量监督检验检疫总局的出入境检验检疫管理职责和队伍划入海关总署。4 月 20 日起，统一以海关名义对外执法。

（叶东辉）

【海关关徽】1953 年 9 月，对外贸易部发布《中华人民共和国海关关徽、关旗说明及使用规则》。关徽由金黄色钥匙与商神手杖交叉组成。其中，两蛇相缠的商神杖源于古希腊神话，是商神赫尔墨斯手持之物，被世人视为商业及国际贸易的象征，钥匙则具有海关掌管国家经济大门的含义。钥匙上的三个齿，分别代表海关的监管、征税、查私三大任务。1997 年 5 月，海关总署发布《中华人民共和国海关关徽使用管理办法》，自 7 月 1 日起实施，进一步规范关徽使用。

▲中华人民共和国海关关徽（1953 年 10 月 1 日开始使用）

（叶东辉）

【关衔制度】关衔制度是我国继军衔、警衔后实行的第三种衔级制度。2003 年 2 月 28 日，第九届全国人民代表大会常务委员会第三十二次会议通过《中华人民共和国海关关衔条例》，以中华人民共和国主席令第八十五号颁布实施。2003 年 10 月 1 日，全国海关工作人员正式佩戴衔级标志上岗工作。海关关衔以职务等级为主、关衔为辅的原则，按照职务等级编制，设五等十三级。分别是：

海关总监、海关副总监。

关务监督：一级、二级、三级。

关务督察：一级、二级、三级。

关务督办：一级、二级、三级。

关务员：一级、二级。

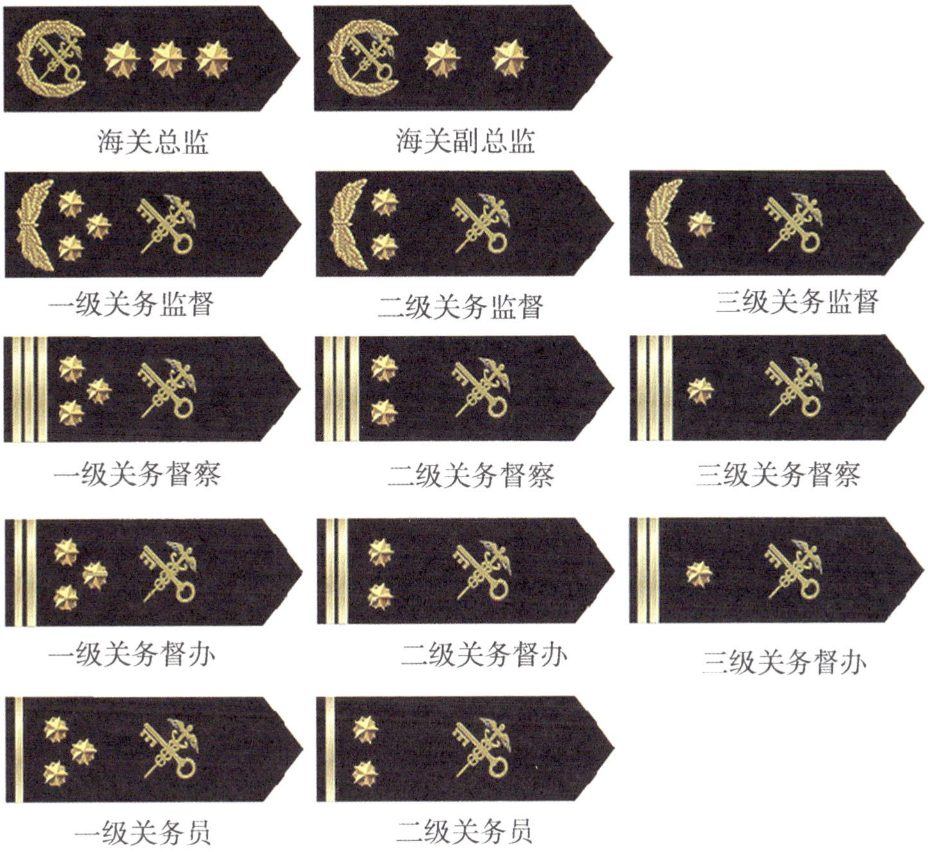

▲中国海关关衔衔级标志

（叶东辉）

海关机构职能

【概况】海关是国家进出境监督管理机关，管理体制随国家政治、经济与社会的发展而变化，经历了由中央统一垂直领导、中央和地方政府双重领导、地方政府领导为主以及恢复中央统一垂直领导的变化过程。现阶段，海关实行海关总署、直属海关、隶属海关三级事权管理。至2023年底，全国海关有干部职工8.1万人。

（叶东辉　王犁）

【海关总署】根据2018年7月30日起施行的《海关总署职能配置、内设机构和人员编制规定》，中华人民共和国海关总署（简称“海关总署”）是国务院直属机构，为正部级。主要职责是：负责全国海关工作、组织推动口岸“大通关”建设、海关监管工作、进出口关税及其他税费征收管理、出入境卫生检疫、出入境动植物及其产品检验检疫、进出口商品法定检验、海关风险管理、国家进出口货物贸易等海关统计、全国打击走私综合治理工作、制定并组织实施海关科技发展规划以及实验室建设和技术保障规划、海关领域国际合作与交流、垂直管理全国海关，以及完成党中央国务院交办的其他任务。海关总署内设21个部门，分别是办公厅（国家口岸管理办公室）、政策法规司、综合业务司、自贸区和特殊区域发展司、风险管理司、关税征管司、卫生检疫司、动植物检疫司、进出口食品安全局、商品检验司、口岸监管司、统计分析司、企业管理和稽查司、缉私局（全国打击走私综合治理办公室）、国际合作司（港澳台办公室）、财务司、科技发展司、督察内审司、人事教育司、机关党委（思想政治工作办公室、党委巡视工作领导小组办公室）和离退休干部局。海关总署在美国、俄罗斯等10余个国家及驻欧盟使团，以及在我国香港和澳门中联办派驻人员。中央纪委国家监委在海关总署派驻纪检监察组。

（叶东辉　王犁）

【直属海关单位】全国设有45个直属海关单位，均为正厅局级，分别是：海关总署直接领导的派出机构广东分署、天津特派员办事处、上海特派员办事处，以及42个直属海关。广东分署牵头负责广东省内海关与地方的工作联系与协调，受海关总署委托，承担监督检查、巡视审计等工作职责，联系长沙、广州、深圳、拱北、汕头、黄埔、江门、湛江、南宁、海口、重庆、成都、贵阳、昆明14个直属海关。2个特派员办事处受海关总署委托，承担稽查、督查、审计、执法监督、干部监督、巡视等工作职责；天津特派办联系北京、天津、石家庄、太原、呼和浩特、满洲里、大连、沈阳、长春、哈尔滨、济南、郑州、兰州、银川、乌鲁木齐15个直属海关，以及中国海关管理干部学院；上海特派办联系上海、南京、杭州、宁波、合肥、福州、厦门、南昌、青岛、武汉、拉萨、西安、西宁等13个直属海关，以及上海海关学院。42个直属海关负责指定口岸及相关区域范围内海关工作运行管理、监督监控，领导隶属海关。

（叶东辉　王犁）

【隶属海关单位】全国有678个隶属海关单位，其中，3个副厅局级海关总署风险防控局（上海、青岛、黄埔）、3个副厅局级海关总署税收征管局（京津、上海、广州）、21个副厅局级隶属海关、615个正处级隶属海关、36个正处级直属海关风险防控分局。另有131个隶属海关派出的办事处。隶属海关是受直属海关直接领导，按授权负责指定口岸和区域范围内的海关各类管理工作的执行机构，主要负责党的基层组织建设和干部队伍建设，办理具体海关业务，反馈执法作业结果，以及完成直属海关交办的其他工作。

（叶东辉　王犁）

【企事业单位和社会团体】海关总署所属直属事业单位57个，其中海关总署直管的12个（参公管理事业单位3个、非参公管理事业单位7个、院校2个），直属海关代管的45个（信息中心广东分中心 1 个、缉私犬基地 3 个、数据分中心 41 个）。各直属海关单位所属事业单位 331 个。海关总署另有直属国有企业 1 个、主管的社会团体 2 个。

（叶东辉　王犁）

【海关职能转变】根据《海关总署职能配置、内设机构和人员编制规定》，海关转变职能为加强监管严守国门安全、简政放权促进贸易便利和深化口岸改革。加强监管严守国门安全，以风险管理为主线，加快建立风险信息集聚、统一分析研判和集中指挥处置的风险管理防控机制，监管范围从口岸通关环节向出入境全链条、宽领域拓展延伸，监管方式从分别作业向整体集约转变，进一步提高监管的智能化和精准度，切实保障经济安全，坚决将洋垃圾、走私象牙等危害生态安全和人民健康的货物物品以及传染病、病虫害等拒于国门之外。简政放权促进贸易便利，整合海关作业内容，进一步减少审批事项，减少事中作业环节和手续，推进“查检合一”，拓展“多查合一”，优化通关流程，压缩通关时间。整合各类政务服务资源与数据，加快推进国际贸易“单一窗口”，实现企业“一次登录、全网通办”。加快“互联网+海关”建设，通关证件资料一地备案、全国通用，一次提交、共享复用。加快建设服务进出口企业的信息公共服务平台，收集梳理各国（地区）进出口产品准入标准、技术法规、海关监管政策措施等，为进出口企业提供便捷查询咨询等服务，实现信息免费或低成本开放。深化口岸改革，从国家安全和整体利益大局出发，优化口岸布局，整合距离相近的口岸，关闭业务量小的口岸，严格控制新开口岸，减少口岸无序竞争和低水平重复建设。

（叶东辉）

▲海关总署机关大楼

2023 年工作

【守护国门安全】2023 年，全国海关开展“阻源”“风刃”口岸查缉，专项行动，查获枪支 119 支、气枪散件 1.01 万件、毒品 5.5 吨。全年海关税收入库 2.21 万亿元。海关稽核查查发问题 3.97 万起，稽查、核查有效率分别提高到 91.2%、80.6%。开展“金钥 2023”、打击骗退税等稽查专项行动。口岸疫情防控调整出入境健康申报模式，便利国际经贸往来和人员交流。完成口岸公共卫生核心能力强制性标准制定，开展“多病同防”、“水陆空”同防，检出猴痘、霍乱等各类传染病 49 种、3.1 万例。开展严防外来物种入侵三年专项行动，检出检疫性有害生物 7.5 万种次，截获“异宠”296 种、4.4 万只。开展“国门守护”专项行动，退运或销毁不合格食品化妆品 2403 批次。全年进出口商品质量检验检出不合格商品 4.37 万批。开展“打击进出口危险品伪瞒报”专项行动，查发进出口危险品伪瞒报问题 3756 起，检出不合格产品 3 万批，口岸实现重特大安全事故零发生。开展知识产权海关保护，查扣侵权嫌疑货物 6.2 万批次、8288.9 万件。开展“国门利剑 2023”联合专项行动，打击特定方向和产品走私，深化反走私综合治理，开展国际联合执法行动，立案侦办走私违法犯罪案件 4959 起、案值 886.1 亿元，第 5 次获得联合国环境规划署亚洲环境执法奖。

（叶东辉）

【促进高质量发展】2023 年，海关落实党中央、国务院关于外贸稳规模优结构决策部署，实施“关长送政策上门”、关“助”发展等帮扶措施受到企业欢迎。落实税收优惠和减免税措施，减（退）税 2962.8 亿元。完善检疫准入程序，准许 51 个国家（地区）146 种次农食产品输华。开展跨境电商综合改革，支持市场采购、保税维修等新业态创新发展。开展外贸形势分析，首次发布“一带一路”共建国家（地区）等贸易指数。2023 年，全国外贸进出口 41.76 万亿元，同比增长 0.2%，连续 7 年保持全球货物贸易第一大国地位。推出海关优化营商环境措施 16 条，各直属海关制定相应细化措施。开展促进跨境贸易便利化专项行动，国际贸易“单一窗口”新增服务功能 77 项，在全国 15 个地区开展“智慧口岸”试点。推动边境口岸恢复客货运功能，实现“能开尽开”，“澳车北上”“港车北上”大幅增长。扩大应用“直提直装”“组合港”“属地查检绿色通道”等便利化措施。优化铁路快速通关和转关，助力中欧班列发展和西部陆海新通道建设。推广高新技术产品布控查验模式，优化能源资源产品检验，助力产业链供应链安全稳定。

（叶东辉）

【助推高水平开放】2023 年，海关推进海南自由贸易港全岛封关准备工作，“放、管、建、立、试”协同推进，海关智慧监管平台获批立项，海关监管办法制定、口岸建设和压力测试有序推进。出台横琴粤澳深度合作区监管办法，牵头完成上海东方枢纽国际商务合作区总体方案编报工作。制定出台推动综合保税区高质量发展 23 条、促进加工贸易持续高质量发展 16 条等系列改革措施。制定出台支持京津冀协同发展、长江经济带高水平开放高质量发展、西部陆海新通道建设等重点举措，推动新开、扩大开放口岸 7 个，与 16 个省（自治区、直辖市）签署新一轮合作备忘录，进博会、杭州亚运会、成都大运会等通关服务保障高效顺畅。

（叶东辉）

【服务中国特色大国外交】2023 年，海关参与首届中国—中亚峰会、第三届“一带一路”国际合作高峰论坛等元首外交和重大主场外交活动 22 场，89 项海关检验检疫合作成果纳入元首外交成果，举办“一带一路”海关食品安全合作研讨会、中国—中亚海关署长会晤。巩固深化与美、欧、非及周边国家（地区）海关检验检疫合作，签署 156 份合作文件。践行“三智”重要合作理念，联合 WCO 全力推进智慧海关合作伙伴计划。建设性参与 WCO 改革以及《跨境电商标准框架》《经修订的京都公约》等标准规则制定修订，引领国际海关规则重塑。深化 AEO 国际互认合作，互认国家（地区）数量增至 52 个，5700 余家 AEO 企业享受境内外通关便利，互认国家（地区）和享惠企业数量居世界第一。加强对国外技术法规、标准、规则研究和通报评议，做好关税和非关税措施研究储备。增强国际规则运用能力，提出涉及核心治理改革的选举规则提案并获得通过。

（叶东辉）

【海关法治建设】 2023 年，海关统筹推进法律规范"立改废释"，《中华人民共和国关税法》（简称《关税法》）、《中华人民共和国国境卫生检疫法》（简称《国境卫生检疫法》）、《中华人民共和国海关法》（简称《海关法》）等重大立法工作取得实质性进展，制定修订 25 部规章，对 40 部规章开展立法后评估，完成"八五"普法中期评估。践行新时代"枫桥经验"，完善行政争议化解机制，评选首批特色推广单位。

（叶东辉）

▲2023 年 9 月 29 日，哈尔滨海关所属绥芬河海关关员对进境货运车辆进行监管　（于昊/摄）

政治建设

党建工作

【概况】2023年，全国海关学习贯彻习近平总书记给红其拉甫海关全体关员重要回信精神，铸忠诚、担使命、守国门、促发展、齐奋斗，提升党建工作质效，为建设中国特色社会主义现代化海关提供坚强政治保证。海关总署党委组织专题学习研讨，开展“我们都是收信人”大讨论，推动全国海关学习交流1.17万余次。推动党纪学习主题教育走深走实，一体谋划、贯通推进两批主题教育，形成学习标兵、典型案例、特色做法、优秀调研报告“四个一百”成果，推出第二批主题教育“五个抓好”成果展示，1个案例入选全国百个整改整治案例选编。推进政治机关建设，海关总署党委书记、署长俞建华以“高举旗帜、走在前列、步调一致，走好践行‘两个维护’第一方阵”为主题讲授专题党课，全国海关各基层党组织书记落实为本支部党员讲党课要求。落实意识形态工作责任制，组织专项检查和应急演练。制定压紧压实机关党建主体责任24项措施。实施“战斗堡垒项目”，开展严肃党内政治生活专项行动，打造党建特色实训示范点5个。海关总署机关10个党支部获评中央和国家机关“四强”党支部，研究中心获评2021—2023年度中央和国家机关创建模范机关先进单位，7个部门单位获评海关总署机关创建模范机关标兵单位和先进单位。制发海关总署党委推进青年工作高质量发展意见，海关代表队获得中央和国家机关工委“学思想　强党性　共奋斗”知识挑战赛金奖。加强海关年轻干部教育引领和专精特新“小巨人”出海课题分获中央和国家机关党建课题研究成果和“关键小事”一等奖。全国海关学习贯彻习近平总书记关于党的自我革命的重要思想，推进全面从严治党治关。至年底，全国海关有9275个党组织，其中直属机关党委46个，基层机关党委384个，党总支464个，党支部8381个。在职党员6.78万人，占全国海关实有人数的84%；离退休党员2.5万人。

（张锦峰）

【政治机关建设】2023年，全国海关把政治建设摆在首位，深刻领悟“两个确立”的决定性意义，做到“两个维护”有感悟、有表达、有情感、有行动、有成效。各级党委坚持“第一议题”制度，海关总署党委会传达学习、贯彻落实习近平总书记重要指示批示精神28次、47项，坚持全流程闭环抓落实机制，组织3次“回头看”全面检视落实情况。学习贯彻党的二十大精神，实现厅处级干部集中轮训全覆盖。抓好政治机关意识教育、对党忠诚教育，各级党组织书记讲专题党课7993次。召开意识形态工作责任落实推进会，组织专项检查和应急演练，守牢意识形态阵地。严格落实组织生活制度，严明政治纪律和政治规矩，加强对党员“八小时”内外特别是网络空间言行的管理监督。坚决落实定点帮扶和对口支援政治责任，促进特色产业发展，推动西藏里孜口岸通过验收，定点帮扶工作连续6年考核等次为“好”。

（张锦峰）

【全面从严治党主体责任落实】2023年1月，海关总署召开海关全面从严治党工作会议，传达学习二十届中央纪委二次全会精神，总结2022年海关全面从严治党、党风廉政建设和反腐败工作，明确72项重点任务并跟进督促落实。组织开展直属海关单位党委2022年度落实全面从严治党主体责任考核，向全国海关通报主体责任落实情况。8月，海关总署党委与中央纪委国家监委驻海关总署纪检监察组专题会商研究海关全面从严治党工作，细化分解45项会商任务并督办落实。12月，组织召开直属海关单位党委书记述责述廉述党建会议，在各直属海关单位党委书记全面开展书面述责述廉述党建的基础上，现场随机选取10名党委书记向海关总署党委述职并接受评议；各直属海关党委组织下级“一把手”开展述责述廉述党建，层层压实“第一责任人”职责。年内，海关总署党的建设领导小组更名为海关总署全面从严治党工作领导小组并明确配套工作规则，开展健全海关全面从严治党体系课题研究，举办海关系统落实全面从严治党主体责任工作培训班，推动海关全面从严治党向纵深发展。

（王朝沂）

【基层党建工作】2023年，海关总署党委聚焦强化党建责任落实、推进党建制度建设、抓好能力素质提升等重点工作，提升党建工作质量。开展严肃党内政治生活专项行动，制发工作要点，规范5方面22项重点内容。压实三级党委主体责任，坚持“四个一起”工作机制，实施76个书记项目，宣传推广优秀成果20个。实施“战斗堡垒项目”，巩固清查整治突出问题规范党务工作成果，总结近年来党建工作经验做法，健全党建制度建设，推动基础夯实、质效提升。推进典型示范引领，面向直属海关、隶属海关、党建品牌支部3个层面，择优评选35名全国海关“党务之星”，复核认定全国海关党建示范品牌151个、培育品牌74个，新评选全国海关党建示范品牌27个、培育品牌70个，对5个品牌予以摘牌，全国海关50个先进集体、25名先进个人获表彰。

（张锦峰　唐嘉）

【离退休干部党组织建设】2023年，海关总署落实中央《关于加强新时代离退休干部党的建设工作的意见》，以创建海关离退休干部“六好”示范党支部为抓手，推进海关离退休干部党支部标准化规范化建设。制定海关离退休干部“六好”示范党支部创建试行标准，提出30条具体标准。试点工作在天津、大连、广州、乌鲁木齐等13个海关单位开展，评选“六好”示范党支部19个。年内，海关总署机关离退休干部党委完成换届选举，举办2023年海关总署机关离退休干部党支部书记委员培训班，开展党建工作经验交流，47名离退休干部党支部委员参加培训。落实离退休干部兼职工作有关规定，开展统计报告和跟踪整改工作，组织有针对性的党风党纪和廉政教育，传达有关警示教育文件精神，观看廉政教育警示教育片7次，开展以案说法和学习讨论。

（林杰　唐江峰）

▲2023年10月20日，大连海关开展党建联学联建活动　（张文良/摄）

【意识形态工作】2023年，全国海关学习领会习近平总书记关于意识形态工作的重要论述和重要指示批示精神，把握党对意识形态工作全面领导这个根本要求，在防范化解风险上下功夫，做到意识形态责任扛住、思想管住、阵地守住、关口把住。落实意识形态工作责任制，海关各级党委每年至少专题研究2次意识形态工作，向上级党委专题汇报1次意识形态工作，定期开展监督检查和干部职工思想动态分析。将意识形态工作作为加强党的建设重要内容，列入领导班子及其成员述责述廉述党建必谈必析必回应重要议题，纳入领导班子和领导干部年度考核、海关巡视巡察监督检查范围。结合党委中心组学习、支部书记培训、干部集中轮训，组织开展意识形态工作培训，提升党员干部政治敏锐性和政治鉴别力。印发专项工作方案，排查意识形态领域风险，制订应急预案，开展应急演练。开展网络媒体内容审核和政治把关，落实分级审批制度。开展舆情监测管理，实施舆论引导。开展网络安全教育、培训、演练，增强网络意识形态风险防范能力。围绕智慧海关建设和“智关强国”行动，实施风险防控，打击非法出版物、印音制品等，加强口岸监管查缉。

（齐宁）

【党委理论学习中心组学习】2023年，全国海关发挥党委理论学习中心组学习示范引领作用，把学思想作为首要任务贯穿始终。围绕“全面把握习近平新时代中国特色社会主义思想的世界观和方法论”“坚持‘两个结合’，不断推进马克思主义中国化时代化” “习近平文化思想”等学习主题，邀请专家进行辅导讲座。主题教育期间，海关总署党委开展7天专题读书班，示范带动全国海关三级党委召开主题教育专题读书班692期。做到“态度”“内容”“效果”三重示范，全年采取书记领读、集中研读、自学精读、专家导读等方式组织6次党委中心组学习，党委中心组成员结合学习主题，谈体会认识、讲思路举措，带动各直属、隶属海关党委举办党委中心组学习9129次。海关总署党委中心组重要学习活动通过视频会议系统扩大到各直属海关单位。制作浙江“千万工程”视频课件，帮助厘清理论渊源、发展脉络、理论依据和内在逻辑。开展对直属海关党委理论学习中心组学习的日常管理和检查指导，落实报备制度，每季度梳理情况。将党委中心组学习情况纳入对各直属海关单位党委年度工作考核、政治巡视重要内容。

（齐宁）

【纪律作风建设】2023年，海关总署党委和驻署纪检监察组共同部署开展“落实全面从严治党政治责任 全面加强党的纪律作风建设”专项监督，创新“下沉式”“穿透式”监督方式，落实打私反腐“一案双查”制度，运用监督执纪第一种形态1101人次。8月—9月，全国海关开展“警示教育月”活动，部署纪法学习教育、典型案例警示、“清廉家风”传承等专题任务，组织召开海关警示教育大会，点名道姓通报典型案例。年内，海关总署通报涉嫌酒后驾车、违规出借办公用房案例，制发海关总署政治部关于进一步严明纪律作风，持续纠治酒驾醉驾问题的通知。开展深化“三应”为基层减负增效专项行动，研究制定深化拓展整治形式主义为基层减负工作的若干措施，清理规范“一票否决”、签订责任状事项以及基层“挂牌”、创建示范活动。在全国海关组织开展窗口作风提升行动，组织开展海关系统党风廉政建设干部岗位练兵，完善政务服务“好差评”系统功能设置。在福州、青岛、南宁、大连海关开展以案促改集中治理，推动健全责任、管理、监督“一事三析”。举办“清风国门”廉洁文化作品展，面向全国海关干部职工征集书法美术、摄影视频、艺术设计和手工文学等各类廉洁文化作品4300余件，接受中央和国家机关各部门、全国海关5000余人次参观。

（庞悦）

【群团工作】2023年，海关总署机关工会全年慰问困难职工、受表彰先进人员、外派挂职人员、党外代表等36人。组织200余名运动员参加中央和国家机关“健康向未来、奋进新时代”运动会，取得团体奖项12个、个人奖项15个，在比赛中获奖运动员108名，总分列中央和国家机关乙组第5名，代表团获得优秀组织奖。向上级推先评优，财务司机关财务处获评“全国巾帼文明岗”，数据中心单一窗口应用部获评“全国巾帼建功先进集体”；海科中心1人获评“全国巾帼建功标兵”，1人获评“2022年度全国三八红旗手”。组织全国海关通过地方红十字会向北京房山区大安山乡和史家营乡定向捐赠约6.6万件、价值113.8万元的物资，支持灾后重建工作。

（韩小振）

【党的二十大精神专题培训】2023年，全国海关坚持把学习贯彻习近平新时代中国特色社会主义思想作为干部教育培训的首要任务。海关总署举办厅局级干部及海关总署机关处级干部轮训班13期、培训1167人，参训率100%。举办线上专题班、培训8.6万人，开设学习专栏，上线专题课程20门，参加学习49.9万人次。选派132名厅局级干部参加中共中央组织部、中央和国家机关工委、中央党校专题培训，选派86名优秀年轻干部参加2期海关中青年处级领导干部进修班、21名隶属海关关长参加全面从严治党专题培训班、38名执法一线科长参加党的理论和党性教育研修班，深入学习贯彻习近平总书记重要指示批示精神。各直属海关单位集中培训处级干部7986人，参训率99.99%。

（刘珏）

【党校教育培训】2023年，中共海关总署党校聚焦主业主课，聚焦培训内涵建设，举办各类培训班次92期，其中党校主体班次

13期。党校主体班次中党的理论教育和党性教育占总课时的80%。完成全国海关司局级干部和海关总署机关处级干部学习贯彻党的二十大精神轮训任务。组建课程建设团队，开发“深入学习习近平法治思想”“党领导下的海关革命斗争史”“党的创新理论学习活动设计”等课程，“习近平法治思想概论”“学习贯彻党的二十大精神　推动高水平开放和政府治理现代化”2门课程获评海关总署“海关好课程”。“海关总署党校师资库、课程库建设对策建议及实施方案”入选2023年海关教育科研课题，“情境学习理论在党的创新理论学习教育中的应用策略与实践案例研究”获上海市教卫系统党建课题立项。

（李明）

【乡村振兴定点帮扶和对口支援】2023年，海关总署落实党中央关于全面推进乡村振兴、支持原中央苏区振兴发展的重大决策部署，召开定点帮扶和对口支援工作推进会部署全年工作，署领导先后到定点帮扶县和对口支援市调研；选派3名正处级干部任挂职副县长、3名处级干部任驻村第一书记，选派支教老师2批16人，增派基层锻炼选调生18人。2023年定点帮扶工作成效在中央单位考核中被评为“好”的等次。海关总署在定点帮扶的河南省鲁山县、卢氏县、民权县，直接投入帮扶资金754万元，引进帮扶资金3.2亿元，引进项目投资1亿元，培训基层干部和技术人才3862人次，购买和帮助销售农副产品9102万元。在定点帮扶的西藏自治区仲巴县，推进亚热乡达务安置点村民文化广场建设，推动里孜口岸通过验收，扩大与尼泊尔贸易往来，首批尼泊尔青贮饲料输往中国；支持和保障仲巴县赴哈尔滨、南宁、昆明海关开展口岸互市贸易考察调研工作，举办铸牢中华民族共同体意识——国家通用语言专题培训班、村党支部书记业务能力提升班等培训，促进边疆稳定。在对口支援的江西省龙南市，推动加工贸易跨核销周期成品退换业务等改革措施落地见效，助力龙南市2023年实现外贸进出口85.7亿元，吸引86家企业开展保税业务，推动龙南鼎泰电子科技有限公司成为AEO企业，签约引进龙南站铁路装卸线（龙南内陆港）项目，8月份正式开工建设。

（游画）

【党建品牌创建】2023年，海关总署政治部印发全国海关党建品牌创建管理办法，明确党建品牌复核评选标准和程序，建立逐级争创机制，实施党建品牌能上能下的动态管理，推动各海关单位积极参评全国海关党建品牌。海关总署创新实训考核方式，依托海关基层党建实训示范点，通过集中实训、现场展示、互动问答、书记互评等环节进行考核，新评选27个全国海关党建示范品牌（见表2）、70个全国海关党建培育品牌。年内，开展全覆盖复核，对151个全国海关党建示范品牌、74个全国海关党建培育品牌予以复核认定，全面检验党建品牌工作成效。聚焦增强基层党组织政治功能和组织功能，引导全国海关党建品牌发挥示范引领作用、加强实践探索，推选出30个优秀支部工作法，以点带面推动基层党组织全面进步。

表2　2023年度新评选全国海关党建示范品牌名单

序号	示范品牌名称	单位
1	关“心”向荣	海关总署博物馆第二党支部
2	“六讲”党员突击队	上海特派办办公室党支部
3	首卫者	北京海关所属首都机场海关旅检一处旅检三科党支部
4	我在你身边	天津海关稽查处党支部
5	智现场e党建	呼和浩特海关所属赛罕海关党总支
6	长岛红帆	大连海关所属大连长兴岛海关综合业务科党支部
7	筑梦	沈阳海关人教处党支部
8	微模式+	长春海关所属白山海关口岸监管党支部

表2 续

序号	示范品牌名称	单位
9	三江尚风窗	哈尔滨海关所属同江海关综合业务科党支部
10	猎风者	海关总署风险防控局（上海）党总支
11	查检先锋	南京海关所属苏州工业园区海关驻唯亭办事处查检科党支部
12	翼路通途	宁波海关所属宁波机场海关综合业务科党支部
13	“前哨”支部	合肥海关所属芜湖海关监管一科党支部
14	关企连心桥	青岛海关所属青岛大港海关企业注册备案科党支部
15	五彩政工	济南海关政工办党支部
16	金麦穗	郑州海关关税处党支部
17	稽流勇进	武汉海关所属汉口海关稽查一科党支部
18	护“花”使者	长沙海关所属星沙海关驻浏阳办事处监管科党支部
19	检疫尖兵	广州海关技术中心卫生检疫研究所党支部
20	综知·合行	深圳海关综合业务处党支部
21	红湾“党建+”	拱北海关所属湾仔海关监管一科党支部
22	“学融优”工作法	黄埔海关所属东莞长安海关综合业务二科党支部
23	e路清廉	江门海关所属外海海关跨境电商监管科党支部
24	通关桥头堡	海口海关所属海口港海关综合业务科党支部
25	五彩哈达	拉萨海关所属日喀则海关机关党支部
26	巾帼建功把关筑梦	银川海关所属兴庆海关业务一科党支部
27	党建引领　使命担当	中国海关管理干部学院海关防辐射探测培训处党支部

（张锦峰　陈钊）

【“战斗堡垒项目”实施】2023年，全国海关基层党组织聚焦增强党组织政治功能和组织功能，按“严密组织体系、严肃党的组织生活、严格党员教育管理、严明党建责任”要求，在海关系统开展基层党建“战斗堡垒项目”，围绕强化党员意识、开展严肃党内政治生活专项行动、推动领导干部领题破题解题、优化领导干部基层联系点工作、促进党建品牌争创提质增效、完善党员先锋岗工作机制、提升党务干部素质能力水平、加强与提高联系配合等8方面，明确25项重点工作。巩固中共中央组织部党务工作规范专项检查成果，开展严肃党内政治生活专项行动，指导和推动各级基层党组织严格落实“三会一课”、谈心谈话和主题党日等制度。授予黄埔海关、拱北海关、深圳海关、乌鲁木齐海关所属红其拉甫海关、哈尔滨所属漠河海关全国海关基层党建实训示范点，打造“教、学、练、战”实训模式，提升实战能力和培训质量。印发全国海关党建品牌创建管理办法、海关系统“党务之星”试行管理办法、全国海关基层党建实训示范点试行管理办法，加强规范管理。实施“书记项目”，组织各级书记开展课题攻关和实战攻坚，推选出“10+10”个年度优秀书记项目和30个优秀支部工作法。发挥党建引领作用，开展党员示范岗、责任区、突击队先锋行动。贯彻中共中央组织部关于进一步明确垂直管理部门党建工作责任的有关要求，出台落实举措，发挥垂直管理与属地管理双重优势，推进关地联系配合，形成工作合力。

（唐嘉　陈钊）

干部队伍建设

【概况】2023 年，全国海关干部人事工作贯彻新时代党的组织路线，落实全国组织工作会议精神，建设高素质专业化海关干部队伍，为“守国门、促发展”提供坚强组织保证。开展海关总署和直属海关“三定”规定执行情况评估，服务海南自由贸易港和横琴粤澳深度合作区建设等国家重大战略，发挥人力资源支持保障作用。坚持党管干部原则，培养使用优秀年轻干部，在“大战大考”“特战特考”中考察识别干部，调整完善“三位一体”考核评价体系。推进全面从严治党治关，统筹推进选人用人监督、日常管理监督、重点问题专项治理，推进主题教育干部队伍教育整顿。开展公务员考试录用和事业单位人才引进，开展专业技术类公务员任职资格评定和事业单位人员职称评审，培养推送国际合作人才，选派人员参加国家公派出国留学。发挥考核激励和荣誉待遇激励作用，推动执行中央关于艰苦边远地区相关津补贴政策，落实落细加强和改进艰苦地区海关支持保障工作系列举措，营造干事创业氛围。

（连红亮）

【机构编制管理】2023 年，全国海关学习习近平总书记在二十届中央机构编制委员会第一次会议上的重要讲话精神，落实党的二十届二中全会关于机构改革的重大部署，在推进智慧海关建设和“智关强国”行动中谋划机构编制资源优化配置。服务海南自由贸易港建设，推进海口海关新设隶属海关机构的筹建工作，洋浦海关（副厅局级）、三亚机场海关（正处级）分别于 7 月 25 日、7 月 26 日正式开关。服务横琴粤澳深度合作区建设，结合相关监管办法的制定工作，研究分析海关监管模式改革后所需的人力资源，落实封关运作组织保障。按照“深、实、细、准、效”要求，对直属海关单位内设机构设置合理性、编制资源统筹效果、编制和领导职数配比优化度等方面全覆盖自查评估。撤销哈尔滨海关所属同江海关驻东港办事处，设立同江海关驻铁路口岸办事处；撤销昆明海关所属瑞丽海关驻姐告办事处、河口海关驻山腰办事处，设立滇中海关驻楚雄办事处、曲靖海关驻昭通办事处。

至 2023 年底，海关总署有 21 个内设部门，在广东设分署，在天津、上海设特派员办事处，在全国设 42 个直属海关，678 个隶属海关单位，131 个隶属海关派出的办事处。海关总署所属事业单位 57 个，直属海关所属事业单位 331 个。海关总署直属国有企业 1 个，管理社会团体 2 个。

（王犁）

【干部人事制度建设】2023 年，全国海关落实《推进领导干部能上能下规定》，海关总署修订推进领导干部能上能下相关实施细则，细化“下”的情形、程序和有关要求；修订领导干部相关交流工作办法，统筹开展海关领导干部交流工作；印发相关健全海关优秀年轻干部选育管用常态化工作机制，优化海关干部队伍结构；印发关于加强新时代隶属海关关长、执法一线科长队伍建设的相关指导意见，培养造就新时代海关基层正职队伍。提高借调、编外聘用、信息化服务外包运维人员监督管理工作质量。梳理规范海关干部人事制度规定，废止关于建立促进科学发展的海关领导班子和领导干部考核评价机制的相关实施意见、印发直属海关单位干部选拔任用工作“一报告两评议”相关试行办法等 6 份制度文件，一揽子修订关于适应新时代要求大力发现培养选拔海关优秀年轻干部的相关意见、领导干部任职试用期相关实施办法等 11 份制度文件。

（薛川）

【干部选拔任用】2023 年，全国海关坚持“一把尺、一张单、一盘棋”评价使用干部，定期开展领导班子运行和干部交流调整综合分析研判，突出综合素质能力和岗位匹配度，把好政治关、品行关、能力关、作风关、廉洁关，着力选拔政治能力强、民主作风好、经过斗争考验、领导经验丰富、敢于担当、廉洁自律的优秀干部。注重在智慧海关建设、“智关强国”行动及艰苦复杂环境、急难险重任务中考察识别干部，一批政治坚定、德才兼备的干部走上新的领导岗位。统筹开展各层次职级晋升，发挥职务与职级并行正向激励作用。

（靳鹏飞　刘琨）

【干部管理监督】2023 年，全国海关开展选人用人监督检查，对 14 家直属单位开展选人用人离任检查，对 8 家直属海关、3 家副厅局级隶属海关开展选人用人专项检查。年内 47 家直属海关单位党委选人用人工作总体评价、从严管理监督干部情况的好评率均创 2018 年机构改革以来新高。开展干部日常监督，紧盯关键事项，开展个人有关事项报告，个人有关事项查核一致率创 2018 年机构改革以来新高。开展违规经商办企业问题整治，通报海关违规经商办企业典型问题。坚持和发展新时代“枫桥经验”，规范信访受理查核工作，维护干部群众合法权益，年内受理查核选人用人信访举报同比减少。

（金鑫）

【“三位一体”考核】2023 年，全国海关落实《党政领导干部考核工作条例》，完善“三位一体”考核体系。分类开展年度考核，全国海关 22 个厅局级单位领导班子、107 名厅局级干部 2022 年度考核获评优秀等次。开展“海关筑牢国家生物安全屏障　全面提升口岸疫情疫病防控能力行动”专项考核。加强考核结果运用，对获评考核优秀的领导班子在选拔任用、职级晋升上重点关注。

（靳鹏飞）

【公务员队伍管理】2023 年，全国海关加强公务员分类管理和分类考录，全面实施结构化小组面试形式改革，全国海关录用 1981 人，国门安全监管、大数据分析、科学技术应用专业背景人才录用比例连续 3 年保持在 80%以上。实施专业技术类公务员分类管理，首次采取线上机考模式开展副高级任职资格考试，完成 553 名专业技术类公务员的高级任职资格评定工作，其中 190 人取得正高级专业技术任职资格，363 人取得副高级专业技术任职资格。梳理职务与职级制度实施情况，完成对因机构编制调整的 25 个直属海关单位申请的职级职数调整有关事项开展的集中核定。

（齐张义）

【专业化人才队伍建设】2023 年，海关总署党委印发新时代高素质专业化人才队伍建设的相关意见，培养高层次专家人才。调整海关总署高级职称评审委员会专家库和职称评审管理办法并报人力资源社会保障部核准备案，完成海关总署高级职称评审委员会换届备案，组织开展海关系统高级职称评审和正高二级专业技术岗位任职资格评审。完成各直属单位中级职称评审委员会备案

▲2023 年 10 月 16 日，杭州海关联合上海、南京、宁波海关走进浙江大学，开展 2024 年度公务员考录现场宣讲活动　（杭州海关/供图）

审核工作。开展高级人才推荐工作，1人被党中央、国务院授予“国家卓越工程师”称号，4人入选享受政府特殊津贴人员名单。推进直属事业单位公开招聘和京外调干工作，指导信息中心等10家单位公开招聘、京外调干40人。落实优秀人才待遇保障政策，向享受政府特殊津贴人员按月发放津贴。按照人力资源和社会保障部、科技部的部署安排，上海海关学院开展自主确定专业技术岗位结构比例试点。推进中国海关学会和中国进出境生物安全研究会理事会换届工作。安排专项资金保障海关系统博士后工作站，全年新进站博士6人（哈尔滨海关1人、南京海关1人、广州海关4人）。

（胡坤）

【优秀年轻干部培养】2023年，全国海关建立健全优秀年轻干部选育管用常态化工作机制。按照“政治过硬、素质优良、来源广泛、结构合理、好中选优”的标准，开展优秀年轻干部调研，分层级建立优秀年轻干部储备库，实行优进绌退动态管理。开展政治训练和实践锻炼，择优选派86名年轻干部参加中央党校中央和国家机关分校海关中青年处级领导干部进修班，选派96人参加“组团式”支援海南、援藏援疆、博士服务团、机关基层互派锻炼和公派留学。

（靳鹏飞　刘琨）

【智慧人事建设】2023年，海关系统组织干部人事部门对照智慧海关建设“四全”“六化”要求，细化智慧人事建设任务，编制智慧人事建设实施方案，通过智慧海关建设指挥部审核。智慧人事专班总结全国海关队伍建设综合管理平台1.0版建设经验，规划智慧人事建设方向和阶段任务，整合急用先上任务，纳入2023年“智慧人事”信息化项目立项。

（齐张义）

巡视巡察

【概况】2023年，海关总署党委学习贯彻习近平总书记关于巡视工作的重要论述，把握政治巡视定位，统筹谋划新时期海关巡视巡察工作，制定出台海关总署党委巡视工作规划（2023—2027年），推进常规巡视，探索开展提级巡视，发挥巡视综合监督平台作用，首次尝试开展“巡审联动”。压实“分署两办”巡视整改专责监督责任，建立中长期整改推进机制，实地评估巡视整改效果。开展对巡察工作指导督导，结合主题教育开展巡察工作调研，举办全国海关巡察办主任培训班，召开巡察工作座谈会，开展“一对一”送教上门，推动巡察工作规范化建设。年内，全国42个直属海关党委对246个基层党组织开展巡察，全覆盖进度26%。调整巡视组组长选配机制，充实巡视组组长库、巡视干部队伍库，建立“以干代训”工作制度，发挥巡视岗位“熔炉”作用。

（路遥　王志刚）

▲2023年10月17日，海关总署党委召开2023年第二轮巡视工作动员部署会　（海关总署巡视办/供图）

【常规巡视】2023年，海关总署党委组建16个巡视组，先后两轮对天津、大连、广州、南宁、昆明等15个直属海关党委开展常规巡视。对青岛海关所属黄岛海关党委、拱北海关所属中山海关党委、南京海关所属金陵海关3个副厅局级隶属海关党委开展提级巡视，提升巡视穿透力，完成全覆盖进度26%。每轮巡视前组织召开巡视动员部署暨培训会议，对全体巡视人员进行集中培训。创新培训方式，邀请中央巡视办、驻署纪检监察组、地方巡视机构专家授课，从理论引导、分类辅导和实战指导3个方面分类设置课程。推进驻署纪检监察组与巡视办会商，开展巡视中指导督导，对重点问题进行会商。发挥巡视综合监督平台作用，推动巡视监督与其他监督贯通协调，与驻署纪检监察组共享专项监督成果，修订印发人事教育司与巡视办巡视工作协作配合机制，首次开展“巡审联动”，建立巡视审计“联合进驻、协同作业、合力监督、成果共享”工作机制。推动巡视巡察上下联动，与被巡视党组织共同研究确定联动主题和巡察对象，开展工作统筹，减轻基层负担。全年发现被巡视党组织在落实党的理论路线方针政策和党中央重大决策部署、落实全面从严治党主体责任和监督责任、落实新时代党的组织路线以及落实巡视整改4个方面突出问题700余个。

（班保平　任雪）

【巡视整改】2023年，海关总署党委针对巡视整改工作质量，建立健全巡视整改工作机制，压紧压实被巡视党组织整改政治责任。落实“分署两办”巡视整改专责监督责任，汇总分析并专题听取巡视整改和成果运用综合情况报告，将巡视整改纳入被巡视党组织年度重点任务统筹推进。落实为基层减负要求，统筹召开被巡视党组织主题教育专题民主生活会和巡视整改专题民主生活会，一体推进问题整改。组织实施一线实地评估巡视整改效果，发放问卷并听取干部群众评价，掌握整改实情实效。以制度建设固化巡视成果，建立中长期整改推进机制，健全完善各类制度机制，防止问题反弹回潮。

（班保平　任雪）

【巡视干部队伍建设】2023 年，海关总署党委加强海关巡视干部队伍建设，各直属海关推荐 380 余人充实到巡视组组长库、巡视干部队伍库，抽调 300 余人次参与两轮巡视工作。其中，选派 2 名海关总署副厅局级领导干部、9 名直属海关单位副厅局级领导干部担任巡视组组长，实职署管干部担任组长占比达 75%。选派海关总署机关 4 名优秀年轻干部到巡视岗位锻炼 1 年，并担任巡视组副组长、联络员，吸纳直属海关优秀年轻干部和执法一线科长入库，发挥巡视“熔炉”作用。

（班保平　任雪）

【巡察工作指导督导】2023 年，海关总署党委通过调查研究、专题培训、送教上门、座谈交流等方式，指导督导各直属海关巡察工作。汇编下发习近平总书记关于巡视工作的重要论述摘编，组织全国海关巡察机构学习习近平总书记关于巡视工作重要讲话精神，传达全国巡视工作会议精神；指导直属海关党委制定巡察工作五年规划，制定下发直属海关巡察监督参考要点、操作指引；围绕巡察重点工作开展主题调研，召开座谈会 7 次，实地调研 5 次，书面调研 1 次，“深化政治巡察，推动巡察工作高质量发展”获评全国海关主题教育“百篇优秀调研报告”，有关情况在中央巡视办中央单位专刊刊发；配合人事部门开展巡察机构队伍调研，4 个直属海关巡察办主任专职职数调整升格；印发采取“以干代训”方式锻炼培养海关巡察干部的试行实施办法，组织抽调 29 名直属海关专职巡察干部到巡视岗位锻炼；建立首批兼职教师队伍，完成首批精品课程建设，开展“一对一”送教上门。

（路遥）

【《海关总署党委巡视工作规划（2023—2027 年）》】2023 年，海关总署制定出台党委巡视工作规划（2023—2027 年）。在监督重点上，把“两个维护”作为根本任务，将贯彻落实习近平总书记重要指示批示精神、重要回信精神和党的二十大精神情况作为监督检查的首要任务，强化政治监督；在监督对象上，突出对各级党委“一把手”和领导班子对党忠诚、履行全面从严治党责任、依规依法履职用权、担当作为、廉洁自律等情况的监督，聚焦监督“一把手”形成专题材料，深化监督质效；在监督内容上，紧扣海关职能责任，将海关总署党委“12 个必”重点工作、“1+1+6”重点任务、智慧海关建设以及“滞、瞒、逃、骗、害”风险防控等作为重要内容。

（班保平　任雪）

【全国海关巡察办主任和巡察骨干培训班】2023 年 9 月，海关总署党委举办全国海关巡察办主任和巡察骨干培训班，“分署两办”和各直属海关 90 人参训。培训突出政治性，传达学习习近平总书记给红其拉甫海关全体关员重要回信精神，学习贯彻习近平总书记关于巡视工作的重要论述和党中央关于巡视巡察工作的新部署新要求。培训聚焦实践性，采用“专家授课+业务辅导+研讨交流”相结合的方式，对巡察监督重点工作和加强“一把手”巡察监督进行专题辅导，围绕加强巡察工作规范化建设、强化巡察成果综合运用、推动各类监督贯通协调以及巡察工作信息化建设等内容进行经验分享。

（路遥）

纪检监察

【概况】2023年，中央纪委国家监委驻海关总署纪检监察组（简称“驻署纪检监察组”）和海关纪检机构贯彻落实二十届中央纪委二次全会部署，把握监督首要职责、第一职责，聚焦习近平总书记重要指示批示精神和党中央重大决策部署，具体化、精准化、常态化加强政治监督；紧扣全面从严治党政治责任，做实日常监督；结合海关实际深化专项监督，推动完善海关全面从严治党体系。坚持以零容忍态度正风肃纪反腐，一体推进“三不腐”同时发力、同向发力、综合发力。持续深化海关纪检监察体制改革，运用“室组地”联合办案和“组地关”协作配合机制，与审计等监督力量协调配合，促进形成系统集成、协同高效的监督合力。开展海关纪检干部队伍教育整顿，持续发挥党建引领作用，加大教育培训力度，严管严治锻造高素质专业化海关纪检监察干部队伍。

（郭明玥）

【全面从严治党主体责任监督】2023年，海关总署党委建立习近平总书记重要指示批示精神贯彻落实情况反馈机制，驻署纪检监察组加强与海关总署有关部门沟通联系，掌握习近平总书记重要指示批示精神贯彻落实情况，对账检查、逐项销号，健全闭环监督机制。定期召开推动贯彻落实习近平总书记重要指示批示精神专题会议，听取海关总署有关司局贯彻落实情况汇报，提出工作建议要求。定期开展全面从严治党专题会商，分析研究海关系统全面从严治党、党风廉政建设和反腐败工作形势，对政治机关建设、反腐败斗争、作风建设、队伍管理4方面问题风险进行深入研究，提出5方面建议，督促分解整改措施46项，推动海关各级党组织对照查摆、压实责任、堵塞漏洞。

（郭明玥）

【海关总署机关纪委监督执纪】2023年，海关总署机关纪委落实《关于加强中央和国家机关部门机关纪委建设的意见》，制定总署机关处分处级及以下违纪党员批准权限和程序实施办法。统筹开展主题教育和纪检干部队伍教育整顿。落实《中央和国家机关部门机关纪委工作规则》，制定海关总署直属机关纪律检查委员会办公会议规则等多项制度措施。开展海关总署机关学习宣传贯彻党的二十大精神集中检查、落实内务规范要求抽查、安全生产检查等。与新任处级领导干部开展任前廉政谈话，组织开展扣好青年干部廉洁从政“第一粒扣子”主题活动。开展送纪法教育，与人事教育司、督察内审司和驻署纪检监察组等部门建立联系配合、线索收集、信息共享等工作机制。动态更新廉政档案，办理廉政审核，提出否定性意见。重大节假日开展廉政信息推送、案例通报。对要害部门、重点领域和关键岗位，采取“四不两直”方式，开展监督检查和明察暗访。给予处级及以下违纪党员党纪处分。到发生过严重违纪违法问题的党组织监督调研，以案促改、以案促治。

（刘朋宇）

【政治监督】2023年，驻署纪检监察组和海关纪检机构聚焦习近平总书记、党中央最关心的事，以“从全局谋划一域、以一域服务全局”的站位和视野，开展政治监督，推动海关系统做到“习近平总书记有号令、党中央有部署，海关有行动、有成效”。紧盯党的二十大战略部署涉及海关的重要任务，紧扣守国门、促发展职责使命，围绕海关总署党委提出的“12个必”重点工作以及智慧海关建设、“智关强国”行动等工作部署，逐事逐项监督检查、跟踪问效。重点监督进口食品监管工作，针对审计重要信息反映的“三类高风险食品通过跨境电商入境进口监管亟需加强”问题，组织海关总署监管部门就跨境电商零售进口食品监管问题开展专题研究。对安全生产、防范化解重大风险、统计数据造假等重点问题开展监督，发现并纠正措施不力、责任落实不到位等问题，对有关责任人员追责问责，推动整改整治。

（郭明玥）

【“一把手”和领导班子监督】2023年，驻署纪检监察组主要负责人与海关总署党委班子成员逐一谈心谈话，指出廉政风险点和管理薄弱点；到直属海关单位听取全面从严治党、党风廉政建设和反腐败工作情况汇报，与班子成员开展“一对一”谈话，指出不足、提出要求；围绕“强化对‘一把手’自上而下监督”主题撰写理论文章，在《中国纪检监察》杂志上刊发。驻署纪检监察组制发工作提示函，推动海关总署党委建立“一把手”监督谈话机制，常态化开展“一把手”和领导班子监督自查评估。围绕“着力破解海关‘一把手’和领导班子监督难题”开展专题调研，分析查找4方面12个问题，研提15条工作建议，推动海关总署党委研究细化具体落实措施。梳理海关系统司局级“一把手”和领导班子成员问题线索情况，常态化开展海关系统“一把手”和领导班子党风廉政情况综合分析，聚焦问题反映集中的“关键少数”和廉政风险突出的关键领域，研究形成党的十九大以来海关系统司局级“一把手”信访举报情况专题分析报告，由海关总署党委会通报整改，同时被作为经验材料刊发在中央纪委国家监委网站。开展海关系统政治生态画像，综合分析各部门单位“一把手”和领导班子党风廉政情况，检视查摆压力传导不到位、监督手段不丰富等方面的问题风险，提出意见建议。年内，立案审查调查海关局处级“一把手”和领导班子成员，对履责不力的党组织、党员领导干部开展问责。

（郭明玥）

【“落实全面从严治党政治责任 全面加强党的纪律作风建设”专项监督】2023年，驻署纪检监察组会同海关总署党委开展“落实全面从严治党政治责任 全面加强党的纪律作风建设”专项监督，围绕学习宣传贯彻党的二十大精神、落实中央八项规定精神、专项整治“回头看”、防范化解海关系统腐败风险和全面从严治党政治责任落实5方面内容重点开展监督，组织各领域业务骨干到执法一线科室跟班作业、蹲点调研，梳理海关基层一线权力运行关键节点、高风险点，提出防范措施。各部门单位发现问题，立行立改，研判重点关注单位、重点关注科室、重点关注人员，推动完善制度规范。开展“关于规范海关执法一线权力运行的探索和思考”署级课题研究，形成海关执法一线权力运行情况调研报告。探索开展海关单位政治生态画像，研究建立涵盖7个维度、25项指标、75个具体评价标准的政治生态评价体系。

（郭明玥）

【违纪违法案件查办】2023年，驻署纪检监察组和海关纪检机构接收信访举报1206件，处置问题线索1364件，立案232起，处分252人，严肃查办10起涉案金额多、影响力大的厅局级干部留置案件。南宁、上海、南京海关等单位查办了一批严重违纪违法案件。全国海关有53名干部主动投案、121名干部主动交代问题。

（郭明玥）

【“四种形态”运用】2023年，驻署纪检监察组和海关纪检机构运用监督执纪“四种形态”批评教育帮助和处理1374人次。其中，第一种形态1101人次，第二种形态182人次，第三种形态63人次，第四种形态28人次。

（郭明玥）

【纠治“四风”】2023年，驻署纪检监察组落实中央八项规定精神，常态化开展节前提醒、明察暗访、查处问责。紧盯节假日等重要时间节点向海关纪检机构下发纠“四风”树新风工作提示，推动海关总署党委在中秋、国庆节前通报酒驾醉驾问题，形成有力震慑。以整治“酒杯中的奢靡之风”和酒驾醉驾顽疾为契机，指导海关纪检机构深挖彻查“酒局”“饭局”背后的作风和腐败问题。加强源头治理，推动海关总署党委修订印发贯彻落实中央八项规定精神细化措施，健全完善公车管理、公务接待等规章制度。把纠治形式主义、官僚主义作为加强和改进海关各级党组织作风建设的重要内容，推动开展“为基层减负增效”专项行动，纠治“文山会海”“不担当不作为”等突出问题，查处重点项目、企业调研等问题，推进作风建设走深走实。和海关纪检机构查处违反中央八项规定精神相关问题，通报曝光典型案例。

（郭明玥）

【以案促改】2023年，驻署纪检监察组以案示警，每月在海关系统“曝光台”通报海关系统违反中央八项规定精神典型案例。拍摄警示教育片《国门卫士岂容违纪破法之三》，组织海关系统全体干部观看学习。组织拍摄警示教育片《纵深推进海关反腐败斗争》，剖析海关司局级干部、处级干部违纪违法典型案例，在全国海关全面从严治党工作会议上播放。重视廉洁文化建设，督促海关总署党委加快推进海关廉政警示教育基地建设，推动海关各级党组织多措并举开展警示教育、宣传廉洁文化。

（郭明玥）

【办案安全工作】2023年，驻署纪检监察组按照中央纪委国家监委部署要求，聚焦办案措施使用、涉案财物、办案安全等权力运行关键环节，排查、纠治、整改问题；以开展案件质量评查为抓手，梳理已办结案件。印发审查调查组办案安全责任告知书等6种办案安全工作常用模板，以“制度上墙”方式将谈话纪律“八个严禁”悬挂于驻署纪检监察组谈话室，向海关纪检机构印发进一步加强“走读式”谈话安全工作的通知，强调5个方面办案安全工作要求。修订海关纪检机构向驻署纪检监察组报告线索管理立案审查处分处置工作指引、驻署纪检监察组涉案财物管理办法，推动提升内控管理规范性、有效性。审核办理海关纪检机构上报的涉案款上交申请，督促按程序及时收缴入库。

（郭明玥）

【联合办案机制运用】2023年，驻署纪检监察组推动海关纪检机构持续完善“室组地”联合办案和“组地关”协作配合机制。在中央纪委国家监委第三监督检查室指导下，争取技术调查、限制出境措施及指定管辖等方面的指导帮助。立足海关垂直管理制度优势，加强与地方纪委监委在线索移交、情况研判、案件查办、协同监督等事项中的沟通交流、协作配合，推动优势互补、形成工作合力。

（郭明玥）

【“组组”协同监督机制】2023年，驻署纪检监察组立足缉私管理体制调整以来纪检监察工作新变化，将构建“组组”协同监督机制课题作为驻署纪检监察组年度重点调研课题。组织召开深化打私反腐“一案双查”调研座谈会，赴驻应急管理部、驻公安部、驻市场监管总局纪检监察组和海关总署缉私局开展走访调研。形成关于探索构建“组组”协同监督机制的调研报告——以建立与驻公安部纪检监察组双向协作机制为重点，以及驻海关总署纪检监察组、驻公安部纪检监察组关于加强“组组”协同监督的意见，同步推进外查走私和内查腐败“一案双查”。

（郭明玥）

【纪审衔接】2023年，驻署纪检监察组梳理党的十九大以来海关督审部门向纪检监察机构移送问题线索情况，推动与审计部门协调配合，形成专题材料通报海关总署党委。推动海关总署督察内审司修订关于加强海关督察审计监督和纪检监察监督协作配合的实施办法，进一步规范提升纪审协作监督机制。

（郭明玥）

【智慧监督建设】2023年，驻署纪检监察组按照中央纪委国家监委“构建数字纪检监察体系　助力纪检监察工作高质量发展”专题调研部署安排，结合智慧海关建设、“智关强国”行动等海关工作重点，开展海关纪检机构“智慧监督”建设。在顶层设计上，整合现有监督平台，推动构建业务高度集成、监督高度协同、运行高度智能的海关纪检监察大数据监督机制系统。研究制订智慧监督建设实施方案、智慧纪检业务场景应用方案，明确“1+1+4+6”（“一网一平台四库六应用”）建设框架。赴驻中国农业银行、驻中国移动、驻国家税务总局纪检监察组、辽宁省和沈阳市纪委监委及沈阳海关等地开展专题调研，了解相关单位部门运用信息化手段开展监督工作的经验做法、存在问题，跟进掌握部分直属海关运用大数据等新技术开展监督执纪的创新做法。升级海关电子廉政档案系统，推动实现从“一案一档”到“一人一档”。

（郭明玥）

【海关纪检机构业务统筹】2023年，驻署纪检监察组完善“监督执纪以上为主”、重要事项请示汇报等工作机制，加强对海关纪检机构监督检查、执纪审查等业务的指导，审核海关纪检机构问题线索处置意见、立案审查意见等，纠正处置不当、核查不扎实、处理畸轻畸重等问题。发挥工作考核“指挥棒”“风向标”作用，制定印发工作量化考核指标评分表，明确工作重点、体现工作导向、传导工作压力。向海关纪检机构印发海关纪检机构纪律审查实务手册，编发电子季刊3期，推动提升工作规范化、法治化、正规化水平。

（郭明玥）

【纪检监察队伍建设】2023年，驻署纪检监察组加强干部教育培训工作，举办线下专题培训班4次，分别组织直属海关单位党委纪检组长（纪委书记）、监察室主任、新进处科级纪检干部等参加集中轮训。开展干部工作实训，通过以干代训、以案代训方式在海关纪检干部中开展“选训”“点训”“调训”，选派驻署纪检监察组干部、海关纪检干部参加中央纪委国家监委专案和专项工作。大兴调查研究，制订调查研究工作方案，确定“推动健全海关全面从严治党体系”等10项年度重点调研课题，形成调研报告10余篇，组织召开调研成果专题交流汇报会，推动调研成果有效吸收转化、破解工作难题。常态化推进廉洁文化建设，向全体海关纪检干部制发廉洁建设公开信、组织签订廉洁家风承诺书、家庭助廉承诺书，书写“廉政寄语”，开展政治家访，了解干部的思想状态、兴趣爱好、社会交往等情况，帮助解决存在的困难，打造“单位+家庭”严管厚爱双阵地。

（郭明玥）

【海关纪检干部队伍教育整顿】2023年，驻署纪检监察组将主题教育和全国纪检监察干部队伍教育整顿作为重大政治任务，贯通学习教育、检视整治和巩固提升3个环节，以更高标准、更严要求、更实措施，纯洁思想、纯洁组织。落实“第一议题”制度，运用“五学联动”和“双周集体学习交流研讨”机制，确保学习教育不漏一人。在《中国纪检监察报》《中国纪检监察》杂志等媒体发表理论文章4篇，引导海关纪检机构在各类媒体刊发教育整顿有关稿件17份。开展党性教育和纪律警示教育，组织重温入党誓词、赠送“政治生日”贺卡；召开海关纪检机构警示教育大会，主要负责人作廉政教育报告，通报海关纪检干部违纪违法典型案例。落实中央纪委国家监委赴驻署纪检监察组督查检查指导意见，专题召开自查自纠动员部署会，宣讲“自查从宽、被查从严”政策；坚持分层分级、应谈尽谈的原则，“一对一”“面对面”开展谈心谈话、任职谈话、廉洁家访。组织在编、借调人员开展自查自纠，海关纪检干部主动如实报告涉嫌违纪违法问题线索。向海关总署各司局、各直属海关和事业单位征求主题教育和教育整顿有关意见建议，形成问题清单和整改清单，并逐项推进落实。全面起底党的十八大以来涉及海关纪检监察干部的问题线索，指导海关纪检机构处置反映海关纪检干部问题线索。贯通“学、查、改、建”，深化建章立制，制修订制度。

（郭明玥）

【监督执纪工作奖励】2023年，驻署纪检监察组深入落实全国纪检监察干部队伍教育整顿关于“选树先进典型、加强正面引导”的部署要求，组织开展首次面向海关纪检干部的及时性奖励工作，召开海关监督执纪工作奖励大会暨先进事迹报告会，对深圳海关监察室等3个先进集体和高锋等4名先进个人进行表彰奖励，对4个集体和31名个人给予通报表扬。

（郭明玥）

国家口岸管理

口岸开放

【概况】2023年，海关总署组织实施《国家“十四五”口岸发展规划》，开展口岸开放建设和运行管理，按程序审理口岸开放及验收，支持地方依托口岸扩大高水平开放、高质量发展。推进重点口岸项目建设，开展东北地区边境口岸联合调研，推动形成重点项目清单并细化任务分解。海关总署支持地方口岸开放建设，报经国务院批准新开放口岸1个、扩大开放口岸6个，提升口岸开放审理和验收进度，完成18个口岸开放（扩大开放）国家验收。落实首届中国—中亚峰会成果，推进别迭里口岸开放，指导新疆维吾尔自治区完善口岸开放总体方案，确定口岸选址，完成增设口岸外交换文手续，将该项目列入2023年度口岸开放计划并报请国务院备案。推进黑瞎子岛公路口岸建设，指导地方完善设置方案并报经中俄黑瞎子岛联合保护开发领导小组办公室同意。支持粤澳深度合作区建设，完成横琴大桥等6个“二线”通道验收。至年底，全国有对外开放口岸315个，其中水运口岸129个，航空口岸83个，铁路口岸21个，公路口岸82个，形成水陆空立体化、东中西全方位口岸开放格局。

（华正红　张曼琳）

▲友谊关公路口岸——货运通道　（广西壮族自治区口岸办/供图）

【智慧口岸建设】2023年，海关总署制定智慧口岸建设指导意见及建设指南、标准体系和评价指南等规范性文件，为全国智慧口岸建设提供指引，各地根据口岸功能定位和发展需要先行先试。上海、山东、内蒙古、广西、云南等16个地区制订完善试点方案并启动试点建设。广西、云南、内蒙古等边境省（自治区）通过推进边境智慧口岸建设，口岸通行能力提升，首个跨境智慧口岸合作项目在中越友谊关——友谊口岸开工建设。

（周金萍）

【重点边境口岸项目建设】2023年，海关总署推动重点边境口岸项目建设。牵头联合工作组开展实地调研、座谈研讨，提升东北地区边境口岸过货能力。指导6个边境省（自治区）推进国家“十四五”规划102项重大工程18个重点边境口岸项目建设，18个项目均细化并完成入库，其中4个新建口岸中3个建成并通过国家验收开通运行，14个改造口岸中5个提前完成，其他项目进度符合预期。制订印发中国—中亚边境口岸设施现代化改造工作方案，按照“一口岸一对策”要求，推动边境省（自治区）补齐口岸基础设施建设短板。组织落实《国家“十四五”口岸发展规划》、18个重点边境口岸项目建设中期评估，推动以评促改。

（许杰源　曹磊）

优化口岸营商环境

【概况】2023年，海关总署营造市场化、法治化、国际化一流口岸营商环境，持续提升跨境贸易便利化水平。牵头组织开展2023年促进跨境贸易便利化专项行动，会同国家发展改革委、财政部等部门，部署在17个口岸城市集中开展为期5个月的专项行动，联合推出5方面改革创新举措，各地结合实际出台配套措施818项。推动国家层面“规定动作”和各地配套“自选动作”落实到位。巩固口岸环节提效降费工作成效，跨部门协同，督促各地落实口岸收费目录清单公示制度并保持动态更新，规范和降低进出口环节合规成本。迎接世界银行营商环境新评估体系“国际贸易”指标试点评估工作，组织赴31个省（自治区、直辖市）开展优化口岸营商环境和“国际贸易”领域政策宣讲及世界银行企业调查问卷释疑解惑，实现迎评宣讲工作全覆盖。

（陈剑　刘雪嫣）

【进出口环节收费规范】2023年，海关总署推动落实《清理规范海运口岸收费行动方案》，实施海关领域提效降费工作，协同规范和降低进出口环节合规费用。督促各地口岸管理部门落实口岸收费目录清单公示制度并保持动态更新，促进口岸收费公开透明。引导港口、机场、货站、堆场等各服务收费环节手续全面电子化。配合开展口岸收费监督检查工作，推动规范口岸收费秩序。

（陈剑　刘雪嫣）

【2023年促进跨境贸易便利化专项行动】2023年5月—9月，海关总署会同国家发展改革委、财政部、交通运输部、商务部、国家市场监督管理总局，部署在北京、上海、天津、重庆等12个省（直辖市）的17个口岸城市集中开展为期5个月的2023年促进跨境贸易便利化专项行动。6部委联合推出深化智慧口岸建设和口岸数字化转型、支持外贸产业升级和新业态健康持续发展等5方面19项改革创新举措，各有关省（直辖市）口岸部门、海关总署广东分署和相关直属海关结合实际配套出台实施818项措施。其中，广东、河北、江苏将专项行动拓展至全省范围同步推进实施。专项行动国家层面“规定动作”工作任务和各地各关配套出台的“自选动作”落地见效。专项行动结束后，海关总署向全国口岸复制推广18项成熟经验做法。

（陈剑　刘雪嫣）

【世界银行营商环境新评估体系“国际贸易”指标迎评】2023年，海关总署会同商务部、财政部等相关部门，开展世界银行营商环境新评估体系“国际贸易”指标试点评估迎评工作。组建“国际贸易”指标迎评工作专班。牵头会同相关部门和北京、上海等6个营商环境创新试点城市，研究“国际贸易”指标正式概念书，对世界银行在可持续贸易领域评估等内容进行重点研究。牵头提出“国际贸易”领域深化改革具体举措和2023—2025年度对标世界银行营商环境成熟度评估标准“国际贸易”领域重点任务清单。对世界银行发布的全球第一批试点经济体中的塞拉利昂、中非、萨尔瓦多、黑山等国企业调查结果进行专题研究，迎接世界银行在华开展企业调查问卷。

（陈剑　刘雪嫣）

国际贸易“单一窗口”建设

【概况】2023年，国际贸易“单一窗口”建设新增服务事项77项，对外提供23大类875项服务，注册用户815万个，日均申报业务量2600万票。拓展“单一窗口”基本功能，建设液化天然气（Liquefied Natural Gas，LNG）线上返税服务系统，优化出口退税服务功能。推进与银行保险机构合作，支持各试点金融机构落实普惠金融服务，服务外贸实体经济发展。推动航空物流公共信息平台试点建设，推进航空口岸各市场主体间标准融合、信息共享、业务协同和流程优化。支持粤港澳大湾区、海南自由贸易港、西部陆海新通道、上合示范区等区域“单一窗口”建设，升级平台服务功能。依托“单一窗口”一体化数字底座，开展智慧口岸建设试点，16个地区开展先行先试。拓展“单一窗口”执法服务等功能，打造覆盖跨境贸易全链条的“一站式”综合服务平台。

（仲伟玲）

【“单一窗口”执法服务功能】2023年，海关总署拓展国际贸易“单一窗口”执法服务功能，推进跨部门业务协同和流程优化。会同国务院电子政务办、财政部、中国人民银行建设LNG线上返税系统，依托“单一窗口”构建服务网络，实现企业返税申请、海关审核、财政部门审批、国库返税、返税核销全业务流程线上办理。会同国家税务总局优化出口退税服务功能并在浙江试点运行，实现报关单、发票信息“免填报”，简化出口退税申报手续，提高企业退税效率。会同海事局、移民局升级船舶移泊申报、随船人员名单申报，以及联合登临边检配套功能，并在天津、深圳等地开始试点运行。将海关监管货物仓储企业注册、出口监管仓库设立审批等9项海关行政审批服务事项纳入“单一窗口”办理。上线“单一窗口”野生动植物证书进出口审批和证书签发“一次办”，完善属地查检、行政相对人统一管理、跨境电商、进出境运输工具、税费电子支付、边民互市贸易、进口食品境外生产企业注册等系统功能，提升企业办事便利度。

（刘武锋）

【“单一窗口”功能延伸】2023年，“单一窗口”功能向跨境贸易全链条延伸拓展。海关推进与银行保险机构合作，启动第四批“单一窗口”金融服务试点，新增中国光大银行、江苏银行作为合作银行，扩大金融服务试点覆盖面。支持各试点金融机构落实普惠金融服务，开发建设跨境结算、授信融资贷款、出口信用保险等50余项服务，解决中小微企业“融资难、融资贵”问题，支持外贸实体经济发展。会同中国建设银行、中国工商银行共建金融创新实验室，推动“外贸+金融”服务模式创新。至年底，金融保险服务试点企业35万余

▲四川成都天府机场航空口岸　（四川省口岸办/供图）

家，办理国际结算业务涉及金额806.86亿美元，办理国际融资业务涉及合同金额565.35亿元人民币，出口信用保单49万余份。福建（厦门）、广东（广州、深圳）、海南、陕西、浙江（杭州）、上海开展航空物流公共信息平台试点建设，推进航空口岸各市场主体间标准融合、信息共享、业务协同和流程优化，各试点平台均陆续上线运行。辽宁通过“单一窗口”开展中欧班列铁路物流信息平台试点建设，推动班列运营公司、货运代理、铁路场站等关联方系统对接和信息交互，提升铁路口岸通关物流效率，助力中欧班列高质量发展。

（周金萍）

【区域“单一窗口”建设】 2023年，全国海关支持海南自由贸易港、西部陆海新通道、上合示范区等区域“单一窗口”建设，升级平台服务。指导厦门开展金砖国家服务专区建设工作，促进区域间数据汇聚与信息共享。支持粤港澳大湾区建设，上线“湾区跨境通”服务专区，提供粤港澳大湾区通关物流一站式便利化服务，在横琴粤澳深度合作区推广应用粤澳货物“一单两报”服务功能，拓展集中申报业务模式下“一单两报”服务功能。推广“澳车北上”“港车北上”信息管理服务系统，港澳居民足不出户即可办理车辆北上手续。

（谢艳　罗晨霞）

【“单一窗口”跨境合作交流】 2023年，全国海关贯彻习近平总书记提出的“智慧海关、智能边境、智享联通”合作理念，以共建“一带一路”国家（地区）为重点，推动“单一窗口”跨境互联互通和信息共享。推进中国—中亚五国“单一窗口”合作，起草并推动签署“单一窗口”合作框架协议。推进中新（加坡）“单一窗口”合作，扩大中新“一单两报”企业试点范围，签署中新“单一窗口”深化合作联合声明。落实与巴基斯坦、蒙古国合作框架协议，与巴方完成平台技术对接，与蒙古国交换平台对接技术方案和业务合作建议方案。推动与巴西、俄罗斯植物检疫电子证书信息交互。与泰国、柬埔寨、白俄罗斯、马来西亚、新西兰、英国、南非、巴西、老挝、越南等国家开展“单一窗口”合作交流。参加中亚区域经济合作（CAREC）海关委员会、IATA数字货运工作组、国际海事组织（IMO）便利运输委员会、WCO《经修订的京都公约》管理委员会等的国际会议，推广中国“单一窗口”建设经验。参与WCO《海关与港口合作指南》编制工作，中国“单一窗口”与港口合作经验被写入合作指南。重庆、深圳、广西、天津、厦门等地方政府依托“单一窗口”开展对外交流与合作。

（于洋　张云令）

改革与法治建设

智慧海关建设

【概况】2023年，海关总署党委以习近平总书记关于“智慧海关、智能边境、智享联通”重大倡议为根本遵循和指引，提出以智慧海关为抓手全面推进社会主义现代化海关建设。全国海关开展“我为海关改革献一策”活动收集意见建议，组织26个直属海关召开6次专题座谈会，并赴一线开展实地调研，收集326个基层首创项目建设经验及建议，为编制智慧海关方案体系做好准备。2023年7月28日，智慧海关建设总体方案、推进方案确定。8月1日，智慧海关建设集中会战全面启动，抽调全国海关3500名业务、技术骨干，集中编制完成智慧海关“N+X”166个方案，“施工图”初具雏形。11月11日，智慧海关集中会战结束，形成完整的“1+N+X”方案体系。“1”即总体方案，是智慧海关建设的总纲；“N”是12个重点统筹事项实施方案和22个部门事项实施方案，明确海关各领域数字化转型、智能化升级的具体任务和路径；“X”是132个业务场景应用方案，适应企业多样化通关需求和海关多元化执法实际，同时根据外贸形势和技术发展变化，持续升级。在一些重点领域先行先试，取得了一批早期收获，评选出智慧海关建设“2023年度十佳”项目。

（徐斌）

【智慧海关建设方案出台】2023年7月28日，海关总署印发《智慧海关建设总体方案》《智慧海关建设推进方案》，明确智慧海关建设思路和工作安排。《智慧海关建设总体方案》搭建智慧海关建设的“四梁八柱”，依托改革和科技“双轮驱动”，构建智慧海关业务运行体系和科技支撑体系。聚焦“守国门、促发展”职责使命，构建“四全”机制，聚焦制约海关发展的短板弱项，实施“六化”数字化转型，围绕业务运行体系建设需求建设“五大平台”，围绕提升科技支撑能力完善“三项机制”。《智慧海关建设推进方案》制定智慧海关“N+X”方案体系，构建条线纵向穿透、现场横向贯通的业务运行模式。“N+X”方案体系166个方案，包括12个重点统筹事项实施方案、22个部门事项实施方案和132个业务场景应用方案。132个业务场景应用方案内容涉及卫生检疫、动植物检疫、食品安全、商品质量安全、货物监管、税收征管、业务统计、缉私等业务门类，涵盖了海关总署各职能部门在业务现场的职责事项；实行作业链条全过程监管，围绕源头管控、口岸监管、后续查核、打击走私的监管主线细化场景建设任务，形成事前、事中、事后各作业环节关联耦合的全过程顺势监管；实行监管对象全要素管控，按照人、企、物、运输工具、场所场地等监管对象细化场景建设任务，实施全要素风险甄别与智能布控，实现国门安全风险的一体化防控；实行惠企便民全方位服务，立足服务国家战略、提高人民群众满意度细化场景建设任务，依托“单一窗口”、12360海关热线等提供“一站式”服务。

（杨娜）

【智慧海关建设“2023年度十佳”项目】2023年，海关总署为发挥优秀项目的示范效应，按照“具有重大战略意义、具有先进引领性、已取得实实在在成效”等评审标准，组织全国海关干部职工及进出口企业，投票产生智慧海关建设“2023年度十佳”项目（见表3）。

表 3　智慧海关建设“2023 年度十佳”项目一览表

序号	项目介绍
1	项目名称：进境粮食智慧检疫监管 主办部门：海关总署动植检疫司 承办海关：南京海关、上海海关 简介：项目围绕保障国家粮食安全这一永恒课题，在智慧海关建设总体框架下，整合进境粮食检疫监管要求，通过持续改革创新，建立更加智慧的业务运行体系。推进“智能审批”，实现“审得快”；研发“智能装备”，实现“检得准”；打造“智能监控”，实现“放得稳”；深化“智能辅助”，实现“干得专”，以数字化转型、智能化升级实现关企减负增效，一体推进进境粮食质量安全监管和通关便利服务。
2	项目名称：智慧海关业务运行监控体系 主办部门：海关总署综合业务司、口岸监管司、科技发展司、督查内审司，中央纪委国家监委驻海关总署纪检监察组 承办海关：深圳海关、汕头海关、黄埔海关 简介：业务运行监控是智慧海关建设重点统筹事项，项目以数字化转型、智能化升级为核心，通过分级分类建立业务运行监控中心，搭建全领域多维度指标体系，构建“三应”灵敏高效的业务运行监控机制，建设合成智能的业务运行监控平台，形成错位互补、协同一体的海关业务运行监控体系，将零散、粗放、不透明的事后管理转变为全域、精细、可视的全过程监控，助力海关业务运行更科学、更智能、更高效。
3	项目名称：随附单证自动审核 主办部门：海关总署综合业务司 承办海关：广州海关 简介：项目以实现智慧审证为抓手，推进业务规则参数化，搭建统一、规范、标准的智慧审证基础参数库；整合企业申报数据、电子信息核查、证书笔迹印章等要素，形成可动态更新的单证审核知识库；运用光学字符识别（OCR）、图文智能 AI 识别技术和机器学习等技术，提升处理图像、文本等智能识别能力，对随附单证进行智能识别、自动比对，识别准确率高达 95%以上。
4	项目名称：航空口岸智慧旅检 主办部门：海关总署口岸监管司 承办海关：上海海关、贵阳海关 简介：项目聚焦海关旅检的数字化转型和智能化升级，一是通过设备的智能集成实现顺势监管，增强旅客无感通关顺畅体验；二是贯通作业信息链，结合 20 多项创新技术应用，实现“人物互及”多视角精准布控拦截；三是打造集远程判图、感知监控、智能预警、指挥调度功能于一体的旅检业务监控指挥中心；四是参照 WCO 设计的“海关管理数字成熟度模型”，构建“智慧旅检”迭代升级路径，首创模块化搭建理念，提升系统在各口岸场景中的适用度，使之具有更长久的生命力。
5	项目名称：关税风险“数智筛” 主办部门：海关总署关税征管司 承办海关：大连海关、海关总署税收征管局（京津） 简介：项目将人工智能技术与关税专家经验有机融合，有效强化税收征管领域防控“瞒、逃、骗”风险的能力，提升税收风险筛查效能，在税收风险筛查方面表现出风险线索检出量大、风险筛查结果准、系统计算速度快的特点，探索实践了关税领域“知识经验数字化”和“作业管理智能化”的实现途径。

表3 续

序号	项目介绍
6	项目名称：智慧电讯检疫 主办部门：海关总署卫生检疫司 承办海关：青岛海关 简介：项目通过研发智慧电讯检疫系列设备，打造智慧电讯检疫模式，实现“智慧检疫不登临、便捷通关零等待”。模式涵盖船舶、航空器、列车等多种运输工具类型，实现陆海空各种口岸类型全覆盖，可有效降低海关工作人员职业暴露风险和安全生产风险，同时为运输工具运营企业节约通关成本。
7	项目名称：智慧纪检 主办部门：中央纪委国家监委驻海关总署纪检监察组 承办海关：深圳海关 简介：略。
8	项目名称：横琴粤澳深度合作区智慧监管 主办部门：海关总署自贸区和特殊区域发展司 承办海关：拱北海关 简介：项目围绕促进澳门经济适度多元发展的主线，突出“一站式监管、一二线联动、一码通溯源、一体化管控”理念，以“四平台+四应用+两体系”为底座，打造横琴粤澳深度合作区海关智慧监管平台，保障分线管制度落地实施。首创客货车粤澳“联合一站式”监管模式，“一线”车辆通关提速43%；“新家园”便捷通道高效运行，创新特定动植物产品精准验放；免（保）税货物申报项目简化60%，智能审图辅助查缉效能提升30%。
9	项目名称：智慧属地查检监管 主办部门：海关总署企业管理和稽查司 承办海关：武汉海关、杭州海关、合肥海关 简介：项目推行“远程属地查检”模式，实现“不到场、无干扰、零等待”智慧监管，是对传统现场检查方式及检验手段的补充和创新。模式以风险管理和信用管理为基础，根据风险布控指令和相关政策文件要求，通过音视频实时通信、监管数据自动采集、线上智能识别等技术应用，开展远程视频检查，遵循作业内容不变、标准不降的原则，在“强监管、防风险、保安全”前提下，大幅提升作业智能化水平，节约执法资源、压缩作业时间、减轻企业负担，单批货物查检平均时长由3天压缩至0.5天以内，实现关企成本双降、效率双赢。
10	项目名称：取样送检全流程信息监控 主办部门：海关总署综合业务司、科技发展司 承办海关：黄埔海关 简介：取样送检是海关实施全链条监管的关键一环。项目聚焦精准、规范、高效开展取样送检工作，深化检查作业系统与实验室系统的互联互通，实现“一键送检”，每票操作时间压缩70%；建立取样送检全流程监控模块，实现作业信息和样品管理“进系统、可追溯”；通过“单一窗口”向企业推送“样品已送检”“检测中”“已完成检测”等节点信息，为企业提供稳定可预期的通关便利。2023年，已在黄埔海关等7个直属海关试点运行。

（杨娜）

“智关强国”行动

【概况】 2023年，全国海关实施“智关强国”行动。海关总署组建“智关强国”行动计划工作专班，制订“智关强国”行动计划，行动计划着力突出6大重点行动、8个专项任务，细化6大行动24方面的重点任务、294项具体措施，建立“指定+认领+自选”责任机制。直属海关制定落实举措9043项，其中对照海关总署“规定动作”细化落实举措8217项，结合各自实际制定特色举措826项，打造“强国图景”。“智关强国”行动评选“2023年度十优”项目，编发“智关强国”在行动专刊23期、研究专刊48期、工作简报5期，取得早期成果108项。

（叶东辉　张义亮）

【“智关强国”行动计划实施】 2023年4月，海关总署“智关强国”行动计划工作启动，工作专班成立。8月，印发“智关强国”行动计划。行动计划分上下两篇，上篇包括行动背景、总体要求、重点行动、专项任务、实施保障5个部分，下篇是8个专项任务。行动计划遵循应党和国家之所需、尽海关之所能的大逻辑，全面对标对表党的二十大报告涉及海关工作的重要部署，回应各渠道各层面反映的突出问题，重点着眼未来5年，统筹发展与安全、国内与国际、目标与路径，打破按条线职能安排重点任务的常规布局，突出“强国建设”叙事，提出6大重点行动。其中，既有传统的立足海关基本职责必须做到守土有责、守土尽责地守护国门安全、促进高质量发展、推进高水平开放3大行动，又有应新形势要求海关必须主动作为服务中国特色大国外交、维护国家利益行动、增进民生福祉3大行动。6大行动涉及24方面的重点任务、294项具体措施。

（傅岚　孙涛）

【“智关强国”行动“2023年度十优”项目】 2023年，“智关强国”行动打造出一批具有示范带动效应的标杆性项目。为总结经验、宣传典型，调动和激发各方面的主动性、积极性、创造性，以海关现代化服务助推强国建设、民族复兴，评选确定“智关强国”行动“2023年度十优”项目（见表4）。

表4　“智关强国”行动“2023年度十优”项目一览表

序号	单位	项目名称
1	北京海关	奋力谱写海关服务大国外交“京”彩篇章
2	哈尔滨海关	打好“协同共治”组合拳　全力保障能源安全
3	上海海关	创新以供应链为单元的海关风险管理模式高质量推动发展与安全一体两翼
4	宁波海关	集成创新多维赋能　助推世界一流强港建设
5	青岛海关	服务推动上合示范区高质量发展　打造“一带一路”国际合作新平台
6	广州海关	打造进口粮食分拨中心新模式　强化“四个通道”支持金砖国家粮食进口
7	深圳海关	“一站式”通关机制服务集成电路产业高质量发展
8	黄埔海关	支持建设“东莞—香港国际空港中心”　助力“湾区制造”通达全球
9	南宁海关	支持中国—东盟产业合作区建设
10	乌鲁木齐海关	推动“公路口岸+属地直通”改革　助力打造亚欧黄金通道和向西开放桥头堡

（张雪　任立志）

促进外贸和区域协调发展

【概况】 2023年，全国海关开展优化营商环境措施和促进跨境贸易便利化专项行动，推进国际贸易“单一窗口”建设，制订智慧口岸试点方案，实施“直装直提”、“联动接卸”、属地查检“绿色通道”等便利化措施。实施税收优惠政策，发挥关税措施作用，助企纾困。开展海关监管制度创新，推动海关特殊监管区域与自由贸易试验区统筹发展。推动海南自由贸易港、横琴粤澳深度合作区封关运作软硬件建设。出台支持京津冀协同发展12条重点措施，印发支持长江经济带高水平开放、高质量发展16条措施，制定支持西部陆海新通道建设15条重点举措等支持特定区域发展的举措。支持粤港澳大湾区发展，全年粤港澳大湾区内地9市进出口7.95万亿元，同比增长0.4%，占全国进出口总值的19%。

（韩照志）

【外贸稳规模优结构措施】 2023年，全国海关落实《国务院办公厅关于推动外贸稳规模优结构的意见》，制定贯彻落实20条政策措施及分工方案，督促政策措施执行落地。海关总署配合商务部、国家发展改革委等部门研究出台进一步支持外贸企业抓订单拓市场、推动内外贸一体化发展、推进高水平对外开放、更大力度吸引和利用外资等政策措施。研究制定海关优化营商环境16条措施，指导各直属海关单位结合实际研究制定相应的配套措施1000多条。对2022年出台的稳外贸措施落实情况开展“回头看”。开展全国海关促进外贸稳规模优结构专题调研，梳理印发26个全国海关稳外贸典型案例。加强海关助企纾困政策宣传解读，回应企业关心关注问题。

（韩照志）

【电子证书国际联网核查】 2023年，在第三届“一带一路”国际合作高峰论坛上，中国海关与智利农业部签署植物检疫证书无纸化合作备忘录；与俄罗斯联邦兽医和植物检疫监督局、白俄罗斯农业和食品部签署电子证书合作协议；与伊朗农业部、巴基斯坦国家食品安全与研究部、乌兹别克斯坦农业部等就电子证书合作协议开展磋商。年内，巴西总统访华期间，签署中巴动物源性产品电子证书合作工作计划。完成中国香港肉类电子证书数据联调测试，实现肉类电子证书数据传输。与中国澳门就电子证书合作范围由植物产品证书扩大至动物卫生证书和兽医卫生证书开展磋商。协助国外海关、驻华使馆核查中方签发证书600余份，涉及俄罗斯、美国等10余个国家。

（冯增健　陈莹）

【支持长三角地区一体化发展】 2023年，全国海关推进实施海关支持长三角区域一体化发展104条举措。在上海洋山港和长三角3省11港之间推行“联动接卸”监管模式，年内开展相关业务50.3万标箱，同比增长46.7%。支持国际航行船舶保税LNG加注业务落地，优化跨关区保税船供燃油加注流程，实现从“一船一地多供”到“一船多地多供”，年内开展跨关区保税供油299.4万吨，助推宁波舟山港首次跻身全球第四大船加油港。

（韩照志）

【支持西部陆海新通道建设】 2023年，海关总署制定出台支持西部陆海新通道建设15条重点举措并召开专题新闻发布会、支持西部陆海新通道建设座谈会进行政策解读宣传。建立由重庆海关牵头的“13+3”通道沿线直属海关协作机制，统筹推进各项重点工作。指导西部陆海新通道沿线海关出台49条细化配套落实措施，研究形成智慧海关建设西部陆海新通道物流联动场景应用方案。推广“国际通程航班”、机边“直提直装”等便利措施，最快5小时办结“空空中转”业务。推行“以航空公司为单元”保税航材监管模式，助力“临空+保税”新业态发展。推广“铁路进出境快速通关”模式，与磨憨、钦州港等口岸建立通关协作机制，畅通公铁、铁海等多式联运通道。

（韩照志）

【服务粤港澳大湾区建设】 2023年，海关支持符合条件的香港、澳门单牌车经港珠澳大桥公路口岸便利进入广东行驶，“澳车北上”和“港车北上”先后于1月1日和7月1日落地实施。年内海关办理港澳私家车备案6.4万辆，验放车辆139.7万辆次。会同澳门建立进口食品“一码通关溯源”子系统，3月12日首批实施“一码通溯源”的澳门食品经港珠澳大桥公路口岸顺利通关，口岸环节海关相关作业效率提升30%。7月1日，实现内地鲜活食品全品类经港珠澳大桥公路口岸供港。6月1日，《海关总署关于澳门输内地肉制品检验检疫要求的公告》发布，8月实现首票澳门肉制品经港珠澳大桥公路口岸顺利通关。支持珠港机场联动、粤港澳物流园建设，推动“经珠港飞”于12月12日正式实施、大桥旅游于12月15日试运营，助力构建粤港澳“黄金三小时旅游生活圈”。推动粤港“一单两报”于12月27日试运行，首票粤港“一单两报”货物通过港珠澳大桥公路口岸快速验放后抵达香港。

（韩照志）

【署省合作备忘录签署】 2023年，海关总署与河北等16个省（自治区、直辖市）级人民政府合作，签署新一轮合作备忘录（见表5）。备忘录聚焦海关守国门、促发展职责使命与落实国家重大战略和区域协调发展战略安排相结合，共同服务高质量发展高水平开放。

表5　2023年署省（自治区、直辖市）合作备忘录签署一览表

序号	省（自治区、直辖市）	签署时间	签署地	所涉直属海关
1	重庆	2023.04.26	北京	重庆海关
2	上海	2023.05.31	北京	上海海关
3	新疆维吾尔自治区	2023.07.11	乌鲁木齐	乌鲁木齐海关
4	新疆兵团	2023.07.11	乌鲁木齐	乌鲁木齐海关
5	河北	2023.07.24	石家庄	石家庄海关
6	陕西	2023.08.09	西安	西安海关
7	北京	2023.09.07	北京	北京海关
8	河南	2023.09.26	郑州	郑州海关
9	广东	2023.10.25	广州	广东分署，广州、深圳、拱北、汕头、黄埔、江门、湛江海关
10	内蒙古自治区	2023.10.26	北京	呼和浩特、满洲里海关
11	辽宁	2023.11.02	沈阳	大连、沈阳海关
12	江苏	2023.11.09	南京	南京海关
13	湖北	2023.11.20	武汉	武汉海关
14	山东	2023.12.04	济南	青岛、济南海关
15	天津	2023.12.14	天津	天津海关
16	江西	2023.12.20	南昌	南昌海关

（邓颜劼）

海关特殊监管区域与自由贸易试验区

【概况】2023 年，全国海关推进海关特殊监管区域管理各项工作，推动综合保税区综合改革专项工作。7 月，海关总署印发《推动综合保税区高质量发展综合改革实施方案》，研究出台 10 余项配套文件，推动各项措施落地落实。开展 2022 年度全国综合保税区发展绩效评估工作，覆盖全国 138 个区域。建立海关特殊监管区域和保税物流中心（B 型）进出口监测预警机制，定期分析、集中研判、综合治理。至年底，全国有海关特殊监管区域 171 个，分布在全国 31 个省（自治区、直辖市），其中综合保税区 163 个，保税港区 2 个，保税区 5 个，珠澳跨境工业区 1 个。全年，全国海关特殊监管区域货物贸易进出口值 8.01 万亿元，同比下降 2.9%，占全国货物贸易进出口值的 19.2%。11 月 1 日，中国（新疆）自由贸易试验区正式挂牌成立，全国自由贸易试验区总数扩大至 22 个。全年自由贸易试验区进出口 7.67 万亿元，增长 2.7%，占全国进出口总值的 18.4%。

（田仲他）

【自由贸易试验区海关监管模式创新】2023 年，全国海关推出“海关特殊监管区域货物进出区‘四化’监管新模式”“跨境电商零售进口支付信息和订购人身份信息智能验核”“《区域全面经济伙伴关系协定》（RCEP）享惠智选新模式”等海关创新举措 19 项，其中“供澳冰鲜水产品‘三联三同’监管新模式”等 5 项举措为协同创新。“出口货物检验检疫证单‘云签发’平台”入选国务院自由贸易试验区第七批改革试点经验，在全国海关复制推广。

（陈冬晓岚　赵亮）

【海南自由贸易港封关建设】2023 年，海关总署牵头并会同相关部委 2 次赴海南开展海南自由贸易港税收、贸易管制政策研究。组织 7 个直属海关 10 位专家到海口海关修改海南自由贸易港海关监管办法等工作。3 月 10 日，出台洋浦保税港区政策措施（第一批）扩大至洋浦经济开发区试点实施方案；4 月 13 日，海口海关所属洋浦海关在海南金浆纸业有限公司查验其进口的造纸机用成型网，货值 41.24 万元，标志着洋浦保税港区 11 项政策措施扩大到洋浦经济开发区落地实施。开展更高水平压力测试。完成“零关税”交通工具及游艇政策优化调整，“零关税”三张清单扩容增效。全年监管“零关税”进口货物 46.5 元，减免税款 10.5 亿元。推动海南离岛免税新增“即购即提”“担保即提”提货方式。全年，监管离岛免税购物金额 437.6 亿元，免税购物 6 万人次。加工增值 30%内销免关税政策扩大试点，

▲2023 年 7 月 12 日，大连海关关员现场指导企业使用“云签发”　（大连海关/供图）

上线公共版ERP，为试点企业降低成本，首批5家扩区试点企业全部开展加工增值业务。全年监管23家试点企业内销货值18.2亿元，减免税款1.7亿元。全年海南自由贸易港货物贸易进出口总值2312.8亿元，同比增长15.3%。其中，进口1570.7亿元，增长22.4%；出口742.1亿元，增长2.8%。海南国际旅行卫生保健中心、智慧监管业务技术用房、海口隔离检疫中心文昌和三亚苗圃升级改造、海口海关技术中心建设实验室4个海关封关重点项目获批，年底除技术中心实验室外，其他3个重点项目主体工程均封顶。

（廖逸婷　梁晓晴）

【服务横琴粤澳深度合作区建设】2023年，海关总署出台支持和服务横琴粤澳深度合作区建设若干措施、《中华人民共和国海关对横琴粤澳深度合作区监管办法》等，实施“一线基本放开”“二线严格管住”“区内实现自由”，税收管理基本放开、检验检疫精准放开；管住出区免税、保税货物，管住出区涉税物品，科技研发和高端制造产业等“四新”产业，允许免税物品正常消费使用、允许区内货物自由流转。实施横琴口岸客货车“粤澳联合一站式”通关，完成横琴大桥、横琴隧道、深井通道、横琴码头、广珠城轨延长线横琴站和长隆站6个“二线”通道验收。2023年，横琴粤澳深度合作区货物贸易进出口总值251.22亿元，同比增长104%；进出境车辆193.5万辆次，增长56.3%。

（向往　陈冬晓岚）

【服务平潭综合实验区建设】2023年，海关总署修改《中华人民共和国海关对平潭综合实验区监管办法（试行）》。全程跟进保障沃尔玛、山姆全球购落地，支持香水类商品纳入跨境电商网购、保税进口商品试点范围，助推平潭首个跨境电商退货中心仓顺利启用，创新智能锁远程施封监管模式，提升集装箱周转效率。全年平潭跨境电商进出口值超百亿元。开展平潭澳前口岸复航前各项准备工作，督促运营单位及时修缮围网、卡口、视频监控，加强卫生监督检查，支持“海峡号”于6月15日对台货运顺利复航。保障首届平潭“海峡漂移邀请赛”赛事用车通关，助力“海峡漂移邀请赛”于11月12日举办。助力邮轮码头规划建设，开展通关流程和现场通道设置，推动平潭于11月19日开通首条邮轮国际航线。

（沈金洲　田仲他）

【海关特殊监管区域整合】2023年，海关总署完成雄安、北京中关村、天津临港、上饶、佛山5个综合保税区设立审核并报国务院批准设立；报请国务院批准厦门象屿保税区、福州保税区、广州保税区、广州出口加工区整合为综合保税区；报请国务院批复洋山特殊综合保税区扩区；完成黄石棋盘洲、梧州、珠海高栏港、湛江、开封、重庆永川、青岛空港、赣州8个综合保税区的正式验收；完成长沙黄花、北京天竺、舟山港、日照、绥芬河、南昌综合保税区调整规划范围工作；启动重庆国际铁路港、蚌埠、成都天府国际空港3个综合保税区的设立审核工作。

（赵研　何扬帆）

【智慧综合保税区建设】2023年，海关总署按照智慧海关建设总体方案，构建“四全”机制、实施“六化”转型的要求，建立业务信息化应用模块，构建“1+1+1+N”的建设思路，即1个核心（以嵌入式联网监管为核

▲2023年11月19日，福州海关保障“蓝梦之星”号国际邮轮首航顺畅通关（邵鹏/摄）

心)、1个平台(搭建1个全景可视化集成应用平台)、1个数据库(建设1个数据资源主题库)、N个场景(集成N个智慧应用场景),推动特殊区域各系统互联互通、数据共享共治,打造监管顺势严密、服务高效便捷和风险一体防控的海关智慧监管新模式。

(高峰　高坤)

【河套深港科创合作区监管创新】2023年10月,海关总署组织研究制定河套深港科技创新合作区深圳园区海关监管办法,深圳海关会同深圳市发展和改革委员会、河套深圳园区发展署等单位实地调研56家重点科研企业和机构,梳理16项核心诉求,提出多条监管模式创新举措;11月,形成海关对河套深港科技创新合作区深圳园区监管办法初稿。结合河套发展定位和产业需求,立足河套合作区具有"一国两制""一区两园"的优势和特点,以"通关模式创新"和"前瞻性科技创新"为抓手,推进新皇岗口岸建设,初步研究构建"一线""二线"监管模式。对接重点科研主体,支持44家科研机构、超12亿元科研设备便捷进区;联合地方政府建设"e站通"综合服务中心,设立科研企业海关服务专窗,"一对一"专人提供业务指导,便利科研企业业务办理。

(卓雯君　何扬帆)

【上海东方枢纽国际商务合作区创建】2023年2月,上海市提出依托东方枢纽上海东站和浦东国际机场,创建上海东方枢纽国际商务合作区。8月,海关总署牵头研究支持该区域创建事项,会同上海市及相关部门开展实地调研、方案比对,明确该区域功能定位,创新人员、行李物品、货物监管模式,编制建设总体方案,推动建设事项上报国务院。

(卓雯君　何扬帆)

【北京中关村综合保税区建设】2023年5月23日,国务院批复同意设立首个以研发创新为特色的综合保税区——北京中关村综合保税区。海关总署会同相关部门,基于北京中关村综合保税区研发创新的业务特点,探索信息化围网,构建"电子围网+智能通道+电子围栏"和"综保区数智监管辅助平台"的"3+1"监管体系,打造以嵌入式联网监管为核心、信用管理为基础、风险管理为先导、非必要不阻断的海关监管新模式。

(高峰　王楠)

【综合保税区发展绩效评估】2023年,海关总署开展2022年度综合保税区发展绩效评估,推动地方政府落实综合保税区申建,运行管理主体责任。评估覆盖全国138个区域(127个综合保税区、8个保税区、1个跨境工业园区和2个保税港区)。其中,东部地区80个,中西部地区和东北三省58个;A类27个、B类98个、C类13个,排名前三的是上海外高桥保税区、成都高新综合保税区和郑州新郑综合保税区。东部地区,A类16个、B类56个、C类8个,排名前三的是上海外高桥保税区、潍坊综合保税区和松江综合保税区;中西部地区和东北三省,A类11个、B类42个、C类5个,排名前三的是成都高新综合保税区、郑州新郑综合保税区和合肥经济技术开发区综合保税区。全国和分地区评估结果均为C类的12个综合保税

▲2023年5月23日,北京中关村综合保税区获国务院批复设立　(北京海关/供图)

区，致函所在省级人民政府，压紧压实主体责任。

（游前慧　何扬帆）

【《推动综合保税区高质量发展综合改革实施方案》出台】 2023年7月31日，海关总署印发《推动综合保税区高质量发展综合改革实施方案》。内容包含5个方面23条举措：一是改革业务运行架构。调整检验检疫模式，简化生产用设备解除监管手续，优化账册管理模式，实施卡口分类分级管理，实施差异化风险防控。二是优化全流程监管。优化核放单验放逻辑，优化“一票多车”货物进出区流程，扩大AEO企业免除担保范围，优化分类监管货物管理，优化境外退运货物监管。三是支持功能业态拓展。支持保税维修提质升级、保税培训新业态发展、免税保税衔接发展、跨关区保税展示交易、设立生产性配套服务设施、综合保税区与口岸联动发展、建设特色型综合保税区。四是强化监管效能。调整重点商品管理措施，优化账册核销作业，规范综合保税区企业赋码，优化统计规则。五是完善配套保障。完善法规和规章制度体系，积极推进智慧综合保税区建设，健全运行协调保障机制。8月16日，海关总署组织召开例行记者通报会，全面解读该方案。

（赵研　王磊）

【自由贸易试验区对接国际高标准经贸规则试点】 2023年6月，国务院发布《关于在有条件的自由贸易试验区和自由贸易港试点对接国际高标准推进制度型开放的若干措施》，在上海、广东、天津、福建、北京5个自由贸易试验区和海南自由贸易港试点实施。海关围绕涉及海关的11条试点措施事项明确推进路径和工作安排，不因原产地证书存在微小差错而拒绝给予货物优惠关税待遇、允许进口葡萄酒标签标注特定描述词、对进口信息技术设备产品相关标准实施供方自我声明等措施相继落地。12月，国务院发布《全面对接国际高标准经贸规则推进中国（上海）自由贸易试验区高水平制度型开放总体方案》，涉及海关事项16条。

（卓雯君　陈冬晓岚）

法治建设

【概况】2023 年，全国海关学习宣传贯彻习近平法治思想，完善海关法律规范体系，推进依法行政，践行新时代“枫桥经验”。《关税法》《国境卫生检疫法》《海关法》等重大立法工作取得实质性进展。年内，制定修订 25 部规章，对 40 部规章开展立法后评估，审核 201 件署级规范性文件，备案审查 23 件直属海关规范性文件，审核国际协议、协定、议定书草案近百件次。审核发布 3 项海关行政处罚裁量基准。编制智慧海关法治建设实施方案、智慧海关执法依据统筹实施方案。全国海关审理行政复议案件 488 起，同比上升 28%；办理行政诉讼案件 156 起，上升 41.8%。

（于寅生　蒋超腾）

【法规管理】2023 年 5 月 30 日，《全国人大常委会 2023 年度立法工作计划》公布，涉及海关职责，主要包括《国境卫生检疫法》（修改）、《关税法》列入“初次审议的法律案（18 件）”。5 月 31 日，国务院办公厅印发《国务院 2023 年度立法工作计划》，《国境卫生检疫法》修订草案、《关税法》草案列入“拟提请全国人大常委会审议的法律案（17 件）”；《海关法》修订草案列入预备提请全国人大常委会审议的项目。

年内，海关总署全力推进《海关法》修订。组建修法工作专班和专家团队，形成《海关法》修订草案第八稿，向系统内外及社会公众征求意见。加快海关重点领域立法。配合司法部推进《关税法》《国境卫生检疫法》制修订工作。深入开展海关对海南自由贸易港监管办法立法调研，加强《中华人民共和国危险化学品安全法》《中华人民共和国传染病防治法》等涉及海关职能的重点法律法规的立法协调。

（于寅生　蒋超腾）

【行政复议案件审理】2023 年，全国海关行政复议机构在复议案件审理过程中发挥行政复议监督作用，通过案件发现执法问题。采取定期通报复议案件、制发复议意见书、风险提示函等一系列举措，提示纠正执法问题，防范执法风险，促进海关执法规范统一。

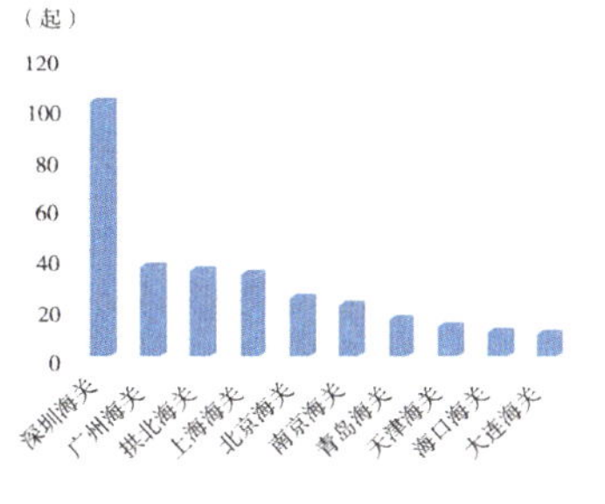

▲2023 年海关行政复议案件量排名前十关区统计图

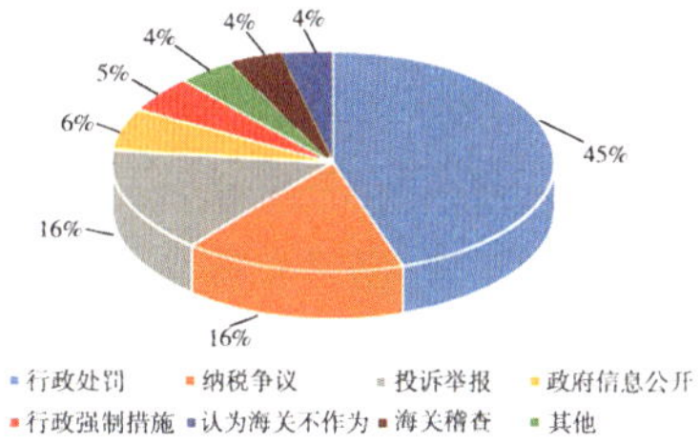

▲2023 年全国海关行政复议案件类型占比图

（王晓川）

【行政诉讼案件办理】2023 年，海关总署开展对各直属海关行政诉讼案件办理的督促指导，开展重大行政诉讼案件督办，对有关重大、疑难、复杂行政诉讼案件进行针对性的应对。各直属海关落实行政机关负责人出庭应诉制度，完成应诉答辩工作。湖南某公司诉舟山海关、杭州海关补税决定及行政复议决定案件总结转发全国海关参考。

（王晓川）

【规范性文件合法性审查】2023 年，海关总署开展对重大改革事项、主要政策措施和重大风险隐患的法制审核及法律论证，审核国际协议、协定、议定书草案近百件次，对 201 件署级规范性文件开展合法性审查，对 23 件直属海关规范性文件开展备案审查，对海关特殊监管区域监管、种质资源出口监管、进出口危险化学品检验等提供法律论证意见。

（陈婷婷）

【海关法律规范“立改废释”】2023年3月7日，海关总署废止《中华人民共和国海关出口加工区货物出区深加工结转管理办法》《中华人民共和国海关对外国政府、国际组织无偿赠送及我国履行国际条约规定进口物资减免税的审批和管理办法》《进口可用作原料的固体废物检验检疫监督管理办法》3部规章，自2023年3月7日起施行。3月9日，海关总署按照全面实行行政许可事项清单管理有关要求，对《中华人民共和国海关预裁定管理暂行办法》等22部规章进行修改，自2023年4月15日起施行。5月15日，海关总署支持保税仓库、出口监管仓库发展，对《中华人民共和国海关对保税仓库及所存货物的管理规定》《中华人民共和国海关对出口监管仓库及所存货物的管理办法》《进出口商品抽查检验管理办法》3部规章进行修改，自2023年7月1日起施行。

（于寅生　蒋超腾）

【行政许可】2023年2月28日，国务院办公厅公布《法律、行政法规、国务院决定设定的行政许可事项清单（2023年版）》，列入清单的海关行政许可事项10项。分别为：保税仓库设立审批，出口监管仓库设立审批，免税商店经营许可，保税物流中心设立审批，海关监管货物仓储企业注册，过境动物、进境特定动植物及其产品检疫审批，出境特定动植物及其产品和其他检疫物的生产、加工、存放单位注册登记，进出境动植物检疫除害处理单位核准，特殊物品出入境卫生检疫审批，国境口岸卫生许可。

海关总署推进海关行政许可事项清单管理，多举措提升行政许可标准化、规范化管理水平，通过全国行政许可管理系统明确行政许可事项实施要素，逐项形成行政许可实施规范，在海关总署网站公布并动态调整。各直属海关就本级实施的行政许可事项组织编制行政许可事项办事指南，完善行政许可信息化建设，开展“海关行政审批网上办理系统”国产化适配工作，并根据许可事项清单调整情况，动态调整本级海关政务服务事项目录清单。

（于寅生　蒋超腾）

【海关行政裁量权基准制度】2023年，海关总署推动制定海关行政裁量权制度基础参照表，建立海关裁量权底账清单，对外发布海关行政处罚裁量基准。12月11日，海关总署发布2023年第182号公告《中华人民共和国海关行政处罚裁量基准（一）》，自2024年1月1日起实施。该裁量基准适用于依照《海关法》《中华人民共和国固体废物防治法》《中华人民共和国海关行政处罚实施条例》以及有关法律、行政法规、海关规章规定处理的海关行政处罚案件，除海关检验检疫行政处罚案件和知识产权海关保护行政处罚案件外。12月22日，海关总署发布2023年第187号公告《中华人民共和国海关行政处罚裁量基准（二）》，自2024年1月1日起实施。该裁量基准适用于根据《中华人民共和国行政处罚法》《国境卫生检疫法》《中华人民共和国进出境动植物检疫法》《中华人民共和国食品安全法》《中华人民共和国进出口商品检验法》以及有关法律、行政法规、海关规章规定办理的海关检验检疫行政处罚案件。12月29日，海关总署发布2023年第198号公告《中华人民共和国海关行政处罚裁量基准（三）》，自2024年1月1日起实施。该裁量基准适用于依照《海关法》《中华人民共和国海关行政处罚实施条例》《中华人民共和国知识产权海关保护条例》以及有关法律、行政法规、海关规章规定办理的知识产权海关保护行政处罚案件。

（高铭谦）

【法制协调】2023年，海关总署组织对外单位起草的《中华人民共和国两用物项出口管制条例（草案）》等100余件法律、行政法规、规章、规范性文件等进行审核，反馈意见。按照法律法规、“三定”职责，加强对涉及海关执法的其他法律法规规章审核，厘清海关职责边界，推进海关系统权责清单编制，进一步完善清单内容、格式，形成海关系统权责清单（基础清单）（15个业务领域、163大项、368子项）。对国务院部门权责清单动态调整管理试行办法研提意见。

（于寅生　蒋超腾）

【法治宣传教育】2023年，全国海关开展法治宣传工作，落实海关系统重点法律法规宣传教育实施办法。抓住"8·8""12·4"等重要时间节点开展"发挥法治保障作用，服务智慧海关建设和'智关强国'行动""宪法宣传周""美好生活·民法典相伴"等主题宣传活动。海关总署普法讲师团赴贵阳、满洲里、昆明等关区开展送法进边关、进基层、进企业专项普法宣传活动。推进海关系统法治宣传教育基地建设，建成国家级基地3个，省级基地20个。在第十八届全国法治动漫微视频作品征集活动中，海关总署政策法规司获评优秀组织单位；青岛海关作品《黑白》获评一等奖，成都海关作品《警惕！生物入侵!》获评三等奖，南京海关所属无锡海关作品《显然有"关"》获评优秀奖。

（于寅生　蒋超腾）

【公职律师管理】 2023年，海关总署推行海关公职律师以干代训和跨层级、跨关区使用，组织公职律师集中攻关、处置涉马来西亚原产地证书追补税系列复议诉讼案件。举办海关公职律师骨干培训班，评选2022年全国海关优秀公职律师40名。各直属海关强化公职律师人才培养，全国海关公职律师人数增加至1702人，同比增长9.9%。南京海关着力解决公职律师准入退出、作用发挥、人才培养、考核评价等日常管理难题，完善准入退出机制，建立关区公职律师分类管理机制，将公职律师划分为涉外法治、海关监管、复议应诉、法律保障、民商事务、缉私执法6个专业小组，构建专业化、团队工作模式，优化任务分配机制，建立"主动申报制"和"派单制"，健全量化考核。

（高铭谦）

【践行新时代"枫桥经验"】 2023年，海关总署党委出台践行新时代"枫桥经验"意见，完善具有海关特色的矛盾纠纷预防调处化解综合机制，组织开展撰写一篇调研报告、总结一批典型做法、组织一轮集中宣传等"八个一"系列活动，各直属海关发扬基层首创精神，发动引导本关区积极开展矛盾纠纷预防化解工作。在全国海关行政争议易发多发的一线业务现场共设立基层实体工作室155个，组建专业调处团队227支。青岛海关将传统孔孟文化引入矛盾调处化解；南京海关创新智慧解纷载体和府院联动机制，实现争议化解全周期管理；杭州海关赓续古越以人为本、经世致用的优秀文脉，探索开展"逢罚必谈""诉调对接"，首创新时代"枫桥经验"模拟案例全国展演；深圳海关将依法化解矛盾与守法便利通关相结合，助力粤港澳大湾区法治高地建设；拱北海关立足陆路旅检口岸的执法实践，为妥善化解旅检争议纠纷提供全新范本。2023年11月，全国海关践行新时代"枫桥经验"现场推进会在绍兴召开，为海关系统践行新时代"枫桥经验"首批10个特色推广单位授牌（见表6）。总结提炼行政争议预防化解10个典型做法（见表7）、20个业务领域争议化解指南（见表8）和100个争议化解典型案例，全面提升行政争议预防化解能力。全年申请人撤回或和解的复议案件达170起，占全国海关审结案件的43%，同比上升4.7%。

表6　全国海关践行新时代"枫桥经验"首批特色推广单位一览表

序号	首批特色推广单位名称
1	北京海关所属首都机场海关"首护"法治工作室
2	上海海关所属上海外高桥港区海关枫桥式集装箱接待室
3	南京海关所属无锡海关"锡"心"关"护枫桥工作站
4	杭州海关所属绍兴海关"先枫越关"争议化解中心
5	厦门海关所属东渡海关涉台行政争议调处工作站
6	青岛海关所属烟台海关驻邮局办事处青"枫"工作室

表6 续

序号	首批特色推广单位名称
7	广州海关所属南沙海关“南枫解意”工作室
8	深圳海关所属罗湖海关“汇心桥”调解服务工作站
9	拱北海关所属闸口海关珠澳“枫”景工作室
10	黄埔海关所属沙田海关“暖企纾困零距离”工作室

表7 全国海关践行新时代“枫桥经验”典型做法一览表

序号	典型做法名称
1	北京海关争议预防化解“府院联动”协同推进工作法
2	上海海关争议预防化解“三引领五推动”工作法
3	南京海关争议预防化解“三步三同”工作法
4	杭州海关争议预防化解“三协三调一复议”工作法
5	厦门海关行政争议预防化解“123”工作法
6	青岛海关争议预防化解“1330”复议工作法
7	广州海关所属南沙海关践行新时代“枫桥经验”“12345”工作法
8	深圳海关争议预防化解“一听、二看、三讲、四调”复议工作法
9	拱北海关争议预防化解“四多”工作法
10	黄埔海关所属东江口海关争议预防化解“四化”工作法

表8 全国海关践行新时代“枫桥经验”争议化解指南一览表

序号	争议化解指南名称
1	北京海关旅检渠道行政争议化解指南
2	天津海关危险化学品监管领域行政争议化解指南
3	大连海关旅检业务领域行政争议化解指南
4	上海海关展会（进博会）领域行政争议化解指南
5	南京海关所属连云港海关固体废物领域行政争议化解指南
6	南京海关所属张家港海关进口木材监管行政争议化解指南
7	杭州海关税收征管领域行政争议化解指南
8	杭州海关跨境电商领域行政争议化解指南
9	杭州海关知识产权领域行政争议化解指南

表8 续

序号	争议化解指南名称
10	宁波海关进口食品投诉举报领域行政争议化解指南
11	厦门海关商品归类行政争议化解指南
12	青岛海关行政处罚领域行政争议化解指南
13	青岛海关邮件监管领域行政争议化解指南
14	长沙海关进境邮件面洽领域行政争议化解指南
15	广州海关商品归类行政争议化解指南
16	深圳海关行政处罚领域行政争议化解指南
17	蛇口海关税收征管领域行政争议化解指南
18	拱北海关所属闸口海关旅检渠道行政争议化解指南
19	江门海关口岸卫生检疫领域行政争议化解指南
20	重庆海关进出境邮递物品监管领域行政争议化解指南

（王晓川）

【行政执法案例指导】2023 年 12 月 22 日，海关总署评选并公布全国海关系统 2023 年度行政执法典型案例，18 个直属海关报送的 22 个行政执法案例入选（见表 9）。各直属海关纷纷建立案例汇编机制，杭州海关汇编 100 个行政争议化解指导案例，广州海关编印关区 2023 年行政执法典型案例。

表 9　全国海关系统 2023 年行政执法典型案例一览表

序号	案例单位	案例名称
1	广东分署、拱北海关	某公司不服拱北海关行政处罚行政复议案
2	北京海关	刘某不服朝阳海关信息公开、举报答复行政复议案
3	沈阳海关	某公司进境秘鲁观赏鱼使用伪造动物卫生证书案
4	沈阳海关	某公司不服沈阳海关作出的归类预裁定行政诉讼复议案
5	哈尔滨海关	某公司进境粮食未按规定在指定场所加工案
6	上海海关	某公司不服海关司法协助执行诉讼案
7	南京海关	某公司不服张家港海关征税决定行政复议案
8	杭州海关	某公司不服舟山海关、杭州海关补税决定及行政复议决定诉讼案
9	厦门海关	某公司不服集同海关稽查结论行政复议案
10	青岛海关	某公司擅自出口未报检的属于法定检验的出口危险化学品案
11	青岛海关	某公司申报不实违规案
12	济南海关	某公司税则号列申报不实未经海关检验擅自出口违规案

表9　续

序号	案例单位	案例名称
13	长沙海关	杨某走私燕窝不服长沙海关行政处罚决定行政诉讼案
14	广州海关	某公司不服肇庆海关代履行决定行政诉讼案
15	深圳海关	刘某不服西九龙站海关行政处罚复议案
16	深圳海关	某公司诉蛇口海关出口侵犯商标权行政处罚纠纷案
17	拱北海关	某公司不服香洲海关稽查结论行政复议案
18	江门海关	某公司报检植物产品与实际不符行政处罚案
19	南宁海关	某公司不服防城海关行政处罚复议及诉讼案
20	海口海关	叶某不服三亚海关行政处罚决定行政复议案
21	贵阳海关	某公司申报不实行政处罚案
22	兰州海关	某公司申报不实行政处罚案

（高铭谦）

【智慧海关法治建设实施方案编制】2023 年，海关总署组织编制智慧海关法治建设实施方案，提出运用信息化手段、数字化理念、智能化场景，打造优化 5 项机制、提出 5 项需求的“5+5”海关智慧法治服务保障体系。确定优化法治业务运行的 5 项机制：在构建科学完备的法治规范体系方面，通过开发智慧立法工作辅助模块，提高海关立法智慧化水平；在建设全面高效的法治实施体系方面，通过开发法治审核工作辅助模块，推进海关智慧法治审核；在强化严密有效的法治监督体系方面，通过升级海关行政复议诉讼案件管理系统，实现海关行政复议应诉智慧化；在健全多维精准的普法宣传教育体系方面，通过开发智慧海关普法工作模块，探索智慧海关数字化普法；在推进协同有力的法治保障体系方面，通过开发海关行政执法资格管理工作模块，推动海关行政执法资格管理数字化。方案同时提出法治工作智慧化的 5 项需求，在此基础上明确科技架构设计、实施策略和应用创新，并立足海关法治工作的现状和定位，按照近期、中期、远期目标，确定了分步实施步骤。各直属海关单位结合方案丰富智慧海关法治建设载体。广东分署梳理省内海关 2020 年以来 33 个行政复议应诉典型案例和 52 个普法作品，通过广东分署网页打造典型案例信息共享平台、普法资源数字共享平台。南京海关承办海关总署“智慧普法”项目开发，打造“领导干部应知应会”“普法资源库”等 7 个功能模块，应用智慧手段提升普法质效。南宁海关创新推进关区智慧普法建设，建成南宁海关全国法治宣传教育基地线上“云展馆”。江门海关开发上线智慧合同平台，实现对合同全流程、留痕、可溯、实时管理。

（于寅生　蒋超腾）

【智慧海关执法依据统筹实施方案编制】2023 年，海关总署组织编制智慧海关执法依据统筹实施方案，统筹开展海关执法依据“立改废释”，构建系统完备、科学规范、运行高效的海关制度规范体系，为智慧海关建设提供法治保障。方案分为“工作目标”“工作任务”“科技实施路径”“相关要求”4 个部分，系统说明执法依据统筹事项主要统筹的事项内容，结合智慧海关建设对执法依据的需求进行了分层级的安排，从推进重点领域立法工作、统筹推进海关规章“立改废释”、开展规章立法后评估、全面清理海关规范性文件数据库4个方面说明了具体工作和完成时限，指导执法依据统筹事项落地。明确规范性文件数据库科技架构和实施策略，介绍规范性文件数据库在科技应用层面的实现方式，确定规范性文件数据库升级中探索科技应用创新的方向，提升规范性文件数据库升级过程中的科技支撑力量。各直属海关结合海关总署方案指导基层实践探索。南京海关以“主要执法领域全覆盖”为目标，优化并动态维护南京海关执法依据库、文书库和案例库，为基层执法提供数字化法治服务。

（于寅生　蒋超腾）

【《中华人民共和国行政复议法》贯彻实施】2023年9月1日，第十四届全国人民代表大会常务委员会第五次会议修订通过《中华人民共和国行政复议法》。海关总署开展行政复议制度清理工作，修订45份海关办理行政复议案件法律文书，废止已不适应海关行政复议工作需要的35份文件。年内，海关总署收办行政复议申请26起，已审结23起，撤销4起，纠正率17.4%。

（王晓川）

【“八五”普法中期评估检查】2023年，海关总署组织全国海关开展“八五”普法中期评估检查，总结海关普法亮点做法，因地制宜，提升普法质效。南京海关创新普法形式，普法情景剧、民事模拟法庭、“固体废物退运争议模拟法庭”在全系统展演，推广公职律师“介入式”精准普法，以公职律师为主力的“扬关答人”“阿莲说法”等普法品牌的社会影响力提升。杭州海关坚持需求导向，梳理用户思维，推动普法由“被动式”服务向“能动靠前”服务转变，开展“直播带法”“追剧普法”“漫画画法”“剧目演法”。拱北海关“普法责任清单‘三化’管理”被海关总署择优选送司法部“八五”普法规划中期典型创新案例。

（于寅生　蒋超腾）

【海关涉外法治工作】2023年，海关总署参与WCO改革及《跨境电商标准框架》《经修订的京都条约》等标准规则制修订。开展对涉外技术法规、标准、规则研究和通报评议，完善反制裁、反干涉、反制“长臂管辖”的法律“工具箱”。考察世界主要经济体（美国、欧盟以及俄罗斯）境内法域外适用的制度机制和实践经验，在海关履职的语境下研究如何加强涉外法治工作，提出强化“三智”海关制度输出、强化国际贸易“单一窗口”制度等立法建议，提出重视技术性贸易措施制度、明确检验检疫准入法律制度、主动对标CPTPP、DEPA等经贸规则等建议。

（于寅生　蒋超腾）

【全国行政执法先进表彰】2023年，北京海关法规处、厦门海关所属东渡海关、黄埔海关所属东江口海关3个海关单位获评全国行政执法先进集体；全国海关3人获评全国行政执法先进个人。

（高铭谦）

海关监管

风险管理

【概况】2023年，全国海关发挥风险管理基础作用，推动海关风险管理高质量发展。完善海关风险信息收集、评估、处置、评价反馈闭环，加强布控规则运行监控，推进布控规则全生命周期管理，落实管精管准的总体目标。坚持底线思维，从制度上压实各方责任，细化防控措施，守住防范化解海关重大、系统性风险的底线。夯实大数据海关应用基础，培育大数据应用生态，加强数据入池和治理，赋能智慧海关建设和“智关强国”行动。坚持正面防控和专项防控相结合，针对重点领域、重点渠道、重点商品，组织开展打击海南离岛免税“套代购”走私、“风刃”“清邮”等风险防控专项行动，守卫国门安全。创新大宗商品、高新技术产品布控查验机制，全面推广真空包装等高新技术货物布控查验模式改革，促进产业链供应链稳定发展。

（孙瑞）

【风险信息收集、分析和应用】2023年，海关总署完善风险信息收集、分类、汇总、报送、转化、发布等海关风险信息工作机制，细化职责分工、调整工作流程、明确载体内容，审核发布全国风险预警，定期编发贸易政策措施周报、外部执法信息周报、海关查发情事周报，加强对生物安全、贸易管制、涉税走私、毒品反宣、知识产权等重点商品、重点渠道和重点领域风险信息的收集、分析和应用，聚焦行业性、系统性、区域性风险，加强态势分析及调查研究，提升风险态势感知和分析研判能力，发挥预警先导作用。完善态势分析向预警转化，发布全国风险预警，靶向施策提升风险防控整体效能。开展外贸形势及相关政策、事件研究，编写制造业采购经理人指数（PMI）和境外收发货人活跃度分析报告，研究中国进出口贸易发展趋势、国际产业链转移等热点问题，加强外贸形势分析预判。制定重大、敏感查发情事及时报送制度，加强危险品、禁止进出境环境污染物、逃检骗税、毒品走私等突出风险查发情事报送。完善风险信息情报外部合作机制，强化与国安、税务等其他执法部门的信息交流，与香港、澳门海关开展常态化风险情报信息交换和个案协查。

（魏雯倩）

【风险监测】2023年，全国海关完善“共建共用共享”全领域的风险监测体系，强化多渠道风险监测、多点触发预警，推进风险防控领域监测全覆盖，涵盖货物、物品、旅客、运输工具、企业等各业务领域。海关总署完善全国风险业务监测指标评审工作制度，建立评审专家队伍，规范评审流程和标准，发挥全国监测指标辅助领导决策、开展风险监

▲2023年5月19日，重庆海关对某虚假贸易高风险企业进口货物开展查验（重庆海关/供图）

测预警、服务分析评估。聚焦重点核心风险评估指标建设，制定年度监测重点建设任务，落实责任单位，明确任务目标，重点推进旅检、边民互市、运输工具、商品、企业等监测项目。强化伪瞒报和走私风险监测，推进伪瞒报和走私风险监测预警指标建设，做好模型推广与应用。加快生物安全重点领域监测，加强检疫、检验领域风险监测指标和模型建设，推动平台基础数据入池，推进生物安全监测模型开发及监测指标体系建设。针对全球疫情疫病、快件进出口走私等风险，完善监测指标体系，丰富风险智能化监测及智慧感知手段。

（魏雯倩）

【风险评估】2023 年，海关总署建立健全风险排查、风险排序、风险排除、跟踪评价、风险责任 5 项机制，实行清单管理。推动建立业务领域风险防范化解工作机制和工作方案，开展专项行动，一体推进风险预判、预警、预案、预演。发挥两级风险管理委员会作用，运用好海关业务风险跨部门联合研判机制、海关风控部门与业务现场联动工作机制，开展各层级联合研判，排查、排序、排除业务风险，围绕各类伪瞒报走私风险实施专项打击，着力防范重大走私风险。

（魏雯倩）

【风险处置】2023 年，全国海关推动风险布控综合改革，优化风险处置措施，完善布控动态调整机制，提升布控精准度、科学性和合理性，提高查获率，保证各项业务工作高效运行。以问题为导向，优化政策性布控，推动涉检验检疫政策性布控检查量不断下降，优化运输工具登临检查布控比例，提升布控精准性。优化“预定+即决”布控模式，全面推行业务现场即决式布控，修订完善即决布控操作规范。完善布控动态调整机制，严格布控指令管理，优化布控结构，优化指令生成、下达、执行、反馈，建立一线检查指令执行问题收集研判机制，规范布控指令的解释、修改、解控等作业流程，推动解决小批量商品取样送检、一二线重复布控、无法按运输工具抽批、直接退运货物布控、属地查检表单不合理等一大批一线实际问题，清理不可执行、不可操作布控指令，提升布控指令精准度、科学性和合理性。

（刘海朋）

【口岸安全风险联合防控】2023 年，海关总署深化口岸安全风险联合防控机制，机制成员单位增加到 34 个，组织召开口岸安全风险联合防控机制工作会议，举行全国海关跨部门风险联合研判 744 次。推动海南自由贸易港口岸安全风险联合防控机制建设，牵头建立海南自由贸易港风险情报工作专班，制定情报信息共享、联合研判制度，对海南自由贸易港口岸安全风险与问题进行专题调研，制定海南自由贸易港专项工作组 12 个成员单位职责分工。推进口岸布控场所实体化运作，推进与国家安全部、商务部等成员单位开展合署办公，接收、研判重大紧急布控需求，加载布控规则，强化综合治理。全国海关依托国家口岸安全风险联合防控机制，深化与外部执法部门的信息交换与协同处置，强化重大风险线索分析移交；与公安、国家安全、国家税务、边防检查、邮政等口岸部门单位建立长效沟通合作机制，形成打击合力；在成都大运会、杭州亚运会等重要时间节点，成都、杭州等海关与相关部门合作，推动信息共享和联合研判，围绕涉枪、涉爆、涉毒等重大安全风险实施精准研判及高效处置，提升口岸整体防控合力。深圳海关建成启用风险缉私纪检联合研判中心，完善与各现场海关联合研判工作站的“1+N”体系；与缉私部门合署办公、协同作业，联合开展“使命 2023”、“云战—断流 2023”打击毒品走私等行动 20 余次，破获多起大案。满洲里、呼和浩特海关联合内蒙古自治区国家安全厅签署专项行动实施方案，推进口岸国家安全风险联合防控。

（居建）

【数据归口管理】2023 年，海关总署明确数据管理职责，摸清数据底数，梳理数据管理规章制度、资产、质量、应用和安全等各方面情况，推进海关数据汇入大数据池，计入池数据表 1.6 万张、记录 2538.2 亿条，编制发布第一版基础数据中台资源目录，涵盖数据项 6505 个，同时制定正、负面清单，推进首批 3.3 万个数据表下发直属海关，初步解决基层用数难问题。研究加强海关数据工作的指导意见，明确数据工作责任体系，搭建数据管理“四梁八柱”。协调与生态环境部开展长江流域数据共享，做好重要数据保护等工作。强化数据服务，创建江门海关云擎大数据应用实训工作点，成为全国海关业务实训工作点之一，承担全国云擎实训任务。升级云擎大数据通用分析平台，提升运行效率17.4%，应用云擎数据查获大要案数量同比增长1.6倍。

（张莉）

【大数据模型应用】 2023年，海关总署统筹模型建设，推动大数据在海关整体业务中的应用，对14个大数据模型建设需求开展业务论证，年内10个模型完成立项，为智慧海关建设和“智关强国”行动提供基础支撑并发挥技术引领作用。年内，新建涵盖风控、关税、稽查等业务领域的11项大数据模型，初步形成大数据模型集群。开发优化濒危野生动植物、跨境电商等重点领域重点涉检验检疫商品大数据模型，完善空运旅客渠道象牙及濒危野生动植物风险甄别模型，相关模型查获率实现预定目标。基于风险和信任视角新建智能布控子模型，和报关单综合评价模型共同构成大数据智能布控模型体系，为提高海关监管质量提供支撑。

年内，上海海关加快推进大数据海关应用创新工作点建设，探索打造直属海关“数字化感知”样本，最大限度地获取关区人、货、物、企、运输工具的口岸监管动态和风险处置情况，

▲2023年9月20日，江门海关风险防控分局发挥大数据海关应用创新示范点作用推进智慧海关建设　（张进/摄）

推进大数据监测、预警、处置一体集成。广州海关充分发挥数据、模型基础支撑和创新引擎作用，建设关区风险地图，获取数据效率提升约30倍，探索智慧非贸建设，搭建关区非贸风险防控整体框架，以“人、号、址、单、链”为抓手，建设智慧非贸风险一体化防控体系。汕头海关以“专家智慧+智能”在关区应用上线大数据智能布控模型，开发风控智能业务中台，研究新建云擎精细化监控模型，年内贸易渠道自主人工分析布控查获率、邮递渠道人工分析布控查获率、下达风险类稽核查指标有效率等均取得较好成效。

（张莉）

【风险防控专项行动】 2023年，全国海关针对重点领域、重点渠道、重点商品，持续组织开展风险防控专项行动，通过开展跨部门联合研判、联合办案，实施精准打击。8月－10月，全国海关开展“清邮2023”专项风险防控行动，防控邮递渠道各类安全准入风险及涉税风险，严厉打击进出境邮递渠道走私违法行为，以“人”为核心单元开展非贸渠道一体化分析，行动期间查获各类违法违规邮递物品超过10万票。长沙海关在“清邮2023”行动期间首次查获“异宠”熊猫王鼠妇。9月—10月，与香港、澳门海关联合开展“风刃2023”专项行动，三方协同制订打击方案，重点防控打击涉及政治安全、经济安全、民生安全及贸易管制的货物、物品违法进出境风险，实现多方位全领域、全程可控精准打击。行动期间，查获大批有害信息载体、枪支及配件、管制刀具、毒品、固体废物、濒危动植物及其制品、侵犯知识产权商品等。

（孙瑞）

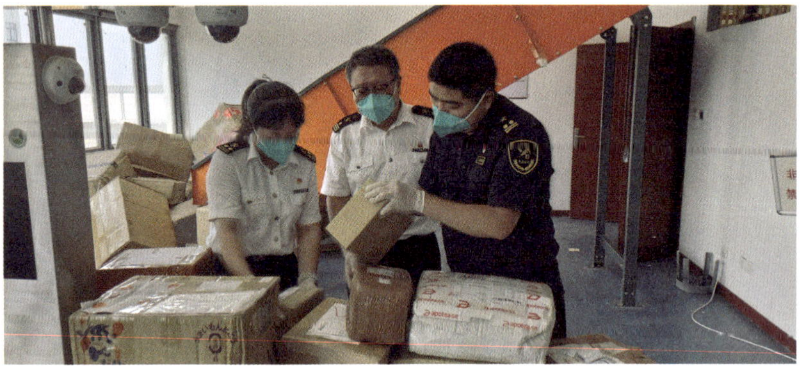

▲2023年8月13日，西安海关在“清邮2023”专项行动中开展切片查验（王珽/摄）

【风险管理交流合作】2023年，海关总署与香港、澳门海关分别签署深化风险管理合作安排，健全风险联络机制，组织交流互访、联合培训，推进数据非交换式“共判、共享、共用”，开展常态化风险情报信息交换和个案协查200余批次。召开中俄海关风险管理工作组第十二次会议，组织赴荷兰海关开展风险管理和大数据应用研讨培训，深化风险防控、数据共享和大数据应用等方面的合作共识。参与WCO等国际组织会议及活动，加大国际治理和规则制定参与力度，“中国海关风险管理差异化绩效评估良好实践案例”“跨境电商企业风险档案”作为中国方案首次纳入WCO风险管理纲领性文件。

（孙瑞）

【智慧风控建设】2023年，海关总署做好智慧风控业务场景项目统筹协调，制订智慧风控业务场景建设统筹推进工作方案，将21个场景项目分为7个建设小组，明确责任部门，有序推进智慧风控建设。同步推进海关风险信息监测预警平台、风险分析处置平台、布控规则全生命周期管理（布控规则管理及运行监控）、非贸风险甄别（海南离岛免税“套代购”走私风险监测模型）、风险防控实训基地建设5个风险防控重点场景项目建设。

年内，大数据智能布控模型建设取得突破，通过机器学习自动对全量报关单全要素数据项进行智能甄别，在全国海关范围开展应用测试，实施“高风险自动布控、低风险快速放行、中间风险人工辅助研判”的大数据智能布控模式，智能布控占人工分析布控比例达31.81%。构建检查结果智能语义分析模型，通过对查获报关单进行机器学习，实现对查获结果自动分类，三级分类准确率接近80%。根据查获分类调整重新学习，并对模型分类结果进行人工验核，新增实验室系统检测结果和口岸植物疫情截获、进出口食品化妆品不合格等专项上报系统数据，对查获分类结果进一步校验和补充，优化模型分类准确率。

（陈昭君）

【风险防控一体化】2023年，全国海关深化全领域风险一体化防控，开展规则评估、查获分析和联合研判。推进全链条风险一体化防控，上海、青岛海关探索以供应链为单元的风险防控模式，构建供应链安全风险评估模型，综合各环节风险要素智能评估风险等级，实施差别化风险防控措施。加强全渠道一体化风险防控，非贸一体化防控平台建设取得实质性进展。完成非贸一体化风险防控项目程序开发、业务测试、参数维护、手册编写、业务培训和上线应用，分阶段将旅检、邮递、跨境电商进口渠道的风险作业全部切换至非贸一体化风险作业系统，推动一体研判、一体布控、一体处置。打造非贸数据底盘，围绕“人、号、址、企、物”五大要素构建档案库、知识库和高风险、中风险清单；提供知识图谱、风险地图等功能，服务以“人”为单元的关联分析，探索“由人及物”“由人及企”的风险分析方法，研发一体化智能风险防控平台，自主构建基于自然人的“风险画像库”“关联关系库”及“黑、白、灰”名单，打通不同渠道间的数据壁垒，持续推动实施跨渠道信息统一收集、数据统一分析、指令统一下达、效果统一评估，实现“一点查发、多点触发”的防控效果。开发53项风险监测（异动异常）功能、48个专项或一体化分析研判功能，建立统一的非贸风险防控指标体系，初步建立标签体系。

（解恭浩）

【风险管理模式创新】2023年，海关总署在总结前期试点情况、完善企业备案风险评估指引的基础上，调整真空包装等高新技术货物布控查验模式，4744项商品受益，涉及货值超过4000亿元；优化矿产品布控检查模式，解决海关特殊监管区域矿产品二线出区重复检验问题，通关时间缩短。全国海关开展进境船舶风险防控分类分级工作，实行船舶涉检验检疫布控规则分类分级管理。呼和浩特海关优化海关特殊监管区域“委内加工”货物和进口矿产品布控规则，助力企业提速降费。青岛海关开展全国首次保税棉花检验通关模式试点，该模式下关区节省通关时间超9000小时。

（刘海朋）

【两级风控管理】2023年，海关总署风险防控局全国布控中心推进加强风险防控局业务管理10条措施落实落地。风险防控局（上海）实施以“人”为单元的一体化风险防控模式，在非贸渠道查发毒品走私案件被公安部列为目标案件；风险防控局（青岛）发挥在洋垃圾、出口骗退税等重点领域风险防控牵头作用；风险防控局（黄埔）聚焦海关特殊监管区域走私风险，在大要案查发方面取得突破性进展。各直属海关风险防控分局压紧压实各自关区防控主责，上海海关探索推进以供应链为单元的风险防控模式；南京海关坚持“数据监测+热点追踪”构建国家安全风险预警前沿哨站；杭州海关创新构建以“三张清单”（风险清单、措施清单、责任清单）为抓手、“防—巡—审”联动的风险防范化解机制；深圳海关探索虚假贸易“打点断链”新战法，强化禁限类商品深度管控，推进跨关区一体化风险防控；广州海关创新机动查缉机制，建立关本级和隶属海关两级机动查缉队；拱北海关加强人、车、物流管理分析和团伙深挖，加强对“水客”风险防控；南宁海关强化口岸风险画像，推广“点菜式”数据模型。

（陈昭君）

【重点安全准入风险防控】2023年，全国海关锁定固体废物、枪支弹药有害类信息载体、危险品、毒品、外来入侵物种、濒危野生动植物等重点目标，查获一批重大典型案例。其中，布控查获各类洋垃圾伪瞒报入境情事，查获锌矿渣3300吨，为2021年固体废物清零政策实施后布控查发的最大宗单品类固体废物。打击虚假贸易、出口骗退税等行为，与商务部、财政部组成联合调研组，赴12个省（直辖市）实地督导。济南海关推进跨境电商寄递“异宠”风险防控，在某鱼卵中检出12个外来物种，为全国海关首次查获。海口海关查发侵犯轩尼诗商标权洋酒1.3万瓶，申报货值191.2万元，是海南口岸历来扣留货值最大的侵权货物。广州海关严密战略物资及管控商品监管，布控查获涉出口管制无人机、锗制镜片、稀土产品、星链设备等，快件渠道查获枪支及其零配件数百件，打掉一个涉枪违法犯罪网络，并通过全国布控查获疑似枪支配件，促成杭州、西安海关刑事立案、地方公安立案。

（陈昭君）

【海南自由贸易港封关运作风险防控】2023年，海关总署做好海南自由贸易港封关运作准备工作，组织专家开展梳理评估、动态完善海南自由贸易港封关运作海关风险责任清单。优化调整海南自由贸易港工作专班，设立风险梳理、大数据应用、贸易风控、人员物品风控、口岸联合防

▲2023年4月24日，湛江海关查获废旧手机液晶显示屏　（湛江海关/供图）

控及风险情报、压力测试6个工作小组，建立工作台账定期督办各项任务。推动免税商品溯源制度建设，研究完善免税商品溯源体系建设方案。持续推进海南自由贸易港数据共享，摸清海南省政务数据共享资源底数，建立外部数据需求共享清单台账，完成281项数据共享交换。

（居建）

【粤港澳大湾区风险防控协同机制】2023年，粤港澳海关常态化开展风险情报信息共享，开展风险情报信息交换和个案协查，根据香港、澳门海关提供的情报信息，广东分署查发走私案件及违规情事数十起。围绕重大风险开展联合研判，广东分署与香港、澳门海关开展了香烟、“水客”、集成电路和显示板等多个领域风险联合研判。开展联合行动，广东分署协调省内海关建立“1+2+7”协同防控机制，凝聚广东海关防控合力共同参与“风刃”专项行动。加强业务交流，广东分署先后赴香港、澳门开展风险防控业务交流，推进粤港澳大湾区海关风险防控一体化。拱北海关深化与澳门海关风险管理合作，向中资（澳门）职业介绍所协会通报违法违规劳工“水客”情况。

（陈昭君）

【风控案件联合查获】2023年，海关总署风险防控局（上海）针对国际贩毒集团绕道中国境内向第三国（地区）走私毒品的风险，开展专项开源情报经营和自主风险分析，与缉私部门、香港海关联合开展跨境控制下交付，查获冰毒、可卡因等毒品23.2千克，抓获犯罪嫌疑人3名；运用大数据建模分析、案件分析小组集中攻关、联系现场紧盯疑点等多种手段，研判发现企业通过伪报品名夹藏夹带鱼胶、燕窝等干货走私进境风险；与北京海关开展联合研判，在首都机场破获一起走私进口鱼胶案件，查获鱼胶1.2吨，案值逾千万元；以资金流为切入点，加强数据监控分析、情报信息共享，锁定“皮包”公司以虚构跨境电商报关金额的手段向地方政府骗取专项补贴的违法犯罪行为，与缉私、公安部门联合在上海、江苏、浙江、湖南、广东5个省（直辖市）开展集中收网行动，在跨境电商渠道查获虚假出口骗取补贴案件多起。

（白嘎力）

【风险管理研究成果转化】2023年，海关总署对国际组织和重要发达国家风险管理法律法规文件进行全面梳理和出版审校，编辑出版国际海关、检验检疫风险管理法律法规汇编第一套10册，覆盖海关监管、卫生检疫、食品安全、动植物检疫、商品检验等领域。强化专业素质，提炼典型战法，编发海关风险防控战法、全国海关邮快跨旅边渠道风险防控典型案例汇编（2022），形成一批可复制可推广成果经验，坚持线上、线下相结合，构建完善风险防控实训体系。开展调查研究，形成《构建与社会主义现代化海关建设相适应的风险防控体系》等高质量调研报告6篇，推动形成调研转化运用成果16个。

（陈昭君）

通关运行管理

【概况】2023年，全国海关以口岸新开放格局服务保障构建新发展格局，提升通关运行管理规范化、信息化水平。建设“智慧审证—随附单证自动审核”模块，实现对进口冻肉、水果等30类证书智能识别，实现系统自动比对、智能提示，辅助关员审核，提升单证审核效率和准确率；推进全国海关业务运行监控平台建设，加快建立多维度、标准化、可视化的业务运行监控体系，初步建成上线智慧海关业务运行监控平台主版面及动植检、商检业务运行监控版面，多维展示、监测相关业务运行情况。开展《中华人民共和国海关进出口货物申报管理规定》《出入境检验检疫报检规定》《中华人民共和国海关进出口货物报关单修改和撤销管理办法》3部规章联动修订工作，提高进出口货物通关管理制度化、规范化水平。完善H2018通关管理系统拟证出证、单证审核作业、集中申报等作业模块功能建设；调整报关单修撤核批作业功能，实现报关单修撤核批作业功能从HP2015系统到H2018系统的迁移、升级并全国推广。运用信息化手段开展进出口报关单日常运行管理，拓展报关单运行监控系统功能。推进启运港退税政策试点，试点范围扩大至离境港15个、启运港94个、经停港54个。

（何叶颖　刘雪嫣）

【口岸复通】2023年，海关总署制定实施边境口岸和毗邻港澳口岸有序稳妥恢复开通措施，分5批恢复开通56个边境口岸客运功能、70个边境口岸货运功能，毗邻港澳的陆路口岸已全部恢复客货常态化运行。

（华正红　张曼琳）

【保障重点边境口岸跨境货运畅通】2023年，全国海关加强边境口岸运行监测分析预警。开展霍尔果斯、满洲里口岸现场调研，解决货物在口岸滞留问题。召开中吉边境口岸专题视频会议，推动解决伊尔克什坦口岸通关拥堵问题。回应俄罗斯、中亚毗邻国家关切，分类施策适当延长重点边境口岸工作时间，推动满洲里、霍尔果斯、二连浩特口岸试行24小时货运通关；延长中俄绥芬河、密山口岸和中吉伊尔克什坦、吐尔尕特口岸工作时间至14小时；延长中哈4个口岸工作时间至12小时；延长中塔卡拉苏口岸工作时间至5天12小时制。

（许杰源　曹磊）

【边境公路口岸农副产品快速通关“绿色通道”建设】2023年，新疆维吾尔自治区口岸办、乌鲁木齐海关共同推动在阿拉山口—多斯特克、都拉塔—科尔扎特和吉木乃—迈哈布奇盖公路口岸开通农副产品快速通关“绿色通道”，实现中国与中亚毗邻国家边境公路口岸农副产品快速通关

▲2023年11月21日，满洲里海关关员监管出口俄罗斯的工程机械车辆（辛延君/摄）

"绿色通道"全覆盖，保障农副产品快速通关。至年底，中国已与哈萨克斯坦、吉尔吉斯斯坦、塔吉克斯坦、蒙古国、越南边境公路口岸开通11条农副产品快速通关"绿色通道"。

（刘倩　芦志涛）

【通用参数和准入规则维护】 2023年，全国海关提出参数维护需求79批次。涉及维护H2010系统参数20次约10张参数表计21万条数据项，电子底账系统24次保障国家税收及禁限管制政策实施。开展准入规则梳理、确认、维护、评估等工作，全年维护规则4058条，保障规则正常运行。

（冯增健　陈莹）

【指定口岸增设】 2023年，海关总署就地方政府提出的增设烟台港、连云港、南京港、厦门东渡港等整车进口口岸诉求，指导直属海关加强与地方政府沟通，建议地方政府结合国务院审批原则和实际需求，在充分考虑发挥已有汽车整车口岸作用的基础上进一步加强综合研究和调研论证；会同国家药品监督管理局，就增设泰州市泰州港口岸、合肥空港口岸为药品进口口岸有关事项请示上级部门；会同国家药品监督管理局，发布关于增设黑龙江省绥芬河、同江、吉林珲春口岸等药材进口边境口岸的公告、关于增设泰州市泰州港口岸为药品进口口岸的公告，并联合下发明确具体工作要求的通知。

（冯增健　陈莹）

【禁限管理政策优化调整】 2023年，海关总署联合国家药品监督管理局、生态环境部发布精神药物、麻醉药品、有毒化学品等禁限管制类商品目录；落实新污染物行动治理方案，协调生态环境部、商务部，推动重点管控新污染物清单与有毒化学品名录、禁止进出口货物目录的有效衔接；对《反兴奋剂条例》、无线电发射设备的进出口管理研提工作意见；配合商务部，就列入旧可控震源车、旧变速箱、旧样车等禁止进口货物特批进口明确意见；针对地方政府、企业反映集中的二代生物柴油出口受阻问题，会同商务部、国家发展改革委等单位开展政策研究，协调商务部明确禁限政策；就进口放射性药品、氘代化合物、电子游戏载体及出口天花粉等监管要求征求主管部门意见，指导直属海关按规定办理。

（冯增健　陈莹）

【禁限管制能力建设】 2023年，全国海关组织开展规范标准业务培训。海关总署邀请外交部、工业和信息化部、公安部、自然资源部（国家林业和草原局）、商务部等部门及行业专家，围绕出口管制、野生动植物、无线电发射设备等禁限政策，镓锗、无人机等新增列管物项商品知识与识别技能等开展专题授课；中国海关管理干部学院举办WCO战略贸易管制执法培训班，邀请WCO专家开展防扩散出口管制专业培训；海关总署与生态环境部联合举办《蒙特利尔议定书》受控物质进出口管理海关关员培训班，全国海关参训人员超200人次。

（冯增健　陈莹）

口岸监管

【概况】2023年，全国海关强化监管，优化服务，统筹推进口岸疫情防控和促进外贸稳增长。保持重点口岸打击“水客”走私、海南离岛免税“套代购”走私高压态势，强化对毒品、固体废物、濒危野生动植物等的查缉。全面融入智慧海关建设、“智关强国”行动，推动智慧旅检、智能审图、途中智慧物流管控、“组合港”等项目实现早期收获。组织实施新一轮打击整治枪支爆炸物品违法犯罪3年专项行动，开展“清邮2023”行动、“异宠”治理，推动进口危险化学品检验监管模式改革，开展“打击进出口危险品伪瞒报”专项行动，开展核生化应急演练。完善“先期机检”模式，推进途中监管模式改革，优化无感通关，探索实施行李物品“双预检”模式。启动非贸监管改革，推进跨境电商综合改革，推广应用免税商店和免税品监管系统，保障海南离岛免税“担保即提”“即购即提”政策平稳运行。“先查后装”“船边直提”“离港确认”“联动接卸”等举措应用范围持续扩大，“沿海捎带”业务持续放量，“铁路快通”模式进一步推广，出台支持中欧班列发展措施，确保产业链供应链稳定。“澳车北上”“港车北上”大幅增长，横琴粤澳深度合作区如期封关，海关分线监管顺畅运行，粤港澳大湾区跨境物流便利化水平进一步提升。保障重要峰会论坛人员通关，助力成都大运会、杭州亚运会、上海进博会等举办，服务大国主场外交取得新成效。

（刘笃彦）

【货物口岸检查】2023年，全国海关深入开展货物查验领域改革创新，推进智慧口岸监管建设，扩大“船边直提”“抵港直装”“先查后装”改革试点范围，组织开展优化双人查验作业试点。组织开展“打击进出口危险品伪瞒报”专项行动。落实国家贸易管制要求，发挥口岸货物检查优势，做好固体废物、外来入侵物种、涉枪涉爆等禁限品监管。优化即决式风险布控，强化现场主动查发。建立典型案例通报制度，组织开展跨关区跟班作业、调研。

（历志坚）

【口岸检查作业规范性建设和信息化建设】2023年，全国海关加强口岸检查作业规范性建设，运用系统控制、视频监控、指标预警等科技手段，优化完善管理体系，提升口岸检查作业规范性。深圳海关完善直属海关—隶属海关两级查验管控机制，通过双系统、双监控事中发现问题事中干预处置；宁波海关搭建智慧查验实战化平台，集成查验场台位、查验预警、重大查获、查验业务运行情况等资源同屏展示，试点探索运用科技手段防范“三大风险”。推进新一代查验管理系统与实验室管理系统、属地查检系统等互联互通，提升信息化、智能化水平推动形成监管合力。

（李明华）

【进出境运输工具监管】2023年，全国海关强化进出境运输工具监管，监管岗位关员严格按照布控指令开展进出境船舶、航空器登临检查，佩戴执法记录仪对作业过程开展全程录证；海关总署加强口岸物流运行监控，定期梳理全国海关监管运输工具基本情况，促进跨境物流规范有序，跨境物流运行发展态势积极向好。年内，全国海关监管进出境运输工具3147.98万艘（架、辆、节）次。

（王进）

【市场采购贸易监管】2023年，全国海关完善海关监管制度，优化营商环境，促进市场采购贸易平稳发展。3月，海关总署编发海关总署文告市场采购贸易专刊，梳理市场采购贸易有关政策、文件、公告以及试点市场情况。4月，试点海关陆续发布公告，正式开展市场采购业务。5月，建立市场采购贸易数据异动监测分析通报机制。加强市场采购贸易实货监管和数据监控，按月监测分析市场采购贸易运行情况，定期将市场采购贸易监管风险通报地方政府，共同采取相关措施，形成监管合力。至年底，全国有39个采购贸易试点市场，分布在21个省（自治区、直辖市），涉及25个直属海关。年内，全国海关监管市场采购贸易出口货物7986.1亿元，同比下降9.2%。

（黄一凡）

【边民互市贸易监管】2023年，海关总署完善边境贸易管理制度，推进智慧边民互市建设，促进边民互市贸易创新发展。1月，在全国边境海关内应用推广全国统一版边民互市贸易管理系统，提高边民互市贸易信息化管理水平。6月，边境海关落实海关优化营商环境16条，优化边民互市贸易监管，对落地加工商品实行“委托申报”“直通运输”“免到场查验”便利化通关措施，推动边民互市贸易进口商品落地加工，推进智慧边民互市建设，结合边民互市贸易业务特点与监管需求，通过对互市贸易业务流程进行全面梳理和优化升级，形成智慧边民互市贸易场景方案。收集整理现场海关反映的边民互市贸易管理系统使用问题，按照共性问题、急用优先的原则优化完善边民互市贸易管理系统。年内，边境海关监管边民互市贸易进出口货值650亿元，同比增长95.7%，其中进口547.8亿元、增长97.7%，出口102.2亿元、增长85.9%。

（黄一凡）

【对台小额贸易监管】2023年，全国海关贯彻落实《中共中央　国务院关于支持福建探索海峡两岸融合发展新路　建设两岸融合发展示范区的意见》，推进“智关强国”行动，促进对台小额贸易健康、可持续发展。年内，全国海关监管对台小额贸易进出口货值1.97亿元，对台小额商品交易市场进出口货值1.89亿元。

（王卫国）

【进出境快件监管】2023年，全国海关对接国际高标准经贸规则，优化作业流程及系统功能，对在自由贸易试验区和自由贸易港试点地区，已提交必要海关单据、符合中国海关监管要求且完成必要检疫程序的空运快运货物，正常情况下抵达后6小时内放行；RCEP以及自由贸易试验区和自由贸易港试点地区的快件在时限内通关。海关总署根据横琴粤澳深度合作区封关运作部署安排，对快件通关管理等海关业务系统进行适配改造。年内，全国海关监管进出境快件1.45亿票，同比增长3.6%。

（马翰骁）

【进出境旅客行李物品和邮件监管】2023年，全国海关监管进出境旅客数量较上年明显增长，口岸全面恢复正常通关，健康申报模式进一步优化。年内，全国海关受理进出境旅客行李物品申报9.0万票，查验360.7万票，查获各类禁限及应税物品52.6万票。在海口、苏州等地的国际邮件互换局叠加国际邮件交换站功能，在便利用户用邮的同时，提高国际邮件通关时效。会同国家邮政部门于5月开展为期半年的平安寄递专项行动，加大对涉恐、涉枪、涉爆、涉毒、象牙等濒危物品及其制品、“异宠”等各类违禁品的打击力度。全面梳理现场使用需求，上线查验“双随机”派岗、待申报邮件提醒等功能，提高邮递物品监管规范化水平；在“单一窗口”、掌上海关、互联网+海关、微信小程序等优化邮包状态查询功能，增加缴税功能。年内，全国海关监管进出境邮件1.58亿票，同比下降6.6%。

（马翰骁　刘佳琪）

【跨境电商监管】2023年，全国海关大力支持跨境电商可持续健康发展，跨境电商零售出口跨关区退货试运行海关扩大到10个，订购人身份信息、支付信息验核试点范围扩大至15个海关，覆盖全国95.3%跨境电商零售进口业务量。指导企业建立健全退货溯源机制，助力跨境电商企业出口。推广海外仓模式无纸化备案，实现数据多跑路、企业少跑腿。强化跨境电商各相关部门单位的协同配合，运用海关跨境电商进口监管长效工作机制，共同分析难点问题，研究推动跨境电商进出口业务高质量发展；推动商务部研究完善跨境电商零售进口的监管措施，与国家市场监督管理总局建立跨境电商零售进口食品的召回工作机制。年内，全国海关监管跨境电商进出口货值2.37万亿元，同比增长15.3%。

（孔维韬）

【智能审图】2023年，全国海关推进智能审图算法研发和优化升级，围绕烟花爆竹、“异宠”等重点敏感物品开展专项制图标图1.3万余幅，组织开展常规制图标图超过15万幅。完成顶照式小客车项目的研发，推广智能审图算法分类部署，算法现场适用性提升。

（钟伟）

【口岸检查作业场地日常管理】2023年，全国海关加强口岸检查作业场地规范化、制度化建设。落实海关行政执法检查事项“双随机、一公开”监管工作，修订制发海关监管作业场所（场地）抽查“双随机、一公开”实施细则，加强对直属海关审批记录和“双随机、一公开”结果公示的抽查工作；推进口岸检查作业场地海关技术规范（SN标准）制修订工作，完成涵盖所有口岸检查作业场地的技术规范，由口岸能力建设专业委员会审议后发布；强化指定监管场地的规范化管理工作，年内组织全国海关开展对指定监管场地符合性核查，推动直属海关完成整改优化工作。

至年底，全国海关监管作业场所（场地）2336个，其中场所2021家（水运类场所1079家，公路类场所361家，航空类场所270家，铁路类场所97家，快递类场所214家）、邮检场地71个、旅检场地244个；全国指定监管场地720个，其中粮食监管场地159个、肉类监管场地138个、水果监管场地119个、原木监管场地104个、食用水生动物监管场地73个、冰鲜水产品监管场地70个、植物种苗监管场地57个。

（朱青峰）

▲2023年10月12日，青岛海关关员对青岛港集装箱自动化码头实施场所日常巡查作业　（杨光宇/摄）

【三级业务运行指挥体系建设】2023年，海关总署制订智慧监管口岸业务运行监控指挥优化方案并有序推进，完成口岸监管业务运行监控指挥平台功能升级开发任务书，包括物流监控、查验管理、旅客通关、跨境电商、监管装备等运行监控功能，开展重点领域口岸监控；推进口岸业务运行监控指挥中心升级改造，根据不同地域海关的业务特点，聚焦重要事项，统筹分类实施；明确海关三级口岸监控中心功能定位，构建海关口岸监管业务运行监控指挥规范化体系，形成口岸运行监控指挥体系和一、二、三级口岸监控中心错位、互补、协同的运行机制。至年底，海关总署负责一级口岸监控中心运行管理，在全国42个直属海关均设有二级口岸监控中心，在隶属海关设立200多个三级口岸监控中心。

（朱青峰）

【口岸监管工作犬管理】2023年，全国海关开展口岸监管工作犬复训、考核、复岗等相关工作。海关总署先后组织多名专家分赴昆明、杭州、长沙等海关开展监管工作犬考核及评估指导；研究起草监管工作犬购置、租赁运行保障标准、海关监管工作犬管理规范以及遴选、训练、考核、饲养、应用技术规范，并广泛征求意见；开展调研并召开专题研讨会，厘清监管工作犬底账及应用管理中存在的问题，为下一步做好监管工作犬应用管理发

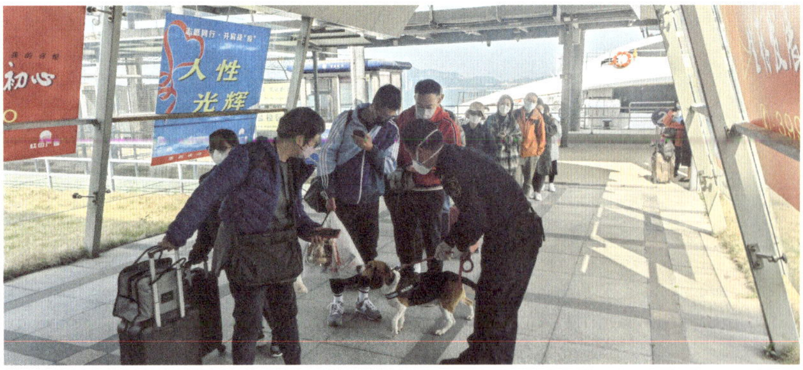

▲2023 年 2 月 16 日，广州海关关员带监管工作犬在码头预检区对入境旅客行李实施监管　（张胡彬/摄）

展研究、健全完善监管工作犬管理制度及技术标准打下基础。

（徐瑞）

【“扫黄打非”和文化安全工作】2023 年，全国海关持续推进“扫黄打非”和文化安全工作。海关总署全面细化部署海关相关工作安排，各直属海关严密查堵违禁印刷品音像制品。在元旦、春节、两会、中国—中亚峰会、成都大运会、杭州亚运会等重要节点，加强对重点敏感国家（地区）违禁印刷品音像制品的全渠道查缉。做好“扫黄打非”评优评先工作，南宁、福州、南京、合肥 4 个海关的基层科室获评 2023 年全国“扫黄打非”进基层示范点。

（马翰骁）

【智慧口岸监管建设】2023 年，海关总署从全国海关抽调监管领域专家组成专班，聚焦风险自动预警灵敏度低、实货监管与物流衔接不畅、非贸领域监管能力薄弱、单兵作战能力不足、现场作业规范不够、数据智能集成不全等问题，结合全国海关现场提出的涉及口岸监管业务的 263 条意见建议，完成智慧海关进出境运输工具流程优化实施方案、寄递渠道流程优化实施方案、旅客行李物品通关流程优化实施方案 3 个统筹事项方案，智慧口岸监管建设实施方案 1 个条线方案，以及 17 个业务场景方案。通过完善监管制度和业务流程、优化信息系统功能、应用智能监管装备、加强信息互联互通、健全运行监控体系 5 大中心任务推进智慧口岸监管建设，推动全国海关业务场景落地实施，推动实现“智能感知、智慧物流、智能检查、智联协同、智慧管控”的现代化口岸监管业务运行体系。年内，智慧旅检、智能审图、智慧物流途中管控、组合港等 10 个早期收获项目取得场景应用初步成效。

（李明华）

【智慧旅检】2023 年，全国海关持续推进智慧旅检建设形成无感通关旅检监管新模式，开发多种电子化健康申报途径，探索实施行李物品“双预检”模式，将海关监管工作顺势嵌入旅客通关过程。初步构建高效联动的现场作业新机制，贯通智慧信息链、监管链，部署汇集“人”“物”和布控信息的监管拦截通道，综合判定、一次拦截。以进出境旅客信息为基础，联通现场视频监控系统、各智能监管设备和海关其他信息系统，发挥现场指挥管理中枢作用。航空口岸“智慧旅检”建设获评海关总署智慧海关建设“2023 年度十佳”项目。

（刘佳琪）

【途中智慧物流管控】2023 年，深圳海关承办“途中智慧物流管控”业务场景。该项目创新海关监管货物途中物流智慧管控模式，研发应用新型安全智能锁，搭建关级管控系统实现途中运输“数据流、轨迹流、视频流”实时监控，对异常情况智能预警，建立隶属海关—直属海关两级物流管控机制实体化运作。年内，深圳海关完成 5863 辆次运输工具在途监管，处置预警信息 329 条。

（王进）

【海关口岸监管环节核生化有害因子监测】2023 年，全国海关开展口岸监管环节核生化有害因子监测工作。海关总署修订印发海关口岸核辐射监测工作规程，完善反恐怖工作制度；明确加强生物安全威胁相关工作要求，指导重点海关开展生物有害因子监测工作。11 月 27 日—12 月 1 日，在中国海关管理干部学院举办国际原子能机构（IAEA）大型公共活动核安保事件及应急响应国家培训班。制订中国海关防辐射探测培训中心暨海关总署监管技术研究中心业务规划和发展方案，为中国海关防辐射探测培训中心下一步业务开展提供指引。开展智慧口岸核辐射监测场景应用方案建设，推进建立监管顺势嵌入、智慧研判、精准防控、安全可靠的口岸防辐射监管模式。年内，全国海关在口岸监测排查核生化有害因子2898起，均妥善处置。

（许艳婷）

【打击整治枪支爆炸物品违法犯罪】 2023年，全国海关落实打击整治枪爆违法犯罪各项工作任务，防范枪爆物品非法入境。制发海关打击整治枪爆违法犯罪专项行动工作方案（2023年—2025年），开展新一轮为期3年的打击整治枪爆违法犯罪专项行动。向全国海关通报部分海关枪支查缉典型案例。年内，全国海关在进出境环节查发枪支情事435起，查发火药动力枪支2支、气动力枪支71支、枪支零部件2.24万件、管制刀具8211把。

（许艳婷）

【深圳“组合港”监管模式】 2023年，“组合港”业务模式开行37条线路，监管进出境集装箱64.5万标箱，项目实现100%覆盖粤港澳大湾区内地9市并延伸至粤西地区，享惠企业超过5000家。“组合港”是深圳海关落实《粤港澳大湾区发展规划纲要》资源要素便捷流动要求，结合智慧海关理念，创新推出的业务模式。该模式将枢纽港与支线港“两两组合”为一个整体，提升域内水上运输效能，助力粤港澳大湾区物流一体化发展。通过将粤港澳大湾区内港口视作同一个大港，港口间实现泊位、堆场、航线等资源共享，大幅压缩企业通关时间和成本，货物平均堆存时长减少三分之二。

（王进）

【“联动接卸”模式推广】 2023年，上海海关在江苏省太仓港、大丰港，浙江省独山港、安吉港，安徽省芜湖港、合肥港、安庆港、蚌埠港、铜陵港、池州港、马鞍山港3省11港适用“联动接卸”模式的基础上，推动江西省九江港“联动接卸”常态化运行，完成与湖北省阳逻港“联动接卸”对接测试，将“联动接卸”模式从长三角区域推广至长江流域。年内监管“联动接卸”业务50.28万标箱，同比增长46.65%。

（白乾民）

【“先期机检”模式】 2023年，全国部分重点航空口岸完善海关对进境旅客托运行李“先期机检”流程，形成行李物品“双预检”模式，将机检设备分别顺势嵌入一体化智能通道和行李分拣线，在旅客通过一体化智能通道时，海关同步完成体温监测、健康申明卡自动核验、手提行李“先期机检”、核辐射探测、低温探测、精准拦截、人员信息识别等多项作业，实现入境旅客检查作业集成化；在行李分拣线上集成检查设备和自动施锁设备，机检异常行李在20秒内完成判图标记及自动施锁，实现托运行李“先期机检”无停留、旅客无感知。

（刘佳琪）

【“先查验后装运”改革】 2023年，海关总署选取宁波、杭州、青岛、武汉、广州、郑州、西安7个海关参与出口拼箱货物“先查验后装运”监管模式改革，制定出口拼箱货物“先查验后装运”监管试点的操作指引，解决出口拼箱货物（不同发货人通过

▲2023年6月12日，“深圳蛇口—江门高新港”组合港线路正式开通（李思嘉/摄）

一个集装箱或货柜车拼装出口多票货物）布控查验后“找货难、重装难”等问题。年内，采用“先查验后装运”模式通关集装箱12.3万个98.1万票货物。

（李明华）

【成都大运会通关保障】2023年，全国海关做好大型活动通关保障相关工作。完成成都大运会涉赛人员、物资通关保障工作，海关总署指导成都、北京、上海、广州、深圳、成都、乌鲁木齐等海关建立参赛人员及物资通关保障协同工作机制，实现信息通报共享、异常突发情况联动处置。对涉赛物资实施“提前对接、专人保障、即到即办”模式，严厉打击涉恐涉爆物品、检疫性有害生物等走私行为。

（朱菁　张琪）

【杭州亚运会、亚残运会通关保障】2023年，全国海关完成杭州亚运会和亚残运会通关监管保障工作，推动杭州亚运会人员、物资、货物等各类通关便利化政策落地。海关总署统筹杭州、北京、天津、石家庄、太原、呼和浩特等15个海关做好人员出入境保障；指导建成桐庐无规定马属动物疫病区并获得国际组织认可，落地实施马术项目相关物资检疫闭环监管便利化政策，推进参赛马匹开展境外隔离检疫和口岸通关；配合杭州亚运会组委会做好反兴奋剂进出境通关保障。杭州海关建设亚运指挥中心，构建“中心+现场”智慧指挥体系，集成海关与各相关部门协调沟通功能，统筹开展业务运行监控、风险分析研判、事件会商处置和应急指挥调度。

（朱菁　张琪）

【进博会通关监管新模式】2023年，第六届进博会期间，上海海关首创“进博慧展”海关展会监管系统，打造“一舰四翼”展会数字化、智能化、便利化监管新模式。以会展业务全链条数字化智慧监管为“主舰”，通过共享智联H2018单证审核、暂进货物管理、ATA单证册管理3个署级系统的数据，建立覆盖展会全流程的大数据库，全口径采集和应用展会备案信息、展品报关单以及ATA数据，实现海关监管工作全链条集约运行；搭建风险智评、跟踪预警、远程监管、态势分析四大“辅翼”，实现全方位精准监管，提供全渠道高效服务。设计“五维风险智评”模块，从“主办方、主运、展馆、展商、展品”5个维度开展供应链风险评估，为进博会量身定制兼顾安全与便利的特色监管方案；首次针对展会后续监管构建“跟踪预警”特色模块，可在暂进展品超期前及时实施预警提示，确保高效结案；自主研发的AR眼镜新增对参展食品、农产品原产国家和地区准入情况实施自动甄别功能，拓展移动巡馆设备在远程监控指挥和专业技

▲2023年11月6日，上海海关关员佩戴AR眼镜对参展商品实施现场监管（陈兴洲/摄）

术支撑方面的应用；开展行业发展趋势、海关监管风险等大数据态势分析研判，防范国门生物安全、食品安全、展会运营企业违法违规操作等风险。

（朱菁　张琪）

【广交会通关服务】 2023 年，广州海关为第 133 届、第 134 届广交会全面恢复线下举办提供通关服务。年内保障 123 批次、价值 937 万元的小家电、五金配件、厨房家电、纺织品等暂时进境展品通关。推动广交会进口展品税收优惠新政落地推广，为广东省内 30 余家科研、医疗机构及企业“面对面”解读税收优惠政策，“一对一”高效办理留购、免税等通关手续，为留购的原产自泰国和缅甸的宝石、马来西亚的床上用品、埃及的地毯 4 批 500 多件、货值 64 万元的展品减免税款 18.4 万元；打造粤港澳大湾区会展经济新通道，支持琶洲港澳客运口岸开放及运行，保障广交会、节假日、暑期等客流高峰通关平稳顺畅。

（朱菁　张琪）

【“打击进出口危险品伪瞒报”专项行动】 2023 年，全国海关开展“打击进出口危险品伪瞒报”专项行动，聚焦“涉危不报”“高危低报”“多危少报”，坚持“打击、治理、震慑”并举，全面加强风险防控、现场监管和后续稽查，开展对危险品伪瞒报行为全链条打击，深化跨部门协作，加大惩处和宣传力度，保持打击高压态势和震慑力。海关总署汇总 2022 年以来全国海关口岸现场查发的典型案例，编写口岸查获危险品伪瞒报、夹藏典型案例汇编，增强现场查验关员的敏感性，提升现场对伪瞒报、夹藏危险品的主动查发能力。年内全国海关查发问题线索 3756 起，涉及货值 22.56 亿元。

（李明华）

【支持返还（追索）文物回归】 2023 年，海关总署受邀参加国家文物局牵头的中美续签《中华人民共和国政府和美利坚合众国政府对旧石器时代到唐末的归类考古材料以及至少 250 年以上的古迹雕塑和壁上艺术实施进口限制的谅解备忘录》的会谈，向美方代表介绍中国海关防范文物非法进出境工作情况。为便利流失文物回国及办理通关手续，编写返还（追索）文物通关指南，为圆明园石柱等多批文物进境通关提供支持。

（赵晓玉）

【核材料及放射性物质非法贩运防范】 2023 年，全国海关持续开展防范核材料及放射性物质非法贩运工作。7 月，海关总署与俄罗斯海关署召开中俄海关防范核材料和放射性物质经中俄边境非法贩运合作工作组第九次会议，推进中俄海关防范核材料和放射性物质经中俄边境非法贩运合作。10 月，在满洲里海关举办中俄海关防范核材料和放射性物质经中俄边境非法贩运联合演练，邀请俄罗斯海关代表参加，共同提升维护核安全能力和协同水平。

（许艳婷）

【免税商店和免税品监管应用系统上线运行】 2023 年，全国海关加强对免税商店和免税品的监管。12 月，免税商店和免税品监管应用系统上线运行。该系统实现对免税商店和免税品监管全流程和作业无纸化，免税品入出库、销售、退货和核销管理效率得到提升。

（张琪）

进出口食品安全监管

【概况】2023年，全国海关坚持食品安全“四个最严”要求，严把进出口食品安全关，服务国家发展大局。8月24日，海关总署发布公告全面暂停进口原产地为日本的水产品（含食用水生动物）。保障杭州亚（残）运会、成都大运会、上海进博会等重大活动进口食品供应安全和通关顺畅。促进食品优进优出，助力食品进口多元化。完善海关进出口食品安全监管规章制度，“指令+作业指导书”模式不断健全成熟。组织开展跨境电商网购保税进口食品“健安2023”专项行动，防范新业态食品安全风险。年内，全国海关检验检疫进出口食品2.65亿吨，货值2万亿元，同比分别增长10.2%和5.9%。

（宁向超）

【进口食品安全监管】2023年，全国海关围绕“源头管控+口岸监管+后续查核+打击走私”等环节，深化全过程监管模式，开展进口食品“国门守护”行动，防范进口食品安全风险。通过视频或实地检查等方式，对27个国家（地区）110家输华食品生产企业开展回顾性检查，暂停20家问题企业产品进口，禁止12个国家（地区）及相关区域肉类产品进口，从源头严防疫病疫情等安全风险输入。实施进口食品监督抽检和风险监测，年内检测样品12万个、228万项次，退运或销毁不合格进口食品2358批次。加大稽核查力度，对300余起涉及食品安全的行政违法案件实施处罚。查处走私进口冻肉等刑事案件135起，查获及查证涉案冻肉2.45万吨。对14大类产品、1009个样品实施监测6218项次，督促企业对203个发现问题的样品采取风险消减措施。年内，全国海关检验检疫进口食品2.27亿吨，货值1.46万亿元，同比分别增长10.5%和5.9%。其中，进口肉类738.2万吨，货值1933.2亿元，分别下降0.3%和8.8%；进口水产品501.5万吨，货值1389.1亿元，分别增长10.6%和4.7%；进口乳品287.5万吨，货值846.4亿元，分别下降12.1%和8.6%；进口食用油981.2万吨，货值734.2亿元，分别增长51.4%和21.1%；进口食糖397.3万吨，货值164.0亿元，分别下降24.7%和5.0%。

（时新超）

【出口食品安全监管】2023年，全国海关开展出口食品监督抽检和风险监测，年内抽取3.9万个出口食品样品、检测30.2万项次。持续保障供港澳食品安全和稳定，年内内地供港澳食品422.1万吨，货值809.8亿元，同比分别增长1.1%和3.1%。推动中国食品扩大出口，推动新加坡取消对中国乳制品批批检测三聚氰胺的要求，中国乳制品成功进入越南市场，中国蛋制品恢复对新加坡出口。聚焦地方产业特色，实施帮扶措施，助力地方特

▲2023年9月20日，青岛海关开展全国花生主产地黄曲霉毒素普查，指导出口企业做好原料采购验收　（青岛海关/供图）

色产品和“预制菜”等新兴产品出口提质增效。及时对境外国家（地区）官方通报不合格情况开展调查并发布警示通报，避免影响行业出口贸易。年内，全国海关检验检疫出口食品3814.5万吨，货值5382.2亿元，分别增长7.9%和5.9%。其中，出口肉类43.6万吨，货值133.9亿元，分别增长8.2%和2.8%；出口水产品370.2万吨，货值1396.7亿元，分别增长0.1%和下降7.2%；出口茶叶36.8万吨，货值122.3亿元，分别下降2.1%和11.7%；出口大米160.2万吨，货值62.9亿元，分别下降26.9%和0.4%；出口蔬菜罐头189.2万吨，货值241.1亿元，分别增长17.6%和15.6%；出口果蔬汁35.1万吨，货值63.0亿元，分别下降27.6%和增长2.8%。

（陈肇军）

【进出口食品安全风险防控】2023年，全国海关加强进出口食品安全风险信息全周期管理，进行信息收集、跟踪、研判和处置工作。年内，收集整理相关进出口食品信息10万余条；在“3·15”、中秋国庆“双节”等时间节点，编发专题舆情信息90期。加强各类进出口食品质量分析，编写2023年度全国进出口肉类、蜂产品、燕窝、肠衣、粮食制品、蔬菜制品、食用植物油、茶叶、干坚果、乳制品、酒类、饮料、水产品等重点产品质量安全风险分析报告，强化分析结果的转化利用，提高风险防控的精准性。妥善处置美国俄亥俄州火车脱轨致化学品泄漏、某品牌婴儿配方奶粉受克罗诺杆菌污染等涉及进口食品安全的突发事件19起，发布食品安全消费提示3份。

（董建新）

【进出口食品安全监管制度建设】2023年，海关总署夯实进出口食品安全监管制度基础，按食品品类编发进出口食品安全监管作业指导书26份，完善“指令+作业指导书”。优化进口食品准入评估程序，加快进出口化妆品检验检疫监督管理办法等规章制度制修订，完善进出口食品安全制度体系。强化业务风险监测，依托“智能实时监控+人工精准分析”模式，优化布控指令、完善信息化系统、强化执法协作。深化构建和运行跨部门进出口食品安全合作机制，联合公安、商务等部门，开展进口食品“国门守护”行动，与国家市场监督管理总局共同发布关于建立跨境电商零售进口食品召回监管工作机制的通知，建立跨境电商零售进口食品召回监管工作机制。

（宁向超）

【进出口食品安全国际合作与交流】2023年，全国海关深化国际食品安全监管合作与交流。年内，分别在宁波、长沙、南宁召开中国—中东欧国家、中国—非洲、中国—东盟检验检疫领域相关合作机制会议；在南宁召开首届“一带一路”海关食品安全合作研讨会，与有关国家（地区）主管机构代表交流食品安全监管经验。在WTO举办的进口食品境外生产企业注册管理政策说明会上，中国海关介绍中国进口食品安全监管制度。加大中国进出口食品安全监管制度体系宣传力度，分别为肯尼亚、蒙古国、南非等30余个国家相关主管部门和企业提供政策培训，推动食品安全监管国际合作。

（宁向超）

【进出口食品安全信息化建设】2023年，全国海关推进进出口食品安全监管信息化工程项目建设，按照“一个中心、一套数据、统一标准、全流程监管”整体思路设计进出口食品安全智慧监管系统，实现事前、事中、事后全流程各环节监管政策、要求的信息化全覆盖，确保进出口食品安全监管基础业务闭环统一管理。年内，搭建完成进出口食品安全信息化工程9大信息化模块基本框架，其中进口食品企业管理、境外食品安全体系评估与审查和全球食品风险收集与监测3个模块建设完成，进口食品境外生产企业注册管理系统升级列入智慧食安早期收获项目之一。

（宁向超）

【境外食品安全管理体系研究】2023年，全国海关强化境外食品安全管理体系研究。海关总署收集梳理境外法律法规和标准，组织呼和浩特、昆明、西安、青岛等17个海关开展的境外食品安全管理体系研究成果编入《世界各国（地区）进出口食品安全管理体系研究》系列丛书，帮助企业、行业系统了解目标市场食品安全要求，提升应对技术性贸易措施能力。年内，首次作为联合主席国主持国际食品法典委员会（CAC）的相关标准制定工作，推动官方监管中实施远程审核和检查的准则和指南出台。

（周雯）

【进口食品境外生产企业注册管理】2023年，全国海关通过双边渠道向欧盟、老挝、俄罗斯、越南等32个国家（地区）介绍境外食品生产企业注册有关规定，书面解答美国、欧盟、俄罗斯、法国等20个国家（地区）关于注册相关的问题。优化升级进口食品境外生产企业注册管理系统，完成企业注册数据统计与导出、新增注册产品详细品类、优化注册页面手机适配版等系统优化升级12次；指导白俄罗斯、巴西、挪威、日本等国家主管部门正确使用注册管理系统，在海关网站发布视频版教程。年内，全国海关新增境外食品注册生产企业1.2万余家、变更1.3万余家、延续6000余家，至年底，有效在册企业8.2万余家。

（鲁超）

【进口食品安全源头管控】2023年，全国海关强化进口食品安全源头管控，压紧压实境外国家（地区）食品安全主管部门监督责任及输华食品生产加工企业主体责任。严格食品准入，与29个国家和地区签署食品安全监管领域合作协议43个。落实动物疫病疫情禁令要求，暂停土耳其、阿根廷、智利、美国和俄罗斯部分地区（区域化）禽肉，荷兰、爱尔兰牛肉等7国肉类产品进口。对蒙古国、巴西等国家开展肉类监管体系回顾性检查，保障输华肉类产品安全。

（周延乐）

【进口食品准入管理】2023年，海关总署制订加快推动食品准入进程实施方案及2023年—2025年工作计划。年内，新增塞尔维亚和白俄罗斯蜂蜜、西班牙扁桃仁、老挝腰果、伊朗乳制品、印尼魔芋粉等27个国家的39种次食品准入，同比增长2.4倍。其中，恢复巴西30月龄以下剔骨牛肉进口，新增13个国家13种次肉类产品准入，分别为法国、芬兰、俄罗斯猪肉，巴基斯坦、波兰、尼加拉瓜、哥伦比亚、丹麦、乌拉圭牛肉，乌兹别克斯坦、芬兰禽肉，马达加斯加、乌拉圭羊肉；新增12个国家13种次的水产品准入，分别为哈萨克斯坦、巴拿马、阿曼、缅甸、俄罗斯、印度尼西亚、斯里兰卡、文莱8个国家的野生水产品和洪都拉斯、缅甸、智利、马耳他、文莱5个国家的养殖水产品。与澳门就肉产品输内地签署合作备忘录，实现澳门企业使用来自内地原料和来自“准入国家（地区）、准入产品、注册企业”原料生产的肉制品输内地。

（董栋）

【进出口食品安全监管能力建设】2023年，全国海关健全进出口食品安全工作专业协作组工作机制；组织开展进出口食品安全监管、进口食品境外生产企业注册评审、海关加工食品签证官等专项业务培训946次，2.26万人次参加。全国海关加大实操培训力度，开展进出口食品安全监管人员“大练兵　大比武”各类活动165次，7053人次参与；建成进出口食品安全监管业务实训教学点22个，其中天津海关进口冷链水产品监管实训教学点、黄埔海关进出口食品监管业务实训教学点、昆明海关综合实训营入选全国海关业务实训示范点。

（赵英杰）

【全国食品安全宣传周】2023年，全国海关围绕“尚俭崇信尽责　同心共护食品安全”主题，组织开展多层次、多角度的食品安全宣传周系列宣传活动。11月22日，全国食品安全宣传周海关总署主题日系列活动在湖南省长沙市举办。活动现场通过主题宣传片等形式，全面展示海关在维护进出口食品安全方面的工作举措和成效；邀请中国工程院院士等专家进行现场访谈，探讨新形势下科技赋能创新进出口食品安全监管体制机制；组织进出口食品行业及企业代表发出倡议，进一步提升企业诚信自律、守法经营的主体责任意识；开展“食品安全口岸行”活动，引导食品生产经营者和从业人员准确理解、严格遵守食品安全各项规定与标准。现场邀请中央、省市等各级各类媒体16家参与采访，《新闻联播》《新闻30分》等节目进行报道，《人民日报》、新华社、《光明日报》、《法治日报》、人民网等中央媒体专题刊发消息。直属海关单位联合地方食品安全委员会等相关部门，借

▲2023年11月22日，长沙海关承办2023年全国食品安全宣传周海关总署主题日活动 （江紫薇/摄）

助新媒体创新科普宣传形式，开展各具特色的宣传活动。其间，全国海关举办"进口食品'国门守护'行动"、"食品安全口岸行"、进口食品科普等各类宣传活动2945场次，7万余人次参加活动；举办987场讲座，咨询人数达4万余人次；印刷分发各类宣传材料1.5万余册，印制宣传展板1846块，邀请中央及地方媒体167家次。

（宁向超）

【智慧食安建设】2023年，全国海关落实"智慧预警、智慧管理、智慧决策"智慧食安理念，统筹推进智慧食安业务条线和应用场景整体建设工作。制订智慧食安建设实施方案，以进出口食品全链条安全监管机制改革和食品安全监管信息化工程建设"双轮驱动"为主线，以基层和企业问题需求为导向，构建进出口食品安全全链条智慧监管体系，制订完善"1+3"智慧食安建设实施方案，细化分解任务39项。上海、宁波、天津、杭州、成都等海关积极参与，进口食品境外生产企业注册管理等3个业务场景上线运行。

（张佩敏）

【服务国内市场稳价保供】2023年，全国海关根据国内需求，稳妥扩大肉类、植物油、食糖、乳制品、水产品等重点产品进口。签署肉类输华合作文件15份，新增进口肉类境外生产企业166家；新增进口植物油境外生产企业239家、食糖境外生产企业323家、乳制品境外生产企业100家；签署输华水产品的检验检疫和兽医卫生要求议定书13份，新增进口水产品境外生产企业960家。至年底，45个国家（地区）3798家肉类企业、70个国家（地区）1555家食糖企业、71个国家（地区）3148家食用植物油企业、53个国家（地区）2678家乳制品企业、88个国家（地区）1.16万家水产品企业获得注册，进口来源扩大。

（陈肇军）

【助力优质食品出口】2023年，全国海关发挥技术优势，丰富帮扶措施，推动国内食品企业扩大出口。9月1日，海关总署与越南方面就中国出口越南乳制品的检验检疫要求达成一致，中国首次单向获得其他国家乳制品进口准入资质。推动新加坡方面于10月9日取消中国输新乳制品及含乳食品批批检测三聚氰胺的限制措施；允许中国澳门居民携带适量肉、蛋、乳进入横琴粤澳深度合作区。各直属海关聚焦地方产业特色，实施精准帮扶，北京海关和长沙海关分别指导"北京鸭"供港、湖南冰鲜猪肉供澳实现零的突破，南昌海关通过推动婺源出口茶叶"大基地"建设助力婺源茶叶2023年出口金额达6.25亿元，太原、合肥、福州、厦门、武汉、兰州等海关指导关区企业应对境外技术性贸易措施，大连、重庆、贵阳、西宁、银川等海关助力特色食品出口，江门海关服务解决"预制菜"出海难问题的相关做法入选全国海关主题教育"百个典型案例"。

（赵怡芳）

【进口食品"国门守护"行动】2023年，全国海关开展进口食品"国门守护"行动做好进口食品准入评估，加强进口食品源头治理；强化口岸检验检疫，开展进口食品监督抽检和风险监测，强化境外企业信息口岸验核，提升口岸监管效能；强化事后监管，对输华食品国家（地区）食品安全监管体系开展回顾性检查，督促境外主管部门落实监督责任、输华食品企业落实主体责任；强化执法联动，联合公安、海警等部门严厉打击食品农产品走私，年内，查处走私进口冻肉等刑事案件135起。

（时新超）

【“进口食品企业安全责任年”活动】 2023年，全国海关组织开展“进口食品企业安全责任年”系列活动，推动进口食品各类生产经营者，尤其是跨国企业和境外生产企业切实履行食品安全主体责任，从源头防范化解进口食品安全风险。举办“责任·安全·发展”主题论坛，邀请食品相关监管部门、企业、行业、专家学者等代表围绕进口食品企业安全责任落实、共同保障产品安全、促进贸易健康发展等主题进行座谈。发布“共担责任、共促安全”进口食品企业安全责任倡议，组织3500余家企业签署“我尽责，你安心”进口食品企业安全责任承诺。面向进出口食品企业开展“清责、明责、守责”系列培训，邀请业务专家向企业和消费者宣讲进口食品最新法律法规政策，参训人员1.8万人次。发挥传统媒体和新媒体优势，通过“线上+线下”、微视频、专题展览、科普读物、海报标语等多形式，宣传

▲2023年6月27日，上海海关启动“进口食品企业安全责任年”活动（上海海关/供图）

相关活动和成效。

（宁向超）

【“健安2023”专项行动】 2023年，海关总署组织全国海关开展跨境电商网购保税进口食品“健安2023”专项行动，防范跨境电商渠道进口食品安全风险。专项行动期间，全国海关监管跨境电商网购保税进口食品28.3万吨，货值638.1亿元。检出203个样品、440项次存在风险，涉及货值近8000万元，均按要求采取风险消减措施。

（董建新）

【“三联三同”监管新模式】 2023年，海关总署指导拱北海关在供应澳门的冰鲜水产品领域开展“三联三同”监管模式改革，相关做法入选全国海关主题教育“百个典型案例”。1月，拱北海关开展供澳冰鲜水产品“三联三同”监管模式试点工作，通过与澳门联合、与企业联通、与地方联动，强化源头管控，严密监管链条，以“同企、同料、同线”的生产批次为监管单元，开展源头监管，综合全过程多项要素实施合格评定，实现风险可控下的“随产随检、随检随放”。该模式下，企业由月均申报600余批降低为5批，批次减少99%，海关查检作业时效提升近58%。9月，在试点成功的基础上，广东分署牵头制订广东范围内海关供澳水产品“三联三同”监管工作方案，将该模式推广到广东全省，产品范围拓展至冰鲜及冷冻水产品。

（宁向超）

【输美熟制禽肉和鲶鱼食品安全管理体系通过美国官方检查】 2023年9月11日—28日，美国农业部食品安全检验局对中国输美熟制禽肉和鲶鱼食品安全管理体系进行现场检查。美方检查组对长沙、合肥、广州、武汉等海

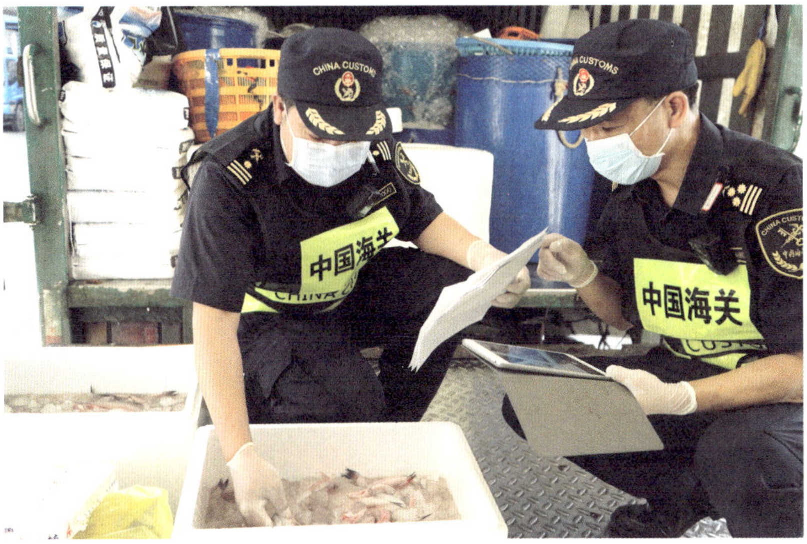

▲2023年8月8日，在“三联三同”监管模式下，拱北海关关员对供澳冰鲜水产品进行查验　（朱伟俊/摄）

关单位以及合肥、郑州、南京、南宁、长沙、武汉、湛江、广州8个直属海关关区内的10家企业进行检查，内容涵盖国家政策法规要求、政府部门监管履职、官方微生物和化学残留监测计划与实施、企业危害分析与关键控制点（HACCP）体系建设与实施、企业卫生标准操作程序（SSOP）建设与实施、企业卫生环境6方面。美国农业部食品安全检验局反馈评估报告结论：中国输美禽肉和鲶鱼食品安全管理体系运行有效，能够与美国相关法规要求等效。通过美国官方检查，中国输美熟制禽肉和鲶鱼可持续出口。

（董栋　杨园园）

【出口动物源性食品残留监控体系通过欧盟官方检查】2023年9月13日—21日，欧盟委员会卫生和食品安全总司检查组来华对中国出口动物源性食品残留监控体系进行现场检查。欧方检查组对南京、兰州、成都、郑州、福州、海口6个直属海关的出口动物源性食品残留监控体系进行现场检查。欧方检查组整体肯定中国海关有关出口动物源性食品残留监控的监管工作，认为实施情况基本符合欧盟立法规定的原则。通过欧盟官方检查，中国输欧动物源性食品可持续出口。

（董栋　向宇）

【杭州亚（残）运会食品安全保障】2023年，全国海关保障杭州亚（残）运会进口食品安全。制订杭州亚运会和亚残运会进口供亚运食品安全监管工作方案和突发事件应急处置预案，构建“五防线两支撑四机制”的亚运进口食品安全保障体系，即：源头审核、口岸协同、入仓复核、驻仓协管、风险监测“五道防线”；专仓专线专车、食安在线智慧管理“两个硬软件支撑”；部门联动、专家会商、跨区协作、应急处置“四项机制”。全国海关确认合格供亚运食品原产国（地区）25个、境外企业及供应商107家。监管来自25个国家（地区）供亚（残）进口食品272种、81.6吨，验核代表团自用携带食品1388件、1.49吨，组织专机保障4机次。

（董栋）

【进博会食品安全监管】2023年，海关总署制定“在评估确认风险可控的前提下，允许无动植物疫情流行国家（地区）未获检疫准入的动植物产品、食品，经特许审批后入境参展”支持进博会的政策，建立健全相关产品风险评估、检疫审批、进境检疫、后续处置等检疫监管制度措施，确保入境参展的食品全链条风险防控。第六届进博会期间，监管进口参展食品化妆品253批，完成检疫审批63批。其中，享受支持政策的特许检疫审批食品40批，来自基里巴斯、马耳他、委内瑞拉等9个国家的展品享受通关便利化政策，涉及水产品、肉类产品等多个食品品类。

（宁向超）

商品检验监管

【概况】2023年，全国海关发挥职能作用便利能源资源进口，建设智慧商检，加强危险品检验监管，防范洋垃圾入境，推进检验结果采信，推进商品检验模式改革。针对商品检验监管工作中存在问题，组织调研70人次，形成调研报告16份，解决基层反映的13个突出问题。全国海关实施固体废物属性鉴别6986批，鉴定确认为固体废物1256批。年内，全国海关开展打击进出口商品假冒伪劣行动，查处假冒伪劣案777起。

（樊旭鹏）

【危险品检验监管】2023年，海关总署发布《关于进一步加强进口危险化学品检验监管的公告》，明确进口危险化学品检验模式、规范企业申报。年内，开展打击进出口危险品伪瞒报专项行动，聚焦“涉危不报”“高危低报”“多危少报”，调整危险化学品监管识别码，并在“单一窗口”设置逻辑校验规则，增加进口危险化学品布控规则，对危险化学品报关单进行实质性审单，防范伪瞒报。开展危险品智慧检验场景建设，创新出口锂电池包装智慧检验模式和“分箱发运”联动监管模式；定期汇编下发进出口危险品检出不合格案例，供一线执法参考。全年，全国海关检验进出口危险品及其包装47.38万批、8.44亿吨；实施出口危险货物包装性能检验23.46万批；实施出口危险货物包装使用鉴定62.3万批。

（庞璐珉）

▲2023年3月29日，上海海关关员在芦潮港危险品作业区对进口危险化学品实施口岸检验　（上海海关/供图）

【再生金属原料检验监管】2023年，海关总署与生态环境部沟通，明确再生铜铝原料新标准实施后海关检验依据和要求，提请研究制定再生变形铝合金、再生纯铝、再生钨等原料标准；与国家市场监督管理总局，沟通就再生纸浆推荐性国家标准研提意见；指导南昌海关探索实施再生金属原料“源头+口岸+目的地”全链条质量安全管控；组织开展进口再生金属原料检验监管业务骨干现场培训。全年，全国海关检验进口再生金属原料9.82万批，检验不合格1086批次。

（仇俊）

【能源资源类商品检验监管】2023年，海关总署调整进口大宗能源资源商品检验监管机制，针对11种重点能源资源商品，优化调整检验模式12次。根据风险评估结果，降低进口液化天然气（LNG）和液化石油气（LPG）品质检验取样送检比例，实施进口铜精矿、铬矿等有色金属矿产品目的地检验试点，扩大进口陆运进口蒙古国煤炭采信试点范围，实施进口水泥智慧采信通关模式改革，研究进口原油品质检验采信工作。对国家进口铁矿联合议价工作提供技术保障和措施支持。

（仇俊）

【进口机动车检验监管】2023年，全国海关加强进口机动车的检验监管，按照国家技术规范的强制性要求，实施现场检验和实验室检测，发挥风险预警及快速反应机制作用，对查发的质量安全风险，进行评估、预警和处置。全年，全国海关检出质量安全不合格进口汽车0.94万辆，不合格项目包括环保项目不合格、发动机不合格、照明信号设备不合格、车辆抖动、标志标签不合格，以及发动机号一致性不符等多方面问题。

（李坚）

【进口医疗器械检验监管】2023年，全国海关开展进口医疗器械证书联网核查、加强布控规则，提升检验监管工作精准性和有效性。检出进口医疗器械存在以旧充新、无证进口、标签和说明书不合格、品质不合格等问题。与卫生健康部门联合开展医疗美容行业突出问题专项整治，对医疗美容用途医疗器械精准布控，对不合格美容仪、牙科治疗机等商品依法实施销毁、退运。

（于雪梅）

【进口旧机电检验监管】2023年，全国海关实施进口旧机电装运前检验工作。海关总署升级装运前检验证书联网核查规则。各直属海关打击进口旧机电以旧充新、以废充旧等违法行为，防范固体废物借道入境。查发进口旧机电设备安全警告标识不合格、安全防护装置不合格、附带禁止进口设备（如旧显示器、旧承压及压力容器等），以及违法进口旧医疗器械、旧机动车配件等问题。

（丁寿滨）

【进口特种设备检验监管】2023年，海关总署调整进口特种设备监管证件联网核查规则，防范特种设备无证闯关情事。全国海关加强现场检验监管，依法查处进口特种设备货物属性申报不实、未按规定获取许可证件、附带未获证压力容器、常规安全项目及使用说明不合格等问题。

（黄文玮）

【进出口商品质量安全风险监测和评估】2023年，海关总署建设进出口商品质量安全风险预警和快速反应监管体系。开展进出口商品质量安全风险监测和风险评估工作专项调研；发挥风险监测点业务优势，制定“一点一规范”细化风险监测要求；升级优化进出口商品质量安全风险管理系统。年内，全国海关采集质量安全风险信息7.1万条，形成专题风险监测和评估报告163份；开展风险评估结果运用，全年更新调整政策性布控规则33次。

（武鹏）

【出口商品政府间协议检验】2023年，全国海关根据政府间协议开展出口至塞拉利昂、埃塞俄比亚、也门、伊朗商品装运前检验719批，查发不合格5批。开展基层调研，分析研究业务运行实际及国内外政策等，形成对亚非国家出口装运前检验历史情况和有关意见、关于与非洲和亚洲等国的商检合作情况梳理及有关思考的报告。

（邹鑫嫔）

【大宗商品数量重量鉴定】2023年，全国海关开展大宗商品数量重量鉴定4.63万批，查发进口棉花、矿产品、原油、液化气等大宗商品短重1.3万批、168.3万吨。针对重点国家敏感商品短重问题，发布警示通报并精准布控；加强联合执法、多区联动查处分卸货物短重案件。

（李洪星）

【进出口商品检验机构监督管理】2023年，海关总署联合国家市场监督管理总局等7个部门部署进出口商品检验机构监督抽查工作，采用专家组跨地域实地检查方式，随机抽取5家进出口大宗商品数重量鉴定机构并联合所在地市场管理部门开展监督检查，发现问题66个。全国海关按照“双随机、一公开”要求对176家机构开展现场监督检查，发现问题104个；开展对采信机构事中事后监管，对1067份采信报告进行抽查审核，查发问题报告182份。及时跟踪监督机构，督促上述问题进行整改。

（邹鑫嫔）

【跨境电商进口消费品质量安全风险监测】2023年，全国海关开展跨境电商进口消费品质量安全风险监测，监测商品涉及与食品接触产品、一次性使用卫生用品、牙刷、学习用品、玩具、童装、童鞋、童车、家用电器、仿真饰品、隐形眼镜等。全年，全国海关抽取样品605批，经监测，不符合中国强制性标准要求的45批，不合格率为7.4%，均已实施风险消减措施。

（沈玉香）

【维修/再制造进口料件检验监管】2023年，海关总署调研维修、再制造业务现状，摸清重点关区维修、再制造企业实际情况，指导有关直属海关创新保障自主打印设备产业链安全稳定，加强与商务部、国家发展改革委、工业和信息化部等部门的沟通，明确政策取向、监管要求。压紧压实企业主体责任，暂停监管不达标企业开展业务。防范化解固体废物利用维修、再制造进口料件渠道变相入境的风险。

（刘雪玲）

【重点消费类商品检验监管】2023年，全国海关抽批检验进口轻工、纺织、食品接触产品，以及婴童用品等重点消费品，检出玩具可迁移元素铬超标、家具甲醛释放量超过限值、儿童服装甲醛含量超标、成人服装可分解致癌芳香胺染料、瓷餐具铅指标超标、不锈钢滤冰器镍指标超标等不合格情况。

（周泓）

【进出口商品检验结果采信】2023年，全国海关开展对进口服装、煤炭、水泥商品第三方检验结果采信；全年以采信模式通关进口服装1.8万批次，被选中送检服装通关时长由5～7个工作日压缩为0.5小时；海口、杭州海关试点进口水泥“智慧采信”，通关时长从平均40天压缩为2.5天；呼和浩特、满洲里、乌鲁木齐海关试点进口蒙古国煤炭采信，通关时长压缩90%以上，同时将50余万吨不合格煤炭拦截在境外装运前。海关总署完善采信工作配套制度与体系，制定海关进口商品检验采信实施工作指引、海关进出口商品检验采信机构目录管理工作规程；优化采信管理系统功能；开展采信政策宣传解读，对海关关员、检验机构、12360接线员等开展采信专题培训10余场2100人次，通过系列问答式解读和海关采信专题文告扩大政策宣传范围。分别与越南、阿尔及利亚、伊拉克等国家加强以采信合作为核心的国际沟通交流，推动中国采信制度、检验检疫标准和机构“走出去”，通过采信合作实现商品检验制度开放与国际融合。

（周泓）

【“智慧商检”建设】2023年，全国海关推进智慧商检“三库一平台”（商检业务数据仓库、参数库、资源库，智慧商检业务管理平台）建设，“智慧商检”门户上线试运行。“智慧商检”全面梳理商检业务参数，取消全部手工报表，实现商检业务数据闭环管理。“智慧商检”建设各级应用场景73个，其中出口锂电池包装、进口铁矿、进口铁路运输铜精矿智慧检验监管场景3个署级早期收获项目建成。

（王正直　冯惠芳）

【进口危险化学品检验模式改革】2023年，海关总署根据上海、南昌、长沙、广州、黄埔海关危险化学品监管改革试点运行情况，在全国海关推行进口危险化学品检验模式改革，将进口危险化学品及其包装“口岸批批验核”模式，调整为“审单验证+口岸检验或者目的地检验”模式，分类设定作业环节和比例，分情形下达作业指令，实施口岸、目的地联动监管。年内，海关总署出台多项对进口危险化学品查验选箱逻辑和选箱比例进行优化

▲2023年5月25日，上海海关关员在危险品仓库对进口危险化学品实施目的地检验　（上海海关/供图）

等细化措施；完善进出口危险品及其包装检验作业指导书，指导业务现场高效开展单证审核、货物检查、取样检测等作业；开展打击伪瞒报专项行动，实施违法行为惩戒；推行优化人工审单、现场检查、取样送检、“白名单”管理制度4项优化措施。

（王顺东）

【出口危险品“批次检验”改革试点】 2023年，全国海关推进危险品检验监管模式改革，在南京、杭州、青岛、济南等海关开展出口危险品“批次检验”改革试点。至年底，试点关区4641批需现场检验的出口危险品和危险货物包装，按照“批次检验”模式合并批次，实际现场检验763批次，缩减下厂作业3878次，同比减少83.6%。“批次检验”模式下海关平均检验周期缩短2个工作日，实现生产、申报、放行1个工作日完成。

（孙耀强　秦园）

【品质检验“依企业申请”模式推广】 2023年，海关总署发布《关于调整进口铅矿砂及其精矿、锌矿砂及其精矿检验监管方式的公告》，规定自9月1日起，海关对进口铅、锌矿检验监管模式由逐批实施抽样品质检验调整为依企业申请实施，在企业不申请品质证书的情况下，经放射性检测、外来夹杂物检疫处理、疑似或掺杂固体废物排查后，企业即可进行销售、使用。

（庞璐珉）

【“合格保证+符合性验证”模式试点】 2023年，海关总署在北京、合肥、深圳关区，对符合条件的进口设备及料件试点实施“合格保证+符合性验证”检验监管模式，原则上不再实施现场检验，助力新能源汽车、关键设备制造企业加快研发生产，保障重要产业链供应链安全稳定，支持实体经济发展。试点后，进口设备及料件检验时间缩短。

（于雪梅　章贵华）

▲2023年11月22日，青岛海关关员现场查检“批次检验”模式下的出口危险品（青岛海关/供图）

【“港澳药械通”医疗器械快检快放】 2023年，海关总署推进粤港澳大湾区医疗器械进口便利化政策实施，指导广州、黄埔、深圳、拱北海关，加强与广东省卫生健康、药监部门的联系配合，助力广东省内医疗机构医疗器械进口，验放人工耳蜗、肾动脉交感神经多极射频消融导管系统射频发生器等临床急需医疗器械，确保特殊审批进口医疗器械“管得住、放得快”。

（林羽扬）

【进口机动车“两证合一”试点】 2023年，海关总署在上海海关试点开展货物进口证明书（汽车、摩托车）和进口机动车辆随车检验单“两证合一”改革。改革实施后，企业只需申领一次证明书，进口车辆即可进入流通销售环节，企业申请单证的时间和人力成本大幅压缩。至年底，上海海关签发新版货物进口证明书23.3万份，签发时长由3个工作日缩减至1个工作日内。

（吴玮君）

【进口摩托车质量安全风险评价分级试点】 2023年，海关总署在上海海关试点实施进口摩托车质量安全风险评价分级制度。通过开展质量安全风险评价分级，强化风险管理，强调企业主体责任，动态调整进口合格评定程序与检验项目，提升现场检验和上线检测效能，统筹通关效率与质量安全监管要求。实施该制度后进口摩托车通关时间压缩20%。

（吴玮君）

【进口铜精矿目的地检验试点继续扩大】2023 年，海关总署在前期对兰州海关进口铁路运输铜精矿目的地检验试点运行情况基础上，将进口铁路运输铜精矿目的地检验试点扩大至三门峡。按照“一企一策”原则，对试点企业河南中原黄金冶炼厂进口铜精矿，在入境口岸二连浩特海关实施放射性检测，在目的地三门峡海关实施固体废物排查及其他项目检验。试点运行以来，进口铜精矿到目的地使用时长由 15~20 天压缩至 3~5 天。

（陈凌云）

【海铁联运集装箱铬矿检验监管优化模式试点】2023 年，海关总署在重庆海关开展“海铁联运集装箱铬矿检验监管优化模式”试点，对企业进口铬矿，由广西钦州港口岸入境，经铁路集装箱原箱运输至重庆果园港海关监管作业场所实施目的地检验。试点后，口岸检验所需的堆存、短驳、掏装箱等环节减少，货物运输时间比江海联运模式减少 20 天以上，平均单箱节约成本 1700 多元。9 月 21 日，首批试点 40 个集装箱、1050 吨铬矿由广西钦州口岸入境，9 月 25 日运抵重庆果园港海关监管作业场所，9 月 26 日实现全流程放行。至年底，试点完成 3 批铬矿检验放行，合计 115 个集装箱、货重 3017 吨。

（戴骏）

【出口锂电包装智慧监管业务场景建设】2023 年，海关总署委托福州、大连、成都等 6 个直属海关共同承办出口锂电包装智慧监管业务场景建设，并被纳入 2023 年智慧海关建设早期收获项目。出口锂电包装智慧监管业务场景建设是针对出口锂电产业高科技特点和生产运营方式，实施源头管控、开展技术指导，协助企业建立产品线“数据画像”，将锂电包装合规性、适配性、包装标签标识等信息纳入质量管理，在设计、生产全过程进行风险管控，为后续数字化监管提供标准数据库依据；依托“大数据+算法+智能装备”，建立实时感知、动态监测、精准反应体系，利用 AI 智能识图装备实时在线采集、识别信息，与风险信息进行智能比对，实现对包装的逐批逐件的合格评定，对异常状况形成预警提示，进行干预和处置，做到“即报即放行”。试点实施以来，锂电包装验放速度加快，企业无感通关体验提升，实现严密监管与高效通关服务的有机融合。

（刘赓）

【出口新能源汽车“分箱发运”联动监管模式】2023 年，海关总署针对长沙市比亚迪汽车有限公司以“分箱发运”模式出口新能源汽车电池需运回产地实施危险货物包装使用鉴定的问题，经实地调研、评估电池运输包装安全性能，提出出口汽车电池包装联动监管模式并在长沙市比亚迪汽车有限公司试点启用。新能源汽车及车用锂电池直接从组货地“分箱发运”出口，每批次节省运输时间 7 天。

（郑西安）

【《机电产品安全及能源效益合作安排》签署 20 周年】2023 年，是海关总署商品检验司与香港机电工程署签署《机电产品安全及能源效益合作安排》20 周年。年内，双方在该合作安排框架下，在法规标准宣传推广、人员间相互培训、实验室认可协作、核证团体认可等方面开展交流活动，并对存在质量安全风险的产品实施追溯调查并采取风险消减措施。双方还加强规则制度“软联通”合作，联合地方政府、家电协会、行业龙头企业共同制定“湾区标准”，推动粤港澳大湾区内此项法规标准“共建共用共享”。

（顾凯明）

【参加联合国危险货物及危险化学品专家会议】2023 年，海关总署选派业务专家参加在日内瓦举行的联合国危险货物运输专家分委员会第 62、63 次会议以及联合国全球化学品统一分类和标签制度分委会第 44、45 次会议，参与国际危险货物及危险化学品监管措施研究，提出中国议案、分享中国经验，提升中国海关参与制定危险货物、危险化学品等相关国际规则能力。

（杜芊）

企业管理与稽查

【概况】2023年，全国海关开展“金钥2023”“商神2023”等稽查专项行动，创新“稽侦联动”合成作战机制；加强保税领域监管，出台推动加工贸易持续高质量发展16条改革措施，出台综合保税区内AEO企业分送集报免除担保等措施；创新属地查检模式，实现查检系统出口业务功能全国推广应用，开展远程查检试点，建设生鲜农食产品属地查检绿色通道，推进信用体系建设，打造AEO“优速通”品牌。推广属地查检与核查执法联动，开展对危险品伪瞒报、外来物种等重点领域打击，出台海关首部行政处罚裁量基准。年内，查发洋垃圾、再生资源问题作业94起；查发成品油走私问题作业19起，涉及货值4.2亿元。推进AEO国际互认合作，在中国—中亚峰会等外交重要场合贡献3个元首外交成果，签署4个AEO互认安排，推动6个互认安排正式实施。

（高杰　孙亮）

【资质管理】2023年，全国海关推动“放管服”改革，综合提升资质管理效能。海关总署修订海关报关单位备案操作规程，压缩出口食品生产企业备案时限，落实取消对外贸易经营者备案登记相关要求；推进“智慧资质管理—海关行政相对人统一管理”场景应用，提升企业备案效率、降低企业成本；推进海关报关单位备案“多证合一”改革，提高“多证合一”共享数据的及时性与准确性；开展外贸经营主体分析研判；出台出口食品生产企业境外注册推荐评审人员管理办法，强化对评审人员的指导和管理，规范出口食品生产企业境外注册推荐工作。

（黄浩森）

【信用管理】2023年，全国海关完善信用制度建设，发挥信用管理的基础性作用，推进AEO国际互认，服务国家外交外贸大局。海关总署修订失信企业标准，聚焦非报关企业对因非主观故意造成的违规被降级的情形，调整失信企业认定标准。开展对跨境电商、外贸综合服务平台企业和单项冠军企业等信用培育。推动“科技+基地”赋能，开发“企业认证智慧培育系统”为AEO企业提供自主培育服务，实现信用培育全程云办，结合实际推进实训基地建设，为培育企业提供沉浸式、情景化教学。开展关企互联，通过集中政策宣讲、“一对一”重点辅导和实地认证观摩等方式帮助外贸企业对标AEO企业标准完善制度管理，至年底，全国AEO企业达5726家。年内，新签署中—菲（律宾）、中—哥（斯达黎加）、内地与澳门、中—乌（兹别克斯坦）4项互认安排，推动中—乌（干达）、中—哥（斯达黎加）、中—南（非）、中—塞（尔维亚）、内地与澳门、中—澳（大利亚）6项已签署互认安排落地实施。启动与东非共同体、突尼斯、贝宁、巴林、卡塔尔、厄瓜多尔6国（地区）AEO互认磋商，与韩国等15个国家（地区）开展互认效益评估，帮助拟互认合作国家建立AEO制度，与土库曼斯坦签署能力建设合作备忘录。至年底，中国海关签署的互认协议覆盖26个经济体52个国家（地区），其中共建“一带一路”国家（地区）35个。

（马骉　苏文伟）

【保税监管】2023年，全国海关强化加工贸易保税监管提出智慧保税监管建设实施路径。海关总署出台推动加工贸易持续高质量改革实施方案，研究提出16条改革措施；规范海关对保税仓库货物管理，修订完善保税仓库及出口监管仓库管理办法；支持保税维修、再制造新业态发展，与商务部联合出台《商务部等10部门关于提升加工贸易发展水平的意见》，提出提升加工贸易发展水平12条措施；支持海南自由贸易港建设，探索封关运作后对“零关税”货物的监管制度。

（毛建平　腾蕾）

【保税仓库货物监管】2023年，全国海关规范保税仓库货物管理，推动保税仓库、出口监管仓库发展。落实“放管服”改革要求，完善可存入保税仓库、出口监管仓库的货物范围；精简业务流程及单证，取消出口监管仓库货物入仓单证、出仓单证要求；停止仓库经营企业负责人和仓库管理人员培训，减轻企业经营负担；根据海关总署《关于进一步规范保税仓库、出口监管仓库管理有关事项的公告》，明确申报出库货物提离时限，优化保税仓库、出口监管仓库规范经营及海关监管。全年，全国保税仓库、出口监管仓库合计进出口货值1.6万亿元，同比增长2.9%，占同期全国外贸进出口总额的3.8%。

（毛建平　许伯然）

【支持保税新业态发展】2023年，全国海关支持保税新业态产业向中西部、东北地区梯度转移，促进加工贸易发展。在综合保税区和自由贸易试验区外，支持一批医疗器械、电子信息等自产出口产品“两头在外”保税维修试点项目；支持一批有条件的航空航天等行业企业开展非自产产品“两头在外”保税维修试点；在苏州市、东莞市、天津市滨海新区进行“两头在外”保税维修试点。全年，全国海关特殊监管区域外保税维修1926.51亿元，同比增长1.94倍；全国海关特殊监管区域内保税维修1717.62亿元，增长38.93%。

（毛建平　腾蕾）

【稽查业务】2023年，全国海关开展“滞、瞒、逃、骗、害”综合治理，开展“金钥2023”

▲2023年11月16日，深圳海关关员在企业开展综合保税区外保税维修项目调研　（邹安安/摄）

“商神2023”等稽查专项行动，打击危险品、虚假贸易骗税骗补等违法违规行为；创新“稽侦联动”合成作战机制，建立稽查协作区机制开展跨关区稽查。海关总署出台处理主动披露违规行为有关事项的公告，年内为企业减免税款滞纳金2.4亿元；实现“双特”延续性税收归口管理，形成“大税收”监管新格局。全年查发骗取出口退税情事263起。聚焦“选、查、处、管、治”，推进智慧稽查建设，构建智慧稽查“决策—管理—执行—管理—决策”反哺闭环。

（赵泉　杨小桐）

【企业核查业务】2023年，全国海关优化企业核查方式方法，制定研判、实施、取证、处置、档案、单兵6个重点环节标准化制度，强化执法刚性约束；创新核查作业统筹叠加模式，减少多次、重复下厂；推进虚假贸易、海南自由贸易港“零关税”交通工具及游艇等重点行业和领域核查。年内办结企业核查作业4.03万起，同比增长1.68%。

（詹四军）

【属地查检】2023年，全国海关推进属地查检系统建设，分别于4月10日、10月30日实现出口业务全面应用和进口业务试点应用，同步上线出口危险品属地查检信息化功能模块；实现出口货物检验检疫申请电子审单，与查管系统、实验室管理系统联通对接。推进属地查检业务改革，在出口竹木草制品、进口汽车零部件、进口预包装食品标签整改3个产品领域开展远程属地查检改革试点，推广属地查检与核查执法联动，在南京、杭州、青岛、济南4个直属海关开展出口危险品“批次检验”模式改革试点，压缩外勤下厂频次，提升属地查检监管效能。海关总署组织编印属地查检典型案例汇编，包含52篇案例和10篇“查检一线践三实”优秀活动报告。

（雷晓娟）

【检验检疫行政处罚】 2023年，全国海关聚焦检验检疫违规案件“滞、瞒、逃、骗、害”风险，强化制度建设、能力提升、执法规范、打击震慑，发挥检验检疫行政处罚惩戒威慑、教育引导作用。海关总署出台《中华人民共和国海关行政处罚裁量基准（二）》，规范行政处罚裁量权，提升各直属海关涉检验检疫行政处罚办案水平；开展“揭榜挂帅”课题研究并推动成果转化；建立检验检疫行政处罚案件调查即时报送机制等，推动业务规范运行。开展“打击进出口危险品伪瞒报专项行动”、严防外来物种入侵三年专项行动。年内，办理危险品检验检疫行政处罚案件立案2156起，涉案货值6.2亿元。打击进出境涉检验检疫违法行为，对22条“异宠”线索、危险化学品伪瞒报线索组织开展摸排调查。年内，全国海关涉检验检疫行政处罚案件立案1.49万起，结案1.44万起，同比分别上升31.2%、34.1%；涉案货值（立案口径）57.5亿元，下降26.7%；罚没收入1.25亿元，增长52.3%。

（须捷　都清华）

【审核监督】 2023年，全国海关运用“制度+科技”开展风险监控分析，形成报告8篇。开展企业管理和稽查业务领域执法规范自查，完成1053个问题整改；运用业务运行可视化监控平台对执法关键节点进行刚性监控，全年制发处置单2.19万份，开展稽核查、主动披露作业线上检查，监控检查稽核查作业7272起，发现问题1104个并整改落实；统筹实施年度执法检查，结合风险分析对开展针对性实地检查，检查作业3002个、发现问题795个，开展原因分析，提出强化职能管理措施建议，形成监督闭环。推动稽核查审核工作标准化建设，发挥审核把关作用。

（王颖　范利灿）

【智慧稽查建设】 2023年，海关总署优化稽核查业务管理系统稽查结果数据应用模块，以“稽查云导航模块项目”为基础，优化和扩展稽查智能导航（大数据分析模型云应用），建设稽查外勤智能指挥系统，推进“智能导航”系统应用，实现精准选企；开发智能分析工具，为稽查人员提供自主建模分析功能；开发稽查结果数据应用模块、完善“互联网+稽查”功能。年内，智慧稽查应用场景完成稽查智能导航项目在上海海关试点运行，稽查外勤智能指挥项目在黄埔海关试点运行，在“单一窗口”开通主动披露网上办理渠道，智能共享稽查结果数据应用在全国海关上线试运行，“互联网+稽查”项目在天津、大连、杭州海关等15个直属海关试点运行。开发基于稽查视角的数据分析工具、税款计核工具和执法监控工具。

（赵泉　杨小桐）

【智慧资质管理】 2023年，海关总署加快“智慧资质管理—海关行政相对人统一管理”场景建设，整合全国海关信用信息调查子系统等5个备案管理系统，融合进出口货物收发货人等56项海关资质，推动系统互联互通、数据共享共用，构建海关事中事后监管的基础性平台，实现企业备案管理统一平台、使用统一社会信用代码进行身份识别、备案信息统一发布“三统一”。

（黄浩森　刘晓飞）

【出口食品生产企业境外推荐注册和接待检查】 2023年，制定印发出口食品生产企业境外注册

▲2023年9月12日，全国海关业务专家在广州集中开展“智慧资质管理—海关行政相对人统一管理”场景业务测试　（青岛海关/供图）

推荐评审人员管理办法，全国海关进一步规范企业注册申请相关要求和评审行为，完善对韩国、欧盟、巴西等国家（地区）的出口食品生产企业申请国外注册服务指南，开展对评审人员的指导和管理；实施出口食品生产企业境外注册推荐。年内，办理企业申请境外注册1899家次，获准注册462家次，获准注册8296家次；完成中国香港食物环境卫生署、韩国海洋水产部及食品医药品安全部的出口食品企业实地检查，保障47家出口食品生产企业、出口食品原料种植场、养殖场通过检查。

（高瑛）

【AEO企业“获得感”指标评估体系】2023年，全国海关开展AEO企业“获得感”客观评估指标试点开发工作，试点完成AEO企业查验率、检验率、检疫率、货物检查优先派单、货物检查优先实施、非侵入式检查、稽查率、核查率8个客观评估指标，推动AEO企业便利化措施在海关各业务领域落实落地。

（马骉　苏文伟）

【AEO“优速通”品牌打造】2023年，全国海关落实AEO企业优惠管理措施，开展AEO“优速通”工作，在1253个业务现场设置“AEO企业优先办理”标识，形成企业诉求第一时间得到响应和解决的服务机制。全国海关依托业务现场贴近企业优势，利用政务信息网、互联网等新媒介，推动服务向前延伸。与地方共建AEO优先办理，以惠企服务为结合点，因地制宜，联合地方共同发力，实施联合激励措施，让AEO企业享受更多优惠。各地海关结合工作实际，创新开发个性化应用，实现优先办理“智能化”。

（马骉　苏文伟）

【推动加工贸易高质量发展16条措施】2023年10月，海关总署出台推动加工贸易持续高质量发展改革实施方案，围绕提升便利化水平、促进区域协同发展、筑牢安全发展防线3个方面，研究提出16条改革措施。全国海关推动改革措施落地落实，在助企减负增效、稳定市场预期、稳住外贸基本盘和稳定产业链供应链方面取得成效。至年底，改革措施惠及全国近3万家加工贸易企业，减少经营成本逾6000万元，节省资金占用5亿元。

（毛建平　陈燕来）

【跨境电商网购保税跨关区退货试点】2023年，全国海关推动优化营商环境措施落地见效，研究推动跨境电商网购保税零售进口商品跨关区退货措施在杭州关区试点。自9月20日启动试点至年底，杭州海关验放进口跨关区退货清单5.38万票，商品6.76万件，货值1981.2万元。

（须捷　纪力）

【打击虚假贸易骗税骗补专项行动】2023年，全国海关打击以虚假贸易方式骗取出口退税、骗取地方政府补贴违法行为，开展打击以虚假贸易方式骗取出口退税专项行动，稽查查发涉嫌以虚假贸易方式骗取出口退税情事263起，涉及货值233亿元；查发涉嫌以虚假贸易方式骗取地方政府补贴情事95起，涉及货值261.5亿元。

（赵泉　杨小桐）

【“金钥2023”稽查专项行动】2023年，全国海关聚焦重点商品、重点企业、重点行业、重点领域，紧盯涉税业务领域，锚定高税差、高价值、高需求商品，组织开展“金钥2023”稽查专项行动，严厉打击进出口走私违规行为。全年，全国海关办结稽查作业7809起。聚焦洋垃圾、

▲2023年2月26日，湛江海关关员为AEO企业办理货物优先通关业务（湛江海关/供图）

危险化学品、进口食品等重点领域组织开展“商神2023”稽查专项行动，查发涉检验检疫问题稽查作业865起，同比增长35.2%。

（赵泉　杨小桐）

【“稽侦联动”合成作战机制】2023年，全国海关完善海关稽查、缉私部门联系配合，提高稽查部门与缉私部门联合经营、联合查发、联合打击能力，创新建立稽查与缉私一体化研判、一体化查缉的“稽侦联动”合成作战机制，建立健全定期联席会议机制、信息即时共享机制、典型案例通报机制，加强稽查与缉私部门日常协作，采用混合编队、缉私提前介入等多种方式，强化稽查与缉私部门联合执法，实现优势互补。全年，通过“稽侦联动”合成作战机制查发稽查作业382起，其中刑事立案248起，行政立案116起，立案总案值41.5亿元。

（赵泉　杨小桐）

【“主动披露”新规出台】2023年，全国海关持续释放主动披露政策红利，体现“守法便利”“宽严相济”和“罚教结合”的执法理念。海关总署于10月发布关于处理主动披露违规行为有关事项的公告，拓宽主动披露类别、时限和条件，引导企业“守法自律”。全年，全国海关办结主动披露作业4920起，同比增长9.2%，依法从轻、减轻或不予行政处罚4798起，占比达97.5%，为主动披露企业依法减免缴纳税款滞纳金2.4亿元。

（赵泉　杨小桐）

【区域稽查协同】2023年，全国海关强化跨关区联稽联查、发挥整体执法优势，建立海关稽查协作区工作机制。北部、中部、南部3个稽查协作区落实联席会议、专家联合研判分析、情况通报、工作督办4项工作制度，围绕“金钥2023”“商神2023”稽查专项行动部署，开展区域性稽查行动27个，查发问题作业411起，涉及货值283亿元。

（赵泉　杨小桐）

【出口检验检疫证书“云签发”模式推广】2023年，全国海关推广出口检验检疫证书“云签发”模式。“云签发”模式实现证书信息自动抓取、海关智能审核、企业自助打印；推进智慧海关建设，增设“修撤自动反填”“证单智能审核”等智能模块10项，实现企业历史申报数据自动提取审核、证单模板一键生成，证书申领耗时由1~2个工作日缩短至10分钟。自4月10日起实现对23种出口检验检疫证书“云签发”。全年，全国海关为5.1万家出口企业在“云签发”模式下出具检验检疫证书121.9万份。

（雷晓娟　耿东）

【远程属地查检改革试点】2023年，大连、南京、广州、合肥、武汉、南宁6个直属海关在出口竹木草制品、进口汽车零部件、进口预包装食品标签整改3类产品试点开展远程属地查检作业模式。作为智慧属地查检监管业务场景的主要内容，该模式节约执法资源助力企业降本增效。全年，各试点海关通过远程作业模式对796家企业查检进出口货物3830批次，单批货物从企业预约到查检完毕平均时长由3天压缩至0.5天，减少海关外勤执法7400余人次。

（雷晓娟）

▲2023年4月10日，兰州海关关员在海关办事大厅指导企业通过“云签发”模式出具本关区首份出口检验检疫证书　（兰州海关/供图）

知识产权海关保护

【概况】2023年，全国海关发挥知识产权海关保护职能作用，加强跨境电商、市场采购等新业态知识产权保护。全方位、多层次开展知识产权保护宣传活动，鼓励和引导国内外权利人申请知识产权海关保护备案。开启跨部门、跨区域执法协作，海关总署与国家市场监督管理总局等13个相关部门印发2023网络市场监管促发展保安全专项行动方案，联合开展杭州亚运会和亚残运会知识产权保护专项行动。京津冀、长三角、粤港澳等区域海关加强执法联动，构建知识产权全链条保护格局。全年，全国海关查扣进出口侵权嫌疑货物6.21万批次、8288.94万件；新增知识产权保护备案注册用户4054家，核准知识产权海关保护备案1.9万件。

（李丹　赵硕）

【智慧知识产权建设】2023年，海关总署研究智慧知识产权场景应用方案，构建智慧便捷、精准高效的知识产权保护体系。推动"商标智能识别""非侵入式查验"等科技手段在查发侵权假冒商品中的应用。按照国务院电子政务服务相关要求，推动知识产权海关保护备案系统与"互联网+海关"政务服务平台相衔接，在"互联网+海关"政务服务平台实现"一号登录"、一网通办。推进新一代知识产权海关保护执法系统改造升级，完善系统查询统计功能，优化非贸渠道办案流程。

（李丹　赵硕）

【知识产权保护专项行动】2023年，全国海关聚焦重点领域、关键环节、高风险渠道持续开展知识产权保护专项行动，开展加强知识产权保护"龙腾行动2023"、寄递渠道知识产权保护"蓝网行动2023"、出口转运货物知识产权保护"净网行动2023"等系列专项行动，聚焦国内外企业知识产权保护需求，强化侵权情报信息收集和大数据智慧应用，对进出口侵权货物行为实施精准打击。

（李丹　赵硕）

【知识产权宣传周】2023年4月20日，以"加强知识产权法治保障，有力支持全面创新"为主题的全国知识产权宣传周活动启动仪式在北京举办，海关总署组织指导各直属海关在宣传周期间开展形式多样、内容丰富的活动。海关总署发布《2022年中国海关知识产权保护状况》及2022年中国海关知识产权保护典型案例，就知识产权海关保护工作进行集中宣传报道；在《中国海关》杂志刊登专题文章介绍知识产权海关保护相关政策；参加《中国打击侵权假冒工作年度报告（2022）》新闻发布会。

（李丹　赵硕）

【知识产权国际合作】2023年，全国海关巩固海关执法国际合作机制，形成跨境知识产权保护合力。落实中欧海关知识产权执法行动计划（2021年—2024年），召开中俄海关知识产权保护工作组第十三次会议，与欧盟、俄罗斯、日本、韩国等国家和地区海关持续开展数据交换、案件信息共享、立法及执法实践交流。参加中欧、中俄、中瑞（士）知识产权工作组会议，组织专家参与WCO知识产权培训标准教材编写，选派业务骨干参加WCO亚太地区知识产权保护专家认证研讨会并顺利通过认证考核。与世界轴承协会、国际商标协会、中国外商投资企业协会优质品牌保护委员会等权利人组织会见，回应业界关切问题。参加第六届"保护知识产权　打击侵权假冒国际合作"虹桥国际经济论坛并作专题发言。

（李丹　赵硕）

海关检疫

卫生检疫

【概况】2023年，全国海关推进卫生检疫各项工作。落实“多病同防”，开展全球传染病疫情监测，完善监测预警和风险评估体系建设，动态发布风险预警，开展口岸传染病检疫查验，防止猴痘、鼠疫、霍乱等重点传染病叠加输入。开展口岸卫生监督和病媒生物监测，完成成都大运会、杭州亚（残）运会、第三届“一带一路”国际合作高峰论坛等重大活动卫生检疫保障。启动“海关筑牢国家生物安全屏障，全面提升口岸疫情疫病防控能力行动”，开展国门生物安全专题调研，建立境外生物安全信息收集预警机制、口岸公共卫生合作机制和口岸疫情疫病防控数据共享协作机制，完善国门生物安全设施设备配备，制定高风险特殊物品卫生检疫准入管理办法，实施高风险特殊物品准入动态化、名录化管理，推进国门生物安全治理体系和治理能力现代化。推动《国境卫生检疫法》修订，开展国家强制性标准《口岸公共卫生核心能力建设技术规范》宣传贯彻。推进“国际卫生港”创建工作、《国际卫生条例（2005）》口岸合作中心相关工作，提升口岸公共卫生核心能力。

（梁智慧）

【出入境人员及交通工具卫生检疫】2023年，全国口岸检疫出入境人员4.1亿人次，同比上升2.6倍，检出传染病3.1万例，下降43.6%。其中，检疫入境人员2.1亿人次，上升2.6倍，检出传染病3.04万例，下降44.9%，涉及传染病49种，主要为流行性感冒和登革热等；来自155个国家或地区，主要为中国香港、泰国、越南、韩国、新加坡；从41个关区入境，主要为深圳海关、上海海关、广州海关、北京海关和昆明海关。检疫出入境交通工具2617.4万架（艘、辆、节）次，发现各类卫生学问题2894例。

（范劼睿）

【出入境人员传染病监测】2023年，全国海关开展出入境人员艾滋病监测71.81万人次，检出艾滋病病毒感染者508例；检出疟疾31例；检出输入性猴痘病例6例。组织制订境外输入猴痘监测工作方案，配合国家疾病预防控制局（简称“国家疾控局”）、国家卫生健康委员会（简称“国家卫健委”）研究制订猴痘疫情监测预警工作方案，防止猴痘疫情输入传播。全年，全国海关开展法定出入境人员健康检查75.67万人次，检出传染病6115例，开展黄热病疫苗接种17.38万人次。推进出入境预防接种疫苗追溯平台建设，组织北京、上海、广州、厦门保健中心开展系统试点运行，实现接种单位信息的维护与全国疫苗追溯协同平台的信息双向传输。

（杨玉莲　何汶泽）

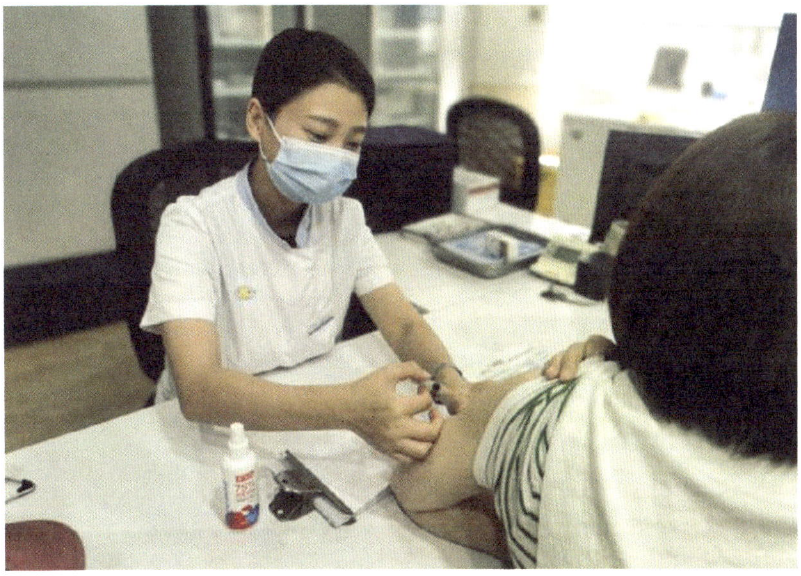

▲2023年6月12日，成都国际旅行卫生保健中心工作人员为出入境旅客接种黄热病疫苗　（成都海关/供图）

【海关生物安全管理】 2023 年，海关开展国门生物安全专题调研，印发关于海关筑牢国家生物安全屏障提升口岸疫病防控能力的实施方案，提出工作措施和制定工作任务，推进国门生物安全治理体系和治理能力现代化建设。调研口岸及实验室生物安全设施设备现状，根据航空、水运、铁路及公路口岸的不同特点，建立分级分类的国门生物安全设施设备配备指引。与国务院相关部门建立口岸疫情疫病防控数据共享协作机制，拟定 4 方面 13 项疫情疫病数据共享项目，提出 4 项工作机制、指导全国海关各条线各层级各单位对具体数据共享内容制订相应的实施方案和责任清单，提升口岸疫情疫病防控能力，协同开展口岸生物安全风险防范和应对推动国门生物安全联防联控机制和数据共享机制建设，开展信息、数据共享与联防联控等方面的合作，防范和应对口岸生物安全风险。组织全民国家安全教育日的宣传，制作海关生物安全宣传资料，内容涵盖口岸传染病防控、特殊物品监管、外来物种入侵等海关生物安全重点领域，全国海关组织学习 3135 场次，开展宣传活动 1610 场，发放宣传资料 28 万余份，开展咨询 4 万余人次，通过微信、微博、广播、电视、报纸等媒体辐射受众 2600 余万人。

（王艺频　许士勇）

【国境口岸卫生监督】 2023 年，全国海关开展口岸食品安全抽检和卫生监督，海关总署印发年度国境口岸食品安全抽检和卫生监督工作计划，组织 2 批次 20 个直属海关卫生监督业务骨干参加国家疾控局举办的公共场所卫生监督培训，北京海关、上海海关参训人员就海关公共场所监督工作做交流发言。进行节日和重大活动期间口岸卫生监督，在春节、五一、七一、中秋、十一等重要时间节点，加强口岸食品安全监管及卫生监督工作。围绕“崇信尽责，共护国门食品安全”主题策划举办“全国食品安全宣传周”系列活动，于 11 月 22 日在长沙举办“食品安全口岸行”活动。年内，全国海关对口岸 1 万余家食品生产经营、饮用水供应、公共场所、储存场地经营单位实施卫生监督 3.54 万次，发现不合格 6862 次；开展快速检测 8219 次，发现不合格 21 次；开展实验室采样检测 6877 次，发现不合格 161 次。在哈尔滨黑瞎子岛公路客运口岸本底监测中发现扁颅鼩鼱，为全国口岸病媒生物本底监测首次发现。在呼和浩特策克口岸病媒监测中首次检出 Shanxi tick virus2 病毒。海关总署组织相关直属海关开展杭州亚运会和亚残运会期间国境口岸区域病媒生物监测、输入性病媒生物监测等工作；指导登革热病例较多的重点地区属地海关加强口岸蚊虫密度监测，指导口岸相关部门加强病媒生物防控工作；在长春、哈尔滨、南宁、昆明海关开展 2023 年度“一带一路”重点边境口岸病媒生物专项监测工作。全年，全国口岸截获输入性病媒生物 114.6 万只，其中蝇 103.1 万只、蜚蠊 11.2 万只、蚊 1567 只、鼠 114 只，检出病原体阳性 1337 例；

▲2023 年 9 月 26 日，杭州海关关员对杭州萧山国际机场航站楼内一家便利店开展日常卫生监督　（杭州海关/供图）

开展口岸区域本底监测3.09万次，捕获病媒生物10.9万只，其中蝇3.39万只、蜚蠊958只、蚊6.73万只、鼠1223只、游离蜱425只和蠓类5476只，检出病原体阳性18例。

（滕文赫　杨光）

【全球传染病疫情监测评估】2023年，海关总署建立多点触发疫情监测体系，实施“日监测、周评估、专题评估”，依托全球疫情监测小组，监测全球传染病流行态势。全年收集235个国家或地区疫情信息4万余条，发布疫情日报365期，印发监测月报12期。根据全球传染病疫情监测情况，针对埃博拉病毒病、猴痘、霍乱等疫情动态开展风险评估73次，指导全国海关科学精准开展口岸传染病检疫查验。

（李彦儒）

【“多病同防”】2023年，海关总署根据全球疫情风险评估情况，发布公告、警示通报、风险预警27个。其中，发布防止猴痘等传染病疫情输入的公告3个，发布防止登革热等传染病疫情输入的警示通报6个，发布防止中东呼吸综合征等传染病疫情输入的风险预警信息18条。全年，在入境人员中检出除新冠外其他各类传染病48种1.0万例，包括1例霍乱、6例猴痘等。

（范劼睿　潘晨建）

【口岸公共卫生核心能力建设】2023年，海关总署组织天津、呼和浩特、宁波等28个海关有关专家开展口岸公共卫生核心能力考（复）核工作。对31个口岸开展达标考核，涉及全国10个省（自治区、直辖市）；对12个口岸进行复核督查，涉及全国11个省（自治区、直辖市）。至年底，全国有273个口岸通过公共卫生核心能力达标验收。开展《口岸公共卫生核心能力建设技术规范》国家强制性标准宣传贯彻解读，组织宁波海关牵头成立专项工作组，推进修订《国际卫生条例（2005）》口岸公共卫生核心能力动态监督管理规定、《国际卫生条例（2005）》口岸公共卫生核心能力建设考（复）核工作指引及考核表，完善对地方政府及其相关部门、口岸运营者、口岸海关的评价方式和考（复）核程序。派员参加中央质量督察考核实地督察，对黑龙江省哈尔滨市、黑河市、北安市质量工作进行实地督察。根据2023年中央质量督察考核安排，对31个省（自治区、直辖市）的“加强口岸公共卫生核心能力建设”工作情况进行综合评价。推进“国际卫生港”创建工作，年内杭州萧山国际机场、昆明长水国际机场通过世界卫生组织专家创建国际卫生机场实地测评验收。至年底，全国有26个口岸获“国际卫生港”称号。

（霍益亮　杨光）

【国际和地区卫生合作】2023年，海关总署跟进世界卫生组织《国际卫生条例（2005）》拟议修正案修订工作，参加该条例修订工作组（WGIHR）第3－6次会议，会同国家疾控局、中国疾控中心、外交部及常驻日内瓦代表团等部门，阐述中方所涉条款的立场及具体修改意见，维护国家主权和卫生安全。与肯尼亚卫生部就口岸卫生检疫工作情况进行会谈并形成纪要；与中国香港特别行政区政府医务卫生局签署关于出入境卫生检疫合作安排，加强内地与香港在出入境卫生检疫领域的交流与合作。

（霍益亮　滕文赫）

【年度重大检出】2023年，全国海关检出口岸首次截获输入性病媒生物5种，其中北京海关截获腐金蝇、单斑麻蝇，天津海关截获南方短尾负鼠，福州海关截获里海伊蚊，拱北海关截获红腹棘蝇。长沙海关在入境申报异常旅客中检出1例输入性霍乱病例，为2021年以来全国口岸首次检出。北京、深圳、郑州、广州、重庆、拱北海关通过主动布控、检疫排查、无症状监测等手段先后检出6例输入性猴痘病例。

（李彦儒　林晓晴）

【特殊物品卫生检疫】2023年，海关总署出台《高风险特殊物品卫生检疫准入管理办法》，对高风险特殊物品准入实施动态化、名录化管理，从适用范围、准入材料、准入流程、动态管理等方面，规范高风险特殊物品卫生检疫准入要求。发布《特殊物品海关检验检疫名称和商品编号对应名录》公告，推动出入境特殊物品分级分类精准检疫监管。会同国家卫健委、中国红十字会总会等部门联合印发《特殊血液出入境管理办法》，规范特殊血液出入境管理。优化建设特殊物品出入境卫生检疫审批与分析系统，调整系统相关功能模块，提升特殊物品出入境通关效能。开展特殊物品线上培训，全国42个直属海关共计2800多名从事特殊物品卫生检疫管理相关工作的人员参训，岗位人员业务能力得到提升。管控高致病性病原微生物入境，经报请国家生物安全管理办公室批准，相关直属海关开展猴痘临床样本、含I型艾滋病病毒学质控品等高致病性病原微生物入境检疫审批和通关验放工作。上海、南京、杭州、厦门、广州、深圳、成都等海关深化特殊物品"关地协同"联合监管模式，推动建立以地方政府为主导的联合监管机制，实现资源共享、信息互通和监管协同，提高对特殊物品的监管能力和服务水平。全年，全国海关检疫审批出入境特殊物品9.4万批次，同比降低12.9%。

（王艺频　许士勇）

【智慧卫生检疫建设】2023年，海关总署制订智慧卫生检疫建设实施方案、业务场景方案和细化实施方案，绘制"1+11"建设"蓝图"。其中全球传染病疫情监测、智慧卫生检疫预警决策和智慧电讯检疫3个项目获批开展试点工作，智慧电讯检疫项目入选智慧海关建设"2023年度十佳"项目。推进智慧卫生检疫系统业务融合、升级，完成两批试点工作，试点功能包括卫生检疫全业务。9月启动智慧卫生检疫作业应用全国海关系统推广应用工作；11月启动预警决策应用全国海关系统推广应用工作，初步实现卫生检疫全领域业务数据统计分析和统一集中管理及业务全景展示。智慧卫生检疫实现1.0版本全面推广使用。

（潘晨建）

【健康申报模式调整】2023年，海关总署组织相关部门、直属海关以及系统外专家多次开展专题研讨和实地调研，根据实际情况调整健康申报有关措施，健康申明卡更新至第11版，填报项目从最多时的24项减少至9项，各种健康申报方式的填报时间压缩了50%左右；同步上线到微信小程序、支付宝小程序、掌上海关App、互联网+网页版，以便利远程申报。自11月1日零时起，将全国口岸健康申报模式由全员申报模式调整为主动申报模式。

（范劼睿　李彦儒）

【海关筑牢国家生物安全屏障，全面提升口岸疫情疫病防控能力行动】2023年，全国海关开展"海关筑牢国家生物安全屏障，全面提升口岸疫情疫病防控能力行动"，围绕"推进国门生物安全治理体系现代化建设""打造国门生物安全风险监测预警体系""提升国门生物安全全方位防控水平""增强国门生物安全技术保障能力""深度参与全球生物安全治理"5个方面，全面推进20项具体工作。完善国门生物安全法治建设，优化国门生物安全设施设备，强化国门生物安全联防联控；加强境外生物安全监测工作，实施国门生物安全风险监测工程，建设国门生物安全智慧化监测预警体系，强化国门生物安全风险评估；强化出入境人员、出入境交通运输工具、进境动植物、动植物产品及其他检疫物检疫，加强进出口物品生物安全风险的协同防范，增强防范口岸生物恐怖袭击能力，加大生物安全违法打击力度；实施国门生物安全科技赋能、智慧提升、实物资源库数据信息库建设和人才强基4项工程，健全国门生物安全实验室技术支撑网络；深度参与全球生物安全治理，推动生物安全领域全球共治，加强国际交流合作。围绕"智关强国"行动计划，依托智慧海关建设，推进国门生物安全风险监测预警体系建设，开展全球生物安全风险信息监测，建立分类分级风险评估制度，提升预警结果运用转化效能，实现早识别、早发现、早预警、早处置。牵头相关部门建立疫情疫病防控数据协同共享机制，推动数据互联互通，提升生物安全风险监测、识别、处置等治理能力的数字化水平，破除"数据壁垒""信息孤岛"。摸底调研口岸及实验室生物安全设施设备现状，建立分级分类的国门生物安全设施设备配备指引，推进口岸传染病快速检测能力和疫情疫病防控能力提升项目建设。开展出入境人员、交通运输工具、进境动植物及其产品等检疫，启动严防外来物种入侵三年专项行动、"国门利剑2023"等行动，打击国门生物安全相关违法违规行为。开展与科研院所、高校、企业等合作和生物安全实验室规划建设，实施科技赋能、智慧提升、资源库信息库建设、人才强基4大工程，增强技术保障能力。

（王艺频　许士勇）

【卫生检疫标准化工作】2023年，海关总署组建新一届卫生检疫专业委，研究制定卫生检疫技术规范体系建设指南，开展卫生检疫海关技术规范顶层设计和基础研究。统筹推进卫生检疫技术规范梳理，对现行有效的550余项技术规范和2018年以来待审定的79项计划项目提出“废、改、留”意见，完成43项年度计划项目立项。

（周燕楠）

【口岸传染病快速检测能力建设】2023年，全国海关推进口岸快检能力建设，在31个不同类型口岸组织开展提升口岸快速检测能力系列专题调研，制订全国海关口岸传染病快速检测能力建设方案，审核42个直属海关上报的建设方案，部署各关结合工作实际加快配备快速核酸检测设备，压缩检测报告时间。至年底，运行中的273个口岸均已配备快速核酸检测设备，口岸快检能力提升，核酸检测时间从4小时压缩至最快30分钟。

（范劼睿　潘晨建）

【统筹推进疫情防控和便利人员往来工作】2023年，海关总署启用往来港澳人员专用健康申明卡，大幅优化健康申明卡内容，并针对跨境学童、跨境货车司机和65岁老年人等特殊群体实施允许“一次申报、多次有效”等措施，便利内地与港澳人员往来。根据各航空口岸入境客运航班和旅客预期增加情况，于2023年4月30日部署各关及时调配自动闸机等智能装备加强监管力量，拓展旅客健康申报渠道，方便入出境旅客使用，有计划加强一线、预备和应急“三个梯队”建设，动态调整各类物资，做好人力资源、经费及物资保障工作。

（潘晨建）

【重大活动公共卫生保障】2023年，全国海关做好重大活动公共卫生保障。7月，保障成都大运会，开展专题风险评估，明确口岸卫生检疫要求，跟踪指导制订方案，实地督导口岸现场，实施应急指挥、人员设置、区域布局、设备运行、试剂配置等准备，保障口岸通关安全，联合国家疾控部门妥善处置1例基孔肯雅热病例。9月，保障杭州亚（残）运会，开展专题风险评估，明确口岸卫生检疫要求，开展口岸卫生检疫和通关保障工作，联合国家疾控部门妥善处置2例登革热病例。10月，保障第三届“一带一路”国际合作高峰论坛，组织疾控中心、军事科学院及海关系统内专家开展专题风险评估，提出口岸防控有关意见建议，指导相关直属海关针对性开展口岸防控工作。

（李彦儒）

【“全国疟疾日”系列主题宣传教育】2023年，全国海关开展“全国疟疾日”系列主题宣传教育，围绕“谨防输入性疟疾，持续巩固消除成果”主题，通过线下发放宣传单、张贴海报、播放宣传片、主题讲座等方式开展疟疾宣传活动1200余场，覆盖约55万人次；通过播放宣传视频、组织答题竞赛、微信公众号、电视等媒体宣传480余次，覆盖约42万人次；组织开展“防止疟疾输入再传播”学术论文、科普微信推文征集活动，在《中国口岸科学技术》杂志刊载14篇疟疾相关学术论文，在“中国口岸科学技术”微信公众号连载40篇疟疾科普推文。

（杨玉莲　何汶泽）

▲2023年7月22日至8月11日，成都天府国际机场应用智能化设备保障成都大运会涉赛人员完成进出境卫生检疫　（王圣集/摄）

【“世界艾滋病日”系列主题宣传活动】2023年，全国海关围绕“凝聚社会力量，合力共抗艾滋”主题，开展“世界艾滋病日”主题活动。海关总署组织有关单位在北京大兴机场开展现场活动及线上专题讲座和访谈。在海关总署官网“国际旅行健康”栏目更新发布10条重点传染病国际旅行健康提示。

（杨玉莲　何汶泽）

【海关保健中心技术支撑能力提升】2023年，海关总署组织人员赴宁波、重庆、昆明、长沙、武汉和海口海关，对各地国际旅行卫生保健中心（简称“保健中心”）技术支撑能力建设情况进行专题调研，聚焦保健中心法定业务，了解保健中心设施设备配备、技术人员队伍建设、技术保障和服务支撑等情况并撰写调研报告，研究优化保健中心卫生检疫技术支撑职能，推动保健中心高质量发展。召开全国保健中心技术支撑能力提升座谈会，研究指导保健中心规范开展法定业务，提升保健中心技术支撑能力。指导海口海关推进海南保健中心新址项目建设。6月19日，国家发展改革委评审中心批复同意海南国际旅行卫生保健中心建设项目科研报告；2023年9月4日，国家发展改革委批复海关总署，原则同意所报海南国际旅行卫生保健中心建设项目初步设计方案，主要建设内容为疫苗接种用房、常规体检用房、实验室等业务用房及配套基础设施。

（李杰）

【国门生物安全专题调研】2023年，海关总署深入海南、广东、吉林、云南、河南、广西等地开展国门生物安全专题调研，实地了解国门生物安全口岸防控情况，现场调研实验室技术支撑能力水平，组织召开座谈会研究推进国门生物安全现代化建设工作，听取基层一线意见和建议。筑牢国家生物安全屏障的调研报告获评全国海关主题教育“百个典型案例”；调研成果为加强国门生物安全设施设备配置、强化口岸疫情防控数据共享协作、提升口岸疫情疫病防控能力等工作奠定基础。

（王艺频　许士勇）

动植物检疫

【概况】2023年，全国海关推进智慧动植检建设，完成进境粮食智慧检疫监管等“1+9”条线和场景方案，确定33项任务，完成进境粮食和活动物等5个署级早期收获项目。海关总署加强动植物检疫制度建设，印发进出境重大动物、重大植物疫情应急处置预案，发布各类产品操作指引19份。完善重大动植物疫情预警体系，海关总署与8个国家部委建立动植物疫情信息月度通报机制，发布疫情禁令22份。实施国门生物安全监测计划，检出动物疫病527种次，检出检疫性有害生物7.5万种次，截获数量和种类均达到历史新高，山羊关节炎脑炎病毒、北方花生根结线虫和X纹卡虎天牛等一些重要的动物疫病和有害生物在全国口岸首次检出。开展进出口食用农产品和饲料安全风险监控，对外通报5365批次，依法退回或销毁不合格进口动植物及产品1360批次。开展严防外来物种入侵三年专项行动，截获外来物种1186种、3123批次，查获“异宠”296种、4.4万只。支持扩大农产品进口，签署动植物检疫合作协议76份，发布解禁公告13份。完成41个国家（地区）107种（次）农产品检疫准入，新增注册境外企业1.7万家，保障16.8万头大中型种用活动物、72.7万只种禽、943.9吨水产种苗进境。助力国家种子库引进大豆、玉米2307份。建立进境动物境外预检新模式，组织开展46批进境动物境外预检，预检动物19.6万头，淘汰不合格动物4.5万头。开展动植检业务能力建设，启用动植检人员资质管理系统，全国海关动植检岗位资质人员增至2.8万人，获国家发展改革委动植检能力提升工程项目资金。助力特色农产品扩大出口，促进鲜枣、猕猴桃等5类水果出口美国、澳大利亚等海外市场，推荐1.1万家企业获得境外注册，全国农产品出口总额达6958.6亿元。

（黄新　李富文）

【动植物检疫制度建设】2023年，海关总署制修订进出境重大动物、重大植物疫情应急处置预案，进境种用大中动物指定隔离检疫场审核工作操作指引，进境大中动物境外预检操作指引，进境动植物检疫审批（动植检部分）操作指引，进境动植物及其产品境外生产、加工、存放企业注册登记操作指引，出境特定动植物及其产品和其他检疫物的生产、加工、存放单位注册登记及其对外推荐操作指引，进出境动植物检疫除害处理单位核准操作指引，进出境动植物检疫能力提升专项采购设备指标参数编制操作指引，进境植物种子口岸检疫操作指引（试行），外来物种入侵口岸防控操作指引（试行），进境粮食检验检疫监管操作指引（试行），进境新鲜水果检验检疫操作指引（试行），进境木材检疫操作指引（试行），进境木质包装检疫操作指引（试行），进境竹木草制品检疫操作指引（试行），进境烟叶检疫操作指引（试行），出境新鲜水果检验检疫操作指引（试行），出境木质包装检疫操作指引（试行），出境竹木草制品检疫操作指引（试行），出境烟叶检疫操作指引（试行）19个操作指引。

（李富文　檀贝贝）

【重大动植物疫情风险预警】2023年，海关总署开展境外动植物疫情信息跟踪，编发动植物疫情和检疫政策动态50期。全国海关跟踪关注全球高致病性禽流感、非洲猪瘟疫情，防控口岸高致病性禽流感和口岸其他重大动物传染病，发布口蹄疫、高致病性禽流感等禁令22份。

（鲁琼　王冲）

【国门生物安全动植物检疫监测】2023年，全国海关开展国门生物安全监测工作。海关总署制订2023年国门生物安全监测方案（动物检疫部分），编制实施19个进出境动物及产品年度监测计划，对149种病784项监测项目实施监测，新增5种动物疫病监测。年内，全国海关采样50.61万头份，监测84.51万项次，检出动物疫病527种次，首次检出H5亚型禽流感病毒、山羊关节炎脑炎病毒。对3583个进境实验鼠等生物材料开展猴痘病毒专项监测。海关总署组织开展20批进境动物隔离检疫远程督导，采用“四不两直”方式对进境种牛远程督导工作进行检查。开展进出境植物疫情和外来入侵物种监测，截获检疫性有害生物7.5万种次，同比增长19%，截获数量和种类均达到历史新高；一些重要的有害生物在全国口岸首次检出，如北方花生根结线虫、X纹卡虎天牛；多次在台湾地区输往大陆水果中检出大洋臀纹粉蚧等有害生物，海关总署依法暂停台湾地区芒果输往大陆。开展进出口食用农产品和饲料安全风险监控，采集样品5.1万个，监控结果总体合格率为99.7%，对外通报5365批次，依法退回或销毁不合格进口动植物及产品1360批次。

（王寅鹏　汪琳）

【动植物检疫准入】2023年，海关总署完成41个国家（地区）107种（次）农产品检疫准入，新增注册境外企业1.7万家。北京海关助力国家种子库安全引进大豆、玉米2307份。海口海关保障进口2400只种用实验猴，上海、成都海关保障进口医用牛心包，服务生物医药产业发展。

（王涵　鲁琼）

【进境动物境外预检】2023年，海关总署建立“实地预检+远程预检+体系评估+信用管理+效能评估”预检新模式，成立预检工作专班，收集相关问题与建议。推动进境动物检疫管理信息系统优化升级，预检作业标准化、科学化管理，实现预检全过程进系统、标准化、留痕迹、可追溯，促进优质种质资源引进。年内，组织开展46批进境动物境外预检，预检动物19.6万头，淘汰不合格动物4.5万头。

（李富文　檀贝贝）

【检疫除害处理】2023年，海关总署完成进出境动植物检疫除害处理单位核准操作指引的修订，提出明确一次性告知义务、限定各环节办理时长等10项防范措施。开展进出境动植物检疫除害处理单位资质核准的监督管理，加强监督检查，压实企业安全生产主体责任。建立进出境动植物检疫除害处理单位能进能出的动态管理机制，对不符合条件的处理单位及时依法依规吊销核准证书。新增动植物检疫除害处理单位4家，合计314家。

（鲁琼　郑春生）

【动植物检疫业务能力建设】2023年，海关总署启用动植检人员资质管理系统，举办10期岗位资质网上培训班和高级签证官培训班，1.9万人次参加；全国海关动植检岗位资质人员增至2.8万人。获国家发展改革委动植检能力提升工程项目资金支持，推动建成口岸初筛鉴定室35个，其中南京海关6个、杭州海关5个、大连海关9个、哈尔滨海关8个、合肥海关2个初筛鉴定室通过海关总署专家组考核验收并获核定。推进口岸检疫设施设备规范化、标准化、智能化，提升一线执法把

▲2023年10月24日，大连海关举办口岸重大动物疫情应急处置演练（王东春/摄）

关能力。南京海关所属张家港海关建成全国海关进境木材监管实训教学点，南昌海关建立全国海关供港澳活猪检疫监管实训示范点。

（鲁琼　檀贝贝）

【国际动植物检疫合作】 2023年，海关总署签署进出境动植物检疫相关合作协议76份，在首届中国—中亚峰会、第三届“一带一路”国际合作高峰论坛等重要活动中，国家领导人见证签署协议58份。推进美国、俄罗斯符合要求地区禽流感疫情解禁，推进法国禽流感、德国和俄罗斯非洲猪瘟的区域化管理合作，推动南非口蹄疫、巴西疯牛病、俄罗斯非洲猪瘟等疫情解禁，发布解禁公告13份。上海、成都、济南、北京等海关保障“丫丫”“香香”等16只归国大熊猫、圭亚那国礼美洲豹、白俄罗斯国礼野牛入境。参与国际共治，参加国际植物保护公约（IPPC）组织、世界动物卫生组织（WOAH）年会，参与9项国际检疫标准制修订，组织对IPPC和WOAH的相关措施标准草案进行评议，反馈意见47条。

（王涵　孙双艳）

【促进农产品扩大出口】 2023年，全国海关助力特色农产品扩大出口，促进鲜枣、猕猴桃等5类水果出口美国、澳大利亚等海外市场。推荐1.1万家企业获得境外注册，陕西、山西、新疆水果，云南切花和咖啡，宁夏枸杞，甘肃外繁种子，内蒙古肉鸡种蛋，重庆城口食用菌，广东茂名荔枝，四川安岳柠檬等出口量显著增长，全国农产品出口总额达6958.6亿元，同比增长6.3%。接待日本、俄罗斯、欧盟等专家来华，对出口稻草、宠物食品、种子种苗等农产品检验检疫监管体系开展实地评估。保障1.65万羽我国自主培育高性能肉种鸡和蛋种鸡首次出口海外。年内，各直属海关加强农产品出口服务，其中广州海关助力国内荔枝首次出口非洲国家苏里南，广东柠檬首次出口加拿大。汕头海关指导油甘种植果园获得全国首家注册登记，指导蜜柚种植场获输美、俄注册各3家。帮扶41种农产品实现首次出口。黄埔海关推动葡萄、柿子、草莓、山楂等新鲜水果首次出口，开拓西班牙、泰国、马来西亚等市场。湛江海关支持特色水果扩大出口，协同地方推动茂名市成功申建国家级特色水果技术性贸易措施研究评议基地，助力菠萝、百香果首次出口朝鲜、加拿大。海口海关服务热带水果出口3944.15万元，增长231.40%，海南省水果出口扩大到10余个国家和地区。西安海关实现延安苹果首次出口加拿大、菌棒首次出口美国、鲜香菇首次出口韩国、商洛猕猴桃首次出口沙特、柞水木耳首次出口乌兹别克斯坦。

（马小珍　王朝华）

【国门生物安全宣传】 2023年，全国海关结合国际生物多样性日、全民国家安全教育日等关键节点，通过现场讲座，报纸、广播、电视等传统媒体和互联网、移动终端等新媒体，集中开展国门生物安全宣传教育活动，普及国门生物安全知识。天津海关依托12360海关热线、微信公众号，开辟“‘异宠’知多少”“防范外来物种入侵”专栏，发布新媒体宣传信息70篇。大连海关开展进校园、进社区等“十进”国门生物安全宣传教育活动，营造良好社会共治氛围。长春海关编发2篇国门生物安全外宣科普文章，相关信息被新华社等多家媒体采用，24小时点击量达120万次。哈尔滨海关结合全民国家安全教育日组织开展系列活动，开展政策法规解读5次，覆盖人群近10万人。南京海关首次以沉浸式体验方式，推进科普宣传进学校20所。

（李富文　檀贝贝）

【智慧动植检建设】 2023年，海关总署运用“123”智慧动植检建设总思路，完成智慧动植检、进境粮食智慧检疫监管等“1+9”条线和场景方案，确定33项任务，智慧动植检相关方案被列为智慧海关示范样板。按期完成智慧海关建设早期收获项目，申请获得“智慧动植检信息化试点项目”署级立项，完成进境粮食和活动物等5个署级早期收获项目，其中南京、上海海关牵头承办的“进境粮食智慧检疫监管”项目获海关总署智慧海关建设“2023年度十佳”项目第一名，重庆海关牵头承办的“进境活动物智慧检疫监管应用场景”成功入围参评项目。

（黄亚军　翟会锋）

【严防外来物种入侵三年专项行动】 2023年，海关总署组织开展严防外来物种入侵三年专项行动，防范重大动植物疫情疫病传入和外来物种入侵，保障国门生物安全。通过组织编印截获外来物种案例和食用水生动物品种图谱，加强各口岸现场查验设施设备的配备，开展入境货物、运输工具、寄递物、旅客行李、跨境电商等渠道的检疫监管。联合最高人民法院、最高人民检察院印发依法惩治非法引进外来入侵物种犯罪行动方案，严厉打击违规违法行为。组织全国海关、海科中心开展口岸外来入侵物种普查，与农业农村部汇交数据近5000条。开展风险评估，将13种水生动物调出准入名单，禁止入境。年内，全国海关截获外来物种1186种、3123批次，查获“异宠”296种、4.4万只；首次查获多样外来物种。天津海关先后截获植物检疫性有害生物4950种次、1804批次，在全国口岸首次截获巴尔干锯畚斯、四斑艾蕈甲外来有害生物2种。呼和浩特海关通过进境口岸外来入侵物种普查核查等措施，首次截获活体金丝雀等外来物种11批次。济南海关在全国海关首次截获窄体绒虾鲉。郑州海关在全国首次截获斑腿泛树蛙。江门海关在全国范围首次检出经纬大眼象等3种有害生物，查获2只活体

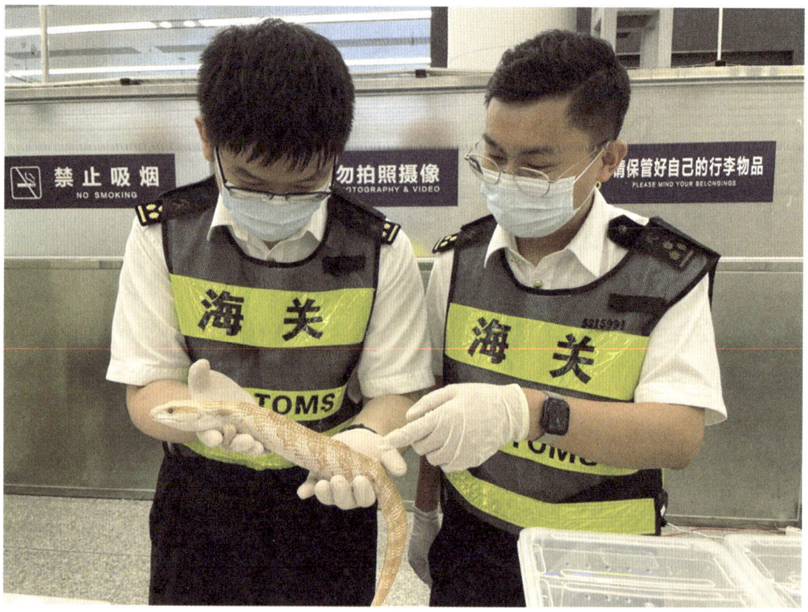

▲2023年8月11日，深圳海关关员在福田口岸查获外来物种　（深圳海关/供图）

“异宠”红耳彩龟属中国重点管理外来入侵物种。昆明海关全国首次截获检疫性有害生物北方花生根结线虫、沙梨果实蝇。

（骆军　岳光振）

【粮食进口服务保障】 2023年，全国海关实施粮食进口多元化战略，保障重点农产品供应链产业链安全稳定。完成阿根廷小麦、哈萨克斯坦油菜籽等检疫准入，粮食准入国家由51个增至75个，监管进口粮食1.62亿吨。建立进口离岸现货交易大豆监督管理规范，支持现货大豆贸易发展，助力我国大豆国际贸易定价权提升。全国海关因地制宜采取各种措施保障进境粮食安全，大连海关开展进境粮食现场检验检疫实操培训，完成进口粮食保税交易库认定工作，全年保障进口粮食1090.99万吨，同比增长6.06%；杭州海关采用江海联运“全卸+直达”新模式促进粮食进口增加25.5%。郑州海关指导周口中心港完善防疫设施，推动打造进境粮食中转码头，进一步降低运输成本。北京海关与北京市粮食和物资储备局、北京市农业农村局联合印发2023年进口粮食植物疫情联防联控制度监督检查实施方案，完成5.98万吨进境粮食后续监管。沈阳海关“创新举措　破解难题　全面保障进境粮食产业链供应链安全——沈阳海关关于学好用活‘千万工程’经验的案例”入选全国海关主题教育“百个典型案例”。长春海关“千方百计支持扩大粮食进口全力以赴保障国内粮食链安全案例”被全国海关主题教育信息载体采编，入选全国海关主题教育“百个典型案例”。

（骆军　郑伟）

【海关口岸需重点关注的外来物种清单编制】2023年，海关总署组织海关系统内外55名专家，开展线上线下集中工作10次，在全世界1.3万余种具有风险的有害生物和外来物种中，筛选评估出276种对我国危害性和传入风险较高的外来物种，编写完成约68万字178份风险分析报告，形成海关口岸需重点关注的外来物种清单，完成海关全面防范外来物种入侵一项重要基础性工作。

（王建东）

【种业振兴行动服务保障】2023年，全国海关开展服务种业振兴行动，保障16.8万头大中种用活动物、72.7万只种禽顺利安全进境。助力国家种子库引进美国大豆、墨西哥玉米10批2307份。年内批准82个国家（地区）1.7万家境外农产品企业在华注册。深圳海关创新进口种苗享受附条件提离便利化措施，助力中国农业科学院深圳农业基因组研究所完成深圳首批特许审批科研用种进口，全年全国进境鳗鱼苗38.69吨，全部从深圳口岸进境。青岛海关建立口岸海关与目的地海关之间协调联络机制，联合打造进境种禽、种牛检疫绿色通道，确保通关“零待时”。石家庄海关与北京、天津海关建立进境植物种苗附条件提离互认模式，建立跨关区进境种畜、粮食等产品建议监管协调机制，完成首批跨关区进境种牛隔离检疫工作。南京海关联合宁波海关制订跨关区进境种苗附条件提离协同监管方案，促进农产品进出口，保障种牛、种虾、种鳖17批优质动植物种质资源引进。

（骆军　郑伟）

【动植物检疫创新】2023年，海关总署创新监管模式服务区域发展战略，制定并发布允许澳门居民携带进入横琴粤澳深度合作区的7大类动植物产品清单。与澳门建立供澳水生动物“检疫前推、合作监管”检疫新模式。研究海南自由贸易港生物安全专区建设立项申报，支持引进科研育种用水生动物，支持全球动植物种质资源引进中转基地发展。研究出台支持面向东盟水果交易中心建设若干措施。进口2400只种用实验猴，服务生物医药产业发展。保障往返粤港马匹每周“三进三出”，服务粤港澳大湾区赛马产业发展。对老挝屠宰用肉牛采取检疫审批“一次办理，分批核销”、隔离场所“分区对应，分批隔离”、进口肉牛“即进即宰，科学处置”新监管模式，推进老挝屠宰用肉牛恢复输华。创新服务航天育种检疫，北京海关与大连海关协同完成航天搭载科研用832粒水稻种子、8800粒拟南芥种子检疫任务。

（李富文）

【动植物疫情信息月度通报机制】2023年，海关总署与外交部、农业农村部、商务部、卫健委、国家林业和草原局等8个部门建立动植物疫情信息月度通报机制，开展境外动植物疫情信息收集、风险评估和信息共享，通报境外动植物疫情动态7期，发布疫情禁令22份。加强口岸动植物疫情风险管理和境外动植物疫情信息监测预警，编发动植物疫情信息和检疫政策动态50期。

（马菲　方海平）

【重大国际赛事活动检疫保障】2023年，全国海关服务保障重

▲2023年10月2日，杭州海关关员在桐庐马术中心开展杭州亚运会马术项目参赛马日常检疫监管　（徐丽/摄）

大国际赛事活动。出台第六届进博会展品参展支持政策，允许来自无动植物疫情国家（地区）未获准入动植物产品参展。授予长沙海关第三届中国—非洲经贸博览会参展动植物产品检疫审批权限。建设“赛马检疫在线”智慧监管平台，保障第19届亚运会马术比赛开展。开展深港动物检疫合作，香港赛马会饲料饲草、生物制品等样品“客带货”出境模式落地。

（李富文　檀贝贝）

【“护松2023”行动】2023年，海关总署联合国家林业和草原局、公安部在全国范围内开展“护松2023”打击涉松材线虫病疫木违法犯罪行为专项整治行动（简称“护松2023”行动）。全国海关开展对进口松木的检疫监管，强化不合格进境松木检疫处置，防止松材线虫病传入，保护松林资源安全。联合地方林草、公安部门开展线索摸排，印发专项整治行动实施方案、通知，建立信息共享、联合执法、案件移送等工作机制，组织成立专项整治行动领导小组及办公室，召开专题会议，确保专项行动开展。全年检查进口松木9273批次。北京海关与北京市园林绿化局签署备忘录，宁波海关与浙江省林业局开展引进植物隔离试种监管协作试点工作，在全国首次实现海关、林业检疫数据实时共享。南宁海关与广西壮族自治区林业局重启联合疫情监测机制、联合执法检查机制和执法互助机制。

（杨光　鲁琼）

税收征管

税收政策

【概况】2023年，全国海关落实各项税收政策措施，支持科技创新、重大技术装备等特定减免税政策和海南自由贸易港3项“零关税”政策实施。加强税收政策研究，参与横琴粤澳深度合作区和海南自由贸易港税收政策研究制定。年内对1020项商品实施进口暂定税率、继续对煤炭实施进口为零的暂定税率、7月1日实施ITA第八次降税，关税总水平降至7.3%。

（崔小雷）

▲横琴粤澳深度合作区“二线”通道海关监管作业现场 （拱北海关/供图）

【跨境电商出口退运商品税收政策出台】2023年，海关总署配合财政部发布《关于跨境电子商务出口退运商品税收政策的公告》（财政部 海关总署 税务总局公告2023年第4号）、《财政部 海关总署 税务总局公告关于延续实施跨境电子商务出口退运商品税收政策的公告》（财政部 海关总署 税务总局公告2023年第34号），对因滞销、退货原因自出口之日起6个月内原状退运进境的商品（不含食品），免征进口关税和进口环节增值税、消费税，降低跨境电商企业出口退运成本，支持外贸新业态发展。

（赏剑慧）

【海南自由贸易港加工增值内销免征关税】2023年，海关总署推进洋浦保税港区等试点区域实施加工增值内销免征关税政策。自2021年7月政策实施起至2023年底，备案企业39家，开展业务企业23家。

（刘挺汀）

税收管理

【概况】2023 年，全国海关依法科学征管，深化综合治税，全年海关税收入库 2.21 万亿元，保障中央财政收入。落实各项减税降税政策措施，减（退）税 2962.8 亿元。

（邢帅军　苑小棋）

【减免税管理】2023 年，海关总署指导全国海关落实各项进口税收优惠政策，为享惠主体办理减免税手续；加强政策宣传辅导，帮助有关企业和单位用好政策。参与税收政策制定，配合财政部出台国家综合性消防救援队伍进口税收政策、在海南自由贸易港试点暂时进出境修理货物有关进口税收政策等，支持国家综合性消防救援队伍装备能力提升，服务海南自由贸易港建设。配合工业和信息化部、农业部等部门动态调整相关进口税收政策享惠主体名单和免税商品清单，进一步发挥税收优惠政策效能。印发《H2018 减免税管理系统填制规范》，规范减免税管理，提升工作质量。推进减免税业务信息化建设，上线 LNG 先征后返系统；推广减免税“ERP 联网申报+快速审核”模式适用范围，服务企业便利享惠。

（刘成凯　王炜炜）

【非贸税收征管】2023 年，海关开发个人邮递物品线上缴税功能，实现个人通过登录“互联网+海关”“掌上海关”办理税率查询、税款预估、缴纳税款、涉税信息查询等事项。6 月，在宁波、福州等 6 个海关开展跨境电商零售进口税款电子支付项目试点，支持企业通过“单一窗口”“互联网+海关”办理税款缴纳、版式税单打印，进一步降低企业运营成本，提升通关时效。9 月，试点范围新增北京、天津等 11 个海关。

（赏剑慧）

【海关总署税收征管局】2023 年，海关总署税收征管局（京津、广州、上海）按照商品和行业分工，负责全国海关税收征管风险防控和分类处置。制定税收风险防控规划，优化防控策略与手段，重点防控行业性、区域性、系统性税收风险。开展税收征管局横向交流，加强经验共享。优化“中心—现场”作业模式，修订验估管理操作规程，规范验估作业；编发验估指引，推动统一执法标准和作业规范，提高验估质量。开展税收征管局和直属海关双向跟班作业，加强沟通和协商协作。落实“三应”要求，强化税收征管局与风控、稽查、缉私等部门的协同，形成征管合力。

（邢帅军　苑小棋）

【智慧关税建设】2023 年，海关总署在智慧海关建设框架下制定智慧关税建设实施方案，形成“4+1+N”智慧关税科技支撑体系和“9+9”项重点工作任务，并细化分解形成 75 项具体任务。推动“数智筛”和跨境电商税款担保电子化等重点项目实现早期收获，其中“数智筛”项目获评智慧海关建设“2023 年度十佳”项目。推进“智慧估价”建设，完成业务场景应用方案报送，对早期收获项目案件税款计核系统进行系统测试。形成非贸智能征管业务场景应用方案，其中“跨境电商税款担保电子化”被纳入早期收获项目。升级完善减免税监控分析系统。完成“税管作业平台 3.0”全部建设项目业务需求细化，开展有关系统测试和上线准备，推动全面上线运行。完成船舶吨税税单无纸化信息系统开发，并在青岛海关试点。推进货物贸易渠道非政策性退税业务无纸化。

（赏剑慧）

【跨境电商领域商品条码应用】2023 年，海关总署加强与中国物品编码中心合作，率先将商品条码应用于跨境电商零售进口商品管理，推进商品识别码管理应用系统 GTIN 信息库建设，引入全球零售领域商品条码信息。2 月 10 日，跨境电商“商品条码”应用改革推广至全国海关，全年商品条码总体申报率达到 96%，企业申报质量明显提升。

（赏剑慧）

【试点减免税“一次确认、多次使用”业务模式】2023年，海关总署针对集成电路、新型显示器件企业免税进口生产性原材料数量多、频次高的特点和对通关时效要求高的情况，进一步优化减免税审核确认管理，研究探索减免税“一次确认、多次使用”业务模式，企业可为一段时间内拟申请减免税进口的货物集中办理一次手续，此后一年内进口有关货物可多次核扣使用，支持企业便利享惠。

（刘成凯　王玲）

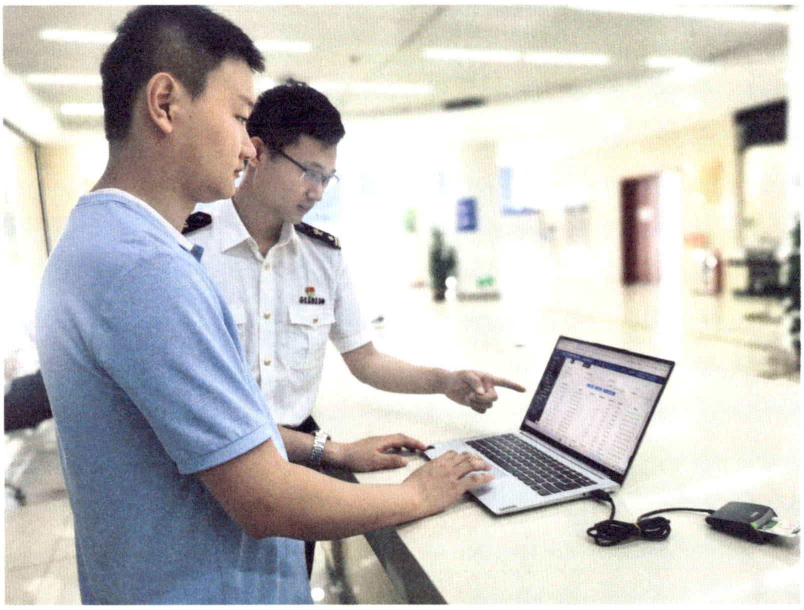

▲2023年6月1日，广州海关关员指导跨境电商企业开展税款线上支付（林晓静/摄）

商品归类管理

【概况】2023 年，海关总署发布商品归类决定 77 份。发布年度关税调整方案实施公告，公布因关税调整等拆分 10 位商品编号、注释修订等情况。

（崔小雷）

【税政调研】2023 年，全国海关重点围绕健康中国、绿色低碳、创新发展、乡村振兴、扩大内需等方面开展专项调研。推动为钇［90］微球注射液等成品药、曲前列尼尔等原料药、燃料电池用气体扩散层、芫荽子、甜玉米种子等多项商品新增暂定税率，将调研成果转化为推动经济高质量发展，提升产业竞争力的实际举措。

（崔小雷）

▲2023 年 6 月 15 日，厦门海关关员在企业开展税政调研　（陈宜荣/摄）

【《商品名称及编码协调制度》国际合作】2023 年，中国海关牵头参与 WCO 协调制度修订等工作，WCO 协调制度委员会分别于 2023 年 3 月和 7 月审议通过将中国的茶叶分类体系、对胰岛素类似物的归类思路引入 2028 年版《商品名称及编码协调制度》（简称《协调制度》），将为我国绿茶、红茶、黑茶、白茶、黄茶、乌龙茶 6 大类茶产品走向世界，促进胰岛素类似物国际贸易便利化发挥积极作用。

（崔小雷）

估价管理

【概况】2023 年，海关总署响应集团化企业关于“双特”估价管理服务的需求，由注册地直属海关牵头统一负责“双特”价格管理方案，为总部企业提供更好的属地化“双特”估价管理服务，截至年底已惠及 56 家企业。进一步落实《中欧班列回程运输及其相关费用估价指导意见》，出台《内河运输及其相关费用不计入进口货物完税价格估价指引》，开展境内段运费扣减工作。“‘内河运费扣减’调研破题　助力打造‘黄金水道’畅通国内国际双循环”入选全国海关主题教育“百个特色做法”。

（王潇潇）

▲2023 年 10 月 12 日，中国海关派员参加 WCO 估价技术委员会第 57 次会议　（李妍/摄）

【中国海关代表当选 WCO 估价技术委员会主席】2023 年，中国海关派员参加 WTO 海关估价委员会两次年度正式会议和 WCO 估价技术委员会第 56、57 次会议。深圳海关林倩余在 WCO 估价技术委员会第 57 次会议上当选主席，并被授予 2024 年度 WCO“杰出贡献荣誉”奖。这是中国海关估价人员首次当选该委员会主席职位。

（王潇潇）

【推广境内段运费扣减工作】2023 年，海关总署落实党中央、国务院关于高质量共建“一带一路”和推动长江经济带高质量发展的工作部署，推广中欧班列运费扣减工作，出台《内河运输及其相关费用不计入进口货物完税价格估价指引》。截至年底，约 2900 家企业享受政策红利。

（王潇潇）

原产地管理

【概况】2023年，海关推动服务构建面向全球的高标准自贸区网络，做好22项优惠贸易协定原产地规则和关税减让实施工作，完成中尼（加拉瓜）等5个自由贸易协定原产地规则议题谈判或升级磋商。取消出口货物原产地企业备案，进一步扩大原产地证书自助打印范围，推进原产地电子联网，持续优化原产地服务，帮助企业享受协定关税减让红利。执行对光纤预制棒等47项商品的贸易救济措施，维护我国产业利益。

（丁楠）

【优惠贸易安排实施】2023年，我国实施的22项优惠贸易安排［包括中国—东盟、中智、中巴（基斯坦）、中新（西兰）、中新（加坡）、中秘、中哥（斯达黎加）、中冰、中瑞（士）、中澳、中韩、中格（鲁吉亚）、中毛（里求斯）、中柬等自由贸易协定和中尼（加拉瓜）自由贸易协定早期收获安排，RCEP，《海峡两岸经济合作框架协议》（ECFA），《亚太贸易协定》，《内地与香港关于建立更紧密经贸关系的安排》（内地与香港CEPA）、《内地与澳门关于建立更紧密经贸关系的安排》（内地与澳门CEPA），以及最不发达国家特别优惠关税待遇、对台农产品免征关税政策］项下享惠进口1.22万亿元，同比下降2.7%；税款减让1062.6亿元，增长1.5%。出口企业申领优惠原产地证书和自主开具原产地声明涉及货值2.35亿元，增长6.5%。

（丁楠）

【原产地合作】2023年，中国海关完成中国—尼加拉瓜、中国—厄瓜多尔、中国—塞尔维亚等自由贸易协定，中国—秘鲁自由贸易协定升级原产地规则谈判，以及内地与香港CEPA原产地标准例行修订磋商。推进中洪（都拉斯）、中海（合会）等自由贸易协定原产地规则和关税减让议题谈判取得实质性进展。参与WCO原产地电子联网标准制定、《经修订的京都公约》审议工作和WTO原产地规则委员会等国际合作事务，对外开展国际原产地技术援助，选派多名专家在老挝、缅甸和柬埔寨为东盟官员授课，介绍交流中国—东盟自由贸易区升级原产地规则和中国原产地管理经验。履行WCO原产地规则技术委员会主席职责，推动“原产地电子数据交换”成为WCO重点工作之一，并获选担任该项工作组协调员。

（丁楠）

【原产地服务】2023年，全国海关取消出口货物原产地企业备案，进一步提升出口原产地证书申领便利。巩固经核准出口商制度、原产地自主声明、原产地证书自助打印、智能审核等改革成果，原产地证书自助打印率达89.2%。对接国际高标准经贸规则，接受非实质性差错原产地单证申请享受协定税率。开展优惠贸易协定实施效果跟踪分析，调研了解企业享惠情况，分类施策帮扶企业享惠。升级中新（西兰）海关原产地电子联网，新增传输RCEP项下原产地电子数据，进一步提升中新（西兰）进出口货物享惠便利。

（丁楠）

打击走私

打击涉税走私违法犯罪

【概况】2023年，全国海关以“国门利剑2023”联合行动为统领，开展“护航2023”专项行动，打击“水客”、跨境电商、快件等重点渠道和农产品、成品油等重点商品走私，打击关联虚开骗税骗补、违法犯罪活动，非法引进外来入侵物种等，夯实追逃追赃、缉私政研等基础性工作。全年，立案侦办涉税走私犯罪案件3057起，案值667.9亿元。

（张林达 贾晓千）

▲2023年8月22日，海口海关缉私局侦办打击离岛免税“套代购”走私案（海口海关/供图）

【打击海南离岛免税“套代购”走私】2023年，海关总署、公安部联合组织开展为期8个月的打击海南离岛免税“套代购”走私、“护航2023”专项行动，保障海南自由贸易港建设封关运作。专项行动期间，经过8轮次打击，立案侦办“套代购”走私犯罪案件447起，案值19.7亿元；立案查办“套代购”走私行为案件1564起，案值9864.1万元。海口、深圳、广州等海关缉私局开展“HN2304”打击海南离岛免税“套代购”走私集中收网行动，涉案团伙利用“离岛自提”“邮寄送达”等方式岛外集货后销售牟利，案值1.3亿元。

（张林达 贾晓千）

【打击沿海非设关地重点涉税商品走私专项行动】2023年6月，全国海关缉私局开展为期半年的打击整治沿海非设关地重点涉税商品走私专项行动，以打击沿海地区非设关地香烟、成品油等重点涉税商品走私为重点，破获一批重大典型案件，全链条打击整治沿海非设关地重点涉税商品走私。专项行动期间，立案侦办走私犯罪案件188起，案值31.8亿元。

（张林达 贾晓千）

【打击“水客”走私】2023年，全国海关缉私局根据“水客”走私态势和特点，建立“风控+缉私+现场”联动机制，打击“水客”走私。海关总署缉私局、广东省内海关缉私局、海口海关缉私局等与香港、澳门海关和警方跨境交流与合作，分析研判拓展案件线索，组织开展集中打击，促进粤港澳大湾区高质量协调发展。全年，立案侦办“水客”走私犯罪案件721起，案值75.1亿元；立案查办“水客”走私行为案件约3.2万起，案值14.5亿元。

（张林达 贾晓千）

【打击重点涉税商品走私】2023年，全国海关缉私局重点关注边民互市、沿海沿边非设关地等区域，重视冻品、烟草、水果、食糖、粮食等农产品，以及成品油等涉税商品走私态势，加强对运输、仓储、销售环节的清查整治。福州海关缉私局开展“6·30”走私柴油查缉收网行动，该案涉嫌走私柴油约7万吨，案值5.5亿元。全年，立案侦办涉税农产品走私犯罪案件866起，案值110.2亿元；立案侦办成品油走私犯罪案件112起，案值182.2亿元。

（张林达　贾晓千）

【打击虚开骗税违法犯罪】2023年，海关总署联合国家税务总局、公安部、最高人民检察院、最高人民法院、中国人民银行、国家外汇管理局等部门打击虚开骗税违法犯罪。部署全国海关缉私局开展打击以虚假贸易方式骗取出口退税专项工作，联合公安部经济犯罪侦查局举办打击走私骗税工作座谈会。与国家税务总局建立打击虚开骗税分析研判中心。全年，立案侦办骗取出口退税刑事案件52起，案值142.5亿元；侦办虚开增值税发票案件37起，涉嫌虚开增值税发票价税合计90.6亿元；立案调查申报不实影响国家出口退税管理行政案件4114起，案值90.7亿元。

（张林达　贾晓千）

▲2023年3月，南京海关所属徐州海关缉私分局侦办一起走私进口雪茄案（郑惠丹/摄）

打击非涉税走私违法犯罪及其他违法犯罪

【概况】 2023年，全国海关打击涉枪、涉毒、洋垃圾等违禁品走私，与公安机关联合打击上下游关联犯罪，开展“使命2023”“蓝天2023”等联合行动，立案侦办非涉税走私违法犯罪及其他违法犯罪案件1902起，立案侦办走私国家禁止进出口货物物品案件478起，立案侦办走私文物案件4起，立案侦办走私人类遗传资源材料案件2起，立案侦办关联洗钱犯罪案件61起。

（屈芳）

【打击象牙等濒危野生动植物及其制品走私】 2023年，海关总署与农业农村部、国家林业和草原局、国家邮政局相关部门等联系配合，开展“清风行动2023”打击野生动物非法贸易和“网盾行动”全面禁止网络非法野生动植物交易的联合行动；深化国际执法合作，联合越南海关在亚太地区发起第五期打击濒危野生动植物与毒品走私“湄龙”国际联合执法行动，合力斩断境内外走私犯罪链条。开展打击穿山甲等濒危野生动物及制品走私犯罪专项行动，大连海关缉私局破获特大货运渠道夹藏走私穿山甲鳞片案，南宁海关缉私局开展打击中越边境濒危野生动植物走私专项行动。广泛开展反濒危野生动植物走私宣传，制作打击走私濒危野生动植物及其制品宣传教育片、“国门生物安全之保护生物多样性篇”公益宣传片，与国家林业和草原局共同主办打击加利福尼亚湾石首鱼非法贸易宣传活动，提高公众对濒危野生动植物的保护意识。全年，立案侦办濒危野生动植物及其制品犯罪案件172起，查获濒危野生动植物及其制品价值5.2亿元，其中侦办走私象牙制品案件42起，查获象牙制品价值933万元。

▲2023年8月16日，南宁海关缉私局破获1起走私濒危野生动物案（南宁海关/供图）

（屈芳）

【打击洋垃圾走私】 2023年，全国海关缉私局开展“蓝天2023”专项行动，聚焦走私品类、方式、渠道、手法等变化，开展情报摸排和态势掌控，提高精准打击能力。海关总署缉私局指导黄埔、厦门、宁波等海关缉私局破获不法分子利用许可证走私废五金、废塑料和走私进口固体废物案等重大案件，遏制洋垃圾走私反弹。全年，立案侦办走私废物案件110起，查证涉案废物15万吨。青岛海关缉私局立案侦办一起走私固体废物案，抓获犯罪嫌疑人6名，查证涉案固体废物可可壳1623.8吨，涉案团伙采用伪报品名方式将涉案固体废物走私入境。

（屈芳）

【打击武器弹药走私】 2023年，海关总署缉私局组织开展缉枪专项行动，打击枪支武器弹药走私，构建与新发展格局相适应的枪爆物品口岸打防管控体系，提高在进出境环节对枪爆物品的封堵防控、查缉清缴工作效能。加强与刑侦、治安等警种的协作配合，优化联合打击模式。全年，立案侦办走私武器、弹药犯罪案件66起，查证涉案压缩气体动力枪支119支、气枪散件约1.01万件。

（屈芳）

【打击毒品走私】 2023年，全国海关缉私局实施“清源断流2023”战略，开展“使命2023”专项行动，打击走私毒品、制毒物品违法犯罪活动。开展“6·26”国际禁毒日宣传工作，召开新闻发布会通报海关打击毒品走私成效。海关总署缉私局与禁毒部门合作，连续破获一批货运渠道特大走私毒品案件。黄埔、汕头海关缉私局联合禁毒、海警部门破获2起吨级以上毒品走私犯罪案件，缴获毒品2.32吨；深圳海关缉私局侦破海运渠道跨境走私毒品大案，抓获犯罪嫌疑人17名，缴获经境内中转，拟复运出境的冰毒、可卡因等毒品1.38吨；汕头、福州海关缉私局联合公安禁毒、海警部门打掉海上跨国走私贩毒团伙1个，扣押运毒船只1艘，查获可卡因1.32吨；黄埔海关缉私局联合香港海关、广东省内公安禁毒部门，侦破一起利用进口木材夹藏走私可卡因案，查获可卡因419千克；昆明海关缉私局在重点口岸组织开展打击货运渠道走私毒品“国门肃毒2023”专项行动，破获货运渠道利用进出境大货车车体夹藏及货物藏匿走私毒品案件14起，缴获毒品冰毒、海洛因124.4千克。全年，立案侦办走私毒品犯罪案件749起，缴获可卡因、冰毒等各类毒品5.53吨。

（屈芳）

▲2023年2月17日，广州海关所属大铲海关关警员在清点走私濒危动物制品　（广州海关/供图）

打击走私国际（地区）执法合作

【概况】2023年，全国海关与全球50多个国家（地区）执法机构开展合作，聚焦打击毒品、枪支弹药、固体废物、濒危野生动植物及其制品走私等重点领域，通过多边和双边渠道，利用案件协查、联合行动、能力建设、国际传播等手段，推动重大案件侦办，扩大中国缉私部门在全球打击治理走私国际合作中的影响力，推动打击走私源头治理、全链条治理。

（曾蕾）

【打击“水客”走私、“云战—清流2023”联合行动】2023年3月，内地海关与香港海关开展防范打击“水客”走私“云战—清流2023”联合行动。4月，香港海关抓获相关走私团伙成员交由深圳海关缉私局在口岸接力打击，在内地抓获嫌疑人10人，捣毁走私龙虾的窝点1个，查扣涉案龙虾34.2吨。7月，双方联合开展“打击‘水客’2023-10”专项缉私行动，出动警力370余人，抓获犯罪嫌疑人50人，打掉走私团伙9个，摧毁“水客”走私犯罪网络1条，案值约11亿元。

（曾蕾）

▲2023年，广东分署缉私局与香港海关开展“云战—断流2023”打击毒品走私联合行动　（广东分署/供图）

【打击毒品走私“云战—断流2023”联合行动】2023年，内地海关与香港海关联合开展“云战—断流2023”打击毒品走私联合行动。联合行动期间，双方通过情报共享和联合查缉查获各类毒品2691.42千克，其中冰毒1668.9千克，可卡因1022.52千克，多次开展跨境控制下交付，抓获犯罪嫌疑人10人。

（曾蕾）

【“秋悦”联合行动】2023年9月至11月，内地海关联合澳门海关开展打击“水客”走私“秋悦”联合行动。行动期间，澳门海关查办案件77起，查扣走私手机2594台、花胶等各类高价值干货2157千克、化妆品951件、电子产品935件。拱北海关缉私局开展查缉行动99次，立案侦办刑事案件101起，案值1.57亿元，抓获涉案人员145人，打掉仓库、商铺、出租屋等窝点47个，打掉“水客”走私团伙3个。

（曾蕾）

【“和平女神”行动第四期】2023年4月15日至9月15日，中国海关发起WCO亚太地区情报中心（亚太RILO）框架下“和平女神”行动第四期，亚太地区21个成员海关参加。行动查获案件61起，查获各类枪支652支、电击枪1支、枪支组件166套（件）、弹药近9000发、刀具10支、伸缩棍46支、斧1把。“和平女神”是当年度亚太地区唯一以打击枪支弹药走私为目标的国际联合行动。

（曾蕾）

【“湄龙”行动第五期】2023年

4月15日至9月15日，中国海关与越南海关联合发起亚太地区“湄龙”行动第五期，WCO亚太地区情报中心（亚太RILO）和联合国毒品与犯罪问题办公室（UNODC）提供支持，亚太地区22个成员海关参加。行动查获案件1715起，毒品和毒品前体案件1499起，其中毒品1474起，查获各类毒品14.8吨和428万余片；毒品前体案件25起，查获重量113千克和1.9万余片。查获濒危野生动植物案件216起、14.43吨、2980件。该行动是亚太海关执法合作的旗舰项目，是亚太地区影响最大的国际联合行动，连续两年被写入中越国家领导人会晤联合声明文件。

（曾蕾）

【“大地女神”行动第九期】2023年10月1日至31日，中国海关在WCO框架下发起全球打击固体废物和消耗臭氧层物质走私“大地女神”行动第九期，行动参加成员106个，查获案件338起，其中固体废物案件272起，消耗臭氧层物质和氢氟碳化物案件40起，农药、危险化学品等其他案件26起。“大地女神”行动是2023年WCO在全球层面单独发起的唯一以环境执法为主题的联合行动，也是唯一由中国海关发起的全球联合行动。

（曾蕾）

打击走私专业能力建设

【智慧缉私】2023 年，全国海关推进智慧缉私，国家发展改革委正式批复海关智慧监管平台（海南自由贸易港和海关缉私信息化部分）方案，涉及缉私信息化建设内容 28 项，全年升级完善 7 个业务系统，助推缉私工作现代化。海关总署缉私局完成“打击成品油走私智能化应用”项目建设和试运行工作。依托大数据技术手段，通过案件研判、多维预警、精准打击、智能分析、全域感知几大核心模块，实现对成品油走私管控工作的智能预警、立体防控目标。年内，通过系统发现线索办理成品油走私案件 28 起，案值 165.7 亿元。年内，全国海关开展基层技术革新专项活动暨比武大赛，32 个“大数据智能应用”及“实用警用装备”等项目参赛。经过层层选拔，遴选推荐 8 个优秀项目参加由公安部、中华全国总工会联合举办的“智慧公安我先行”全国公安基层技术革新奖评比，7 个项目获奖，其中一等奖 1 个、二等奖 1 个、三等奖 4 个、优秀奖 1 个，为历年最佳成绩。

（王家轮　孟繁秋）

【缉私法治建设】2023 年，海关总署拍摄制作缉私警察执法规范示范片，指导和警示全国海关一线民警规范办案，严防执法风险。从业务层面牵头推动缉私刑事执法办案系统优化完善，组织业务骨干开展多轮集中工作，案件办理和统计监督功能进一步提升。组织编写缉私刑事执法细则（试行）作为缉私刑事执法的基本操作指引，辅助一线民警规范执法。与法检机关沟通协作，承办最高人民法院、最高人民检察院、海关总署第十七次打击走私犯罪工作联席会议。制定出台《中华人民共和国海关行政处罚裁量基准（一）》，于 12 月 11 日向社会公布，自 2024 年 1 月 1 日起实施。

（管亚盟　黄植）

【水上缉私】2023 年，全国海关调集精锐缉私艇力量参与打击治理粤港澳海上跨境走私联合行动，对珠江口缉私防线进行管控和常态化轮值打卡，打击水上渠道走私及关联犯罪。年内，全国海关出动缉私艇 2531 艘次，警力 1.35 万人次，航时 8293 小时，航程 11.55 万海里，查获水上渠道走私案件 1127 起、案值 13.89 亿元。

（陈超　冷晓栋）

【刑事技术】2023 年，全国海关缉私局开展缉私刑事技术品牌建设，推动气动力枪支检验平台推广应用，为全国公安机关多起涉枪案件提供技术支持，列入物证鉴定中心及多家公安院校的培训教育课程。优化以实战为导向的缉私犬工作体系，完善用犬力量布局，加强执法规范化建设。组织开展中缅边境口岸缉私犬查缉毒品专项行动和深圳关区重点口岸防暴护卫犬执法巡查。年内，全国海关缉私局司法鉴定中心出具检验鉴定报告 5240 份，涉及刑事案件 2502 起。

（陈超　王力）

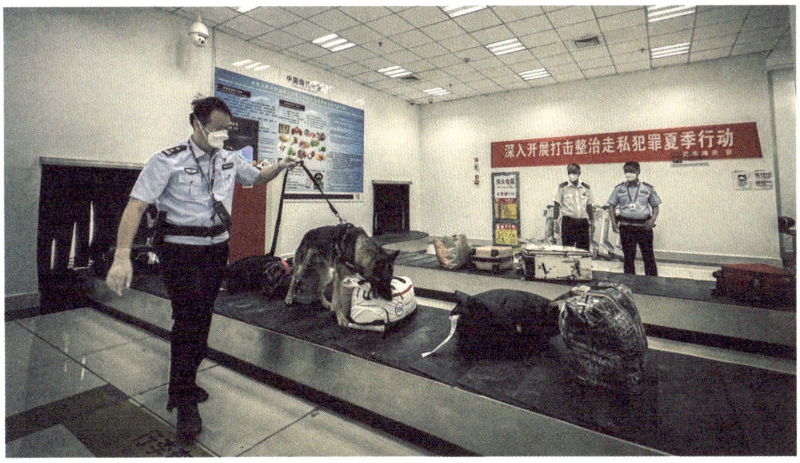

▲2023 年 10 月 1 日，昆明海关缉私局民警带犬查验　（昆明海关/供图）

反走私综合治理

【概况】2023年，全国打击走私综合治理办公室（简称全国打私办）部署推进各省（自治区、直辖市）开展打击走私“国门利剑2023”联合行动等，制定印发全国打击走私综合治理工作要点。联系国家发展改革委、财政部、司法部、国家税务总局、国家市场监督管理总局、国家邮政局等部门，研究解决离岛免税政策等问题，联合公安部、交通运输部、农业农村部、中国海警局对《“三无”船舶联合认定办法》实施效果进行调研评估，推进“三无”船舶清理整治。打击治理“三无”船舶，在宁波市象山县开展反走私县域治理试点工作，在广东省创新发展“智慧综治”，建设“反偷渡反走私”预警指挥中心，健全完善省市县三级“7×24小时”联勤调度机制，实现反走私基层治理与科技应用相结合。开展琼粤桂反走私联防联控机制建设，实施泛珠三角区域反走私合作。

（甘晴）

▲2023年5月4日，海口海关缉私局民警开展普法进社区活动　（海口海关/供图）

【反走私综合治理宣传报道】2023年，全国打私办加强“中国反走私”微信公众号运营工作，阅读量超1亿次。组织全国各地、各部门开展反走私“五进”主题宣传活动5.8万余场次，覆盖人群超过1.57亿人次；组织各地开展反走私综合治理普法教育示范点创建工作，评选出首批全国反走私综合治理普法教育示范点8个。组织举办第一届全国反走私综合治理主题征文大赛和第二届全国大学生反走私创作大赛，创作反走私原创视频、歌曲等宣传作品200余个，5部作品在第七届平安中国“三微”比赛中获奖。相继成立全国反走私综合治理调查研究中心上海分中心，天津、内蒙古、西藏工作站及浙江工作站宣传中心、反走私志愿服务基地、反走私文化研究基地，构建“1个中心+2个分中心+10个工作站+3个基地”的全国联动格局。

（甘晴）

【海岸线反走私“防控网”】2023年，全国打私办部署福建泉州石狮市、福建省打私办规范设置岸线管控巡逻队、执勤点，实行“巡逻执勤+定点值守”的管控模式，实施重点时段、重点岸线、重点港岙口和船舶停泊点巡查管控，在沿海5镇重点码头、港岙口设立20个执勤点，24小时专人值守，对所有进出人员实行扫码登记。部署开展船舶治安整治，石狮市打私办联合船舶主管部门和属地镇政府，开展对出海渔船、乡镇船舶、内河船舶的清理整治，落实出海船舶、人员和进出港信息“三报备”。涉海部门间建立海上联合执法机制，强化联勤联动，持续推进净海清湾联合执法等专项行动；开展“三无”船舶清理整治行动，从源头上预防“三无”船舶、小型出海船舶参与走私等涉海违法犯罪；石狮市打私办定期联合石狮农业农村局、石狮海警工作站、石狮海事处等涉海职能部门开展海上联合执法行动。运用“传统媒体+新媒体”“线上+线下”相结合的形式，推进反走私宣传活动；通过发放宣传单、广播（电视）宣传、悬挂横幅等形式开展反走私、反偷渡普法宣传；发动群众积极举报走私、偷渡的组织者、参与者，构筑群防群治的反走私立体防线。

（甘晴）

▲2023年7月26日—27日，宁波海关缉私局组织开展持枪资格民警射击专项训练及海鹰特战队射击集训　（黄恒成/摄）

【反走私宣传进村屯“电影下乡”活动】 2023年10月，在广西壮族自治区崇左市龙州县水口镇启动反走私宣传进村屯“电影下乡”活动。把普及反走私法律法规融合于基层群众文娱生活中，构筑全社会群防群控的反走私综合治理格局。在东兴、靖西、凭祥市，那坡、龙州、宁明县以及防城港市防城区等地的村屯，反走私宣传短片于农村公益电影放映前播放，通过通俗易懂的案例，提高群众反走私意识。

（甘晴）

国际及港澳台地区合作

国际合作

【概况】2023年，中国海关服务元首外交和国家重大外交活动，参与全球治理体系改革和建设，维护国家利益，为服务中国特色大国外交作出新贡献。参与上海合作组织元首理事会及政府首脑理事会等国家间高层合作机制活动；持续健全海关检验检疫合作机制，推动建立中国—中亚海关署长会晤机制，举办首次会晤及非正式会晤，与阿根廷经济部建立卫生与植物卫生（SPS）合作机制，签署合作备忘录；发挥已建立的合作机制作用，组织召开中俄海关合作分委会第15次会议及下设工作组会议、第8届中国—东盟动植物检疫和食品安全合作部长级会议等机制性会议，2023年签署合作文件156份。参与海关检验检疫全球治理，与WCO秘书长就联合开展智慧海关项目合作达成共识，签署智慧海关合作协议。参与WCO、WTO、金砖国家等多边机制，提出中方倡议、提案。运用国际规则强化应对，破解一批对我方影响较大的国外不合理技术壁垒，服务外贸保稳提质。

（韩雪璇）

【服务共建“一带一路”】2023年9月15日—16日，首届“一带一路”海关食品安全合作研讨会在广西南宁举行，创建“一带一路”海关食品安全合作机制。10月17日—18日，第三届“一带一路”国际合作高峰论坛在北京举行，回顾共建“一带一路”倡议提出10年以来中国海关推动贸易畅通的举措和成果，提出共同开展智慧海关建设交流互鉴、共同维护产业链供应链安全稳定和共同深化海关机制性合作3点合作建议。

（徐晓菁　镇明辉）

【RCEP实施】2023年6月2日起，RCEP对15个成员全面生效，标志着全球最大经济规模的自由贸易区进入全面实施新阶段。中国海关加强与RCEP各成员开展国际交流合作，密切关注RCEP各成员通关程序、检验检疫等贸易便利化领域措施，着重获取RCEP各成员为落实关税优惠承诺采取的措施，跟进成员的最新动态，关注并协调解决企业在国内外遇到的享惠受阻问题。继续宣传介绍RCEP政策法规，构建RCEP技术性贸易措施精准服务体系。帮助企业用好用足RCEP政策红利，服务稳外贸稳外资，推动RCEP高质量实施，跟踪分析RCEP实施效果，优化区域产业链布局，发挥自贸协定实施机制对提升双边经贸合作质量和水平的支撑作用。

（刘泽　黄莎）

【自贸协定谈判及实施】2023年，中国海关参与自贸协定谈判并牵头海关业务领域工作组磋商64轮次，发挥海关专业技术优势，服务构建面向全球的高水平自由贸易试验区网络。促成中国—厄瓜多尔、中国—尼加拉瓜、中国—塞尔维亚自贸协定谈判签署，召开中国—新西兰自贸协定SPS委员会第11次联委会，持续推进中国—海合会、中国—以色列、中国—东盟自由贸易试验区3.0版、中国—洪都拉斯等多个自贸协定涉及海关领域的谈判进程，探索将中国海关制度做法、企业关注诉求等转化为谈判提案。参与《全面与进步跨太平洋伙伴关系协定》（CPTPP）、《数字经济伙伴关系协定》（DEPA）等高水平经贸规则研究和谈判，服务高水平制度型对外开放。做好CPTPP合规性调查问卷中方答复意见涉及海关总署业务领域材料的准备工作；参与DEPA谈判第一次、第二次技术磋商，对涉及海关领域40余个问题予以书面答复。

（刘泽　黄莎）

【中欧合作】2023年，中国海关参与中欧经贸高层对话、中欧数字领域高层对话、中法高级别经济财金对话等政府高层机制活动，推动中欧贸易安全便利化、动植物疫情防控、农食产品准入等合作，打造高水平对外开放合作平台。举办第六届中国—中东欧国家海关检验检疫合作对话会，推动构建中东欧国家商品输华“绿色通道”，深化中国—中东欧国家海关检验检疫合作机制化平台作用。延续中波海关合作机制，推动在波兰举办第三次中波海关合作工作会议。测试通过中匈（牙利）跨境电商海外货站信息流，支持建设国内首个海外航空货站。与俄罗斯海关联合举办第七届中俄博览会通关监管研讨会。

（何佳　刘锌）

【中非合作】2023 年，中国海关深化与非洲海关检验检疫合作，推进长沙黄花机场与肯尼亚内罗毕肯雅塔机场建立卫生检疫合作机制，打造中非首个卫生检疫关际合作项目，推动疫情防控“关口前移”，共同提升口岸公共卫生安全治理能力。扩大非洲优质农食产品对华出口，推动签署埃及新鲜椰枣、津巴布韦鲜食柑橘、马达加斯加绵羊和山羊肉、南非鳄梨、赞比亚蓝莓、埃塞俄比亚未烘焙的咖啡豆、贝宁鲜食菠萝等多份非洲农食产品输华合作文件。6 月 29 日，海关总署主办的第一届中国—非洲国家 SPS 合作论坛在湖南长沙召开。

（邵伟坚　高春晓）

【中国—东盟合作】2023 年，中国海关深化与东盟海关检验检疫合作。召开第 21 次中国—东盟海关署长磋商会，增强“三智”合作意愿，在深化 AEO“单一窗口”、缉私执法、智慧海关和能力建设合作等方面达成新的共识。召开第 8 次中国—东盟动植物检疫和食品安全合作部长级会议，审议通过《第八届中国—东盟动植物检疫和食品安全合作部长级会议联合新闻声明》和《中国—东盟动植物检疫和食品安全合作 2024—2025 年度行动计划》，海关总署提出的“防范动植物疫情疫病跨境传播和外来物种入侵”合作倡议得到各方响应。与东盟召开第 21 次海关协调委员会磋商会、第 8 届 SPS 合作联络机制会和第 6 次 SPS 合作技术工作组会。扩大东盟优质农食产品对华出口，全年推动签署菲律宾鲜食榴莲、柬埔寨食用水生动物、马来西亚菠萝蜜、印度尼西亚魔芋粉、缅甸水产品、老挝芒果、泰国西番莲等 21 种东盟国家产品输华议定书，东盟对华出口农食产品的种类扩大，贸易额持续提升，东盟继续保持中国第一大贸易伙伴地位。

（张梅　何莹钰）

【“三智”建设与合作】2023 年，在中国海关开展的智慧海关会战中，形成智慧国合建设实施方案、智慧海关中非经贸合作业务场景应用方案、构建更广泛的智慧海关合作伙伴关系业务场景应用方案等与国际合作相关的智慧海关“N+X”方案。与 WCO 签署并启动智慧海关合作项目，打造智慧海关国际合作品牌项目，为国际海关推进智慧海关建设与合作提供平台。中国海关在 APEC 高官会主席之友会议上，专题分享中国海关积极践行“三智”理念和促进互联互通的成功实践；推动将“科技”“创新”等智慧海关元素纳入 APEC 第三十四次部长级会议联合声明；推动将智慧海关合作内容纳入 APEC 互联互通蓝图 2023 年度审议框架。在 APEC 框架下发起“智慧海关良好实践”倡议，牵头制订 APEC 智慧海关良好实践汇编；提出“加强海关智能化监管与服务，推动自由区/自由贸易港发展”项目，吸收泰国海关、越南海关为联合共提方，调研形成 APEC 经济体海关自由区/自贸港智能化现状研究成果及案例。12 月 19 日—20 日，中

▲2023 年 12 月 19 日，亚太经合组织（APEC）“智慧海关”国际研讨会现场
（海关总署国际合作司/供图）

国海关在海南三亚举办 APEC 智慧海关国际研讨会，7 位副部级、秘书长等嘉宾致开幕词，来自 19 个 APEC 经济体海关及有关部门、9 个国际组织、11 个商界和学术界伙伴等 180 余名代表线上线下参会。

推动在 WTO 和自贸协定框架下“三智”合作理念的宣讲推广。以 WTO 成员普遍关注的《贸易便利化协定》实施为切入点，在 WTO 贸易便利化委员会上提出基于“三智”理念促进《贸易便利化协定》实施的中国倡议，多次介绍中国海关开展智慧海关建设情况，分享“三智”合作示范项目及成果，蒙古国现场宣布加入倡议联署。在中国—塞尔维亚自贸协定谈判以及中国—尼加拉瓜、中国—柬埔寨自贸协定实施会议上，多次就“三智”合作理念和中国海关推进“三智”合作实践进行专题介绍。

（季巍　杨柳）

【参与 WTO 工作】2023 年，中国海关参与 WTO 改革、贸易与环境及电子商务谈判的数据流动、无纸贸易、“单一窗口”、电子发票等议题的交流磋商；在海关估价、原产地、贸易便利化委员会分享中国海关开展贸易便利化相关经验和做法；在原产地规则委员会澄清中国对最不发达成员优惠原产地待遇措施，就最不发达国家优惠原产地规则方面的工作报告达成一致；在估价委员会行使 WTO 权利，对欧盟、印度、俄罗斯和英国估价立法提出问题，履行义务，回应美国代表对我国固体废物禁令细节问题的关注。行使、履行 WTO 贸易政策审议的权利、义务，提升海关在 WTO 磋商谈判中的参与度和贡献度。开展 WTO 第 9 次对华贸易政策审议前期准备，组织开展对欧盟等 14 个成员的贸易政策审议。开展应对 WTO 第 9 次对华贸易政策审议前期工作，对 WTO 秘书处书面提出并现场会谈涉及海关总署的 68 个问题，提供答复意见。组织参与 WTO 对日本、土耳其、萨尔瓦多、东加勒比、欧盟、利比里亚、斐济等 14 个成员的贸易政策审议，提出 297 个问题。

（刘泽　黄莎）

【参与 WCO 工作】2023 年，中国海关与 WCO 签署协议并联合启动智慧海关合作项目，为广大成员推进智慧海关建设提供交流与合作平台；利用 WCO 中国海关能力建设合作基金资助能力建设项目 36 个，在华高质量承办 WCO 中高级管理人员研讨班、海关执法网络专家认证研讨会、战略贸易管制执法培训班等重要活动。依托 WCO 中国基金以及在华承办的 WCO 地区培训机构，着重支持技术应用、数据分析、跨境电商等智慧海关领域能力建设项目。组织参加 WCO 打击非法假冒医疗物资跨境流动的“阻止”第 3 期国际联合行动，建立部际协调机制，加强进出境货物监管和对外沟通协调，维护“中国制造”良好声誉。在 WCO 框架下倡议发起打击枪支弹药走私的“和平女神”第 4 期国际联合行动，维护国门安全。

（季巍　杨柳）

【参与国际规则制定】2023 年，中国海关参与全球经贸治理体系变革，提升对国际经贸规则的重构与创新能力。立足中国海关改革发展实践，顺应高水平制度型开放新要求，参与 WTO 改革、电子商务、贸易与环境等多边议题磋商，推动实现由遵守规则向塑造规则的转变；落实“三智”合作理念，推动 WTO 更多成员支持中国在 WTO 提出的以“三智”理念推动《贸易便利化协定》实施的中方倡议，在自贸协定等领域打造体现“三智”合作方向的中方案文；扩大与更多 WTO 成员、自贸伙伴的利益汇合点，共同培育全球发展新动能。参与 WCO《现代化计划》《经修订的京都公约》《跨境电商标准框架》《全球贸易安全与便利标准框架》等规则标准制修订，推动 12 项中方提案、指标和案例获得采纳。

（季巍　刘泽）

【国外技术壁垒破解】2023 年，中国海关完善技术性贸易措施磋商应对工作组织建设，进一步加强国外技术性贸易措施应对工作，调整、优化“农食产品国外技贸措施应对工作组”（简称“农食产品工作组”）和“信息通讯产业国外技贸措施应对工作组”（简称“信息通讯工作组”）的运行管理，明确工作任务。组织全国海关开展“国外技术性贸易措施情况问卷调查”工作，对全国 376 家出口企业 2022 年度受国外技术性贸易措施影响情况进行抽样调查；指导“信息通讯工作组”和“农食产品工作组”成员单位赴有关企业、行业协会等开展实地调研；赴中国蜂产品协会、中国食品土畜进出口商会、秦皇岛海关技术中心现场开展中国洋槐蜂蜜输欧出口受阻调研，听取行业协会、企业对中国洋槐蜂蜜出口欧盟的贸易诉求，推进中国洋槐蜂蜜中苦参碱和氧化苦参碱溯源研究和食源性评估报告编制工作等。破解国外不合理技术性壁垒，运用国际规则，依托 WTO、自由贸易协定（FTA）等不同机制，对国外不合理技术性贸易措施强化应对，破解一批对中国出口影响突出的国外技术性贸易壁垒。在深圳召开贸易便利化与技术例规海关大讲堂暨中德技术性贸易措施国际交流论坛，邀请德国卫生部官员介绍欧盟《医疗器械法规》（MDR）和《体外诊断医疗器械法规》（IVDR），39 个直属海关、全国 320 家中外医疗器械企业代表参加，助力中方医疗器械企业产品输欧；在湛江海关举办“非洲市场准入合规要求宣讲会”，吉布提、喀麦隆、肯尼亚、乌干达及赞比亚 5 个非洲国家及国内相关企业代表参加。

（刘泽　黄莎）

【口岸国际合作】 2023 年，中国海关推动重启和激活各层级、各渠道口岸合作机制，召开中俄、中蒙、中越等双边会议 13 次，推进双边多领域口岸国际合作。组织召开中越陆地边境口岸管理合作委员会第 8 次会议、中蒙边境口岸管理合作委员会第 5 次会议和中俄总理定期会晤委员会运输合作分委会口岸工作组第 26 次会议，就口岸建设（改造）规划、已运行口岸通行能力等双方共同关切的问题交换意见，达成共识并签署会议纪要。

（刘倩　芦志涛）

【第 6 届中国—中东欧国家海关检验检疫合作对话会】 2023 年，中国海关推动与中东欧国家海关开展“智慧海关、智能边境、智享联通”的通关便利化合作，加快中东欧农食产品输华准入进程，促进国际供应链稳定通畅，推动疫情后全球经贸的复苏和发展。5 月 15 日，第 6 届中国—中东欧国家海关检验检疫合作对话会在宁波举行，海关总署代表重点介绍中国海关针对中东欧国家打造的“中东欧商品输华绿色通道”具体举措，参会代表对中东欧国家优质农食产品进入中国市场的广阔前景充满信心。会议期间，海关总署与塞尔维亚农业部、中国欧盟商会等举行会谈并签署合作文件。

（何佳　刘锌）

【首届中国—非洲国家 SPS 合作论坛】 2023 年 6 月 29 日，中国—非洲国家 SPS 合作论坛在长沙举行，发布《中国—非洲国家卫生与植物卫生（SPS）合作论坛联合声明》，启动中国—非洲国家 SPS 合作信息网站，并首次发布中国—非洲贸易指数。其间，海关总署与津巴布韦矿业和矿业发展部签署津巴布韦鲜食柑橘输华植物检疫补充要求，与马达加斯加农业和畜牧业部签署马达加斯加绵羊和山羊肉输华议定书。

（邵伟坚　高春晓）

【首届“一带一路”海关食品安全合作研讨会】 2023 年 9 月 15 日—16 日，海关总署与广西壮族自治区人民政府在南宁共同主办“一带一路”海关食品安全合作研讨会。研讨会以“保障食

▲2023 年 9 月 15 日—16 日，“一带一路”海关食品安全合作研讨会在广西南宁举办　（陆军/摄）

品安全，促进贸易发展”为主题，共建“一带一路”国家（地区）食品安全主管部门代表、国际组织代表、地方政府代表、海关系统代表100余人参会。会议通过《“一带一路”海关食品安全合作倡议》，中国与7个共建国家签署《“一带一路”海关食品安全合作机制章程》，创建“一带一路”海关食品安全合作机制，为共建国家（地区）开展食品安全监管合作搭建机制化交流平台。

（宁向超　王建东）

【《国际卫生条例（2005）》修正案修订】2023年，海关总署参与《国际卫生条例（2005）》拟议修正案修订工作，组建工作专班，组织海关系统内专家就拟议修正案进行研究讨论；参加《国际卫生条例（2005）》修订工作组（WGIHR）第3次、第4次、第5次、第6次会议，会同国家疾控局、中国疾病预防控制中心、外交部及常驻日内瓦代表团等部门，阐述中方所涉条款的立场及具体修改意见，提出应对建议，维护国家主权和卫生安全。

（周燕楠）

【与欧盟建立消费品安全合作机制】2023年9月，海关总署与欧盟委员会司法与消费者总司在非食品类消费品质量安全合作领域签署《中华人民共和国海关总署和欧盟委员会司法与消费者总司网络销售非食品类消费品安全行动计划》，成为第二次中欧数字领域高层对话的一项重要成果。

（杜芊）

【与美国建立口岸核辐射监测领域合作机制】2023年1月，海关总署与美国能源部国家核安全管理局核走私探测与威慑办公室（NSDD）举行视频会议，向美方提供中国海关防辐射探测培训中心（RDTC）新址项目。12月，经批准接待美国能源部国家核安全管理局核走私探测与威慑办公室代表来访。指导中国海关管理干部学院承办国际原子能机构（IAEA）国际研讨班，学员来自印度尼西亚、马来西亚、泰国、越南。

（崔晶）

【区域贸易指数编制发布】2023年6月，中国海关在第三届“中国—非洲经贸博览会”期间首次发布中国—非洲贸易指数，以数字化、科学的评价体系客观反映中国与非洲货物贸易的现实状况、发展潜力等，为促进中国与非洲国家间经贸往来发挥作用。10月，在第三届“一带一路”国际合作高峰论坛期间，发布中国与共建“一带一路”国家（地区）贸易指数，该指数也被列入“一带一路”国际合作高峰论坛务实成果，推动中国与共建国家经贸合作。

（叶丹）

【与白俄罗斯“关铁通”项目上线运行】2023年4月，中国与白俄罗斯签署关于实施“关铁通”项目的技术规程，海关总署组织技术部门按照规程做好开发、联调。中白“关铁通”项目于6月1日上线试运行，并于9月1日转入正式运行阶段。上线运行后，中白双方数据有序交换，系统全年运行平稳。

（郝亚洲）

港澳台地区合作

【概况】2023年，海关总署推进实施中央惠港惠澳政策措施，服务粤港澳大湾区建设。内地与港澳海关实现AEO互认，扩大“跨境一锁”覆盖范围，湘粤港海关“跨境一锁”项目正式启动。开展“检疫前推、合作监管”等新模式，推进植物产品电子证书合作，探索内地与港澳规则制度“软联通”，联合开展多项专项行动，构建粤港澳大湾区风险防控一体化合作，打击粤港澳跨境走私，支持港澳贸易环境健康发展。推动建立港珠澳大桥危险化学品三方联合管控机制，提升通关效能。支持“港车北上”“澳车北上”免担保政策落地实施。推动粤澳出口货物“一单两报”功能拓展至集中申报模式、粤港公路出口舱单实现“一单两报”。深化内地供港生乳安全监管合作，加强内地输香港制造食品、内地输澳门肉制品安全监管及口岸便利通关合作，创新实施供澳水产品“三联三同”监管模式，保障供港澳食品农产品安全稳定，支持港澳发展经济民生。支持河套深港科技创新合作区深圳园区、前海深港现代服务业合作区、横琴粤澳深度合作区全面深化改革开放建设，推进各项措施释放政策红利。落实惠台利民措施，支持福州、厦门加快推进海峡两岸融合示范区、平潭综合实验区建设，推动大嶝对台小额商品交易市场转型升级，推动马尾—马祖、黄岐—马祖客运航线复航，增加厦金、泉金航线班次，促进两岸融合发展。

（蔡明　王晓红）

【服务粤港澳大湾区建设】2023年，海关总署支持符合条件的香港、澳门单牌车经港珠澳大桥公路口岸进入广东行驶，“澳车北上”和“港车北上”落地实施。会同澳门建立“进口食品一码通关溯源子系统”，3月12日首批实施“一码通溯源”的澳门食品经大桥口岸顺利通关，口岸环节海关相关作业效率提升30%。支持大桥经贸新通道建设，实现内地鲜活食品全品类经大桥口岸供港。发布《关于澳门输内地肉制品检验检疫要求的公告》，实现澳门肉制品经港珠澳大桥公路口岸通关。支持珠港机场联动、粤港澳物流园建设，推动“经珠港飞”实施、“大桥旅游”试运营，助力构建粤港澳“黄金三小时旅游生活圈”。推动粤港“一单两报”试运行，首票粤港“一单两报”货物通过港珠澳大桥公路口岸快速验放后顺利抵达香港。推动与农业农村部联合出台允许澳门居民携带进入横琴粤澳深度合作区的动植物产品清单，参与“澳门新街坊”等重点项目建设，支持跨境保税仓储配送业务发展，服务促进澳门经济适度多元的产业发展。

（韩照志）

【与港澳建立风险管理合作】2023年，海关总署深化与港澳风险管理合作，与香港、澳门海关分别签署《深化风险管理合作安排》，健全风险联络机制，组织交流互访、联合培训，推进数据非交换式“共判、共享、共用”，开展常态化风险情报信息交换和个案协查200余批次。围

▲2023年8月14日，拱北海关关员查验广东省茂名市高州储良龙眼经港珠澳大桥珠海公路口岸销往香港　（俞波/摄）

绕重大风险开展联合研判，与香港、澳门海关开展了水运大船、香烟、“水客”、两用物项、集成电路和显示板5个领域风险联合研判。

（孙瑞）

【供港澳农产品监管模式合作创新】2023年，海关总署支持拱北海关与澳门特别行政区政署对供澳门食用水生动物创新实施“检疫前推，合作监管”模式，联合开展源头监管，共同订立认可标准，首批认可19家养殖场、中转场，占内地供澳门食用水生动物总量的75%。澳门特别行政区政署在口岸环节按照低风险进行监管，缩短通关时长60%。将供澳门水果“属地集报”模式拓展至蔬菜，并在出口环节叠加“一单两报”功能，实现供澳门果蔬通关新模式，企业属地申报批次减少九成，节约等待检测时间3个工作日，口岸通关申报时间缩短50%。推动全面放开内地果蔬、水产品、肉蛋奶经港珠澳大桥供香港，单程运输时间缩短70%，每车运输成本减少2000元。深化鲜活农产品“绿色通道”机制，实现24小时预约申报和查验，实现即报即审、随到随检，推广属地查检系统“云签发”模式，快速办理出口检疫证单。首创“供港澳活动物全流程智慧检疫监管场景”，实现供港澳活动物一站式全流程智慧监管。

（赖梅）

【保障供港澳食品安全】2023年，海关总署强化对供港澳食品源头监管，对备案养殖场及生产、加工企业实施风险核查，对供港澳食品科学开展禽流感、农兽药残留和其他有毒有害物质监测。口岸海关与产地海关、海关与农业农村等相关部门联动协作，强化“种植基地—生产加工企业—通关口岸”全链条管理。用好供港澳鲜活易腐农食产品绿色查检通道、港珠澳大桥公路口岸24小时不间断通关等便利措施，保障供港澳食品高效通关。内地海关与香港环境及生态局签署《关于内地供港生乳安全监管的合作安排》，建立供港生乳监管结果互认、安全信息通报等机制，供港生乳通关时长由72小时压缩至6小时内。广州海关等与农业农村部门联合制定《粤港澳大湾区“菜篮子”平台产品质量安全指标体系蔬菜》等标准规范，发布产品质量安全控制团体标准10项，全国24个省（自治区、直辖市）的138个地级以上城市加入共建，支持地方认定粤港澳大湾区“菜篮子”生产基地2142个，粤港澳大湾区“菜篮子”供应进一步丰富。南昌、昆明、长沙等海关积极探索活猪、蔬菜供港澳检疫监管新模式，西宁海关推动高原冷凉蔬菜首次直供香港。内地全年供港澳活畜108.3万头、鸡苗252.8万只、水生动物6.8万吨、果蔬119.7万吨，有力保障了香港、澳门鲜活农产品安全稳定供给。

（韩奕　彭昊）

【澳车、港车北上】2023年，海关总署支持拱北海关服务“澳车北上”“港车北上”政策落地实施。实行海关备案手续网上办理，年内受理申请备案北上“澳车”“港车”单牌车6.4万辆次。在港珠澳大桥珠海公路口岸优化全国首个客货车“一站式”系统，客车单向验放数量从每小时400辆次提升至900辆次，增长1.25倍，其中，海关验放时间缩短至5～6秒，效率提升30%。联合口岸部门打造客车智慧交通预警AI系统，实现车流拥堵预警信息实时推送、车流视频画面实时查看、公众预警信息实时发布等功能。“澳车北上”于1月1日正式通车，年内完成

▲2023年5月25日，拱北海关关员对供澳活猪开展过驳监管　（杨俊英/摄）

▲2023 年 7 月 1 日凌晨，“港车北上”首辆香港单牌机动车经港珠澳大桥珠海公路口岸入境 （俞波/摄）

澳门机动车海关备案手续 2.7 万辆。“港车北上”于 7 月 1 日正式通车，年内完成香港机动车海关备案手续 3.7 万辆。“澳车北上”“港车北上”突破第一个 50 万辆次用时 7 个月，突破第二个 50 万辆次用时 3 个月。至年底，海关监管验放进出境“澳车北上”“港车北上”单牌车 139 万辆次，其中“澳车”112 万辆次、“港车”27 万辆次。

（王进 陈进利）

【《机电产品安全及能源效益合作安排》20 周年】2023 年，是海关总署与香港机电工程署签署《机电产品安全及能源效益合作安排》20 周年，双方在合作安排框架下，在法规标准宣传推广、人员间相互培训、实验室认可协作、核证团体认可等方面开展交流活动，对存在质量安全风险的产品实施追溯调查并采取风险消减措施。双方还加强规则制度“软联通”合作，联合地方政府、家电协会、行业龙头企业共同制定“湾区标准”，推动湾区内标准“共建共享共用”。

（杜芊）

【湘粤港“跨境一锁”快速通关改革推广应用】2023 年，海关总署支持长沙海关与香港海关推广应用“跨境一锁”快速通关改革（简称“跨境一锁”），举办湘粤港海关“跨境一锁”快速通关启动仪式，与香港海关开展工作会商，议定深化湘粤港三地海关执法合作，共同推动湖南“跨境一锁”业务发展。至年底，“跨境一锁”已推广至湖南省 4 个海关监管场所，监管“跨境一锁”货物 213 车次，货值 8.89 亿元。

（李星洲）

【深港水生动物疫病检测合作机制建立】2023 年 7 月 13 日—14 日，“粤港澳卫生检疫、动植物检疫和食品安全控制会议”召开，深圳海关与香港渔农自然护理署签署《深圳海关与香港特别行政区政府渔农自然护理署关于水生动物疫病检测的合作安排》，合作安排从建立检测部门定期技术交流机制、共同开展水生动物疫病检测等方面确定深港合作具体事项。

（罗伟权）

【“东莞—香港国际空港中心”监管模式创新】2023 年，海关总署支持黄埔海关创新“东莞—香港国际空港中心”监管模式，助力打造全球首个直达机场空侧的跨境海空联运项目，与传统的陆运模式相比，空港中心模式可为企业节省 30% 的物流时间和通关成本。空港中心于 4 月 18 日正式运行，至年底，进出口货值突破 15 亿元，获评首批粤港澳大湾区规则衔接机制对接典型案例，列入《粤港合作框架协议》，并纳入海关总署与广东省人民政府合作备忘录支持事项，获评“智关强国”行动“2023 年度十优”项目。

（夏玉灵）

【服务两岸融合发展】2023 年，厦门海关建立“工作专班+联络员”“关地联席会议协同推进”“定期信息沟通直报”3 项工作机制，推动海关服务两岸融合发展“10+1”举措、厦门综合改革“1+11”事项落地落实。保障厦金、泉金航线复航通关服务，放宽旅客携带台湾地区高粱酒数量限制，年内监管出入境旅客 72.74 万人次。推动对台特色贸易发展，保障向金门供水 676.51 万吨，监管来自台湾地区的水产品、水果（分别占大陆进口总量的近五成和六成）。

（许炯锋）

统计与研究

统计工作

【概况】2023年，全国海关开展“强化海关监管，防范地方进出口数据不实”专项工作，核实相关企业进出口情况。加强日常数据审核和业务统计数据质量，维护统计数据准确性。海关总署印发海关贸易统计工作规范、海关统计数据调查性处置工作指引等规范性文件，保障统计数据质量。挖掘海关统计数据服务宏观决策，按月组织召开外贸形势分析会，加强专题分析研究，部分政策措施建议和监测预警成果得到转化。首次发布中国—非洲贸易指数，中国与共建“一带一路”国家（地区）贸易指数被纳入第三届“一带一路”国际合作高峰论坛成果清单，中国海关贸易景气统计调查制度获批执行。发布中国城市、行业外贸竞争力报告，按计划发布外贸数据，在国务院新闻办公室召开季度新闻发布会4次，接受月度中央电视台采访7次。海关总署青年研学课题“专精特新‘小巨人’企业‘出海’面临的问题挑战和对策建议”，获中央和国家机关青年理论学习小组“关键小事”调研攻关活动一等奖。6人入选全国海关“百名学习标兵”。

（解涛　叶凡）

【统计制度建设】2023年，全国海关继续完善进出口货物贸易统计制度方法，发挥统计制度对数据质量及统计监测分析的基础性保障和支持作用。海关总署公告明确对综合保税区内保税租赁形式进出口货物实施海关单项统计；增列保税展示和保税中转监管方式，细化保税货物统计颗粒度，从源头保证统计原始资料申报准确性。海关总署统计分析司参与制定海南自由贸易港加工增值货物内销申报规范，避免重复统计；明确邮轮直供物资进出口申报及统计有关事项；明确海关特殊监管区域统计有关事项。编制并出版《中华人民共和国海关统计商品目录（2023年版）》，制定《海关统计国家（地区）名称代码》海关行业标准，完善统计分组，与国际标准接轨。

（李芊）

【统计调查】2023年，全国海关完善统计调查项目管理，提供调查统计数据支持。海关总署向国家统计局报备海关统计调查制度，研究制定《跨境电子商务统计调查制度》《中国海关贸易景气统计调查制度》并经国家统计局批准，促进海关统计工作的法治化、规范化。制定《跨境电商统计调查作业规范》，开展2022年全年和2023年上半年跨境电商统计调查工作，按月编制跨境电商统计数据并召开新闻发布会对外公布，正式调查资料报送国务院并在海关门户网站公布，面向海关系统印发调查统计结构化数据。海关跨境电商统计资料成为中国跨境电商官方权威数据，海关跨境电商调查统计实践写入WTO和APEC《数字贸易测度手册（第二版）》并在国际研讨会分享经验。

（尹佳康）

【贸易统计】2023年，海关总署制定出台海关贸易统计工作规范，开展全国海关统计数据质量控制工作，统筹开展CSD、TSD和日报系统检控参数调整及完善，维护各类统计数据检控参数数百条，开展全国海关贸易统计数据复核工作，重点审核全国大数量大金额数据，发现和纠正差错数据。为海关在外贸形势分析和稳定发展方面建言献策提供支撑。落实“数据服务宏观”工作要求，按规定编制报送统计数据报表。维护统计数据真实准确，出台打击贸易造假相关规范性制度文件，参加强化海关监管专项工作，核查处置涉嫌虚增进出口数据，向相关部门通报风险情况。出台横琴粤澳深度合作区简化申报要素方案并公告，经合作区“一线”进出并在横琴海关申报的不涉检验检疫不涉证的免保税货物申报要素简化至28项，其他免保税货物申报要素简化至32项。根据海南自由贸易港工作进度安排，牵头成立海南自由贸易港报关单单证格式规范制定工作组，开展相关课题研究，形成内地货物报关单格式方案。

（杨斌　王金刚）

【业务统计】2023年，海关总署恢复《海关业务统计》月报编印并纳入海关档案管理。在模拟数据环境下完成“海关业务统计指标系统”9项功能模块36项功能子项的测试，成为智慧海关的早期收获项目。不断完善、丰富业务统计指标，拟订海关业务统计新指标说明（征求意见稿）。组织全国海关开展2020—2022年度业务统计数据互查，完成近3年业务统计数据专项复核、修订工作。

（张洁　彭筱）

【统计资料编制】2023年，海关总署编印《海关统计》《海关业务统计》《中国对外贸易指数》月刊各12期，编印《中国海关统计年鉴》《中国海关统计摘要》各1期。制定1980年以来《海关业务统计》历史资料修复和电子化方案。

（杨斌　王金刚）

【统计监测分析】2023年，海关总署依托全球贸易监测分析中心和9个分中心，建立常态化监测分析机制。围绕外贸进出口、进出口份额变化、产业链供应链结构变化等重大问题，开展分析研究，形成海关工作专报。按日、旬、半月、月等多时间维度开展外贸跟踪分析研究，服务宏观决策。跟踪监测全球经济体份额、中国主要产品全球份额变化，开展对中间品出口、大宗商品进口、人民币使用率、专精特新“小巨人”企业进出口等问题的分析研究，形成一批成果。6月，在第三届“中国—非洲经贸博览会”期间首次发布中国—非洲贸易指数；10月，在第三届“一带一路”国际合作高峰论坛期间发布中国与共建“一带一路”国家（地区）贸易指数，该指数被列入“一带一路”国际合作高峰论坛务实成果。优化外贸形势分析工作机制，细分综合、宏观、商品、国别、区域、方式、模型、调研8个组别，涵盖27个海关单位。海关总署每月定期召开外贸形势分析会议，整合统计、综合、风险、监管、企业管理、国际、研究中心等部门业务领域信息，分析研判外贸整体形势，为上级决策提供参考依据。

（张辉　张乃馨）

【统计新闻发布】2023年，海关总署按计划发布外贸数据，在国务院新闻办公室召开季度新闻发布会4次，接受月度中央电视台采访7次。建立并完善新闻发布工作机制，加强对热点的跟踪梳理、对相关情况的研究储备。建立“日监测、周摘要、双周例会、月采访、季发布”工作机制，邀请直属海关全程参与季度国务院新闻办公室新闻发布会实战，搭建月度“微发布”实操平台、周摘要分享平台。

（彭莉）

【智慧统计建设】2023年，全国海关开展智慧统计建设。“全球贸易全景展示”应用完成第一期开发建设并投入使用，被列入智慧海关建设“2023年度十佳”候选项目。推进海关进出口监测查询分析应用升级，拓展品牌类型、企业规模、自由贸易试验区等查询功能，优化参数自动刷新、单一用户任务数等管理功能，更新维护有关参数，提升应用效能。海关业务统计指标系统建设成为智慧海关的早期收获项目。推动智慧海关申报要素优化整合场景建设，开展“启运日期的填报要求”调研，完成评估报告。

（刘铭灿）

【统计分析服务地方发展】2023年，全国海关履行统计职能，开展统计服务，助力地方外贸发展。广东分署创新外贸监测分析“广东模式”，监测广东外贸变化，每月向广东省政府主要领导报送最新外贸形势走势研判情况，全年报送40篇研判分析报告；开展外贸新闻宣传，每月发布广东外贸数据，在一季度、7月、8月召开外贸新闻发布会，围绕汽车出口运力、跨境电商行业发展、消费电子行业发展等领域开展专题分析出台应对举措，助力广东外贸进出口实现正增长。北京海关完成中关村综合保税区统计代码增设申请工作，助力全国首个研发创新特色的综合保税区建设。厦门海关加强数据比对、数据年审和统计监督，筑牢数据质量、安全“双防线”，组织大金额、大数量、重点商品等专项核查60余批次，开展虚假贸易关区内外联防联控机制建设；拓展数据服务渠道，立足海关统计数据选取样本，开展“劳密产能转移”“专精特新企业”等专项调研20余项。深圳海关服务外贸高质量发展，撰写报送外贸分析报告300余篇，部分建议被转化为地方促进外贸保稳提质措施；加快统计数据服务扩容提质，向地方政府提供多维度、个性化数据261万项。

（张辉　张乃馨）

【年度中国城市外贸竞争力报告】2023年10月，海关总署编制并刊发《2022年中国城市外贸竞争力报告》，公布中国外贸百强城市榜单。通过城市外贸水平竞争力、结构竞争力、效益竞争力、创新竞争力和潜力竞争力5大评价体系，多维度测评各城市的外贸综合竞争力，为推进外贸发展和对外开放度提供参考依据。深圳、上海、苏州、宁波、广州、北京、金华、东莞、珠海、杭州名列年度中国出口贸易十强城市。

（张辉　张乃馨）

政策研究

【概况】2023年4月，海关总署成立专班研究起草《“智关强国”行动计划》，8月发布实施。行动计划明确重点任务及分工方案，建立量化考核机制，形成“日跟进、周汇总、月汇报”工作机制，组织召开“智关强国”行动推进会，开展行动计划宣讲40次，指导全国海关破题解题答题。各直属海关制定落实举措9043项。完成海关“十四五”规划实施中期评估。研究修订海关总署署级课题研究管理办法，立项42项署级课题。全年报送调研报告438篇；编发海关政研相关刊物70期。

（解涛）

【统计分析研究】2023年，全国海关跟踪国际国内经贸及地缘政治热点、政策动向、产业动态等问题，开展深度分析研究，围绕中日韩贸易穿透式分析、“新三样”商品出口分化、集成电路产业链、欧盟电动汽车反补贴调查、外资企业构建“平行供应链”、粮食进口安全、自美进口农产品等问题开展调查研究，部分研究成果得到转化被批转相关部门研究参考。参与国家经济形势分析机制，每季度起草经济形势分析报告上报国务院。围绕墨西哥上调关税等问题，全年编发8期进出口监测预警速报。

（李春琰）

【署级课题研究】2023年，全国海关聚焦推动高水平开放、维护国家安全、加强智慧海关建设、深化海关改革、加强队伍建设等6大重点领域，确立42项课题为署级课题，组织全国海关7位专家开展初评和集中会评两轮评选，最终确定优秀课题21项（见表10）。同时，强化外部智库合作，通过“引智、借智、聚智”，不断扩宽研究领域和范围，与中国社会科学院、对外经贸大学、辽宁大学等合作开展战略课题研究9项。

表10 海关总署2023年度优秀署级课题名单

等次	课题名称	牵头单位	参与单位
优秀课题（3项）	强化海关法律制度涉外法治功能比较研究	深圳海关	北京海关、西安海关、宁波海关
	基于全球关贸数据挖掘的国际产业链迁移监测研究	上海海关学院	上海海关、宁波海关、济南海关
	提升加工贸易发展水平研究	海关总署企业管理和稽查司	黄埔海关、上海海关、南京海关、济南海关、深圳海关、重庆海关、成都海关
突出课题（6项）	智慧邮件监管作业模式构建研究	杭州海关	广州海关、郑州海关、北京海关
	海关服务高水平对外开放量化评价体系研究	海关总署统计分析司	南京海关、黄埔海关、上海海关、天津海关、南宁海关、深圳海关、福州海关、拱北海关
	粤港澳大湾区三地海关监管执法规则比较研究	海关总署综合业务司	深圳海关、广州海关

表10 续

等次	课题名称	牵头单位	参与单位
突出课题（6项）	构建外贸高质量发展评估指标体系研究	广州海关	广东分署、拱北海关、济南海关、江门海关、青岛海关
	海关整体支出绩效评价体系构建研究	海关总署财务司，黄埔海关	天津海关、上海海关、武汉海关
	对标 CPTPP 国际经贸规则 优化我国海关监管制度研究	广东分署	杭州海关、黄埔海关、乌鲁木齐海关、汕头海关
精选课题（12项）	中国特色社会主义现代化海关建设目标研究	海关总署研究中心	天津海关、上海海关、广州海关、上海海关学院
	边民互市贸易创新发展海关监管政策研究	海关总署口岸监管司，南宁海关	昆明海关、呼和浩特海关、哈尔滨海关、长春海关
	我国锂电产业供应链安全及应对措施研究	上海海关	武汉海关、合肥海关、福州海关、南昌海关、成都海关
	海关推动中欧班列高质量发展研究	乌鲁木齐海关	呼和浩特海关、满洲里海关、重庆海关、郑州海关
	“智慧动植检”口岸一线应用现状及展望	青岛海关	南京海关、济南海关、太原海关、西宁海关、银川海关
	高质量推进海关智慧监管体系建设研究	天津海关	武汉海关、南京海关、大连海关、北京海关
	属地查检分类监管模式研究	海关总署企业管理和稽查司，南京海关	上海海关、杭州海关、青岛海关、深圳海关
	世界银行营商环境新评估体系对海关促进跨境贸易便利化工作影响研究	广州海关	上海特派办、广东分署、天津海关、大连海关
	进口商品税收风险智慧监管应用研究	大连海关	哈尔滨海关、贵阳海关、上海海关
	全球外贸格局演进与我贸易优化升级研究	南京海关	南昌海关、拱北海关、重庆海关、青岛海关
	基于 RCEP 实践经验深化共建“一带一路”国家产业链合作研究	杭州海关	南宁海关、湛江海关、福州海关
	海关智慧稽查建设研究	深圳海关	上海海关、黄埔海关、兰州海关

（解涛　张雪）

【海关贸易景气指数编制】 2023年4月，海关总署修订贸易景气指数编制手册，印发贸易景气统计调查作业规范，每月向5000余家样本企业开展统计调查，测算海关贸易景气指数。全年上报4次企业调查情况报告。

（李芊）

【货物贸易形势分析】 2023年，全国海关以货物贸易形势分析作为基础，系统分析长周期下中国外贸增速、份额变化的特点，分析2023年各季度中国货物贸易的结构性特征和主要影响因素，总结外贸发展与突出亮点，预测中国2024年外贸走势，研究促进外贸稳步增长、保持出口总体份额、优化外贸商品结构、培育外贸发展动能等政策举措。围绕中央经济工作会议提出的“稳住外贸基本盘”问题，以深圳为样本开展联合调研，总结深圳在制造业高质量发展、打造开放创新生态、激发经营主体活力等方面的经验，提出中国稳外贸的对策建议。形成在变局中稳住我国外贸基本盘、价格因素对我国货物贸易的影响等报告。

（纪熠　李童）

【海关制度创新和治理能力建设研究】2023年，海关总署围绕各领域改革重点问题开展研究。研究总结美国等发达国家海关推进现代化海关建设的做法，分析中国特色社会主义现代化海关的特征、阶段性发展目标和实现路径，从海关管理理论现代化、职能实现方式现代化等角度提出推进社会主义现代化海关的政策建议。分析总结美国空运口岸对外开放情况及海关监管模式，提出通过境外源头风险管控等措施提升中国口岸风险防控能力的建议。针对AEO国际互认合作取得的成效，会同青岛、厦门等海关通过问卷调研全国20多个行业600多家企业，了解企业在通关效率、培育认证等方面的获得感、满意度和相关诉求，提出提升AEO国际互认实效的措施建议。围绕建立海关自然人信用管理制度、优化海关风险管理、促进保税维修业态发展、完善跨境电商海关监管制度、加快完善海关“三应”运行机制、加强危险化学品管理等问题开展研究。

（纪熠　李童）

【高水平对外开放平台建设研究】2023年，海关总署落实国家构建开放型经济新体制要求，开展自由贸易试验区、自由贸易港等对外开放高地建设研究。9月，赴海南研究海南自由贸易港全岛封关运作后，货物进出与人员往来之间的相互影响；研究货物贸易创新发展落实情况；研究海南自由贸易港定位于海关监管特殊区域的内涵，总结世界上典型自由贸易港的区域性质，比较分析海南自由贸易港与单独关税区在法律地位和区域自治权等方面的不同。以厦门海沧综合保税区为典型案例，研究推动形成国内国际紧密衔接、监管服务便利完善的区港一体化高质量发展模式。

（纪熠　李童）

【国际经贸热点问题研究】2023年，海关总署关注国际经济形势与格局变化，研究中国应对举措。研究全球货物贸易竞争格局的趋势化特征；研究地缘政治影响下，全球产业链供应链加速重组对中国制造业企业外迁带来的风险，探讨应对中国产业链转移的政策举措；围绕原油、铁矿砂等大宗商品进口价格波动和供给安全问题，赴中国石油经济技术研究院及宁波、舟山等地调研，分析中国大宗商品保供稳价工作面临挑战并提出应对举措；就中国农林产品贸易影响、全球主要绿色贸易壁垒、新能源汽车贸易壁垒等问题开展研究。

（纪熠　李童）

【国际贸易政策法规研究】2023年，海关总署对国际组织及重点国家的相关贸易政策、法规、标准等开展研究。研究世界银行营商环境评估新体系及其实施规划，对比分析新旧两种评价体系，分析国际贸易主题评估指标的变化和相关要求对中国的影响；围绕知识产权、劳工标准、补贴等边境后议题的国际规则开展研究，研究聚焦边境后措施深化结构性改革推动高质量发展的政策举措；研究WTO、联合国贸易和发展会议（UNCTAD）和国际贸易中心（ITC）联合发布的《世界关税概况》，总结分析其中多边贸易谈判商品分类的背景、结构、修订和更新等内容；围绕世界海关低值免税政策、欧盟最新进口复合食品管理法规、东盟数字与可持续贸易便利化措施等问题开展研究。

（纪熠　李童）

【国门生物安全研究】2023年，海关总署开展国门生物安全系列研究。总结美国、欧盟国家海关强化境外监测预警、从源头前端阻断疫情疫病传播的经验，研究建设中国海关国门生物安全态势感知能力。围绕“昆明—蒙特利尔全球生物多样性框架”下海关提升防范外来物种入侵能力、“‘异宠’热”带来的生物安全风险等问题开展研究。开展国门生物安全进校园活动。

（纪熠　李童）

【支持全面创新的贸易制度研究】2023年，海关总署围绕党的二十大报告提出的“形成支持全面创新的基础制度”，与国家发展改革委合作，针对贸易制度中存在制约创新发展的问题，总结美国、瑞士等国家经验，研究促进全球创新要素在贸易往来中便利流动，实施支持科技创新的货物贸易、服务贸易、自由贸易试验区和特殊区域制度以及边境监管制度。

（纪熠　李童）

【海关服务共建“一带一路”研究】2023年，海关总署围绕推动与共建“一带一路”国家（地区）政策沟通、贸易畅通等问题开展研究。运用随机前沿引力模型，测算中国与共建“一带一路”国家（地区）贸易效率和贸易潜力，研究提升贸易规模、深化贸易结构改革的相关举措。研究海关通过加强政企合作、提高验放效能、强化风险管理等方式，助力“丝路电商”提质增效的政策举措。研究成果《中国与共建“一带一路”国家贸易效率测算和潜力预测》《海关促进“丝路电商”提质增效的思考》发表在《统计与决策》和《中国外资》。

（纪熠　李童）

【海关“十四五”规划中期评估】2023年，全国海关完成“十四五”规划实施中期评估工作。评估采取自评估和第三方评估相结合方式。海关总署组织人员赴珠海、广州、重庆、长春等海关开展调研，了解一线基层规划推进情况；委托清华大学中国发展规划研究院、上海海关学院开展第三方评估和研究，面向海关系统内部和服务企业开展问卷

▲2023年11月，海关总署国际检验检疫标准与技术法规研究中心承办第六届进博会系列配套论坛活动——2023非关税贸易措施高质量发展论坛（海关总署/供图）

调查，回收系统内部问卷约1.3万份，企业问卷692份。按照定量评估和定性评估相结合、工作评估与效果评估相结合的方法，综合评判规划推进情况，查找规划实施中的问题与不足，提出对策建议。形成国家“十四五”规划纲要实施中期评估报告、国家“十四五”口岸发展规划中期评估报告、“十四五”海关发展规划中期评估报告。

（解涛　张雪）

【科技部重点课题研究】2023年，海关总署申报科技部NQI体系专项“技术性贸易措施智能预警关键技术研发与应用”和“生物物种资源调查与整编项目”课题。牵头科技部国家重点研发项目课题“动植物种质资源引进中转风险评估及大数据综合平台建设”，完成风险评估指标及评估模型构建，为海南国家南繁科研育种基地建设及种质资源引进中转提供技术支撑。

（王建东）

【2023非关税贸易措施高质量发展论坛】2023年11月，由海关总署承办的2023非关税贸易措施高质量发展论坛在上海举行。与会专家围绕“规则对接保障国际经贸安全联通”“规制一致性推动智慧通关便利化”“智慧监管筑牢国门生物安全屏障”“标准提升助力经济高质量发展”4个主题发表演讲，就技术性贸易措施内外规则衔接、制度对接、认证互认等议题展开讨论，推动国内外市场规则对接和认证互认，寻求“通关便利化”与“国门安全”的平衡发展，并签署6份不同领域的技术性贸易措施研究评议基地合作共建协议。中央国家机关、地方政府、知名企业代表、相关学术研究单位的专家学者以及部分外国驻华使节

参加论坛。

（王建东）

【供应链前瞻性战略性研究】2023年，全国海关围绕供应链韧性与安全问题开展前瞻性战略性研究。研究全球供应链加速重组情况下，通过强化亚太地区海关合作、巩固和发展以中国为节点的亚太供应链，推动全球供应链深度融合、促进全球供应链转型升级等举措，维护全球供应链公共产品属性，打造安全稳定、畅通高效的全球供应链体系。

（纪熠　李童）

【农产品输华问题研究】2023年，海关总署围绕扩大优质农产品准入、推动中外农产品互惠合作、保障中国粮食安全等问题开展研究。组织人员赴广西、云南等地调研，研究RCEP实施后东盟输华农产品趋势、检疫准入、通关便利化水平、边民互市贸易情况以及海关监管场所等问题，分析东盟国家输华农产品贸易潜力。研究当前地缘政治冲突、气候变化等因素导致全球粮食不安全状况加剧的背景下，中国运用贸易促进政策和国际知名粮商经验，建设种业强国、促进进口市场多元化、维护进境粮食安全的政策举措。

（纪熠　李童）

【新型储能产业开放创新生态研究】2023年，海关总署围绕新型储能产业开放创新生态问题，赴深圳、合肥实地调研，研究中国新型储能产业规模、技术专利和主要企业的综合竞争力，分析碳达峰碳中和战略给中国新型储能产业开放创新生态带来的机遇，探讨在市场环境、核心技术、产业链、供应链等方面存在的问题，为推动中国新型储能产业发展、培育经济新增长点、打造国际竞争新优势提出政策建议，研究成果发表在《经济要参》。

（纪熠　李童）

【别迭里口岸调研】2023年，海关总署研究中心联合商务部国际贸易经济合作研究院、中国国际工程咨询有限公司及乌鲁木齐海关赴新疆阿克苏地区实地调研，就中国和吉尔吉斯斯坦贸易情况、别迭里山口和跨境隧道的地理条件等开展研究，分析影响开通别迭里口岸的主要因素，研究乌什至别迭里口岸公路建设项目的可行性，提出开通别迭里口岸、打造口岸经济、推动新疆成为向西开放桥头堡的政策建议。

（纪熠　李童）

技术性贸易措施研究

【概况】2023年，全国海关推进技术性贸易措施工作，组织对2.34万家样本企业开展2023年国外技术贸易措施影响情况统计调查；全年下达海关技术规范制修订计划352项；发布海关技术规范3批181项。组织开展涉企技术性贸易措施培训百余场，参训企业超3000家次。各直属海关针对性开展对企服务，通过“单一窗口”智能推送境外技术性贸易措施预警提示，为上千家企业推送预警信息6万余条，帮助企业避免贸易风险和经济损失。开展技术性贸易措施研究评议基地工作指导，发挥基地在行业技术攻坚、法规研究、共性问题交涉等方面作用，推动欧盟、越南、沙特、阿联酋等修改有关商品的技术要求或准入要求，助力超3000亿产品出口。

（韩照志　王建东）

【技术性贸易措施通报发送与接收】2023年，海关总署通过在线报送系统向WTO发出中国通报105件，同比增长20.6%。其中，TBT协定通报70件（含7件补遗通报），包括国家市场监督管理总局62件、国家药品监督管理局4件、工业和信息化部3件、农业农村部1件。SPS协定通报35件，包括国家卫健委30件、海关总署4件、农业农村部1件。接收翻译国外TBT/SPS协定通报5957件，与2022年基本持平。其中，TBT协定通报3998件，SPS协定通报1959件。

（王建东）

【技术性贸易措施国内外咨询受理】2023年，海关总署受理国内外技术性贸易措施咨询162件，同比降低21%。其中，TBT方面接收并答复国内相关机构咨询10件，接收并答复国外咨询82件。SPS方面接收并答复国内咨询58件，接收并答复国外咨询12件。

（王建东）

【TBT协定评议】2023年，海关总署组织对WTO的71个成员的831件TBT协定通报进行重点评议。评议涉及食品、轻工产品、机电产品、汽车、化学品、移动通信等重点产品领域。对161件国外通报发出书面评议意见，收到回复40件。

（王建东）

【SPS协定评议】2023年，全国海关组织对欧盟、新西兰、阿根廷、印度、印度尼西亚、俄罗斯、韩国、越南、日本、美国、澳大利亚、巴西、英国等成员有关涉及农药残留限量、食品标准、动物产品进口要求、动植物检疫要求、植物有害生物防治的1121件SPS协定通报措施进行评议，对外发出评议意见173件，收到瑞士、泰国、智利、新加坡、英国、加拿大、新西兰、日本等成员对中方评议意见的回复96件。

（王建东）

【技术性贸易措施信息预警】2023年，全国海关在技术性贸易措施综合服务平台、《技贸破冰与筑篱》、《中国国门时报》等媒介发布预警信息8万余条。编报境外植物疫情动态和植物检疫政策动态日报、境外动植物疫情动态周报、动植物检疫政策动态周报、食品安全信息日报等专题信息专报710期。

（王建东）

【技术性贸易措施影响统计调查】2023年，全国海关开展2022年技术性贸易措施影响统计调查。重点关注7800家样本企业，推算出2022年度国外技术性贸易措施影响统计调查结果。调查显示，2022年中国18.02%的出口企业不同程度地受到国外技术性贸易措施的影响，受影响企业比例同比上升1.59个百分点；国外技术性贸易措施对中国出口企业造成的直接损失额为3012.24亿元，增长2.84%；中国出口企业为应对国外技术性贸易措施而产生的新增成本为1342.58亿元，增长43.61%。

（王建东）

【技术法规支撑与保障】2023年，海关总署国际检验检疫标准与技术法规研究中心协助海关总署综合业务司审核309项海关行业标准，公开备案标准155项；协助海关总署卫生检疫司编写2023年口岸食品抽检工作总结和制定2024年口岸食品抽检计划，组织开展特殊物品准入管理名录调研，梳理汇总全国海关调研反馈结果；协助海关总署进出口食品安全局完成进口加工食品境外生产企业注册受理，完成台湾地区食品企业注册信息审核；协助海关总署动植物检疫司开展出口货物植物检疫不合格通报信息收集及溯源核查，完成“进境植物和植物产品有害生物风险分析”“检疫性有害生物名录修订”项目验收工作；协助海关总署口岸监管司完成海关口岸检查场地技术规范体系建设研究报告。

（王建东）

【海关行政互助协查】2023年，海关总署国际检验检疫标准与技术法规研究中心（简称“标法中心”）接收33个国家的海关行政互助协查请求718件2878票，协查票数同比增长3%，主要涉及单证核查、原产地证核查等类型，土耳其、俄罗斯、哈萨克斯坦、乌兹别克斯坦、阿根廷协查票数占据高位，占协查总票数73%。标法中心对18个国家和地区发出协查请求54件633票，件数和票数分别增长31.7%和60.3%，收到反馈36件486票，回复率达66.7%。俄罗斯海关根据标法中心反馈的协查结果，追缴税款208万卢布，致信表示感谢。举办全国海关行政互助协查培训，邀请5位专家对来自42个直属海关的学员进行培训。完成对《贸易便利化协定及双边协定下海关行政互助协查》报告初审和1篇RCEP领域及东盟十国海关行政互助报告。

（王建东）

【技术性贸易措施评议基地建设】2023年，全国海关组织开展技术性贸易措施研究评议基地考核。其中，33个基地考核结果合格、3个基地考核结果不合格、2个基地主动退出。依照《技术性贸易措施研究评议基地管理办法》，新批准成立上合组织国家、香辛料、小家电、特色水果、籽仁类产品等7个技术性贸易措施研究评议基地，基地总数达到49个。组织基地开展国外技术性贸易措施应对工作，对111件国外通报提出评议意见，其中在应对沙特空调能效、沙特包装技术法规、阿联酋电动汽车技术要求等新规草案方面取得成效。

（王建东）

【技术性贸易措施信息平台建设与维护】2023年，海关总署对技术性贸易措施综合服务平台进行升级改造，对中国WTO/TBT-SPS国家通报咨询网（中英文）和中国技术性贸易措施网后台进行架构升级，优化平台性能和提升平台的安全性，保障技术性贸易措施信息化工作发展。全年平台发布各类新闻资讯、标准、技术法规和预警信息约8.25万条。

（王建东）

【标准法规研究】2023年，依据国家标准化管理委员会《关于下达2022年第四批推荐性国家标准计划及相关标准外文版计划的通知》（国标委发〔2022〕51号），海关总署组织制定《技术性贸易措施工作规范用语》《技术性贸易措施通报要求》《技术性贸易措施评议指南》3项国家标准，并完成文本草案和编制说明的公开征求意见。

（王建东）

【特色水果技术性贸易措施研究评议基地】2023年11月7日，中国首个特色水果技术性贸易措施研究评议基地落地广东茂名。特色水果技术性贸易评议基地由标法中心、湛江海关、广东茂名市人民政府、岭南现代农业科学与技术广东省实验室茂名分中心四方共建，旨在联合地方政府、海关、科研院所等部门的力量，打破特色水果贸易技术壁垒，推进粤西地区特色水果产业高质量发展。特色水果技术性贸易评议基地开展技术法规研判、风险预警、通报评议、技术咨询、交流培训等服务，通过技术攻关、产业服务和成果展示等方式提升基地影响力，整合专业力量形成对外合力，帮助企业解决“出口难”问题，促进特色水果走出国门。

（王建东）

【技术性贸易措施服务企业“点对点直通车”建设】2023年，全国海关完成“点对点直通车”平台升级，增设技术性贸易措施自动弹送宣传窗口，每周向企业自动推送最新技术性贸易措施信息。建设形成重点出口产品技术性贸易措施分类基础数据库，构建技术性贸易措施工具箱。实现推送数据实时统计，全年“点对点直通车”平台为157.65万家外贸企业精准推送技术性贸易措施预警信息20.67亿条（次），自动弹送宣传窗口约3090.65万次。

（王建东）

研究性事业单位

【概况】海关总署研究中心、标法中心是海关总署直属事业单位，是海关系统研究性机构。

海关总署研究中心，2011年组建成立。主要职责是：承担海关综合性发展规划研究、海关宏观管理政策研究、重大业务制度及业务改革研究、优化海关监管和服务研究，开展与海关工作相关的国家宏观经济和对外贸易形势研究等工作。建设海关特色高端智库。内设6个部门，分别是：综合管理部（人事财务部、党委办公室、纪委办公室）、宏观经济研究部、战略发展研究部、海关基础理论研究部、海关政策研究部、国际海关研究部。

标法中心，1998年组建成立，2004年加挂中华人民共和国WTO/TBT国家通报咨询中心和WTO/SPS国家通报咨询中心两块牌子。2018年由国家质检总局转隶海关总署，主要职责是：根据国家有关部门授权，开展WTO　TBT协定和SPS协定通报、咨询和评议；承担全国技术性贸易措施部际联席会议办公室工作；承担TBT协定、SPS协定、《政府采购协定》（GPA协定）、《贸易便利化协定》等WTO协定和规则及相关国际组织标准/指南的跟踪与评议；受海关总署委托承担海关合作信息交换联络点工作、承担海关相关法律法规、政策和宏观发展战略研究，承担各贸易伙伴与国际货物贸易相关的监管政策法规、技术贸易措施以及国境卫生检疫法规跟踪研究；协助海关总署开展相关产品风险预警和快速反应工作；组织开展国外技术性贸易措施对中国企业的影响调查；组织开展专门产业方向的技术性贸易措施研究评议基地建设；承担有关海关技术规范、规则的报批审核等；参与贸易便利化、自由贸易试验区以及市场准入等双边和多边谈判。

（李童　王建东）

【海关总署研究中心】海关总署研究中心（简称“研究中心”），是海关总署直属的公益一类事业单位，2023年，研究中心围绕智慧海关建设、“智关强国”行动、货物贸易形势分析、海关制度创新和治理能力建设等重点领域，开展实地调研22次，与国务院有关部委、国家高端智库、科研院所及地方各级人民政府合作开展课题8项，与海关总署各司局、直属事业单位和直属海关合作开展课题15项，完成研究报告、理论文章、调研报告等147篇，其中9篇理论文章发表在中文核心期刊，34篇发表在中外其他各类报刊。被授予2021—2023年度中央和国家机关创建模范机关先进单位、海关总署机关创建模范机关标兵单位，第一党支部被命名为中央和国家机关“四强”党支部。至年底，研究中心下设6个部门，在编人员中副高级专业技术职称4人，博士研究生以上学历占比30%，硕士研究生以上学历占比95%。

（纪熠　李童）

【标法中心】标法中心是海关总署直属的公益二类事业单位。2023年，标法中心以促进高质量发展为目标，以智慧海关建设和“智关强国”行动为抓手，履行WTO　TBT协定和SPS协定中国国家通报咨询中心职责，持续开展TBT和SPS措施的通报、咨询和组织评议工作，推进技术性贸易措施影响统计调查及海关行政互助协查工作，开展技术性贸易措施综合信息平台建设，开展国门生物安全基础数据信息资源平台数据库建设，利用上海进博会宣传推广非关税贸易措施工作，为社会提供技术支撑服务。标法中心内设8个部门，分别为办公室（人事财务部）、TBT通报咨询部、TBT研究部、SPS通报咨询部、SPS研究部、标准法规研究部、综合信息业务部、党委办公室（纪委办公室）。下属2家公司，分别为《技术性贸易措施导刊》杂志社有限公司和北京标法技贸有限公司，代管中国进出境生物安全研究会。

（王建东）

研究性社会团体

【中国海关学会】中国海关学会成立于1985年6月，是海关总署领导下研究海关理论与实践问题的学术团体，由从事海关学术理论研究和海关工作的个人及相关单位自愿结成的全国性、学术性、非营利性社会组织。广东分署，天津和上海特派办，各直属海关、院校及对外经济贸易大学等48个单位为中国海关学会的会员单位。

2023年，中国海关学会开展以“以智慧海关和‘智关强国’行动为抓手，全面推进社会主义现代化海关建设，服务中国式现代化和中华民族伟大复兴”为主题的征文活动，收到征文8165篇，评选出优秀论文30篇、入选论文30篇、推荐论文30篇。组织开展“陆路口岸的设立及历史作用”专题研究，对30个直属海关单位报送的288篇文章进行审评，编印《专题征文选编》52篇。编印《海关研究》（双月刊）6期，协助编印《海关研究（海关史专刊）》2期。

（彭宝珍）

【中国进出境生物安全研究会】中国进出境生物安全研究会（简称“研究会”）成立于2016年8月，是海关总署主管的全国性、非营利性社会团体。负责搭建进出境生物安全决策智库，开展生物安全科研资源引导整合、学术交流、理论研究、国际合作、科普教育、专业培训、咨询服务等。

2023年，研究会完成“进境船舶压舱水及沉积物中人类病原微生物监测研究”“重要人兽共患病流行现状及防控策略研究”“进出境植物产品检疫制度体系框架及管理办法研究”“国门安全教育校本课程和综合实践课程试点教育项目”4项课题。参与“口岸检疫消杀智能机器人及复方醇气化技术的开发与应用”研究。4月15日，承办第8个全民国家安全教育日期间的系列宣传活动。12月1日，举办全国海关专家（“钉钉”App）艾滋病讲座访谈、北京大兴机场航站楼第36个世界艾滋病日主题宣传活动。筹建检疫处理、进出境生物安全技术、动物检疫、植物检疫、卫生检验、食品安全、危险化学品安全7个专业委员会。

（王瀚钰）

海关科技

科技创新

【概况】2023 年，全国海关科技创新在装备技术、业务应用、大数据分析及人机交互等方面取得进展。研发固体废物检测、粮食智能查验、有害生物快检等装备，提升口岸监管效率。推进“互联网+海关”平台建设，开发“掌上海关”App 与微信小程序，推动政务服务智能化。推进科技创新“1+X”模式建设。研发多项模型，防控税收风险，助力金融服务创新。推进拟人化人机交互课题研究，构建智能客服平台。开发自动化前处理装置及数据自动采集系统，提升实验效率与数据管理能力。

（曹野　吴立国）

【装备技术创新】2023 年，海关总署组织研制口岸固体废物检测设备，实现口岸风险快速识别，为打击走私、贸易掺假掺杂等提供技术支持；研制进境粮食智能查验装置，实现粮食检疫检测数字化和自动化；研制检疫性有害生物快检设备，实现植物检疫性有害生物现场快速检测；研制鼠类、蚊虫和蝇类等智能识别设备和自动化卫生处理机器人，实现媒介生物信息自动采集、智能识别、可视化分析和自主消杀。

（刘鑫）

【业务应用创新】2023 年，全国海关推进“互联网+海关”一体化服务平台和海关移动应用建设。“互联网+海关”平台新增“进境动植物检疫审批结果公示”模块；完成海关政务服务“好差评”系统升级改造，新增“审价作业”事项；与国家政务服务平台共享“过境动物、进境特定动植物及其产品检疫审批”事项电子证照，扩大电子证照应用领域，实现全国互通互认。“掌上海关”App 新增旅客分运行李物品通关等 4 个热点应用，优化电脑端扫码登录等 68 项功能；新增客服工单补报、账号注销，优化业务咨询、注册登录、全文搜索等功能，推动政务服务事项从“掌上可办”向“掌上好办”转变；引入智能搜索及语音识别技术，实现海关政策、移动政务服务、在线帮助等信息智能化检索。至年底，“掌上海关”App 提供服务 108 项，用户达 266.6 万人；微信小程序提供服务 45 项，用户达 186.1 万人。“掌上单一窗口”App 增加支付宝和云闪付支付功能，微信小程序增加身份验核功能。

（徐惠群　宛铮）

【科技创新“1+X”模式建设】2023 年，海关总署推进科技创新“1+X”模式建设，“1”是海科中心，“X”是全国海关单位各专业领域优势研究室。该模式完善海科中心科研和实验室体系，整合全国海关系统科技资源和创新要素，牵头承担国家科技重大专项，开展共性关键技术与装备研发。至年底，成立“1+X”研究室 23 个，获批国家重点研发计划项目 6 项，发表论文 10 余篇。

（韩深）

【“面向政务领域的拟人化人机交互关键技术研究与应用”课题】2023 年，海关总署组织推进“科技部科技创新 2030—‘新一代人工智能’”重大项目研究，开展“面向政务领域的拟人化人机交互关键技术研究与应用”成果应用示范。构建海关开放式智能客服平台，在智能坐席辅助、在线智能客服等领域开展应用，为智能模型选型提供技术储备。10 月 17 日，该项目通过海关专家评审组论证评审。

（原玉芬　王欣）

【智慧实验室“样板间”建设】2023 年，海关总署组织开展全自动前处理装备研发调研和方案设计，研究开发仪器设备数据自动采集系统。全自动前处理通过实验流程模块化和可选式串联，装备集成自动加液、水浴、离心、氮吹、固相萃取等功能，实现样品前处理流程自动化，解决前处理过程人工需求量大、自动化程度低、误差大等问题。仪器设备数据自动采集系统以物联网为基础，自动采集样品录入、称量等多类仪器设备数据，实现不同类型仪器设备间数据互联互通。

（刘鑫）

科研管理

【概况】2023 年，海关总署开展国家重点研发项目申报，评定各级科研成果 87 项。建立科学技术委员会机制，实施专业管理。完成“十四五”科技发展规划中期评估，推进规划实施。创新科研模式，“揭榜挂帅”项目首批成果试点成功，推进第二批立项，助力科研成果转化应用。组织参加全国科普讲解大赛并获奖。

（曹野）

【科研项目管理】2023 年，全国海关获国家重点研发计划项目立项 10 项（见表 11）。海关总署科研项目立项 131 项，其中青年专家项目 30 项，占比 22.9%。

表 11　2023 年海关获得国家重点研发计划项目立项情况表

序号	项目名称	主持单位	立项批复时间
1	出入境生物物种资源调查与整编	海科中心	2023. 09
2	基于多变量分析的牛肉品质溯源技术研究	上海海关动植物与食品检验检疫技术中心	2023. 10
3	电商方便食品风险侦查、溯源及控制关键技术研究	厦门海关技术中心	2023. 11
4	重大新发或潜在农林入侵物种跨境追踪溯源与前哨廊道监测技术研究与示范应用	南京海关动植物与食品检测中心	2023. 12
5	进出境特殊生物资源口岸截获及处置关键技术及应用示范	海科中心	2023. 12
6	猴痘病毒传播评估及阻断技术研发	深圳海关动植物检验检疫技术中心	2023. 12
7	技术性贸易措施智能预警关键技术研发与应用	标法中心	2023. 12
8	口岸生物危害因子检测关键技术研究与应用示范	合肥海关技术中心	2023. 12
9	海关通关智能协同监管关键技术研究及应用示范	青岛海关技术中心	2023. 12

注：项目清单中一项为保密项目，未列入。

（曹野）

【科技成果评定】2023 年，海关总署成立 5 个科技成果评定专家组，围绕技术创新、知识产权等技术指标，经济社会效益、推动海关科技进步等应用指标，经成果申报、形式审查、专家初评、院士评定、投票确认、结果公示等程序，评审综合管理、卫生检疫、动植物检疫、食品安全、商品检验、信息化、科技与实验室管理等 11 个专业领域的 214 项科技成果，评定一级成果 8 项（见表 12）、二级成果 18 项、三级成果 61 项。

表 12　2023 年海关科技成果评定一级成果情况表

序号	成果名称	推荐单位
1	食品安全与真实属性检测新技术、新材料的研究及集成应用	南京海关
2	高危入侵蚧虫风险预警、检疫鉴定与除害处理技术体系构建及应用	沈阳海关
3	重大动物疫病新型诊断技术和产品的应用	海科中心
4	进出口战略资源及商品检测与评价关键技术研究与推广应用	广州海关
5	国境口岸病媒生物及病原体鉴定检测和防控体系的建立及应用	上海海关
6	口岸核生化有害因子监测及应急处置关键技术的研究与应用	广州海关
7	口岸重点传染病病原体快速检测关键技术研究	北京海关
8	海关新一代测试云	信息中心

（曹野）

▲2023 年 5 月 20 日，海科中心参加全国科技周暨北京科技周主场馆展览（海科中心/供图）

【海关科学技术委员会】 2023 年，海关总署修订科学技术委员会章程中职责划分、成员调整和考核评估等内容。加强各专业委员会工作管理，落实季度报告制度，聚焦关键共性技术开展专业学术活动。举办科技创新培训 2 期。

（曹野）

【科学技术普及与宣传】 2023 年，海关总署举办全国海关科普讲解比赛，116 名选手参加，青岛、大连、南京、沈阳、广州、乌鲁木齐、成都、北京、重庆 9 个海关 10 人获评“全国海关十佳科普讲解员”。组织参加第十届全国科普讲解大赛，大连海关、长春海关 2 名选手获二等奖，南京海关、青岛海关、成都海关 4 名选手获三等奖，大连海关、南京海关、乌鲁木齐海关 3 名选手获优秀奖，海关总署获优秀组织奖；组织参加第六届全国科学实验展演汇演活动，长沙海关代表队获两项三等奖。举办全国海关“热爱科学崇尚科学”主题科技活动周。

（郝亚洲）

【“十四五”海关科技发展规划中期评估】 2023 年，海关总署开展“十四五”海关科技发展规划中期评估，依照国家“十四五”规划中涉及海关科技部分的指标、“十四五”海关发展主要指标任务清单进行梳理，逐项评估。各项任务规划实施取得阶段性成效。

（曹野）

【“揭榜挂帅”科研项目管理】 2023 年，海关总署在全国部分口岸现场试点应用首批“揭榜挂帅”科研项目成果 8 项。开展第二批“揭榜挂帅”科研项目立项，增加应用场景示范内容，组织项目可应用、可推广论证，纳入榜单项目 9 个并推进实施。

（曹野）

海关信息化建设

【概况】2023年，全国海关按照“统筹规划，急用先上”原则启动智慧海关建设项目5个，推进智慧海关科技支撑体系顶层设计，形成“五平台三机制”方案。编制智慧科技条线建设实施方案、智慧实验室场景应用方案。实施信息系统风险管理和网络安全保障。迭代升级海南离岛免税“套代购”大数据模型。推动与共建“一带一路”国家（地区）“智享联通”合作，中白“关铁通”项目上线试运行。

（栾尚祯　刘真权）

【信息化项目管理】2023年，海关总署修订网络安全和信息化领导小组工作规则，制定海关信息化应用项目绩效评价管理办法，发布海关信息化应用软件质量要求等两项海关行业标准。优化绩效评价范围、指标体系、评价流程。启动建设智慧动植检信息化试点、智慧商检信息化试点（一期）、智慧管理应用升级改造、政务服务平台升级完善、智慧人事应用升级改造5个项目，纳入统一规划应用框架体系。

（栾尚祯　刘真权）

【科技装备管理】2023年，海关总署推进智慧海关装备设施体系建设。摸清海关监管、科技等技术与装备研发应用情况，编制智慧海关建设重点统筹事项（装备设施）实施方案。采取调拨、增配、扩容等方式，提升设备应用运行效益。开展重大活动期间机房安全管理，全年机房运行平稳。

（张斌　王小会）

【信息系统安全管理】2023年，全国海关圆满完成全国两会、“一带一路”国际合作高峰论坛、杭州亚运会等重大活动期间海关网络安全保障工作。开展网络攻防实战演习，依托网络安全态势感知和即时通信平台，实现全国海关网络安全一体化综合指挥，实时对网络安全攻击进行监测预警及研判处置，核心节点零失分、目标系统零失误，连续3年取得“优异”成绩。编制海关网络数据安全分级防护技术指南，实施数据安全管理平台和统一日志记录平台应用。

（杨朝磊　刘真权）

【信息系统运行管理】2023年，全国海关常态化防范化解信息系统运行“三失”风险，信息系统整体运行平稳。深化新版运管平台应用。持续规范应用系统准入准出管理。探索实施信息系统智能运维，运用AI技术优化智能监控，核心通关系统故障主动发现率提升至93.53%。首次实现H2018通关管理系统审单、放行、结关等关键环节应用异地“双活”运行，完成核心通关业务系统异地容灾切换。

（郭佳鑫　刘真权）

【智慧海关建设技术实施】2023年，海关总署制订智慧海关建设总体技术实施方案和智慧海关建设重点统筹事项（装备设施）实施方案，编制智慧海关建设166个子方案、12个重点统筹事项、22个部门事项和132个业务

▲2023年11月30日，宁波海关关员依托智慧物流开展船舶监控　（王卉/摄）

场景应用方案，形成智慧海关建设“N+X”方案体系。开发智慧海关集中会战管理系统，上线早期收获项目93项。完成大数据智能布控模型建设，统筹规划模型体系、调整技术架构、压缩开发迭代周期，节约算力资源40%。迭代升级报关单综合风险甄别模型，开发风险特征43个，提高自动布控替代人工分析布控比例。

（温吉功　季岚）

【海南自由贸易港信息化建设】2023年，海关总署迭代升级海南离岛免税“套代购”大数据模型，筛选高风险数据19.6万条。实现与药监部门信息自动传输、对碰，455份进口药品免于实施验核进口药品通关单。海口海关联合海南省商务厅建立海南离岛免税异常数据联合快速处置机制，全年处置离岛免税异常数据1.8万余条，核销1.23万条。

（张雨　刘真权）

【移动应用服务】2023年，中国电子口岸数据中心持续优化“掌上海关”App，全年收集在线调研问卷1241份、客服热线工单及各移动应用市场问题191个、“意见反馈”建议2198条，形成优化举措68条，便利企业查询、办理业务；引入智能搜索及语音识别技术，智能化检索海关政策、移动政务服务、在线帮助等信息，智能检索服务21万次；引入人脸真人核验身份认证技术，助推消费者身份信息采集模式升级，防范消费者身份信息、额度被盗刷，缩短验核时间；重点业务数据及个人隐私数据分级分类保护，安全检测71次，保障跨境电商零售进出口业务交易用户信息真实性。

（刘晓晶　马宇健）

【重大战略部署信息化保障】2023年，中国电子口岸数据中心服务共建“一带一路”，会同长沙海关建设“中国—非洲国家SPS合作信息网”，优化升级9次；推进特别优惠关税待遇原产地证书签发系统（升级版）、中国—俄罗斯监管结果互认项下载货清单电子化传输系统、智利集装箱探针数据交换系统等项目建设。围绕RCEP，配合提供对印度尼西亚、菲律宾生效的技术保障，便利企业最大限度享受RCEP优惠。制订全国推广技术实施方案，推广“数字清关”业务模式。升级智慧卫生检疫作业应用等2个口岸卫生检疫系统，升级检疫处理系统进境水果冷处理功能、进境动植物检疫审批系统等5个动植物检疫应用。

（方晓丽　陈彩霞）

【国际贸易“单一窗口”功能保障】2023年，中国电子口岸数据中心拓展中国国际贸易“单一窗口”标准版功能，完成属地查检及检验检疫证书“云签发”、出口退税等便利化措施3项，推进LNG先征后返、海关行政相对人统一管理等重点项目建设。推进“单一窗口”国际互联互通，基于区块链技术，推进中国—新加坡海关“单一窗口”互联互通联盟链建设。创新“外贸+金融”服务，会同金融机构推出跨境汇款便利化模式。新增掌上“单一窗口”跨境电商个人交易确认、个人消费信息查询等功能。至年底，“单一窗口”标准版对外提供23大类基本功能、845个服务事项，日均申报业务量2044万票，“单一窗口”建设成果获评中国国际大数据产业博览会2023年数字政府卓越贡献类案例。

（方晓丽）

【核心通关业务信息系统异地容灾切换】2023年，海关总署制订核心系统容灾切换方案、操作手册，切换通关管理系统等120个应用由全国海关信息中心转至广东分中心运行，涉及服务器超1000台，实证检验双中心异地容灾能力，保障业务运行。

（刘真权　胡文露）

实验室管理

【概况】2023年，海关总署制定、修订海关实验室管理规定等5项制度，调整海关实验室布局，提升资源配置效率。加固生物安全防线，建设P3实验室，调配移动P2实验室，获批呼吸疾病全国重点实验室。技术性贸易措施研究与应对检测重点实验室及多个地方特色实验室相继获批或揭牌。实验室管理制度与信息化建设同步推进。

（张建明）

【实验室调整优化】2023年，全国海关调整实验室布局，批建实验室4个，撤并实验室37个，批准组建实验室联盟2个。实施生物安全实验室管理，推进已纳入国家规划的P3实验室建设，调配移动P2实验室。呼吸疾病全国重点实验室获科技部批复建设，实现海关系统全国重点实验室"零"的突破。建设三级实验室管理制度体系，规范和加强实验室安全风险防控、仪器设备管理、核查验收和联盟技术合作。实现实验室管理系统与属地查检系统互联互通，试点智慧海关取样送检全流程信息监控业务场景，解决现场重复录入问题，提高送检效率。

（刘姝　刘真权）

【东数西算实验室共建】2023年7月，海科中心与甘肃省庆阳市政府共同成立"东数西算共建实验室"，联合开展数据中心行业新产品研发和绿色节能技术研究等工作，支持和服务国家"东数西算"工程。11月，中标中国电信"东数西算"国家枢纽庆阳算力中心测试认证项目；12月，获签"东数西算"兰州新区联运物流信息服务平台测试认证项目。

（刘扬）

【进出境濒危野生动植物鉴定实验室联盟活动】2023年6月，海科中心作为联盟理事长单位在成都举办联盟第一届第二次理事会。11月在南宁召开象牙多模态鉴定技术交流会。组织实施"缅茄材种鉴定""骨制品中虎源性成分鉴定"等实验室间能力验证活动13项，参加国际能力验证及协同实验3项。组织开展濒危野生动植物保护相关科普讲座、技术培训、开放日活动。

（张利峰）

科技保障单位

【概况】2023年，海关总署推动科技保障单位政事分离，公益类事业单位依法参与市场服务。改革法检业务抽检和监测机制，动态调整法检商品检测项目、抽检比例；调整政策措施布控需求，统筹下达布控指令，建立结果反馈机制。建立跨关区送检内部委托机制，压缩跨关区送检检测周期，促进海关技术机构间优势互补。推进技术机构人才队伍建设，培养和引进高层次专业技术人才。推行“能上能下”“能进能出”岗位聘用制度，调整人员结构，完善“1+3+N”人才布局。支持依法依规开展经营活动和提供技术服务，管理市场化业务。与地方政府开展项目承接、平台共建等合作，提升海关技术保障能力。

（关综）

【全国海关信息中心（全国海关电子通关中心）】全国海关信息中心（全国海关电子通关中心）（简称“信息中心”）是海关总署直属的公益一类事业单位，前身是成立于1986年4月的全国海关电子计算中心和海关通讯网络指挥中心。1999年组建全国海关信息中心，2008年加挂“全国海关电子通关中心”牌子。主要承担海关信息化基础设施建设与运维、应用项目建设与运维、网络信息安全管理、大数据治理及应用等工作，内设16个机构。2023年，信息中心推动科技赋能，为智慧海关建设和“智关强国”行动提供支撑，防范化解系统运行和网络数据安全风险，保障信息系统安全稳定运行，为海关业务发展提供数据技术支撑。年内，信息中心“E海讲坛”在全国海关主题教育“四个一百”评选中获选“百个特色做法”，“海关核心业务信息系统容灾切换”获选“百个典型案例”。《海关科技筑梦人》获评“从我做起——中央和国家机关精神文明建设巡礼”活动“百优作品”奖。被国家税务总局等六部委授予2022年打击骗取留抵退税违法犯罪成绩突出集体。

（刘真权）

【中国电子口岸数据中心】中国电子口岸数据中心（简称“数据中心”）成立于2001年5月，为海关总署直属的公益二类事业单位，是海关业务的技术保障支撑部门。主要职责为执行国家口岸管理办公室下达的项目开发、推广应用任务，承担中国电子口岸、中国国际贸易“单一窗口”、海关外网及相关政务业务服务类项目的建设运维，承担海关总署12360海关热线及新媒体咨询服务等，内设机构11个，在全国42个直属海关所在地设立数据分中心。2023年，数据中心完善中国国际贸易“单一窗口”和“互联网+海关”功能，提升用户体验；网络和信息系统安全稳定运行。

（李静）

【中国海关科学技术研究中心】中国海关科学技术研究中心（简称“海科中心”）成立于2021年3月，为海关总署直属的公益二类事业单位。主要职责是开展海关系统全局性、基础性、关键性科学技术研究及海关标准化体系建设研究，承担海关系统专业基准实验室建设技术工作，为争议性检验鉴定结果复检、仲裁以及重大或突发事件应急提供技术支持，为北京海关提供相关技术服务等。设有17个内设机构。2023年，海科中心制订智慧海科建设方案，主办智慧海关助力高质量发展论坛，打造智慧实验室“样板间”。首次联合承办全国科技周暨北京科技周主场馆展览活动，“海关虚拟仿真数字化标本展”获得北京科技周最受关注展项。与11家科研院所、高校及企业签署战略合作协议，加强关键核心技术储备。动物检疫研究所、技术装备研究所、通关监管技术研究所党支部获评中央和国家机关“四强”党支部，海科中心被授予2021—2023年度海关总署机关创建模范机关先进单位，3人分别获全国三八红旗手、全国巾帼建功标兵和全国归侨侨眷先进个人。

（张晓龙　李小林）

海关文化

文化宣传

【概况】2023年，全国海关贯彻落实习近平总书记关于宣传思想文化工作的一系列重要论述、重要指示批示精神，落实意识形态工作责任制，组织推动海关系统宣传文化单位加强意识形态阵地建设。海关总署党委带头开展专题学习研讨，带头学习宣传贯彻习近平总书记给红其拉甫海关全体关员重要回信精神，开展“我们都是收信人”大讨论，举办“感悟领袖关怀 凝聚奋进力量”巡回宣讲，推进“我们都是践行者”行动。海关总署被中共中央宣传部评为中央和国家机关新闻发布优秀单位。

海关总署设有文化宣传直属事业单位2个、企业1家。其中，中国海关博物馆承担海关行业知识、海关历史宣讲传播，为全国海关关警员提供行业发展教育；中国海关传媒中心是海关总署新闻传播的平台载体，主办出版《中国国门时报》、《中国海关》杂志、《中国口岸科学技术》杂志、《海关总署文告》杂志等，承办海关总署官方新媒体“海关发布”以及“中国海关”强国号，运行“中国海关传媒”头条号和抖音号等大众传媒集群；中国海关出版社有限公司于2010年按照中央文化体制改革要求由事业单位转为企业，是海关总署主管主办的唯一一家国有文化企业。

（齐宁）

【精神文明建设】2023年，海关总署制发海关精神文明建设工作要点，形成落实落细、重在创建、抓在日常工作机制，推动海关系统开展文明创建活动，打造海关特色文化品牌。向中央文明办报送《中国精神文明建设年鉴·2023卷》供稿材料，宣传推介“学用讲坛”活动等特色做法。组织第二期“国门生物安全”主题实践活动，通过现场讲、网上宣、展馆展等多种形式，开展生物安全法律法规和生物安全知识群众性宣传活动。开展新一批全国青年文明号命名及星级认定。与团中央等22家单位联合印发《关于命名第21届全国青年文明号并进行星级认定的决定》，北京海关所属首都机场海关旅检一处等15个集体升星评为“二星级全国青年文明号”，广东分署大数据实验室研究分析小组等38个集体新评为“一星级全国青年文明号”。指导系统开展青年文明号开放周活动，向团中央推荐青年文明号宣传典型，报送开放周活动情况。

（齐宁）

【主流媒体宣传】2023年，全国海关与宣传部门和主流媒体沟通协调，关注重要活动、重要时间节点策划新闻宣传选题，开展海关新闻报道会商。围绕习近平总书记给红其拉甫海关全体关员重要回信和海关关员热烈反响的相关报道由中央电视台《新闻联播》、《人民日报》、新华社分别刊发，其他媒体转载近5000篇次。围绕共建“一带一路”倡议提出10周年，10月5日—10日中央电视台《新闻直播间》栏目连续6天推出“丝路画卷·‘一带一路’口岸行”特别节目。围绕中国—中亚峰会、第三届中国—非洲经贸博览会、中国—中东欧国家博览会、上合组织领导人峰会、金砖国家领导人会晤、APEC第三十次领导人非正式会议等重大外事活动，中国海关开展新闻宣传，服务大国外交，发布相关进出口外贸数据情况及海关守国门促发展案例，参与中央电视台《新闻联播》“新思想引领新征程”“开好局 起好步”“高质量发展调研行”等专栏宣传13次。围绕海关服务广交会、杭州亚（残）运会、中国—南亚博览会、中国—东盟博览会、中国国际服务贸易交易会、中国国际进口博览会开展新闻宣传，展示服务保障大型重要国际会议工作情况。年内，中央电视台《新闻联播》、《人民日报》、新华社、央广新闻分别报道海关工作165次、201次、430次、73次，同比分别增长10%、

35.82%、108.74%、15.87%。

（李来虎）

【海关自媒体宣传】2023年，海关总署门户网站开设“学习贯彻习近平新时代中国特色社会主义思想主题教育”“守国门 促发展 当好让党放心 让人民满意的国门卫士”专题，保持刊发频率和数量，形成报道规模和效应。“海关发布”政务新媒体开设“学思想 强党性 重实践 建新功”专栏，发布180篇相关报道，阅读量220万。开展公告解读、数据发布、维护国门生物安全、截获外来物种、打击走私等相关工作的报道，宣传海关落实党中央决策部署的举措和成效。“中国地图一点都不能错”“海关查获人体模型内藏活体植物根茎”“女子双腿绑14瓶茅台入境”等多篇稿件微博话题点击量过亿次。“海关发布”政务新媒体开设“讲述关员自己的故事”专栏，聚焦基层，讲述一线关员的奋斗故事、奉献故事。春节前夕，发布《海关春晚2023》，受社会好评。抓住假期、开学季等时间节点，线下组织全国海关开展“开放日”“进校园”等活动。全年，“海关发布”等各平台关注总人数434万，合计阅读/播放量3.15亿次。年内，“海关发布”微博微信上榜“2023年度中国最具影响力政务新媒体”等荣誉。动画作品《一只蚊子的自白》获中国行业报协会首届短视频大赛最佳动画作品三等奖。

（李来虎）

【海关文化协作区建设】2023年，海关总署指导海关文化协作区组织片区单位开展一系列文体活动。举办海关主持人才研讨培训班，提升专业能力素质，进行人才储备。开展“送文化 送欢乐 送温暖”春节慰问活动，组织3支海关文艺小分队分赴东北、西北、西南等地边关和艰苦地区海关开展文艺慰问演出8场。其中，东北小分队由杭州海关牵头，上海、南京、宁波、福州、厦门海关参与，赴大连海关所属丹东海关、哈尔滨海关所属漠河海关、呼和浩特海关甘其毛都口岸；西北小分队由拱北海关牵头，南京、广州海关参与，赴乌鲁木齐海关所属阿拉山口海关、西宁海关所属格尔木海关；西南小分队由天津海关牵头，赴昆明海关所属打洛、勐腊海关和南宁海关所属东兴海关。创新活动形式，在“金钥匙”微信公众号推出全国海关文艺节目展演栏目，集中展示海关优秀文艺作品。

（齐宁）

【在线访谈】2023年，海关总署“在线访谈”原创专题栏目聚焦海关中心工作、一线动态和典型事迹，聚焦社会关注和企业呼声，推出在线访谈活动15期，全年实时访问量645.37万次，网友提问3336个，在线答复1624个。在习近平总书记给红其拉甫海关全体关员回信、海关关衔制度实行20周年前夕，开展以“志合者，不以山海为远——红其拉甫海关、大铲海关‘边关’党建共建”为主题的在线访谈活动，宣传新时代的中国海关，实时访问量突破百万。太原海关以“解锁水果香飘海外的‘山西经验’”为主题举办该关首期访谈，实时访问量63万人次，在2023年度在线访谈活动中创单关访问量最高。

（周群）

【音像管理】2023年，海关总署《海关影像》栏目在海关门户网站推出“学习宣传贯彻党的二十大精神”“海关队伍授衔20周年”等24个系列宣传，发布微视频作品108件，其中13件精品作品在《海关影像》“央视频”平台重点推出。海关总署联合《人民日报》策划制作完成以“守国门、促发展”为叙事主线、以“当好让党放心、让人民满意的国门卫士”为主题的中国海关形象片，以多元化的叙述方式讲述中国式现代化大局中的海关故事。

（周群）

教育培训

【概况】2023年，全国海关干部教育培训以深入学习贯彻习近平新时代中国特色社会主义思想为主题主线，以党的理论教育、党性教育和履职能力培训为重点，全面提高干部素质和能力。海关党校、院校把学习贯彻党的二十大精神作为各级各类干部教育的必修课，开展学习贯彻党的二十大精神、提高政治能力专题培训，分层级举办新任职领导干部培训班和中青年干部理论进修班。围绕重点任务开设专题培训班，开展信息化、实验室重点工作等高层次人才培训。在海关国际合作框架下开展AEO、通关便利、动植物检疫等领域的涉外培训。制定海关实训体系建设大纲，推进教学练战一体化实训，建设基层实训示范点，开展海关特色课程建设，分类分级开展“通用+专业+特色”融合培训。年内，全国海关举办各类脱产培训班3289期，举办加强年轻干部政治忠诚和理想信念教育培训专题培训班62期。创建首批全国海关业务实训点19个，制作学习贯彻习近平新时代中国特色社会主义思想海关特色课程37门，评选2023年海关“好课程”29门，拍摄“千万工程”经验案例教学片。上线运行海关教育培训管理系统。

（胡小明）

【干部教育培训】2023年，全国海关把学习贯彻习近平新时代中国特色社会主义思想作为主课、必修课和干部学习中心内容。深入学习习近平总书记给红其拉甫海关全体关员重要回信精神，开展“我们都是收信人”大讨论；举办“学习习近平新时代中国特色社会主义思想读书会”。联系实际开设“学习习近平总书记关于总体国家安全观的重要论述　坚守新时代海关国门安全”“以习近平新时代中国特色社会主义思想为指导　推进海关监管制度改革”等海关特色课程。在海关中青年处级领导干部进修班、执法一线科长培训班等班次，开设“深入学习党章党规党纪，严守法纪底线”“海关党员领导干部违纪违法典型案例分析”等课程，开展党性教育、纪法教育、警示教育。举办隶属海关关长全面从严治党专题培训班，安排读书会、学员论坛、现场教学等活动。在初任培训中加强廉政和纪律作风教育，引导新关员扣好“第一粒扣子”。将智慧海关建设、“智关强国”行动内容纳入主体班次教学计划，开设专题课程。落实海关总署党委关于加强执法一线队伍建设的要求，围绕推进执法统一性、防范执法风险，举办复议应诉、风险预警、危险货物监管、智能审图等执法一线人员培训示范班20期。落实海关总署党委关于加强人才队伍建设的要求，在动植物检疫、信息化、实验室、企业信用管理等领域举办高层次人才培训班11期。围绕维护国门生物安全、确保产业链供应链安全、共建“一带一路”等领域举办业务培训班87期。

（高莉）

【涉外培训】2023年，海关总署围绕服务国家外交外贸大局，以服务共建“一带一路”、学习贯彻习近平总书记关于开展“智慧海关、智能边境、智享联通”合作试点的重大倡议等重要指示批示精神为重点，线上线下举办涉外培训项目19期。落实中俄海关能力建设合作协议，与俄罗斯海关以线上形式联合举办培训班。与荷兰海关开展交流合作，举办专题培训。落实内地与香港、澳门海关培训合作计划，选派内地海关关员赴香港参加培训，邀请香港、澳门海关官员到内地参加培训。邀请WCO官员线上授课；邀请IAEA专家来华授课。举办海关缉私交流培训班。聚焦加强“三智”海关合作在华举办专题培训。构建涉外培训核心课程体系，打造“中国海关通关时间研究”“中国海关企业管理制度与AEO国际互认”等涉外培训精品课程。建设上海海关学院临港国际校区，在上海临港中心挂牌“上海海关学院国际海关能力建设教学基地”。

（高莉　唐慧婧）

【教育培训资源建设】2023 年，举办全国海关兼职教师培训班 2 期，推动习近平新时代中国特色社会主义思想海关特色课程建设，提升兼职教师政治能力和教学水平。海关网络培训学习平台新上线课程 153 门。开展“好课程”评选工作，29 门课程获评 2023 年海关“好课程”。召开海关总署教材编审委员会工作会议，推动海关专业特色教材建设。

（孙路路）

【教育培训网络信息化建设】2023 年，全国海关运行推广海关教育培训管理系统，实现与海关人员管理系统、海关网络培训学习平台、在线考试子系统、队伍建设综合管理平台间的数据互通，推动教育培训信息精准记录、标准化管理。升级优化海关网络培训学习平台功能项 28 个，实现“线上+线下”一体化设计培训班次、提前发放培训班预习资料、班主任分级管理、线上课关键词精准检索等功能，制定学习平台管理办法，厘清责任分工，落实培训管理责任。

（刘慧）

【海关 e 课堂】2023 年，全国海关举办“海关 e 课堂”19 期。培训以深入学习贯彻习近平新时代中国特色社会主义思想为主题主线，安排学习贯彻党的二十大精神、全面从严治党、智慧海关建设、教学练战一体化实训等 4 个方面教学内容，教学方式突出专家讲理论、部委讲政策、干部讲实践、学员讲实操。邀请中央党校教授讲授习近平新时代中国特色社会主义思想总论和分论内容。中央部委有关专家就建设现代化产业体系、加快建设贸易强国、区域发展理论和实践等进行专题授课。直属海关代表围绕立足岗位学习贯彻党的二十大精神进行分享交流。举办“学思想、强党性、重实践、建新功”“海关 e 课堂”培训，以视频探访方式在中国共产党历史展览馆开展沉浸式教学。3 个全国海关业务实训点的 6 位教师采用情景模拟、现场实操、仿真教学、角色扮演等方法，结合典型案例开展教、学、练、战一体化实训教学。

（陈国强）

【支教工作】2023 年，全国海关学习贯彻习近平总书记关于全面推进乡村振兴工作的重要论述和重要指示批示精神，海关支教志愿者 16 人赴河南省鲁山、卢氏两县开展支教工作。组织岗前培训，开展师德师风学习教育，就中小学课堂教育教学进行专题辅导，提升教学能力，细化安全防范措施，开展志愿者安全教育，确保支教活动安全。海关总署指导志愿者结合支教学校实际以及“五四”“六一”“七一”等节点，制订特色项目方案，在支教县举办“海关红色传承进校园云课堂”“走进海关国家级实验室”“国门生物安全守护”等特色教学项目。开设动漫、国画、京剧等课程，组建足球、艺术等社团，开设心理辅导讲座，组织捐赠教学资料，改善教学条件。《中国国门时报》、《三门峡日报》、“金钥匙”微信公众号等媒体多次报道。海关总署及郑州海关对支教志愿者开展慰问 11 次。

（孙路路）

【全国海关业务实训点创建】2023 年 5 月，海关总署制定出台“海关实训体系建设大纲（试行）”，明确海关实训工作的总

▲2023 年 5 月 10 日，海关总署第十三批支教志愿者在支教学校举办“海关红色传承”进校园云课堂活动　（祁晓英/摄）

体要求、主要内容、建设思路、保障措施，指导直属海关结合实际推进教学练战一体化实训，因地制宜、分类分级创建实训项目、实训教学点。7 月—11 月，教培中心会同海关总署人事教育司和 8 个业务司局，按照“紧密服务海关中心工作、突出实操培训为主、实训模式体现先进性独特性、实训创建模式体现代表性和可推广性”的原则，经过直属海关申报、教培中心书面审核、业务司局业务审核、“业务+教育”专家组实地评估开展全国海关业务实训点申报评估工作。12 月，发布 19 个全国海关业务实训点名单（见表 13），涉及口岸监管、风险防控、税收征管、卫生检疫、动植物检疫、进出口食品安全、商品检验、企业管理和稽查 8 个业务条线，天津、南京、杭州、南昌、青岛、济南、长沙、深圳、拱北、黄埔、江门、昆明 12 个直属海关。各业务实训点聚焦业务领域实战需求，研发课程教材案例，培训实务技能兼职教师，因地制宜探索创建实训教学点，开展教、学、练、战一体化实训，形成各有侧重、各具特色的实训模式。

表 13 全国海关业务实训点名单

序号	业务类别	实训点
1	全国海关风险防控业务	江门海关云擎大数据应用实训教学点
2	全国海关关税业务	深圳海关关税技术实训教学点
		青岛海关关税业务实训教学点
		杭州海关原产地业务岗位实训教学点
3	全国海关卫生检疫业务	黄埔海关卫生检疫实训教学点
		长沙海关航空口岸卫生检疫实训教学点
4	全国海关动植物检疫业务	南京海关进境木材监管实训教学点
		南昌海关供港澳活猪检疫监管实训教学点
5	全国海关进出口食品安全业务	黄埔海关进出口食品监管业务实训教学点
		天津海关进口冷链水产品监管实训教学点
6	全国海关商品检验业务	天津海关进口汽车检验实训教学点
		青岛海关进出口危险货物及包装检验业务实训教学点
		济南海关进口棉花检验监管实训教学点
7	全国海关口岸监管业务	深圳海关人工检查实训教学点
		拱北海关旅检技能实训教学点
		杭州海关跨境电商进出口监管实训教学点
8	全国海关企业管理和稽查业务	南京海关企业管理和稽查实训教学点
		深圳海关企业管理和稽查实训教学点
9	全国海关综合性业务	昆明海关综合实训营

（胡小明）

海关史研究

【海关年鉴获奖】2023年12月29日，《中国海关年鉴（2022）》获第九届全国地方志优秀成果（专业年鉴类）特等奖。《中国海关年鉴（2022）》为新中国海关首部年鉴，于2021年10月启动编纂，2022年9月22日在京举行新书发布会。全书124万字。全国44个直属海关单位独立卷年鉴同步编纂出版，做到体例、标识、版式“三统一”。实现海关总署、各直属海关单位年鉴编纂全覆盖。《杭州海关年鉴（2022）》《沈阳海关年鉴（2022）》经地方推荐获专业年鉴三等奖，南京、长沙、宁波、拱北海关年鉴分别获得省级方志部门表彰奖励。

（解飞）

【《中国海关年鉴（2023）》】2023年10月，海关总署编纂的《中国海关年鉴（2023）》由中国海关出版社有限公司出版。胡伟、许大纯总编。该卷年鉴为第2卷。卷首设中国海关关区及口岸分布地图1幅，卷首图片设数说海关、领导活动、铸忠诚、担使命、守国门、促发展、齐奋斗等专题。该卷年鉴除特载、专记、大事记外，设党的建设、业务建设、综合保障、直属海关单位、直属企事业单位和社会团体、荣誉·名录、海关统计资料7个类目，下设113个分目、1776个条目，收录图片465幅、表格20张。书后列附录、索引。全书148.6万字。与第1卷年鉴相比，该卷年鉴卷首增设“数说海关”，直观展示2022年全国海关业务数据情况；取消次分目层级，相关业务条线工作情况呈现更清晰、简洁。全书载录2022年度中国海关工作的基本情况，包括全国海关改革发展的重要举措、重大事件以及所取得的成绩和经验。

（解飞）

【“中国海关史”国家社科基金项目进展】2023年，“中国海关史”国家社科基金特别委托项目研究有序推进。该项目于2021年12月经全国哲学社会科学工作领导小组批准确定，海关总署办公厅为项目责任单位，研究周期5年。项目领导小组由海关总署党委批准成立，设立5个子课题组，研究团队59人。6月30日，海关总署党委审核通过“中国海关史”项目研究大纲方案，项目研究工作由编写研究大纲为主的第一阶段，转入以搜集、整理、研究为主要任务的第二阶段。9月6日，举行“中国海关史”项目第一次工作推进会，部署第二阶段目标任务和重点工作。

（解飞）

【中国海关历史资料馆（线上）】2023年，中国海关历史资料馆（线上）运行。该平台是海关总署为推进数字中国海关历史研究工作搭建的，由海关总署海关史研究工作领导小组办公室与中国海关出版社有限公司合作开发，经过一年多的建设，对2021年以来征集的全国海关603份口述史料音视频资料完成数字化整理；至年底有《人民海关》《中国海关》《海关研究》期刊710期，“中国海关史”项目组提供的电子史料书籍60册，旧海关史料数据库近代海关原始史料约8.5万份，与上海海关学院图书馆“海关史研究文献索引服务平台”实现联通，是海关系统海关史研究资源共享平台和专题数据库。

（范嘉蕾）

【《海关研究（海关史专刊）》】2023年，《海关研究（海关史专刊）》出刊2期，刊发稿件48篇，史料图片69幅，65万字。专刊创刊于2021年，由海关总署海关史研究工作领导小组办公室与中国海关学会联合编印，属于海关总署主管的海关史研究内部交流刊物，为海关系统参与海关史研究、开展学术交流提供平台。该刊设国家社科基金项目专稿、海关史论坛、海关史料辑选、回顾与思考、读史札记、关史拾遗等栏目，每年第一期设“海关史论文观点摘编”“报刊文章目录汇总辑览”专栏，提供上一年度国内最新学术资讯。每期内部发行9000册。

（解飞）

【第一届青莲湖“中国海关史”学术研讨会】 2023年10月28日—29日，第一届青莲湖“中国海关史”学术研讨会在上海海关学院举办。国家社科基金特别委托项目“中国海关史”项目领导小组负责人出席会议。海关总署、中国社会科学院、复旦大学、中山大学、对外经济贸易大学等单位领导专家近50人参加。会议主题是“中国海关与中国现代化进程”，收集到征文189篇。围绕“海关溯源与市舶关津、口岸开放与对外贸易、近代洋关制度和职能变迁、红色海关的历史定位与史料新探、党领导下的海关运动与历史人物、海关现代化历程与海关文化”六个专题，现场参会交流36篇，书面交流19篇。参加会议的研究人员以海关系统内人员为主，趋向年轻化。提交会议论文研究范围广、时间跨度长，上溯到夏王朝，一直延伸到新时代。中华人民共和国成立初期、改革开放时期的研究论文增多，研究重点有所变化，红色海关研究走上前台，检验检疫业务发展史受到关注。

▲2023年10月28日—29日，第一届青莲湖“中国海关史”学术研讨会在上海海关学院举办 （蒋书怀/供图）

（蒋书怀）

教育和培训机构

全国海关教育培训中心

【概况】全国海关教育培训中心（简称“教培中心”）于1998年成立，是海关总署直属事业单位（正局级），参照《中华人民共和国公务员法》管理。受海关总署委托制定并组织实施全国海关教育培训年度计划，组织实施涉外培训计划，信息化建设、管理教育培训网络，建设海关题库和管理考试测评工作，组织协调指导海关行政执法资格考试工作，联系指导海关总署党校，联系协调海关院校工作，组织指导全国海关教材、课程、兼职教师队伍建设，联系指导海关总署教育培训基地相关工作。年内，教培中心统筹编制海关总署年度培训计划，全年举办集中调训156期，参训人员1.02万人次；分类分级创建实训项目、实训教学点，创建19个全国海关业务实训示范点，推进直属海关教学练战一体化实训。充实海关总署师资库，入库师资284人。吸纳直属海关优秀兼职教师入库，吸纳纪检监察领域兼职教师27名。开展学习贯彻习近平新时代中国特色社会主义思想海关特色课程征集工作，上线37门。拍摄“千万工程”经验教学片，纳入干部教育培训内容。评选海关“好课程”29门。举办“海关e课堂”19期，举办网上培训班37期；上线运行海关教育培训管理系统，实现与海关网络培训学习平台、在线考试子系统等数据互通。修订印发中共海关总署党校党性教育教学大纲和海关教育培训协作区管理办法等。印发海关网络培训学习平台管理办法、海关网络培训班操作指南，推进教育培训制度建设。落实执行培训计划，4次通报计划执行情况，全国海关脱产培训计划执行率达100%。

（胡小明）

【“好课程”评选】2023年5月—8月，教培中心联合海关总署人事教育司开展海关“好课程”评选工作。评选参照中共中央组织部2021年全国干部教育培训好教材好课程评选做法，在总结2021年开展的党的十九大以来海关优秀教学成果评选活动经验做法基础上，结合海关实际和创新课程建设思路，制订评选方案，改进评审分类方式。参评课程按政治理论、党性教育、领导干部能力提升、专业化能力培训和案例教学5个类别评选；参评单位分海关总署各部门、直属海关单位（A组）和两所海关院校（B组）2个组别评选。邀请海关系统业务专家15人和系统外教育培训专家10人组建5个评审小组，分别对5类参评课程进行两轮集中评审。通过组织推荐、集中评议、评审结果公示等环节，从123门参评课程中确定“持续优化口岸营商环境、不断促进跨境贸易便利化”等29门课程为2023年海关“好课程”（见表14）。

表14　2023年海关“好课程”目录一览表

类别	推荐单位	组别	课程名称
政治理论类	海关总署国家口岸管理办公室	A组	持续优化口岸营商环境、不断促进跨境贸易便利化
	上海海关		加快高水平对外开放推进自由贸易试验区与自由贸易区两大战略协调对接

表14 续

类别	推荐单位	组别	课程名称
政治理论类	杭州海关	A组	绿水青山就是金山银山理念在海关的转化实践
	青岛海关		让每一次执法都闪耀着法治的光芒
	拱北海关		坚持政治统领强化履职尽责　共筑“青篱”守护国门生物安全
	上海海关学院	B组	习近平法治思想概论
党性教育类	大连海关	A组	弘扬伟大抗美援朝精神　凝聚青春力量　坚实筑垒边关青年队伍建设
	上海海关		新时代　新海关　新青年　新作为——创特色党建品牌引领业务创新
	青岛海关		讲述烟台海关红色故事
	拱北海关		守初心　担使命　扣好廉洁从政“第一粒扣子”——应用原创实训教具初心开展党风廉政情景教育
	黄埔海关		赏诗词　溯党史　学思想　强党性
	中国海关管理干部学院	B组	重走大钊路　寻迹五峰山——弘扬大钊精神牢记初心使命　现场教学
领导干部能力提升类	海关总署国家口岸管理办公室	A组	国家“十四五”口岸发展规划
	南京海关		用好思政工作“传家宝”守牢智关强国“生命线”
	深圳海关		讲政治、重担当、提质效，做忠诚、干净、担当的国门卫士
	汕头海关		提升海关执法一线科长风险内部防控能力
	黄埔海关		以智慧海关建设推动风险防控高质量发展
	上海海关学院	B组	学习贯彻党的二十大精神　推动高水平开放和政府治理现代化
专业化能力培训类	天津海关	A组	进口汽车检验
	长沙海关		守护“舌尖上的安全”——轻松认识进出口食品安全监管体系
	海关总署统计分析司、深圳海关		海关进出口货物贸易统计制度
	拱北海关		练好旅检查验基本功　提升现场查缉能力
	汕头海关		口岸传染病排查处置技术方案概述解读
	中国海关管理干部学院	B组	海关核辐射监测工作规程与查获典型案例分析
案例教学类	大连海关	A组	坚定理想信念　严守纪法规矩　做新时代忠诚干净担当的海关人
	杭州海关		加强知识产权海关保护　助推外贸高质量发展
	拱北海关		坚决打私、文明执法　在为国把关中践行政治担当——以拱北口岸打击治理“水客”走私实践为例
	长沙海关		内河运费扣减审价案例
	黄埔海关		黄埔海关“模拟法庭”（税号申报不实）行政诉讼案例教学
		B组	空缺

（孙路路）

【“千万工程”经验教学片拍摄】2023年7月，教培中心会同海关总署思想政治工作办公室、杭州海关完成“千万工程”经验案例教学片开发设计、拍摄及制作。案例教学片内容聚焦“千万工程”的基本情况、主要做法和经验启示，通过深入3个行政村、采访基层党员干部6人，讲述真实案例，展现“千万工程”以来浙江农村的变化，感悟习近平总书记的战略思维、系统观念、为民情怀和务实作风。案例教学片列入海关总署党委理论学习中心组（扩大）学习内容，报至中央主题教育中央第三十指导组、中共中央组织部、中央和国家机关工委，发送各直属海关单位纳入党员干部教育培训案例教学。

（胡小明）

【“我的海关故事”讲坛】2023年，教培中心在隶属海关关长全面从严治党专题培训、艰苦边远海关业务骨干培训等班次开设“我的海关故事”讲坛。该讲坛根据培训类型与学员特点，将“外部请”与“学员讲”相结合，调动学员积极性和参与热情，来自乌鲁木齐海关所属吐尔尕特海关、长沙海关所属湘西海关、兰州海关所属敦煌机场海关和拉萨海关所属吉隆、亚东海关等10余名学员讲述海关人接续传承老西藏精神、服务乡村振兴、促进开放型经济高质量发展、扎根边关艰苦奋斗、忠诚履职尽责守护国门安全等先进事迹和感人故事，引发学员思考和互学互鉴。邀请多次获得省部级荣誉的南京海关所属常州海关、重庆海关所属两路寸滩海关代表与学员线上交流，分享隶属海关关长抓管理、带队伍、强作风、树形象的特色做法和基层党建鲜活案例，就学员关心的问题开展研讨。

（高莉）

▲2023年7月，海关新录用公务员初任培训班邀请海关系统获评全国“人民满意的公务员”代表和红其拉甫海关代表分享工作事迹（教培中心/供图）

【先锋讲坛】2023年，教培中心在初任培训等班次开设“先锋讲坛”思政课堂，邀请拉萨海关、乌鲁木齐海关所属红其拉甫海关、海口海关所属三沙海关、合肥海关所属亳州海关和广州海关所属大铲、南沙、白云机场海关等海关系统获评全国“人民满意的公务员”“人民满意的公务员集体”“双先”等先进典型，围绕“忠诚镌刻帕米尔，‘四特’精神永传承”“榜样的力量——学习大铲海关‘四勇’精神”“成长对话——走好新时代海关青年干部第一步”“成长对话——我的联合国非洲维和行动经历”“以青春之名，建功新时代”“执守世界之巅”“爱国爱岛，乐守天涯”“智慧中途监管”等主题讲述海关人忠于职守、勇于担当、甘于奉献、开拓创新的经验事迹，与学员开展互动交流。“先锋讲坛”请身边人讲身边事、用身边事教身边人，贴近海关人工作生活实际，发挥先进典型的“酵母”作用，引导新关员以先进典型为榜样，提升守国门、促发展能力水平，当好让党放心、让人民满意的国门卫士。

（高莉）

上海海关学院

【概况】上海海关学院（简称“沪关院”）是海关总署唯一直属的全日制本科高等学校。前身为创建于1953年的上海海关学校；1980年5月，经国务院批准，升格为上海海关专科学校；1996年4月，原国家教委批准更名为上海海关高等专科学校；2007年3月，经教育部批准，设立上海海关学院，成为新设置的全日制普通高等学校。2018年5月，获批成为硕士学位授予单位，同时获批公共管理、税务2个硕士专业学位授权点。2019年4月，海关总署与上海市人民政府签署署市合作备忘录，决定共建上海海关学院。2021年，设立上海海关学院临港国际校区，获批国际商务、翻译2个硕士专业学位授权点。2022年，被纳入上海市博士授予单位培育建设名单以及上海市博士后流动站建设筹备单位名单。沪关院共有“三块牌子”——上海海关学院、中共海关总署党校、WCO亚太培训中心，形成“一体两翼”的办学格局，“一体”是位于上海浦东新区华夏西路5677号的主校区，“两翼”分别是临港国际校区和苏州分校。至年底，沪关院有海关管理、海关检验检疫安全、海关稽查、行政管理、税收学、经济统计学、物流管理、审计学、国际商务、法学、英语11个本科专业。其中，海关管理、海关检验检疫安全、海关稽查专业为国家控制布点特设专业，海关管理专业为国家级一流本科专业建设点，税收学、法学专业为省级一流本科专业建设点。沪关院在编教职工304人，其中专任教师179人（教授17人、副教授48人，具有博士学位教师123人）；聘任客座教授、兼职教授、兼职教师56名。

年内，沪关院召开中国共产党上海海关学院第二次党员代表大会，选举产生新一届党委和纪委班子。

（金舒莺　蒋书怀）

【招生就业】2023年，沪关院8个本科专业（审计学、行政管理、法学当年暂停招生）在31个省（自治区、直辖市）招生720人，招生计划完成率100%，实际报到人数702人，报到率97.5%。海关管理、海关检验检疫安全、海关稽查3个本科专业在提前批次招生，录取新生506人，一本（自招）上线率100%。2023届本科毕业生658人，657人按期获得学士学位，1人结业，就业率91.19%。2023届研究生毕业生78人，77人授予硕士学位，1人延期毕业，就业率96.10%。

（桂佳　刘晓敏）

【教学科研】2023年7月，沪关院“锻造国门卫士　创建中国特色一流海关本科教育的探索与实践”获得国家级高等教育教学成果奖二等奖，实现沪关院办学历史上在国家级奖项方面“零”的突破。获批国家级一流本科课程2门、上海市级一流本科课程4门、上海市重点课程5门、上海高校思想政治理论课精彩案例2个、教师教学竞赛获奖5项、教育部产学研合作协同育人项目1项、上海市重点教改项目2项。通过公共管理、税务硕士专业学位点专项核验工作，完成国际商务、翻译2个新增学位点首届招生，获批上海市研究生教育改革项目2项，2门课程入选全国税务专业学位研究生教育指导委员会在线示范课程建设项目。全年，沪关院承担科研项目86项。其中，国家级项目5项，省部级项目22项。在高级别期刊发表论文31篇，其中SSCI、SCI论文19篇，CSSCI、EI等论文12篇；普刊论文112篇；出版专（译）著17部。

（钱晓岚　张雪凤）

【国际及港澳交流合作】2023年，沪关院分别与香港海关学院、美国协和大学威斯康辛分校和美国阿什兰大学签署合作协议，涵盖学生交流、科研合作、教师互访等内容，推动学校国际化办学建设。至年底，沪关院与13所院系和机构签署合作协议。沪关院代表中国海关参加第21届WCO亚太地区培训中心主任会议，介绍智慧海关合作伙伴计划。沪关院推进与国际海关院校联盟（INCU）合作，申请建立“国际海关院校联盟（INCU）秘书处中国办公室”机制，完成意向性谈判。沪关院接收来自俄罗斯西北管理学院、乌兹别克斯坦海关学院留学生35人，选拔交换生47人分别赴德国、荷兰、俄罗斯、韩国等国家高等院校交换学习，MPA研究生5人获国家留学基金委公派访学资格（其中瑞士3人、法国2人），8个团组16人次赴澳大利亚、斐济、瑞士、俄罗斯、日本、印度尼西亚、越南和中国香港等国家（地区）交流访问或参加重要国际会议。成立国际贸易规则研究工作组和WCO政策研究专家组，参与海关国际合作重大课题研究。

（李楠）

【建校70周年纪念活动】2023年9月，沪关院举办纪念建校70周年一系列活动。举办学术研究、校史编修、文化体育等活动。举办建校70周年高质量发展推进大会；制作沪关院宣传片，宣传片段首次登上陆家嘴地标建筑LED大屏（时长15分钟，播放30次）；举办建校70周年珍贵档案图展，展现沪关院70年发展历程和精神传承，创建“关智大讲堂”学术活动品牌，举办“全国应用型本科院校专业教学改革与发展”“海关科技的思考与实践”“我国税收改革现实逻辑与税收政策困境”等10余场学术活动。

（潘坤坤）

中国海关管理干部学院

【概况】中国海关管理干部学院（简称“管干院”）于1984年在广州创建，2000年迁入上海，2012年迁入秦皇岛，原海关总署秦皇岛培训学校人员整建制转入中国海关管理干部学院工作。管干院为海关总署直属的正厅局级事业单位，也是海关系统专司教育培训的干部学院。“海关总署监管技术研究中心”和“中国海关防辐射探测培训中心”分别于2004年和2012年设立于管干院，由管干院管理，业务上接受海关总署指导。管干院设9个正处级机构，在编员工66人。

▲2023年7月19日，初任培训学员进行队列会操 （管干院/供图）

2023年，完成海关总署及各直属海关委托的培训任务。举办培训班199期，培训人数1.19万人次。首次承办商务部与国家国际发展合作署援外培训项目“弘扬‘上海精神’深化团结协作——上合组织成员国海关隶属关长行政能力提升培训班”和“协同开展全球安全治理共同提升海关监管环节反恐怖防范技能培训班”。管干院选聘河北省委党校、燕山大学、驻海关总署纪检监察组等单位部门专家学者为管干院客座教授，安排5名青年教师与客座教授结对子，助力青年教师成长成才。新增授课教师21人。管干院推动中国海关防辐射探测培训中心实体化建设，完成管干院综合改革工作方案。获批河北省科技厅“国际贸易安全与便利化技术应用研究中心”，成立监管技术设备研发检测实验室。推动中国海关廉政警示教育基地建设。管干院立项国际原子能机构（IAEA）课题2项、省级课题2项、署级课题7项、院级课题9项、市级课题11项。公开发表论文14篇。出版教材2本、著作3本。

（郭伟　单婷婷）

【中国海关防辐射探测培训中心实体化建设】2023年，海关总署监管技术研究中心（中国海关防辐射探测培训中心，简称“中心”）北戴河校址建成竣工，旨在落实习近平总书记于2016年4月在华盛顿核安全峰会上的重要讲话精神，着力打造具有中国特色的专业化、国际化防辐射技术交流平台。年内，管干院制定“中心新址实训项目培训方案”“发挥中国海关防辐射探测培训中心平台作用，加强国内外交流工作方案”，调整中心设备搬迁及实训教学工作方案，利用现有辐射探测培训场地和新区校址搭建远程教学和实训场景。中心于11月试运行。

（单婷婷　孙晶姝）

【监管技术设备研发检测实验室成立】2023年，管干院海关监管技术设备研发检测实验室建成。实验室负责开展海关监管查验技术基础性研究，开展各类监管技术设备研发，制定相关监管查验设备海关行业标准，开展各类监管技术设备的检定、校验、校准和认定工作，根据上级工作布置，承担其他科研任务。实验室配备各类手持式辐射探测设备120余套，包括个人剂量仪、核素识别仪、表面污染检测仪、电制冷高纯锗谱仪等设备，以及标准平面源、往复式自动小车等材料与装置。实验室申请中国计量认证（CMA）和实验室认证认可（CNAS）两项资质，计划面向海关系统内外单位开展设备计量、检测服务。

（战俭　侯永明）

【中国海关廉政警示教育基地建设】2023年，管干院根据海关总署关于中国海关廉政警示教育基地（简称“基地”）建设工作要求，开展基地建设的统筹谋划和组织实施。赴中国共产党历史展览馆、山东潍坊证监会警示教育基地等开展实地调研，召开基地建设推进会议8次，完成设计方案并组织改造施工。基地以学院东校区图书馆大楼1~4层为基础进行建设，展厅面积1650平方米。以1~4层展陈区为核心，将海关纪检监察案例资源转化为警示教育资源，设置海关监管、缉私等特色展区，穿插设置廉政书吧、廉政研讨室、心理和行为分析室、廉洁文化作品展等特殊功能区域。基地同步开展海关廉政教育课程设计，以“当好让党放心、让人民满意的国门卫士”为展馆主题。以剖析近年来海关系统查处的违纪违法典型案例，教育引导广大党员干部坚守廉洁从政初心、筑牢反腐败防线，通过平面展板、艺术造型、实物展柜、互动体验、场景还原、影音播放等多种方式，打造廉洁文化宣传阵地。设置廉洁人生七笔账、“扪心自问室”等，增强参观者体验感和融入感。

（于东飞　王璐）

文化传播机构（单位）

中国海关博物馆

【概况】中国海关博物馆（简称“博物馆”）是海关总署直属的国家级行业博物馆，位于北京市东城区建国门内大街2号。博物馆内设7个部门，具有收藏保护海关文物、传播海关文化、研究海关历史、开展爱国主义暨海关职业素质教育等职责。2014年3月30日面向社会开放。博物馆主展区建筑面积约8000平方米，基本陈列位于主展区一层、二层，包括千秋古关、近代海关、新中国海关三个部分。专题展厅和临时展厅位于地下一层。另设“海关902”艇专题展厅。博物馆有藏品3.2万余件，涵盖从战国时期至当代各个历史时期的海关重要文物。

2023年，博物馆第一时间收藏习近平总书记给红其拉甫海关全体关员重要回信复印件（编号第3号）。在主展区“新中国海关”部分醒目位置展出习近平总书记重要回信内容。对主展区20处展板展项进行更换，举办“蔚蓝的关注——海洋生态保护展”“长缨当关——中国海关与抗美援朝战争”专题展。联合广西壮族自治区防城港市博物馆举办“国门生物安全之保护生物多样性篇”临展，配合海关总署思想政治工作办公室举办“清风国门”全国海关廉洁文化作品展。开展“海关参与促进地区和全球贸易发展”见证物专项征集等工作，全年征集藏品、资料等100余件，馆藏“进出口货值过6万亿美元报关单”入选国家文物局、中央广播电视总台、中央网信办联合评选的“100件新时代见证物”。完成40余件纸质类藏品和10余件纺织品类藏品的熏蒸保护工作，编制中国海关博物馆馆藏革命文物保护与利用规划，推出“一物一品——关博藏品专题展”。2023年3月21日博物馆恢复开放，至年底，接待参观团体300余个，参观人数19.6万人次。

（周格　吴雪琪）

【行业交流】2023年，博物馆领导带队参加第29届国际海关博物馆协会年会，围绕“博物馆中价值多元的事物”主题作专题发言。为国际海关博物馆协会成立30周年线上联合虚拟展览提供图片展品，宣传中国海关形象。派员参加文博行业各类专业会议，在中国展陈行业创新发展论坛发表演讲。履行关史陈列室指导职能，与红其拉甫海关关史陈列室建立指导对接机制，向哈尔滨、南京、武汉、昆明等海关提供业务指导。

（王心缘　李骜）

【馆校“双课堂”建设】2023年，博物馆围绕“博物馆课程进校园”和“青少年实践活动进博物馆”两个结合点，与北京地坛小学、黄城根小学、史家小学等建立合作框架，依托学校教师资源，开发符合中小学教学需求的海关特色课程体系。联合海关总署北京缉私犬基地送课入校，通过缉私犬实地工作展示与传统课堂相结合的方式，讲授国门安全相关知识。全年以线上线下相结合的方式向27所学校送课，开展活动296场，参与师生3万余人次。

（裴璐）

【海洋生态保护展】2023年7月—8月，博物馆举办海洋生态保护展。展览通过百余张照片、130件标本展品，将海洋知识科普与海关业务职能宣传结合起来，向青少年宣传保护海洋生态环境重要性，展现全国海关贯彻习近平生态文明思想、保护海洋生物安全的使命担当。展厅陈列有水母景箱、小丑鱼历险皮影、帝企鹅标本、贝壳拍照打卡场景、斑斓海洋倡议墙等，展现知识性、趣味性、参与性、互动性，实现寓教于乐。

（孙睿明怡）

【“长缨当关——中国海关与抗美援朝战争”专题展】 2023年10月25日，抗美援朝纪念日当天，“长缨当关——中国海关与抗美援朝战争”专题展开幕。该展览通过百余件实物展品及档案文献，以“一声令下斗志昂”“关通天下抢运忙”“国防前线出口畅”“白衣灭瘟保民康”“万人齐心热忱扬”“英魂归国展担当”6个版块，全面系统展示了抗美援朝期间中国海关的使命担当。展览向社会公众开放，接待参观团体90余批次，单日最高接待参观团体9批次。29家海关单位引进线上展。

（邢宇晨）

▲“蔚蓝的关注——海洋生态保护展” （博物馆/供图）

▲“长缨当关——中国海关与抗美援朝战争”专题展 （博物馆/供图）

中国海关传媒中心

【概况】 中国海关传媒中心（简称“传媒中心”）成立于2020年，是海关总署在京直属事业单位（正局级），是海关总署新闻传播的平台载体，内设12个处室，主办出版《中国国门时报》、《中国海关》杂志、《中国口岸科学技术》杂志、《海关总署文告》杂志等；承办海关总署官方新媒体“海关发布”以及“中国海关”强国号，运行“中国海关传媒”头条号和抖音号等大众传媒集群。主要业务包括报刊发行、广告经营、影视制作、通关智库、政策解读、会务组织、业务培训、新闻发布、论坛组织、会展承办等。

2023年，传媒中心出版《中国国门时报》242期，刊发版面968个，稿件6000多篇；出版《中国海关》杂志12期，发布《中国城市外贸竞争力报告》；出版《中国口岸科学技术》杂志正刊12期、增刊2期，论文汇编1期；出版内部刊物6期，《学习贯彻习近平新时代中国特色社会主义思想主题教育》增刊2辑；出版《海关总署文告》12期8个专题。全年刊登习近平总书记重要论述533条、重要活动1162次，理论文章、评论229篇。传媒中心通过新媒体矩阵推出单篇阅读量千万次以上的文章1篇，百万次以上的43篇。“中国海关传媒”抖音号原创发布短视频392条，总阅读量超过5300万次，点赞量超过31万次，其中《我国海关首次截获巴尔干锯螽斯》单篇阅读量超千万次。超百万次以上作品5条。《中国国门时报》“科技前沿”版面策划的“为推进中国式现代化贡献海关力量”图片专版，被推选至“北京（2023）国际摄影周‘国际形象’展览”参展。《中国国门时报》、“学习强国”、微信公众号等各平台刊发《学思践悟强党性——全国海关学习贯彻习近平新时代中国特色社会主义思想主题教育深入推进》等4篇综述报道的全年阅读量830万次、点赞量超40万次，其中，单篇阅读量最高达500多万次。

（徐壮　宋欣馨）

【新媒体建设和运维】2023年，传媒中心海关媒体智慧生产传播及舆情引导管控系统（一期）（简称“智媒一期”）建成应用。该系统基于移动互联、云计算等新技术打造智能化平台，推动海关传媒从传统向融媒体、智媒体转型。系统建设四大平台：统筹协调指挥系统平台、融媒体生产平台、媒体资源库平台及舆情监测分析平台。与公共应用服务平台如H4A平台、HGIS海关地理信息支撑系统、自动化办公平台等进行对接，整合海关全网和自有资源，规范海关数据资产管理。智媒一期平台实时更新海关资讯，提供深度报道和专业新闻。经过两年多的开发、测试，该系统进入试运行阶段，并完成数据迁移。迁移历史非结构化数据63.18万条、供稿数据3.66万条、采编稿件8.96万条。

（王磊　刘畅）

【“海关之声”品牌建设】2023年，传媒中心在中国国际进口博览会开展“海关之声”访谈活动。上海、北京、福州、青岛等海关关员担纲主讲嘉宾宣讲海关相关政策。访谈内容在“中国海关传媒”抖音号直播。与中国报关协会、上海报关协会等行业组织，以及佳农、旺旺、联想、盛世科技等集团公司合作，创新海关监管服务，为企业提供全方位的新型信息传播、品牌塑造和政策咨询等服务，建设对外开放领域新型传播交流平台。

（刘建鑫）

【“媒体走进海关”活动】2023年8月7日—11日，传媒中心与中央网信办网络社会工作局开展2023年度“发现最美‘国门卫士’·助力东北老工业基地转型发展”网评品牌活动。中央媒体和自媒体30余人走访长春海关及所属延吉、珲春海关和沈阳海关，实地调研和采访海关开展主题教育、海关服务贸易强国建设、海关队伍先进典型事迹等方面情况，通过新闻媒体网站、微博、微信、抖音等多个平台进行宣传报道，话题登上热搜要闻榜单2次、最高排名为第3名。

12月5日—8日，中央主流媒体在海口海关开展“发现最美”考察调研活动。中央网信办应邀派员全程莅临指导，《人民日报》、新华社、中央广播电视总台、中国国际电视台、中国交通广播电台、《经济日报》、《农民日报》、《法治日报》、中国新闻社、《经济观察报》、北京广播电视台、中国网、凤凰卫视等14家主流媒体21名记者、

▲2023年11月9日，传媒中心“海关之声”在2023年进博会上进行访谈直播活动　（传媒中心/供图）

管理者以及海关总署和基层海关工作人员参加，组织开展座谈会2场，现场采访2场，参观学习1场次，现场讲解、实地调研7场次。活动通过调研海南自由贸易港建设、海南离岛免税业务，走访AEO企业，考察国门生物安全教育基地，研讨海关快件邮件监管业务，探讨直属海关、隶属海关与媒体合作模式等，展现海关“海南自由贸易港建设海关必担当”的具体举措。

（刘云松）

▲2023年8月8日，“发现最美‘国门卫士’”团队在珲春口岸通关中心进境食用水生动物查验区进行采访调研　（长春海关/供图）

中国海关出版社有限公司

【概况】中国海关出版社有限公司（简称“出版社”）成立于2000年6月，2010年按照中央文化体制改革要求由事业单位转为企业，2019年完成公司制改制，是海关总署主管主办的国有文化企业。内设10个部门，分别是办公室（党委办公室）、纪委办公室、总编室、财务部、第一图书编辑部、第二图书编辑部、出版部、市场一部、市场二部、数字出版部。下属2家子公司，分别是北京国门书香文化有限公司、北京金钥匙书店有限公司。

▲2023年出版社出版的部分精品图书　（出版社/供图）

2023年，出版社按时保质出版印制《中国海关报关实用手册（2023）》《中华人民共和国进出口税则（2023年）》《中华人民共和国海关统计商品目录（2023年版）》《2023中国海关进出口货物检验检疫申报手册》等多部海关工具类和实务类图书。出版印制《中国海关年鉴（2023）》、各直属海关单位年鉴、《中国口岸年鉴》等一系列资料性实用工具书。出版印制《看中国：动物“野”有趣》和《雷锋：一个时代的楷模》。出版的教材《关务基本技能》和《关务基础知识》入选教育部公布首批“十四五”职业教育国家规划教材书目。策划出版《〈经修订的京都公约〉与海关制度研究》等多部法规类图书。开展海关法规、年鉴、统计、税则、海关史料等主题的数字内容资源建设，为海关知识库提供海关专业知识内容。中国海关数字图书馆、旧海关史料数据库等资源更新并扩大用户范围，签约香港中文大学等用户。

（杨升　徐硕）

【融媒体出版信息平台建设】2023年，出版社建设融媒体出版信息平台，打造纸书、电子书、音频和视频一体化融合生态，建立一种内容多个形态、一次产出多次增值的生产服务方式，完成《报关单填制实务》《箱包鞋服归类手册》《进出口税则对照使用手册》《关务相关法规速查手册》等70多种图书融媒体增值服务，实现针对精准用户的阅读查询服务。与上海喜马拉雅科技有限公司联合打造“美好关声——新时代海关智慧掌中宝”听书机，内容汇集主题教育、海关知识和喜马拉雅全网资源等1亿多条免费优质音频，通过硬件设备和喜马拉雅平台，传播海关声音。引入“中图印云”建立海外渠道按需印刷业务，为出版社图书打通海外直销渠道。

（金慧珍）

【“全民阅读　书香海关　学习书吧”推广】2023年，出版社建设结合传统纸媒与数字资源的融媒体文化平台“全民阅读 书香海关 学习书吧”，配备传统纸质图书和海量数字阅读资源，满足各类阅读需求，30秒可完成自助借还，设有语音提示辅助操作。书吧实现通借通还，在各地海关均可互通借阅。书吧实现紫外消杀，每次关门自行启动，确保安全卫生。书吧通过后台借阅数据，收集读者愿望需求，更新纸质阅读资源和电子阅读资源。

（胡明）

【“2023年中国·廊坊国际经济贸易洽谈会主论坛”承办】2023年，出版社首次承办由商务部、海关总署、河北省政府举办的“2023年中国·廊坊国际经济贸易洽谈会主论坛”，全国现代商贸物流企业等中外企业代表近500人参加论坛。举办论坛是海关推动京津冀区域经济协同发展、以海关现代化助力推动中国式现代化的体现。出版社对会务筹备等各环节进行安排和部署，复盘讨论，将工作落实到细节。同时开展政治把关，执行宣传资料三审三校制度，落实意识形态工作责任制。

（王振国）

综合保障

政务管理

【概况】2023年，海关总署开展政治机关建设，全流程督办落实习近平总书记重要指示批示，对党的二十大报告涉及海关工作逐条分解督办。完成智慧办公方案和12360海关热线、“互联网+海关”以及门户网站3个场景方案编制，推动“智慧值班指挥平台”等项目试点运行。参加国务院新闻办公室举行的“权威部门话开局”系列主题新闻发布会，介绍“守国门、促发展，为推进中国式现代化贡献海关力量”有关情况。出台15条措施解决形式主义突出问题，为基层减负。统筹保障海关发展和安全，扩大外部合作，与地方、部委签订合作备忘录19份，服务促进地方开放型经济发展，继续保持人大建议、政协提案按期答复率和代表满意率100%。年内，海关总署保密委员会办公室2次获全国保密宣传教育优秀组织奖，1人被人力资源和社会保障部、国家保密局评选为“全国保密工作先进工作者”；海关总署办公厅文秘处被教育部、国家语言委员会评为国家通用语言文字推广普及先进集体，1人被评为先进个人。

（曹智）

▲2023年1月13日，国务院新闻办公室举行2022年全年进出口情况新闻发布会　（海关总署办公厅/供图）

【政务公开】2023年，海关总署规范门户网站各类政府信息对外公开期限，组织完成历史政府信息的整理工作。开展直属海关2023年政务公开第三方评估并在全国海关系统进行通报，继续按季度开展机关政务公开工作通报。对外发布《中华人民共和国海关总署政府信息发布目录（2023年度）》。全年门户网站政府信息公开目录发布信息235项，其中海关总署令3项、海关总署公告202项。全国海关受理政府信息公开申请1280件，同比增长4.7%。各直属海关对照《海关领域基层政务公开标准指引》《海关领域基层政务公开标准目录》在关区开展基层政务公开标准化规范化工作自查评估、系统性评估复审；海关总署办公厅对隶属海关开展交叉互评和集中会审、考核，并印发三期典型经验做法的通报。至年底，全国海关636个隶属海关全部按计划通过基层政务公开标准化规范化达标评估。

（李正远）

【信访工作】2023年，海关总署开展调查研究，听取直属海关意见建议，总结分析海关系统信访工作的现状和问题，提炼直属海关典型经验做法并在系统内进行通报。举办全国海关政务公开和信访业务处级领导干部培训班，邀请专家专题授课。建立全国海关信访工作联系沟通机制，开展关区配合和关地协作，推动源头治理和积案化解。开展矛盾纠纷排查，组织信访突发事件应急演练，完成全国两会和“一带一路”高峰论坛等重大敏感时期信访安全保障工作。落实信访工作法治化理念。改革信访工作年度考核指标，考核信访事项规范办理情况，全年处理信访事项3101件次，同比下降32%。

（李正远）

【保密工作】 2023年，海关总署落实党管保密、党管密码的政治责任。建立海关保密风险预判预警机制、开展海关保密管理具体措施专题调研，加强借调、聘用和服务外包运维人员保密管理。年内，完成21个直属海关单位网络安全保密风险评估现场检测，检查检测各类设备200余台，制发问题整改通知单19份。组织全国海关开展为期6个月的保密自查自评，抽取20个直属海关单位进行保密交叉检查，对2个海关开展“进驻式”检查。结合“4·15”全民国家安全教育日主题开展海关保密宣传教育月系列活动，组织开展“我在海关话保密”微视频征集评选、海关保密公益宣传片创意文案和宣传海报创作评选等系列活动，22个作品获奖。

（董春宇）

【新闻发布】 2023年，海关总署通过参加国务院政策例行吹风会、召开记者通报会等渠道，介绍海关2022年办理全国人大代表建议和全国政协委员提案工作、海关推动外贸稳规模优结构工作、海关出台优化营商环境16条措施、支持西部陆海新通道建设15条重点举措、促进综合保税区高质量发展23条改革举措、2023年促进跨境贸易便利化专项行动取得阶段性工作成效、解读海关总署推动加工贸易持续高质量发展16条改革措施等相关情况（见表15）。定期在国务院新闻办公室举行新闻发布会，开展外贸数据发布工作。全年举办或参加新闻发布活动22次，同比增长22.22%。被中央宣传部评为中央和国家机关新闻发布优秀单位。

表15　2023年海关总署参加、举办的新闻发布会和发布活动一览表

序号	日期	发布主题	主办方
1	1月13日	2022年全年进出口情况新闻发布会	国务院新闻办公室
2	1月13日	优化中外人员往来管理措施有关情况新闻发布会	国务院联防联控机制
3	2月27日	巩固疫情防控重大成果有关情况新闻发布会	国务院联防联控机制
4	2月28日	2022年国务院部门办理全国人大代表建议和全国政协委员提案工作情况	国务院新闻办公室
5	3月20日	守国门、促发展，为推进中国式现代化贡献海关力量	国务院新闻办公室
6	4月13日	一季度进出口情况新闻发布会	国务院新闻办公室
7	4月23日	推动外贸稳规模优结构国务院政策例行吹风会	国务院新闻办公室
8	4月26日	中国打击侵权假冒工作年度报告（2022）	国务院新闻办公室
9	6月13日	优化营商环境16条	海关总署
10	6月14日	深化营商环境重点领域改革国务院政策例行吹风会	国务院新闻办公室
11	6月25日	2022年缉毒工作成效	海关总署
12	6月30日	有条件的自由贸易试验区、自由贸易港试点对接国际高标准经贸规则国务院政策例行吹风会	国务院新闻办公室

表15 续

序号	日期	发布主题	主办方
13	7月13日	上半年进出口情况新闻发布会	国务院新闻办公室
14	8月4日	支持西部陆海新通道建设15条重点举措	海关总署
15	8月16日	促进综合保税区高质量发展23条改革举措	海关总署
16	8月31日	2023年促进跨境贸易便利化专项行动取得明显阶段性工作成效有关情况	海关总署
17	9月5日	解读《河套深港科技创新合作区深圳园区发展规划》	国务院新闻办公室
18	9月27日	聚焦自由贸易试验区建设10周年	国务院新闻办公室
19	10月13日	前三季度进出口情况新闻发布会	国务院新闻办公室
20	10月31日	推动加工贸易持续高质量发展16条改革措施解读	海关总署
21	12月8日	推进上海自由贸易试验区全面对接国际高标准经贸规则	国务院新闻办公室
22	12月18日	加快内外贸一体化发展	国务院新闻办公室

（李来虎）

【门户网站管理】2023年，根据国务院办公厅《政府网站发展指引》要求，海关总署门户网站及电子口岸部门网站、直属海关子网站每季度开展检查评估、通报，发现问题推动整改。门户网站“智能问答”服务上线，全年智能问答访问量4162次，咨询量1.3万次，咨询问题响应率为71.9%。年内，门户网站发布文章7131篇，新建专题5个，收到留言1.19万条，办结率99.4%，发布政策解读146篇，直播在线新闻发布会10期，组织策划举办在线访谈15期，答复“我为政府网站找错”问题85个。智慧海关门户网站业务场景建设工作取得进展，完成海关门户网站业务场景应用方案编写等工作。在“2023数字政府评估暨第二十二届中国政府网站绩效评估”中，海关总署门户网站位列国务院其他部门网站绩效评估第二位。

（许晓飞）

【12360海关热线】2023年，12360海关热线建设便捷、高效、规范、智慧的海关便民服务“总客服”。通过组织线上线下业务培训、直属海关热线到海关总署热线跟班学习交流和海关业务现场调研等形式，提升业务水平和综合素质。组织赴北京市12345热线、国家移民管理局12367热线以及深圳市政府政务

▲2023年，海关总署办公厅档案处获评“全国海关系统准军事化纪律部队建设先进集体”（雷爽/摄）

服务中心等多家单位实地调研，探索科技赋能提升海关政务服务能力的新思路。与海关业务部门沟通配合，年内组织培训9场、923人次参加。规范处置程序，提升技术应急保障能力，定期排查风险隐患，组织应急演练，提高预判预警预防能力。全年12360海关热线人工接听咨询电话129.57万次，日均接听量3550次（含节假日），平均等待时长3.3秒。

（王欣）

【档案宣传活动】2023年，全国海关开展“档案里的海关队伍授衔20周年”主题征文活动，收到征文567篇，优选135篇编印征文选集《海关记忆——档案与海关关衔制度实行20周年》。开展“奋进新征程 海关谱新篇”“踔厉奋发 逐梦兰台”“档案小知识”“我学档案法”等宣传海报设计活动，举办专题档案展览36次、培训讲座和知识竞赛11次、线上答题436人次，拍摄专题微视频和推送公众号文章24个，9个集体、个人获得省部级以上档案工作先进集体、先进个人等荣誉称号。广东分署和满洲里、上海、宁波、福州、济南、江门等海关举办“与新时代同行”“智慧物流建设档案”“我们这十年”“长三角生态绿色一体化示范区重特大事件档案图片展”“档案文化走进三十三墟街”“烟台山‘闽海关’文化主题展”“档案见证历史”等专题展览。海关总署办公厅以及南京、南昌、郑州、深圳、拱北、湛江等海关拍摄《奋进新征程 兰台谱新篇——近代海关史料修复》《宁关宝档》《新征程，拱北海关再出发》《在海关档案里挖呀挖呀挖》《逐梦兰台》《洪关薪火传 兰台谱华章》《关小档课堂：档案的故事》等主题宣传片。海关总署办公厅档案处获评“全国海关系统准军事化纪律部队建设先进集体”。

（吴倩）

【人大建议、政协提案办理】2023年，海关总署承办两会建议提案327件，同比增长16.8%。办理人大建议219件，其中主办、分办66件，协办122件，参阅31件；办理政协提案108件，其中主办、分办19件，会办75件，参阅14件。健全三级负责、专人跟踪、统一回复机制，围绕“国之大者”、重大战略、元首外交成果设立重点督办提案，完成建议提案办理工作，按期答复率和代表满意率100%。

（于淼）

督察内审

【概况】2023年，全国海关完成智慧督审建设实施方案和场景应用方案，构建督审大数据应用常态化工作机制，组建工作团队；完善“海关内部控制与监督”子系统功能；组织开发“海关接受国家审计信息化应用”，完成“一关一档”“一司一档”业务需求设计；首次应用海关审计软件开展非执法领域审计。接受国家审计，配合审计署审计项目3个。海关总署对37名署管干部开展经济责任审计；督促事业单位所属企业脱钩和转让产权工作落实情况；对397个单位开展实验室设备耗材管理使用专项审计；指导直属海关开展审计项目270个。完成署级执法评估项目3个，指导直属海关开展执法评估项目61个。配合驻署纪检监察组、巡视等部门，创新“巡审联动”工作模式，开展重点关注事项核查338项。开展审计决定落实情况“回头看”，组织开展全国海关督察审计自查工作。

（蒋震）

【国家审计】2023年，全国海关接受审计署对海关履行监管职责和税收征管情况，2022年度、2023年度预算执行情况等审计项目3个，涉及海关总署及24个直属海关单位。组建海关总署、直属海关单位两级迎审联络员队伍，明确工作职责。梳理督察审计自查要点及风险点313项，组织全国海关开展自查。年内，组织召开审计整改视频会议1次，专题部署落实审计查出问题整改工作，印发整改方案，修订10项工作机制，持续督促2022年以来税收征管审计、预算执行等审计发现问题整改。

（蒋震）

【内部审计】2023年，海关总署开展对“一把手”的审计监督，全年开展37名领导干部的经济责任审计工作。实施审计项目督导管理和过程质量控制，依托现场审计工作，聚焦重大风险和突出问题，多次开展专题调研，落实研究型审计。落实全面从严治党工作会议相关任务分工要求，开展与其他监督工作的贯通协调。对照审计决定和被审计单位反馈整改情况，细化整改要求，逐一核对审查，保障整改结果符合要求。

（李卓阳　刘莎）

【督察监督】2023年，海关总署开展署级督察项目2个，向相关职能司局提出意见建议3条，全国海关开展督察项目898个。海关总署制发年度重大政策措施落实情况跟踪督察重点项目清单、重大政策措施落实情况跟踪督察重点和指南，确定重点项目11项，梳理出涉及64类、338项督察检查要点。强化“督研结合”，组织开展研究型督察项目，把研究作为谋划督察项目的前置准备，重点研究被督察业务领域相关政策措施、业务流程、执行路径等，建立“督研结合”的督察辅助决策机制。

（郑宇）

【执法评估】2023年，海关总署落实执法评估清单式项目管理，提升评估效能。依据专题执法评估项目清单，应用“数据+指标+分析+调研”模式，搭建数据分析模型52个，对2845家企业开展问卷调研，完成“全国海关市场采购贸易监管专题评估报告”“自由贸易试验区创建10周年成效专题评估报告”“全国海关进境种子（苗）种源监管情况专题评估报告”3个署级专题执法评估项目。开展执法评估人员培训和“送教上门”活动，以智慧海关和智慧督审为重点，组织直属海关业务骨干介绍执法评估工作经验和讲授大数据分析技术，并以网课形式介绍执法评估指标建设、成果转化、海关风险防控和大数据应用等主题，完成10多次网上授课。

（方斌）

【智慧督审建设】2023年，海关总署推进“智慧督审”建设，完成智慧督审建设相关方案。组织8个直属海关业务专家，组成2个工作专班，聚焦“构建四全机制”“实施六化转型”要求，研究制约督审监督工作高质量发展的瓶颈，逐项分析涉及督审条线的问题，全面梳理海关督审现阶段业务特点及现状，研提建设举措19项，形成智慧督审建设任务清单。明确近期、中期、远期任务事项，完成智慧督审建设实施方案和智慧督审场景应用方案编制。升级、优化内部控制与监督子系统（HLS2017系统），拓展数据分析覆盖范围。将HLS2017系统打造成“智慧督审”的主平台，在多次征集各业务司局、各直属海关系统应用及建设意见的基础上，梳理系统现有的167项功能，形成增、删、改需求任务书10份并组织实施。结合智慧督审建设和开展督审大数据应用工作需要，获取云上全量数据、开通相关作业系统查询权限等需求，拓宽执法领域数据分析覆盖范围。印发实施《应用审计软件加强海关非执法领域审计的工作方案》，首次在海关非执法领域审计中应用信息技术，建立应用信息技术开展非执法领域审计工作机制，推动审计人员学习应用审计信息技术。整理法规依据700余件、编写核查指引36项560个核查点、整理编写方法模型79个。直属海关在328个关级项目中不断提升审计质效，审计软件应用场景162个，验核电子数据500余万条，筛选问题疑点和风险点746条。

（史侠）

【事业单位所属企业脱钩和转让产权专项审计】2023年，海关总署完成持续2年的跟踪监督专项审计，督促事业单位所属企业脱钩和转让产权工作落实。将企业脱钩和转让产权工作纳入日常审计监督范围，继续关注其工商过户、企业注销和收益处置等工作落实情况。

（刘莎）

【实验室仪器设备和试剂耗材管理使用情况专项审计】2023年5月—9月，海关总署组织开展海关实验室仪器设备和试剂耗材管理使用情况专项审计。排查清除海关实验室仪器设备和试剂耗材管理使用过程中7个方面28项重点事项的风险隐患，督促各级海关单位严肃财经纪律、完善内部控制，促进实验室仪器设备和试剂耗材在预算编制、预算执行、资金管理、资产管理等环节的合规性，提升实验室资产管理使用效率，推进实验室安全生产管理。审计覆盖独立核算单位397家，审计仪器设备14.87万台（套），现场核查海关单位198家。审计提出3方面6条审计建议。

（刘莎）

【“内控特色科室”创设】2023年，全国海关评选出署级“内控特色科室”51个，针对需重点防范的风险或待解决的问题，梳理主要做法和作用效果200余条。开展宣传推广，组织全国海关开展片区集中交流研讨，推动区域结对交流，各直属海关全年开展关区内结对交流270次、跨关区交流活动48次。全国海关有1450个科室参与创设工作，各直属海关培育关级“内控特色科室”485个。

（于晴文）

财务管理

【概况】 2023年，全国海关财务部门落实习惯“过紧日子”要求，履行财务保障职责，健全财务管理机制，推进制度标准体系建设，防范化解重大财务风险，推进财会监督专项行动。年内，海关总署制发智慧财务建设实施方案，编写智慧财务核算系统升级需求，增加风险预警和自定义报表功能，完成智慧财务核算系统规则前置、自动记账、自动对账等项目试点测试。

（张钰　商亮）

【预算管理】 2023年，海关总署完善“过紧日子”的长效机制，加强“三公”经费支出管理，重点强化预算管理、提高资产使用效率、深化节约型机关建设。海关总署“过紧日子”定期评估连续12个季度获财政部“A”档评价。海关总署作为唯一中央部门代表，在全国预算绩效评价管理培训班作经验交流。配合财政部开展海关系统法检经费保障专题调研，向财政部争取支持，追加法检业务专项经费，应对海关法检业务量快速增长挑战。完成署级课题“海关整体支出绩效评价体系构建”研究，运用“政研结合”新思想推动海关整体支出绩效工作提升，研究构建海关系统具有共性、横向可比的整体支出绩效评价体系。

（李欧）

【决算管理】 2023年，海关总署采取直属海关归口初审、编制工作小组集中复审相结合的方式，完成2022年度海关部门决算编报工作，通过财政部会审。加强决算数据分析应用，整理分析决算数据，完成2022年海关系统行政事业单位财务基本情况汇编；组织系统内财务专家开展2019年—2022年决算数据分析，为各级决策提供财务数据支持。

（牛凯）

【税费财务管理】 2023年，全国海关税收入库约2.21万亿元。海关总署修订印发税费财务管理办法，完善“财关库银”横向联网系统功能，年内通过系统完成“税单支付”和“税款缴库”的占比分别为98.8%、96.4%。

（李天琳）

【涉案财物管理】 2023年，全国海关与地方主管部门建立涉案财物移交长效机制，实现全覆盖。海关总署组织开展罚没濒危野生动物及其制品集中移交工作，解决基层海关涉案物品保管移交难题。编写涉案财物智慧管理业务场景建设应用方案，运用物联网、大数据等技术手段，实现“智慧仓储、智慧处置、智慧预警、智慧展示”，提升涉案财物管理质效。年内，明确涉案财物特别是危险品保管处置有关要求，组织全国海关开展涉案财物安全管理大检查，通过“四不两直”方式对部分直属海关涉案财物仓库开展检查，督导整治整改安全隐患，防范安全事故发生。

（李诚丁）

【涉企收费管理】 2023年，海关总署落实国务院降低实体经济运行成本联席会议、减轻企业负担联席会议有关工作要求，分析2023年国家审计反映问题，编发案例风险警示，指导全国海关单位对照自查，规范所属企事业单位涉企收费行为。调整经营服务性收入分类项目，新增2个统计指标和4个分析报表，完善海关业务收入信息系统功能。梳理海关涉企保证金项目，逐项明确保函（保险）替代可行性，推动降低外贸企业成本。

（李巍）

【艰苦地区海关保障】 2023年，海关总署支持保障艰苦地区海关，指导艰苦地区海关编制“艰苦地区边关综合保障专项”各项目。统筹资金全额保障第一批艰苦边关生活设施保障能力提升项目，部分项目年内完工。解决艰苦边关应急装备需求，汇总有关需求测算数据。组织开展艰苦边关预算保障专题调研，制订艰苦地区海关综合保障标准相关指引和应急装备配备分类等准则，指导边关财务保障工作，改善边关办公、生活条件。

（李欧　张超）

离退休干部保障

【概况】2023年，全国海关践行积极老龄观、健康老龄化理念，开展离退休干部保障工作，包括开展政治、生活等待遇落实，提供精准服务等一系列措施。至年底，全国海关有离退休人员36099人。其中，离休干部137人，退休人员35962人，中共党员25179人，党支部639个，离休干部平均年龄92岁，退休人员平均年龄66岁。全年新增退休人员3455人，离休干部离世37人，退休人员离世539人。

（张玉堂）

【待遇落实】2023年，全国海关持续推动老同志政治、生活等待遇落实，增强老同志的政治荣誉感、组织归属感和生活幸福感。海关总署结合离休及退休中管干部特点，发挥老同志作为海关历史的“亲历者、见证者、参与者”的优势，开展“送学上门”，听取老同志对海关工作发展的意见建议，为推动海关事业高质量发展贡献离退休干部党员的智慧和力量。年内开展政治待遇需求调研3次，了解掌握老干部需求。编发署内工作动态122期，确保老领导掌握海关工作情况。告知调整退休金相关事宜，帮助老同志异地就医报销。逐步完善“智慧银海”手机服务平台，平台内新增主动推送退休政策、工资明细、查询支部成员电话等服务信息功能。

（董国宁　庄子涛）

【精准服务】2023年，全国海关践行“精准服务”的工作理念，把握离休干部处于“高龄期、高发病期”的“后双高期”身体心理特点，突出开展离休干部医疗保健、看病就医、晚年生活照料等服务，建立健全离休干部服务体系，提供个性化、人性化的服务，包括家政服务、医疗护理、心理慰藉等，着重提高老同志晚年生活质量，年内配餐9597份，解决老同志“做饭难”问题。为北京建国门活动站配备AI智能机器人和喜马拉雅智慧听书设备，便于老同志了解退休报到、出国审批、医药费报销等相关事项。设置“鑫海书香”听书区，听书平台设20余个栏目1万余册图书的选择，丰富老同志退休文化生活。开展居家养老服务模式的创新，开设“全亮服务超市”，与第三方服务商开展线上购买，线下测量、安装的一站式上门服务；开设“国宁工作室”，开展对老同志的心理疏解服务；对大病、独居、空巢和特殊困难人员设立“一人一册（策）”。新增设北京市西部活动站，方便老同志就近报销医药费。4个活动站分别集中药费单据，解决老同志报销药费路途远的难题，全年收取药费单据2000余份。年内，为离休干部上门开展居家养老服务180人次、协调就医保障110人次、上门送药16次，紧急救助突发疾病的独居离休干部并全程陪护。

（邢月　吴彤）

【老年大学建设】2023年，海关

▲2023年9月27日，海关总署老年大学书法绘画课学员作品展示　（海关总署离退休干部局/供图）

总署继续抓好老年大学建设，以点带面推动海关系统老年教育科学发展。注重创新教学模式，采取“线上+线下”教学方式科学施教，努力提升教学管理水平。2023年设置13个班级，安排书画、钢琴、合唱、舞蹈等16门课，全国海关参加学习7309人次。全年在校学员451人，到校1882人次，录制课程506节，实现老年大学全课程录播，云课播放点击浏览5.26万次。

（刘培　但其鸿）

▲2023年10日，海关总署离退休干部局开展重阳节系列活动　（海关总署离退休干部局/供图）

【“情满重阳”系列活动】 2023年，海关总署先后开展“迎新春”、“情满重阳”和老年大学成立10周年调研宣传3个系列主题活动。在“情满重阳”系列活动中，海关总署领导带队上门走访离退休干部代表，在老干部活动站安排重阳主题宣传展览，组织6名海关系统百岁老人开展“追忆峥嵘岁月”专访和宣传，以全国海关老年大学成立10周年为契机开展“情满重阳”线上文艺汇演，组织海关总署机关老同志开展“情满重阳　健康生活”云上趣味运动会，针对老同志身心特点开展线上讲座送健康活动。

（刘培）

【“鑫海桑榆”微信公众号】 2023年，“鑫海桑榆”微信公众号设置25个栏目、刊发信息1125篇、编发信息481篇，专栏转发学习习近平新时代中国特色社会主义思想有声书300余期，部分重点信息阅读量高达2.6万次；公众号关注人数达2.03万人，同比增加1万人。通过信息编发加强先进典型宣传力度，编发“最美银发长者”“百岁风采”系列98篇，宣传海关离退休干部丰富多彩的工作经历和晚年生活、学习情况，有效展现老同志们良好精神风貌。活动受到《中国国门时报》《中国老年报》等媒体宣传，在广大老同志和离退休干部工作人员中备受关注，形成互学互鉴、比学赶超的浓厚氛围。

（刘培）

综合保障单位

海关总署物资装备采购中心

【概况】1999 年 4 月，海关总署物资装备供应中心经中央编办批复成立，是具有独立法人资格的正厅局级事业单位，为中央国家机关成立的首家部门集中采购机构。2005 年 12 月，批复更名为海关总署物资装备采购中心（简称“采购中心”）。2008 年 2 月，批复调整采购中心为财政补助事业单位。2008 年 5 月，人力资源和社会保障部批准采购中心参照《中华人民共和国公务员法》管理。2019 年海关总署明确采购中心主要职责为参与制订海关政府采购工作管理制度和实施办法，承担海关系统政府集中采购执行工作，承担海关政府采购信息化系统、中国海关政府采购门户网站管理维护，参与指导各海关单位政府采购业务及参与组织全国海关政府采购业务培训等相关事项。

2023 年，采购中心开展海关政府采购基础化、规范化监督治理工作 3 次，发现问题 2 个，提出整改措施 4 项。“职能管理+需求管理+采购执行+履约验收+评审专家+供应商”海关政府采购六位一体内控体系建设 2.0 版本取得成效。年内，海关总署修订海关系统部门集中采购目录（2023 版），海关公务车辆纳入集采范围。制定统一规范的政府采购信息公开格式，提升政府采购质量和效率，全年接收 51 家海关单位 188 个采购任务单。发挥政府采购对推进乡村振兴和绿色发展的支持作用，被财政部授予采购脱贫地区农副产品“政府采购突出贡献奖”。

（王淑敏　郑成鑫）

【政府采购执行】2023 年，采购中心实施采购项目 302 个 372 包，采购预算 16.25 亿元，节约资金 1.03 亿元。评估和防范履职风险，制定业务操作规范和工作指引 6 项、采购范本 14 份、规章制度 6 项，修订完善 1 项，废止 1 项。完善以海关物资装备配备和“互联网+政府采购”实施为双轮驱动、内控机制构建与专业化队伍建设为双向支撑的“2 + 2”服务保障智慧海关建设、“智关强国”行动体系。发挥专业优势，对海南自由贸易港建设实验室设备等重点采购项目提出建议，完成智慧动植检、智慧商检、智慧人事、智慧管理等信息系统和智慧监管平台总集成、监理等采购任务 6 个。年内，完成超高速缉私艇采购工作，推进实验室仪器设备采购，完成出入境疫苗采购等工作，保障产业链供应链安全稳定。

（郑成鑫）

【海关“金钥匙”网上商城】2022 年 12 月至 2023 年 8 月，海关“金钥匙”网上商城依序上线“科技创新馆”“乡村振兴馆”“监管查验设备馆”“实验室仪器耗材馆”4 个“小而精、专而实”的特色场馆，助力国家乡村振兴战略实施，满足各海关单位多样化采购需求。其中，“实验室仪器耗材馆”主要展示各海关单位技术中心、保健中心通用的试剂耗材；“监管查验设备馆”主要展示海关通关作业、卫生检疫、出入境配套服务等业务常用的小型设备；“科技创新馆”主要展示适用于海关作业现场能够提高作业效率的各种创新产品；“乡村振兴馆”，主要展示海关总署定点扶贫地区的农特产品，包含“龙南农特产品馆”“鲁山农特产品馆”“卢氏农特产品馆”“民权农特产品馆”4 个分馆。网上商城采购实行全流程电子化操作，综合保障各海关单位，特别是“监管查验设备馆”和“实验室仪器耗材馆”，首批 6 个品目 51 项产品供各海关单位选购，年内有 7 家海关单位执行采购任务单 14 笔，涵盖 3 大品目 140 套设备采购。

（郑成鑫）

海关总署机关服务中心

【概况】海关总署机关服务中心（简称“服务中心”）成立于1995年，为海关总署正局级直属事业单位，对外以“海关总署机关服务局”开展工作。主要承担海关总署机关本级的安全保卫、防灾减灾、环境卫生、节能减排、物业管理、设备维护、食堂管理、医疗保健、固定资产、房产管理、办公用品、服装发放、公车管理、会议服务、签证服务等后勤服务保障工作。

2023年，服务中心连续7年获评“中央国家机关平安建设目标管理考核优秀单位”；连续2年获评“中央国家机关交通安全目标管理考核优秀单位”；通过“北京市节水型单位”复评；在国务院机关事务管理局开展的中央国家机关节约能源资源评价以及资产管理绩效评价工作中，海关总署机关均排名第二。

（谷洪安　贺莲花）

【安全生产管理】2023年，海关总署制定施工安全生产现场检查九步工作法、地下员工宿舍“一主四分”安全管理责任清单，采取12项针对性措施，提高防灾减灾和消防应急处置能力。定期研究分析机关安全，深入开展重大事故隐患专项排查整改2023行动。厘清海关总署各部门单位安全生产主体责任，与50余个单位当面交底，签订安全责任书。从严落实施工备案制度，建立安全生产督查和三级安全督查员制度。编发安全知识应知应会手册，细化机关内部自查表，压实自管自查责任。分类梳理安全风险，对机关施工、用电、消防等8大类重点部位采取“查、训、练”针对性措施。常态化拉练微型消防站，有序更换安防和消防设备近700件、管线1500米，消除消防设施风险15个。强化科技赋能，对武警执勤系统、安保核心交换机、停车管理系统、地下员工宿舍监控进行升级重塑。开展“5·12”“11·9”宣传活动，相继组织武警保安联合演练、“一警六员”消防实战实训、员工宿舍消防逃生演练，练预警、练处置、练指挥、练协同，群防群治能力持续提升。

（谷洪安　贺莲花）

【爱国卫生运动　美丽机关建设】2023年，海关总署印发海关总署机关常态化开展爱国卫生运动、建设美丽机关工作方案，发掘形成“文明、健康、绿色、节约”的美丽机关建设基本内涵。制发倡议书600余份，倡导绿色工作生活新风尚；维修维护办公家具、楼体墙面整修、维检电梯及安全指示灯；绿化彩化庭院环境，相继完成人防工程、景观鱼池、景观照明等优化改造项目。常态化招募志愿者近600名，开展志愿活动和主题宣传40余次，美丽机关建设理念深入人心。开展“寻找最美机关人”活动，录制《美丽机关大家谈》视频，被中国机关后勤公众号刊播，受到全国机关后勤部门广泛关注。

（谷洪安　贺莲花）

直属派出机构

广东分署

【概况】海关总署广东分署（简称“广东分署”）于1980年经国务院批准成立，是海关总署直接领导的正厅局级派出机构。受海关总署委托，承担综合协调广东省内海关的工作职责；督查督办广东省内海关贯彻落实党中央、国务院关于海关工作的方针政策和决策部署，海关总署的工作安排；组织广东省内海关贯彻落实广东省委、省政府对省内海关的工作要求，对接联系广东省委、省政府及有关部门；协调、组织实施广东省内海关之间的工作关系和业务运作，推动广东省内海关实施跨关区业务改革；以海关总署名义办理以广东省内直属海关为被申请人的行政复议案件，并代表海关总署应诉；实施行政执法监督检查；统筹省内海关与港澳地区相关政府部门的工作联系和信息交流。对长沙、广州、深圳、拱北、汕头、黄埔、江门、湛江、南宁、海口、重庆、成都、贵阳、昆明14个直属海关履行监督检查、审计巡视等工作职责。设有12个正处级内设机构、3个正处级机构和1个正处级事业单位，并受海关总署委托管理全国海关信息中心广东分中心。海关总署广东分署缉私局为全国海关第三缉私战区中心局。

2023年，广东省外贸进出口8.3万亿元，同比增长0.3%。年内，省内海关监管进出口货运量14.1亿吨，增长7.2%；监管集装箱3058.4万箱次，下降1.7%；监管运输工具1689.7万辆/艘次，增长152.1%；监管行邮物品1691.3万件，下降22.8%；监管快件9389万件（票），下降5.2%；税收入库4187.3亿元，下降8.0%；立案查办走私犯罪案件2186起，增长19.3%，涉税案件案值308.4亿元，下降26.5%。

（钟锋）

【巡视巡察】2023年，广东分署对广州、拱北、南宁、重庆、昆明等5个直属海关党委及提级巡视中山海关党委开展巡视集中整改期监督检查，提出改进意见建议170条。对黄埔、广州、深圳、海口等4个海关中长期巡视整改开展实地监督检查，发现并指出16个方面23项具体问题，实现对党的十九大以来联系海关整改任务监督检查“全覆盖”。组织本年度内未被巡视的9个海关开展共性问题自查，持续压紧压实整改责任，推动被巡视党组织整改常态化、长效化。巩固深化巡视整改巡察“1+7”协调工作机制，将工作机制适用范围扩展到14个联系海关，实现联系海关巡视巡察条线人员、资源、信息互联互通。破解海关系统巡视整改效果量化评估标准缺失、尺度不一难题，研究出台广东分署对联系单位巡视整改年度量化评估办法，融入智慧海关建设，完成巡视整改监督子系统功能开发。

（尹兰）

【业务综合协调】2023年，广东分署持续推动优化口岸营商环境，落实海关优化营商环境16条，牵头出台广东省内海关20条措施，全省首次一体化开展跨境贸易便利化专项行动。提升RCEP等政策通关享惠便利化水平，服务广东高质量共建“一带一路”，开行国际货运班列1258列，同比增长30.4%。推进粤港澳大湾区“组合港”“一港通”等区域物流一体化改革试点，联合广东省口岸管理办公室共同研究制定6方面22项措施。推动广州、深圳航空物流公共信息平台试点建设。推动珠澳、深港“一单两报”。创新海关监管模式，推动外贸产业提档升级，支持新业态健康持续发展。12月，广东进出口整体通关时间分别为17.02小时、0.80小时，比2017年压缩63.7%、93.3%。落实“大抓项目、抓大项目”要求，推动“一企一策”服务埃克森美孚、巴斯夫等重大项目，支持大宗商品等6大进口基地建设。促进20个战略性产业集群发展，广东电动载人汽车、锂电池、太阳能电池等“新三样”出口分别增长228.9%、15.9%、22.6%。

加大对广东专精特新“一带一路”、重点产业链供应链“白名单”企业信用培育，对加工贸易企业实施“保税+ERP”监管，开展“短溢区间”改革，推广企业集团监管模式，落实主动披露政策，为企业提供容错纠错、守法便利通道。至年底，广东有进出口实绩的企业12.4万家，增长9.3%。发挥港珠澳大桥粤港澳经贸新通道作用，支持用好管好大桥，推动香港机场、大桥口岸、粤港澳物流园高效联动。推进广州白云机场货物24小时通关工作。

（林已凡）

【海关监管】2023年，广东分署统筹协调广东省内海关开展口岸现场准备和通关恢复工作，结合粤港澳口岸全面恢复通关，强化正面监管，在符合条件的口岸实施人员卫生检疫“合作查验、一次放行”等查验方式。会同地方相关部门推进“港车北上”“澳车北上”政策于1月和7月先后实施，至12月31日，约2.7万辆澳门机动车、3.7万辆香港机动车办结海关备案手续，“澳车北上”政策下澳门机动车进出境112.5万辆次；“港车北上”政策下香港机动车进出境27.2万辆次。推进“打击进出口危险品伪瞒报”专项行动，开展进口危险化学品检验监管模式改革试点。加强与国家安全等部门合作，组织开展“扫黄打非”系列集中行动。以横琴、前海、南沙、河套等重大平台建设为突破口，落实海关总署支持横琴、前海、南沙重大平台54项具体措施。加快推动横琴“分线管理”政策落地。推进智慧口岸旅检改革，支持广州琶洲港澳客运码头、港珠澳大桥经贸新通道、皇岗口岸改造和沙头角口岸重建等基础设施建设。将“跨境一锁”改革拓展至湖南省，推动开通经港珠澳大桥的第二条湖南往返香港“跨境一锁”运输路线，6月湘粤港海关“跨境一锁”正式启动。至年底，“跨境一锁”已覆盖广东、湖南和港澳81个清关点。

（谢越　林已凡）

【海关检疫】2023年，广东分署开展“多病共防”，加强猴痘、登革热等传染病防控，联合广东省卫生健康委员会健全完善应对口岸重点关注传染病疫情和突发公共卫生事件合作机制。守护国门生物安全，融入广东省外来入侵物种协调机制，共同推进广东外来物种入侵防控和入侵物种普查工作。与农业农村部门建立种质资源出境管理信息通报和实物移交工作机制，严防中国物种资源流失。开展“国门绿盾2023”行动，深化“跨境电商寄递‘异宠’综合治理”。实施进口食品“国门守护”行动，广东省内海关退运或销毁的不合格进口食品约占全国三成。开展“进口食品企业安全责任年”等系列活动，推动进口食品安全主体责任落实。加强重点敏感进出口商品检验和质量安全风险监测，服务广东质量强省建设和业务改革创新发展。

（卜海龙）

【统计与研究】2023年，广东分署牵头广东省内海关建立稳外贸工作专班，召开稳外贸碰头会，在季度、年末等重要节点召开稳外贸调度会和阶段总结会。创造外贸监测分析“广东模式”，监测广东外贸变化，向相关部门报送最新外贸形势走势研判情况。加强外贸新闻宣传，每月通过新闻媒体发布广东外贸数据。跟踪重点企业、行业发展动向，组织

▲2023年10月18日，广东分署派员在广交会调研　（赵畅/摄）

到比亚迪、广汽、小鹏、华为、OPPO、大疆、拼多多、中兴微电子、中芯国际等开展外贸调研，围绕汽车出口运力、跨境电商行业发展、消费电子行业发展等领域开展专题分析，提出针对性应对举措，助力企业高质量发展。

年内，广东分署制定16项重点课题，形成推动广东海南相向发展、广东大广海湾经济区建设等成果建议。主题教育期间，调研方案，谋划“6+49”项调研课题。牵头完成2项署级课题研究，“对标CPTPP国际经贸规则”研究成果获评海关总署2023年度突出署级课题。形成“分署+省内海关+高校智库”调研模式，围绕“新三样”、订单外流、人民币结算、产业转移等热点重点问题，与广东省内海关开展联合调研，形成多篇高质量调研报告，部分建议转化为地方支持措施。首创优秀调研成果评选机制，评出第一批“广东海关十大优秀调研成果”。与省社科院、中山大学、广东外语外贸大学等开展10项课题合作，向10余家合作机构交换贸易监测信息21期。

（汤兵　欧阳子晖）

【企业管理和稽查】2023年，广东分署协调推动联系海关落实稽查改革任务，根据海关总署“金钥2023”专项行动部署，牵头组织广东省内海关开展“双特”联合研判，牵头黄埔、深圳海关对重点企业补税。组织广东省内海关对进口减免税医疗设备和耗材、一般贸易进口褐煤等行业开展贸易调查，加强与海关总署税收征管局（广州）对涉税行业重点行业、领域联合研判，推进后续处置。受海关总署委托，对21个直属海关的稽查、核查和主动披露作业开展执法监督检查，覆盖被检查海关2023年以来的稽核查作业2474起，提出完善制度等建议10余条，发挥执法监督“治已病、防未病”作用，提升稽查、核查执法规范性和统一性。推动加工贸易16条改革措施落地，协调广东省内海关扩大先行先试改革试点范围，稳住加工贸易基本盘。针对企业发展中遇到的新问题新需求研究政策储备，向有关部门建言献策。推动广东省内海关加大信用培育力度，至年底，广东省内有AEO企业1830家，占全国的32.8%。

（潘春晓）

【打击走私】2023年，广东分署统筹协调广东省内海关缉私局围绕突出走私问题，开展“国门利剑2023”联合行动，年内立案侦办走私犯罪案件2186起，案值458.8亿元。协调推动省内海关缉私局会同地方公安机关开展“护航2023”联合专项行动，对海南离岛免税“套代购”走私进行8轮滚动打击，立案侦办海南离岛免税“套代购”走私犯罪案件194起，案值8.39亿元。协调广东省内海关缉私局参与广东省“反偷渡反走私”专项行动及“清湾2023”系列行动，立案侦办涉海走私犯罪案件131起。组织开展打击“水客”走私“云战—清流2023”联合行动，推动广东省内海关完善“风控+缉私+现场”内部联动机制，强化与香港、澳门海关执法合作，立案侦办“水客”走私犯罪案件817起，案值73.98亿元。会同广东省公安厅统筹协调广东省内海关缉私局、公安禁毒部门，联合香港海关开展“云战—断流2023”打击毒品走私联合行动，在内地多地和香港地区查获各类毒品2.69吨。

（潘攀）

【“滞、瞒、逃、骗、害”综合治理】2023年，广东分署盯紧“滞、瞒、逃、骗、害”五大风险，构建风险协同防控分析模型11个，提升人工分析布控精准度。开展粤港澳海关风险情报信息交换和个案协查230次、同比增长8倍，查获走私案件23起。联合广东省安全生产委员会办公室等7部门制定口岸危险品综合治理10项措施，该做法属全国首创。推进“打击进出口危险品伪瞒报”专项行动。强化海关监管，严防地方进出口数据不实，保障统计数据真实可靠。组织广东省内海关完善“防控、监管、打击”一体化打私体系，持续打击整治突出走私问题，将广东省内海关打私工作纳入“平安广东”建设框架一体部署落实推进，强化社会治安综合治理关地协同，广东分署在广东省委政法委员会对平安建设成员单位年度考评中被评为“优秀”等次。

（林已凡　谢越）

【粤港澳大湾区风险防控协同机制】2023年，广东分署协调粤港澳海关开展风险情报信息交换和个案协查230次，根据香港、澳门海关提供的情报信息，协调两级风险防控部门分析处置，查发走私案件及违规情事65起。围绕重大风险开展联合研判，与香港、澳门海关开展水运大船、香烟、“水客”、集成电路和显示板等领域风险联合研判。协调广东省内海关建立“1+2+7”协同防控机制，共同参与“风刃2023”专项行动。牵头广东省内海关风险防控部门，赴香港、澳门开展风险防控业务交流，研究粤港、粤澳海关落实海关总署与香港、澳门海关深化风险管理合作安排具体措施，探索推进粤港澳大湾区海关风险防控一体化。

（潘春晓）

【共建“一带一路”国家（地区）贸易指数】2023年9月，广东分署完成中国与共建“一带一路”国家（地区）贸易指数编制工作，该指数有4个一级指标和20个二级指标，从贸易规模、贸易结构、贸易互利和贸易促进等维度，评估十年来中国与150多个共建“一带一路”国家和地区贸易发展状况、共建成果及未来发展前景。该指数成果被列入第三届“一带一路”国际合作高峰论坛务实合作项目清单，在国务院新闻办公室新闻发布会和第三届“一带一路”国际合作高峰论坛贸易畅通专题论坛上对外发布。

（汤兵）

【粤港澳大湾区和四大平台建设】2023年，广东分署服务粤港澳大湾区和四大平台建设。推进中央区域办8项重点任务、广东省大湾区办9项工作安排以及署省合作备忘录涉及粤港澳大湾区建设12项工作任务。推进国际科创中心建设，实施“跨境科研用物资正面清单”、生物医药研发用物品进口“白名单”监管试点；推动“澳车北上”和“港车北上”落地实施，便利人、车、货来往条件。实施粤澳货物“一单两报”应用，推动试行粤港“一单两报”。开展中欧班列多式联运物流监管改革。推进粤港澳大湾区“组合港”“一港通”改革。开展“数字护边”工程，深化粤港澳三地海关缉私执法合作，加强粤港澳三地海关知识产权保护执法合作；加强粤港澳三地规则衔接，强化对澳门生产食品、肉制品监管合作。对供澳冰鲜水产品创新实施“三联三同”监管。年内，粤港澳大湾区内地9市进出口值7.95万亿元，占广东省进出口总值的95.7%，占全国进出口总值的19%。落实海关总署出台的粤港澳全面合作16项措施、支持前海深港现代服务业合作区全面深化改革开放18项措施、支持和服务横琴粤澳深度合作区20条措施，推动贸易便利、制度型开放、规则衔接和粤港澳深度合作。推动横琴合作区于12月29日通过“二线”验收。

（林已凡　谢越）

天津特派办

【概况】海关总署驻天津特派员办事处（简称“天津特派办”）成立于2002年7月10日，是海关总署直接领导的正局级派出机构，受海关总署委托，承担稽查、督查、审计、执法监督、干部监督、巡视等工作职责，不办理具体海关业务。内设机构4个，事业单位1个，联系单位为北京、天津、石家庄、太原、呼和浩特、满洲里、大连、沈阳、长春、哈尔滨、济南、郑州、兰州、银川、乌鲁木齐15个直属海关，以及中国海关管理干部学院。

2023年，天津特派办稽查、审计、巡视整改监督查发问题896个，提出建议81条，开展19项专题调研。获得天津市绩效考核优秀等次，获评天津市“文明单位”。

（张若曦）

【稽查工作】2023年，天津特派办组织开展稽核查作业执法监控检查工作，对北京、天津等21个直属海关单位开展稽核查作业执法抽查，监控作业2160起，编写稽核查作业执法监控检查案例15例，规范各关执法操作，强化风险监控分析，研究提出完善制度工作建议。开展加工贸易保税监管作业分析监控工作，完善工作机制，分析监控全国42个海关加工贸易保税监管业务，发现加工贸易保税监管领域问题风险，提出风险提示建议16条，形成2023年加工贸易下滑的情况分析系列专题报告6期。按照海关总署工作部署，完成专项稽查行动督导检查、协调指导跨关区稽查工作等任务。

（屈志雄）

【督查审计】2023年，天津特派办受海关总署委托对大连、武汉等7个海关开展署级经济责任审计，通过运用“云擎”、海审系统数据分析、调阅资料、核查单证、现场跟班作业、设立举报箱（举报电话）等多种方式，对被审计单位贯彻落实习近平总书记重要指示批示精神、党中央重大决策部署和推动海关总署党委工作部署情况，执行“三重一大”制度情况、执法和非执法领域与领导干部履行职责密切相关的经济责任情况以及被审计领导干部廉洁自律情况进行审计。对联系单位开展常态化督察监督，按季度开展汇总分析，选取长春、兰州2个海关开展实地督察调研。健全完善组织、宣传、稽查、督审、巡视、后勤等领域内控节点岗位落实清单制度，对24个岗位制定内控节点，办理内控前置审核事项5件。

（由天武）

【巡视和巡视整改督查】2023年，天津特派办派员参加对重庆、广州等4个直属海关和南京海关所属金陵海关常规巡视，派员承担巡视组副组长、联络员等工作任务，做好综合保障工作。组织开展对天津、石家庄海关巡

▲2023年11月20日—23日，天津特派办在石家庄海关开展巡视整改实地监督检查　（石家庄海关/供图）

视集中整改专责监督检查，对2个海关的整改方案和任务清单提出修改意见34条，书面反馈实地督查意见建议14条，对整改报告书面反馈意见建议12条。对哈尔滨、长春、呼和浩特等5个海关开展巡视中长期整改情况督查。完成对联系的16个直属海关单位及相关隶属海关的年度民主生活会督导工作，采取实地检查、电话指导、视频会议、审阅书面材料等方式，对会前学习研讨、谈心谈话、征求意见、对照检查、相互批评意见等各环节进行指导督促，针对发现问题提出750条整改意见。

（兰思民）

【调查研究】2023年，天津特派办以“耳聪目明”行动为抓手，建立适应新职能、新形势、新要求的“大调研”制度体系。年内牵头完成署级调研课题2项，其他各类调研课题12项，上报海关总署调研报告5篇。开展稽查、审计、巡视监督期间同步进行专题调研并形成专报上报海关总署5篇。聚焦调研成果转化运用，开展“以‘智关强国’行动和智慧海关建设推动京津冀协同发展不断迈上新台阶”重点课题调研；联合部分海关单位，开展“健全党统一领导、全面覆盖、权威高效的海关立体智慧监督体系”署级课题研究；开展跨部门联合调研，“以改革和科技‘双轮驱动’‘两区’统筹高质量发展”联合调研中6项对策建议得到上级部门采纳，“外贸稳规模、优结构”联合调研多项措施建议得到商务部采纳。

（吴毅）

【智慧督审】2023年，天津特派办强化海关“内部控制与监督子系统”与“云擎”系统在审计工作中的实际应用，探索形成“审前方向分析、审中数据核查、审后总结改进”的大数据审计监督模式。利用办公网络形成审计监督、巡视监督、稽查监督的信息共享和监督互助，为履行监督职能提供信息及数据支撑。

（由天武）

【“一般贸易进口医疗器械”贸易调查】2023年，天津特派办按照海关稽查部门贸易调查管理办法和海关稽查部门跨关区稽查实施办法有关要求，组织天津、大连、济南3个海关就“一般贸易进口医疗器械”开展贸易调查，重点关注涉及国门安全、涉检验检疫和涉税等领域，研究制订具体实施方案，形成平行进口医疗器械贸易调查报告，提出意见建议2条。

（屈志雄）

上海特派办

【概况】海关总署驻上海特派员办事处（简称“上海特派办”）成立于2002年7月12日，是海关总署直接领导的正局级派出机构，受海关总署委托，承担稽查、督查、审计、执法监督、干部监督、巡视等工作职责，不办理具体海关业务。内设机构4个，事业单位1个，联系单位为上海、南京、杭州、宁波、合肥、福州、厦门、南昌、青岛、武汉、拉萨、西安和西宁海关13个直属海关，以及上海海关学院。

2023年，上海特派办1个部门获人力资源和社会保障部、海关总署表彰，2个部门获上海市表彰，3个部门获海关系统表彰。

（沈新华）

【稽查工作】2023年，上海特派办将全国海关保税监管场所监控分析和危险化学品监控工作要求信息业务化、业务风险化、风险模型化、模型定制化，完成监控分析报告8期。研发危险化学品监控大数据模型，加强危险化学品进出口日常监控，查发伪瞒报问题线索5起、漏报线索1起，涉及货物7万余吨。联合上海海关稽查部门开展贸易调查。赴上海地区保税仓库、保税物流中心（B型）13家仓库开展实地调研和安全检查。

（张琪）

【督查审计】2023年，上海特派办受海关总署委托，完成对南京、郑州、黄埔、乌鲁木齐、汕头海关及全国海关信息中心广东分中心的署级经济责任审计，提出建议24条。制订上海特派办试点开展督察工作方案，完成4个季度联系海关督察工作汇总分析。开展粮食安全等重大决策落实情况督察分析。

（郑智）

【巡视工作】2023年，上海特派办完成海关总署交办的对南宁、石家庄、宁波、湛江、大连5个海关党委的常规巡视。参与海关总署巡视整改量化评估办法及加强巡视整改和成果运用实施办法的制定，开展对青岛、拉萨、南昌、西安4个联系海关单位的巡视整改的监督检查。强化巡视整改监督标准化建设，形成对联系单位巡视整改情况开展监督检查流程质量控制标准化手册和被巡视单位巡视整改工作流程质量控制标准化推荐手册，完成相关海关巡视整改骨干“以干代训”。

（曲艳）

【调查研究】2023年，上海特派办深入中远海运集团、中储粮等企业，围绕海铁联运、船供药械、粮食进口等专题开展调研，向海关总署报送调研报告6篇、专报1篇。参加海关总署署级课题调研，作为第一参与单位参与海关促进跨境贸易便利化工作署级课题研究，获评2023年度优秀署级精选课题。与天津特派办共同开展特派办建办20年历程、立体智慧监督体系等署级课题研究。

（谢钢纯）

▲2023年11月28日，上海特派办党委、浦东新区政协党组到爱达·魔都号邮轮联合调研，形成船供药械供给制度创新调研报告　（上海特派办/供图）

直属海关

北京海关

【概况】北京海关的前身是津海关北平分关，1949年改组为津海关北平办事处。1951年1月正式设立中华人民共和国北京关，1980年2月更名为“中华人民共和国北京海关”并升格为海关总署直属的正厅局级海关。关区范围为北京市全域。至2023年底，有内设机构18个，其他工作机构3个，党委派驻纪检组8个，事业单位4个。设有隶属海关单位18个，分别是首都机场海关、海关总署税收征管局（京津）、北京大兴国际机场海关、北京车站海关、北京邮局海关、中关村海关、北京东城海关、北京西城海关、丰台海关、海淀海关、通州海关、顺义海关、亦庄海关、天竺海关、北京朝阳海关、平谷海关、北京会展中心海关和北京海关风险防控分局。

2023年，北京海关监管北京地区（含中央在京单位，下同）进出口总值3.65万亿元，同比增长0.3%，高于全国进出口增速0.1个百分点，占全国进出口总值的8.7%，进出口规模连续3年突破3万亿元。监管货运量5836.6万吨，增长28.2%；实现税收入库672.6亿元，增长0.4%。中关村综合保税区获批成为全国首个以研发创新为特色的综合保税区；天竺综合保税区进出口总值1228.3亿元，增长41%，首破千亿元大关。全年监管运输工具6.2万节（架次），查获涉嫌侵权商品3305批次、68.8万件；截获各类禁止进境动植物及其产品3144批次；检出进出口不合格工业品695批次、进口不合格食品31批次；立案侦办走私犯罪案件90起，其中涉税走私犯罪案件43起，案值1亿元。

年内，北京海关完成第三届“一带一路”国际合作高峰论坛及一系列高访外事团组的通关保障任务，出台支持首都高质量发展的75项具体措施，15项创新性政策入选北京市“两区”建设“五个一批”优秀成果。首创保税航材物流供应链模式，平均送修周期由60天缩短至35天，单次航班保障成本降低。“府院联动”协同推进工作法、旅检渠道行政争议化解指南及3起争议化解案例入选全国海关首批典型做法。首都机场海关“首护”法治工作室获评首批全国海关践行新时代“枫桥经验”示范点。31个集体、12人获全国青年文明号、全国海关系统先进工作者等表彰奖励。北京海关22个单位部门全部获评首都文明单位。青年工作调研课题成果获中央和国家机关工委一等奖，“京关汇智”团建品牌获2023年北京市“团建百强”优秀项目，在北京市机关第六届青年技能大赛中获得“最佳组织奖”。3人、8项经验做法获评全国海关主题教育“四个一百”表彰。2名科普讲解选手获“全国海关十佳科普讲解员”“全国海关优秀科普讲解员”称号。

（冀海）

【海关监管】2023年，北京海关落实海关支持京津冀协同发展12条重点措施，牵头在“领导小组—联合工作办公室—重点领域专项工作组”3个层面建立起贯通决策、协调、执行的区域海关协同工作体系，建立“海关总署—区域海关”指导联络、关地协作共商共进等7项工作机制。组织“千名关员助万企 海关政策进万家”优化营商环境专项活动，首次完成大规模企业样本数据采集。首创涉疫重点航班“双随机”布控抽核模式，设计“云擎”平台首个疫情防控监测指标类自建数据表。牵头起草海关总署“口岸安全风险联合防控业务场景”应用方案并通过审核。扩大优化真空包装等高新技术货物布控查验模式试点，涉及约3700项真空包装货物，政策惠及1167批、货值156亿元进口产品。

年内，北京海关监管验放进出境快件303.70万票、价值11.18亿元。北京关区在北京海关注册的快件运营单位12家，监管进出境邮递物品208.3万件，同比下降0.4%；监管进出境邮政快件535.3万件，下降35.3%。推进“两类通关”改革，推动C类快件到低值快速货物的通关作业切换工作。首批试点开展“9610”出口跨关区退货，支持企业“降成本、增出口”。开展智能审图应用，扫描图像数量398.13万幅。推进“国门守护”行动，加强日本输华水产品监管，开展食品领域安全生产专项行动。支持扩大北京名优特色产品出口，助力“北京鸭”首次供港，“稻香村”“北冰洋”等食品出口海外市场稳步增长。承担海关总署优质农食产品输华准入评估和境外食品生产企业注册评审任务800余项次，牵头赴巴西开展肉类企业现场检查。开展“一带一路”共建国家食品安全体系研究，《中埃进口食品安全管理比较研究报告》获评海关总署优秀报告。完成《全球食品领域技术贸易措施呈现四大特点亟待关注》《北京市食品进出口趋势分析季报》等10余篇专项报告。组织开展“打击进出口危险品伪瞒报”专项行动，查发危险品“涉危不报”76起。全年验放货物29批次；完善进出口商品质量安全风险预警和快速反应监管体系，新增1个二级风险监测点。检验进出口工业品3.72万批，检出不合格品695批。

▲2023年9月22日，天竺海关关员使用智能眼镜查验进口跨境电商商品（王晓龙/摄）

至年底，北京关区注册企业总数8.06万家，同比增长18.16%；特定资质备案业务4类12项，特定资质备案企业4299家；开展AEO产业集群企业培育，培育15家AEO企业，AEO企业数量上升到274家，增长2.24%。搭建企业注销“e窗通”系统，企业注销办结时间减少到10个工作日内。综合保税区进出口总金额1228.55亿元，增长40.95%；保税监管场所进出口总金额510.15亿美元，增长7.91%。推动中关村综合保税区构建“电子围网+智能通道+电子围栏”和“综保区数智监管辅助平台”“3+1”智慧监管体系，在全国海关首创以嵌入式联网监管为核心、非必要不阻断的海关创新监管模式。发起稽查作业30起、贸易调查作业72起，实施行政处罚4起。实现出口检验检疫申请100%电子审单和“云签发”模式全流程“一网通办”。设立加工贸易电子账册435份，运行中的电子账册13本。

（冀海）

【海关检疫】2023年，北京海关实施直属海关统筹协调与隶属海关执行落实“两级共行”，前期监测预警、现场检疫监管、后续检测测序“三线联动”卫生检疫工作模式。在全国海关首次截获腐金蝇和单斑麻蝇，在北京口岸入境航空器客舱首次截获大棕蝠。开展口岸病媒生物本底监测150次，大兴机场口岸监测发现的5个蝇种为北京市首次监测发现。牵头承办海关总署“智慧卫检—国际旅行健康政务服务”场景建设，参与“智慧卫检—全球传染病疫情监测”“智慧风控—风险信息监测预警平台”“智慧卫检—口岸卫生监督”3项业务场景建设；协同北京市疾控中心建设传染病智慧监测预警信息平台；完成北京海关输入传染病“采、送、检、报”提速检测平台建设。全年开展风险评估36次，同比增长56.5%，解决223次高风险特殊物品入境问题，增长48.7%。推行“智能审批

2.0”政策，拓展试点企业和试点产品范围，制定智能审批规范标准。

推进“异宠”综合治理和“国门绿盾2023”行动，开展严防外来物种入侵三年专项行动，全年截获外来物种306种次，在贸易渠道连续查处夹带未获准入观赏鱼事件5起，截获外来物种16种。对进境动物及其产品的8119个样品开展2.03万个项目检测，其中对SPF鼠（无特定病原体实验鼠）开展猴痘检测143批次2669个样品，分别占全国的76.88%和79.22%。从进境旅客携带物和进境邮件中检出进境动物检疫疫病一、二类名录中的病原核酸阳性6批次，在进口牡蛎中检出副溶血性弧菌1批次。全年检出检疫性有害生物29种次，非检疫性有害生物309种次。关区210个实蝇监测点位监测到检疫性实蝇6657头，关区户外实地踏查发现外来杂草26种。推动北京市加强进口粮食安全风险管控工作，与北京市粮食和物资储备局、北京市农业农村局联合推进进口粮食植物疫情联防联控制度，完成5.98万吨进境粮食后续监管。与中国科学院合作研发口岸外来物种识别鉴定“虫鉴”App，开发完成“智慧出境伴侣动物检疫系统”。全年监管333批次动物遗传物质、171批次SPF鼠、11批次马、5批次种禽等优质动物种质资源安全进口。组织认定2批次岗位资质人员，新增签证官15人、查验岗485人次。

（凌岚　孙博）

▲2023年1月10日，北京首都机场海关关员在首都机场T3航站楼开展海关卫生检疫监管　（方星/摄）

【税收征管】 2023年，北京海关税收入库672.58亿元，同比增长0.4%，其中关税入库91.75亿元，下降10.3%；进口环节税入库580.84亿元，增长2.3%。为企业办理各类退税1.08亿元，减免税款滞纳金212.36万元。签发出口原产地证书约3.92万份，其中签发RCEP出口原产地证书5084份，增长18.1%。通过银行保函、多元化担保等方式，为北京关区企业减少占压资金690.58亿元，增长6.2%。落实优惠贸易政策，贸易进口享惠8.2亿元。推进跨境电商商品条码应用，为电商消费群体减税近亿元；提升邮递和快件渠道税款电子支付率，便利收件人缴税。向国务院关税税则委员会提出税收政策调整建议并被采纳4项。全年制发预裁定249份，解决关税技术难题1500余次。为2023年中国国际服务贸易交易会提供税收优惠政策保障，促成优惠政策延期至2025年。

（刘士尧）

【打击走私】 2023年，北京海关缉私局立案侦办走私犯罪案件90起，同比增长66.67%；案值1.03亿元，增长20.53%。立案查办行政案件1030起，增长2.6倍；案值2.49亿元，下降94%。组织召开2023年度北京市打击走私综合治理领导小组成员单位联席会议，研究制定反走私综合治理调查研究工作制度和督查评估反馈机制。制订“国门利剑2023”联合专项行动方案。情报移交线索成刑事案件数量43起，移送案件数量24起。审查各类刑事案件204起，案件审查数量超过2022年2倍。对23起毒品线索、5起仿真枪和管制刀具线索进行鉴定。开展打击走私宣传，走进校园、社区等开展普法宣讲，在《中国国门时报》《北京日报》《法治日报》等媒体和“新华网”“中新社”等平台发布报道20余篇次。

（鲁文坤）

【统计与研究】 2023年，北京海关出台海关数据安全责任制实施办法，建立关区数据安全工作协调机制；完成中关村综合保税区统计代码增设申请工作，助力全国首个研发创新特色的综合保税区建设。完成中国海关贸易景气统计调查、中国外贸出口先导指数调查、跨境电商统计调查等统计专项调查。开展政策宣讲，为北京关区240家样本企业颁发牌匾，助力“千名关员助万企 海关政策进万家”优化营商环境专项活动。北京关区全年进口3.05万亿元，与2022年持平；出口6000.1亿元，同比增长2%。电动载人汽车出口18.1亿元，增长12.7%。高新技术产品进口3412.8亿元，增长27%，首次突破3000亿元。中国（北京）自由贸易试验区进出口总值4624.3亿元，增长2.7%，占北京市进出口总值的12.7%；天竺综合保税区进出口总值1228.3亿元，增长41%，首次突破千亿元。全年进出口总货运量为5836.6万吨，其中进口货运量5743.5万吨，占98.4%；出口货运量93万吨，占1.6%。

（李静婷）

【智慧京关建设】 2023年，北京海关成立智慧海关建设领导小组，制订智慧海关建设实施方案，建立“每月督战、半月调度、挂图作战”机制，制定重点项目清单。建设“智慧京关”网站，发布进展信息121条。3个融入地方建设项目上线，全国

▲2023年11月10日，北京邮局海关在进境邮件中查获濒危仙人球（王晓龙/摄）

首个双枢纽空港综合服务平台实现首都机场与大兴机场直通，新顺国际邮件智慧监管辅助平台创新打造国际邮件智慧监管模式。智慧禁限应用一期收纳监管证件数据2万多项，智慧“两仓”实现海关嵌入式联网监管。

（刘龙）

【“四优四提促五子”服务工程】 2023年，北京海关升级“四优四提促五子”2.0版服务工程，出台促进首都高水平开放高质量发展4方面26项支持措施。联合北京市发展和改革委员会面向北京市311家“服务包”企业召开政策解读会。推出高新技术企业“合格保证+符合性验证”检验监管模式等11项全国首创性措施，20项创新性政策入选北京市“两区”建设“五个一批”优秀成果。融入“一带一路”建设，监管首列在京报关的中欧班列通关。推动“双枢纽”电子货运平台建设，创新首都机场和大兴机场双机场协同监管模式，“直提直装”改革惠及北京企业超3000家。开展世界银行营商环境新评价研究和迎评准备。优化部分法定检验设备及料件检验监管措施正式实施，压缩企业自用设备及料件投入生产时间，帮助企业节省仓储物流成本，提升产业链供应链韧性和安全水平，惠及相关企业30余家。北京海关推出的促进首都高水平开放高质量发展26项举措被北京卫视、《北京日报》、《中国国门时报》等媒体报道。

（刘龙）

【第三届“一带一路”国际合作高峰论坛通关监管】 2023年，北京海关开展第三届“一带一路”国际合作高峰论坛参会人员及团组的通关保障工作。成立北京海关第三届“一带一路”国际合作高峰论坛抵离服务工作组。与筹办方外交部国际经济司建立常态化联系配合，协助开展

第三届“一带一路”国际合作高峰论坛行政须知的制定和发布等工作；细化高峰论坛筹备工作措施，按照“场景化”的要求形成“一机一策”“一团一策”“一人一策”的服务方案和应急预案。统筹口岸疫情防控和便利人员往来，开展“多病同防”工作；落实“海关筑牢国家生物安全屏障，全面提升口岸疫情疫病防控能力”行动要求，防范重大动植物疫情疫病传入传出和外来物种入侵。

（康凯）

【助推京津冀协同发展】 2023年，北京海关落实海关支持京津冀协同发展重点措施，建立关地协作共商共进等7项工作机制。举办海关支持服务京津冀协同发展2023年联席会议。对在雄安新区注册的北京投资来源重点企业建立点对点联络机制；推动雄安新区全面深化改革和扩大开放的10项工作事项和3项工作机制落地；联合制订京津冀自由贸易试验区海关监管协同创新工作方案；发挥北京大兴机场跨省级行政区划综合保税区的区位优势，打造区港一体通关模式；创新推进京津冀文化艺术品跨关区保税展示交易模式，12月，首批保税商品从天竺综合保税区发往天津。推进“双枢纽”综合服务平台建设，支持三地四机场打造京津冀世界级机场群；畅通海运物流通道，推进“船边直提、抵港直装”业务上规模；在京津冀区域创新开展跨境电商零售进口实时物流信息对比，推动跨境电商出口跨关区退货，实现跨境电商融合发展。推动落实京津冀营商一体化发展“1+5”合作框架协议以及跨境贸易领域子协议；2023年中国国际服务贸易交易会期间，会同北京市商务局主办京津冀跨境贸易营商环境协同发展论坛；加强联合创新，通过联合推广真空包装等高新技术货物布控查验模式、创新企业信用联合认证模式、深化京津冀产业链供应链通关保通保畅机制等联合创新举措，提升惠企便民水平。

（金品旭）

▲2023年8月28日，北京会展中心海关关员办理进博会海关备案手续（李佳/摄）

【“五个一”会展监管模式】 2023年，北京海关打造“一展一策、一站通办、一网覆盖、一链融合、一体服务”的“五个一”智慧会展监管体系。展览品整体通关时间为进口11.18小时，同比下降24.3%；出口0.49小时，下降42.3%。监管服务展会备案93个，增长63%；监管文物展32个，完成首届中国国际供应链促进博览会、中国国际服务贸易交易会、2023北京国际珠宝首饰展览会等大型展会的通关服务保障工作。与展会相关部门合力推动会展业“一窗受理”工作，统筹智慧京关展会备案功能模块和北京市“大型展览展销‘一件事’”集成场景建设并上线北京市政府服务网“办好一件事”专区，实现“一套材料、一表申请、一口受理、一窗出件”。

（鲍玥）

【“税收风险大数据智能筛查”项目】 2023年，北京海关推动“税收风险大数据智能筛查”项目（简称“数智筛”）建设，与大连海关组建“数智筛”工作专班，组织北京、武汉、拱北等15个直属海关单位的税收征管业务专家骨干开展集中攻坚，运用人工智能技术对报关单记录实施大数据扫描，按照智慧海关“数字化转型”“智能化升级”

的思路，通过“管理要素数字化”“专家智慧数字化”，探索实现“作业管理智能化”，实现把“人脑经验”转化为“机器智能”，提升海量数据下的税收风险识别效率，对关税领域在用风险模型形成补充。项目上线后数据交互平稳，业务开展正常，获评海关总署智慧海关建设“2023年度十佳”项目。

（白熠）

【北京海关（新顺）国际邮件监管中心运营】2023年，北京海关（新顺）国际邮件监管中心（简称“新顺场地”）国际邮件监管业务转场运营。新顺场地是全国一级航空邮件枢纽，打造“多系统集成、多功能汇聚、多维度展示、全流程跟踪、全过程可视化”的国际邮件智慧监管辅助平台，实现信息流与实物流的闭环验证管理。至年底，监管进出境邮件743.6万件，征收行邮税款3.67亿元，查获各类违禁物品案件线索433起，其中查获毒品及精神药品案件线索64起、濒危野生动植物及其制品13起、仿真枪支及其零件6起、管制刀具68起。查获检疫截获类物品474批次，捕中风险邮件871件。

（郭晓舟）

【综合保税区建设】2023年，北京关区内综合保税区实现进出口1228.3亿元，同比增长41%；实现税收入库146.04亿元，增长13.5%。其中，医疗健康产业进出口总值1075.2亿元，增长49.8%，药品进口规模占全国的三分之一；首创将AI艺术品数字身份识别体系应用于进出境文化艺术品智慧监管，全年监管进出境文物、文化艺术品28.9亿元，增长112.7%。推进医药电商正面清单扩容落地，全年销售电商商品881.5万件，货值近12亿元。开发特殊物品BIM信息系统，检疫查验效率提升3倍以上，入区特殊物品货物总值88.6亿美元，增长25.0%。推动大兴机场综合保税区建设，北京海关与石家庄海关签署北京大兴机场综合保税区协同工作机制，探索建立“一个系统、一次理货、一次查验、一次提离”的区港一体化海关监管模式。中关村综合保税区于5月23日获国务院正式批复，构建“电子围网+智能通道+电子围栏”和“综合保税区数智监管辅助平台”“3+1”智慧监管体系，全国首创以嵌入式联网监管为核心、非必要不阻断的海关创新监管模式。天竺综合保税区完成所有规划范围调整及验收。

（冀海）

天津海关

【概况】天津海关前身为1861年清政府设立的津海关，1950年2月更名为“中华人民共和国天津海关”。关区范围为天津市。至2023年底，有内设机构21个，党委派驻纪检组13个，事业单位6个，另有海关总署委托管理的中国电子口岸数据中心天津分中心、海关总署天津教育培训基地。设有隶属海关单位20个，分别是天津新港海关、天津滨海机场海关、天津大港海关、天津临港海关、天津邮局海关、天津南疆海关、塘沽海关、蓟州海关、武清海关、静海海关、北辰海关、宁河海关、西青海关、东丽海关、南开海关、天津河西海关、天津保税区海关、天津东疆海关、北塘海关和天津海关风险防控分局。

2023年，天津海关监管进出口货物总值约1.83万亿元，同比下降6.7%；税收入库1568.43亿元，增长8.12%；监管运输工具2.51万辆（艘、架）次；检出各类传染病9种、345例；检出检疫性有害生物4950种次；检出不合格商品（含食品化妆品）1706批次；立案侦办走私犯罪案件155起，案值33.8亿元。天津海关获评省部级及以上荣誉11个。1人获评“全国五一巾帼标兵”，天津新港海关查验一处进口查验一科、天津东疆海关查验一科获评第二十一届“全国青年文明号”。

（崔效国）

【海关监管】2023年，天津海关开展口岸危险品综合治理和伪瞒报打击专项行动，查发危险品伪瞒报113票，发函通报地方部门8起，查发未申报危险货物3起。推进智慧海关建设和“智关强国”行动，口岸“船边直提”比例为39.04%，“抵港直装”比例为27.64%。深化智能审图，机检查验单票报关单平均审核时间9分钟，查发伪报夹藏1250起，“多晶硅边角料固体废物案”入选全国海关智能审图查发典型案例。

年内，天津海关制发关于天津市场采购贸易试点实施公告和监管细则，监管采购出口业务39票、货值1655万元。监管中欧班列711列、7.7万标箱，中欧班列“保税+”发运模式入选国家服务业扩大开放试点最佳实践案例。首创“稽侦联动”工作模式在全国海关推广。推进保税维修、保税再制造、集团保税政策、“保税+ERP”监管业务场景落地。开发“行邮物流监控应用”项目，创新跨境电商“综保区集货仓+海外仓”两仓联动模式。完成进出口商品检验8.18万批、4043.38亿元，检出不合格商品1423批、19亿元。查获濒危野生动植物制品473起，刀具46起，枪支散件4起，赌博用具5起，文物2起，仿真枪1起，毒品、精神药品及含麻黄碱成分减肥药类情事13起。监管进出境印刷及音像制品22.95万件，同比增长29.3%；监管进出境邮政快件21.49万件，增长21.93%；监管进出境非邮政快件640.15万件，减少20.35%。监管进出境普邮包裹

▲2023年12月22日，天津保税区海关关员在钟表企业对出口机芯加工进行监管　（苏菁/摄）

65.20 万件，增长 17.65%。统筹推进防范化解重大、系统性风险，梳理相关制度 540 余项，创新开发“云擎”模型，对天津口岸进口货值占全国 50%以上的 536 个商品进行监测。

年内，天津海关常态化推进海关业务改革“问题清零”，组织开展“龙腾行动 2023”等知识产权保护专项执法，查扣侵权嫌疑商品 153 批、60.45 万件，同比分别增长 20.47%、1.49%。查办案件连续 9 年入选“全国海关知识产权保护典型案例”。推进京津冀海关知识产权保护执法协作，联合查缉侵犯天津市企业知识产权商品 3.73 万件。与天津市知识产权局、天津市高级人民法院等单位联合制定天津市知识产权保护示范区支持政策清单。引导本地企业申请海关保护备案，相关举措入选《关于深入落实科教兴市人才强市行动加快引进优秀人才来津创新创业的若干措施》。开展海关监管制度创新，实施自贸创新全周期管理。完成自贸创新备案 22 项，其中 14 项在关区复制推广。加强与中国（天津）自由贸易试验区管理委员会等地方政府部门的协同合作，共同开展“实施自由贸易试验区提升战略”课题研究，涉及天津海关的“原产地证书微小差错”和“允许进口葡萄酒标签标注特定词语”等措施实施。与北京海关、石家庄海关联合创新的“未经联网核查的进口医疗器械风险防控京津冀协同模式”作为协同创新案例在第二届京津冀自由贸易试验区联席会议上发布。

年内，天津海关联合研发车载式危险化学品智能检测装备、手持式再生金属分析仪，实现对危险源的现场探测与识别、对再生金属化学成分和放射性污染物的同时检测。1 个国家级科研项目获批立项，9 个海关总署科研项目获批立项。“再生金属原料现场快速监测装备研发与应用”项目获批海关总署“揭榜挂帅”科研项目。推进智慧海关建设，参与编写海关总署智慧海关建设大会战和科技赋能工作方案。以智慧危险化学品监管系统为突破点，同步完成电子专家、物流监控等系统的优化建设。建设海关智慧实验室，完成实验室质量体系运行监控系统升级改造，优化通用分析仪器平台操作流程，上线检测报告状态实时提醒功能。新扩充检测能力 1664 项。5 月 18 日—21 日，应用“5G 固移融合”技术案例，参加第七届世界智能大会。天津南疆海关国门安全科普基地成为天津海关第三个省部级科普基地。

（魏巍　王晓茁）

【海关检疫】2023 年，天津海关制订空海港专项方案，优化口岸重点环节，强化出入境人员政策宣讲，加强境外疫情监测研判，持续开展“多病同防”，检出各类传染病 9 种、345 例。监测体检出入境人员近 2 万人次，检出艾滋病、疟疾等 100 余例。查获违规出入境特殊物品 50 余批次。与天津市卫生健康委员会、天津市疾病预防控制局、天津边检总站等签订相关合作协议。查获输入性病媒生物 548 批次，截获国内未发现物种 1 种、全国口岸首次输入 2 种、天津口岸首次输入 4 种。对进境废旧物品 100%实施卫生处理。承办智慧海关建设卫生处理监督应用场景建设。

年内，天津海关持续推进国门生物安全体系建设，完成 5.07 万头进口种牛的检疫监管，截获植物检疫性有害生物 4950 种次、1804 批次。在全国口岸首次截获巴尔干锯螽斯、四斑艾蕈甲等外来有害生物 2 种，在天津口岸首次截获外来有害生物 9 种次。落实严防外来物种入侵三年专项行动，深化“跨境电商寄递‘异宠’综合治理”专项行动、“国门绿盾 2023”行动。在门户网站建立“国门生物安全专栏”，宣传国门生物安全工作。天津海关“12360 海关热线”微信公众号开辟“‘异宠’知多少”“防范外来物种入侵”专栏，发布新媒体宣传信息 70 篇。

（王晓茁）

【税收征管】2023 年，天津海关推进综合治税，发布提升综合治税水平实施隶属海关网格化服务企业工作方案、强化综合治税 10 方面措施，细化开展税收进度监控分析、防止新增欠税情况等 48 项税收具体措施。年内，汇总征税率 38.51%，同比提高 0.43 个百分点。出具征免税确认通知书 3297 份。税收入库 1568.43 亿元，下降 8.12%。

（崔效国）

【打击走私】2023 年，天津海关开展“使命”系列专项行动 8 次，刑事立案 155 起，案值 33.8

亿元。行政立案 2645 起，案值 35.1 亿元。召开天津海关打击走私工作会，开展打击出口挖泥船走私专项行动，刑事立案 8 起，货值 1 亿余元。组织召开天津市打击走私综合治理工作会议。发挥资源整合作用，联合刑侦、经侦部门，形成警种合成缉私作战体系。培树天津市滨海新区寨上街为“天津市反走私综合治理示范点”。组织天津市打私领导小组成员单位、各区政府到寨上街实地调研。与天津市外汇、市场监管、税务、人民银行、检察院、法院等部门签订打私合作备忘录。全国反走私综合治理调查研究中心天津工作站揭牌。天津海关“天津反走私”微博公众号发布微博 1023 条，阅读量 2020 万次。

（崔效国）

【海关统计与研究】2023 年，天津海关开展专项统计调研 34 次，全年无统计调查数据差错。研究建立数据异动监测预警工作机制。打击进出口数据瞒骗造假，开展专项治理行动。开展海关业务统计指标新体系建设。开展业务统计指标设计和数据质量控制实训示范点建设。完成“全球贸易全景展示”场景一期开发建设。参与海关总署智慧海关申报要素优化整合场景建设。向天津市商务局提供天津市及天津口岸进出口数据 11 次。向天津市地方政府部门提供各类统计数据 104 批次。召开天津海关统计新闻发布会 3 次。完成海关总署署级课题“半导体材料产业链断链风险研究”。

（魏巍）

▲2023 年 12 月 29 日，天津海关缉私局开展“使命 2308”专项行动（李博文/摄）

【“滞、瞒、逃、骗、害”综合治理】2023 年，天津海关落实推动“滞、瞒、逃、骗、害”综合治理，优化政策性布控研究，保障重点商品快速通关，强化危险品“智能防滞”，推进海运进口冻品“保税+直提”模式改革，撰写天津海关严防“滞、瞒、逃、骗、害”专题研究工作相关情况报告。打击治理海南离岛免税“套代购”走私，查发刑事案件 8 起、行政案件 9 起，查办涉案人员 18 人，案值 600 余万元。布控查获固体废物 19 票；贸易渠道布控查获濒危情事 9 票，非贸渠道布控查获 463 起。打击危险品伪瞒报，查获 47 票、2848 吨。查获 7 家企业出口危险品逃检情事，行政处罚 4 起。布控查获侵权商品 76 票。查发天津口岸首起涉嫌出口钢材高报价格后“回流”案件。查发大麻、精神药品等涉毒包裹 13 起，枪支散件 8 起。布控查获天津关区首起“异宠”刑事案件。

（魏巍）

【支持京津冀协同发展】2023 年，天津海关深化京津冀产业链供应链通关保通保畅机制。出台实施重点企业重点物资通关绿色通道、进出境货物跨关区流转、关企信息互享互通等措施，入选全国营商环境创新发展百佳案例。对分支机构或办公场所跨京津冀区域的企业，建立一关牵头、两关协同的联合企业认证模式，实行三地海关线上同步入组、同步认证、同步研判。持续推动提升京津冀区域跨境贸易便利化水平。京津冀三地海关联合三地政府共同签署推进京津冀营商环境一体化发展合作框架协议。建立数据共享、布控共商、监管共治、人员共训、创新共育的知识产权海关保护共同体。制定天津海关落实海关总署支持京津冀协同发展重点细化措施 38 条，依托京津冀三地海关支持服务京津冀协同发展工作机制，在“领导小组—联合工作办公室—重点领域专项工作组”三个层面建立起贯通决策、协调、执行的区域海关协同工作体系。

（王晓苗）

【服务天津“港产城高质量融合发展”】2023年，天津海关开展优化营商环境促进跨境贸易便利化专项行动，推出跨境贸易便利化政策措施与优化营商环境细化举措统筹推动，配套建立“一张清单抓落实，两支队伍强服务，两个平台促成效”工作机制。助力打造“服务京津冀、辐射环渤海”，船舶燃油等物料供应北方基地，保税燃料油跨关区直供91.63万吨，货值5.51亿美元。监管国际航行船舶供应物料2.49万批次，监管供船燃料2537批、93.79万吨。支持海铁联运过境货物依托“船边直提”作业。对出口援助粮食实施“一次检测、多次采信”，对冻品实施“保税+直提”，对进口中规车综合运用“提前申报+附条件提离+预约上线检测”，对进口矿产品、原油实施“先放后检”，对进口棉花采用“依企业申请实施品质检验”等改革模式。推进“跨境电子商务零售进口退货中心仓”模式复制推广，天猫国际、唯品会两家头部跨境电商平台在天津综合保税区内设立“退货中心仓”。创新综合保税区跨境电商“集货仓+海外仓”出口通关模式。保税展示交易货值约76.7亿元，同比增长2.27倍。保税租赁货值963.4亿元，增长27.2%。完成全国首票进口LNG先征后返线上退税业务。

（王晓苗）

▲2023年6月13日，天津海关召开优化口岸营商环境促进跨境贸易便利化政策宣讲会 （段念/摄）

【“港场直通”改革】2023年，天津海关落实中欧班列货物便捷通关、“港场直通”等支持措施，对中欧班列承运的过境货物实施“港场直通”物流模式改革，货物进境时在港口码头卸船过程中可直运到铁路堆场等待装车发运。优化海关监管流程，支持企业根据物流需求自主选择通关模式。设置中欧班列快速通道。实施转关“无纸申报+自动核放”，出口转关货物申报单自动审核，出口货物“随到随报、快审快放”。实施过境无纸化申报、全程提单一次性办理等便利化手续。自2020年3月“港场直通”作业实施以来，中欧班列过境货物自卸船转运至铁路堆场时间由2~3天最短压缩至3小时以内。年内，监管发运中欧（中亚）班列711列、7.7万标箱。

（崔效国）

【“关港集疏港智慧平台”完善】2023年，天津海关深化关港协作，优化“关港集疏港智慧平台”功能，实施关港接力保障模式，共同服务企业“直提直装”作业需求。深化京津冀海关协作，共同开展平台功能推介和政策交流，支持企业依托平台便利开展“直提直装”作业。加强改革服务推广，扩大平台服务效应，发挥平台“车货船智能匹配”“双重匹配”功能优势，同步支持企业应用平台一站办理港口集疏运业务和港口物流信息查询。年内，“关港集疏港智慧平台”认证司机2.7万名、车辆2.3万辆，撮合量超650万箱，辐射全国29个省级行政区。

（崔效国）

【天津临港综合保税区获批】2023年6月5日，国务院批复同意设立天津临港综合保税区，发挥区位优势和政策优势，发展保税加工、保税物流、保税服务等业务。天津海关对照综合保税区基础和监管设施设置规范，指导天津临港综合保税区建设。

（崔效国）

石家庄海关

【概况】石家庄海关于1987年2月24日经国务院批准设立。1989年8月28日经海关总署批准正式成立，为副厅局级直属海关，同年9月1日，正式开关办理业务。2000年12月7日，升格为正厅局级海关。石家庄海关关区范围为河北省全境。至2023年底，有内设机构18个，党委派驻纪检组9个，事业单位10个。设有隶属海关单位19个，分别是石家庄机场海关、鹿泉海关、正定海关、秦皇岛海关、北戴河海关、唐山海关、曹妃甸海关、京唐港海关、廊坊海关、保定海关、雄安海关、沧州海关、黄骅港海关、衡水海关、邢台海关、邯郸海关、张家口海关、承德海关和石家庄海关风险防控分局。

2023年，石家庄海关聚焦"滞、瞒、逃、骗、害"监管风险，守牢国门安全防线；开展关地合作，优化营商环境。全年监管进出口货运量3.81亿吨，同比增长16.6%；税收入库471.9亿元，增长2.27%；监管运输工具约2.12万辆（艘、架）次，增长1.9%；口岸检出各类传染病6种28例；检出检疫性有害生物1238种次；立案侦办走私犯罪案件31起，案值0.44亿元。年内，获评省部级及以上荣誉18个，其中"全国海关系统先进集体"1个，"二星级全国青年文明号"1个，"一星级全国青年文明号"1个，"国家优质工程金奖"1个，"中国煤炭工业科学技术奖二等奖"1个，"第十五届中国商业联合会服务业科技创新奖三等奖"1个，"河北省科学技术进步二等奖"2个，"河北省科学技术进步三等奖"2个。

（刘亚楠）

【海关监管】2023年，石家庄海关规范"船边直提""抵港直装"监管业务流程，建立各隶属海港口岸海关联动运作协调机制，以"零等待物流"重塑口岸物流新模式，实施"直装直提"集装箱4177标箱，同比增长904.09%；散货为456票报关单，增长21.6%。推动河北国际班列高质量发展，与沿途海关建立"点对点"联系机制，关区中欧班列运营企业组织发送进出境班列622列、承载约6.39万标箱，分别增长20.78%、26.27%。支持开通石家庄至莫斯科、首尔、东京等8条国际货运航线，监管国际货运航班324架次，监管进出口货物5627.5吨。推动石家庄国际邮件互换局（交换站）验收运营，推动石家庄正定机场恢复进口快件业务。查获9起濒危动植物制品、95起日本核辐射污染地区食品、23起洋垃圾电子芯等违规进境情事。

▲2023年7月17日，廊坊海关关员查验进境机电产品　（高旭/摄）

2023年，石家庄海关在全国海关首创进口铁矿依风险等级确定差异化检验项目，整体检验作业时长压缩50%，关区进境货物60%实现“船边直提”，河北口岸进口铁矿量增长36%，港口堆场周转效率提升60%。推行降低核查指令布控率等措施，指导隶属海关利用进口企业实验室检测结果开展合格评定，加速通关放行。开展“打击进出口危险品伪瞒报”专项行动，动态更新关区危险化学品监管信息“三单一库”，查发进出口危险品伪瞒报情事4起。开展危险货物包装使用环节包装性能安全抽查，在出口企业现场抽查102批次，检出不合格5批次。筛查水运铁矿3772批、2.7亿吨，检验进口再生金属原料196批、2.6万吨。与北京、天津海关共享进出口商品质量安全风险信息1781条，查获典型案例15起。实施“未经联网核查的进口医疗器械风险防控京津冀协同新模式”，开展进口医疗器械检验监管工作。降低进口原油、天然气、煤炭抽样检测比例分别至10%、20%、60%；进口铁矿石品质依企业申请检验2366批、1.7亿吨，进口原油“先放后检”149批、1365.7万吨；进出口重量鉴定2782批，发现短重1435批、28.4万吨。

联合天津海关通过视频检查斯里兰卡销入中国水产品安全管理体系，推动斯里兰卡水产品准入进程。完成进出口食品化妆品监督抽检计划样品357个，检验2258项次；采集236个动物源性食品样品实施风险监测。监测跨境电商网购保税进口保健品，处置25种2970件过期食品。简化进口肉类检疫审批流程，将审批权限调整至现场海关，审批时长压缩28.6%。辛集进境肉类指定监管场地自2月运营至年底，200家进口肉类企业入驻，进口肉类超过1万吨、货值3.7亿元。开展羊绒、钢坯、肠衣等行业性专项稽查行动，查发7家企业，涉及货值5792.51万元。全年办结稽查作业150起、主动披露作业79起，办结核查作业1643起。调整加工贸易集中审核管理模式，实施“属地海关负责本辖区加工贸易业务、加工贸易审核监控集约化管理”方式。推广“云签发”模式，生成出口电子底账约8.6万票，出口产地查检3.8万份，“云签发”各类证书约3.8万份。关区新增市场主体约1.8万家，增长2.5倍。开展知识产权海关保护，组织开展“龙腾行动2023”，查获侵权物品5批次，河北企业备案知识产权1192项，增长23.7%。

（刘亚楠）

【海关检疫】2023年，石家庄海关口岸检疫发现有症状人员18人次，同比增长63.64%；检出传染病6种28例，检出率增长45倍；截获输入性病媒生物3类19种459只，截获数增长50倍。首次检出合并感染丙肝病毒、甲流病毒、副流感病毒病例，首次捕获凶小库蚊、里海伊蚊、黄色轲蚊、刺蛰库蠓、具带病蚤、拜氏铗蠓关区新记录种，首次在捕获鼠中检出致病性钩端螺旋体，首次在捕获蜚蠊体表检出蜡样芽孢杆菌，首次使用诱卵

▲2023年1月18日，曹妃甸海关关员登临入境船舶实施检疫　（王志明/摄）

器检出伊蚊幼虫。

与北京海关、天津海关建立“进境植物种苗附条件提离”互认模式，建立跨关区进境种畜、粮食等产品建议监管协调机制，完成首批跨关区进境种牛隔离检疫工作。助力石家庄国际陆港、秦皇岛港进境粮食指定监管场地申建、增建，石家庄国际陆港监管场地获批。检疫进境粮食617.8万吨、进境木材54.33万立方米、进境种牛5.08万头，检出并无害化处理二类疫病阳性109头。截获入境检疫性有害生物35种1238种次，非检疫性有害生物277种8003种次，实现关区外来入侵物种截获数据建模。

（刘亚楠）

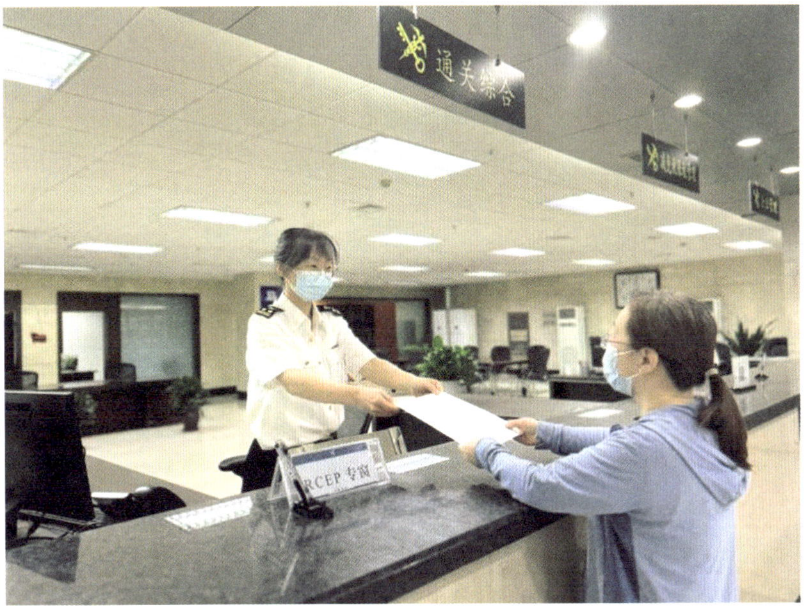

▲2023年6月2日，鹿泉海关签发河北省首份出口菲律宾RCEP原产地证书（封子琪/摄）

【税收征管】2023年，石家庄海关税收入库471.9亿元，同比增长2.27%；签发各类原产地证书11.9万份，签证金额556.57亿元，为企业出口产品减免进口方关税19.74亿元；审核确认“进出口货物征免税确认通知书”1395份，减免税款3.61亿元，增长37.9%。上报税政调整建议5项，2项建议被国务院关税税则委员会采纳，参加海关总署“食品饮料”“‘卡脖子’材料”等专项税政调研3项。为符合科技创新政策的科研院所、高等学校和国家重点实验室等减免税款约1.2亿元，增长86.8%。备案税款总担保159份，担保金额32.97亿元，采用汇总征税方式申报报关单4525票，税款金额51.18亿元。特许权使用费后续征税（监管方式“9500”）申报企业11家，增长1.2倍，征税538万元，增长7.7倍。签发RCEP原产地证书和声明6180份，RCEP项下进出口货值37.06亿元，关税减让1.07亿元，分别增长26.2%、34.6%和131.4%。推进取消减免税备案环节改革，30家企业实现减免税无纸化申报。办理天然气进口环节增值税先征后返，全年返还税款15.69亿元。

（刘亚楠）

【打击走私】2023年，石家庄海关推进“夏季行动2023”“国门利剑2023”“护航2023”“昆仑2023”“清源断流2023”等联合专项行动，打击各类走私违法犯罪。打击海南离岛免税“套代购”走私，核查“套代购”走私线索8条，立案查办“套代购”案件2起，其中刑事立案1起，案值304万元；行政立案1起，案值5万元；查扣化妆品等涉案物品262件。向外单位移交线索4条，成案2起。打击涉海走私犯罪，立案侦办涉海走私犯罪案件3起，查扣国家禁止进出口的冻牛肉和冻猪副产品等529.15吨。打击涉枪涉毒走私，立案涉枪涉爆走私行政案件2起，查获仿真枪11支、各类枪支散件700余件，立案侦办涉毒刑事案件7起，查扣大麻叶及麻精药品等约1000克。打击濒危野生动植物及其制品走私，立案侦办走私珍贵动物制品案件3起、行政立案2起，查扣犀牛角2.19千克，查扣象牙、鲸鱼牙和红珊瑚制品等189件，查获疑似高鼻羚羊角996根。联合石家庄市公安局技术侦察支队成立“打击走私技术合作中心”，联合河北省税务局等8部门建立河北省常态化打击骗税违法犯罪活动工作机制。

（刘亚楠）

【统计与研究】2023年，石家庄海关成立数据核查专班，与河北省商务厅、外汇管理局等部门建立防范虚假贸易信息共享机制。制发统计数据质量监督25期，核查河北省进出口值激增、跨境电商异地申报且增速较高等高风险企业，对经核实存在虚假贸易风险的企业涉及金额向海关总署提出暂缓统计建议并通报地方政府。专题研究河北省外贸形势，形成“专报+条线拓深分析”的“1+N”工作模式。设立“深学习、实调研、抓落实”“智慧海关建设”“‘智关强国’行动”3个研究专刊。审核报关单14.8万票，核实376票有疑点的报关单，确认有误79票。从航空运输业务统计指标等角度组织开展统计分析，形成7篇专题报告。建立数据安全党委责任制，完成关区核心、重要数据目录分类分级并加强保护。与河北省商务厅签署对外提供外贸统计数据合作备忘录，设立两部门数据传输专网。

（刘亚楠）

【海关惠企通智慧平台】2023年，石家庄海关与河北省人民政府口岸管理办公室联合开发建设海关惠企通智慧平台1.0版，该平台包括“1+3动态展示”“通关慧查询”“班列极速达”“关企智通车”4个功能模块，6月1日起在河北国际贸易“单一窗口”上线试运行，对企业提供数据查询服务，对政府提供决策参考，全年帮助企业解决问题131个。

（刘亚楠）

【服务雄安新区发展】2023年，石家庄海关推进雄安新区外向型经济发展。雄安综合保税区1月立项，6月25日获国务院批复设立，11月3日通过预验收，雄安综合保税区全景可视化管理平台项目作为石家庄海关重点建设项目参与海关总署“智慧综保”业务场景建设。支持北京非首都功能疏解，推动雄安创新研究院减免税款173万元，新增AEO认证企业1家。雄安新区全年进出口货值30.9亿元，同比增长12.4%。实地踏勘白洋淀，调查发现杂草12种，其中6种为外来入侵物种，3种为进境植物检疫性有害生物。

（刘亚楠）

【自由贸易试验区和特殊区域管理】2023年，石家庄海关统筹两类区域发展步伐加快。签订京津冀海关“跨关区保税展示交易”联系配合机制，与北京海关签订大兴机场综合保税区协同工作机制，4个综合保税区进出口613.9亿元。牵头研究支持自由贸易试验区提升战略措施5条，明确29项任务清单推动落实，与北京、天津海关共同研究上报1项创新举措获批应用，复制推广“出口货物检验检疫证单‘云签发’平台”，自由贸易试验区进出口791.4亿元，同比增长18.1%。防范和管控虚假贸易，清理规范综合保税区备案企业，常态化监测预警，与地方政府相关部门建立跨部门协作配合机制。指导石家庄国际陆港保税

▲2023年1月1日，正定海关关员监管石家庄综合保税区入区集装箱（严霄/摄）

物流中心（B型）申报建设并获批，3个保税物流中心（B型）进出口32.8亿元，增长17.1%。

（刘亚楠）

【跨境贸易便利化水平提升】2023年，石家庄海关抓住关区内石家庄、唐山两市列入国家跨境贸易便利化试点城市这一发展机遇，推动促进跨境贸易便利化水平提升。深化“智慧口岸”建设和口岸数字化转型，扩大“船边直提”“抵港直装”业务范围，推进检验检疫“云签发”模式应用。推广跨境电商出口海外仓备案无纸化，唐山备案海外仓1家、设立跨境电商展示体验店3家、市场采购贸易实现出口，石家庄国际邮件互换局（交换站）运营。提升跨境通关物流链供应链安全畅通水平，支持河北船舶运营企业开展内外贸同船运输业务。提升外贸经营主体获得感和满意度，推介RCEP申领“智能审核+自助打印”便利措施，对重点企业开展“一对一”AEO培育。优化进口铁矿检验作业流程，落实进口铁矿、锰矿、锌矿、铅矿、原油“先放后检”。指导唐山港实业矿石码头一期接卸泊位、文丰码头通用杂货泊位等对外开放验收，跟进唐山新天LNG项目二期建设，将集装箱先期机检和机检查验顺势嵌入京唐港港口作业流程，实现24小时连续作业。

（刘亚楠）

【国际邮件互换局运营】2023年，石家庄海关推进石家庄国际邮件互换局（交换站）业务开办。组建工作专班现场办公，指导邮政企业开展场地规范化建设、功能区规划布置等工作，制订包括总体方案、操作手册、疫情防控方案、应急预案在内的15项制度，加强智能监管设备和智慧系统应用，梳理邮递渠道风险并制订防范措施98条，开展邮件监管全流程模拟测试10次、应急处置演练2次。3月28日，石家庄国际邮件处理中心关区代码获海关总署批复设立。12月1日，石家庄国际邮件互换局（交换站）正式运营。年内监管进境邮件约1.2万件，退运邮件85票，征税4818票、87.33万元，现场即决式查验截获子弹40发、韩国进境电话卡3390张、境外信用卡9张、疑似象牙制画轴4件，查获进境木制工艺品携带外来有害生物1批次，截获禁止进境牛肉及奶酪制品3批次，疑似玉摆件、古钱币、瓷器、管制刀具等物品6批次，移交缉私局案件4起，立案侦查2起；监管出境邮件约6.42万件，查获侵犯知识产权商品5件、禁止出境文物古钱币16枚。

（刘亚楠）

太原海关

【概况】太原海关于1987年1月15日建关，初期是隶属于北京海关的正处级海关，1989年7月升格为副厅局级，1992年8月调整为副厅局级直属海关，2004年6月升格为正厅局级直属海关。太原海关关区范围为山西全省。有内设机构15个，党委派驻纪检组4个，事业单位4个及海关总署委托管理的中国电子口岸数据中心太原分中心。设有隶属海关11个，分别是太原机场海关、晋阳海关、武宿海关、大同海关、临汾海关、运城海关、晋城海关、长治海关、阳泉海关、朔州海关和忻州海关。

2023年，太原海关推进智慧海关建设和“智关强国”行动，全国首创工单式核销区外保税维修模式得到推广，推进海关总署和山西省人民政府签署合作备忘录，开展“关地”合作，与长治、大同市政府以及山西省卫生健康委员会、山西省林业和草原局、山西联通等签署合作备忘录，连续7年获评“促进山西经济社会发展突出贡献单位”。大同、运城航空口岸通过验收开放，太原、大同、长治、阳泉、运城、忻州6地市实现B2B直接出口业务“零”的突破。全年，太原海关监管进出口货物总值1691.2亿元，同比下降7.5%；税收入库14.19亿元，下降33.84%；监管运输工具467架，增长4.83倍；检出各类传染病3种、14例；检出不合格商品（含食品化妆品）131批次；立案侦办走私犯罪案件54宗，案值7.87亿元。年内，太原海关驻村工作队获“山西省驻村帮扶工作模范单位”，太原海关机关保持“全国文明单位”称号，11个隶属海关、3个事业单位获“省直文明单位标兵”称号。获评省部级及以上荣誉2个，所属运城海关获评“一星级全国青年文明号”“全国海关系统准军事化纪律部队建设先进集体”。

（孙扬）

【海关监管】2023年，太原海关开展“打击进出口危险品伪瞒报”专项行动，到山西省10个地市、28个区县的85家涉危险品企业开展宣讲；开展进出口危险品及其包装检验监管，编制出口危险化学品、出口危险货物包装、涉危险品个人防护3种“业务明白卡”，开展口岸作业安全等专题培训及演练，提升危险品进出口监管执法能力。推进智能审图在邮件监管领域应用，多次在邮递渠道查发进境象牙及其制品、管制刀具、枪支零配件等；优化旅客行李物品监管模式，实现“先期机检”、智能识别拦截、联合查验。联合山西省知识产权局、版权局、商务厅等6部门联合建立“国家海外知识产权纠纷应对指导中心山西分中心”“山西省涉外知识产权指导中

▲2023年11月1日，“太原—芝加哥—墨西哥城”国际货运航线正式开通运营，太原机场海关关员与航空公司人员核对装载舱单　（冯艳/摄）

心”。与口岸海关共同采取知识产权保护措施，扣留2批侵权货物。寄递渠道查扣侵权商品510批次、591件，同比分别增长99.9%、93.1%。

年内，太原海关开展加工贸易集中审核专项检查，手册结案率100%，账册设立（变更）及时率100%，加工贸易内销货值9.02亿元，内销征税1.23亿元。开展中欧班列涉税风险贸易调查或稽查专项行动，查发2起中欧班列回程运费少报并超额申领地方运费补贴案件，涉及进口货值2126.97万元，核查作业查发问题130个。完成涉检验检疫行政处罚案件10起，开展针对动植物检验检疫领域专项行动，查发6起出口水果逃避检验检疫情事。完成稽查自办“简快”案件（简易程序案件、快速办理案件）4起。为海关属地查检业务管理系统暨“云签发”模式13个试点直属海关之一；参与“智慧属地查检监管”“出口申报前监管”两项应用场景专班工作；实施“口岸+属地”联动监管，与哈尔滨海关签署“口岸+属地”联动监管合作机制；全面开展隶属海关间执法协作，全年有7个隶属海关开展业务执法协作700次。开展属地查检作业9091批，同比增长37.7%。新增AEO企业6家，增长42.86%；办理特定资质备案116家，增长78.5%。支持对外开放平台建设和国际物流通道畅通，大同、运城2个航空口岸通过国家口岸管理办公室正式验收，山西省对外开放口岸数量增至3个。助力太原武宿国际机场恢复国际客运航线6条、新开国际货运航线1条，中欧班列国际联运常态化线路开行15条，太原国际邮件互换局新开通出境邮路2条。

（孙扬）

【海关检疫】2023年，太原海关建立省卫生健康委员会、疾控等多部门参与的山西省口岸疫情疫病数据共享协作机制，制订筑牢国家生物安全屏障全面提升口岸疫情疫病防控能力实施方案，检疫查验出入境航班467架次，检疫出入境人员约3.26万人次，检出甲流6例、乙流4例。推进口岸食品监督抽检计划，全年检测466个样品，发现1批次进出境交通运输工具上供应的食品霉菌超标，责令停止供应。开展口岸病媒生物监测，捕获鼠6只、蚊531只，监测到阳性诱蚊诱卵器129个。开展传染病监测和国际旅行预防接种，监测体检出入境人员6406人次，预防接种6982人份，检出传染病33例，其中梅毒4例、丙肝13例、乙肝14例、艾滋病2例。注重科研引领，发明专利1项，发布省级地方标准8项，实现基因测序和病毒变异分析自主检测。

2023年，太原海关开展国门生物安全监测和安全风险监控，推进“国门绿盾2023”“严防外来物种入侵防控三年行动”，开展出境水果质量安全专项整治行动。实施进口食品准入管理，参与境外食品生产企业注册审核工作，审核153家境外企业，开展进口动植物源性食品检疫审批。实施进口食品申报审核，对首次进口燕窝、乳制品、冷冻牛肉实施二级风险布控。开展供港澳食品专项整治、出口动物源性食品专项整治等工作，对9家供港澳食品生产企业、14家出口动物源性食品企业进行检查。

（孙扬）

▲2023年6月26日，运城海关关员对出口油桃果园开展日常监管（刘刚/摄）

【税收征管】2023年，太原海关发布属地纳税人管理工作方案，建立属地纳税人底账55份。统筹关区税收征管进度，引导企业纳税回流申报征税1.52亿元，全年税收入库14.19亿元。按月开展税收征管规范申报复核，查发问题321个。审核减免税申请429份，办理减免税款8725万元。审核投资总额超5000万元国内资鼓励项目4个，投资总额40.8亿元。对符合主动披露的2家企业，减免滞纳金0.33万元。开展属地企业申报涉税差错排查，提出4项“伪数据”认定排除标准被海关总署采纳。引导企业应用多元化担保，全年完成总担保备案69份，涉及企业15家，金额14.09亿元，占担保金额的98.74%。开展涉税案件税款计核，聚焦跨境电商、进境邮递物品、中欧班列伪报等涉税风险点，汇总计核数据46.71万条。计核走私案件32件，计核违规案件9件，上线跨境电商零售进口商品条码申报功能，跨境电商网购保税进口货值7199万元，同比增长5.39倍，征收税款103.3万元；条形码申报清单4.15万份，占比93.81%。推进行邮税电子支付改革，征收行邮税2.64万笔，税款金额538.3万元，收件人个人自缴比率达20%。

（彭飞）

【打击走私】2023年，太原海关出台打击走私“国门利剑2023”联合行动方案，开展多部门联调联动，对走私购销储运环节实施打击。开展打击海南离岛免税“套代购”走私，推动海关与市场监管部门建立打击“套代购”走私定期通报机制，开展打击涉香烟犯罪专项行动，集中警力开展打击涉香烟走私、非法经营作战行动。开展“使命2023”“利剑斩毒”行动，办理山西省内首例走私新型毒品γ-羟基丁酸案，开展打击跨境电商进口走私“断链刨根”专项整治行动，实现涉检验检疫案件“零”的突破。查获各类走私违法案件54起，案值7.87亿元，扣押走私高鼻羚羊角59根、奢侈品797件、象牙及独角鲸制品5.3千克。立案调查行政案件37起，案值4.99亿元。

（魏晓君）

▲2023年3月30日，晋阳海关开展减免税管理系统填制规范培训　（郭弘泰/摄）

【统计与研究】2023年，太原海关开展研究分析，关注重点行业、重点企业、重点商品的供需、价格和进出口形势，提供统计分析及专项分析报告。11篇进出口监测分析被海关总署信息载体采用，同比增长57%。报送太原海关工作专报15篇。参加3个署级课题研究（牵头1个、参与2个），作为参与单位的“智慧动植检”口岸一线应用现状及展望课题研究，获评精选课题。开展业务统计监督，定期对海关业务数据、系统安全、人员授权等情况开展检查，控制、监管业务数据使用安全。

（左云伟）

【“滞、瞒、逃、骗、害”综合治理】2023年，太原海关采取“中心—现场”垂直管理模式，将“滞、瞒、逃、骗、害”风险管理工作重心转移到非贸易货物领域，兼顾贸易渠道风险防控。年内，贸易渠道查获报关单9票（包括目的地查验查获）；非贸易货物渠道查获进出境邮递物品6463件。跨境电商申报清单5票。综合运用大数据分析工具，锁定伪报犯罪嫌疑，研判涉嫌虚假贸易，建立“机检+人工”的布控查验方案，移交缉私偷逃税款刑事立案1宗，涉及案值250余万元；移交伪报贸易性质骗取适用低税率的风险线索1

条。开展全国海关涉枪爆查获数据梳理分析、联合研判，筛选出风险信息及时报给海关总署风险防控局（上海）并被采纳为一级布控指令，在北京海关查获伪瞒报走私入境铅弹2票400余发。

（许辕坤）

【虚假贸易综合管控机制】2023年，太原海关牵头制定综合管控虚假贸易工作实施办法，构建起预警、管控、查处、通报“四道防线”，形成防范虚假贸易“防、控、打、治”一体化体系。向海关总署统计分析司申请暂缓涉嫌虚假贸易统计数据411.46亿元，涉及企业82家。牵头与山西省外汇管理局、山西省税务局、山西省市场监督管理局签署加强虚假贸易综合管控合作备忘录，对外通报68家涉嫌虚假贸易企业的相关情况，实现跨部门信息共享、执法互助。集中开展3个月的以案促改工作，组织开展案例剖析和警示反思3次。《太原海关关于坚决整改“5·25”专案问题系统防范化解虚假贸易风险的报告》上报海关总署，《太原海关构建综合管控体系坚决整治虚假贸易行为》被海关总署载体采编。

（全会东）

【工单式核销区外保税维修模式】2023年，太原海关开展保税区外保税维修业务核销模式创新。在全国首创通过对保税维修业务实施工单式核销管理，指导企业通过辅助系统报送工单数据、出入库数据等，解决单耗管理模式下核销难度大等问题。6月，经商务部会签海关总署，同意开展手机模组保税维修业务。7月，第一批新机型待维修手机模组成功申报进境。工单式核销区外保税维修模式入选全国海关26个推动外贸稳规模优结构案例之一。

（张国琴）

【RCEP实施工作】2023年，太原海关筛选建立山西省对RCEP成员主要进出口商品降税对比清单。指导企业开具原产地自主声明11份，金额173.76万元；受理9份RCEP项下进口报关单，享税收优惠46.40万元；签发RCEP出口原产地证书1466份、金额4.47亿元。全年签发原产地证书1.57万份，自助打印率由2022年的74.23%提升至88.09%。

（彭飞）

呼和浩特海关

【概况】1991 年 7 月 6 日，呼和浩特海关（副厅局级）正式设立。2000 年 12 月升格为正厅局级。呼和浩特海关关区范围为内蒙古自治区的呼和浩特市、包头市、鄂尔多斯市、乌海市、巴彦淖尔市、乌兰察布市、锡林郭勒盟、阿拉善盟 8 个盟市行政区域，面积 72 万平方千米，关区内中蒙边境线长 2400 千米。至 2023 年底，有内设机构 18 个，党委派驻纪检组 7 个，事业单位 3 个及海关总署委托管理的中国电子口岸数据中心呼和浩特分中心。设有隶属海关单位 12 个，分别是呼和浩特白塔机场海关、赛罕海关、二连海关、包头海关、额济纳海关、东乌海关、乌拉特海关、鄂尔多斯海关、集宁海关、乌海海关、阿拉善海关和呼和浩特海关风险防控分局。

2023 年，呼和浩特白塔机场海关旅检科被海关总署评为“全国海关系统先进集体”，呼和浩特海关机关党委（政工办）组织宣传科被海关总署评为“全国海关系统准军事化纪律部队建设先进集体”，乌拉特海关、额济纳海关分别被共青团中央授予“二星级全国青年文明号”和“一星级全国青年文明号”，东乌海关、阿拉善海关被内蒙古自治区党委、人民政府评为“第十届自治区文明单位”。

年内，呼和浩特海关以机制化建设、清单化管理和项目化推进为手段，推进智慧海关建设。率先进行自动导向车（Automated Guided Vehicle，AGV）跨境无人驾驶项目在甘其毛都、策克口岸落地试点。开展进口煤炭检验采信试点，推行铁路口岸进口铜精矿“口岸+目的地”联合监管试点项目，口岸放行时间由 3~5 个工作日压至 3 小时以内，监管 7405 万吨蒙古国优质矿能产品进口；建成全国首个籽仁类技术性贸易措施研究评议基地，畅通对蒙古国鲜活易腐农产品出口“绿色通道”，助力 24.2 亿元出口农食产品快速通关。全年监管进出口货物总值 1363 亿元，同比增长 54.2%；监管进出口货运量 8796 万吨，增长 88.4%；征收关税和进出口环节税 124.1 亿元，增长 45.3%；监管进出境运输工具 224.6 万辆（节、架次），增长 86.9%；检出检疫性有害生物 6 种 34 批次；检出动物二类传染病 1 种 7 次；检出不合格商品（含食品化妆品）196 批次；侦办走私犯罪案件 26 起，案值 0.23 亿元。

（郭胜利　崔建高）

【海关监管】2023 年，呼和浩特海关开展“打击进出口危险品伪瞒报”专项行动，通过对重点口岸专题调研，解决涉案危险品移交难、仓储难等问题；推进“关地危险品协同监管机制”，完善、签订“关地危险品协同监管制度”11 项，专项行动期间查获出口伪瞒报危险品 20 批次，办理案件 19 起。推进联合国《国际公路运输公约》（TIR 公约）跨境运输业务发展，通过开展业务宣传推广、设置“绿色通道”、提供“7×24 小时”预约通关服务、优化业务流程等措施，服务横跨多国的 TIR 公约运输货物高效通关，开通运行线路 5 条，办理进出口 TIR 公约业务 236 票，其中进口 175 票。推进非贸易货物渠道风险一体化防控，以应用非贸易货物一体化风险防控平台为抓手，在“邮快跨旅边”（邮递物品、进出境快件、跨境电商、旅客行李物品、边民互市贸易）多渠道开展风险协同防控、同步处置、整体防范，通过布控规则集中研判、风险预警信息分析处置等措施进行风险防控，全年非贸易货物渠道分析移交缉私立案 27 起。在铁路口岸现场实施进口“车边直提”与出口“抵港直装”监管模式，助力口岸进出口货物快转快运，促进企业外贸保稳提质，全年监管进口“车边直提”原油 4.9 万吨，出口“抵港直装”成品油、硫化钠等 4.3 万吨。完善“属地查检”绿色通道预约机制，通过预约热线、“单一窗口”、微信群、业务现场等多种预约方式，畅通企业预约渠道，实施属地查检“云签发”，全年出口属地查检2874票，生成电子底账2.2万余票，签发检验检疫证书2万余份。开展“清风行动”，对假冒伪劣、短重或溢重情况严重的监管对象实施精准布控，查发知识产权侵权案件10起，查处服装、鞋袜、箱包、手机、电热水壶等582件，涉案货值1.2万余元。优化进口商品检验流程，开展进口煤炭检验采信试点工作，采信符合海关总署采信机构管理办法要求的第三方检验机构出具的检验结果，并进行综合评定，助力进口煤炭快速通关，甘其毛都、策克、满都拉及珠恩嘎达布其口岸年进口量均创历史新高，全年检验监管进口煤炭1.8万余批、6660.8万吨，其中实施进口煤炭检验采信7633批、2233.4万吨，分别占比41.5%和33.5%，“呼和浩特海关围绕扩大煤炭进口调研解题切实保障国家进口能源战略实施”“首推‘检验采信’模式 力促蒙煤进口保稳提质——呼和浩特海关关于破解蒙古国煤炭资源进口瓶颈的案例”分别入选全国海关主题教育“百个特色做法”和“百个典型案例”。落实海关总署优化调整进口铜精矿实验室检测项目要求，在“环保项目”要求检验标准不变情况下，依企业申请对进口铜精矿“品质项目”实施检验，检测周期缩短至2~3个工作日，全年检验进口铜精矿1545批、141.2万吨。推进“金钥2023”“商神2023”等稽查专项行动，查发涉嫌违规行为35起；移交案件线索22起。运用“企业画像”等信息系统，对关区近5年未开展业务的7000余家企业进行筛查，指导840家企业办理注销，同比增长55.3%。

▲2023年5月18日，乌拉特海关关员在甘其毛都口岸强沙尘暴天气中查验进口铜精矿　（陈东/摄）

（王淑芳）

【海关检疫】2023年，呼和浩特海关开展传染病信息监测和分析研判，制订“境外传染病疫情监测工作方案”，收集境外及各口岸传染病疫情信息，每月编发“境外传染病监测分析评估研判动态”，明确人员检疫重点，分级分类开展进出境人员卫生检疫。坚持“多病共防”，根据“关区毗邻与通航国家建议重点关注传染病名录”要求，开展鼠疫、猴痘、流感等17种传染病采样检测工作。开展严防动植物疫情疫病传入和外来物种入侵“国门绿盾2023”行动，在进口货物、旅客行李物品监管等渠道，打击夹带、藏匿、走私外来入侵物种和禁止进境动植物及其产品行为，全年办理非法携带动植物产品行政处罚11起，非法携带植物种子行政处罚2起，非法引进外来物种案件行政处罚1起，非法违规调运粮食案件7起；开展严防外来物种入侵三年专项行动，通过进境口岸外来入侵物种普查核查等措施，截获活体金丝雀等外来物种11批次；开展进出口农产品和饲料安全风险监测监控，对505个样品进行监督抽检和风险监测，检测7151项次，无不合格项目。开展进口食品“国门守护”行动，完成检疫审批冷冻马肉、牛肉50余次；开展羊肉、蜂蜜等出口动物源性食品安全风险监测，首次对进口牛肉开展涉及2种环境污染物风险监测；对26种边民互市贸易进口食品化妆品进行预定式布控并实施监督抽检，全

▲2023年6月30日，额济纳海关关员在高温天气下开展外来有害生物监测（张婷/摄）

年抽检进出口食品380余批4300余个项目，退运不合格进口食品18批；开展蒙古国畜牧业、肉类生产加工现状等风险分析和评估，实施肉类优先审单、优先查验、优先检测“三优措施”，畅通“二连浩特—扎门乌德”快速通关绿色通道，全年监管进口肉类5.8万吨，货值8.8亿元。

（张锦华）

【税收征管】2023年，呼和浩特海关全年税收入库124.1亿元。发挥综合治税领导小组统筹管理作用，把握税收总体方向，完善跨部门、跨条线联系配合，健全疑难问题处理机制，协调推进税收征管。建立重点税源商品、税源企业和相关行业联合监控分析机制，注重跟踪国内外经济贸易动态；建立关税职能监控常态化运行机制，以税收运行月度监控为载体，开展税收评估督导。开展执法监督检查，建立健全业务指标定期分析机制，推进税收涉税要素监控。落实进出境人员行李物品和邮递物品税收征管制度，规范进境物品归类、价格及规范申报管理，开展专项核查8项，发布行邮渠道风险预警信息5条，全年行邮渠道进境物品补征税款19.3万元。落实“十四五”税收优惠政策，开展享受减免税政策主体资格前瞻评估和适用政策辅导，支持关区高新技术、绿色能源产业项目建设；推行“关长送政策”服务，为4家内蒙古自治区重点行业、企业上门宣讲政策，帮助解决难题10余项。

（范淑娟）

【统计与研究】2023年，呼和浩特海关印发大兴调查研究实施方案，成立产业产能转移调研工作专班、青年理论学习小组，深入地方、企业、基层一线开展调研，完成调研重点课题42个，关级课题调研报告57篇，3篇调研报告入选全国海关主题教育“百篇优秀调研报告（解决方案）”。开展外贸形势分析，编制发布内蒙古自治区进出口统计数据，定期召开内蒙古自治区外贸新闻发布会，解读外贸发展面临形势，引导市场预期。履行海关统计监督职责，把打击虚假贸易、维护统计数据真实性作为一项重要政治任务来抓，通过加强统计监督、开展贸易数据年审等专项工作，实现统计数据质量宏观、中观、微观三级管控，审核贸易统计、业务统计数据记录70万余条，核查更正数据5000余条。跟踪分析大宗商品价格走势、订单外流等情况，对重点商品、重点产业、重点区域进出口形势开展分析研判，形成专题分析报告212篇，服务外贸高质量发展。

（杜孟伟）

【打击走私】2023年，呼和浩特海关开展“国门利剑2023”联合专项行动，打击各类走私违法犯罪活动，稳步推进反走私综合治理工作。紧盯毒品走私重点地区、主要种类和渠道，查获走私、违规邮寄国家管制精神药品案件15起，查获咖啡因等毒品2419克、精神类药品968粒。查发走私子弹类行政案件23起，查获子弹46发。打击洋垃圾、濒危野生动植物制品走私，查获旧电路板、旧电瓶、废金属、旧机动车等6起洋垃圾走私案件，查获砗磲制品案5起、象牙和红珊瑚制品及狼牙案各1起；办理违规邮递种子及植物药材案3

起。打击涉税走私，通过大数据分析，侦办涉税走私刑事、行政案件36起，同比增长2倍。

（张海涛）

【落实署区合作备忘录】2023年11月21日，呼和浩特海关印发落实《海关总署　内蒙古自治区人民政府合作备忘录》任务分工方案，制定包括支持口岸现场配备传染病快速检测设备、推动在关区内开展进口铜精矿“口岸+目的地”联合检验监管试点工作、积极支持地方利用中欧班列发展“落地经济”、推动口岸木材进口和木材加工产业发展、支持“天赋河套”品牌优质农产品扩大出口等173项落实举措，逐项明确责任部门，将工作任务列入重点督查事项。

（张一帆）

【“滞、瞒、逃、骗、害”综合治理】2023年，呼和浩特海关紧盯口岸“滞、瞒、逃、骗、害”等全要素风险，在严守国门中筑牢屏障。疏“滞”，推行铁路口岸危险品监管进口“车边直提”、出口“抵港直装”模式，口岸危险品监管保持“动态清零”；畅通对蒙古国农产品出口“绿色通道”，单票货物通关效率提升30%。消“瞒”，开展“打击进出口危险品伪瞒报”专项行动，查获出口伪瞒报危险品20批次48.8吨；贸易渠道和邮快（邮递物品和进出境快件）渠道人工布控查获率分别高于海关总署目标值2.97、2.29个百分点；完成海关总署交办的“植物种子”“奶制品”拦截算法试点，寄递渠道实现智能审图全覆盖。抓“逃”，税收入库增长45.3%；开展“国门利剑2023”专项行动，立案侦办刑事案件26起，查办行政案件数和涉嫌偷漏税款数分别是2022年的2倍和11.3倍；刑事案件海关现场移交比达53.8%。治“骗”，稽核查打击虚假贸易，提交暂缓统计金额16.3亿元，办理影响统计数据准确性行政案件87起。防“害”，检疫出入境人员213.7万人次，口岸病媒监测中检出Shanxi tick virus 2病毒，属全国海关首次；开展动植物检疫，检出动物二类传染病1种7次，截获检疫性有害生物6种34批次，首次在出口种子中检出2种检疫性病毒，首次监测到外来物种马里亚纳松吉丁；首次对进口熟制牛羊肉布控实施蛋白质变性检测；检出不合格煤炭3.3万吨，查获违禁印音制品是2022年的8倍，13起典型案例在全国海关通报交流。

（纪斌）

【“乌兰牧骑+理论宣讲”获评中央和国家机关党建创新成果“十佳案例”】2023年，呼和浩特海关立足边关“点多线长面广”实际，传承“乌兰牧骑”优良传统，创建“乌兰牧骑+理论宣讲”品牌，本着贴近基层、服务一线理念，甄选培养一专多能行家里手，组建4~6人小型队伍，开展理论宣讲。组织退休老干部、全国先进基层党组织党员代表等20余人，组成4个乌兰牧骑宣讲小分队，赴边关一线科室开展深入学习宣传习近平总书记给红其拉甫海关全体关员的重要回信精神。组织3支乌兰牧骑综合服务轻骑兵，分别深入6个边关，用“小快灵”方式将党建理论、先进典型、文艺节目、品牌创建经验送到边关一线。主题

▲2023年10月27日，鄂尔多斯海关关员对综合保税区跨境电商商品进行监管　（宋晓敏/摄）

教育期间，呼和浩特海关以问题导向引领调查研究，面对面服务骨干企业189家。年内，呼和浩特海关“弘扬乌兰牧骑优良传统 推动党的创新理论武装走深走实”案例，在中央和国家机关第四届党建创新成果评选中入选“十佳案例”，为本届展示交流活动中全国海关系统和内蒙古自治区唯一入选案例。

（郝雅丽）

【进口铜精矿“口岸+目的地”联合监管改革】2023年，呼和浩特海关建立进口铜精矿“口岸+属地”联动机制，开展优化监管通关模式试点工作，保障重点产业链供应链循环畅通。12月26日，试点运行当日，企业进口10车、900吨铜精矿在二连浩特口岸进境实施放射性检测合格后，经铁路运输直抵目的地“海关指定查验区域”实施检验。进口铜精矿到目的地时长由试点前的15～20天压缩至3～5天。在联合监管中，口岸海关利用门户式辐射探测设备，对进口铜精矿进行随到随检随放，目的地海关提前评估实验室检测能力做好技术支撑，实行24小时预约通关服务。

（祁峻）

【进出境“铁路快通”模式双向落地】2023年4月4日，呼和浩特海关采用“铁路快通”模式监管由德国发运经二连浩特口岸进境至河南郑州的进境中欧班列顺利通关，标志着“铁路快通”进出境监管模式在呼和浩特海关双向落地。全年办理“铁路快通”业务4618票，每票节约通关时间1～2天。在该模式下，海关通过对铁路快通舱单电子数据管理，即可实现对铁路列车所载进出口货物转关运输监管，以此代替传统的口岸与内陆之间转关业务模式，提高通关时效。

（赵妍）

【助力中欧班列扩线增量】2023年，呼和浩特海关持续落实中欧班列发展各项举措，指导企业用好铁路舱单归并功能，选择适合的申报方式，综合运用口岸清关、全国通关一体化、转关等多种业务模式提高口岸通关效率；实行“7×24小时”预约通关机制，完善“中欧班列+跨境电商、中欧班列+国际邮件”作业模式；助力企业拓展中欧班列运营及搭载货物种类，实现双向重载运输。中欧班列运行线路比2022年增加2条达到70条；全年监管中欧班列3294列，同比增长30.8%。

（赵妍）

【支持服务第四届中蒙博览会】2023年，呼和浩特海关全力支持举办第四届中国—蒙古国博览会。发布博览会海关工作方案及通关须知，向企业提供禁止及限制清单、许可证申办等政策服务；出台覆盖参展备案、展品通关、展后处置等会前、会中、会后全流程便利措施10项；成立工作专班，入驻呼和浩特市敕勒川国际会展中心综合服务区，全程提供通关、监管等服务；在各业务现场开设“专用通道”，实行24小时预约通关，确保即到即报、即查即放。博览会举办期间，监管境外展览品8.6万余件，参展企业登记备案203家。

（杨常青）

【二连浩特边民互市贸易首次开展落地加工】2023年，呼和浩特海关开展边民互市贸易调研，派

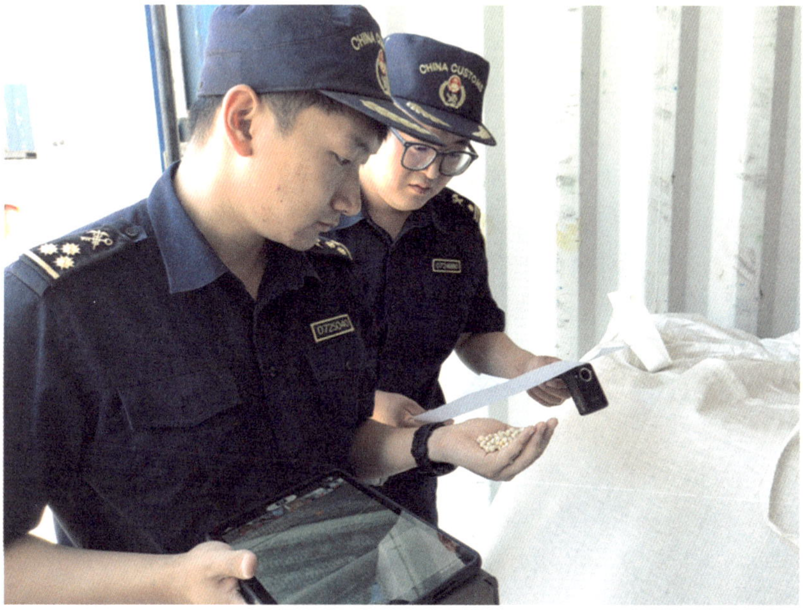

▲2023年7月8日，二连海关关员对中欧班列首次承运进口的俄罗斯豌豆进行查验　（郭纳/摄）

员赴广西边民互市贸易区学习经验做法；进行边民互市贸易业务培训，邀请南宁海关业务专家授课，相关人员200多人参加；成立二连浩特市边民互市贸易进口商品落地加工工作专班，与内蒙古自治区商务厅、二连浩特市人民政府合署办公，开展进口商品大数据分析，梳理常见商品清单，明确交易商品范围；完善边民互市贸易区基础设施，对运营企业提前进行管理系统卡口软件端配置更新和卡口改造，并完成系统切换上线。4月，二连浩特边民互市贸易区首次实现进口商品落地加工，全年交易额3.2亿元。

（杨常青）

【鄂尔多斯进境指定监管场地启用】2023年6月30日，鄂尔多斯航空口岸进境综合性指定监管场地（进境水果、食用水生动物和进境冰鲜水产品）正式通过海关总署验收。该指定监管场地是我国西北部地区首个也是唯一一个集进境水果、进境食用水生动物、进境冰鲜水产品于一体的综合性指定监管场地，一次性同时取得3个国家级重要指定监管场地资质。呼和浩特海关指导协助鄂尔多斯市政府有关部门建立国门生物安全、食品安全保障机制和重大突发事件应急处理工作机制，指导企业编制项目可行性评估方案、建设方案，帮助企业完善配套技术等。

（刘磊）

满洲里海关

【概况】1908年2月5日，满洲里分关设立，归哈尔滨总关领导。1949年1月3日，人民政权辖属的满洲里关税局正式成立，1950年改称满洲里海关，不久又改称满洲里关，受中央人民政府政务院海关总署领导。1980年1月1日国家海关管理体制改革后，改称满洲里海关（正处级），由海关总署直接领导和管理。1995年6月，升格为副厅局级直属海关。2004年2月，升格为正厅局级直属海关。满洲里海关关区范围为内蒙古自治区的呼伦贝尔市、兴安盟、通辽市、赤峰市。2018年4月，根据海关总署对机构改革的统一部署，满洲里海关关区范围的检验检疫机构职责及队伍划入满洲里海关。至2023年底，有内设机构18个，党委派驻纪检组5个，事业单位3个及海关总署委托管理的中国电子口岸数据中心满洲里分中心。设有隶属海关单位11个，分别是满洲里机场海关、满洲里车站海关、满洲里十八里海关、海拉尔海关、额尔古纳海关、额布都格海关、阿日哈沙特海关、阿尔山海关、通辽海关、赤峰海关和满洲里海关风险防控分局。

2023年，满洲里海关监管进出口货物总值571.1亿元，同比增长40.6%；税收入库50.7亿元，增长11.1%，其中关税入库5.5亿元、增长6.6%，进口环节税入库45.2亿元、增长11.7%；监管运输工具107.8万辆（艘、架）次，增长43.9%；监管进出口货运量2359.2万吨，增长41.6%；检出各类传染病4种、87例；检出检疫性有害生物1.78万种次，增长3.05倍。检出不合格商品（含食品化妆品数据）72批次。立案办理各类案件128起，案值0.67亿元；办结检验检疫行政案件20起，其中涉及危险品伪瞒报案件4起。监管进出境班列5116列，增长6.2%。满洲里综合保税区进出口贸易值137.8亿元，增长2.9倍。跨境电商B2B出口6.9亿元，市场采购贸易出口4.4亿元。满洲里公路口岸成为全国首个试行24小时货运通关公路口岸，监管出口工程机械5.6万台，增长1.6倍。至年底，关区有AEO企业13家。

年内，满洲里海关“首创‘领学共进’模式强化青年干部理论武装”被海关总署“海关汇智”平台首期刊发，4个全国党建示范品牌通过复核认定，新增2个全国海关党建培育品牌，1个品牌案例入选内蒙古自治区直属机关党建特色创新案例，1个支部工作法获评2023年度海关系统优秀党支部工作法。设立新时代“枫桥经验”实体工作室2个，2起案件入选海关践行新时代“枫桥经验”一百个典型案例。1个科室获评“全国青年文明号命名集体”；1人获评2023年度海关系统“党务之星”；1个集体、1人分别获评全国海关系统先进集体、先进工作者；1人获评内蒙古自治区“扫黄打非”先进个人。

（张志忠　杨娇）

【海关监管】2023年，满洲里海关完善应急预案7个，排查监管场地13个、监管设备1332台（套），开展通关模拟演练7次、政策解读培训8次，向地方政府反馈口岸恢复通关意见建议12条。开展CT设备智能审图专项制图标图工作，CT设备扫描图像11.6万幅，向海关总署提供6类商品智审图像247幅。加强旅客行李物品、出口邮件核辐射监测，组织核生化爆反恐演练，完成辐射监测设备校准工作。加强出口邮件、进口快件全链条监管，开通关区首批快件业务，全年监管出口邮件367.3万票，进口快件4761票。

开展“清邮”“护旗”“阻源”等专项行动，加大对濒危野生动植物及其制品进境风险分析。推进“邮快跨旅边”（邮递物品、进出境快件、跨境电商、旅客行李物品、边民互市贸易）风险一体分析、布控、处置，建立全链条、全领域、全渠道一体化风险防控机制。落实“提前申报”“两段准入”等改革举措，落实进口预包装食品标签检验制度改革、推进进出口危险化学品检验模式改革、深化“多证合一”“注销便利化”改革。落实海关总署推动加工贸易持续高质量发展改革措施，参与海关总署“短溢区间”改革，支持铜精矿等资源性商品加工，全年加工贸易实际进出口总值达 28.58 亿元，同比增长 1.74 倍。落实海关总署“金钥 2023”“商神 2023”稽查专项行动要求，研判线索 62 条，办结稽查作业 21 起，开展核查作业 107 起，办结主动披露作业 59 起。新增备案企业 837 家，增长 1.05 倍，注销企业 193 家，下降 43.75%。开展进口食品“国门守护”行动，制订关区出口动物源性食品安全风险监测计划实施方案和监督抽检补充计划。开展“健安 2023”专项行动，打击跨境电商网购保税进口保健食品违法添加、虚假标识等不法行为。对 555 家境外食品生产企业开展注册评审及视频检查，派员赴蒙古国对 12 家肉类生产企业开展现场检查。严把煤炭进口质量安全关，落实进口钾肥绿色通道保障机制，做好出口化肥法定检验。实施进出口商品质量安全风险专项监测，加强对进口商品的抽样检测，检测结果均合格。按照海关总署对进口矿产品检验监管和固体废物排查要求逐批开展排查，未发现“以废充矿”情况及不合格情况。推动进口液化石油气品质项目检验布控比例下调，整合部分检验项目的取样送检指令，降低重复取样和实验室检测频次。

（耿俊东　谢全勇）

【海关检疫】2023 年，满洲里海关强化疫情输入监测预警，制订“满洲里海关国境口岸公共卫生风险评估工作方案”，成立口岸疫情监测预警专班、风险评估专班，建立“一口岸一评估”评估机制。落实各项卫生检疫措施。签署“满洲里海关与蒙古国东方省海关关于国境卫生检疫合作备忘录”“‘四省六关一中心’边境口岸传染病联防联控合作协议”“满洲里海关与病原微生物生物安全全国重点实验室合作协议”，与沈阳农业大学生物安全领域院士联合向内蒙古自治区申请在满洲里国际旅行卫生保健中心建立“人兽共患病与生物安全院士工作站”。开展非洲猪瘟等重大动物疫病联合监控 46 次，开展外来入侵物种普查，普查到外来杂草 7 种、检疫性林木害虫 2 种。开展外来有害生物监测 583 次，监测到有害生物 2170 种次，其中检疫性有害生物 50 种次。在旅检渠道查获禁止携带进境的动植物及其产品 983 批次。开展动物疫病监测，取样 4284 个，检出二类动物疫病 12 例。开展进出口食用农产品、饲料监督抽检和安全风险监测，完成 1672 个样品、约 1.37 万个安全风险和转基因监控项目抽样及检测工作，检出霉菌超标不合格饲料 1 例，为关区进境饲料中首次检出。关区首次引进种牛 3795 头，完成 1188 枚美国牛胚胎引进和后续监管。

（牛廷勇　郑敏）

【税收征管】2023 年，满洲里海关深化综合治税，全年入库税款 50.7 亿元，同比增长 11.1%。开发“满关智税”税收征管业务云端查询系统，建立“满洲里

▲2023 年 8 月 8 日，满洲里机场海关关员开展马铃薯甲虫等进出境动植物疫情疫病监测工作　（邢磊/摄）

海关税收优惠政策汇总表”。推动关税配额进口联网核查业务落地实施，优化行邮（邮递物品和旅客行李物品）税征管机制，促成内蒙古自治区首单“跨境电商条码申报”、首票“行邮税财关库银联网支付”在满洲里关区办理。建立“云擎”监控模型24个，开展关税业务智慧监控，以规范申报为抓手规范涉税业务，防范税收条线风险漏洞，反馈事后验估指令1344条，反馈及时率100%，开展涉税化验36批次，同比增长35倍。签发原产地证书9803份。编制“满洲里海关减免税法规汇编”“减免税货物贷款抵押操作指引”，落实减免税优惠政策办理审核确认17批，海关总署抽样复核中连续5年零差错。

（单良　杨娇）

【打击走私】2023年，满洲里海关开展“国门利剑2023”联合行动、“蓝天2023”专项行动、打击海南离岛免税“套代购”走私、“护航2023”专项行动、“国门勇士2023”缉枪专项行动、“使命2023”专项行动、“护卫2023”专项行动，严厉打击洋垃圾、濒危野生动植物及其制品、枪毒、重点涉税商品、海南离岛免税“套代购”等走私行为，加强对重点领域、重点渠道违法犯罪行为专项打击。修订完善全员打私制度3项，与稽查部门建立“稽侦联动”工作机制。2起走私毒品案件被公安部列为目标案件，办理关区首起海南离岛免税“套代购”走私犯罪案件。开展夏季治安打击整治行动，严防跨境走私风险。同关区相关部门开展联系沟通51次，签订合作备忘录9份，运用警务协作机制查获案件6起，办理国际执法协作18件。与俄罗斯远东缉私海关联合开展“桥梁”专项行动，组织完成后贝加尔斯克公路口岸至满洲里公路口岸毒品控制下交付现场教学演练。年内，刑事立案13起、查办行政违法案件115起，同比分别增长30%、300%，其中查获走私毒品案件5起、珍贵动物制品案件4起，办理关区首起利用无人机绕越边境线走私案件，查获走私黄金5.2千克。

（朱烨　杨娇）

【统计与研究】2023年，满洲里海关日常审核报关单记录44万余条。对2022年贸易统计和业务统计数据开展年度审核，筛选审核相关数据记录28万余条。开展统计分析监测，撰写统计分析文章218篇，被海关总署信息刊物采用21篇。严格数据安全管理，制定满洲里海关党委数据安全责任制实施办法、满洲里海关数据安全检查工作方案；打击虚假贸易，制定满洲里海关虚假贸易综合管控管理办法。优化统计数据服务，编发关区主要统计数据11期，提供对内对外数据服务290余次，涉及数据6万余条。参与海关总署智慧统计顶层设计、智慧统计方案设计和“1+6”数据质量控制中心工作，组建关区政策研究人才库、统计调查工作小组、统计分析小组。

（苏惠　杨娇）

【“滞、瞒、逃、骗、害”综合治理】2023年，满洲里海关紧盯“滞、瞒、逃、骗、害”等各类风险，建立进出口货物监测预警机制，防范口岸结构性积压风险。开展铁路直通式危险品查验作业，危险品查验时间由19.1小时压缩至1.4小时。组建“青年突击队”，助力全国首个24小时货运通关边境公路口岸顺畅运行。疏解口岸工程机械聚集态势，开辟铁路口岸、黑山头公路口岸出口新通道，工程机械通关效率提升3.8倍，出口工程机械5.6万台，同比增长1.6倍。科学设置布控规则，建立健全风险排查、排序、排除等5项机制，动态梳理出风险点38个，制定防范化解措施102项，开展“重大事故隐患专项排查整治2023行动”，全年安全生产事故零发生。开展“打击进出口危险品伪瞒报”专项行动，查发涉危不报情事20起。依法规范涉检验检疫行政处罚程序，办结案件20起。开展“龙腾行动2023”、“蓝网行动2023”、“4·26”知识产权周主题宣传活动，查获侵权案件13起。加强企业信用管理，深化稽核查改革。制定关区虚假贸易综合管控管理办法，建立虚假贸易分析评估联合研判工作机制，加强重点商品、重点企业贸易数据监测分析，强化跨部门单位协作。坚持“多病同防”，抓好猴痘、鼠疫、流感等其他传染病口岸防控及实验室检测工作，购置口岸快速检测设备13台，实现关区口岸免疫法、核酸法传染病快速检测能力全覆盖，具备独立完成全基因组测序能力。开展“国门绿盾2023”“跨境电商寄递‘异宠’综合治理”等行动，检出有害生物1.8万种次，同比增长3.05倍。严把进出口食品安全关，检出不合格食品10批次。

（蒋瑞峰　杨娇）

【特殊监管区域管理】2023年，满洲里海关推动对外开放平台提质升级，支持满洲里综合保税区建设铁路专用线，助推综合保税区与口岸联动发展，增设关区代码、获批增值税一般纳税人资格试点，实现“通道+平台”功能互补，推动综合保税区、跨境电商综合试验区协同发展，建立综合保税区进出口监测预警工作机制，对满洲里综合保税区开展政策解读及实地指导25次。满洲里综合保税区进出口贸易值137.8亿元，同比增长2.9倍。支持赤峰成功开通跨境电商“9610”出口业务，实现跨境电商海外仓无纸化备案，至年底，备案海外仓企业15家，跨境电商B2B出口6.9亿元，市场采购贸易出口4.4亿元。推动铁路互贸监管场所设立、满洲里互贸进口商品落地加工。在满洲里、阿日哈沙特、黑山头、额布都格互市贸易区上线互贸管理系统，交易额6236万元，提出边民互市贸易进出口食品信息化建设优化建议4条，推动边民互市贸易食品恢复进口。对关区2家保税仓库实地业务指导，新增审批设立保税仓库3家。开展保税监管领域安全生产监督检查14次。

（陈忱　杨娇）

▲2023年5月11日，海拉尔海关关员对出境竹木草制品生产企业注册登记（延续）开展现场考核　（宋蕾/摄）

【优化营商环境】2023年，满洲里海关落实海关优化营商环境16条，出台细化措施“25+162”条，构建服务矩阵。落实关长送政策上门、关长联系企业、企业问题清零3项机制，为695家企业送政策346次，帮助解决企业各类诉求91个。以企业需求为导向，定制“一企一策”服务措施，组织2次问卷调查，有165家企业参与。释放RCEP政策红利，助力企业出口货物享受进口国关税减免。年内新增备案企业837家，同比增长1.06倍。完成关区首家经核准出口商认定，推动“一保多用”政策，企业担保额度6.46亿元。开展促外贸稳规模优结构专题调研和企业回访，年内，关区进口俄罗斯液化石油气“惠享边民”经验做法入选全国海关推动外贸稳规模优结构典型案例。

（陈忱　杨娇）

【服务“一带一路”高质量发展】2023年，满洲里海关扩大“铁路快通”业务规模，提高班列通行效率和通关便利化水平，与17个直属海关建立区域海关联动机制，班列通关时间缩短1~2天。支持“即卸即装”运输模式，铁路口岸出境运力提高20%。启用转关功能模块“自动化”开关，实现进出口转关运输运抵触发自动放行，人工作业环节由6个缩减为2个，每票转关单海关作业通关时长实现秒计。全年监管进出境班列5116列，同比增长6.2%。办理进出境“铁路快通”业务3150票，增长6.45倍。开展“即卸即装”业务62批。开展边境海关国际合作，举办中蒙、中俄边境海关工作会谈5次，达成21项共识，推动解决口岸过货能力、检验检疫合作等8个问题。全面落实海关总署与内蒙古自治区合作备忘录，分别与北京、石家庄、郑州海关及赤峰、通辽市政府签署合作备忘录，出台关际、关地合作措施92项。

（耿俊东　杨娇）

【进口大宗商品检验监管模式创新】2023年，满洲里海关创新进口大宗商品检验模式，保障粮食、能源、矿产品产业链供应链安全稳定，进口货运量同比分别增长226%、113%、45.8%。创新陆路口岸粮食监管检验检疫模式，率先在全国实现进境粮食检疫初审联系单“云办理”，检疫审批时长压缩至4小时内，取得全部进境粮食品种检疫审批终审权。推动进境粮食指定监管场地经营单位车辆物流识别系统与“进境粮食检验检疫管理系统”发货模块对接，进境粮食调运速度提升近30%。全年监管进境粮食99.8万吨，增长1.43倍。进口铅锌矿砂及其精矿“依企业申请”实施品质检验的建议被海关总署采纳实施，单批矿产品平均查验用时压缩三分之二。新增57项实验室检测项目，能源资源类商品自检率达100%。落实“先放后检”“依企业申请”“多车合并申报+多单合并检验”等措施，创新实施进口俄罗斯煤炭“坑口并批”（以坑口为合格评定单元的合并检验批措施）检验，整合煤炭商品质量检测报告，实现一份检测报告同时包含品质要求和涉税要素，提高煤炭通关效率，报关单数压缩97.9%，送检批数压缩73.9%。对进口蒙古国煤炭实施第三方检验结果采信，实验室检测量下降94.7%。运用“模式创新+科技支撑”，现场应用采信检验辅助程序，配备“便携式电动取样设备”“云梯车”等辅助设备，提高检验煤炭进口质量安全监管效能，全年检出不合格进口煤炭35批、4926.1吨，分别增长16.5倍、4.5倍。

（王欣　郑敏）

【回程班列装载货物监管模式优化】2023年，满洲里海关保障回程班列快速通关，舱单管理岗实行“7×24小时”预约工作制，优先服务办理回程班列及所载货物舱单信息各项工作。运用外籍回程列车运载出口班列货物，运用中籍回程列车运载进口班列货物，实现宽准轨双向重载，提升回程班列运载效率。建立“快速报关提醒机制”“未查验提醒机制”“物流监测预警机制”，与铁路部门联系沟通，建立满洲里铁路口岸货运通关“信息共享、应急处置、综合分析上报”3项机制，搭建“职能+现场+中心”信息交流沟通平台。建成大型集装箱/车辆检查设备智能监管集约系统，实现铁路口岸进出境物流可视化监管。

依托“属地纳税人管理”系统，梳理关区开展中欧回程班列业务企业名单，发挥“关长送政策上门”“企业问题清零”机制作用，召开关企座谈会开展政策宣讲，覆盖企业50余家。落实“中欧班列回程运输及其相关费用估价指导意见”政策，制订减税降费方案，首次以铁路部门提供的国内段数据作为客观可量化的分摊依据，设置专岗专人开展“一对一”申报扣除引导工作，科学确定换算比例，合理扣除境内段运费，全年为108列中欧班列回程扣减境内段运费73.18万

▲2023年3月10日，满洲里车站海关关员在风雪天气中监管进出口班列（王晓宇/摄）

元，办理减免税款13.8万元。

（单良　解奔文）

【“智慧口岸”建设】2023年，满洲里海关协同推进“智慧口岸”建设与智慧海关建设，参与内蒙古“智慧口岸”先行先试项目，完成“呼和浩特海关满洲里海关口岸智慧监管（陆路、航空）先行先试”项目立项，完成关区智慧旅检、监控指挥中心升级改造。增加健康申报核验一体机、智能测温、人工验核工作站等智能化设备，实现口岸旅客“无感通关”“读秒放行”。为7个隶属海关新建三级监控指挥中心，完善监控指挥体系。开发自行走整车虚拟车牌系统，实现秒级放行。牵头海关总署智慧海关建设“铁路口岸物流监管”业务场景，推进TIR公约跨境运输恢复运行，满洲里公路口岸在全国首个实现“中国车、中国证”TIR公约进出境双向贯通，运输时间、成本分别压缩58%和38%。

（耿俊东　杨娇）

【供港澳活动物全流程智慧检疫监管场景】2023年，满洲里海关首创“供港澳活动物全流程智慧检疫监管场景”，利用5G智能终端、物联网低频识别技术、地理信息系统（GIS）等科技手段，对供港澳活动物入场建档、养育、诊治、出场、运输、

▲2023年3月20日，通辽海关关员对供港澳活牛进行监管　（毛小龙/摄）

核销6个关键环节进行全方位的掌控，实现育肥饲养全程数据化、监管要素可视化、生产作业信息化、途中运输轨迹化。通过电脑端或手机App可随时查阅数据、实时视频监控，掌握供港澳活动物运输轨迹和动物状态，对安全风险异常情况及时监测、研判，指导企业应对，首次实现供港澳活动物一站式全流程智慧监管，全年监管供港澳活牛1825头。

（郑敏　杨娇）

【铁路运输罐装进口危险化学品全程非接触监督检验模式】2023年，满洲里海关创新实施铁路运输罐装进口危险化学品全程非接触监督检验模式，将海关检验监管嵌入企业物流链条，依托智能监管平台和视频监控设备，对铁路进口罐装液化石油气实施“入境到进厂”全程监控，对于需要取样送检的进口危险化学品，在卸罐过程中顺势完成取样工作。进口危险化学品在口岸停留时间压缩超50%，查验时间由19.1小时压缩至1.4小时，防范化解进口危险化学品在口岸聚集风险，保障进口危险化学品检验安全高效。

（王欣　杨娇）

【阿日哈沙特互贸区和阿尔山互贸区封关运营】2023年3月，阿日哈沙特中蒙边民互市贸易区获批封关运营，11月28日，互市贸易区正式封关运营，为中蒙边民提供便捷、安全、规范的贸易平台。9月25日，阿尔山中蒙互市贸易区通过内蒙古自治区联合验收组验收。11月23日，内蒙古自治区人民政府批复同意开设该互市贸易区并封关运营。

（鲁焕新　辛传亮）

大连海关

【概况】大连海关设立于1907年，1951年2月称中华人民共和国大连海关，是海关总署直接领导的正厅局级直属海关。大连海关关区范围为辽宁省大连市、鞍山市、本溪市、营口市、丹东市、盘锦市。至2023年底，有内设机构20个，党委派驻纪检组12个，事业单位5个及海关总署委托管理的中国电子口岸数据中心大连分中心。设有隶属海关单位19个，分别是大窑湾海关、大连周水子机场海关、北良港海关、大连邮局海关、七贤岭海关、金普海关、金石滩海关、大连港湾海关、旅顺海关、庄河海关、大连长兴岛海关、营口海关、鲅鱼圈海关、盘锦海关、鞍山海关、大东港海关、丹东海关、本溪海关，大连海关风险防控分局。

2023年，大连海关首创“税收风险大数据智能筛查”（简称“数智筛”）应用，入选海关总署智慧海关建设“2023年度十佳”项目；成立专班主动研究海关新一轮支持东北全面振兴举措，细化落实海关支持辽宁开放发展23项措施；主动融入共建“一带一路”；支持大连—符拉迪沃斯托克开通直航航线、中国—沙特“华锦阿美”精细化工项目开工建设；提升对外开放能级，助力泊位开放验收77个，服务新开辟外贸航线5条；落实海关总署支持综合保税区发展23条措施，“云签发”成为海关唯一纳入国务院第七批自由贸易试验区改革试点经验，“云企通”自由贸易创新举措获海关总署备案。批准设立东北首家LNG保税仓库，年进出口周转量24万吨；落实海关总署优化营商环境16条措施，制定细化措施36项，支持大连参加促进跨境贸易便利化专项行动；参与配合海关总署署级执法评估项目，承担“全国进口种质资源海关监管情况专题评估”项目数据组工作。全年，监管进出口货运量2.24亿吨，同比增长7.6%；税收入库665.4亿元，下降14.56%；监管运输工具4.11万辆（艘、架）次，增长57.5%；检出各类传染病344例；检出检疫性有害生物5525种次；检出未准入境不合格食品68批次；检出不合格工业品33批次；查扣涉嫌侵犯知识产权货物41.8万件，增长64.7%；查获各类走私违法案件2334起，案值35.69亿元。

全年，大连海关获评省部级及以上荣誉23项次。大连国际旅行卫生保健中心（大连海关口岸门诊部）、大连周水子机场海关旅检四科被授予“全国海关系统先进集体”称号；大连海关所属金石滩海关人事政工科被命名为“第21届全国青年文明号”；关区3个党支部被评为海关总署

▲2023年10月23日，大窑湾海关查获涉嫌侵犯“Koyo”商标专用权轴承（李进/摄）

“党建示范品牌”，4个党支部被评为海关总署“党建培育品牌”。大连海关1人被评为2023年度海关系统“党务之星”。

（陈鸿华）

【海关监管】 2023年，大连海关完成“5个承办+43个参与”智慧海关业务场景方案编写任务；承办“数智筛”项目，参与“属地远程查检”等6个项目。组织开展“出口促进专项行动”，配套19条措施，推动农食产品出口实现增长，助推“新三样”（电动载人汽车、锂电池、太阳能电池）出口。首创业务运行领域“互查互诊”式交流检视，形成综合、关税、监管3个主线式监控。开展“龙腾行动2023”“蓝网行动2023”“净网行动2023”等知识产权保护专项行动，查扣侵权货物（物品）131批次，涉及货物（物品）数量41.79万件。推动海关总署与辽宁省合作备忘录重点项目和综合保税区高质量发展综合改革措施落地落实。参与“智慧综合保税区”建设业务场景工作专班，推动相关业务场景在大连海关先行先试。对集成电路、冷链、跨境电商等重点行业和龙头企业开展行业分析，助力企业开展委托加工、综合保税区仓储货物按状态分类监管、增值税一般纳税人资格试点、保税研发等新兴业态。完善风险防控网络，优化“一会两机制”（风险管理委员会、跨部门联合研判机制、布控联动机制）运行，加强风险关联分析、系统防控；突出重点管控，加强海南离岛免税“套代购”走私专项打击；开展“清邮”等风险防控专项行动，对重点领域、重点渠道、重点商品风险实施精准防控；开展“口岸+属地”联动监管试点，服务外贸发展；深化口岸联防联控，推动口岸安全风险综合治理。加强对象牙等濒危野生动植物及其制品、洋垃圾走私的打击惩处力度，查办固体废物案件9起，退运366.6吨；查发濒危野生动植物及其制品非法进出境情事45起；查发全国海关口岸查获量最大的一起穿山甲制品案。加强对进口铁矿石等法检大宗资源性商品的固体废物排查和重点敏感商品检验监管。同步推进“打击危险品伪瞒报专项行动”和进出口危险品检验模式改革，查获进出口危险品伪瞒报案件33起。加强婴童服装、儿童用品、机动车、家居装饰材料等重点敏感工业品检验监管，打击进出口假冒伪劣商品。首创“企业自检+逐批检验+抽查检验”的锂电池循环包装检验监管新模式，节约成本4700万余元。探索建立进出口商品质量安全风险监测信息系统，实现监测商品风险动态早期感知、识别、预警，积累相关文献资料1000余份，搜集海外商品风险信息8000条。开发应用“数智通”检测结果即时达模块，压缩查验环节通关时间4~5小时。开展“智慧旅检”建设，推动开发人脸识别、人包绑定系统全面应用；应用“云处置”模式提升通关便利化水平。推动启运港退税、“离港确认”等优惠政策落地实施、助力“铁路快通”模式在大连全面启动。

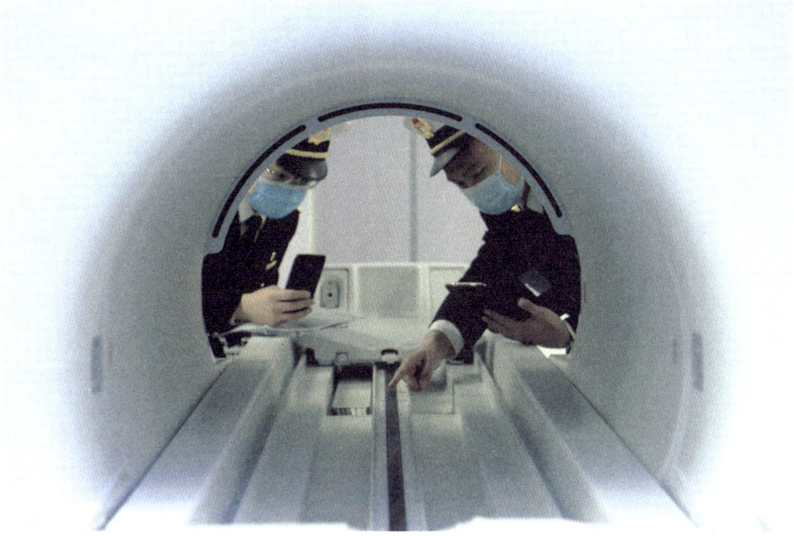

▲2023年3月15日，大连港湾海关关员对进口核磁共振成像系统进行查检（韩知妍/摄）

强化资质管理和信用管理，推进落实报关单位备案、注销操作规程，加强与辽宁省市场监督管理局联系，确保“注销便利化”数据推送及时高效。加快出口食品企业备案，推荐出口食品生产企业办理境外注册 103 家次。推进以查发为导向的稽查改革，深化“稽侦联动”双向作战机制，开展“金钥 2023”“商神 2023”专项稽查行动。与市场监管部门联合抽查执法常态化，提高协同监管水平。参与全国首批试点推广属地查检业务系统，远程查检、证书签发等模式在全国推广应用。支持加工贸易提档升级，推动落实加工贸易 16 项改革措施落地生效。创新“单量单裁”服装加工单耗管理模式，企业生产周期缩短 6 天。完成海关总署涉检验检疫行政处罚“揭榜挂帅”课题研究，促进涉检验检疫行政处罚工作规范开展。年内办理报关单位备案 3016 家，注销 1840 家；新增 AEO 企业 13 家；办结稽核查作业 2856 起。

（陈鸿华）

【海关检疫】2023 年，大连海关落实口岸卫生检疫各项措施，以“多病同检”支撑“多病同防”，推进口岸快速检测能力建设和压舱水监测，做好“多病同防”。大连长兴岛口岸通过海关总署口岸核心能力考核验收。参与海关总署智慧卫生检疫“全球传染病疫情监测”和“口岸突发公共卫生事件应急处置”应用场景方案制订。印发国门生物安全监测方案，制订 19 类动物及其产品疫病监测计划、12 项外来有害生物监测计划，设置诱捕监测点 500 余个。保障优良种质资源引进，与沈阳海关密切配合，落实附条件提离监管 169 批、3638.28 万株荷兰种球和 50 万粒大马哈鱼发眼卵进境；与北京海关协同完成航天搭载科研用 832 粒水稻种子、8800 粒拟南芥种子检疫任务；完成进口荷兰 90 匹矮马检疫任务。加强输日稻草检疫监管，完成迎接日本农林水产省输日稻草检查任务。推荐大连海关的 9 个初筛鉴定室通过海关总署专家组考核验收并获海关总署核定。开展“国门守护”行动，完成境外官方食品监管体系评审和境外企业注册检查工作 1727 次；完成进出口食品、食用农产品、化妆品安全监督抽检和风险监测样品数 2043 个，未准入境不合格进口食品 68 批次；

▲2023 年 12 月 27 日，长兴岛海关关员对企业进行 AEO 认证实地辅导（李英军/摄）

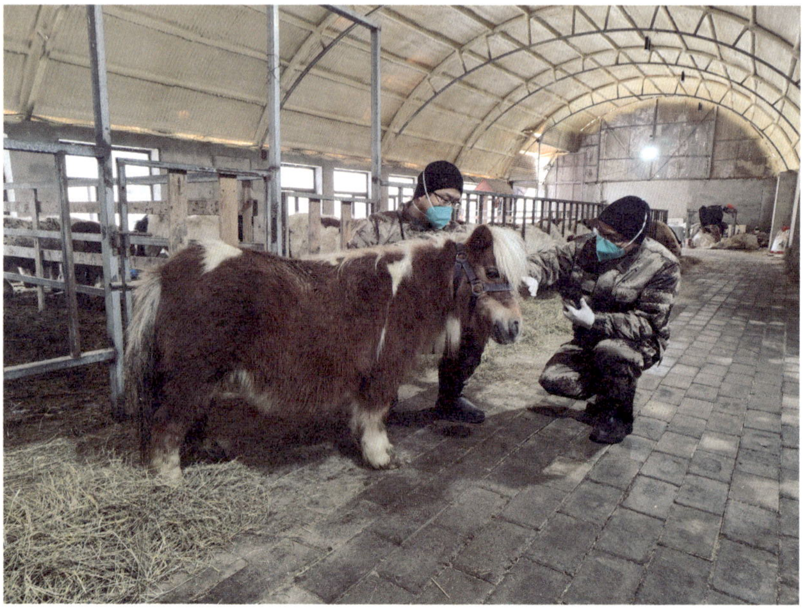
▲2023 年 12 月 14 日，旅顺海关关员对进境矮马进行检疫监管（王强/摄）

开展“健安2023”专项行动和“进口食品企业安全责任年”系列活动。对38批次境外不合格食品通报开展调查。制定转口水产品出证规范，助力大连东北亚水产品集散分拨中心建设，贸易量近10万吨。实现进口肉类产品“放行项目”检验能力全覆盖。帮助15家水产企业恢复对巴西出口资质，1家蛋制品企业恢复对新加坡市场蛋制品出口业务。

（陈鸿华）

【税收征管】 2023年，大连海关税收入库665.42亿元，同比减少14.56%；为企业减免税款3.21亿元，增长34.5%。与海关总署税收征管局（京津）共同承办的“数智筛”“规范申报智能管理”“语料训练”“文字信息治理”4个项目列入海关总署智慧关税建设4个场景之一的“涉税要素智能审核应用场景”。夯实征管基础，建立税收风险“清单—台账—反馈”监控机制。举办RCEP专题政策讲座，惠及企业500余家；指导14家经核准出口商企业自主出具RCEP原产地声明821份，货值2775.8万美元。与沈阳海关共同开展数据分析和政策研究，指导企业运用RCEP区域累积规则，助推纺织、化工、食品等辽宁特色产业发展。签发RCEP出口原产地证书2.09万份，签证金额8.15亿美元。跟踪服务万亿级石化产业基地、瓦轴风电轴承技术改造等“大项目”建设，提供海关减免税政策指导。牵头全国税政调研课题2项、参与14项，其中4项关税调整建议纳入“2024年关税调整方案”。

（孟繁立）

【打击走私】 2023年，大连海关开展“国门利剑2023”联合专项行动，推进“蓝天2023”“护卫2023”“护航2023”“猎狐”“国门勇士2023”“清源断流2023”等专项行动，查获各类走私违法案件2334起，案值35.69亿元。打击海南离岛免税“套代购”走私，部署大连关区联合专项行动，全域联动开展多波次滚动打击。高压严打海上走私，在全国打击治理海上走私经验交流会上作交流发言。打击洋垃圾、濒危野生动植物及其制品走私，查办固体废物案件9起，退运366.6吨。打击毒品走私，查获可卡因、冰毒、大麻软糖和大麻叶、羟基丁酸等。优化“稽侦联动”“缉私反哺监管”等关警协同模式，发挥打私主阵地作用。自主研发的“数字工具魔方”获公安部组织开展的“智慧公安我先行”全国公安基层技术革新专项活动三等奖。开展反走私主题宣传活动，以“护航成长携手禁毒”为主题，深入校园进行禁毒普法宣传教育。

（刘峰）

【统计与研究】 2023年，大连海关利用“数据+研究”优势，提升服务中央宏观决策、地方经贸发展和海关改革建设水平。做好“十四五”规划中期评估，落实“智关强国”行动计划，将服务新时代东北全面振兴作为“智关强国”行动的重要内容。制订大连海关调查研究实施方案，统筹设立调研课题，开展调研232次，形成调研成果34个。“五走进五品牌”（走进企业，打造“专家联诊”品牌；走进基层，打造“服务联线”品牌；走进一线，打造“发展联通”品牌；走进政府，打造“党建联盟”品牌；走进园区，打造“高地联合”品牌）调研做法入选海关

▲2023年1月5日，大连海关缉私局打击货运渠道走私日本商品案查缉现场（李晓亮/摄）

总署“百个经验做法”。组织开展中国海关贸易景气统计问卷调查，撰写分析报告12篇。完成民营企业经营状况调研、企业出口情况调研和跨境电商平台等统计调查调研工作。发挥全国统计数据质量控制中心审核中心副组长单位职责，协助海关总署做好全国贸易统计数据审核工作，与深圳海关、广州海关共同承办智慧统计—海关贸易统计综合管理系统场景建设工作。参与海关总署“统计业务改革”系统建设项目。严守数据安全底线，加强对外提供统计服务和业务数据安全审核。强化瞒骗造假行为管控工作，打击虚假贸易、维护统计数据真实性，虚假贸易防控和异动数据监控工作相关做法在全国海关贸易统计培训会上作交流发言。强化进出口监测和贸易趋势分析，报送统计分析要情被海关总署信息载体采用37篇。围绕地方政府关心关注的外贸进出口热点问题，开展数据挖掘和监测分析，报送外贸形势分析报告9篇。承办署级课题8个。

（陈宇）

【支持东北全面振兴】2023年，大连海关主动参与研究海关新一轮支持东北全面振兴举措。细化落实海关支持辽宁开放发展23项措施，推动大窑湾保税物流中心申建、铜精矿保税混矿试点获海关总署支持。助力泊位开放验收77个，服务新开辟外贸航线5条，推动关港13个重点合作项目落地见效。打造“国之重器”“一船一策”服务。监管粮食进口1058.2万吨，同比增长7.4%。监管煤炭进口1836.2万吨，增长37.6%；原油进口4880.4万吨。

（陈鸿华）

【服务“一带一路”高质量发展】2023年，大连海关主动融入共建“一带一路”，助力辽宁特色农产品出口共建“一带一路”国家（地区）同比增长13.8%，助推辽宁省对俄罗斯贸易进出口值增长53%；中欧班列列次和运载集装箱标箱量分别增长29.1%、29.6%；支持大连—符拉迪沃斯托克开通直航航线、中国—沙特“华锦阿美”精细化工项目开工建设。

（陈鸿华）

【出口促进专项行动】2023年，大连海关主动对接辽宁全面振兴新突破三年行动措施，结合工作实际和企业诉求，组织开展“出口促进专项行动”，支持关区优势产业、潜力行业、重点企业扩大出口，帮扶企业协调解决实际问题。围绕外贸“稳规模、优结构”，聚焦外贸出口企业发展难点、焦点、盲点，紧密联系企业、行业、产业，助力特色出口产业做大做强。成立96个行动小组，出台19条措施，助推“新三样”出口值同比增长36.2%；新推荐对外注册农食产品企业211家次，农产品出口值增长11.2%；船舶出口值增长27.7%。

（陈成贵）

【大连LNG保税仓库设立】2023年8月8日，大连关区的国家管网集团大连液化天然气有限公司LNG公用型保税仓库通过海关验收，东北地区首家LNG保税仓库正式设立。该保税仓库利用仓储罐及反装船设施开展保税业务，实现转口贸易和国际中转功能。

（陈鸿华）

【开发“关银惠企平台”】2023年12月8日，大连海关与中国银行大连市分行签署“加强关银合作　推进惠企共赢　促进新时代东北全面振兴合作备忘录”，举行“关银惠企平台”项目建设启动仪式。大连海关与中国银行大连市分行就解决中小微外贸企业普遍存在的融资难、融资贵、融资慢、抵押物不足等问题，合作开发“关银惠企平台”。该平台降低企业融资时间和成本，提高融资效率。

（陈鸿华）

【技术机构改革】2023年，大连海关成立技术改革工作领导小组及工作专班，召开“海关总署党委关于深化海关技术机构改革的意见”政策宣讲推进会，征集“人、财、物、管”等技术机构发展方面问题及建议63项，各职能部门会商研究形成具体落实措施80余条，梳理形成大连海关“深化海关技术机构改革工作任务分解表”，明确任务分工、细化落实措施、加强联动协作，推动技术机构改革工作措施落地生效。

（钟全宇）

沈阳海关

【概况】沈阳海关前身是奉天关、奉天税关、沈阳关。清光绪三十三年（1907），设置奉天关。1980年2月，正式更名为沈阳海关，直属海关总署。1985年3月，升格为副厅局级机构，隶属大连海关。1990年5月，恢复直属海关总署。2002年10月，升格为海关总署直属正厅局级机构。沈阳海关关区范围为辽宁省沈阳、抚顺、铁岭、朝阳、辽阳、阜新、锦州、葫芦岛8个市，有内设机构18个，党委派驻纪检组7个，事业单位3个及海关总署委托管理的中国电子口岸数据中心沈阳分中心。隶属海关单位14个，包括沈阳桃仙机场海关、沈阳邮局海关、铁西海关、浑南海关、辽中海关、抚顺海关、锦州海关、阜新海关、辽阳海关、铁岭海关、辽宁朝阳海关、葫芦岛海关、沈抚新区海关，沈阳海关风险防控分局。

2023年，沈阳海关监管货运量1999.6万吨，同比增加33.3%；监管进出口总值1583.7亿元，增长16.7%；税收入库197.9亿元，增长3.68%。全年查获固体废物2321件、象牙等濒危动植物制品1762件、冰毒215克、核辐射超标“保健石”15枚。

年内，沈阳海关推进智慧海关建设和“智关强国”行动，牵头承办“铁路通关跨部门信息化互联互通”业务场景项目；参与9个署级项目应用场景建设和试点运行，其中“智慧海关业务运行监控”“智慧纪检”入选海关总署智慧海关建设“2023年度十佳”项目。构建“1+N+3”智慧海关建设体系，细化“智关强国”行动“191+10”项重点任务。推进“管理要素数字化”实践探索，升级业务运行监控平台。完成锦州港物流监管系统智能化升级改造。应用无人机开展大宗散货检查，创新运用工业内窥镜“智眼探查”，降低企业通关成本。“制度+科技”内控管理体系被“海关汇智”刊载推广，“空港高频进出境旅客布控数据”模型被首批旅检现场“微创新”案例采用。5个科研项目获海关总署批准立项，4项课题通过海关总署验收，1项成果获省部级科技进步三等奖。发挥普法源头预防作用，对重点企业“点菜式”精准普法，相关案例入选海关总署新时代“枫桥经验”争议化解优秀案例选。

（苗坤　王璐璐）

【海关监管】2023年，沈阳海关细化海关总署优化营商环境16条，形成43项任务清单。上报关于出口欧盟蜂蜜被退运的特别贸易关注议题，首次被海关总署采用并提交WTO/SPS例会，入选海关总署推动外贸稳规模优结构典型案例。支持综合保税区高质量发展“1+N”项措施，督促完成沈阳综合保税区规划调整方

▲2023年4月3日，锦州海关关员实时监控进出港船舶和外贸货物运输车辆运行状态　（新华社记者/摄）

案上报。首次监管艺术品跨关区保税展示。“进出口商品智慧辅助检验新模式”自由贸易创新举措通过海关总署备案。优化跨境电商监管流程，保税跨境贸易电子商务（1210）模式进口商品清单量保持东北首位。助力沈阳空港口岸拓展物流功能，进出口货运量较2019年同期增长1.7倍。支持建设中欧班列（沈阳）集结中心，首次开展铁路快速通关业务，班列开行突破700列，覆盖关区“三通道”“六口岸”。搭建新能源汽车个性化通关平台，指导企业抢抓光伏产品出口机遇期，辽宁“新三样”出口增长近五成。支持华晨宝马获批辽宁省首个外资研发中心资质，支持服务C919国产大飞机关键部件和新松机器人智能生产线顺利交付。综合运用“提前申报”“两段准入”，做好粮食、矿产品、原油等便利通关。

推进危险化学品检验模式改革，建立工作专班，通过“专家+一线”业务研讨模式、“书面+实地”业务协调模式，实施进口危险化学品通关验放；完成锦州港物流智能化升级，卡口验放效率提升1.2倍以上。依托北部协作区跨境电商、邮件、快件联动监管长效机制，完善跨境电商、邮件、快件事前、事中、事后监管的协同机制。推进“离港确认”模式扩大试点，通关货物36个集装箱、1320余吨。就辽宁省推进联合国TIR公约业务的必要性和可行性开展专题调研。推广“铁路快速通关”监管模式，运用信息系统实现铁路、海关、运营企业间物流数据的互联互通，企业在启运地海关“一站式”完成申报、查验、舱单归并、放行等手续，免去中欧班列转关流程，班列平均运行时间缩短1~2天。

▲2023年3月18日，沈阳海关助力打通国际中转货物新通道　（曹家铭/摄）

防控“滞、瞒、逃、骗、害”风险。牵头完成5个全国风险监测重点建设任务。通过大数据分析，转化全国情报产品1个。发现进口医疗试剂涉嫌逃漏检风险线索货值约9亿元，被海关总署全国风险态势报告选题采用。承接2个署级智慧海关项目

▲2023年6月29日，锦州海关助力锦州港开通外贸新航线　（郑壹鸣/摄）

应用场景建设协办工作，大数据智能布控模型试点实现关区内落地见效。参与海关总署风险信息监测预警平台建设，牵头完成9个风险监测建设任务。搭建“关企零距离”政策宣讲平台，开展信用培育。发挥稽查“一个中心，两个工作站”和核查集约化中心作用，办结稽查作业97起，查发问题作业87起，探索实施“集中+联合”办案模式，推动实现关区涉检验检疫行政处罚案件集约化办理。

（张灵童　赵蕊）

【海关检疫】2023年，沈阳海关检疫查验出入境船舶645艘次、出入境航班4286架次。开展“多病同防”，以猴痘、登革热、霍乱、流感等传染病防控为重点，检出各类传染病阳性个案202例。制订“沈阳海关口岸传染病快速检测能力建设方案”，为关区3个口岸配备口岸传染病快速聚合酶链式反应（PCR）检测设备和免疫法快速检测设备。帮扶特殊物品出口企业开拓共建“一带一路”国家（地区）市场，助力企业出口疫苗、微生物制剂、免疫蛋白等生物制品计130批次，同比提高103%，货值超过2亿元。为特殊物品企业解读《中华人民共和国生物安全法》，组织口岸一线关员开展生物安全培训。完成我国第十一批赴非洲维和部队官兵体检和预防接种工作。

开展严防外来物种入侵、“国门守护”等专项行动，截获输入性病媒生物24批次，首次在集装箱货物中检出“普通酪蝇”。截获检疫性有害生物24种、469种次，检出、监管处置不合格食品、粮食、种球、观赏鱼168批次。在来自美国的一批进境盐湿牛皮中发现活体成蝇3头及蝇幼虫20余头。派员开展南非口蹄疫疫情解禁风险评估，确定南非境内全部口蹄疫疫情传播路线，海关总署据此发布公告恢复南非部分地区偶蹄动物及其相关产品进口。完成沈阳关区首次海运种牛进境检疫监管工作，成功保障近3800头种牛顺利通关。完成进境种禽隔离场考核，检疫监管近2万羽空运种禽进境。参与海关总署课题“保障粮食产业链供应链安全研究”。“创新举措 破解难题 全面保障进境粮食产业链供应链安全——沈阳海关关于学好用活‘千万工程’经验的案例”入选全国海关主题教育“百个典型案例”。组织开展“进口食品企业安全责任年”活动，40余家企业签署进口食品安全承诺书。

检出不合格危险化学品109批，组织4轮重大事故隐患专项排查整治，开展危险化学品泄漏应急处置、口岸核辐射监测演练。依托进出口商品智慧辅助检验应用系统，实施“进出口商品智慧辅助检验新模式”，获海关总署创新举措备案。对进口大宗资源性商品依企业申请实施重量鉴定，对进口铁矿、锰矿、铬矿、铅矿及其精矿、锌矿及其精矿、原油等矿产品实施“先放后检”，对进口铁矿依企业申请实施抽样品质检验，支持大宗资源性商品便利通关，保障国家能源资源安全，服务国内市场保供稳价。全年，沈阳海关开展鉴重500批，帮助辖区企业挽回经济

▲2023年4月30日，沈阳海关关员首次监管新西兰进口种牛入境（张航/摄）

损失1亿多元。

（孙赫遥　李春芳）

【税收征管】2023年，沈阳海关入库税款197.93亿元，同比增长3.66%。其中，关税入库39.5亿元，增长1.23%；进口环节税入库158.43亿元，增长4.29%。关区船舶吨税入库税款0.2亿元，增长24.4%。审批减免税货值2.27亿美元，增长15.27%；办理审批减免税款1.88亿元，增长27.7%。签发出境原产地签证2.46万份，增长7.46%，签证金额114.7亿元，下降3.86%。征收行李物品和邮递物品税2901.17万元，增长43.1%。征收跨境电商税款2498.32万元，下降22.8%。建立关税、风控、监管、稽查、缉私等部门齐抓共管的综合治税工作机制，跟踪调研关区重点税源企业，引导促进企业依法纳税。全年关区企业通过自报自缴方式纳税51亿元，增长1倍。实现芫荽种子纳入种子种源政策享惠范围，调整油品消费税换算标准建议被海关总署采纳实施。支持辽宁材料实验室高质量建设。

（成之岳）

【打击走私】2023年，沈阳海关开展全员打私，监管、稽查、缉私和风险部门联合作战，形成打、防结合的工作体系。全年，刑事立案21起，案值2.2亿元，采取强制措施83人次；行政立案161起，案值3.75亿元。开展“国门利剑2023”专项行动，重拳打击成品油、冻品、毒品等走私。开展“护航2023”行动，打击海南离岛免税“套代购”走私，刑事立案6起。推进“使命2023”“清源断流2023”等9个专项行动。“护卫2023”专项行动摧毁濒危野生动植物走私链条和犯罪集团，刑事立案1起、案值10万元，行政立案18起，查获象牙制品74件。联合税务、公安等部门打击出口骗退税，涉嫌虚开价税合计120多亿元。运用“智慧缉私”，整合数据资源，挖掘经营骗退税案件线索，向税务部门移交虚开骗税案件线索16件，向公安部门移交虚开骗税案件3起，案值115.77亿元。联合海警、海事、边防等部门加强对重点海域和非设关码头的巡查力度，形成海陆联合查缉网络。

（李春芳　孙文竹）

【统计与研究】2023，沈阳海关管控虚假贸易，聚焦跨境贸易电商、“三异”（备案地、申报地及进出口地均不相同）重点企业，严厉查处虚假贸易行为，及时发布风险提示，建议暂缓统计贸易值13亿元。提高分析研究质效，参与“保障粮食产业链供应链安全研究”署级课题研究，向海关总署报送调研报告4篇，被海关总署刊物采用稿件6篇，同比增长50%；加强进出口情况监测和外贸形势分析，加强重点商品及主要贸易伙伴进出口监测。

（李让）

【助力自由贸易试验区发展】2023年，沈阳海关制订支持和推进中国（辽宁）自由贸易试验区建设工作方案，开展与省市两级自由贸易试验区工作领导小组会商，受海关总署委托牵头起草“海关总署关于支持和促进中国（辽宁）自由贸易试验区建设发展的若干措施”“中国（辽宁）自由贸易试验区海关监管方案（试行）”。依托智慧海关建设、“智关强国”行动，推进艺术品“鉴证溯源监管”模式创新；落实复制推广国务院、海关总署72项复制推广事项中的65项。创新36项海关监管制度，其中“出境原产地证书‘信用监管’签证模式”、“特殊监管区域+飞机维修”监管模式、“维修物品综合保税区流转”等23项被纳入辽宁自由贸易试验区前六批省内借鉴推广制度创新案例中，“关务管家”服务模式、“简化加工贸易企业报核手续”、出口蜂蜜“信用承诺+组批检验”创新举措在关区推广实施。

（陈乃斌）

【志愿军烈士遗骸归国保障】2023年11月23日，沈阳海关为第十批在韩志愿军烈士遗骸遗物迎回提供通关服务。2014年3月28日至2023年11月23日，沈阳海关先后十次服务保障938名在韩志愿军烈士遗骸归国，实现在韩志愿军烈士遗骸入境监管通关工作“零失误”。

（魏澜波）

▲2023 年 11 月 23 日，沈阳海关迎回第十批在韩志愿军烈士遗骸　（李婧/摄）

【危险品检验监管创新】2023 年，沈阳海关创新危险品检验监管，开发危险化学品及其包装辅助应用系统，实现关区进出口危险化学品及其包装检验监管全链条、全覆盖，实现企业、产品、包装、检验鉴定数据和产品风险周期管理。建立工作专班及“专家+一线”业务研讨模式，保障进口危险化学品通关验放。

（隋明浩）

【赋能保税艺术品新业态发展】2023 年，沈阳海关依托智慧海关建设、“智关强国”行动，推进艺术品“鉴证溯源监管”模式创新。运用 10 亿像素扫描摄影系统，非侵入式随机多点位采集进出综合保税区艺术品特征，建立防篡改加密数据库；自主研发 AI 比对系统，对进出区艺术品的一致性进行“纤维级别”精准识别，避免人工比对主观性及伴生风险；与自由贸易试验区管理委员会共同打造国际艺术品公共服务平台，实现数据互联互通，对进出区艺术品信息采集、自动核放等一站式管理，助力艺术品出区参展。至年底，监管进口保税艺术品 1837 件、价值 7539 万元。沈阳海关与南昌海关共同完成“艺术品智慧监管”业务场景应用方案，被纳入智慧海关建设推进方案。

（陈乃斌）

长春海关

【概况】长春海关于1978年3月经国务院批准设立，为正处级机构；1984年6月升格为厅局级海关。长春海关关区范围为吉林省全境，有内设机构18个，派驻纪检组10个，事业单位6个及海关总署委托管理的中国电子口岸数据中心长春分中心。下设17个隶属海关单位：长春龙嘉机场海关、长春邮局海关、长春绿园海关、长春兴隆海关、吉林海关、四平海关、辽源海关、通化海关、白山海关、长白海关、松原海关、白城海关、延吉海关、图们海关、珲春海关、长白山海关、长春海关风险防控分局。

2023年，长春海关审结进出口报关单9.9万份，同比增长12.9%；监管进出境运输工具13.8万辆，增长10%。吉林省2023年货物贸易进出口总值1679.1亿元，增长7.7%，增速排名全国第9位。税收入库81.07亿元，超额12.6%完成2023年税收预算目标。

年内，长春海关4个集体、2名个人获省部级表彰，连续4年在吉林省政府绩效考评中获得优秀等次。在第六届文明单位评选中，长春海关有11个单位获评全国文明单位，2个获评省级文明单位。

（王珣）

【海关监管】2023年，长春海关推进智慧海关建设和“智关强国”行动，建立进出口危险品智慧监管“四个库”和5个“云擎”专项监控模型，探索“非侵入式查验”“图像识别”“大数据模型”等科技手段应用，提升数字化、智能化监管水平。开展重大事故隐患专项排查整治行动，梳理关区5个风险领域、21个风险环节、81个风险部位，实现全年安全运行零事故。全年查发安全准入类风险1125起，其中非贸渠道查发1052起，增长235.03%。支持吉林省畅通对外通道深度融入“一带一路”，10月25日，珲春铁路口岸首次试点“抵港直装”，首票业务出口货物692.8吨，货值211.4万元。支持内贸货物跨境运输业务顺利复航，8月25日，珲春铁路口岸—俄罗斯斯拉夫扬卡港—嘉兴乍浦港内贸航线正式开通；10月10日，珲春口岸—俄罗斯符拉迪沃斯托克—浙江舟山港航线正式开通。创设东北地区首个空港智能化“130”检疫监管流程，即“一码通关、三道精准拦截、零延时验放”，检疫监管时长从最开始的近4小时压缩到30分钟以内。出台12项便利措施支持第十四届东北亚博览会顺利举办。助推海关特殊监管区域高质量发展，指导吉林省长春兴隆综合保税区、珲春综合保税区发展绩效评估工作。2023年度全国综合保税区发展绩效评估中，2个综合保税区均获B类评级，其中长春

▲2023年9月29日，延吉海关关员在南坪口岸查验　（杨雯斌/摄）

兴隆综合保税区全国综合排名较2022年上升16个位次，由C类晋升至B类。

（王雷）

【海关检疫】2023年，长春海关开展猴痘监测5273例，检出甲流阳性15例、甲乙流阳性2例、乙流阳性2例。开展出入境人员监测体检发现乙肝、丙肝、梅毒、艾滋病等传染病57例，在归国人员中检出疟疾1例。开展国境口岸病媒生物监测捕获鼠类46只、蚊类195只、蠓类194只，其中鼠类检出病原体阳性8例。截获非法携带种子苗木111种，其中外来物种25种，检出进境植物检疫性有害生物2批次。强化与人民群众健康安全密切相关的进口重点敏感商品检验监管，检出不合格进出口危险品77批，查发伪瞒报情事24起，同比分别增长2.3倍、7倍；检出不合格进口旧机电14批、不合格进口汽车2批，退运不合格进口医疗器械4批。落实进口大宗能源资源商品便利化措施，将进口煤炭验放时长压缩至3~5天、进口铁精粉通关时长压缩至3小时内、进口液化气通关时长压缩至0.5小时内，实现批批“随到随检随放”和“零滞留、零积压”。

（王雷）

【税收征管】2023年，长春海关推广多元化税款担保，实现“一保多用、循环使用”，降低企业通关合规成本，为重点税源企业提供“一企一策”属地纳税服务，稳定纳税预期。完成海关总署智慧关税“非贸智能征管”业务场景建设年度工作，完成长春关区商品知识库建设并共享信息，为业务现场单证审核、商品验估、税收风险处置提供辅助参考。持续扩大RCEP政策享惠红利，新增培育经核准出口商1家，签发RCEP出口原产地证书数量、进出口享惠货值均同比大幅增长。利用RCEP享惠成效调研成果，指导企业择优申领原产地证书类型，一汽出口商用车在进口国（地区）关税减让近千万元。参与撰写的“长春海关送服务、送政策、送红利全力促进汽车产业上台阶”获评全国海关“百个特色做法”。

（于海东）

▲2023年9月4日，延吉海关关员查验出口松茸，“全天候预约通关”确保新鲜采摘松茸48小时内送达海外市场　（杨雯斌/摄）

【打击走私】2023年，长春海关开展“国门利剑2023”等专项打击行动。全年刑事立案35起，同比增长16.67%，案值1.2亿元；行政立案125起，增长1.16倍，案值1.4亿元。打击海南离岛免税“套代购”走私，侦办相关案件6起。打击涉走私关联犯罪，侦办全国缉私部门首起“套代购”走私关联洗钱犯罪案件，查办洗钱犯罪案件7起。打击涉税走私，滚动延伸打击雪茄烟系列走私案件，侦办雪茄烟走私案4起。打击涉枪涉爆及毒品走私，侦办走私毒品案件11起、走私枪支案件1起。

（聂楚瑶）

【统计与研究】2023年，长春海关维护统计数据真实性，多举措加强“数据+调研”融合分析，推进“研究型海关”建设。制订主题教育大兴调查研究具体方案，通过“问题清单+责任清单+任务清单+成效清单”全程紧盯问题解决进度和取得成效。牵头并参与完成汽车产业链供应链高质量发展、边民互市贸易创新发展等署级课题研究4项，统筹推进关级课题研究32项。完善季度调研报告制度，向海关总署报送调研报告5篇，组织召开外贸形势分析会议11次，研究解决具体业务问题145项。积极参与海关总署全球贸易监测、新闻发布和宏观分析工作。落实

“首报、首发、首用”信息工作要求，撰写进出口监测分析、工作专报等各类统计分析信息，组织开展吉林省外贸企业出口订单情况等各类调研。加强统计数据质量管控，打击虚假贸易。组织开展贸易景气指数月度调查，完成2022年度和2023年上半年跨境电商统计调查及“十四五”规划实施中期评估企业调研等工作。落实中俄海关合作机制，与俄罗斯远东海关局开展统计合作。

（张丽娜）

【“滞、瞒、逃、骗、害”综合治理】 2023年，长春海关发挥海关行政执法、刑事执法、技术执法优势，增强外贸景气度实时感知能力，多措并举开展综合治理。以“快”疏通“滞”的堵点：为珲春口岸、珲春铁路口岸分别调配1台大型集装箱/车辆检查设备并安装到位。进出口危险品及进口煤炭、液化气实现口岸环节“零滞留、零积压”。鲜活易腐农食产品属地查检快速通关实现“零延时”。以“准”化解“瞒”的风险：建立进出口危险品危险信息索引库、风险信息比对库、典型案例共享库和影子商品库。以“打”遏制“逃”的行径：侦办案值超千万元以上重特大走私案件2起，侦办“护航2023”专项行动开展以来全国缉私部门首起海南离岛免税“套代购”走私关联洗钱犯罪案件。以“严”整治“骗”的行为：创新建立涵盖关区5大类1600余项主要税源商品的知识库，建立虚假贸易联防联控协作机制，查发首起变造植物检疫证书违规情事。

（王雷）

▲2023年2月23日，长春兴隆海关关员监管搭乘中欧班列出口的红旗E-HS9新能源汽车　（陈爽/摄）

【“关促振兴”专项行动】 2023年，长春海关学习贯彻习近平总书记在新时代推动东北全面振兴座谈会上的重要讲话精神，按照海关总署打造好“智关强国”行动区域场景的工作部署，把海关工作与吉林省振兴发展有关战略相结合，开展“关促振兴”专项工作并形成重点任务分工方案，具体为聚焦筑牢口岸安全防线、保障生态与粮食安全、共建“一带一路”向北开放、固边兴边、汽车产业稳链强链、综合保税区高质量发展、专精特新企业科技创新7个方面，确定特色任务7项、细化措施27项。

（张丽娜）

【“入区退税+灵活发运”整车出口通关模式】 2023年，长春海关发挥长春兴隆综合保税区政策优势，支持一汽集团整车出口，创新推出“入区退税+灵活发运”整车出口快速通关模式。联动税务部门，让企业计划出口的整车进入综合保税区后，无须实际离境，即可向国家税务总局经济开发区税务局申报办理增值税和消费税退税业务，再安排物流实际出口。该模式释放海关特殊监管区域的惠企红利，为一汽集团整车出口提供更多选择。

（王锐）

【吉林省首个市场采购贸易业务试点通关运行】 2023年，长春海关支持吉林省珲春市国际商品城市场采购贸易试点通过验收并开展业务。4月10日，吉林省市场采购贸易首单货物通关。长春海关制定市场采购贸易海关监管实施细则，发布市场采购出口预包装食品检验监督管理有关事宜的公告；建立市场采购贸易数据异动监测分析通报工作机制，每月开展业务分析，打击不实贸易行为；与地方政府主管部门沟通协作，将海关监管要求嵌入地方平台进行系统管控，推动地方政府通过“主体监管、源头可溯、风险可控、责任可究”的管理模式，发挥市场采购监管合力。

（雷明坤）

【轨道车厢构件税目获国务院关税税则委员会采纳】2023年，长春海关对吉林启星铝业有限公司开展调研，听取企业对进出口税收政策的意见诉求，向海关总署报送增设轨道车车厢构件税目的税政建议，12月21日，国务院关税税则委员会发布《2024年关税调整方案》，长春海关报送的在《中华人民共和国进出口税则》增列“铁道或电车道车辆用车体及端墙、侧墙、底架、车顶、脚蹬、翻板”税号的建议被采纳，增设税号8607.9910。

（于海东）

【边民互市贸易监管】2023年，长春海关作为承办海关总署智慧海关建设“智慧边民互市监管”项目，建立边民互市贸易“一体系两平台”（即边民互市贸易智能化海关监管体系、边民互市贸易地方服务平台和边民互市贸易综合监管平台）智慧监管模式，引导边民互市贸易进口商品就地落地加工，并提供“委托申报”“直通运输”“免到场查验”便利化通关措施，助力互市经济由“过道经济”向“实体经济”转化，落地加工模式进口比例达到30%。支持关区内集安、临江、图们和珲春等地获批设立边民互市贸易区，指导长白、和龙等地规范建设互市贸易区。年内，吉林省边民互市贸易进口总值5.84亿元。实现备案边民使用手机移动App申报比例达到100%，通关时间缩短70%。

（雷明坤）

【首条“长春—莫斯科”TIR公约国际公路运输线路开通】2023年，长春海关“三步联动”助力联合国TIR公约国际跨境公路货运线路运行。“聚焦部门联动”，协同形成多部门工作合力，为TIR公约运行打造“一站式”服务平台；“深化关区联动”，畅通口岸海关配合渠道，解决企业车辆备案、数据传输等问题，实现进出境车辆“随到随放”；“强化关企联动”，设置业务专岗，收集企业遇到的难点、堵点，支持企业开拓新路线。8月17日，装载2台红旗乘用车发往俄罗斯，年内，通过TIR公约线路运输货物4批次。

（雷明坤）

【“151”工作法】2023年，长春海关把握吉林省外贸特点，结合边关工作实际，解决存在的突出问题，细化海关总署“1+1+6”重点工作任务“施工图”“路线图”，运用长春海关“151”工作思路和方法，全面、完整、准确落实上级各项工作部署。其中“151”的第一个“1”是建立横向协作、纵向联动“六横六纵”工作体系，“六横”是指“保安全、精服务、严督查、优内控、强应急、细保障”，“六纵”是指“讲政治、定目标、明责任、实措施、查成效、促提升”。“5”是对应落实海关总署“12个必”重点工作和“1+1+6”重点任务，精准实施口岸畅通、风险治理、科技赋能、能力提升、作风建设5个专项行动。第二个“1”是开展“固边兴边”专项工作。

（李懿达）

哈尔滨海关

【概况】哈尔滨海关前身为“滨江关”，设立于清光绪三十三年（1907）。中华人民共和国成立后，东北海关管理局于1950年12月设立哈尔滨支关；1953年3月，哈尔滨支关改为哈尔滨分关；1958年1月，哈尔滨分关改为中华人民共和国哈尔滨关；1980年8月1日正式命名为中华人民共和国哈尔滨海关，为正处级单位；1984年6月9日，国务院批准哈尔滨海关升格为正厅局级直属海关。关区范围为黑龙江省全境。至2023年底，有内设机构18个，党委派驻纪检组10个，事业单位3个及海关总署委托管理的中国电子口岸数据中心哈尔滨分中心。设有隶属海关单位21个，其中：副厅局级隶属海关1个，为冰城海关；正处级隶属海关单位20个，分别为哈尔滨太平机场海关、齐齐哈尔海关、牡丹江海关、绥芬河海关、东宁海关、佳木斯海关、抚远海关、同江海关、大庆海关、密山海关、虎林海关、饶河海关、嘉荫海关、鹤岗海关、萝北海关、黑河海关、逊克海关、绥化海关、漠河海关和哈尔滨海关风险防控分局。

2023年，哈尔滨海关推进智慧海关建设和“智关强国”行动，“哈尔滨海关打好‘协同共治’组合拳　全力保障能源安全”项目获评海关总署“智关强国”行动“2023年度十优”项目。“进口管输能源智慧监管平台”采集、分析数据8万余项次。建立常态化排查、排序、排除机制，梳理包括海南离岛免税“套代购”走私、出口锂电池单证造假等突出风险15项。严把外防输入关口，牵头建立“东北四省区六关一中心”口岸传染病协作机制。保持打私高压态势，落实“国门利剑2023”行动部署。开放新通道稳定运行，中俄同江铁路大桥口岸铁精矿等资源类商品稳定进口，“哈尔滨—同江—莫斯科”中欧班列新路线顺利通车，创新“自走型工程机械自驾出口”监管模式，中俄黑河公路大桥口岸成为工程机械出口重要通道。口岸营商环境持续优化，对重点企业、重大项目开展“一企一策”“一项一策”，培育7家企业获得AEO资质，黑龙江省AEO企业数量达到26家。

年内，哈尔滨海关1个亮点做法入选全国海关“百个特色做法”，1个典型案例入选全国海关“百个典型案例”，2篇报告入选全国海关“百篇优秀调研报告”，2人入选全国海关“百名学习标兵”，在海关总署组织的第一批主题教育评估工作中，随机测评满意度达100%。获评省部级及以上荣誉10个，9个基层党支部通过复核新晋为全国海关党建示范品牌。哈尔滨太平机场海关旅检四科获评“第21届全国青年文明号”。

年内，哈尔滨海关监管进出口货物总值2798.3亿元，同比增长12.3%；税收入库184.26亿元，下降9.83%；监管运输工具57.1万辆（艘、架）次，增

▲2023年5月26日，绥芬河海关关员监管黑龙江省首批TIR公约货物从绥芬河公路口岸出境　（绥芬河海关/供图）

长48.6%；检出各类传染病3种、298例；检出检疫性有害生物4364种次；检出不合格商品27批次；立案侦办走私犯罪案件38起，案值4.38亿元；监管进境快件78.74万票，增长38.0%。

（高紫微）

【海关监管】2023年，哈尔滨海关建立风控部门与业务现场联动工作机制，开设风险布控联络热线，“7×24小时”解决现场疑点、难点问题，密切“风控+现场”联动，解决现场问题36个。支持关区范围内符合条件的口岸开展进口货物“船边直提”和出口货物“抵港直装”试点，2023年实现进口货物“船边直提”14.25万吨，出口货物“抵港直装”6.29万吨，提升货物口岸通关时效，降低企业经营成本。跨境电商“9610”“9710”业务，出口货值合计32.80亿元，同比增长2.09倍。辖区内7个边民互市贸易区开展业务，边民互市贸易进出口贸易额8.7亿元、货运量7.5万吨。

开展“打击进出口危险品伪瞒报”专项行动，建设哈尔滨海关进出口危险品检验实训点，举办3期关区危险化学品审单和查验业务专题培训。与黑龙江省应急管理厅签署进出口危险化学品安全监管领域合作协议，制定进出口危险品安全监管领域4项合作机制，关区涉危查发转行政处罚案件7起，涉案金额69.66万元。组织开展2023年法定检验以外进出口商品抽查检验工作，监测开展一次性卫生用品、文具、儿童用品、冰雪运动装备商品24批次，发现1批进口橡皮和1批进口修正带标签未体现“年龄组标识”，不符合我国强制性要求的问题。协助查获危险品伪瞒报情事40余件，自主查发移交稽查部门危险品伪瞒报线索7起。

年内，哈尔滨关区新增报关单位备案2729家，新增出口食品生产企业120家。新增AEO企业7家，增加133%；优化注销工作办理流程，集中开展注销前置反馈工作，清理注销745家企业。开展稽查作业76起，办结稽查作业68起；办结核查作业239起。稽核查移交相关部门行政刑事处理合计31起，大案要案12起。持续强化涉检验检疫行政处罚业务，全年办结涉检验检疫行政处罚案件58起，涉案货值3.98亿元。推进自贸创新举措“优化加工贸易料件消耗申报核销管理”开展，至年底，已为7家企业办理39本手册，备案进出口金额3578.97万美元。全年属地查检系统出具电子底账4.16万份，“云签发”检验检疫证书3.05万份。实施远程视频检查出口低风险竹木草制品198批次，节约监管人力396人次，缩短外勤时间2570小时。

（杨晓斌　白连军）

【海关检疫】2023年，哈尔滨海关组织17个已达标口岸开展口岸公共卫生核心能力建设年度自查，自查均达标。全年查获不合格特殊物品27批次，完成特殊物品检疫审批30批次，检疫审批时限均未超过3个工作日。全年向海关总署、黑龙江省委省政府呈报关区病毒监测情况和工作建议专报7份。检出传染病3种298例，开展病媒生物监测610

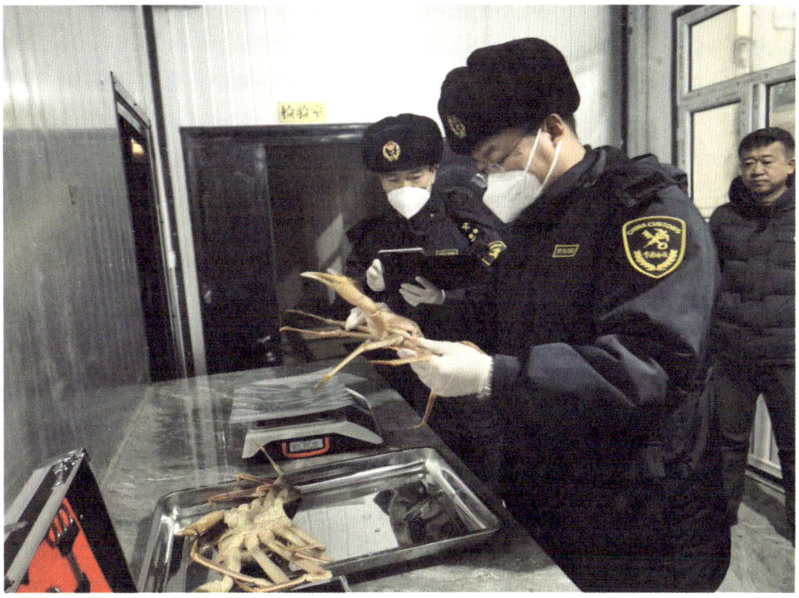

▲2023年12月24日，东宁海关关员对俄罗斯进口食用水生动物进行现场检疫查验　（东宁海关/供图）

次，捕获病媒生物约1.48万只，对口岸82家食品生产经营、饮用水供应、公共场所、储存场地经营单位实施卫生监督291次，开展国境口岸食品安全实验室检测189次。全年检出植物有害生物33种4364种次，截获动物产品24批73千克。开展国门生物安全监测，全年采集进境动物样品407份，设置检疫性实蝇、外来杂草、林木害虫、马铃薯甲虫等重点项目监测点423个。完成关区主要入境口岸外来入侵物种普查数据的质量核查，发现普查清单内的昆虫、杂草、植物病原体等16种，发现普查清单外昆虫、杂草、植物病原体33种。新增注册农产品生产、加工、存放企业69家。

（邹慧蛟　李智蕊）

【税收征管】2023年，哈尔滨海关深化征管方式改革，税收入库184.26亿元，同比下降9.83%。推广关税保证保险、集团财务公司担保，减轻企业资金压力，为19家企业担保税款29.5亿元，持续推广原产地证书自助打印、智能审核等改革，原产地证书自助打印率72.06%，为黑龙江省企业、高校、科研院所等减免税款1.65亿元，签发RCEP原产地证书1376份，增长55%，签证金额4.52亿元，增长52.13%，帮助企业享受进口国（地区）关税减让约1356万元，组织开展“助享惠 促发展”海关税收政策宣讲和普法宣传活动，为89家企业解决税收享惠、政策应用、申报合规等方面的痛点、难点问题，帮助企业尽享政策红利。

（孙宏扬）

【打击走私】2023年，哈尔滨海关开展打击走私“国门利剑2023”联合行动，全年侦办刑事案件38起，同比增长12%，案值4.38亿元。开展“蓝天2023”“护卫2023”等打击走私联合行动，侦办5起旅检渠道走私案件。防范进出境旅客数量激增带来的走私风险；侦办7起跨境电商渠道走私案件；侦办7起涉检验检疫案件，涉案奔驰牌等汽车70余辆，涉及果蔬价值900余万元。发挥情报“主导、先导、制导”作用，精准指引破获刑事案件14起；深挖扩线能力持续增强，刑事案件扩案案值1.8亿元；与俄罗斯反走私总局、俄远东缉私海关开展协查176次，在协查支持下，关区侦办5起走私案件。

（杨雨通）

【统计与研究】2023年，哈尔滨海关开展“智关强国”行动，全年通过哈尔滨海关互联网门户网站发布统计月报12次，提供统计服务100余次，提供数据报表600余张。参与中俄海关统计工作组第15次会议和中哈、中吉统计专家会议，参与数据分析比对，承担翻译任务和会务工作。确定关级调研重点选题8项。党委班子成员每人牵头1个课题领题调研，深入一线，开展调研55次，梳理存在问题60个，提出解决措施72项，形成高质量调研报告20篇。形成典型案例32个，1篇案例被全国海关主题教育简报采编。印发2期哈尔滨海关调查研究工作专辑。2023年，哈尔滨海关学会征集各类征文170篇，同比增长18.9%，其中征集15篇“陆路边境口岸的设立及历史作用”专题征文，上报6篇，1篇入选2023年度海关史专题征文选编。

（王轶）

【进口管输能源智慧监管】2023年，哈尔滨海关推进“进口管输能源智慧监管平台”，提升海关监管进口管输能源能力水平。完善能源监管机制，推动管输能源检验模式从传统风险防控模式向“风险评估+动态监管+智能预警处置”转变，建立符合管输能源实际的智慧监管体系。发挥海关实验室技术优势，组织开展管输原油、天然气不同标准检测结果比对研究，定期评估管输能源智慧监管准确性和有效性。建立关区管输能源监管专家研判机制，提升关区石油、天然气实验检测能力和跨境管输能源风险分析水平。完善管输能源智慧监管制度体系，进口能源数量验核时间由滞后货物进境10天以上优化为进境过程中即时自动校验。至年底，哈尔滨海关智慧监管管输进口俄罗斯原油2983.8万吨、天然气230.5亿立方米。质量安全数据从原来每月滞后检测的几十条优化为每月与货物入境同步实时采集5000条以上，系统自动比对研判和输出结果，监管效率较人工研判提高95%以上。

（安岩）

【"自走型工程机械自驾出口"监管模式创新】2023年，哈尔滨海关创新"自走型工程机械自驾出口"监管模式，改变以往"车载车"运输方式，由司机直接驾驶工程机械通过公路大桥出境，减少不必要装卸过程，提升工程机械出口效能。指导企业用好公路舱单"整车进出口"通关代码进行申报，解决工程机械出口没有运输工具搭载货物的问题。通过"无纸化"申报、"无纸化放行通知书"快速反馈货物放行情况。综合运用"电子卡口""电子关锁"，各场所申报放行货物到达口岸现场后"即到即检""即检即放"，实现口岸现场通关"零等待"。依托黑河口岸旅检现场和货检现场距离近、运距短的特点，推行司机从水运旅检进境后在公路口岸货检驾驶工程机械出境的监管模式，建立旅检货检协同配合工作机制，推行司机进出境报备旅检快速通关模式。监管出口各类工程机械2.2万辆，出口量大幅增长，其中乘用车同比增长1235.5%，商用车增长247.6%，贸易额达128亿元。

（王佳卓）

【"东北四省区六关一中心"口岸传染病协作机制建立】2023年11月，哈尔滨海关、大连海关、呼和浩特海关、满洲里海关、沈阳海关、长春海关和海科中心联合签订"东北四省区六关一中心"口岸传染病联防联控合作协议。成立联防联控机制领导小组，组长由6个直属海关及海科中心分管卫生检疫工作的负责人担任。建立"两库四组"，分别为：东北四省区一体化师资库、口岸公共卫生核心能力建设动态管理专家库，病媒生物监测工作组、突发公共卫生事件联合应对工作组、国门生物安全专家组和传染病监测工作组。在联合开展重点口岸病媒生物监测、疑难样本鉴定、口岸公共卫生核心能力提升，高风险特殊物品风险评估等方面尽其所长。在应对口岸重大传染病疫情、口岸食品安全事故等口岸突发公共卫生事件中，提供人力、物资、设备等跨关区支援途径，实现区域内口岸突发公共卫生事件的快速联动、协同处置。共同推进先进科技成果在病媒生物智能监测和鉴定、病原体快速检测等方面的推广和应用。

（王思哲）

【口岸安全风险联合防控机制】2023年，哈尔滨海关与黑龙江省商务厅签署危险化学品治理领域合作协议，指导推进危险化学品检验监管及后续处置工作，一体化推进涉危保税监管场所、特殊监管区域管理，开展风险隐患排查。至年底，各重点业务领域开展线上培训3期、线下实体培训8期，印发关区安全指引类文件6份、开展调研及跟班作业6次。调整哈尔滨海关安全生产工作领导小组构成，明确小组成员单位的3项基本职责、34项具体职责；制发年度安全生产工作要点，围绕6大重点领域，确定5方面22项重点工作；明确哈尔滨海关244个区域的安全生产责任部门。现场查获包装不合格和化工品报告造假疑似危险品情事40余件。查办涉危行政处罚案件9起，涉案金额84.68万元；对关区关产建筑、作业现场主体建筑开展消防安全、建筑安全排查，对发现未经相关领域安全验收的建筑情况，正式通报主管部门或地方政府。

（徐朝伟）

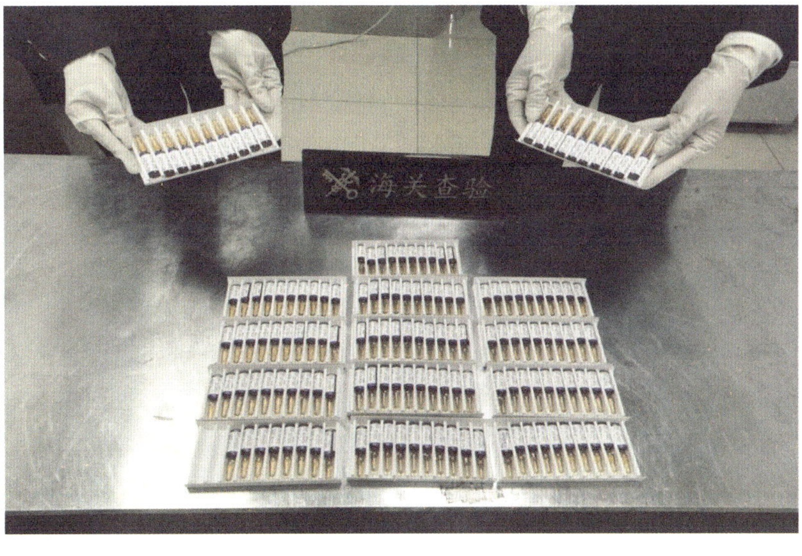

▲2023年5月17日，太平机场海关查获旅客违规携带人体胎盘素注射液入境　（太平机场海关/供图）

上海海关

【概况】清康熙二十四年（1685），江海关在上海设立。1950年，江海关更名为中华人民共和国上海海关。上海海关关区范围为上海市以及浙江省舟山市嵊泗县大洋山岛、小洋山岛的洋山保税港区。至2023年底，有内设机构18个，党委派驻纪检组22个，直属事业单位7个。有副厅局级隶属海关单位4个，分别是上海浦东国际机场海关、上海浦东海关、海关总署风险防控局（上海）、海关总署税收征管局（上海）；有正处级隶属海关单位25个，分别是上海虹桥机场海关、上海浦江海关、上海外高桥港区海关、宝山海关、洋山海关、上海车站海关、上海邮局海关、黄浦海关、徐汇海关、虹口海关、杨浦海关、莘庄海关、嘉定海关、金山海关、松江海关、青浦海关、奉贤海关、崇明海关、上海会展中心海关、上海吴淞海关、龙吴海关、上海外高桥保税区海关、上海科创中心海关、上海钻石交易所海关、上海海关风险防控分局。另有3个其他机构：机关党委（思想政治工作办公室、党委宣传部、党委巡察工作办公室）、监察室（党委纪检组）、离退休干部办公室。

2003年，上海海关推进大数据海关应用创新示范点建设，打造直属海关“数字化感知”

▲2023年11月29日，荷兰海关关员到大数据海关应用创新示范点参观（韩伟/摄）

样本，升级完善8个大数据项目，新建3个大数据项目，在线运行各类大数据项目27个。推动国产大飞机企业“一司两地”一体化监管模式成熟运用，发挥“径予放行”等政策优势，推动保税维修、保税船供、跨境电商等新业态在洋山特殊综合保税区规模发展。制定出台10项促进总部企业高质量发展措施，保障国产大飞机整机和首艘国产大型邮轮顺利交付。

至2023年底，关区备案食品特定资质企业8419家、AEO企业517家。全年，上海海关监管进出口货运量1.93亿吨、进出口总值7.73万亿元，同比分别增长5.3%和0.5%；税收入库4332.5亿元，下降3.6%；检出重点关注传染病5434例，检出检疫性有害生物2775种次、89种；检出出入境不合格商品2.04万批，检出不合格进口食品408批；开展“龙腾行动2023”“蓝网行动2023”“净网行动2023”等知识产权保护专项行动，查扣侵权商品9150批次，涉及商品740.8万余件；办理各类走私违法违规案件5381起，案值71.12亿元。全年办理行政复议案件46件，办结43件，其中7件在受理前化解。办理行政应诉案件35件，其中审结29件，均胜诉。

年内，上海海关推动“一关一特色”法治文化建设，孵化培育法治文化阵地品牌28个，并牵头完成6部海关规章立法后评估和4项海关规章专题研究等工作，上海浦东国际机场海关“优化跨境电商监管方案开辟区域协同发展通道”入选上海市法治建设优秀案例，所属外港海关获评全国海关首批新时代“枫桥经验”基层示范点。

年内，上海海关获评省部级

及以上荣誉25个。其中，上海浦东国际机场海关值机处和洋山海关综合业务一科获评“全国海关系统先进集体”，海关总署风险防控局（上海）党总支获评“全国海关党建示范品牌”，海关总署税收征管局（上海）关税技术处党支部获评“全国海关党建培育品牌”，洋山海关综合业务三科获评全国“巾帼文明岗”。

（唐湛翔）

【海关监管】2023年，上海海关受理航空器申报15.05万架次，登临检查2.52万架次；受理进出境船舶申报4.33万艘次，登临检查7207艘次。监管进出口货物1.93亿吨，同比增长5.3%，进出口货物总值7.73万亿。加工贸易进出口总值1.12万亿元，下降17.8%；海关保税监管场所进出境货物总值1822.8亿元，增长21.7%。监管进出境快件（含邮政、非邮政快件）3332.1万票。检验检疫出入境食品32.15万批，货值2599.69亿元，分别增长4%、4.05%。检出不合格进口食品408批，均做退运或销毁处理。全年检出出入境不合格商品2.04万批，对178批检验不合格进口消费类商品实施退运或销毁处置，对84批检验不合格出口商品及危险货物包装实施禁止出口处置。检出不合格进口机动车725批、6234辆，退运286辆；检出不合格进口旧机电产品1990批，以旧充新机电产品22批；检出进口矿产品品质不合格106批、161.87万吨；检验进口危险化学品8.73万票，检出中文危险公示标签、中文安全数据单、危险货物包装等不合格1.64万票；检验出口危险货物包装2.95万批，检出不合格80批；鉴别判定固体废物106批，首次在上海口岸发现废可可饼块等固体废物。上海海关在口岸监管环节查获各类枪支弹药及管制刀具等涉恐物品999件，查获处置辐射超标案例276批次；开展安全生产督导检查335次，发现各类问题隐患46个，整改完成44个；在浦东机场海关开展空运口岸“优化双人查验模式”试点工作，开展“直装直提”试点14.17万标箱，开展“实货复核”1.48万次、“复查复验”326次；开展海关监管作业场所（场地）巡查2478余批次，对关区内186家海关监管作业场所开展年度审核；受海关总署委派牵头起草全国海关海/空运口岸检查标准化工作指引。新受理备案报关单位2.03万家，同比增长22.07%，注销报关单位1735家；办结稽查作业902起，增长14.76%，办结核查作业1364起；受理出口监管仓库、保税仓库行政许可审批事项82件，均采用行政审批网上办理；实施属地查检21.74万批次。

（崇洁）

【海关检疫】2023年，上海海关检疫出入境航班14.6万架次、出入境船舶2.3万艘次；检疫出入境人员1941.4万人次，同比增长6.2倍，检出重点关注传染病5434例；截获输入性病媒生物663只，增长14.7%；审批进出境特殊物品检疫申请2.05万件，准予许可1.64万件、增长8.28%、在全国海关占比17.01%。上海海关检出植物有害生物8.24万种次、1055种，同比分别上升61.56%和

▲2023年2月3日，外港海关关员监管以“船边直装”方式出口的东风搅拌车　（魏志名/摄）

29.45%，其中检疫性有害生物2775种次、89种；在全国首次截获检疫性有害生物1种和危险性有害生物3种，在木质包装上截获松材线虫26批次、占全国总截获量的65%；截获禁止进境活体动植物360种次，增长20.8%，其中75种次被海关总署专家组审核认定为外来物种；截获“异宠”23种次1.53万只，完成7076只宠物进境检疫，出具出境宠物卫生证书4451份；检疫入境马匹586匹、出境马匹1批次4匹。

（王子娅）

【税收征管】2023年，上海海关统筹通关便利与依法科学征管，推进汇总征税、多元化税收担保等税收征管改革措施，全年受理汇总征税报关单139.2万份，占应税报关单的30%，涉及货值7857.9亿元、税款1602亿元；关税及进口环节代征税征收入库4332.5亿元；出具征免税确认通知书4.7万余份，审核减免税总货值约340亿元；推动RCEP在内的22个优惠贸易协定和安排顺利实施，审核新增14家经核准出口商，签发RCEP原产地证书8.9万份，货值302.5亿元；签发海关预裁定267份，受理涉税化验样品909批，设立“双特”台账350份，办理公式定价备案396份。

（崇洁）

【打击走私】2023年，上海海关组织开展打击走私“国门利剑2023”联合专项行动，重拳打击“水客”、海南离岛免税“套代购”、洋垃圾、象牙等濒危野生动植物及其制品、武器弹药、毒品、重点涉税商品等走私，以及与走私关联的虚开骗税违法犯罪。全年办理各类走私违法违规案件5381起，案值71.12亿元。其中，刑事立案303起，案值46.38亿元；行政立案5078起，案值24.74亿元。

（王子娅）

▲2023年10月31日，浦东海关做好出境船舶卫生检疫工作，支持“雪龙”及“雪龙2”号第40次南极考察任务 （顾磊奇/摄）

【统计与研究】2023年，上海海关查发500万元以上大数量大金额差错数据573条，涉及金额约175亿元，纠正其他各类差错数据1.8万条，涉及金额约111亿元，查发并上报海关总署涉嫌虚假贸易数据约4.6万条；报送业务专题报告16篇，审核数据14万余条，发现并更正错误数据2100余条；开展统计调查调研17次，覆盖企业6457家次；聚焦主要贸易伙伴、产业链供应链重点商品等领域加强异动监测，全年向地方党政领导报送13篇贸易统计分析专报，获批示30篇次；对关区独有重要数据进行梳理，梳理重要数据信息系统13个、重要数据10项，组织开展2次关区业务数据使用安全检查和1次关区数据使用安全重点领域督察审计自查。聚焦外贸形势分析、海关改革实践、工作问题突破3个重点领域，统筹关区政研力量组织开展署级、关级课题研究，全年完成署级课题4项、关级课题108项，有12篇研究成果获海关总署相关载体刊发。对重大课题开展专项研究，上报11篇专报。密切跟踪国内外宏观经济走势和热点经贸事件，编发全球贸易全景展示（上海）专刊8期。

（崇洁　唐湛翔）

【支持浦东引领区建设】2023年，上海海关推进落实中央支持浦东引领区建设意见和综合改革试点方案，实施支持浦东引领区建设“6+25”项重点工作，助推浦东高水平改革开放。对接国际高标准经贸规则，落实自由贸易试验区提升战略，完善洋山特殊综合保税区“一线径予放行、二线单侧申报、区内充分自由”海关监管制度体系；聚焦战略性新兴产业，迭代出台集成电路产业监管创新等35条创新举措，优化升级上海市生物医药研发用物品“白名单”试点制度，推广进出境特殊物品联合监管机制，保障C919大型客机、ARJ—700新支线飞机整机顺利交付；开展保税船供燃料监管，完善沿海捎带业务模式，推行“联动接卸”、“离港确认”、海铁联运等模式运作；在全国海关率先启动货物进口证明书和进口机动车辆随车检验单“两证合一”改革试点，营造国际一流营商环境；制定上海海关支持总部企业发展10个方面24项措施，已有16项在浦东落地；推动“再制造产品按新品实施进口管理”政策在浦东首创首成，全国首票试点货物通关验放；联合浦东新区相关主管部门对科创机构进行调研、分类指导，浦东新区有10家外资研发中心和1家事业单位性质的社会研发机构获得减免税资质并完成免税资格认定。

（崇洁）

▲2023年12月7日，洋山海关关员保障第三架C919大型客机交付（上海海关/供图）

【支持长三角一体化发展】2023年，上海海关推进实施两轮海关支持长三角一体化发展重点举措，建设区域海关协同治理格局。改革货物转运模式，在上海洋山港和长三角3省11港之间推行“联动接卸”监管模式，将“离港确认”模式推广至长江全域；创新监管制度，将“真空包装等高新技术货物布控查验”模式推广至长三角全域，推进“同产品、同生产厂家、同原产地”特殊物品风险评估结果跨关区共享互认，开通“苏州—上海”“杭州—上海”“宁波—杭州”等跨境电商出口转关通道；支持以上海洋山港为国际中转港的外贸集装箱“沿海捎带”业务，推广境外非五星旗国际航行船舶沿海捎带业务，开展“洋山—北方三港”联系配合，协调沿海捎带货物转关、查验事宜，推行“线上受理—线下交单”双线并行模式。

（王子娅）

【落实自由贸易试验区提升战略】2023年，上海海关开展支持上海自由贸易试验区建设专项工作，总结推广上海自由贸易试验区海关监管制度创新成果和经验做法。依托上海市政府新闻发布会、上海自由贸易试验区10周年改革建设成就展等宣传平台，展示海关在支持上海自由贸易试验区先行先试中的作用，推进上海自由贸易试验区集成性改革和制度型开放。支持上海自由贸易试验区出台“跨境电商零售进口支付信息和订购人身份信息智能验核”“以供应链为单元的海关风险评估新模式”创新举措。实施出口货物检验检疫证单“云签发”平台，优化出口货物检验检疫签证流程。支持上海自由贸易试验区对接国际高标准经贸规则，成立工作专班全程参与全面对接国际高标准经贸规则推进中国（上海）自由贸易试验区高水平制度型开放总体方案的研究制订和细化落地工作，推动关于在有条件的自由贸易试验区和自由贸易港试点对接国际高标准推进制度型开放的若干措施涉及海关措施的落地试点，推进重点领域改革创新。

（唐湛翔）

【首创“进博慧展”系统】2023年，上海海关建设“进博慧展”海关展会监管系统，打造“一舰四翼”的展会数字化、智能化、便利化监管新模式。以会展业务全链条数字化智慧监管为“主舰”，通过共享智联H2018单证审核、暂进货物管理、ATA单证册管理3个署级系统的数据，建立覆盖展会全流程的大数据库，全口径采集和应用展会备案信息、展品报关单以及ATA数据，实现海关监管工作全链条集约运行；搭建风险智评、跟踪预警、远程监管、态势分析四大“辅翼”。其中，“五维风险智评”模块，从主办方、主运方、展馆、展商、展品5个维度开展供应链风险评估，为进博会制订兼顾安全与便利的特色化监管方案；首次针对展会后续监管构建的“跟踪预警”模块，可在暂进展品超期前及时实施预警提示，确保高效结案；自主研发的AR眼镜新增“对参展食品、农产品原产国家和地区准入情况实施自动甄别”功能，进一步拓展移动巡馆设备在远程监控指挥和专业技术支撑方面的应用，确保第六届进博会“未获准入食品、农产品准予参展”这一新政安全落地、风险可控；基于大数据和统计查询功能，系统还可开展行业发展趋势、海关监管风险等大数据态势分析研判，防范国门生物安全、食品安全、展会运营企业违法违规操作等风险。监管第六届进博会展品450票。

（崇洁）

【支持科创中心建设】2023年，上海海关支持上海科创中心建设，落实科技创新进口税收优惠政策，支持“速研通”项目落地，推动建立实验动物“双通道”工作机制、特殊物品联合监管机制，支持国家实验室发展，年内受理科创机构报关单3676份，审核科技创新税收政策项下进口货物6.17亿元，减免税款约0.9亿元；建设“科创一体化信息管理服务平台”，提供科创人才及其物品通关便利化服务，为1066人次科创人才进出境提供无感通关等服务；发挥“科创企业知识产权海关保护中心”作用，设立科创企业知识产权海关保护中心市北工作站，与浦东新区知识产权保护中心建立企业联合培育机制，辅导各类科创机构新增知识产权备案25批次，协助某科创企业开展知识产权海关保护异地维权，截获侵权货物120吨、货值364万元。

（王子娅）

【支持贸易强国建设】2023年，上海海关细化跨境贸易营商环境60项具体措施，实施进口机动车辆“两证合一”等创新举措，安全供应链货物科学随机布控查验量压减60%；保障中欧班列“上海号”运行。拓展“一带一路”物流大通道；支持上海成功创建全国首个“丝路电商”合作先行区，推进跨境电商综合试验区、进口贸易促进创新示范区建设，促进“新三样”（新能源汽车、锂电池和太阳能电池）商品、跨境电商等外贸发展；落实加工贸易持续高质量发展16条措施，助力保税维修、期货保税交割等新业态发展；出台AEO行动方案，关区AEO企业突破500家。全年上海市实现外贸进出口总值4.21万亿元，同比增长0.7%。

（唐湛翔）

【自动化码头条件下海关智慧机检】2023年，上海海关推进洋山四期自动化码头“先期机检+智能审图”项目建设，通过AI算法，推动作业环节前置、流程再造，实现机检及通关的无人化、智能化、无感化作业，每个集装箱平均过机扫描时间仅2~3分钟，机检完成时间压缩超50%。依托海运船舶监管系统，实现船舶自动化监控、数据比对分析、核放和即时预警，进境船舶从靠泊到卸货办理时间“零待时”，上海洋山港在世界银行2023年公布的全球港口绩效排名中位列348个集装箱港第一名。

（崇洁）

【“联动接卸”模式推广】2023年，上海海关在江苏省太仓港、大丰港，浙江省独山港、安吉港，安徽省芜湖港、合肥港、安庆港、蚌埠港、铜陵港、池州港、马鞍山港等3省11港的基础上，推动江西省九江港“联动接卸”运行，完成与阳逻港的“联动接卸”对接测试，将“联动接卸”模式从长三角区域推广至长江流域，全年监管“联动接卸”业务50.28万标箱，同比增长46.65%。

（王子娅）

南京海关

【概况】南京海关成立于1979年1月，隶属于江苏省外贸局，为处级机构。1980年2月，转由海关总署垂直领导。1984年6月，南京海关升格为正厅局级机构。根据形势发展和海关总署部署，南京海关于1994年和2000年推进机构改革，于1999年组建缉私警察队伍。2018年，江苏出入境检验检疫局职责和队伍划入南京海关。至2023年底，南京海关有内设正处级机构20个，党委派驻纪检组22个，事业单位31个及海关总署委托管理的中国电子口岸数据中心南京分中心。设有隶属海关单位29个，其中：副厅局级隶属海关4个，分别是金陵海关、苏州海关、苏州工业园区海关、无锡海关；正处级隶属海关单位25个，分别是南京禄口机场海关、新生圩海关、江阴海关、连云港海关、南通海关、张家港海关、金港海关、镇江海关、常州海关、徐州海关、盐城海关、淮安海关、扬州海关、泰州海关、如皋海关、宿迁海关、靖江海关、如东海关、启东海关、太仓海关、常熟海关、昆山海关、吴江海关、宜兴海关和南京海关风险防控分局。另设正处级办事处12个和副处级办事处12个。代管上海海关学院苏州分校。

▲2023年8月31日，南通海关关员监管应用“抵港直装”模式出口的船舶分段大型设备　（陆威/摄）

2023年，南京海关以智慧海关建设为牵引统筹推进关区业务改革创新工作。牵头研发定型进境粮食自动化取制样设备，建成并率先试点应用全国海关首个“粮情查看+样品查取+自动检测”进境粮食智慧监管平台。独家研发智能鉴木系统，建立树种“风险标本库”，打造“掌上初筛实验室”。由江苏省昆山市政府投资，关地合作推进昆山综合保税区智慧管理平台建设，平台实现智能交互、智能预警、智能监控、智能服务，实现“管得住、放得开、通得快”。与江苏省苏州市共同开发“经贸规则计算器”智能应用、“人工智能规范申报”系统。围绕南京禄口机场打造水产品特色口岸，与南京市共建“一站式”智慧检测平台，首台放射性元素检测设备资金纳入地方财政资金保障。推进落实“智慧海关建设总体方案”“智慧海关建设实施方案”，选派一线业务骨干参与海关总署集中会战，参加海关总署“智慧海关建设总体方案”制订工作专班；智慧海关业务参数库建设被纳入海关总署九大标志性工程；知识库平台建设入选海关总署首批“早期收获项目”。承办智慧信用管理、智慧知识产权等10个场景应用项目。“进境粮食智慧检疫监管”项目获海关总署智慧海关建设“2023 年度十佳”项目。

（蒋犁　宋磊）

【海关监管】2023 年，南京海关加强固体废物、濒危野生动植物及其制品、野生动物及其产品监管，筑牢国门安全防线；推进智慧监管建设，牵头承办“智慧跨境电商”应用场景，参与全国海关 7 个应用场景建设工作。优化机检作业模式，探索开展“智能审图+先期机检”顺势监管联动试点，集中审像中心与业务现场高效衔接联动，完成大型集装箱/车辆检查设备智能审图 117 万余幅，持续提升安全准入拦截效能。加强区域海关协作，推进“联动接卸”“离港确认”等监管模式，通过“联动接卸”模式监管货物 21.1 万标箱，同比增长 1.23 倍。开展“智能审图+先期机检”顺势监管联动试点，提升安全准入拦截效能，完成先期机检 2.76 万票。指导 UPS、DHL 等国际物流企业新增业务试点、完善业务流程，为跨境电商出口搭建国际物流通道。“智慧旅检”项目入选“2023 数字江苏建设优秀实践成果”，托运和随身行李“双预检”，实现由人及物的风险行李隐蔽标记和多目标追踪拦截；推进南京国际货邮综合核心口岸建设和同场监管作业模式，协调建立跨关区邮件转关监管合作机制和转关邮件智能化物流监管方案，邮检 AR 眼镜助力走私案件查发，邮件业务“网上办、码上办”。快件系统实现审单查验无纸化、风险预警自动化和智能同屏比对；完成徐州国际邮件互换局验收，保障华东地区第二家 DHL 快件运营中心在无锡落地运行，强化关区 300 家监管作业场所（场地）的规范化管理。年内，关区开展“船边直提”8654 票，涉及货物 6365.06 万吨；“抵港直装”约 1 万票，涉及货物 826.89 万吨。

至年底，关区贸易渠道检查报关单 10.67 万票。打击危险品伪瞒报，货运渠道查获 766 吨，查发标签标识类不合格 260 批次 3.27 万吨。开展打击海南离岛免税“套代购”走私行动，关区立案 105 起，涉案案值 1.14 亿元。打击出口侵犯知识产权行为，查发侵权货物 103.5 万件。成立“云擎赋能”工作室，研发智能监控模型 19 个，向隶属海关交付 5 类口岸监测模型。查获伪瞒报危险品 1608 吨。开展协同查验 1583 票，监管货值 2.14 亿美元，整体查验时间缩短 40% 至 50%。开展进口食品“国门守护”行动，全年抽取进出口食品化妆品样品 7826 个，检测 3.71 万项次。配合海关总署开展境外食品安全监管体系评估与生产企业注册评审，参与起草 19 份食品输华议定书，完成欧盟来华对中国动物源性食品残留监控体系和美国来华对中国鲶鱼监管体系检查工作。牵头建立全国海关“智慧食安”业务知识库，制定全国海关植物源性食品、肠衣等产品作业指导书 7 份。牵头海关总署“智慧商检”系统出口危险货物包装生产企业代码管理、商品检验人才库 2 个信息化项目，参与进出口危险品检验监管、出口农药检验监管 2 个场景应用项目。检验进出口危险化学品 5.90 万批，检出不合格 822 批，同比分别增长 22.5%、6.3%。

（梁思思　王楠）

【海关检疫】2023 年，南京海关参与制订海关总署筑牢国家生物

▲2023 年 10 月 26，苏州工业园区海关开展“长三角区域特殊物品风险结果互认”　（周莉娟/摄）

安全屏障行动方案及口岸疫情疫病数据共享协作机制；推动与江苏省卫生健康委员会、商务厅、农业农村厅等9个部门建立口岸疫情疫病数据共享协作机制，与江苏省疾病预防控制局签署口岸公共卫生合作机制。推进牵头承担海关总署高风险特殊物品准入、交通工具卫生监督系统建设和参与6个应用场景专班工作。推进“鉴木”系统木材AI初筛识别远程支持应用场景，承担全国海关木材鉴定任务，检出申报不符335批次，涉及《濒危野生动植物种国际贸易公约》管制树种144批次。开展严防外来物种入侵三年专项行动、“国门绿盾2023”行动和“跨境电商寄递‘异宠’综合治理”专项行动，检出进境植物有害生物1768种15.92万种次。截获红狂蚁等“异宠”及标本1545只；检出动物疫病4种、6项次。保障3920头智利种牛、8.23万只美国种鸡安全引进；保障孟加拉国青蟹、黄鳝以及美国螯龙虾等鲜活食用水生动物进口1878.08吨、货值2891.07万美元。

（时新超　武超）

【税收征管】2023年，南京海关就税收征管、原产地签证、行邮、跨境电商征税等业务开展实地调研，持续开展“走关访企解难题”活动，完成调研课题4个，解决实际问题超过40个。举办四期“关税·享惠·会享”关税政策系列宣讲会，覆盖大型骨干外贸企业、专精特新“小巨人”企业、科研院所等500家；开展RCEP专题宣讲、培训逾70场次，覆盖人次超9万。开展税政调研涉及124家企业，加快“南京海关智慧关税平台”升级建设，编制南京海关税收监控分析术语标准V1.0、税收分析数据调取指引示例，构建风险排查“云擎”模型13个，压紧压实关区两级海关风险排查和依法征管责任。征税入库2018.42亿元，同比增长3.39%。减免税进口货值41.04亿美元，下降33.27%。签发RCEP原产地证书10.86万份，增长24.11%，货值333.03亿元，增长0.89%。

（朱梅洁）

【打击走私】2023年，南京海关开展打击走私“国门利剑2023”联合行动，刑事立案188起，案值12.71亿元；行政立案2137起，案值23.17亿元。组织实施“蓝天2023”行动，做好“中国海关打击消耗臭氧层物质非法贸易执法能力加强项目（三期）”收尾工作，立案侦办走私洋垃圾案件7起，查证废玻璃、尾矿渣等走私废物1270.09吨。推进“使命2023”专项行动，打击毒品走私犯罪，立案侦办走私毒品案件29起，查证合成大麻素59.12千克、大麻及其制品1.15千克、甲基苯丙胺（混合物）20.60克、各类麻精药品742.83克。严打非设关地偷运走私，立案侦办走私案件15起，案值5.42亿元，查证走私成品油5.66万吨、煤炭3.03万吨、白糖9706吨。立案侦办“水客”走私案件16起，案值8528.60万元。推进打击海南离岛免税“套代购”走私专项行动，刑事立案19起，行政立案86起。联合林业、农业农村等部门开展“清风行动”“网盾行动”，强化货运、旅检、寄递和非设关地等渠道监管和缉私工作，刑事立案

▲2023年7月21日，扬州海关缉私分局查获走私旧汽车发动机　（衣晓东/摄）

1起，行政立案48起，查获各类濒危板材144.60立方米、濒危仙人掌79株、象牙等其他濒危动物制品21件。

（郑惠月）

【统计与研究】2023年，南京海关审核报关单518.1万份、报关单记录1832.2万条、业务统计记录超20万条。继续牵头全国海关统计数据质量控制中心参数中心工作，统筹开展CSD、TSD和日报系统检控参数的优化调整及丰富完善，维护各类统计数据检控参数195条。协助海关总署开展宏观经济和外贸形势研究，完成专题研究报告56篇。报送重点国别（地区）、重点产品专题分析130篇。牵头全国海关贸易景气指数编制工作，每月测算中国海关贸易景气指数结果，修订中国海关贸易景气指数编制手册等相关内容。每月推进关区769家样本企业完成景气指数调查。做好署级课题研究工作，牵头2项署级课题，参与6项署级课题，6项课题成果获2023年优秀署级课题。参与海关总署7项重大专项课题研究。做好载体刊发工作，推荐4篇优秀政研文章被海关政研刊物采用，编发24期宁关政研，向海关总署报送调研报告10期。

（阚未然　刘宇）

【进境粮食智慧检疫监管】2023年，南京海关优化粮食监管系统，推进与新一代通关管理系统、检疫审批、疫情上报等系统数据互通共享，实现粮食监管数据一次录入；完善检疫审批系统，初审联系单办理由平均5天压缩至0.5天内，流向变更办理由平均10天降低至3天。研发进境粮食现场检查、自动取制样、有害生物AI识别、分子快筛等“智查”装备，助力植物有害生物截获成效提高15%以上，平均每船次作业时长减少10小时。率先开展粮食业务参数研究，形成2900多条参数；收集整理进境粮食相关法律法规、标本资料、操作指引等各类监管知识11万条，辅助现场关员通过“指令+指引”模式开展现场作业，规范执法尺度。

（时新超）

【市场采购江苏模式】2023年，南京海关支持市场采购贸易“江苏模式”建设，推进实施市场采购贸易简化申报、通关一体化、小额小批量出口检验检疫自动审单快速签发电子底账等通关便利化措施，提升市场采购贸易通关便利化水平；参与市场采购贸易“江苏模式”联动推广活动，提供海关政策服务，对符合条件的江苏省内专业化市场、中小微企业和个体工商户，辅导、支持其通过市场采购贸易出口；辅导企业用好叠加政策优势，节约物流成本，通过跨境电商、市场采购等多模式拼箱出境，助力江苏“市采通”平台推广应用，实现市场采购贸易省内联动发展。年内，市场采购贸易出口309.6亿元，同比增长22.8%。

（梁思思）

【支持跨境电商高质量发展】2023年，南京海关参与制订江苏省推进跨境电商高质量发展行动计划，协助召开江苏省外贸工作会议暨跨境电商培训会，出台南京海关支持措施10条，推动“跨境电商+产业带”“跨境电商+保税”融合发展。牵头海关总署智慧跨境电商场景应用的研究和建设工作，将海关作业流程、监管手段顺势嵌入企业作业流程中。5月，金陵海关驻邮局办事处应用南京海关物流卡口监管系统和南京海关智能电子锁系统，实现进出区管理

▲2023年11月8日，常熟海关助力无糖茶饮料出口　（陈希玲/摄）

零人工、数据化的“无感监管”，车辆进出时间缩短 90%。7 月 14 日，创新使用跨境通关物流平台 App，加强口岸物流信息共享。出口通关物流全流程信息服务实现“一次申报”、流程自动化、通关无纸化、全流程政务公开。

（梁思思）

【“锡心关护”工作站】 2023 年，无锡海关运用“三步三同”枫桥工作法，深化“锡心关护”服务品牌建设，创新运行“3456”（“三目标、四坚持、五聚焦、六心服务”）枫桥模式。建立“1+3+N”三级枫桥实体网格，“1”指由关级枫桥站总揽无锡海关重大复杂争议化解；“3”指在业务现场分设 3 个枫桥室，负责一般争议处置；“N”即充分发挥一线作用，由各科室承担纠纷前端预防化解责任，做到定分止争有温度、和谐发展聚合力。“锡心关护”枫桥工作站获评全国海关首批践行新时代“枫桥经验”示范点（十佳），并获 2023 年法治无锡建设惠民实事工程一等奖。

（陈翼）

▲2023 年 7 月 31 日，常熟海关关员在“市采通”平台调研指导市场采购工作　（顾玲瑜/摄）

【服务企业享受政策优惠】 2023 年，南京海关全面落实内河运费扣减政策，惠及企业 457 家，扣减内河运费 3474.22 万元，节约税款支出 516.78 万元。实施 RCEP 等自贸协定，为 454 家重点企业量身定制最优享惠组合，报送“南京海关促合作、搭平台 持续助推企业享受 RCEP 政策红利”案例，被全国海关主题教育“百个特色做法”采用。新增经核准出口商 15 家，涉及出口货值 2.6 亿元。签发归类预裁定决定 103 份。推进国家能源发展战略，为关区企业办理天然气进口环节增值税先征后返，涉及税款 28.73 亿元，办理石脑油进口环节消费税退税，涉及税款 2.14 亿元。全面开通跨境电商零售进口税单电子支付功能，试点 B 类快件行邮税线上缴税功能。“ERP 联网申报+减免税快速审核”模式试点扩至台积电、盛合晶微等 10 家集成电路企业和新型显示器件企业。

（朱梅洁）

杭州海关

【概况】中华人民共和国杭州海关（简称“杭州海关”）设于浙江省杭州市。关区范围为浙江省除宁波行政区和舟山市嵊泗县大洋山岛、小洋山岛的洋山保税港区以外的全境及其所辖开放海域。杭州海关的前身是清政府于光绪二十二年（1896）设立于杭县拱宸桥通商场的杭州关，杭州关区最早设立类似于现代海关的机构，可远溯至北宋端拱二年（989）设立在杭州的两浙路市舶司。1949年5月，杭州解放，杭州关由中国共产党领导的浙江（杭州）军事管制委员会接管。1979年1月2日，国务院批准设立杭州海关；1984年6月，杭州海关升格为正厅局级海关机构。有内设正处级机构20个，党委派驻纪检组12个，事业单位6个及海关总署委托管理的中国电子口岸数据中心杭州分中心。设有海关单位14个，分别是钱江海关、杭州萧山机场海关、温州海关、舟山海关、台州海关、嘉兴海关、绍兴海关、湖州海关、金华海关、衢州海关、丽水海关、义乌海关、嵊泗海关和杭州海关风险防控分局。

2023年，杭州海关推进智慧海关建设和“智关强国”行动，“智慧属地查检监管”获评海关总署智慧海关建设“2023年度十佳”项目。落实海关优化营商环境16条，制定细化落实举措18条。“企业集团加工贸易改革”“协同破解特殊物品入境难题”“支持自由贸易试验区港口发展”3个案例入选浙江省“地瓜经济”提能升级“一号开放工程”最佳实践案例，“进口水泥检验采信管理落地实施”等3个项目列入“地瓜经济”试点项目。“跨境电商进口商品质量安全治理在线”入选浙江省数字政府系统优秀案例集。完成浙江首票铁路“抵港直装”模式货物监管；推进义乌全国首个属地型海关“先查验后装运”监管模式试点，相关案例获评浙江营商环境优化提升“最佳实践案例”；试点海运启运港退税、陆路启运港退税，助力浙江省成为全国首个获批兼具海陆运启运港退税省份。获批筹建“国家铁矿检测重点实验室（杭州）”。承办全国海关践行新时代“枫桥经验”现场推进会，“杭州海关深化‘枫桥经验’实践　提升行政争议预防化解水平”获评全国海关主题教育“百个特色做法”。原产地追补税胜诉案件，系全国海关系列案件中首个终审判决，获评行政执法典型案例。完成海关总署规章立法后评估6部，全程参与《中华人民共和国海关法》修订。原产地、跨境电商两个实训教学点获评首批全国海关业务实训示范点。

年内，杭州海关审核进出口报关单218.18万份，同比增长20.4%；监管进出口货运量2.57亿吨，增长12.2%；监管进出口货物总值1.73万亿元，增长10.9%；税收入库965.44亿元，增长10.7%；监管运输工具4.7万架（艘）次，增长68.9%；检出各类传染病14种、514例；截获有害生物2.44万种次；检验检疫进出口食品及化妆品14.08万批；检出不合格工业品1684批；立案走私违法违规案件2269起，增长19.0%。

年内，杭州海关获评省部级以上集体荣誉7个。其中，杭州海关获评杭州亚运会、亚残运会浙江省先进集体；杭州海关科技处获评全国海关系统先进集体；杭州海关12360热线、杭州海关所属舟山海关驻金塘通关监管现场获评“全国青年文明号”；13人获得全国个人荣誉，1人获得省部级个人荣誉。

（管庆　骆寅生）

【海关监管】2023年，杭州海关全面推广真空包装等高新技术货物布控查验模式，关区4家企业2988项高新技术货物纳入出口布控查验模式，13家企业4805项货物完成风险评估与备案。推进“金钥2023”涉税和“商神

2023”涉检验检疫专项稽查，办结稽查作业307家，查发问题281起，查发大案、要案28起，与市场监管部门开展联合抽查143次。探索属地查检与企业核查联合执法，实现“进一次门，查多项事”，开展执法联动作业91起。开展知识产权海关保护专项行动，查扣侵权货物2489批次、914.27万件，查办的出口侵权钛白粉案入选中国海关知识产权保护典型案例。

年内，杭州海关加大智能审图应用，监管进出境邮件3627.6万件、快件24.76万票，同比分别下降2.0%和18.7%。试点跨境电商网购保税进口跨关区退货改革，验放进口跨关区退货清单2.80万票，退税95.90万元。全年“直提直装”货物9260标箱。9月，上线海关总署优化双人查验模式试点，平均单票机检作业时间由试点前17分钟减少到11分钟，效率提升35.3%。11月23日，义乌铁路口岸完成中欧班列回程集装箱“直提”试点，中欧班列进出口货物物流时间缩短1~2天；全年监管中欧班列2408列、19.7万标箱，分别增长6.1%、5.7%。

年内，杭州海关开发上线“智慧海关食品安全在线”，启动海关特殊监管区域进口食品“最多检一次”检验检疫监管模式改革试点，完成杭州亚（残）运会进口食品安全监管任务，全年检验检疫进出口食品及化妆品14.09万批、货值869.30亿元，检出不合格232批次。巩固市场采购贸易方式出口预包装食品监管模式创新，准予出口食品类别扩增至15个大类，市场扩大至18个国家（地区），全年实现以市场采购贸易方式出口预包装食品510批、货值1.1亿元，分别增长61.9%、101.7%。助力进口冷链食品贸易恢复，推动关区进口远洋渔获物、肉类等冷链食品突破90万吨、100亿元。设立进出口鲜活易腐农食产品属地查检绿色通道，快速验放“鲜、活、急”产品4723批次、货值9.84亿元。落实粮食安全工作任务，促成江海联运“全卸+直达”新模式和全国首批大豆离岸现货交易在舟山运行落地，全年查验进口粮食932.80万吨、371.00亿元，分别增加25.5%和16.8%。

年内，杭州海关实施进出口工业品检验5.33万批，检出不合格1684批，不合格检出率为3.2%；调查涉及欧盟18个国家通报案例130例，主要为儿童玩具和仿真饰品，占通报总数的63.1%；追溯调查出口工业产品退货872批。应WCO函请，起草并提供跨境电商商品质量安全管控实践案例，全年编撰完成跨境电商风险评估案例72个；关区跨境电商监管仓库抽取样品53批次，检出存在质量安全风险3批次，风险发现率5.7%。推动进出口商品检验第三方采信模式，试点进口水泥智慧商检采信，采用该模式首批进口的水泥，在境外完成项目检验和数据提交，通关时长从40天压缩至3小时。推行进出口危险品检验模式改革，提升检验监管质效，6个不合格检出案例列入全国海关系统典型案例。至年底，杭州海关新增备案企业3.12万家，其中新增40家AEO企业。借助浙江政务服务平台推广企业“注销便利化”应用，较以往压缩办理用时30%。

（骆寅生　殷者正）

▲2023年12月15日，衢州海关关员监管常山出口特色双柚　（江丽/摄）

【海关检疫】2023年，杭州海关检出甲流、登革热、诺如病毒感染等口岸重点关注传染病1209例，嗜肺军团菌、肺炎支原体感染等其他传染病187例。全年处置入境人员聚集性疫情8起。开展国境口岸病媒生物监测，截获输入性病媒生物343批次、3797只。监管植物及其产品41.92万批次，947.33亿元，同比分别增长17.8%、下降25.0%；截获有害生物2.44万种次，其中检疫性有害生物2495种次，分别增长12.8%和11.9%。启动严防外来物种入侵三年专项行动，开展“国门绿盾2023”行动。建成植物有害生物和外来物种初筛鉴定室5家。建立国门生物安全监测预警体系，加强国门生物安全监测，设置监测点500个，监测到红火蚁等多种重要有害生物，检出二类动物疫病3种。国门生物安全首次以沉浸式体验方式，科普宣传进学校20所。促进农产品进出口，保障种牛、种虾、种鳖17批优质动植物种质资源引进。帮扶企业出口饲用维生素D_3突破输欧壁垒，5月24日，欧盟公报修订2002/994/EC法案，允许其成员国进口源自中国的饲用维生素D_3及其前体，“主动应对欧盟管制维护中企合法权益”案例入选全国海关主题教育“百个典型案例”。

（骆寅生　殷者正）

【税收征管】2023年，杭州海关税收入库965.44亿元，同比增长10.7%。跨境电商零售进口征税31.42亿元，增长25.0%；征收进境物品进口税7408.36万元，增长41.0%。审核办理征免税确认通知书9077份，货值27.11亿美元，增长7.6%，减免两税24.61亿元，增长5.1%。签发各类原产地证书122.23万份、货值518.28亿美元，帮助企业享受进口国（地区）关税减让135.45亿元。落实减税降费政策，帮助企业减负降本264.38亿元，其中自贸协定进出口享惠166.80亿元，落实天然气先征后返等政策性退税7.45亿元，煤炭零暂税减免关税7.93亿元，滞纳金减免1603.80万元，多元化担保为企业降低成本约10.35亿元。擦亮“FTA金钥匙”原产地品牌，推动RCEP等自贸协定实施，签发自贸协定原产地证书97.46万份，帮助企业进出口享惠167.00亿元。原产地证书“e打印”模式覆盖全关区，自助打印率上升4.6个百分点。帮扶杭州富芯半导体有限公司成为全国首家享受分期纳税政策企业。

（黄涛）

【打击走私】2023年，杭州海关开展“国门利剑2023”联合专项行动。加强与公安、烟草、海警等部门的联系配合，深化对成品油、烟草等重点涉税商品走私专项打击，开展打击海南离岛免税“套代购”走私“护航2023”联合专项行动。开展打击象牙等濒危野生动植物及其制品走私“护卫2023”专项行动，开展禁止洋垃圾入境“蓝天2023”专项整治行动，加强邮递、快件渠道走私武器弹药、毒品违法犯罪打击力度。全年刑事立案177起，案值14.70亿元；行政立案2092起，案值9.60亿元。杭州海关缉私局司法鉴定中心检验电子物证介质226件，出具检验鉴定文书127份，连续6年在公安部第五局和CNAS联合组织的能力验证考核中获评“满意”。

（黄涛）

▲2023年8月10日，嘉兴海关关员截获检疫性有害生物比萨茶蜗牛（王轶星/摄）

【统计与研究】2023年，杭州海关独立承办海关总署“智慧统计”中的“外贸预测预警气象站”场景，完成外贸走势预测、产能外迁预警等功能开发并投入试运行，该场景获评2023年全国“智慧海关建设年度优秀项目”30强。围绕外贸进出口数据、国际经贸热点和关区重点业务开展分析研究，报送各类分析材料267篇，立项调研课题32个，调研企业1100多家次，形成调研成果53个，完成课题研究22项。参与浙江省外贸进出口信息发布8次，刊播统计新闻79篇，发布浙江外贸进出口运行情况分析报告11篇。理论文章《专精特新“小巨人”企业“出海”面临的问题挑战和对策研究》获中央和国家机关工委“关键小事”调研攻关活动一等奖。

（黄虎）

【杭州亚（残）运会服务保障】2023年，杭州海关成立以关领导为组长的亚运会工作领导小组，下设8个专项工作组。选派17人参与省市亚运工作机构和运行团队工作，发布杭州亚运会海关通关须知。按照智慧海关建设和“智关强国”行动部署，打造“亚运在线”系统，搭建自用物资快速通关平台，运用人员集中申报、行李提前交运、枪弹抵离查验等模式和赛马RFID、芯片识别等技术，赋能卫生检疫、行李监管、货物通关、马匹检疫等多个场景，服务保障杭州亚（残）运会。赛事期间，杭州海关监管入境涉亚（残）运会人员1.68万人次，出境1.53万人次；验放涉亚（残）运会进境物资257批，枪支1116支；监管专供亚运会的进口食品81.6吨；保障112匹赛马“顺利入境、健康参赛、安全返回”。新华社、人民日报社、中央广播电视总台等中央及省级重点媒体报道杭州海关服务亚运新闻221篇次。

（骆寅生　曾靖涵）

【践行新时代“枫桥经验”标准规范建设】2023年，杭州海关深化新时代“枫桥经验”实践，推动争议化解在基层执法一线。以制度建设为主线，开展规范化建设，编写行政争议多发领域化解指南10项，汇纂指导案例100个，建成执法一线化解室13个，形成“协商、调解、申诉、复议、诉讼”有机衔接、相互协调的梯次化解体系。会同浙江省委政法委，建立与地方合作机制5个，列入关地联合社会矛盾纠纷调处化解中心3个，新增企业协商平台12个。受海关总署政策法规司委托，代表海关系统接受海关总署行政诉讼案件管辖法院——北京市第二中级人民法院行政争议化解专题调研；践行新时代“枫桥经验”，落实“八个一”专项任务（撰写一篇调研报告、总结一批典型做法、举办一期研讨会、制作一部视频短片、评选一批典型单位、组织一次专题宣传、出台一份署级文件、召开一次现场推进会），牵头3项重点工作，承办全国海关践行新时代“枫桥经验”现场推进会。“杭州海关深化‘枫桥经验’实践　提升行政争议预防化解水平”获评全国海关主题教育“百个特色做法”。

（殷者正　唐艳霞）

【支持打造大宗商品资源配置枢纽】2023年，杭州海关以优化营商环境为核心，助力打造大宗商品资源配置基地，促进大宗商品贸易便利化。支持打造期货现货一体化大宗商品交易市场，推进保税商品登记系统建设，实现保税油品出入库信息与上海期货

▲2023年6月29日，杭州萧山机场海关关员监管亚运会参赛运动员通关（周雨亮/摄）

交易所互联互通。加大保税燃料油跨关区直供无纸化试点压力测试，支持燃料油保税混兑、铁矿石保税混矿业务发展，丰富国际航行船舶保税燃料油供应来源，助力鼠浪湖矿石中转码头成为全国最大海上铁矿石中转基地，并蝉联全国最大单体铁矿石混矿码头地位。全年监管高低硫燃料油保税混兑120.3万吨，占舟山口岸保税供油量的17.9%；监管铁矿石保税混矿1609.1万吨。创新国内首单港外锚地LNG试点加注业务，助力舟山成为全国首个在港外锚地散货船“船对船”开展保税LNG加注的港口。监管全国首批离岸现货交易大豆在舟山通关，支持全国首单进口大豆保税现货仓单质押业务落地。推动全国首单集装箱船海上生物燃料油保税加注业务落地舟山。全年监管保税供油670.3万吨，同比增长25.3%，舟山港成为全球第四大加油港。

（殷者正　唐艳霞）

【跨境电商监管模式创新】2023年，杭州海关创新跨境电商支付信息、身份信息智能验核机制，该创新举措通过海关总署自由贸易试验区备案，列入2023年度智慧海关建设早期收获项目之一。助力关区各跨境电商综合试验区建设，杭州海关跨境电商进出口监管实训教学点获批全国海关首个跨境电商监管署级实训示范点。杭州关区开展跨境电商零售进出口业务现场25个，全年验放跨境电商零售进口申报清单1.45亿票，同比增长17.2%；验放零售出口清单1.64亿票，增长23.6%。开展跨境电商网购保税进口跨关区退货试点。

（殷者正　唐艳霞）

【市场采购贸易发展】2023年，杭州海关促进市场采购贸易发展，在义乌开展出口拼箱货物“先查验后装运”监管模式创新试点，4家货运代理企业490标箱、4182批次出口拼箱货物完成通关手续，该项改革获评首届国务院国有资产监督管理委员会“国企数字场景创新专业赛”一等奖、浙江自由贸易试验区第一批省级制度创新成果案例、浙江省营商环境优化提升第二批“最佳实践案例”。年内，杭州关区市场采购贸易出口实现4707.3亿元，同比增长11.6%，占全国市场采购总量的58.9%。

（殷者正　唐艳霞）

宁波海关

【概况】宁波海关前身是清政府于康熙二十四年（1685）设立在宁波的浙海关。1948年9月1日，浙海关改组，划归江海关管辖，更名为江海关宁波分关。1950年3月、12月，相继更名为中华人民共和国上海海关宁波分关、中华人民共和国上海海关宁波支关。1951年12月28日，海关总署下令裁撤宁波支关。1978年9月23日，中华人民共和国宁波海关正式成立，隶属于宁波市外贸局。1980年2月9日，宁波海关从宁波市外贸局分出，直属于海关总署，为处级海关。1984年6月9日，杭州海关调整为正厅局级机构，1985年2月18日，宁波海关隶属于杭州海关。1987年7月1日，宁波海关由海关总署垂直领导管理。1995年1月1日，宁波海关升格为副厅局级海关机构，直属于海关总署。2002年5月10日，宁波海关升格为正厅局级机构。宁波海关关区范围为宁波市行政区域。至2023年底，内设正处级机构21个，党委派驻纪检组11个，直属事业单位4个及海关总署委托管理的中国电子口岸数据中心宁波分中心。设有正处级隶属海关单位18个，分别是宁波机场海关、宁波邮局海关、镇海海关、北仑海关（下设副处级驻甬城办事处、驻临港办事处、驻穿山办事处）、大榭海关、梅山海关、象山海关、甬江海关、鄞州海关、奉化海关、宁海海关、慈溪海关、余姚海关、海曙海关、宁波保税区海关、栎社海关、杭州湾新区海关和宁波海关风险防控分局。

2023年，宁波海关审核结关报关单608.2万份，同比增长2.6%。监管进出口货物总值2.4万亿元、货运量2.08亿吨，分别下降3.7%、增长8.4%。监管申报集装箱1676.9万箱次，下降2.2%。监管运输工具3.2万辆（艘）次，增长21.9%。入库税收875亿元，下降10.4%。检出各类传染病579例，截获植物检疫性有害生物48种、755种次，一般性有害生物639种、14128种次，非贸渠道截获外来物种47种次，截获“异宠”14种次、6453头（只）。检出不合格商品（含食品化妆品）1140批次。立案办理各类走私违法案例1537起，案值229.83亿元。

2023年，宁波海关推进智慧海关建设和“智关强国”行动，1个项目获评全国海关“智关强国”行动“2023年度十优”项目，4个特色项目获海关总署推广。全年查扣涉嫌侵权货物（物品）案值6464.9万元，获评中国版权金奖保护奖。全国首创建立AEO企业地方跨部门联合激励机制。承办第六届中国—中东欧国家海关检验检疫合作对话会，推动建设全国唯一中东欧农

▲2023年11月23日，宁波海关综合业务处获评中国版权金奖保护奖（赵啸天/摄）

食产品进口先行先试口岸，中国—中东欧国家经贸合作示范区进出口额突破2000亿元。首创出口拼箱货物“先查验后装运”模式并推广至全国，推动“一站两仓”集成联动发展，完成海外仓模式备案企业208家，占全国的十分之一。

（周燕华　余迪）

【海关监管】2023年，宁波海关构建“智慧风控实战化平台”，将各业务领域外部风险防控要求、内部业务监测需求、重大查获情况等统一纳入平台管理，宁波海关野生动植物物种进出口证书漏证监控模型被选为海关总署第一批全国推广应用模型。推进非贸易业务领域风险防控，强化违禁品查缉力度。开展双人查验模式试点，推进出口拼箱货物“先查验后装运”监管模式创新，支持跨境电商前置仓、海外仓建设，相关案例入选全国海关主题教育“百个特色做法”。支持港区扩大开放和泊位临时启用，梅山冷链项目综合性指定监管场地建设获海关总署批复同意设立，创新多式联运管理模式，压缩浙江省水水转关运输作业时间，创新保税油跨关区供应无纸化作业模式。

年内，宁波海关开展进出口食品领域风险管理体系建设，开展进口食品“国门守护”行动和“健安2023”专项行动。调整进口预包装食品标签监管工作流程，压缩口岸环节通关时长。开辟冰鲜水产品进口“绿色通道”。推进进出口危险化学品检验监管模式改革，完成由试点海关入境有目的地指令的危险品查验1170票，检出不合格19票。开展“进出口危险品打击伪瞒报”专项行动，办结涉及危险品伪瞒报行政案件315起；查获非法出口烟花爆竹情事35起。年内，检出不合格进出口商品1523批，其中检出不合格进口再生金属662批（鉴别为固体废物30批），占全国的54%；退运或销毁不合格进口食品210批，退运、销毁不合格进口农产品104批次。全年收集监测出口工业品退运风险信息2297批，开展退货追溯调查763批，开展国外通报调查34批。

▲2023年3月20日，北仑海关关员查获非法出口烟花爆竹　（王明一/摄）

至年底，宁波海关实有备案报关单位59296家，同比增长10.64%；AEO企业124家，增长14.8%。推进“金钥2023”稽查专项行动，查发大要案45起。成为全国首批属地查检业务管理系统全覆盖单位。办结检验检疫行政处罚案件842起，货值3.08亿元；办结稽查作业387起，其中移交相关部门188起，涉及案值21.4亿元；办结核查作业1010起。完成属地查检作业57220票，增加62.9%，检出不合格货物558批次。推进出口食品生产企业对外推荐注册工作，完成出口食品生产企业对外推荐变更4家次，对外推荐初次注册9家次。

（周燕华　郑创新）

【海关检疫】2023年，宁波海关构建“精密智控”监测模式，开展口岸传染病监测。完成“智慧卫生检疫管理模式的研究”署级课题，承办2项、参与3项海关总署智慧卫生检疫应用场景建设，完善疫情防控数字化管理平台。牵头对全国11个口岸开展口岸核心能力动态管理，完成《〈国际卫生条例（2005）〉口岸公共卫生核心能力建设考核指引（海港）》修订，宁波栎社国际机场（T2航站楼）通过海关总署达标验收。全年检疫查验出入境交通工具1.7万艘（架）次，完成出入境特殊物品检疫审批及查验407批次，开展口岸卫生监督4552次、传染病监测体检7671人次、出入境人员预防接种7166人次。检出各类传染病579例。开展非洲猪瘟、口蹄疫、高致病性禽流感等107项动物疫病监测，抽取9017个样品，得到37953个检测结果，检出不合格样品22个。开展进境船舶压舱水风险因子监测工作，检出10~50微米浮游生物9份次，检出琼氏圆筛藻1批次，检出各类菌株8种，未检出动物疫病。检出二类动物疫病赤羽病阳性种牛9头，牛病毒性腹泻病阳性7头，副结核病阳性6头；行邮渠道截获猪肉检出非洲猪瘟阳性1批，对4批检验不合格的宠物食品、1批检验不合格的水洗羽毛、1批货证不符的生驴皮、1批未获准入的黄牛角作退运或销毁处理，对56批检疫不合格的水洗羽毛作检疫除害处理。完成2批次、8835头进境种牛检疫监管。完成各类出境植物及产品企业注册登记121次，助力杨梅、水蜜桃等特色农产品出口。截获植物检疫性有害生物48种、755种次，一般性有害生物639种、14128种次，首次截获3种检疫性有害生物——番茄褐色皱纹果病毒、南瓜实蝇和密毛白点墨天牛。

（周燕华）

【税收征管】2023年，宁波海关税收入库875.04亿元，同比减少10.43%，其中关税52.07亿元，进口环节税822.97亿元。签发各类区域性优惠原产地证书26.28万份，宁波口岸优惠贸易协定项下进口货值661.57亿元，享受税收优惠43.77亿元。开展归类专业认定37次，答复稽查、缉私归类业务申请165份，出具归类意见1000余项。完成税款计核案件数213份，商品数量51541条，税款差额6.81亿元。开展涉税化验169次。复核稽查部门提交的涉税要素复核联系单248份。全年关区收集税政调研议题42项，筛选上报海关总署20项，17项纳入海关总署专项行业调研课题，上报税收风险防控建议193条。

（周燕华）

【打击走私】2023年，宁波海关开展打击走私“国门利剑2023”联合行动，侦办走私刑事案件181起，案值210.64亿元。立案调查行政违法案件1356起，案值19.19亿元。侦办“粤港澳海上跨境”走私案件39起，其中参与浙江省“ZS2301”打击冻品走私联合行动，抓获走私犯罪嫌疑人183人，查扣走私船舶7艘、冻品940吨。根据海关总署统一部署，参与8轮打击海南离岛免税“套代购”走私专项行动；侦办海南离岛免税“套代购”走私案件18起，案值1383万元。侦办濒危野生动植物及其制品走私案件5起，查证暹罗鳄鱼皮及其制品2.5万余张、象牙制品837.06克。侦办洋垃圾走私及违规案件156起，查证禁止进口的固体废物1.5万吨。侦办毒品走私案件26起，查证氟硝西泮2950粒、γ-羟丁酸溶液79克、阿普唑仑10克、新型毒品麦角酸二乙基酰胺（俗称“邮票”）10枚、咖啡因片94.77千克。深化打击成品油、香烟等重点涉税商品走私，查证成品油106万吨、雪茄9900支、烟丝8千克、水烟膏2批。查办案值超千万行政大要案7起。

（余迪）

【统计与研究】2023年，宁波海关推进统计参数前置审核工作，实施重点报关单预定式布控，建立贸易统计数据集中审核作业模式，防范数据错误。发布各类统计数据，开展统计服务。参与署级立项信息化应用项目“海关业务统计指标系统”的建设。开展统计分析和监测预警工作，正式成为海关总署形势分析研判专班宏观组牵头单位。完成中国—中东欧国家贸易指数二期编制工作。搭建宁波关区调查调研网络，组织开展月度出口先导指数调查、中国海关贸易景气指数编制、跨境电商统计试点调查等工作。服务宏观经济决策和地方外贸经济发展，全年编报撰写各类统计分析研究文章283篇，其中48篇被海关总署采用，37篇被宁波市委、市政府采用。承办海关总署署级课题6个、宁波地方重点课题2个，主办课题“RCEP生效实施对宁波市开放型经济带来的影响”获评2022年度宁波市党政系统优秀调研成果。推进关区重点课题研究工作机制，12个关级课题通过验收。全年37

篇政策研究类文章被海关总署相关信息载体录用。

（周燕华）

【“滞、瞒、逃、骗、害”综合治理】 2023年，宁波海关疏通“滞”的堵点，加强业务运行监测，清理历年滞留货物150余箱。推进进出口危险品检验监管模式改革，确保“动态清零”。承接海关总署优化双人查验模式首批试点，日均查验能力提升约15%。推进“智慧食安”项目建设，进口食品通关时长缩短80%。鲜活农产品进境检疫审批时长压缩至2个工作日。化解“瞒”的风险，探索应用人工智能，构建实战化模型26个。推进“打击进出口危险品伪瞒报”专项行动，查发危险品伪瞒报529起。查发非法出口烟花爆竹情事35起、516余吨。开展知识产权海关保护，查扣涉嫌侵权货物（物品）865批次、2130.8万件，案值6464.9万元。打击“逃”的行径，构建二、三级监控指挥中心，设置电子围网，遏制途中监管风险。推进“先期机检+智能审图”模式试点和本地库建设，完成制图1.17万幅。保持打私高压态势，查办走私犯罪及违法案件1537起、案值229.83亿元。整治“骗”的行为，制定税收征管作业机制5项，处置涉税问题3204项。强化后续监管，首次查发包税清关及“洗钱”情事。防范“害”的输入，落实“多病同防”，检出各类传染病530例、输入性病媒生物1938批次。开展“国门绿盾2023”和严防外来物种入侵三年专项行动，截获检疫性有害生物755种次、“异宠”7种、6453只。开展进口食品“国门守护”行动，把守进出口商品质量安全关，检出不合格商品1128批。

（余迪）

【助力宁波舟山港世界一流强港建设】 2023年，宁波海关科技赋能提升监管智能化，“智慧风控”“智慧查验”“智慧物流”3个平台进入应用。“智慧风控”通过“大数据模型输出”结合“人工精准分析”，实现对风险的精准锁定。“智慧查验”运用数字孪生技术，实现报关信息、布控指令、港区作业、音视频画面的集中获取和同屏展示。“智慧物流”对197条途中路径限定运输时间，对80余个风险地区设置电子围网，全天候预警监控。

年内，宁波海关建立大宗散货应用“两步申报+区块链”申报模式，实行船代免到场登临、报关行免陪同查验、散杂货船无接触装卸作业。加强智能审图应用，可有效识别宁波口岸常见货物品名296个，压缩机检整体时间约50%，节省审图时间约20%。改革水水中转监管模式，推广“离港确认”，开展“海上穿梭巴士”转关，审放进口水水中转1.4万票，核销出口水水中转15.6万票。推进跨关区保税燃料油直供无纸化建设，监管跨关区保税燃料油235.9万吨，同比增长17.5%。推出“一站式”监管模式，新能源车从集港到装船时间平均缩短2～3天。首创出口拼箱货物“先查验后装运”监管模式获海关总署复制推广，关区15家拼箱仓库货物出口效率提升30%，成本压缩20%，监管出口拼箱货物83.8万票。年内宁波舟山港货物吞吐量超13亿吨，连续15年位居全球第一。

（周燕华）

▲2023年11月30日，大榭海关关员依托“智慧物流”实战化平台开展船舶监控　（王卉/摄）

【助推中国—中东欧国家经贸合作】2023年，宁波海关发挥中国—中东欧国家海关信息中心作用，开展政策信息发布、贸易监测预警、互动交流，为中东欧业务发展提供平台支持。回复塞尔维亚、保加利亚、捷克等国家（地区）关于铝材、食盐、肉类、酒类、葵花籽等货物的进出口准入、通关咨询，咨询答复率达100%。培育市场主体，开展中东欧进口企业专题培训5期，受惠企业300余家。参与保加利亚商贸代表团政策宣讲、波兰及塞尔维亚宠物食品准入政策解读、中东欧消费品跨境零售实践分享等活动，帮助外方代表了解准入政策流程、商品进口进程。构建中东欧商品输华“绿色通道”，设立“中国—中东欧国家博览会专用窗口”和海关临时查验区，实现进境展览品“一站式”业务办理，提高展品通关效率。在通关现场设置“中东欧商品进口专用通道”、信息“哨点”，提供“提前申报”“两步申报”“两段准入”便利化措施。5月15日，第六届中国—中东欧国家海关检验检疫合作对话会在宁波召开，“中东欧商品进口通关一件事”智慧应用同步上线。宁波市对中东欧国家实现进出口额504.7亿元，首次突破500亿元，同比增长12%。其中，进口133.8亿元，出口370.9亿元，分别增长20.0%和9.4%。2018年—2023年，宁波中国—中东欧国家经贸合作示范区与中东欧国家进出口总额实现2094.7亿元，进口年均增长率达38.3%。

▲2023年5月15日，“中东欧商品进口通关一件事”智慧应用系统上线（江舒文/摄）

（吕建海）

【首创对AEO企业实施跨部门联合激励机制】2023年，宁波海关联合宁波市口岸办、市发展改革委等有关部门，在全国首创对AEO企业实施跨部门激励，制定出台相关支持措施，对该类企业实施35项便利措施。打破企业信用的部门界限，以“信用共享”为理念，将AEO企业享惠清单从海关单一领域拓展到海事、边检、人社、市场监管、税务等12个与企业经营、通关物流等密切相关的业务部门。该类企业在享受海关便利措施的同时，还可以享受其他部门的支持措施。如税务部门支持下的出口退税“免填报”、“单一窗口”非接触办税、退运通关无纸化3项出口退税便利服务，口岸管理部门支持下的出货高峰期优先进仓服务等。该项举措为全国首创。

（周燕华）

【首创跨境电商出口前置仓监管模式】2023年，宁波海关实施“顺势监管”，首创前置仓监管模式，将“先查验后装运”应用于跨境电商出口。通过调整“运抵—验放—装箱—装船”监管流程，实现仓内货物报关、堆存、查验、装箱、放行一站式监管服务。新模式下，实现当天查、当天放。据企业测算，新模式可节省1～2天作业时间和35%以上的仓储物流成本，货物周转效率提升明显。新模式入选全国海关主题教育“百个特色做法”、宁波市营商环境提升最佳实践案例，得到各级媒体刊登报道，相关建设经验在中国国际贸易创新论坛上专题分享。批准1家前置仓企业设立海关监管作业场所。

（周燕华）

合肥海关

【概况】1987 年 7 月国务院批复设立合肥海关，副厅局级机构，1989 年 5 月正式开关，2000 年升格为正厅局级机构。合肥海关关区范围为安徽省全境。设有正处级内设机构 18 个，党委派驻纪检组 12 个，事业单位 3 个及海关总署委托管理的中国电子口岸数据中心合肥分中心。下设隶属海关单位 18 个，分别是合肥新桥机场海关、庐州海关、芜湖海关、安庆海关、马鞍山海关、黄山海关、蚌埠海关、铜陵海关、阜阳海关、池州海关、滁州海关、宣城海关、宿州海关、淮北海关、淮南海关、亳州海关、六安海关和合肥海关风险防控分局。

2023 年，合肥海关推进智慧海关建设和“智关强国”行动，承办和参与智慧海关业务场景应用署级项目 31 个，其中“智慧属地查检”等 3 个项目入选海关总署智慧海关建设“2023 年度十佳”项目，牵头承办“优势矿产”研究被列入“智关强国”行动专项任务。全年监管进出口货物总值 3802.2 亿元，同比增长 9.8%；税收入库 217 亿元，下降 19.4%；监管运输工具 1859 辆/艘，增长 140%；检疫出入境人员 11.3 万人次，检出各类传染病 57 例，检出不合格工业制成品、危险品及其包装 3267 批；加强反走私综合治理，立案 234 起、案值 3.3 亿元，其中查办海南离岛免税“套代购”走私案件 16 起，查获洋垃圾 469.4 吨。

年内，合肥海关首次牵头主持国家级科研项目 1 项，参与 1 项；获批主持海关总署科研项目 2 项，下达关级科研项目 12 项。建立 4 个“行政争议调解工作室”，合肥海关法治文化宣传基地获评“安徽省法治宣传教育基地”。年内，合肥海关获评省部级以上荣誉表彰 28 项次，其中，芜湖海关码头报关厅获评全国“巾帼文明岗”，宣城海关综合业务科获评“全国巾帼建功先进集体”，宣城海关团支部获评“2023 年全国五四红旗团支部”，宿州海关报关厅获评“第 21 届全国青年文明号”。合肥海关连续 12 年获评中央驻皖单位效能建设考核先进单位。

（郭北顺　张倩男）

【海关监管】2023 年，合肥海关实施口岸环节查验 3659 票，实质性查获 120 票。行邮渠道查获违禁印刷品音像制品 2714 件、枪爆违禁品 184 件、管制精神药品及毒品 18 批、濒危野生动植物及其制品 40 起。货运渠道查发固体废物 4 起、疑似赌具筹码 20 余万枚、走私洋酒 1 万余瓶、药品 1.5 吨，查获市场采购货物数量申报不实童车约 1.4 万辆。推进“打击进出口危险品伪瞒报”专项行动，查获危险品伪瞒报案件 10 起，货值约 2375 万元，实现进境超 14 天未申报危险品、存储超 30 天危险品“双清零”，处置 885 批次不合格进

▲2023 年 9 月 22 日，庐州海关关员监管安徽省首趟“铁路快通”中欧班列（李昊/摄）

出口危险化学品。

年内，合肥海关完成对克罗地亚输华养殖水产品安全管理体系的官方视频检查。牵头完成对新西兰蜂产品、克罗地亚蜂产品、克罗地亚养殖水产品议定书的起草和评估。参与海关总署进口食品境外生产企业注册工作，完成732家进口食品境外生产企业注册评审任务。完成输美禽肉和鲶鱼监管体系官方回顾性检查工作。开展“健安2023”专项行动，查发问题食品3批次，督促进口商对问题产品实施召回并采取风险消减措施。全年抽检进出口食品1044批，检出不合格18批。

年内，合肥海关推进“金钥2023”“商神2023”专项稽查行动，办结稽查作业93家，稽查追补税39起。办理报关单位备案6798起，组织开展申请AEO企业现场认证17家，备案企业达4万家，关区AEO企业105家。开展核查作业784家次。布控拦截涉嫌侵犯知识产权货物物品14.5万件，立案3起，拦截出境文物13件。涉检验检疫行政处罚结案33起。实际开展加工贸易业务企业337家，进出口值156.3亿美元。开展远程属地查检试点改革，为85家企业放行进出口货物162批次。承办“保税+ERP”监管、智慧属地查检监管署级智慧海关业务场景建设，上线关级项目“企业信用证明‘全程网办’”。

年内，合肥海关检验进口机电产品、医疗器械、轻工产品等工业制成品753批，进口危险化学品3010批，进口矿产品、棉花等大宗资源性商品910批。做好新增进口铜精矿品质检测“依企业申请”等便利化政策宣传，220批矿产品享受“先放后检”，648批大宗商品免予重量鉴定，232批铜精矿免予品质项目检测。按优化模式验放米拉多铜精矿57.4万吨。研发辅助审单系统和“AR+AI”查验装备，开发全流程监控展示监管辅助平台，战略性新兴产业进口危险化学品属地查验时长90%以上。检验出口危险化学品及其包装12235批，检出不合格952批，实施出口危险货物包装鉴定32362批，检出不合格2270批。优化出口沥青检验抽样方案，快速验放散装沥青8.9万吨。

▲2023年8月9日，安庆海关关员对出口氰化钠开展属地检验 （金璐/摄）

（王菲 完强）

【海关检疫】2023年，合肥海关制订技术方案及工作指南16份，发布风险预警56条。审批流感病毒标准品、HCG检测试剂、猴痘检测试剂等特殊物品434批次、400种。在入境邮件中查获未经审批的人胎盘素等77批次。在7个一类口岸区域开展病媒生物本底监测259次，捕获鼠、蚊、蝇、蜚蠊等病媒生物2.3万只；监测发现安徽口岸新物种13种，同比增长62.5%；在入境交通工具、集装箱、货物中截获输入性病媒生物2.8万只。

年内，合肥海关推行“供港活牛智慧检疫监管新模式”创新举措，全年安全供港活牛2155头。助力安徽普仁中药饮片有限公司成为全国首家通过欧盟TRACES系统注册的出境动物源性中药材企业。查获活体“异宠”红头弓背蚁185只、昆虫标本499件，检出进境不合格水洗羽绒羽毛108批、119项次；首次检出H5亚型禽流感病毒核酸阳性。截获进境植物疫情253批次、1397种次，分别增长68.2%、57.6%，其中检疫性有害生物72批次、14种、113种次，分别增长9%、27.2%、

8.6%；非贸渠道截获外来物种34种次。2个有害生物和外来物种初筛鉴定室获海关总署能力核定。“出境竹木草制品智慧检疫监管”“供港活动物在途监控辅助系统”“无人机在国门生物安全监测中的研发应用”获评2023年海关总署动植检司智慧动植检早期收获成果。

（计玉洁　程宝艳）

【税收征管】 2023年，合肥海关税收入库217亿元。定期开展验估指令处置效能监控及提醒，验估指令按期处置率继续保持100%，移送税收风险线索33条；强化非贸征管制度建设，落实“十四五”期间税收优惠政策，办理14.56万份征免税确认。指导企业划分中欧班列回程进口货物国际和国内段运费，引导企业自主申报境内运费扣除，为全省企业扣减境内段铁路运费792.4万元，减征税款140.8万元，惠及企业114家；审核归类预裁定，助企规范申报，制发归类预裁定66份，办理归类专业认定45份，办理涉税化验18份。

（张军）

【打击走私】 2023年，合肥海关行政立案217起，同比增长15.4%；案值20590万元，下降68.1%。刑事立案17起，下降37.0%；案值12811万元，增长3.1%。罚没收入976万元，增长55.2%。打击海南离岛免税“套代购”走私，起底核查线索53条，立案查办走私犯罪案件3起，走私行为案件13起，案值合计1422.2万元，位居“护航2023”联合专项行动优秀行列。开展“蓝天2023”专项行动，查办进境固体废物案件3起，查获废纸浆454吨、水洗羽毛14吨，全部退运出境。查获旧机电设备1批次，对7.3吨可乐罐作无害化处理。开展“护卫2023”专项行动，立案办理珍贵动物及其制品走私案件2起，查获虎牙13颗、驼鹿制品3件。开展“国门勇士2023”专项行动，查获管制物品弩1支、气手枪1支；核查精神类药物线索42条，立案9起，查证大麻249.8克、氟硝西泮等麻精类毒品102.6克。侦办“2·28”走私洋酒案，案值1423万元；对1起时间跨度大、查处难度强的成品油走私线索进行立案，案值500万元；与烟草部门加强查打联合行动，立案侦办雪茄、香烟走私案件4起，案值174.2万元。

（周雅鹏）

【统计与研究】 2023年，合肥海关审核报关单38.8万份，报关记录116万条，下发核查记录950余条。上报统计数据质量监督情况报表11份。组织208家企业参加贸易景气、民营企业、跨境电商等统计调查15次，收集调查问卷2285份。推进主题教育调查研究与署级关级课题，1篇调研报告入选海关总署主题教育“百篇优秀调研报告”。以“揭榜挂帅”方式组织开展关级调查研究专项课题39项。推动智慧海关建设，牵头承办“以关区代码全面取代检验检疫机构代码”任务，“全球贸易全景展示”系统应用成果得到海关总署肯定。

（许玮）

【服务长三角一体化发展】 2023年，合肥海关健全长三角区域通关异常处置机制，推进“离港确认”“直装直提”“联动接卸”

▲2023年7月17日，芜湖海关关员监管皖江口岸首艘入境集装箱直航船舶通关　（李轶帆/摄）

改革，实现安徽省水运口岸全覆盖。开展“联动接卸”896票，货值27.5亿元；开展“直装直提”业务387票，货值64.1亿元；开展“离港确认”业务18票，货值0.5亿元。全面推广真空包装等高新技术货物布控查验模式，113票报关单、货值7.8亿元的进口产品享受该项改革红利。

（张建宏）

【支持新质生产力发展】2023年，合肥海关出台支持“皖车快跑”12条措施和开展进口汽车“双优双提”改革，安徽省汽车（含底盘）出口72.9万辆，同比增长89.8%。出台支持新能源汽车产业集群建设20条举措，安徽省新能源汽车、锂电池、太阳能电池“新三样”产品合计出口390.6亿元，增长11.6%。下发关于做好跨境电商出口海外仓模式备案无纸化有关工作的通知，快速落地海外仓备案无纸化。制发推进跨境电商零售出口商品跨关区退货工作和相关企业端指南，促成首单退货。

（张建宏）

【“合畅2023”系列活动】2023年，合肥海关开展两级关长畅联企业活动，走访进出口企业283家次，解决企业急难愁盼问题192个。在省内16个地市500余家企业开展“一城一站”外贸政策巡回宣讲。召开关企同行座谈会、关政企对接会，海关职能部门现场为企业解疑释惑，签署合作备忘录补充协议。落实海关总署优化营商环境16条措施，推进合肥海关优化营商环境26条措施，细化制定40条具体措施，海关对真空包装等高新技术货物布控查验模式试点由合肥拓展到芜湖、滁州。江海一港通监管模式由芜湖港推广至安徽省全部水运口岸，中央电视台《新闻联播》2次报道。合肥海关获评安徽省优化营商环境优秀单位，3人获评优秀个人。

（张建宏）

【支持自由贸易试验区和综合保税区建设】2023年，合肥海关发布9个业务改革创新项目，1项创新举措通过海关总署备案，“水运进口转关货物内河运费扣减模式”入选安徽自由贸易试验区第二批“十佳”制度创新案例；1个项目代表安徽省获长三角地区劳动技能竞赛三等奖；9项改革试点经验在全省复制推广。指导皖江江南保税物流中心建设，现场验收通过海关总署审核。开展“一区一策”专项行动，对合肥、芜湖综合保税区提出10项发展建议和21条支持举措；开展马鞍山、安庆综合保税区“一区一策”行动回头看。全年，安庆综合保税区进出口超220亿元，芜湖综合保税区进出口同比增长20%。

（张建宏　王菲）

【进口危险化学品检验模式改革】2023年，合肥海关报经海关总署批复同意，出台保障战略性新兴产业供应链稳定措施。牵头组织对危险货物国际规章进行数字化加工，提炼22张数据表、85.1万条参数融入海关公共参数库，清洗、整理12.3万条历史检验数据构建数据底账。构建覆盖6类安全要素的风险评估模型，实现逐票报关单动态监控评估监管风险，根据风险

▲2023年11月1日，芜湖海关关员对出口汽车企业开展AEO认证培育（李振/摄）

高低实施差别化检验。开发辅助审单查验插件自动提示异常风险点，运用 AR+AI 技术自动提取比对现场作业要素。制定海关检验监管作业指引，指导企业将海关监管要求融入内部控制程序。搭建智慧检验监管辅助平台，提供各项监管功能应用集成展示。已推进落实试点企业 5 家，试点商品覆盖光刻胶、防反射薄膜生成液 2 大类商品，对低监管风险商品，企业可到货即检即用，目的地检验现场作业批次降低 60%。

（孙昊）

▲2023 年 10 月 23 日，黄山海关关员监管出口非遗产品　（叶元真/摄）

【知识产权海关保护】2023 年，合肥海关第 7 年开展“龙腾行动 2023”，第 4 年开展“蓝网行动 2023”，全年扣留侵权嫌疑货物 517 批次，涉及侵权嫌疑货物 9.53 万件。实施自由贸易试验区进出口货物知识产权状况预确认。参与“智慧知识产权”场景方案建设。开展各类培训宣讲 39 次，培塑省内拥有自主知识产权的出口优势企业 37 家、新增 5 家。1 个集体、4 人分别获得安徽省打击侵权假冒工作先进集体、先进个人。

（张建宏）

福州海关

【概况】北宋时期，朝廷在福建设立市舶司管理来自海上的对外贸易及外交等涉外事务。清初开海设关，于康熙二十三年（1684）设立闽海关，这是中国历史上首次以海关命名的对外贸易管理机构。1842 年，福州被迫成为“五口通商”的口岸之一。1861 年 7 月 14 日，总税务司署在福州设立闽海关税务司公署，管理海外贸易；原闽海关管理国内贸易，称闽海常关。1949 年 8 月 25 日，中国共产党领导的福州军事管制委员会接管闽海关。1950 年 2 月 11 日，闽海关更名为中华人民共和国福州海关。1984 年 6 月 9 日，国务院批准福州海关升格为海关总署直属正厅局级机构。2018 年 4 月，根据机构改革的部署，福建出入境检验检疫局的管理职责和队伍划入福州海关。福州海关关区范围为福建省福州市、莆田市、三明市、南平市、宁德市以及平潭综合实验区。2023 年，内设正处级机构 18 个，党委派驻纪检组 8 个、事业单位 4 个及海关总署委托管理的中国电子口岸数据中心福州分中心。隶属副厅局级海关 1 个，即榕城海关；隶属正处级海关单位 9 个，分别是福州长乐机场海关、马尾海关、宁德海关、三明海关、莆田海关、南平海关、平潭海关、武夷山海关和福州海关风险防控分局。

2023 年，福州海关加快推进智慧海关建设和“智关强国”行动。参与海关总署智慧海关建设集中会战，牵头承担的署级智慧商检项目出口锂电包装智慧监管业务场景建设实现早期收获。推进福州、厦门两关转关直通监管应用，福州海关体检智联网实施落地，推进智慧大后勤建设。主持承担国家重点研发计划课题项目 1 项，参与国家自然科学基金项目 1 项，3 项成果获福建省科技进步奖二、三等奖。海关总署进口废玻璃陶瓷属性鉴定区域实验室（福州）通过海关总署验收。协调加大行邮税电子缴库推广力度，推行跨境电商缴税电子支付模式自由贸易创新举措获海关总署备案。全年监管进出口货物总值 3948.7 亿元、货运量 1.39 亿吨，同比分别增长 2.7%、20.5%；监管进出境运输工具 1.88 万辆（艘）次，同比增长 55.6%。查获疑似濒危动植物、植物及植物产品、动物产品、应税物品等 4692 批次，非成套枪支散件 62 件、管制刀具 18 件。坚持“人、物、环境同防”“多病同防”，检出全国海港口岸首例 CM.3 变异株，在全国口岸海关单位中首次截获输入性里海伊蚊。建立践行新时代“枫桥经验”工作室，2 个化解行政争议案例入选首批全国海关践行新时代“枫桥经验”典型案例。6 个党支部被海关总署授予党建示范（培育）品牌单位，隶属海关建成“一关一品”特色党建品牌。获得省直级以上表彰的集体（个人）37 个。推荐申报副高级职称人员 9 名，入选海关总署高级职称评审委员会专家 8 人。

（刘少明）

【海关监管】2023 年，福州海关推进寄递渠道智慧海关建设，实现智能锁跨关区一锁通用，创新开展“远程智能施封+自动解封核销”模式，提升物流流转效能。完成福州港口岸牛头湾港区 12 号、13 号泊位，福州港口岸罗源湾港区环下屿作业区和黄岐港区、平潭港口岸金井港区 3 号泊位等扩大开放验收相关工作。监管对台小额商品交易市场进出口货物货值 1.41 亿元，同比增长 6.8%；销售额 1.38 亿元，同比增长 1.3%；购物 39.62 万人次，同比增长 48.8%。监管进出境客运航班 7338 架（艘）次。

年内，福州海关开展进出口食品安全监督抽检 2798 批、退运或销毁进口不合格食品化妆品 63 批次。妥善退运 5 批、139 吨自日本进口的水产品。对 93 份涉嫌伪造证书的进口水产品开展专项调查并完成后续处置。开展“健安 2023”专项行动，完成境外企业视频检查11家次、书面评审2000多家次。发挥“食品安全信息罗丽智慧工作室”作用，编发食品化妆品技术法规措施快讯11期。

年内，福州海关参与海关总署智慧海关建设项目“保税+ERP”改革，关区3家企业参与试点。创新智慧云查检，对竹木草制品出口远程视频查检，降低企业时间成本，项目在2023年数字中国峰会展出。企业集团加工贸易监管规模扩大至6个集团15家企业。开展液晶显示行业加工贸易单耗管理模式改革，为企业节省管理成本。开展“金钥2023”和“商神2023”专项行动，全年开展稽查作业134起。对76家涉不实贸易风险的企业开展虚假贸易核查。开展对42家进境粮食加工、存放企业核查。排查海关特殊区域安全生产问题风险4轮，排除隐患1处。开展“追踪2023”食品进口记录销售记录专项核查，责令企业整改14家，处罚企业3家。协调员队伍扩大至80人，在关区15个海关业务现场设立“经认证的经营者”（AEO）专用标识，协调解决问题440个。推介主动披露制度释放守法红利，办理主动披露40次。建设生鲜易腐农食产品属地查检绿色通道，公开预约电话号码13个，享惠企业27家，涉及相关进出口农食产品2001批次。建立“稽侦联动”工作模式，建立属地查检和企业核查作业联合执法机制。开展企业管理和稽查业务岗位练兵和技能比武，提升稽查条线队伍战斗力。

▲2023年8月4日，平潭海关关员在远程指挥台现场监控安全智能锁施封（谢琳/摄）

年内，福州海关防控固体废物、濒危专项风险，查获3批98.58吨硅料类固体废物，在货运渠道查获涉濒危野生动植物及其制品情事3起，在非贸渠道查获涉濒危野生动植物及其制品情事137起。推进“打击进出口危险品伪瞒报”专项行动，在贸易渠道查获危险品伪瞒报相关情事43起。推进关区打击治理海南离岛免税“套代购”走私。参加海关总署“异宠”风险防控工作专班，布控查获“异宠”情事3起。融入智慧海关建设、“智关强国”行动，承担海关总署4项智慧海关场景建设任务。完成“智关强国”专项研究报告1篇，海关汇智稿件3篇。研发应用“套代购”、危险品伪瞒报、“异宠”等风险甄别大数据模型361个，覆盖海关业务各领域。

（胡晓琳）

【海关检疫】2023年，福州海关召开指挥部疫情防控会议14次，检出不合格出入境特殊物品85批，首次检出关区人体组织切片违规出境及查获以新品名义申报入境的旧物品（旧发电机）情事。关区4个海港口岸顺利通过海关总署达标考核验收。牵头完成海关总署“船舶卫生证书检查和签发”项目场景方案及配套文件。全年截获植物有害生物780批、490种、12140种次，其中检疫性有害生物347批、39种、827种次；检出进出境动物检疫二类疫病4种、40项次。检出进境疫区松木中松材线虫及活的林木有害生物并实施退运处理30批，进出境农产品安全风险监控不合格9批次。非贸渠道查获向天果等外来物种60批、22种、69种次。保障3836头智利种牛进口，监管进口粮食290.03万吨，鱼粉等动物源性饲料35.89吨。服务中国和印度尼西

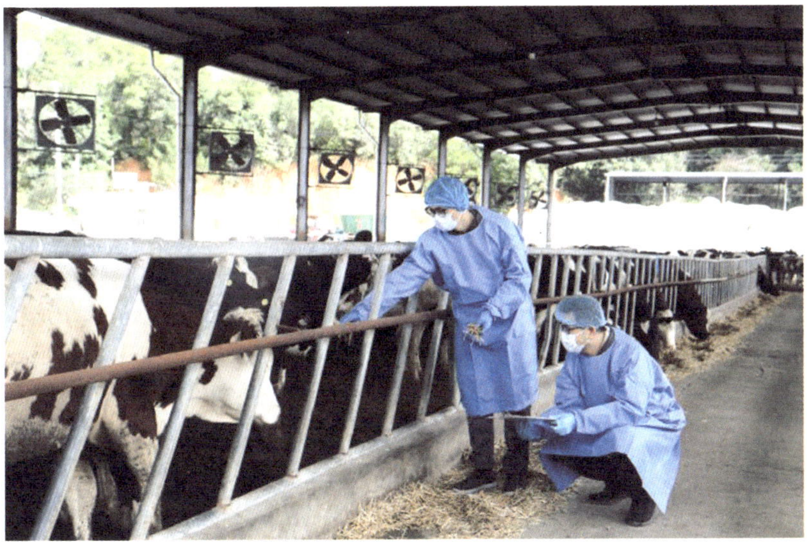

▲2023年1月27日，南平海关关员开展进境种牛隔离检疫　（谢琳/摄）

亚“两国双园”项目，助力首批107吨印度尼西亚老椰子进口。

（黄超辉）

【税收征管】2023年，福州海关税收入库282.34亿元，同比增长7.82%，其中征收关税15.89亿元、进出口环节税266.45亿元。执行各类税收优惠政策，退税8.61亿元。推广内河运费扣减措施，惠及企业158家，节约税款261万元，该措施获评2023年度中国关务行业观察之贸易管理优秀实践典型案例。推广应用RCEP关税政策智能服务平台和开展跨境电子商务零售进口税款电子支付，2个措施通过海关总署自由贸易创新备案。签发关税预裁定33份，推行原产地签证取消企业备案改革，宣传推广保证保险、自报自缴、电子支付、汇总征税等改革措施。举办福州海关验估技能竞赛，参与各层次课题15项。成立关税技术小组，选派专家、骨干参与WCO、海关总署重点项目工作。

（翁斌）

【打击走私】2023年，福州海关开展“国门利剑2023”联合行动，全年刑事立案141起，行政立案1026起。对澳洲龙虾、海南离岛免税“套代购”、濒危野生动植物、洋垃圾走私等重点领域，查证走私澳洲龙虾27吨，查获印度小叶紫檀1.2吨、犀牛角37根，退运固体废物115吨。牵头组织打击旧医疗设备走私行动，相关案件入选海关总署缉私十大典型案例。侦办案值过亿元案件18起。开展反走私综合治理、强化多警种合成打击，联合省市药监、市场监管部门追缴已流入市场的走私旧医疗设备，查扣旧医疗设备432件，价值约1.2亿元。

（陈晓）

【统计与研究】2023年，福州海关开展贸易分析和调查研究，构建“大政研”格局，形成调研报告110余篇，在署省重要载体刊发27篇，得到署省领导批示25篇次，入选全国海关主题教育百篇优秀调研报告2篇。获上级载体采用12篇次，获海关信息载体采用20篇次，省委省政府信息载体采用55篇次。强化关区虚假贸易全链条管控，全年组织核查企业873家次，对涉嫌虚假贸易企业的相关进出口数据提请海关总署实施暂缓统计，在2023年海关统计分析工作会议上作经验交流发言。牵头开展特殊监管区域统计制度建设，撰写海关特殊监管区域统计办法及修

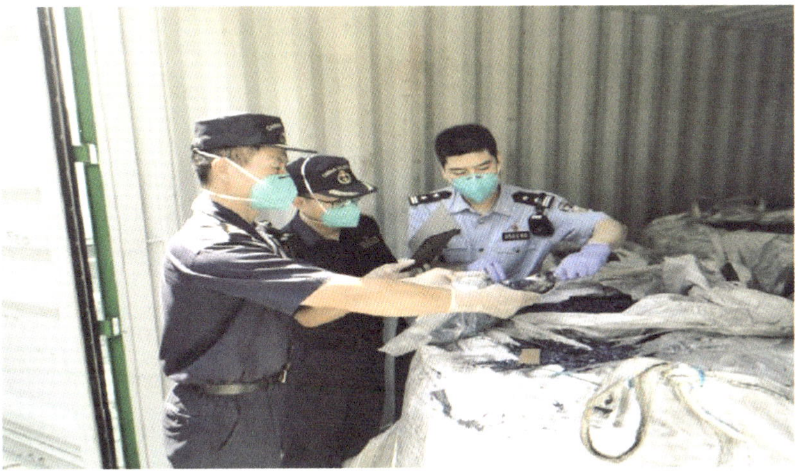

▲2023年6月27日，马尾海关关警员现场查验涉案固体废物　（戴庆国/摄）

订说明。福州海关独立承担海关总署参数库建设和更正制度研究，开展全国海关统计数据在线查询平台中文和英文相关统计参数编制工作。参加海关总署《海关统计商品目录（2024版）》修订。全年对外提供数据177次，数据报表781份；对内提供数据113次，数据报表661份，发挥海关统计服务经济发展作用。

（姚凌）

【支持中国和印度尼西亚“两国双园”建设】2023年，福州海关支持福建“强省会”战略、海丝核心区建设，促进中国和印度尼西亚“两国双园”项目建设，赴园区调研并与园区管委会建立联系工作机制，与福建省商务厅、福州市政府及园区管委会开展沟通协调。向福建省商务厅报送中国和印度尼西亚经贸创新发展示范园区建设政策举措意见建议22项；参加两国双园联合工作委员会第二次会议，并答复印度尼西亚海洋与投资统筹部代理副部长等官员关注的涉及海关事项。福建省委常委会研究确定的省级专项政策措施15项中涉及福州海关8条；出台的园区建设实施方案25项任务中涉及福州海关的11项。推动园区内企业首次获得海关AEO认证。

（邱超群）

【出口锂电池包装智慧监管建设】2023年，福州海关针对业务现场和进出口企业诉求，启动特定商品检验监管模式研究，创新锂电池包装产品线合格评定模式。研究启动“出口锂电池包装智慧监管业务场景”建设工作，先后派员11人次参加海关总署集中工作、集中大会战，并就智慧商检业务场景应用方案做样例介绍。抽调业务骨干全面梳理信息化建设需求，成立智慧商检关企对接专班，先后7次针对信息化系统改造、数据交互、内部管理制度调整等方面进行沟通交流。12月15日，福州海关举办“出口锂电池包装智慧检验”业务场景试运行启动仪式暨现场会，加速推进业务场景试运行后续工作。项目启动试点后，单批次验放时间由48小时下降到0.5小时。

（林哲炜）

【“滞、瞒、逃、骗、害”综合治理】2023年，福州海关对威胁国门安全的“滞、瞒、逃、骗、害”等主要风险，坚持底线思维，筑牢国门安全防线。疏通“滞”点，通过口岸安全风险联合防控机制，开展联合研判16次，信息交换33次，交换数据4400余条。化解“瞒”点，开展打击进出口危险品伪瞒报专项行动，在贸易渠道查获危险品伪瞒报相关情事43起。遏制“逃”点，开展“国门利剑”联合专项行动，提交线索24条；强化稽核查指令分析研判，向280家企业下达工作专项稽核查指令。整治“骗”点，分析涉研判嫌虚假贸易、高风险企业的风险，保障贸易行为真实。防控“害”点，推进关区打击治理海南离岛免税“套代购”走私，刑事立案7起，案值952万元；参加海关总署“异宠”风险防控工作专班，布控查获“异宠”情事3起。

（李海霞）

【侦办旧医疗设备走私案件】2023年，福州海关参与构筑新安全格局，牵头组织开展集群打击行动，查扣旧内窥镜等370

▲2023年12月22日，宁德海关关员对出口锂电池包装实施使用鉴定（岳亮/摄）

件，实现旧医疗设备走私全链条打击，该案为全国缉私部门纳入公安部“百日行动”集群战役的唯一非涉税案件。联合省市药监、市场监管部门全力追缴已流入市场的走私旧医疗设备，查扣追缴旧内窥镜设备432件，价值约1.2亿元，消除可能因此产生的公共卫生安全隐患。与福建省药监局建立打击走私药品违法犯罪执法联动工作机制。

（陈诗翔）

【践行新时代“枫桥经验”】2023年，福州海关落实海关总署党委关于深入践行新时代“枫桥经验”工作部署，要求各隶属海关立足辖区业务特点和纠纷多发领域，按需有序建立践行新时代“枫桥经验”工作室，发挥一线工作室排查调处化解行政执法纠纷主力军作用。至年底，建成榕城海关驻邮局办事处“春风工作室”、福州长乐机场海关“心桥工作室”、马尾海关“法雨工作室”、三明海关“明心工作室”、宁德海关“宁听工作室”等多个各具特色的实体工作室。2个化解行政争议案例入选首批全国海关践行新时代“枫桥经验”典型案例。

（胡楠）

【税政调研】2023年，福州海关围绕高质量发展、建设现代化产业体系和全面推进乡村振兴等方面组织调研。向海关总署提交税政建议57项，牵头协作区海关单位上报195项，牵头完成储能、种业振兴和风电3项专项税政调研报告，并参与完成中药材等15个专项调研课题，上报税政建议被国务院关税税则委员会采纳24项。参与《协调制度》修订，提出的“为白茶修订《协调制度》”建议获WCO协调制度委员会采纳，将中国特色茶叶分类体系纳入2028版《协调制度》，在世界范围内明确按中国六大茶类（绿茶、红茶、黑茶、白茶、黄茶、乌龙茶）的分类标准进行商品归类。向海关总署报送调整种子种苗、重大技术装备、产业结构目录等各类政策建议30条；农业农村部和国家发展和改革委员会采纳公布福州海关建议2条。

（李娜）

厦门海关

【概况】北宋时期，福建泉州设有管理来自海上的对外贸易及外交等涉外事务机构——市舶司。明隆庆元年，福建漳州月港设管理海商的机构——督饷馆。清康熙二十三年（1684），厦门正式设关，时称“闽海关厦门口”。清同治元年（1862），设立“厦门关税务司署”，亦称厦门新关、洋关。1950年6月，废“厦门关税务司署”旧称，启称“中华人民共和国厦门海关”。1980年2月，国务院改革海关管理体制，海关建制收归中央，厦门海关直属海关总署领导。1984年6月9日，国务院批准调整厦门海关为厅局级机构。2018年4月，根据党和国家机构改革方案，厦门关区的出入境检验检疫机构的管理职责和队伍划入厦门海关。厦门海关关区范围为福建省厦门市、泉州市、漳州市、龙岩市，有内设机构20个，党委派驻纪检组12个，事业单位9个，另有海关总署委托管理的中国电子口岸数据中心厦门分中心设在厦门海关。设有隶属海关单位14个，分别是泉州海关、厦门机场海关、厦门邮轮港海关、东山海关、翔安海关、厦门邮局海关、高崎海关、集同海关、东渡海关、海沧海关、古雷海关、漳州海关、龙岩海关和厦门海关风险防控分局。

2023年，厦门海关监管进出口货物总值11997.04亿元，同比下降5.12%；税收入库476.57亿元，下降4.87%；监管运输工具3.9万艘（架）次，增长1.1倍；监管海关特殊监管区域一线进出口值2155.26亿元，增长14.56%；签发原产地证书26.16万份、金额1107.9亿元；检出各类传染病14种、556例；截获二类动物疫病2种、5种次，植物检疫性有害生物48种、1665种次；检出未准入境食品213批；检出不合格进出口商品1632批；立案侦办走私犯罪案件132起，案值47.24亿元。

年内，厦门海关主题教育7项成果和2人获评全国海关“四个一百”，获评全国海关优秀“书记项目”和优秀党支部工作法2个，7个支部获评或通过署级示范（培育）品牌复核，1人获评全国海关“党务之星”。厦门海关落实自由贸易试验区提升战略，向海关总署备案自由贸易创新举措4项；关区4个特殊监管区域发展绩效评估排名持续提升，象屿保税区、象屿综合保税区质量效益分别排名全国第1位、第3位。厦门海关争议预防化解“123”工作法及2个案例、1份行政争议化解指南分别入选全国海关典型做法、案例和指南，1个案例获评全国首届法治时代创新论坛2023年“法治创新案例”。厦门海关2个集体、1人获评全国海关准军事化建设先进，1个集体获评全国青年文明号。

（吴建华　许炯锋）

【海关监管】2023年，厦门海关完善风险排查、排序、排除、跟踪、评估“五项机制”，梳理形成关区重大、系统性风险“三张清单”，合计“7+18”项，制定风险防控措施75条，拓展建立多维监测预警模型37个，针对各类事中风险专项推进查发白砂糖、钛矿、冻章鱼、硅锰合金等典型案件，深入探索“双链条分析+双线路验证”实战战法。联合福州海关打造“智慧转关”直通模式，建立闽赣两省三关（厦门、福州、南昌海关）全业务领域一体化协作机制，打通赣州—厦门铁海联运通道，便利外贸货物高效流转。制定22项重点商品单证审核作业指引，通关运行监控更规范。与深圳、广州等口岸地海关建立全国通关一体化查发通报机制，防控市场采购不实贸易风险，高报价格风险商品金额占比下降到5.39%。启用跨境电商转关自动核销模式，严密防范跨境电商B2B货物漂移风险，监管跨境电商进出口清单9913.58万票，同比增长1.22倍。实现现场旅检业务“一屏”智能化管理。依托厦门国际贸易“单一窗口”打造“数字口岸”

平台，查验集装箱吊装时间压缩90%。

年内，厦门海关受海关总署委托完成7807家/次境外生产企业评审，实施进口产品源头管理；监控分析涉核日本水产品输入，开展专项监测43个；专项核查出口腌渍蔬菜备案生产企业39家；检出未准入境食品213批；查获9批违禁保健食品。核查反馈境外通报不合格出口食品39批，对多次检出未准入境食品的23家进口商启动通报程序。优化民生食品进境通关流程，压缩进境肉类、水产品等检疫审批办理时长，推广优先查验、优先送检、优先检测、优先出证等措施，全年关区出口食品154.76万吨，同比增长12.6%。推进危险品检验模式改革，开展“打击进出口危险品伪瞒报”专项行动，布控查获逃避进出口商品检验货物88批，增长62.96%。开展进口消费类电子电器、医疗器械、特种设备监管证件核查和到货检验，检出不合格产品52批。实施“先放后检”“依申请检验鉴定”等措施，涉及进口原油3003.1万吨、铁矿649.1万吨、棉花489.8吨。建立进口铜精矿检验监管联系配合机制，服务资源产品扩大进口，保障130.2万吨进口铜精矿快速通关。支持石材特色行业发展，实施精准布控查验，入选2023年全国海关推动外贸稳规模优结构典型案例。助力企业扩大出口，发挥技术优势，对接海事部门推动豁免出口香水危险货物包装和运输限制。

年内，厦门海关推广“集约化+机动稽查”模式，办结稽查作业356起、核查作业2054起，查发大要案51起、增长21.43%，查发以虚假贸易方式骗取出口退税案件25起。优化属地查检绿色通道，落实优先查检和“5+2”预约查检，对鲜活易腐农食产品查检作业5980批次，增长22.5%。深化“多证合一”、企业注销便利化改革，办理报关单位备案6978家、增长27.22%，调整企业信用等级32家，注销丧失市场主体资格企业3674家。制定海关规范涉检验检疫行政处罚联系配合办法和操作细则，办理涉检验检疫行政处罚案件347起、增长37%。推广主动披露制度，企业申请办理主动披露204起，减免税款滞纳金684.84万元。创新出口检验检疫证书“云签发”模式，“云签发”检验检疫证书7.2万份，实现出口电子底账100%电子审单，压缩底账签发时间50%以上。修订出口食品生产企业境外注册推荐作业指导书，推荐企业对外注册82家次，增长2.4倍。开展“龙腾行动2023”等知识产权保护专项行动，扣留侵权嫌疑货物570万件。“多维画像，精准打击进出口侵权违法行为”创新举措，入选国务院知识产权战略实施工作部际联席会议办公室“知识产权强国建设典型案例”。创新“两法衔接”模式，与福建省公安厅构建“两级联系、多点对接”快速衔接机制，配合公安机关查获侵权奢侈品牌包案件。

（许炯锋　林锦斌）

▲2023年8月3日，泉州海关关员开展集装箱监管场所安全巡查作业（吴静锋/摄）

【海关检疫】2023年，厦门海关与地方疾控部门建立联合监测机制，开展“多病同防”，全年检疫进出境人员409.7万人次。检出流感、登革热等传染病14种、556例；处置4起入境船舶聚集性感染事件。开展病媒生物监测，截获输入性蜚蠊、鼠类等病媒生物527批、70.1万只，国境口岸监测捕获鼠类、蠓等3582只，检出钩端螺旋体、汉坦病毒等病原体及Ⅱ重、Ⅲ重感染样本。推进卫生许可“放管服”改革，创新特殊物品“一次评估+分批进口”举措，推进口岸食品索证索票信息化建设。创新口岸公共卫生核心能力“省—市—区”三级共建机制，厦门关区8个口岸通过海关总署的口岸公共卫生核心能力考（复）核。成立厦门海关首届生物安全专家委员会，运行跨部门生物安全协调机制，推动口岸突发公共卫生事件纳入地方应急体系。加强口岸动植物疫情风险管理和境外动植物疫情信息监测预警，收集上报海关总署疫情信息365条次，获采用170条次。防控非洲猪瘟、沙漠蝗等重大动植物疫情和外来入侵物种；监督退运及销毁进口不合格动植物及其产品19批。开展“国门绿盾2023”、“跨境电商寄递‘异宠’综合治理”、严防外来物种入侵三年专项行动等，非贸渠道截获外来物种77批，同比增长1.2倍，截获“异宠”263只，增长42.8倍。优化通关流程，对67船、311.75万吨粮食实施靠泊检疫，对符合要求的品种实施附条件提离。完成3523单检疫审批申请的随报随审。支持优异动植物种质资源引进，采用智慧物流锁辅助对74批进境种用水生动物进行在途监管。推动建成进口种猪隔离场并通过海关总署验收。

（林锦斌）

▲2023年12月30日，泉州海关关员对进境大豆开展检疫　（赵立洲/摄）

【税收征管】2023年，厦门海关深化综合治税，健全涉税风险联防联控机制，规范申报率、减免税正确率100%。税收入库476.57亿元，下降4.87%。参与海关总署关税征管司课题研究，牵头制定全国海关价格风险防控策略，牵头开展日用品、医疗用品等全国重点行业税政调研，围绕先进制造、医药健康、种子种苗等地方重点产业，上报37项税率调整建议，13项获海关总署关税征管司采纳，降低硫酸镍进口暂定税率等4项建议获国家相关政策主管部门采纳。试点跨境电商零售进口税款电子支付和B类快件行邮税线上缴税功能，推广多元化税款担保等改革措施，签发预裁定决定书46份。落实减免税、政策性退税、优惠贸易安排等税收优惠政策，为地方重点项目定制“一揽子”解决方案。走访业务现场和重点税源企业96家次，摸清关区税收底数和堵点难点，解决企业疑难问题41个。研发“智税”监控应用程序，推广跨境电商零售进口商品条码应用，“高新产业进口减免税货物快速审核”模式入选福建自由贸易试验区第20批创新举措并被评为全国首创。

（许炯锋）

【打击走私】2023年，厦门海关继续推进全员打私，全年立案侦办走私犯罪案件132起，案值47.24亿元；查办行政案件2037起，案值16.43亿元。加大重点渠道、重点领域的查缉力度，侦办24起重点商品走私犯罪案件，涉案成品油等近5万吨。严禁“涉枪、涉爆、涉毒”等物品非法入境，侦办走私“涉枪、涉爆、涉毒”犯罪案件25起，其中特大走私“迷奸水”案件入选2023年全国海关打击毒品走私十大典型案例。开展“蓝天2023”“护卫2023”等专项行动，立案查办洋垃圾、濒危野生动植物及其制品走私违法案件51起。坚持“露头就打”与“破大案、打团伙、摧网络”相结合，立案办理“水客”、海南离岛免税“套代购”走私案件170起。联合地方打私办构建反走私、反洗钱等联动全链条打击模式。开展全国海关缉私局非设关地走私侦查大数据专项研判，全年移交海上偷运走私成品油案件案值12.1亿元。发挥“海关总署缉私局境外追逃中心（厦门）”作用，建成全国海关打击走私外逃人员多维档案系统，抓获境外逃犯11人，协助其他海关抓获境外逃犯23人。

（林锦斌）

【统计与研究】2023年，厦门海关开展外贸研判，加强统计服务。开展数据比对、数据年审和统计监督，保障数据质量、安全，组织大金额、大数量、重点商品等专项核查60余批次，开展虚假贸易关区内外联防联控机制建设，发现涉嫌虚假贸易风险企业338家次；开展业务系统授权联合审批901批次，限定对外共享数据使用范围，对外提供、发布业务数据的合规性审核35批次。拓展数据服务渠道，开展“劳密产能转移”“专精特新企业”等专项调查调研20余项；按月向福建省、厦门市外贸专班报送外贸形势分析，推动隶属海关为当地政府提供数据服务和分析报告；加强与地方党委政府及重点媒体的联系，及时发布解读外贸数据。年内，承担海关总署50余项研究任务，向海关总署和地方党委政府报送统计分析文章200余篇次，《中国海关》杂志刊发4篇，参与撰写的《中国城市外贸竞争力报告》入选中宣部第六届“期刊主题宣传好文章”。新闻稿件被媒体刊播1045篇次，其中《新闻联播》单条报道5次，《人民日报》报道3篇。

（许炯锋　林锦斌）

【首批全国“智慧口岸”试点建设】2023年，厦门海关承办7个署级业务场景项目并完成方案编写，参与26个场景项目试点。非贸业务一体化监管平台查发安全准入情事7513起，刑事立案35起；推广真空包装等高新技术货物布控查验模式，完成报备企业5家；加强智能化装备应用，拓展机器人、无人机等智能装备应用场景；“数字口岸”平台上线211项功能，助力厦门获首批全国“智慧口岸”试点，智慧监管锁项目入选海关总署旅检现场“微创新”典型案例。年内，厦门海关全面融入海关总署166项应用场景，形成细化措施207项、396条，其中参与试点54项、复制落地36项、创新储备21项、研提建议42项、其他54项。

（许炯锋）

【“滞、瞒、逃、骗、害”综合治理】2023年，厦门海关多措并举打击“滞、瞒、逃、骗、害”五大风险。在疏通“滞”的堵点方面，依托“单一窗口”开发智能云分流、危险化学品动态监控等功能，助推厦门港查验集装箱吊装运输时间大幅压缩90%；在海沧海隆码头建设码头输送带自动采样系统，缩短进境粮食装车时间1~2天。在化解

▲2023年8月10日，东渡海关关员向企业人员宣讲海关“数字口岸”平台“关企交互”功能　（蔡少军/摄）

“瞒”的风险方面，开展“打击进出口危险品伪瞒报”专项行动，查获危险品伪瞒报62起，同比增长55%；查获13个货柜、415万余片侵权纸尿裤。在打击“逃”的行径方面，在货运渠道查获濒危情事15起；将4家涉及在途监管货物“掉包”企业移交缉私部门处置；查发固体废物35票，全部退运出境。在整治“骗”的行为方面，对关区企业数据开展核实，发现涉嫌虚假贸易风险企业338家。在防范“害”的输入方面，查获疑似枪支散件30件、管制刀具84把，分别增长6.5倍、1.55倍；查获违禁出版物2463件；检出登革热等各类传染病14种、556例；检出二类动物疫病2种、5种次，植物检疫性有害生物48种、1665种次，在非贸渠道截获外来物种77批，截获“异宠”263只；精准布控查获未准入境食品18批；检出不合格进出口商品1632批。

（许炯锋）

【服务两岸融合发展】2023年，厦门海关落实中央支持海峡两岸融合发展意见，建立“工作专班+联络员”“关地联席会议协同推进”“定期信息沟通直报”3项工作机制，推动海关服务两岸融合发展“10+1”举措、厦门综改“1+11”事项落地落实。保障厦金（厦门、金门）、泉金（泉州、金门）“小三通”航线复航通关服务，放宽旅客携带台湾高粱酒数量限制。推动对台特色贸易发展，保障向金门供水676.51万吨。收集地方涉及经贸等方面的对台问题诉求52项，形成问题清单7方面、40项，其中20项在关区层面妥善解决。

（许炯锋）

【“智慧转关”直通模式】2023年，厦门海关联合福州海关打造“智慧转关”直通模式，全面推广“安全智能锁+转关自动核销”模式，实现智能锁跨关区“一锁通用”在途监管。应用海关安全智能锁，依托“单一窗口”和系统内部数据通道实现对接，实现跨关区转关物流数据交换和海关作业手续自动对碰核销。建设直通在途监管平台，实现对运输车辆实时轨迹展示、轨迹回放分析、途中异常预警等功能。破除原来转关业务解封受非工作时间和节假日影响，实现转关货物24小时“无感”通关。全年开展1870票。

（许炯锋）

【“千企享惠”行动】2023年，厦门海关开展“千企享惠”行动，通过加强税收政策调研、政策宣讲和纳税服务，推动党中央、国务院稳增长政策和海关帮扶企业措施落地落实。联合地方商务部门开展RCEP等自由贸易协定规则宣讲26场，梳理1200余家企业贸易特征，开展个性化政策辅导，帮助企业用好RCEP等自由贸易协定，关区RCEP项下享惠进口10.21亿元、减让税款1930.69万元；实现RCEP原产地证书申领“全国通签+全程网办”，将证书“自助打印”延伸至社区服务终端，节约企业签证成本，签发RCEP原产地证书2.17万份、签证货值95.15亿元。

（许炯锋）

【优化口岸营商环境】2023年，厦门海关出台26项细化措施，落实海关总署优化营商环境16条，制订关区跨境贸易便利化专项行动5方面35条措施，推动厦门连续2年列入全国“跨境贸易便利化专项行动”试点城市，助力厦门口岸连续5年在全国“十大海运集装箱口岸营商环境测评”中名列前茅，国家口岸管理办公室在全国跨境贸易便利化工作情况通报中12次提到厦门经验做法。指导海沧前场中欧班列监管作业场所建成投用，推动同程班列时隔2年再次开行，监管中欧班列111列、货物1.25万标箱，分别增长2.78%、14.02%。助力福建开展内外贸一体化试点，优化内外贸集装箱同船运输备案，覆盖关区近七成集装箱转关船舶。

（许炯锋）

【厦门“航空物流公共信息平台”建设】2023年，厦门海关配合地方政府开展“航空物流公共信息平台”建设工作，协调解决航空公司、货站、收货人、货运代理人、报关行等各方数据传输准确性和安全性问题，作为公共服务和数据交换平台，实现境内外双向互联互通，大幅提高物流作业时效，提升厦门跨境贸易便利化程度，为构建航空口岸公共服务生态圈打下坚实基础。该平台自2019年11月试点开展至2023年底，运行总单量104.7万票，其中进口59.9万票、出口

44.8 万票。

（许炯锋）

【建设厦门技术性贸易措施网】2023 年，厦门海关建设厦门技术性贸易措施网，网上发布预警信息 4045 条，点击率超过 2000 万人次。首次促成外方按中方要求修订技术标准，厦门关区鲭鱼罐头在停滞 3 年后恢复出口斯里兰卡。开展对 942 家企业 2022 年度技术性贸易措施影响调查，其中常规调查企业 623 家、专项调查企业 319 家，完成 11 份 WTO/SPS 通报评议。

（许炯锋）

【涉台行政争议调处工作站工作】2023 年，厦门海关所属东渡海关涉台行政争议调处工作站获评首批全国海关践行新时代“枫桥经验”示范点。该工作站根据对台业务实际需要，配备会闽南语的关员组成调解队伍，以“乡音乡情”拉近沟通距离，深化与厦门市台商投资企业协会等社会组织互动协作，邀请第三方力量加入纠纷调解，掌握在厦台企诉求和行业发展需要，开展多场政策宣讲会，为台胞和台企在大陆地区的经营与发展奠定基础。工作站自 2022 年 9 月成立至 2023 年底，集中受理涉台纠纷 12 起，惠及相关台企 50 余家，防范化解涉台行政纠纷及时、有力。

（许炯锋）

▲2023 年 10 月 10 日，厦门机场海关关员监管自墨西哥进口的活断沟龙虾（陆莉莉/摄）

南昌海关

【概况】南昌海关前身是1980年成立的九江海关（直属海关总署的正处级机构）。1988年12月1日，正式设立南昌海关（副厅局级）。2004年1月18日，升格为正厅局级。关区管辖范围为江西省整个行政区划。内设机构19个，党委派驻纪检组9个，直属事业单位3个，另有海关总署委托管理的中国电子口岸数据中心南昌分中心设在南昌海关。设有隶属海关单位14个，分别是昌北机场海关、赣江新区海关、青山湖海关、九江海关、赣州海关、吉安海关、景德镇海关、新余海关、鹰潭海关、上饶海关、宜春海关、萍乡海关、抚州海关、龙南海关。

2023年，监管进出口货物总值5697.7亿元，同比下降10.2%；税收入库122.5亿元，增长6.9%；监管出入境航班770架次，增长256.5%；检出甲流等传染病72例；检出检疫性有害生物2200种次；检出不合格商品1050批次；立案侦办走私犯罪案件120起，案值15.5亿元；企业备案2.69万家，增长18.1%；新增AEO企业18家、增长33.96%，共有AEO企业71家，进出口总值1739.9亿元、占江西进出口的30.5%；综合保税区进出口339.8亿元，单位面积进出口值117.7亿元/平方千米。

年内，南昌海关创建“关‘助’发展”服务品牌，作为典型案例报送中央主题教育领导小组办公室；代表中国海关在WCO第10次非侵入式查验技术专家组会议上推介“艺术品智慧监管”项目；承办驻华海关专员俱乐部线下活动；深化“四强”党支部和党建品牌创建，1个项目获评全国海关十大优秀“书记项目”，3个基层党组织获评全国海关党建示范品牌，3个基层党组织获评全国海关党建培育品牌，1名党务干部获评全国海关“党务之星”。所属赣州海关被人力资源社会保障部、海关总署评为全国海关系统先进集体，所属昌北机场海关被认定为“二星级全国青年文明号”，所属青山湖海关减免税管理科获评全国“巾帼文明岗”。

（周汉辉）

【海关监管】2023年，南昌海关开展“打击进出口危险品伪瞒报”专项行动，口岸检查环节查发涉危不报危险品3批，后续稽查环节查发危险品瞒报情事2起，办理涉检验检疫行政案件5起。应用智能审图查发问题线索574条；查发象牙等濒危野生动植物及其制品136起（象牙制品4起、765克），精神药品11起、996.62克，首次查获大麻烟油、罂粟籽、蟒蛇皮等禁限物品。

年内，南昌海关开展进出口食品化妆品监督抽检和风险监测，监督抽检100个食品化妆品、1198项次，风险监测58个食品化妆品、387项次；境外通报调查8家次。实施进口食品“国门守护”行动，非货物贸易渠道截获日本核辐射污染地区食品88票、819件。开展跨境电商网购保税进口食品“健安2023”专项行动，退运存在质量安全风险食品6096件、货值3089.8万元，责令企业下架存在质量安全风险食品8.9万瓶、货值2911.6万元，集中监督销毁1.5万件、货值86万元。首次牵头承担对基里巴斯官方输华野生水产品安全管理体系评估检查；完成所罗门群岛输华水产品风险评估报告；完成对28个国家、806家境外食品生产企业评审。服务输非洲紧急援助大米20批、1.4万吨。

年内，检验监管进出口商品5.4万批；检出各类不合格商品1050批次，进口货物销毁1批，海关总署采纳发布南昌海关典型案例4个。与地方联合发文厘清进出口危险品监管职责边界，与进出口危险品较为集中的25个县（市）区签署合作协议，打通齐抓共管的“最后一公里”。

（胡智）

【海关检疫】2023年，南昌海关全面推广智慧卫生检疫系统预警决策应用，完成智慧卫生检疫作业应用第二批试点；自主研发“口岸传染病排查辅助模块”，实现“多病同防”精准检疫；深化关地联防联控，与江西省疾病预防控制局签署口岸公共卫生合作机制，获取地方传染病数据并录入系统，成为首个向全球传染病疫情监测联防联控信息采集项目报送数据的试点海关。年内，开展出入境人员监测体检8555人次，预防接种7062人次，检出传染病30例；强化非货物贸易渠道特殊物品检疫查验，截获血液制品、人体组织等特殊物品167批；完成进口狂犬病毒检疫审批和后续监管1批次。

年内，开展“国门绿盾2023”行动，鉴定出外来入侵植物76种、785种次，鉴定出外来入侵软体动物1种次；在非货物贸易渠道截获外来入侵物种20批次、94种次。截获进境植物有害生物423批次、2200种次，其中检疫性有害生物139批次、186种次；截获非洲猪瘟等动物疫病10批次、24种次。检出进境动物二类疫病6项次，安全风险监控不合格5批次。监管进口粮食284.94万吨、122.39亿元；监管进口鳗鱼苗60批次、9040万尾、货值4.3亿元；监管出口柑橘7.34万吨、货值5.0亿元。检疫监管供港澳活猪21.2万头，同比增长24.7%，占香港市场的20.1%；建立供港澳活猪检疫监管教学实训点，并获批全国海关实训示范点。与江西省农业农村厅共同印发《服务乡村振兴 推动农业农村高质量发展2023年工作要点》，联合推荐3家农产品基地获批农业国际贸易高质量发展基地。

（黄志勇）

【税收征管】2023年，南昌海关税收入库122.5亿元。推广“智能审核+自助打印+快递送达”原产地签证模式，签发全国首份RCEP输菲律宾原产地证书，签发RCEP原产地证书5611份，同比增长76.2%，签证金额103.7亿元，帮助企业享受境外关税减让约5.1亿元；培育10家经核准出口商，自主出具319份原产地声明，声明金额40.6亿元。落实税收优惠政策，审核减免税货值26.7亿元。推进多元化税款担保改革，核批江西首票“企业集团财务公司担保”，办理关税保证保险1.5亿元，办理总担保384份，涉及担保金额83.15亿元。推进税收征管方式改革，汇总征税率67.2%，电子支付比率98.8%。落实内河运费扣减政策，扣减内河运费360.5万元。优化非货物贸易税收征管方式，跨境电商零售进口征税1.8亿元；海关邮递个人物品征税率为50.6%。

（卢泉）

【打击走私】2023年，南昌海关开展“国门利剑2023”“护航2023”“蓝天2023”“护卫2023”等打击走私专项行动。刑事立案40起，同比增长17.6%，案值9.9亿元，增长5.6倍；行政立案80起，案值5.6亿元。缉捕2名外逃犯罪嫌疑人回国。严打海南离岛免税“套代购”走私，侦办刑事案件15起，案值3514.69万元；开展打击电子产品进口走私专项行动，案值1.2亿元；打击快件、跨境电商走私，侦办走私普通货物案4起，案值0.19亿元；侦办走私药品案5起，案值2285万元。侦办非涉税走私刑事案件8起。

▲2023年2月2日，南昌海关缉私局民警清点现场查扣走私药品　（方骏超/摄）

侦办走私毒品案件5起，查证各类毒品24.91千克；严厉打击象牙等濒危野生动植物及其制品走私，立案调查2起走私象牙行政案件，查扣象牙制品240.95克、愈疮木制品21282.3克。情报自侦发现稀土出口走私线索10条；核查线索124起，支撑31起案件配侦工作。移送起诉案件22起，检察院作出不起诉决定案件4起、法院作出有罪判决案件15起。与中国人民银行合作打击离岛免税“套代购”走私，成为5个试点省市之一；与属地公安共同建立涉“套代购”走私重点人员库，探索重点人员网格化管理模式；与公安、国税部门联合侦办2起洗钱案。

（王佳）

【统计与研究】2023年，南昌海关制订、落实南昌海关党委关于大兴调查研究的实施方案。开展专项调研20项，结合第一批、第二批主题教育调研64项，向海关总署报送调研报告13篇，入选全国海关主题教育“百篇优秀调研报告”3篇，获评中央和国家机关工委优秀调研报告1篇。参与署级课题研究3项，组织开展关级课题研究10项，其中2项被海关总署评为“2023年度优秀署级课题”。完成全国重要产业链光伏产业链专题研究，研究报告获进出口监测预警相关刊物采用2期。向海关总署报送监测预警信息179篇。建立关区贸易统计数据质量检控参数库，开发检控参数11条，更正报关单数据214条。建立关区风险企业库、风险商品库，收集风险企业3041家，风险商品43项。向社会公众提供统计服务87人次，向辖区地方党政机关提供统计服务128次。

（李重欣）

【“滞、瞒、逃、骗、害”综合治理】2023年，南昌海关开发“滞、瞒、逃、骗、害”5大风险管控平台，获批全国风险情报工作站，为中部地区两家之一。破获案值5071万元重点敏感商品走私案件，案例被纳入海关总署发布的2023年打击走私十大典型案例。与中国人民银行建立会商和风险线索排查机制，开展资金链深度合作，推动江西成为全国首批海关、中国人民银行合作试点省市之一。强化与公安、税务、中国人民银行等部门协调联动，选定7家高风险企业开展联合行动。分析查发综合保税区企业利用保税维修走私进口电子产品案，案值3.34亿元。查发固体废物情事1起。分析并下达涉税、涉检验检疫稽查指令105起，稽查查发大要案9起，其中移交刑事案件4起，查发涉洋垃圾情事4起，查发不实贸易、涉检验检疫情事49起，其中涉危情事8起。

（胡智）

【创建“关‘助’发展”服务品牌】2023年，南昌海关创建“关‘助’发展”服务品牌。建立沪赣、鄂赣湘、赣闽关际合作机制，推动85项自由贸易试验区经验制度和23条综合保税区高质量发展综合改革举措复制推广、落地见效。开展“关长送政策上门”活动，解决企业问题702个；开展进口危险化学品检验监管模式改革，推进出口检验检疫证书“云签发”“全程网办”等改革，行政审批线上办理比例达100%。推出“智能审核+自助打印+快递送达”RCEP原产地审签模式，推进落实“企业集团财务公司担保”“内河运

▲2023年4月19日，景德镇海关关员监管江西首票陶瓷交易市场市场采购贸易货物　（刘雨涵/摄）

费扣减”等惠企改革，新增5家企业成为RCEP经核准出口商，原产地声明总额40.6亿元，企业享受境外关税减让近2亿元。落实“主动披露”制度，帮助企业免予或减轻行政处罚，减免滞纳金约100万元。助力品牌培育，有效备案权利人达191家，同比增长26.5%。开展“保税+ERP”“单耗管理”等改革试点，加工贸易进出口值1349.8亿元，增长8.1%。开展技术性贸易措施咨询服务，撰写风险信息370余条，推动南昌拌粉首次供港，江西锂电池首次出口金砖国家，柑橘出口企业首次获得输俄罗斯资质。实施“跨境电商+保税展示+快递配送”模式，推广跨境电商出口海外仓模式备案无纸化，实施跨境电商零售进口电子缴税和商品条码应用。景德镇陶瓷交易市场试点实施市场采购贸易方式，实现试点首年出口9.1亿元。

（陶林）

【助力构建“东进、西出、南下、北上”开放大通道】2023年，南昌海关深化与深圳、武汉、上海等8个海关合作，助力江西构建“东进、西出、南下、北上”的开放大通道。向东加强与上海海关协作，推行“离港确认”改革，压缩口岸作业时间60%，合作签署《推动沪赣两地高水平开放高质量发展协作备忘录》；增强与宁波海关配合，开展再生铜原料转关，实现宁波转关至鹰潭再生铜原料顺利通关。向西融入西部陆海大通道建设，与长沙海关签订《共同服务烟花爆竹出口加强安全监管合作协议》；监管出口烟花爆竹1.2万批（占全国的28.2%），货值19.5亿元。向南强化与深圳海关协同，推行“铁海联运+联运中转”模式；与福州、厦门海关签订《推进全业务领域一体化协同工作协议》，推出支持属地口岸联动等26条措施。向北密切与乌鲁木齐海关合作，推广“铁路快通”通关模式，缩短中欧班列通关时间1～2天。

（陶林）

【九江港—洋山港一体化通关】2023年，南昌海关创新“联动接卸”模式，出口转关货物可经九江港直抵洋山港出口，减少企业中转时间和成本。5月4日，江西省首票九江港—洋山港“联动接卸”改革业务落地，首次实现长三角区域外“联动接卸”，做到进出口货物“一次申报、一次查验、一次放行”，降低企业物流成本。全年开展“联动接卸”业务32票，货值921.4万元，货重486.7吨。

（胡智）

【支持有色产业发展】2023年，南昌海关开展进口再生铜原料智慧检验监管探索试点，启动进口再生金属智慧监管项目建设。全年监管进口再生铜1批，货重48.9吨。推广“保函担保”“汇总征税”等便利举措，通过多元化税款担保模式为锂电企业进口锂辉石矿减少资金占用23.4亿元；深化AEO企业享惠力度，实施“AEO+经核准出口商”同步培育计划，帮扶重点锂电企业一次性取得双重资质。定制“检验批”监管模式，实现“一次检验、分批出口”，平均每周减少查检批次约70%，减少企业申报工作量约35%，缩短等待查验放行时间1～6天。江西锂电池

▲2023年12月10日，鹰潭海关关员对全国首票进口再生金属原料目的地智慧检验监管试点货物实施现场查检　（黄标/摄）

出口 43.9 亿元、同比增长 150.4%，锂电产业相关产品进出口 665.5 亿元、增长 40.3%。支持有色金属产业发展入选全国海关推动外贸稳规模优结构典型案例。

（李重欣）

【支持茶叶产业发展】2023 年，南昌海关选取江西茶产业特色集群地婺源县，先行先试出口茶叶“大基地”建设，构建“政府主导、企业主责、行业自律、海关监管”集约化监管模式；实施“1+N”备案管理，“1”是指由婺源县政府主导，将全县有出口意向和需求的 639 个茶园，整合为一个“大基地”进行备案监管，“N”是指企业或进口国（地区）有特殊要求的，可以申请独立备案；指导婺源县建立“县—镇（乡）—村”三级茶园质量管理体系，推行“统一规范化种植管理、统一农业投入品管理、统一病虫害绿色防治、统一质量安全监测、统一产品安全追溯”标准化管理，实现“企业减负、监管增效、产业升级”。助力婺源全年茶叶出口 6.25 亿元，同比增长 10%。

（刘娜）

【供港澳活猪智慧监管】2023 年，南昌海关建设供港澳活猪智慧检疫监管项目，综合运用 AR、5G 和 AI 等技术，建立“1 个智能监控系统和 2 个可视化监管平台”的“1+2”供港澳活猪智慧检疫监管体系。运用数据接口调用和 AI 智能预警技术，海关系统接入企业 ERP 系统，设置风险预警指标，自动抓取企业饲养管理数据进行大数据计算，比对预警参数并发出风险预警提示。安装高清智能监控摄像头，全天候、全方位监控饲养场每批供港澳活猪出栏、装运情况。依托 AR 智能眼镜、5G 网络等技术，通过实时画面和语音交互、远程标记等功能，远程开展供港澳活猪检疫监装、检测采样、应急处置等作业。利用 AR 眼镜“一机多屏”功能，实现多位专家同时连线开展联合疫情研判和应急处置。制定分类管理和智慧监管工作指引，建立不同监管措施，明确智能设备及信息化技术运用场景和要求。3 家注册饲养场获海关总署动植物检疫司函复同意开展优化供港澳活猪检疫监管模式试点。年内，3 家试点猪场供港活猪 300 车、3.6 万头，同比增长 46.3%。其中，运用优化模式监装 239 车、2.9 万头，占比 79.7%，减少现场监装派员 478 人次，节省监装作业时间 597.5 小时、进场隔离时长 576 小时。

（王琦）

▲2023 年 6 月 30 日，景德镇海关关员应用艺术品智慧监管系统在上海进博会进行商品监管　（刘雨涵/摄）

【艺术品智慧监管】2023 年，南昌海关完成“艺术品智慧监管应用”开发，应用于中国国际进口博览会对进境艺术品的监管；设备技术升级，采用万向支架固定，工作距离达 50 毫米以上，解决鉴证过程中设备与货物的近距离接触问题；完成陶瓷制品身份唯一性识别方法的技术规范制订立项申报工作。通过驻华海关专员俱乐部研讨会、香港海关来南昌海关工作交流等活动对“艺术品智慧监管”项目进行宣传介绍；代表中国海关在 WCO 第 10 次非侵入式查验技术专家组会议上推介“艺术品智慧监管”项目。

（陈芸婧）

青岛海关

【概况】青岛海关的前身为1899年的胶海关，于1950年2月11日更名为中华人民共和国青岛海关，1980年升格成为直属海关总署领导的正厅局级海关。关区范围为山东省青岛、枣庄、烟台、济宁、威海、日照、临沂、菏泽8市。至2023年底，内设机构21个，党委派驻纪检组14个，事业单位4个，另有海关总署风险防控局（青岛）、海关总署委托管理的中国电子口岸数据中心青岛分中心设在青岛海关。设有隶属海关单位20个，分别是黄岛海关（副厅局级）、烟台海关（副厅局级）、青岛胶东机场海关、青岛大港海关、董家口港海关、青岛邮局海关、即墨海关、胶州海关、日照海关、威海海关、龙口海关、荣成海关、济宁海关、临沂海关、菏泽海关、枣庄海关、莱州海关、蓬莱海关、海阳海关和青岛海关风险防控分局。

2023年，青岛海关推进智慧海关建设和“智关强国”行动，牵头15个、参与43个署级业务场景应用试点建设，智慧电讯检疫和危险化学品智慧监管2个项目入围海关总署智慧海关建设“2023年度十佳”项目提名。牵头“11+1”（包括黄河流域九省区涉及的太原、呼和浩特、满洲里、青岛、济南、郑州、成都、西安、兰州、西宁、银川海关11个直属海关和黄河流域西部重要通道涉及的乌鲁木齐海关）黄河流域关际一体协同机制，发布沿黄陆海“共商、共建、共享”协作机制青岛宣言，建立黄河流域海关实验室联盟和技术性贸易措施研究评议基地联盟，新建口岸突发公共卫生事件处置和病媒生物监测技术关际协作机制。协助青岛市研究制订智慧口岸试点建设工作方案，助力青岛市成为全国第一个获批智慧口岸建设试点的城市。支持山东省世界级港口群建设，建立关港战略合作机制，实施促进贸易便利化专项行动，青岛口岸获得“2023年十大海运口岸集装箱货物跨境贸易营商环境”测评总分第一名。年内，青岛海关监管进出口货物总值3.78万亿元，同比下降2.1%；税收入库1969.7亿元，下降0.6%；监管运输工具5.6万艘架次，增长38.1%；检出各类传染病14种、735例；检出检疫性有害生物9.34万种次；检出不合格商品（含食品化妆品数据）3078批次；立案侦办走私犯罪案件253起，案值43.15亿元。

年内，青岛海关卫生检疫处、青岛胶东机场海关查检科获评全国海关系统先进集体。海关总署风险防控局（青岛）预警评估处、烟台海关缉私分局、威海海关缉私分局获评2022年全国打击骗取留抵退税违法犯罪成绩突出集体，日照海关缉私分局获评2023年全国打击治理洗钱违法犯罪工作成绩突出集体。荣成海关综合业务一科、威海海关驻机场办事处获评“第21届全国青年文明号”。青岛海关被确定为全国海关离退休干部“六好”示范党支部试点直属海关，连续25年保持全国“模范职工之家”称号。1人被公安部授予个人一等功，6人被评为2022年全国打击骗取留抵退税违法犯罪成绩突出先进个人。

（于晓旭）

【海关监管】2023年，青岛海关开展口岸危险品综合治理，实现专用堆场集中验放，出口危险品“提前申报、集港直装”，进口“提前申报、抵港直提”。实施核生化有害因子等辐射探测113.83万批（次），查获放射性超标情事83起。查获枪支配件、毒品精神药品、濒危外来物种等“安全准入”情事1923起，同比增长31%。打造“云港通”智慧查验新模式，整合海关、港口、企业三方信息，查验业务全程线上查询、办理，由原来的14个环节减至7个。试点出口拼箱货物“先查验后装运”、跨境电商零售出口跨关区退货、零售进口税款电子支付，免到场查验率达73%。开展“清邮”专项行动，非贸渠道针对“涉枪、涉爆、涉毒”，濒危，侵权等重点安全准入风险查发5338起走私违规情事。开展全国首次保税棉花检验通关模式试点，至年底，该模式下关区节省通关时间超9000小时。开展“龙腾行动2023”“青岛海关知识产权保护年度集中执法行动”，扣留侵权货物2141批次、61.4万余件。开发“智慧知识产权状况预确认系统”，实施进出口货物知识产权状况“申报前预确认”，查验现场对预确认货物即验即放。开展海关行政互助协查，协助俄罗斯等国海关核查单证33份，并向马来西亚、印度尼西亚、法国、俄罗斯等提出协查26份。

年内，青岛海关开展进口食品“国门守护”行动，检出禁止入境不合格进口食品化妆品194批；开展跨境电商网购保税食品“健安2023”专项行动，查获无法提供原产地证书的跨境电商自日本进口食品33批，产自美国的含β-烟酰胺单核苷酸（NMN）成分保健品334件。牵头完成输欧盟动物源性食品的活动物药物使用情况研究，编撰《欧盟肉类质量安全管理法规及对欧注册指南》。

年内，青岛海关举办“关企面对面”活动86次，形成“企业点题、海关答题、推动落实、评价效果”的关企沟通闭合链条，解决876家重点企业提出的732个问题。服务元首外交，推进与乌兹别克斯坦等7个国家的AEO国际互认。动态调整企业信用等级45次，建立“重点培育企业库”，培育企业183家，新增AEO企业62家。开展“青岛海关出口食品生产企业境外注册推荐质量提升年”活动，推荐对外注册120厂次。开展“金钥2023”涉税稽查专项行动，刑事立案40起。开展“商神2023”涉检稽查专项行动，刑事立案10起。办结主动披露作业187起，对47家企业免予行政处罚或减轻行政处罚。推广集团化企业核查模式，完成13家试点集团企业45项指令的核查叠加，实现“下一次厂，核多项事”，核查下厂次数减少60%。

（于晓旭）

▲2023年3月1日，青岛大港海关关员对辖区企业开展稽核查　（高瑞刚/摄）

【海关检疫】2023年，青岛海关构建“多病同防”模式，在空港口岸创新建立“健康申报预审核+远程电子审核+AR眼镜远程监管”入境检疫模式，扩宽病媒生物监测对象，涵盖口岸、交通工具、重点货物、集装箱等，截获输入性病媒生物57批次、5.23万只。牵头国家重点研发计划“口岸重要消化道病原体快速检测鉴定溯源和处置技术研究”、山东省重点研发计划（重大科技创新工程）项目“口岸外来有害生物联合监测与预警防控研究应用”。规范船舶压舱水核辐射监测，全年放射性核素检测结果均为阴性。烟台港（西港）、青岛胶东机场、青岛董家口港、荣成石岛港、龙眼港、海阳港6个口岸通过海关总署专家组核心能力建设考（复）核。开展严防外来物种入侵三年专项行动、“国门绿盾2023”、“跨境电商寄递‘异宠’综合治理”等专项行动，全年查获“异宠”85种次，截获有害生物9.34万种次，其中检疫性有害生物1.14万种次。推广应用进境粮食初审联系单电子化，免除锚地检疫环节，应用“进境粮食车辆轨迹信息智能化分析系统”，查发13起进境粮食违规案件。帮助企业开拓国际市场，至年底，关区进出口动植物及其产品注册登记（备案）企业达3911家。开展进出口商品检验，检出不合格进出口商品2884批，禁止34批、7715.98吨不合格化肥出境。创新开展进出口危险品及包装“青岛海关+企业+商品”网格化检验模式，研发“进出口危险品检验智能查询系统”。全国首创进口棉花“智能鉴重”，实施进口棉花“集成查检”；推出进口燃料油“税检合一”，涉税涉检一次取样一次检验共享结果；推进进口铜精矿“分步检测”，每批货物堆存时间平均缩短4天；对进口铁矿实施放射性“实时监测”，对进口液化丙烷实施“就地检验”，对旧光刻机等半导体生产设备实行最终目的地检验，推广进口汽车零部件认证结果采信，不再实施抽样送检；对山东省重大项目开展“一企一策”专项指导。

（陈晨　蔡霞）

▲2023年11月20日，青岛胶东机场海关关员快速检测航空配餐食品原材料农药残留　（庞英杰/摄）

【税收征管】2023年，青岛海关聚焦重大、系统性税收风险，开展重点、敏感商品专项防控，组织沥青混合物进口专项核查，建立原产地领域涉税风险“定期自查、集中核查”两级复核机制，围绕重点商品查发立案案值2.5亿元，查处不法出口企业骗取非优惠原产地证书38份，案值3860万元。在全国海关首创应用船舶运行轨迹数据（AIS数据）防控滞期费漏报风险，引导重点税源企业主动申报补税。在全国海关首创“进口增值税抵扣信息电子联网核查”，海关退税时间缩短80%以上。聚焦关企联系“最后一公里”问题，开发“E站通便企服务”功能，实现海关关税优惠政策信息分级、分类精准推送至企业。推动减免税“ERP联网申报+快速审核”模式改革，将企业ERP系统与海关“单一窗口”对接，实现减免税申请“秒审秒放”。实现法定检测和涉税化验“一站式”开展，降低企业通关成本。与地方政府共建RCEP社区服务站，牵头黄河流域海关原产地技术服务队，指导企业用好RCEP等自由贸易协定，关区全年办理RCEP原产地证书和声明11.22万份。

（迟群）

【打击走私】2023年，青岛海关持续开展“国门利剑2023”联合行动，刑事立案253起。其中涉税商品走私案125起；走私枪支案1起，查获气动力枪支2支；走私毒品案38起，查获冰毒、大麻等毒品3千克，三唑仑、曲马多等管制类精神药品30余万粒；涉走私洗钱犯罪案12起；申报不实影响出口退税案278起；走私人类遗传资源材料案件8起；逃避商检犯罪案件12起。推进“护航2023”专项行动，刑事立案海南离岛免税“套代购”走私案件26起；开展打击洋垃圾走私专项行动，刑事立案6起，行政立案66起；持续打击濒危野生动植物走私，刑事立案走私珍贵动物制品案11起；重点打击船舶走私，刑事立案1起；严厉打击涉海走私，联合海警部门打掉一个海上走私团伙；打击旅检渠道“水客”走私，刑事立案10起。

（张明）

【统计与研究】2023年，青岛海关围绕重点业务、重要关切、重大改革统筹规划，开展38项关级重点调研项目，3项获评全国海关主题教育“四个一百”优秀调研成果。获评2022年山东省政府优秀调研成果4项。完善统计数据质量全链条管理，围绕“重点地区、重点贸易方式、重点企业、重点商品、重要时间节点”开展常态化数据监控，防范和打击虚假贸易。对国内外热点事件、经贸政策变化、重点外贸数据异动等情况开展常态化监测分析，跟踪省市外贸数据变化，报送各类贸易统计监测分析稿件近400篇。构建“产业链供应链评价指标体系”，对重点能源资源类商品产业链供应链安全稳定和产能外迁情况开展监测分析，承担全国农产品宏观分析、中美贸易协定执行情况等专项监测任务。牵头全球贸易监测分析中心（青岛）开展有关国家外贸监测任务，推进黄河流域海关跨关区外贸运行监测分析机制和联合调查研究机制，联合撰写、分享各类外贸分析稿件96篇。

（杨华　苗敏）

【“滞、瞒、逃、骗、害”综合治理】2023年，青岛海关排查“滞、瞒、逃、骗、害”在业务领域的集中具体表现和特征，采取措施加以防控和解决。以“提效率”疏“滞”，进、出口整体通关时间同比压缩16.01%和36.71%，在港固体废物存量下降至历史最低水平；以“严查缉”防“瞒”，开展“打击进出口危险品伪瞒报”专项行动，查发处置问题线索145起，查办侵犯知识产权案件连续17年入选中国海关知识产权保护典型案例；以“重打击”遏“逃”，推进“国门利剑2023”联合专项行动，刑事、行政立案253起、2797起；以“促规范”治“骗”，推进“金钥2023”“商神2023”专项稽查行动，以“稽侦联动”机制推进稽查、缉私联合经营，同步上案，专项行动刑事立案50起，构建打击出口骗退税虚开骗税数据甄别模型获全国公安基层技术革新决赛三等奖；以“筑围网”截“害”，截获有害生物9.34万种次，检出禁止入境不合格进口食品194批，不合格进出口商品2884批。

（于晓旭）

【支持上合示范区七大领域重点提升行动】2023年，青岛海关制订支持上合示范区建设七大领域重点提升行动方案，围绕12个方面加大对上合示范区建设的支持力度。推进各海关监管场所间的闸口联网，实现“海陆空铁”等物流方式间的物流作业数据互联互通。支持培育特色班列品牌，打造“全国首家冷链专列”“跨境电商专列”“上合组织国家过境专列”等特色班列品牌，上合多式联运中心常态化开行21条国际班列线路，通达上合组织和23个共建“一带一路”国家（地区）、54个城市。推进青岛空港综合保税区2023年8月开关运行，支持重点企业申建保税仓库，构建以综合保税区为核心的“1+N”保税平台体系。至年底，支持在上合示范区核心区及周边设立15家保税仓库，仓储面积21.7万平方米。推动上合原产地证书审签中心功能升级，开发智慧征管平台实现降税清单比对，指导企业准确选择协定税率。支持建设上合地方经贸合作综合服务平台，打造“智享联通”上合样板。年内，创建香辛料等技术性贸易措施研究评议

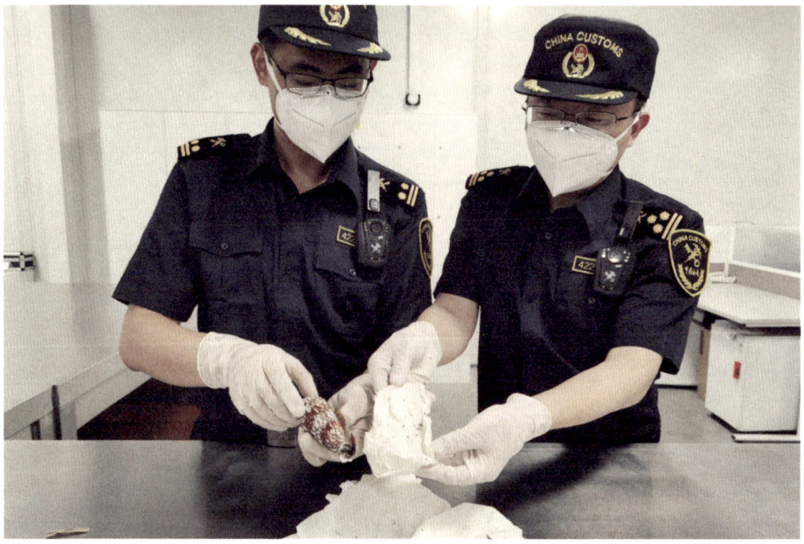

▲2023年8月22日，青岛胶东机场海关关员在进境的贝壳工艺品摆件快件中截获活体蛆症异蚤蝇　（商俊青/摄）

基地。

（范莹莹）

【智慧电讯检疫】2023年，青岛海关研发“便携式远程测温流调仪”“头戴式智能监控仪”“移动作业终端”等智能化监管设备，实现交通运输工具卫生检疫的远程执法，缓解一线人力紧张状况。构建智慧电讯检疫模式，兼具登临检疫现场感和传统电讯检疫便捷性，智慧电讯检疫未发现问题的船舶靠港即可作业，压缩港口和船企的非生产性损耗时间。根据国际传染病疫情形势和风险评估结果，选择适配的检疫方式，形成完整有效的监管闭环，实现口岸公共卫生核心能力提升。该项目作为海关总署智慧海关署级建设项目，在8个直属海关开展试点工作，入围海关总署智慧海关建设“2023年度十佳”项目提名。

（陈晨）

【危险化学品智慧监管】2023年，青岛海关承担海关总署进出口危险化学品智慧监管业务场景项目建设，针对危险化学品“滞”和“瞒”的风险，实施信息化系统改造和智能化装备应用。建设危险化学品法规标准库，完成化学品理化信息库和危险特性数据库建设，为业务场景中智慧单证审核、现场辅助查询等功能提供后台数据支持。开展现场查检辅助功能试运行，研发“进出口危险品检验智能查询系统”，实现危险化学品标签标识、危险特性、包装规范等检验要点及防护要求一键即查，其中“检验明白纸”模块可精准查询危险品具体检验要求，为执法工作提供“精准导航”，系统搭载于防爆单兵作业设备，在烟台、大港等业务现场试点运行。试点期间，辅助查发不合格情事124起，不合格检出率同比提升23.8%，检验时间压缩20%以上。该项目入围海关总署智慧海关建设“2023年度十佳”项目提名。

（孙寿利）

【支持山东省世界级港口群建设】2023年，青岛海关推进关港协作，建立“关港联席会议”制度，建设关港战略合作机制。支持集装箱“公转水”运输，开展出口货物“海上入闸集港”试点，支线港出口货物通过支线船舶直接运抵青岛港“海上入闸集港”；推进“山港一港通”建设，创新“离港确认+水水中转”智能监管模式，码头作业时效提升30%；试点出口拼箱货物“先查验后装运”模式，改革罐式集装箱进出口监管模式。在日照港复制前湾港智能监管模式，组织两批27名专家骨干支援日照海关现场监管；推动口岸监管查验设施建设，完成日照岚山及石臼港区集装箱卡口、查验平台、视频监控、无线网络设备等集装箱监管基础软硬件设施升级改造，推进关港数据交互和信息互联，助力日照港外贸集装箱业务发展。

（李强）

【保障重点商品供应链稳定】2023年，青岛海关推动黄河流域海关共建沿黄陆海大通道，开展关际一体化合作，建立“关地港铁企”五方会商机制，助推山东港口群打造黄河流域最佳出海通道。放大青岛港辐射能级，10月23日全面完成青岛前湾港区“4258”“4218”口岸代码整合，实现前湾港区集装箱一体化统筹发展；助力打造东西互济物流大通道，推广“陆海联动”“海铁直运”“铁路快通”等模式，欧亚班列全面实施过境业务网上通

▲2023年5月5日，青岛大港海关关员现场验放出口共建“一带一路”国家（地区）的工程车辆　（高瑞刚/摄）

办，支持开通全程 TIR 公约国际公路运输业务；探索“水水中转+一单制”模式，外贸航线转内支线“一单到底、一票结算、一次委托、一口报价”；推动青岛港作为离境港实施启运港退税政策扩大应用。推出“中欧班列+多式联运+中韩海上高速公路”政策组合包，“车船直连”全程零跑腿作业，开发建设“中韩陆海联运甩挂运输监管辅助管理系统”，助力青岛港中韩“门到门”全程甩挂运输箱量居全国首位。

（谭加强）

▲2023 年 5 月 9 日，威海海关关员在出口渔具企业调研　（任甲跃/摄）

济南海关

【概况】济南海关前身为1985年青岛海关设立的正处级隶属海关，2012年12月升格为正厅局级直属海关。关区范围为山东省济南、淄博、潍坊、泰安、东营、德州、滨州、聊城8市。至2023年底，有内设机构18个，党委派驻纪检组5个，事业单位3个，另有中国电子口岸数据中心济南分中心，由海关总署委托济南海关管理。下设12个正处级隶属海关单位，分别是济南机场海关、济南邮局海关、泉城海关、淄博海关、潍坊海关、泰安海关、东营海关、德州海关、滨州海关、聊城海关、莱芜海关和济南海关风险防控分局。

2023年，济南海关开发“1+5”进境活动物智慧检疫监管模式，研发“出口危险品智慧检验系统”，完成首批“机坪直提”模式试点，推广“铁海E通”信息化系统，完成山东省首批跨关区多式联运“一单制”模式通关验放，在全国首先实施跨境电商海外仓备案无纸化改革，“行李物品过机图像共享及远程应用”入选全国海关首批“微创新”案例，承接设立黄河流域技术性贸易措施研究评议基地联盟署级平台。

年内，济南海关监管进出口货物总值5926.6亿元，同比下降0.1%；税收入库592.35亿元，增长8.72%；监管运输工具0.44万艘（架）次，增长28.9%；检出传染病4类、109例；检出检疫性有害生物3种次；检出不合格商品（含食品化妆品）1562批次；立案侦办走私等犯罪案件39起，案值2.51亿元。

年内，济南海关建设全国海关首个新时代“枫桥经验”实训基地，3个案例入选全国海关践行新时代“枫桥经验”典型案例。济南海关进口棉花检验监管实训基地获评首批“全国海关商品检验业务实训示范点”。所属潍坊海关综合业务一科、1人分别获评全国海关系统准军事化纪律部队建设先进集体和先进个人，莱芜海关业务大厅获评第21届全国青年文明号。年内，获评省部级及以上荣誉16个。

（王琰　左新洋）

【海关监管】2023年，济南海关推进业务执法规范化，编制岗位执法标准化手册，规范84个执法岗位操作标准。开展自由贸易试验区制度创新，跨关区协同创新举措“《区域全面经济伙伴关系协定》（RCEP）享惠智选新模式”获海关总署备案。持续提升风险防控效能，经风险分析移交立案156起。全面推广真空包装等高新技术货物布控查验模式。在全国海关首先实施跨境电商海外仓备案无纸化改革，新增备案海外仓16家。牵头开展中国输欧盟蜂蜜苦参碱、氧化苦参

▲2023年7月9日，聊城海关关员在聊城鲁西国际陆港对山东省首班陆海直运整列出口转关货物实施监管　（徐明锐/摄）

碱出口受阻事宜调研，促成欧盟降低中国产蜂蜜输入风险等级。在济南空港口岸完成首批“机坪直提”模式试点。开展进口货物“船边直提”和出口货物“抵港直装”试点，综合应用“先期机检+智能审图”科技手段和“厂港联动”监管作业，将海关查验嵌入港口作业全流程，保障货物快速提离、即到即装。助力潍坊港进境粮食指定监管场地通过验收，支持潍坊综合保税区跨境电商海关监管作业场所通过验收并投入使用。实现内陆港“铁海E通”模式全覆盖，全年监管“铁海E通”转关货物标箱和货值同比分别增长3.2倍、1倍；推广铁路快速通关模式，关区监管中欧班列1006列，增长29.8%；在聊城鲁西国际陆港完成山东省首批跨关区多式联运“一单制”模式货物验放。口岸现场查发镍钴粉、旧处理器芯片等固体废物2批、23吨，废旧轮胎退运案例被中央电视台《朝闻天下》报道；查获疑似象牙等濒危动物及其制品1175件，枪支配件62件，毒品（大麻）215克。开展口岸监管环节反恐怖专项技能培训、核生化有害因子突发事件应急演练，提升反恐能力。

年内，济南海关构建出口食品农产品从备案基地到出口成品“智慧监管快速核放”体系，开发“食事通”业务查询操作系统，辅助提升执法效能。开展“国门守护”行动，检出不合格进口食品15批。对关区出口腌渍菜企业开展排查，发现并整改问题8项。开展“打击进出口危险品伪瞒报”专项行动，查发伪瞒报情事14起。检出不合格进口原油、液化丙烷等54批，不合格进口棉花820批，不合格进口旧机电31批，不合格进口医疗器械18批。创新进口危险品无样品鉴定模式，鉴定时限压缩至3个工作日以内。首批试点开展出口危险品“批次检验”模式改革，试点企业数占全国海关的55%。实施“三联四同五位一体”出口危险品检验模式改革，验放危险品691批，改革举措入选山东省“高效办成一件事”暨优化营商环境创新实践优秀案例。牵头开展加工贸易单耗管理改革试点。承接海关总署橡胶轮胎行业单耗管理改革试点，实行行业定额参数管理。支持保税储能基地建设，年内新设保税油库4家。“AEO智慧培育系统”入选海关总署智慧海关场景建设先行先试项目，获评优秀署级科研项目。创新企业备案“窗口业务智能化服务”模式，实现“智能引导、全程网办、实时反馈”。服务山东农食产品出口，对外推荐获批的禽肉生产企业占全国海关的四分之一。获全国海关稽查岗位练兵“技能比武”团体决赛二等奖，3人入选全国“百强”。

（孙昊　李丹）

【海关检疫】2023年，济南海关各口岸检疫入出境交通工具4455架（艘）次，检出疟疾1例、甲流6例、乙肝15例，输入性疟疾病例为济南关区首次检出。关区首次在入境船舶中截获酪蝇，首次在截获蜚蠊中检出光滑念珠菌等条件致病菌。推动出入境D级特殊物品卫生检疫审批权限下放，加大特殊物品查验和后续监管工作力度，检出不合格特殊物品4批次。

▲2023年8月14日，东营海关关员对进境种牛进行登轮检疫　（于雪燕/摄）

年内，济南海关检疫监管进出境动植物及其产品 419.1 亿元，同比增长 15.5%；其中出境 229.8 亿元，增长 23.9%；进境 189.3 亿元，增长 6.7%。开展“跨境电商寄递‘异宠’综合治理”“国门绿盾 2023”等专项行动，检出有害生物 167 种次，检出检疫性有害生物 3 种次，其中窄体绒虾鳉等 12 种为全国口岸首次截获。加强进境种源监管，检疫监管种牛 1.88 万头、种鸡 1.29 万只、种虾 1.36 万尾，检出二类疫病阳性种牛 31 头。保障圭亚那美洲豹进口；受海关总署指定，完成俄罗斯对中国输俄宠物食品企业的现场检查工作。

（刘梦佳　辛国辉）

【税收征管】2023 年，济南海关税收入库 592.35 亿元。推广多元化担保改革，保持关税保证保险“零出险，零赔付”。自主开发关税业务监控分析平台，实现税收风险防控“数字化”“智能化”。组织“春风惠企”专项行动，为 207 家享惠主体提供宣讲服务，联合山东省商务厅、科技厅等，核定外资研发中心等 8 家单位享惠资质，支持科研机构进口先进设备仪器。落地集成电路企业“ERP 联网申报+快速审核”作业模式，实现低风险商品系统自动审核。提报税政调研建议 99 项，6 项建议获国务院关税税则委员会采用实施，1 项监管条件调整建议被商务部采用实施。

（栗贺）

【打击走私】2023 年，济南海关开展打击走私“国门利剑 2023”联合行动。济南海关缉私局侦办走私等犯罪案件 39 起，案值 2.51 亿元；查办行政违法违规案件 200 起，案值 4.44 亿元。参加全国打击船舶走私专项行动，立案侦办走私犯罪案件 5 起，案值 6519 万元，入选 2023 年海关总署十大典型案例。立案侦办海南离岛免税“套代购”走私违法犯罪案件 8 起、“水客”走私犯罪案件 12 起，合计案值 1.2 亿元。立案侦办走私武器弹药、毒品等犯罪案件 9 起，查获枪支 3 支，非法出版物等 1600 件，大麻及麻醉、精神类药品一批，与禁毒部门联合打掉一个境内销售“γ-羟基丁酸”网络。立案侦办低报价格、倒卖保税货物等涉税走私犯罪案件 5 起，案值 6996 万元。立案调查走私旧芯片、镍钴粉违法违规案件 2 起，退运废轮胎等洋垃圾 1130 吨。围绕缉私管辖新罪名开展研判，立案侦办逃避商检犯罪案件 1 起、合计洗钱犯罪案件 1 起。

（王国庆）

【统计与研究】2023 年，济南海关开展政策研究和统计工作，服务领导决策、经济发展、海关管理。研发“调查研究智慧系统”，3 篇成果入选全国海关“百篇优秀调研报告”。向海关总署报送调研报告 11 篇，被海关政策研究刊物刊发 3 篇。2 篇成果获山东省政府系统优秀调研成果三等奖，1 篇获山东省机关党建优秀研究成果奖。牵头开展 2022 年中国城市外贸竞争力课题研究，参与海关贸易景气指数、中非和共建“一带一路”国家（地区）贸易指数编制和发布工作。维护海关统计数据真实准确，实施内外部联防联控，开展风险数据通报和信息共享，向商务等部门通报统计数据异常企业 930 家。

（张威）

【“滞、瞒、逃、骗、害”综合治理】2023 年，济南海关紧盯“滞、瞒、逃、骗、害”五大风险开展综合治理。推进岗位执法标准化；建设出口危险品智慧检验系统；推进口岸危险品综合治理，建立危险品检验监管风险监测研判中心，检出进口不合格危险品 31 批。开展“打击进出口危险品伪瞒报”专项行动，建立安全生产失信企业黑名单、伪瞒报高风险企业清单、涉危高风险影子商品库、危险品伪瞒报分析查发台账，查发伪瞒报情事 14 起，首次查发危险品逃检刑事案件；开展税收风险防控，自主开发“公式定价进口货物价格预警管理系统”，实现对价格关键要素的数据筛查和提前预警。打击两用物项管理化学品逃证违法行为，建立“稽侦联动”模式，查发涉案货物 344.2 吨；打击非贸渠道走私行为，查发海南离岛免税“套代购”走私违法犯罪案件 8 起。开展综合保税区内企业赋码规范性清查，逐一核实企业备案信息真实性、合规性，排查企业 1587 家，整改问题 82 个；打击虚假贸易骗取出口退税行为，借助“风险+情报+监管+稽查”联合研判机制，开展稽查作业 11 起；及时处置高风险企业统计数据，年内对外通报统计

▲2023 年 12 月 20 日，淄博海关关员对出口危险品实施检验监管　（姜宪娟/摄）

数据异常企业 930 家。开展关区口岸病媒生物本底调查和联合监测，首次在入境船舶中截获酪蝇；开展严防外来物种入侵专项行动，窄体绒虾鳍等 12 种外来物种为全国口岸首次截获；开展口岸重大动物疫情防控，检出疫病阳性动物 31 头次；以“多病同检”支撑“多病同防”，检出各类传染病 109 例，首次在入境人员中检出恶性疟疾；防范日本核辐射污染地区食品输入风险，退运 2 批原产日本食品。

（王德江　赵明晓）

【黄河流域技术性贸易措施研究评议基地联盟成立】2023 年 5 月 30 日，黄河流域技术性贸易措施研究评议基地联盟在济南成立。该联盟由海关总署标法中心、太原海关、青岛海关、济南海关、西宁海关和银川海关组成，创新研究评议基地管理模式，联合开展黄河流域特色产品技术性贸易措施研究与应对工作，共同促进黄河流域高水平开放、高质量发展。针对重点产业、主要贸易国家技术性贸易措施体系联合开展趋势性研究，形成 7 篇趋势分析报告。前瞻性化解技术性贸易措施影响，针对波及范围广、货值高、区域特色产品受阻等的技术性贸易壁垒，组织集中攻关，研提特别贸易关注 24 个，取得中国产维生素 D_3 时隔三年恢复输欧、欧盟下调中国蜂蜜风险等级等议题突破。

（庄勇振）

【口岸核心能力建设】2023 年，济南海关推动口岸核心能力建设提档升级。强化组织领导和统筹协调，制订口岸公共卫生核心能力动态管理工作方案，建立“专业能力集成”机制，组建关区口岸核心能力提升专业队伍，4 人次参加海关总署口岸公共卫生核心能力建设技术规范集中工作及现场考核。开展政策研究及跨关区交流，推进关区各口岸基础设施建设、传染病防控、口岸卫生监督等各项工作。指导滨州海运口岸按照“政府主导、企业主责、海关主管、多部门联动”创建模式，以山东省参评口岸第二名、水运口岸第一名的成绩通过海关总署达标考核。

（辛国辉）

【推进多式联运“一单制”发展】2023 年，济南海关依托海关监管作业场所和自主开发的“铁海 E 通”系统，与青岛海关强化配合，推进多式联运“一单制”发展。9 月 19 日，自巴西进口的 520 吨木浆，以多式联运“一单制”方式在青岛港进境，换装海铁联运班列，在聊城鲁西国际陆港完成验放，是山东省首批跨关区多式联运“一单制”进口转关业务。12 月 27 日，山东省首票采用集装箱封志“口岸抽批+属地验核”模式的多式联运“一单制”货物在聊城鲁西国际陆港海关监管作业场所完成实货测试，货物到企业仓库时间比普通进口货物提前 2~3 天。

（隋培华）

【中欧班列“敞车监管”新模式】2023 年，济南海关通过无人机辅助监管“微创新”模式，解决中欧班列敞车运输监管盲区多、人力成本高、数据安全有风险等问题。在“铁海 E 通”系统框架内，开发辅助管理系统，实现无人机航拍照片与辅助系统对接，确保数据安全。现场作业实现快速拍照、自动传输、信息

▲2023年6月26日，滨州海关关员在博兴内陆港用无人机辅助监管敞车出口货物 （杜菲菲/摄）

共享、监管同步、统计查询、监控预警等功能，实现敞车运输出口转关一次作业时间压缩75%。

（隋培华）

【助力特色农业发展】2023年，济南海关帮扶特色农产品出口，助力特色农业发展。推荐1家黄河口大闸蟹养殖企业加入内地供港澳食用水生动物注册登记企业名单；对外推荐143家出口宠物食品企业、木制品企业、新鲜水果包装厂和果园。在蔬菜种植基地管理中引入良好农业规范（Good Agricultural Practice，GAP）等标准化管理体系，助力寿光蔬菜出口11.53万批、90.9亿元，同比分别增长44.6%和46.9%。帮助企业建立标准化生产示范区，监管池上桔梗出口1.6亿元，占韩国进口桔梗70%以上；七河香菇菌棒出口3.2亿元，销售至美国、日本等40余个国家和地区。帮扶宠物食品、阳信鲜梨等62种特色农产品首次出口74个国家和地区。支持潍坊国家农业开放发展综合试验区打造特色高水平对外开放平台，推动16种特色农食产品首次出口14个国家和地区，国家农业开放发展综合试验区农食产品出口147.9亿元，增长9.6%。开展对外磋商护航特色禽肉出口，经海关总署授权，与马来西亚农业部举行禽肉技术交流会，推动关区出口禽肉保持全国唯一马来西亚准入资质。

（卢钰茜 刘梦佳）

郑州海关

【概况】郑州海关于1985年1月经国务院批准成立，1986年4月30日开关。关区范围为河南省全境。至2023年底，内设机构19个，党委派驻纪检组8个，事业单位5个，另有海关总署委托管理的中国电子口岸数据中心郑州分中心设在郑州海关。设有隶属海关单位24个，分别是郑州机场海关、郑州车站海关、郑州邮局海关、金水海关、郑州新区海关、新郑海关、洛阳海关、南阳海关、安阳海关、商丘海关、周口海关、焦作海关、三门峡海关、新乡海关、信阳海关、鹤壁海关、许昌海关、平顶山海关、漯河海关、濮阳海关、开封海关、驻马店海关、济源海关和郑州海关风险防控分局。

2023年，郑州海关推进智慧海关建设和“智关强国”行动，参与制订“1个主办+19个协办”场景应用建设任务方案，海关总署8个场景应用在郑州关区落地推广。完成欧盟、美国对中国官方监管体系实地检查，首创“年度计划+作业表单”日常监管模式。探索推动全国第二家进口铁路运输铜精矿监管通关模式改革试点在三门峡落地运行。与匈牙利机场海关开展“点对点”关际合作项目。推进全国首次“中国车”TIR公约郑州至莫斯科双向贯通。年内，郑州海关监管进出口货物总值6521.6亿元，同比下降10.6%；税收入库323.3亿元，下降5.4%；监管运输工具8.7万辆（艘、架）次，增长26.2%；检出各类传染病180例；检出检疫性有害生物9种次；检出不合格商品515批次；立案侦办走私犯罪案件25起，案值4.8亿元。

年内，郑州海关入选全国海关主题教育“四个一百”项目6个，入选全国海关党建示范和培育品牌6个。郑州海关所属郑州邮局海关获评全国海关系统先进集体，1人获评全国海关系统先进工作者。

（彭凌冬　陈曦）

【海关监管】2023年，郑州海关完善风险防控机制。发挥“一会两机制”作用，定期开展研判会商，解决风险排查发现问题9个。分类分级梳理风险清单，排查28项风险隐患，制定应对举措88条。制定防范重大、系统性风险“吹哨人”预警制度，开展风险防控专项行动，发挥“大数据+情报”支撑作用，聚焦物流、资金流等风险特征，利用大数据风险甄别模型，开展高风险人员分析。

年内，郑州海关加强口岸监管，对枪支配件、麻精类药品、跨境赌博和电信网络诈骗等保持高压打击态势，查获整枪1把、枪支配件22件，毒品、管制药物8批，电话卡1704张，加密数字货币硬件钱包52个。查获蝴蝶标本3951只、植物种子8171克等，防范安全准入风险。规范监

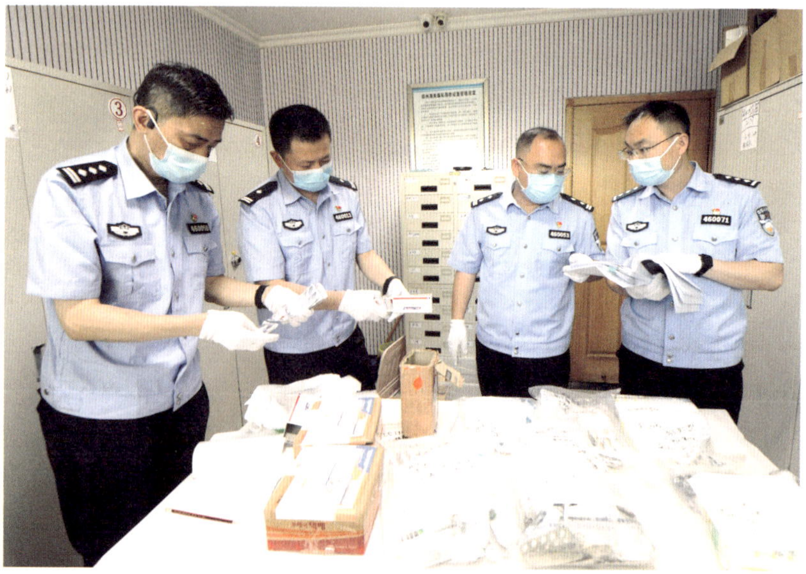

▲2023年9月20日，郑州海关缉私局民警清点查获的走私麻精药品（郑州海关/供图）

管作业场所（场地）管理，注销郑州机场快邮货站快递类监管作业场所，设立郑州机场国际快件监管中心、许昌发制品国际交易市场等海关监管作业场所，指导洛阳航空口岸旅客通关类集中作业场地改建，对关区海关指定监管场地开展符合性专项检查。推动开封综合保税区通过验收且封关运行，郑州经开综合保税区核减面积通过简化验收获海关总署批复同意，实地指导鹤壁综合保税区申建。落实综合保税区高质量发展综合改革实施方案 23 条举措，争取生产性配套服务设施设立和危险品联合监管试点。

年内，郑州海关培育“经认证的经营者”（AEO）信用企业 28 家，其中 14 家企业通过认证，关区 AEO 企业总计 100 家。推广“多证合一”改革和注销便利化措施，新增备案报关单位 1.03 万家、注销 2102 家，完成 4 家出口食品生产企业的境外注册推荐评审工作。开展企业“问题清零”，解决企业问题 313 个。开展主动披露政策宣传 43 次，惠及企业 300 余家，41 家企业通过主动披露被免于、从轻或减轻行政处罚。

（彭凌冬　陈曦）

【海关检疫】2023 年，郑州海关开展“国门绿盾 2023”和严防外来物种入侵三年专项行动，深化“异宠”综合治理，全年查获禁止进境动植物及动植物产品 181 种、235 种次，在入境货物中截获斑腿泛树蛙，为全国首次。加强对进境活动物检疫查验，对非洲猪瘟等 43 项疫病开展检测近 5 万项次，检出传染病 6 种、38 头。加强对进境粮食、水果等检疫查验，检出检疫性有害生物 9 种、28 种次。支持农产品扩大进口，加快办理农产品检疫审批，办理 422 单检疫审批平均用时为 2.3 天。促进特色农产品出口，加快办理出口农产品企业注册登记，新增 65 家注册企业。与地方公安、市场监管部门建立定期联络机制，检查进口食品经营单位 5.44 万家，发现问题单位 304 家，通知进口商开展不合格食品处置 10 次。开展打击“进出口危险品伪瞒报”专项行动，组织专题培训和政策宣讲，辖区 246 家企业 515 名代表参加并签署进出口危险品安全生产及如实申报承诺书。全年口岸查验进口旧机电 13 批、142 万元，进口危险品 628 批，属地查验 73 批、货值 7738.07 万元。

（彭凌冬　陈曦）

【税收征管】2023 年，郑州海关开展智慧关税建设，参加海关总署智慧海关业务场景建设，借助信息化手段，发挥 RCEP 等自由贸易协定优惠政策利用成效，依托“单一窗口”开发“智享惠”服务平台，并在全国海关首推嵌入式优惠关税指引服务。全年“智享惠”访问量 2.8 万余次，惠及企业近 400 家。落实“十四五”进口税收优惠政策，与河南省科技厅、商务厅共同完成 33 家享惠资质认定，支持先进技术、重要装备、关键零部件等扩大进口。加大经核准出口商培育力度，开展实施效果评估，提升协定利用率。指导签发 RCEP 证书 5975 份，货值 23 亿元，新增经核准出口商 15 家。

（彭凌冬　陈曦）

【打击走私】2023 年，郑州海关统筹推动“国门利剑 2023”、打击海南离岛免税“套代购”走

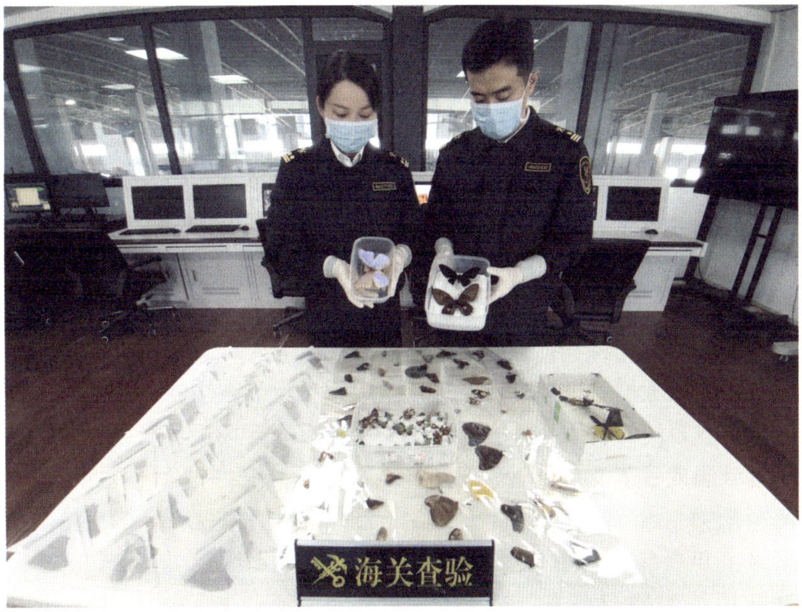

▲2023 年 3 月 27 日，郑州邮局海关关员在进境邮递渠道查获蝴蝶标本（郑州海关/供图）

私、“护航 2023”等专项行动，立案侦办走私犯罪案件 25 起，案值 4.8 亿元；办理行政案件 142 起，案值 3.8 亿元。建立全员打私跟踪问效机制，每月公布绩效情况，促进打私质效整体提升，由海关稽查渠道查获移交侦办的“2023.3.28”特大走私木材案，查证犯罪嫌疑人走私木材约 27 万立方米，案值 4.09 亿元，是近年来全国海关侦办的同商品类型案件中查证数量最多、偷逃税额最大的案件。打击海南离岛免税“套代购”走私，侦办刑事案件 7 起，对 11 名犯罪嫌疑人采取刑事强制措施；办理行政处罚案件 8 起，总案值 35.75 万元。严厉打击武器弹药、毒品、象牙等濒危野生动植物及其制品、洋垃圾等走私。深化“智慧缉私”建设，推进公安网前端信息化建设，完成公安网情报系统与海关总署数据对接；加强与河南省公安厅刑侦总队等数据合作及共享，拓宽数据源。

（彭凌冬　陈曦）

【统计与研究】2023 年，郑州海关提升统计数据质量，助力河南省外贸促稳提质。贯彻落实《海关贸易统计工作规范》及海关总署出台的完善货物贸易统计制度、海关数据管理制度、业务统计制度、统计数据质量责任制等基础制度规范。指导业务现场从“宏观、中观、微观”三个层级，开展年审、季审、月审，开展报关单错误信息、逻辑信息、大金额大数量、敏感商品等基础数据审核，日均审核报关单记录条 800 余条。开展跨境电商统计调查、海关“十四五”规划实施中期评估企业调研等专项调查，全年关区有海关总署抽样样本企业 91 家，填报率、及时率均为 100%。建立“1+1+N”外贸形势分析上报机制，每月对河南省外贸、外贸龙头及重点行业、商品、企业进出口开展监测预警分析，向河南省委省政府报送专刊 18 期。全年向地方行政机关提供数据 91 次、495 份，向社会公众提供数据查询 50 次；开展河南省外贸数据的发布和解读，提供新闻稿件 11 篇。以贯彻落实“1+1+6”重点任务各项措施为抓手，组织关区各单位确定课题选题 131 项。2 篇调研报告入选全国海关主题教育“百篇优秀调研报告”。

（彭凌冬　陈曦）

【“滞、瞒、逃、骗、害”综合治理】2023 年，郑州海关聚焦“滞、瞒、逃、骗、害”，提高风险防范化解的主动性、针对性。实施防范化解重大、系统性风险“三张清单”管理，建立 10 个条线、40 个领域的业务运行监控清单。聚焦进口粮食安全，牵头建立厅际联席会议机制，监管进口粮食 331.8 万吨。创立“4+4+N”进出口危险品伪瞒报风险筛查法，提升对危险品伪瞒报的现场快筛能力和后续监管效能；发挥“稽侦联动”机制作用，查发低报价格走私木材进口案件线索 4 起，涉案货值 4.09 亿元。加强入境旧机电料件、设备的检验监管，开展属性鉴别，杜绝固体废物“借道”变相入境，查获 4 批旧电路板固体废物和 1 批以旧充新进口医疗器械。

（彭凌冬　陈曦）

【“六个帮扶”助力乡村振兴】2023 年，郑州海关发挥属地优势，整合系统内外资源，深化组织、产业、消费、文化、健康、智力等“六个帮扶”，助推海关总署 3 个定点帮扶县（鲁山、卢氏、民权）乡村振兴。多措并举促进外贸产业发展。联合海关总署驻鲁山驻村帮扶工作组支持 3 家食用菌企业办理出口食品生产企业和出口食品原料种植基地备案，帮助 1 家企业注册果园厂和包装厂；帮助鲁山“绿色有机鸡蛋”供港供澳，年内鲁山县对外出口各类农食产品 58 批次，货值 1076.92 万元。开展特色产业服务，年内，帮扶卢氏香菇、木耳、核桃仁等特色农产品出口货值 9.68 亿元。落实南宁海关、郑州海关《服务“一带一路”高质量发展合作备忘录》，为民权县经广西口岸进口农产品设立“绿色通道”，1 月 12 日首票进口泰国鲜龙眼从凭祥口岸抵达民权保税物流中心。激发内生动力，组织“文化下乡”“送法下乡”“海关扶贫健康行”义诊等活动。

（彭凌冬　陈曦）

【通关模式智选菜单】2023 年，郑州海关针对企业对“两步申报”“铁路快通”“优惠税率选择”等海关政策不善于组合应用的难题，在全国海关首创“通关模式智选菜单”应用。推出“通关模式自选菜单”，聚焦进出口企业关注度较高的“申报”“纳税”“提离”时间节点，通过评估通关预期值，推出进口10种、出口8种“通关+物流”组合模式。推行索引式智能导办服务，针对企业难以快速找到匹配政策的问题，依托河南国际贸易“单一窗口”上线通关模式智选菜单，通过建立政策算法引擎与匹配模型，企业仅需填写申报、纳税、提离等关键节点信息，适合的通关模式即按匹配度的顺序出现，供企业自主对比选择，变企业“找政策”为政策“找企业”。指导189家企业选择最优通关模式。该系统被列为海关总署自由贸易试验区海关监管创新举措、河南自由贸易试验区第五批最佳实践案例等。

（彭凌冬　陈曦）

【支持跨境电商发展】2023年，郑州海关参与海关总署跨境电商海关监管综合改革。推进跨境电商零售进口订购人身份信息、支付信息验核试点、海关与跨境电商平台企业协同共治等工作开展。推进跨境电商进出口提质上量，拓展跨境电商退货中心仓功能，保障跨境电商零售进口药品试点高效通关，服务跨境电商“6·18大促”“双11”等促销活动，开展第七届跨境电商大会的协办工作。支持海外仓建设，推广海外仓备案无纸化，联合开展第二批省级跨境电商海外仓示范企业评选。健全完善跨境电商正面监管。推进3家自有支付企业通过河南省电子口岸实现支付信息验核“一点接入、面向全国”，防范逃避监管风险。优化跨境电商跨关区联合研判工作机制，助推跨境电商网购保税进口直播模式发展，规范新零售业务开展。

（彭凌冬　陈曦）

【三门峡进口铁路运输铜精矿监管通关模式】2023年，郑州海关紧密结合地方有色金属冶炼加工等主导产业，开展进口铁路运输铜精矿监管通关模式试点准备工作。三门峡进口铁路运输铜精矿检验监管是自2022年以来全国第二家优化试点。对某黄金冶炼公司进口通过铁路运输原产自蒙古国的铜精矿，在入境口岸二连浩特海关实施放射性检测，在目的地三门峡海关实施固体废物排查及其他项目检验。郑州关区进行实战演练，针对目的地现场查验、取样送检等要点开展风险研判，确保运行顺畅。试点运行后，进口铜精矿到目的地使用时长由15~20天压缩至3~5天。

（彭凌冬　陈曦）

【助力“新三样”出口】2023年，郑州海关强化政策引导，助力“新三样”扩大出口，强化技术性贸易措施预警分析，新拓展柬埔寨等28个境外市场；通过“实地调研+享惠事例宣讲”提升RCEP等自由贸易协定知晓应用率，优化“智能审核+自助打印+邮寄直达”签证服务，企业享受关税优惠94.3万元；为企业提供“资料预审+预约查验+自助出证”等便利化措施，缩短危险品属地查验放行时长超50%。全年监管新能源汽车、锂电池、太阳能电池产品出口货值76.9亿元，同比增长22.9%。

（彭凌冬　陈曦）

【助推“空中丝路”发展】2023年，郑州海关助推“空中丝路”发展。助推郑州—卢

▲2023年12月26日，三门峡海关关员对进口铜精矿开展属地查检（权伟/摄）

森堡“空中丝路”发挥主力军作用，落实“7×24 小时”通关保障机制，专人对接服务卢森堡货航，支持加密定期航班、增开货运包机，完成外籍货机加注可持续航空燃料监管，助力郑州—卢森堡“绿色空中丝绸之路”开通，监管卢森堡货航货运量 10.2 万吨。支持新开通卢森堡、米兰、伦敦等国际客运航线和伯明翰跨境电商包机航线，保障洛阳机场口岸复航，监管进出境客运航班 2110 架次，同比增长 4.5 倍。落实航空货运三年倍增计划，创新“区港一体化”模式，拓展“空空中转”，落实“机坪直提、机坪直装”等便利措施，提升航空口岸货物通关效能，监管国际货运量 38.5 万吨，稳居全国航空口岸前五位。

（彭凌冬　陈曦）

【“陆海联动、海铁直运”监管模式创新】 2023 年，郑州海关联合青岛海关协同创新“陆海联动、海铁直运”出口监管模式，实现启运地“一次申报、一次查验、一次放行”，减少口岸滞留等待时间，提升内陆港物流辐射带动作用。畅通跨关区协作配合机制，梳理“场场联动”货物监管环节，制订专项监管方案。推进海关、港口、铁路全程物流信息共享，赋予内陆港码头前沿功能，货物在内陆港办结通关查验手续，港口提前安排订船订舱，转关自动放行、自动核销，实现内陆港出口货物班列直运、抵港直装、原箱上船。10 月 25 日，郑州莆田国际陆港 1 票多式联运“一单制”出口货物，在郑州车站海关完成通关验放。10 月 26 日，在黄岛口岸装载出境，郑州海关与青岛海关开通“陆海联动”模式。河南中欧班列全年开行超 3000 列，货运量 290.5 万吨、同比增长 2 倍。

（彭凌冬　陈曦）

▲2023 年 2 月 22 日，郑州海关助力河南 TIR 公约跨境公路货运模式正式开启　（郑州海关/供图）

【“中国车”首次实现 TIR 公约双向贯通】 2023 年，郑州海关推动全国首票“中国车”TIR 公约运输业务实现双向贯通，助力亚欧大陆物流新通道建设。项目入选 2023 年全国海关推动外贸稳规模优结构典型案例，“郑州—莫斯科”“郑州—塔什干”路线常态化运行，全年郑州海关监管 TIR 公约国际公路运输车辆 109 辆次，占全国以 TIR 公约模式开展跨境运输中国车辆的七成以上。

（彭凌冬　陈曦）

【“点对点”关际合作项目】 2023 年，郑州海关服务大国外交，推动中匈关际合作项目实现突破。测试通过中匈跨境电商海外货站信息流，支持建设国内首个海外航空货站。在第三届“一带一路”国际合作高峰论坛期间，中匈签署《中华人民共和国海关总署与匈牙利国家税务和海关总署关于加强供应链互联互通合作的谅解备忘录》，指定郑州海关和匈方机场海关开展“点对点”合作。

（彭凌冬　陈曦）

武汉海关

【概况】武汉海关前身为1862年设立的江汉关。武汉解放后，江汉关先后更名为汉口关、武汉关，1956年5月武汉关奉令撤销。1980年4月武汉海关复关（正处级），1984年6月9日经国务院批准升格为厅局级机构。关区范围内湖北省全境，至2023年底，内设机构18个，党委派驻纪检组6个，事业单位4个，另有中国电子口岸数据中心武汉分中心设在武汉海关。设隶属海关单位17个，分别是武汉天河机场海关、武汉新港海关、武汉邮局海关、汉阳海关、武昌海关、汉口海关、襄阳海关、宜昌海关、黄石海关、十堰海关、荆州海关、荆门海关、鄂州海关、随州海关、恩施海关、仙桃海关和武汉海关风险防控分局。

2023年，武汉海关监管进出口货物总值3510.9亿元，同比下降1%；监管进出口货运量1817.5万吨，增长17.8%；税收入库211.6亿元，下降8.7%；监管进出境运输工具6125架（艘）次，增长40.7%；立案侦办走私犯罪案件145起，案值5.8亿元。助推鄂州花湖机场补充列入2023年度口岸开放审理计划，指导3类海关指定监管场地获批。推动宜昌三峡保税物流中心（B型）迁建获批。指导武汉新港空港综合保税区、黄石棋盘洲综合保税区、三峡机场扩大开放通过验收。保障全国首票“内河运费扣减”业务落地实施。新增AEO企业22家。

年内，武汉海关“五心同创”工作法获评2023年度全国海关“优秀党支部工作法”。8个基层党组织获评全国海关党建示范（培育）品牌，9个党支部获评湖北省省直机关“红旗党支部”。获评省部级及以上荣誉26个，1人获评“全国行政执法先进个人”，获评首批“二星级全国青年文明号”1个、“一星级全国青年文明号”1个，1个场景获评海关总署智慧海关建设“2023年度十佳”项目。

（周炳　陈昆鹏）

【海关监管】2023年，武汉海关向海关总署申请备案“‘湘鄂赣跨省一KEY通’新模式”“‘智慧申报+’新模式”2项自由贸易创新举措，申请对“保证金单证电子化”“出境竹木草制品检疫监管新模式”“进口货物目的地检查新模式”3项自由贸易创新举措开展评审，作为改革试点经验在湖北复制推广。创新实施“一张进口药品通关单多次出区”，实现保税药品分批清关，由一次性缴纳全部税款改为在出区时分批缴纳，持续释放保税仓储政策红利。年内，湖北自由贸易试验区进出口总值1557.8亿元，占全省进出口总值的24.2%。

至年底，武汉海关有监管作

▲2023年11月8日，新港海关关员在阳逻港监管“联动接卸”模式业务开展　（张明/摄）

业场所20个、集中作业场地8个、指定监管场地12个。打击洋垃圾和濒危野生动植物走私，开展违禁出版物、枪支等查缉，查获濒危野生动植物刺猬紫檀288.3吨。开展“重大事故隐患专项排查整治2023行动”和“打击进出口危险品伪瞒报”专项行动，查获进出口危险品伪瞒报情事26起。推进智慧物流监管模式建设，升级空运辅助管理系统，实现空运货物全过程物流链可视化、异常情况自动预警、数据便捷统计查询、危险品在线管理等。

年内，武汉海关制定优化营商环境20条措施，向海关总署及湖北省、武汉市两级政府报送典型经验和案例。联合湖北省商务厅制定关于进一步提升跨境贸易便利化水平促进外贸降本增效的22条措施。与湖北省科技厅等部门实施跨境科研物资“白名单”物品进口无须提交药品通关单即可通关措施，利用信息化手段管理“白名单”物品通关额度，“白名单”物品通关仅需5分钟。推广真空包装等高新技术货物查验模式，新增备案企业5家，年内，关区有价值250.4亿元的高新技术货物享受此项政策红利。上线危险货物包装生产企业代码“网上办”，压缩办理时效70%，项目入选《2023年湖北省优化营商环境先行区改革事项清单》。

年内，武汉海关执行海关总署监督抽检和风险监测计划，检测样品3265个，检出不合格8个，查获不合格进出口食品10批，处置境外通报不合格出口产品35批。完成境外生产企业注册2054家，牵头完成新西兰输华蜂蜜等议定书起草、审核及修改评估工作，完成吉布提输华野生水产品安全管理体系风险评估1项。开展“进口食品企业安全责任年”活动，辐射263家进口食品经营单位。建立“专班+专员”工作机制，开展联合风险研判4次，年内检验化肥3273批，检出不合格24批，保障中欧班列19.3万吨进口氯化钾通关。综合运用“先用后核”、免测清单等措施，实现7家重点高科技企业近700批进口涉危原料在确保安全的前提下“即到即检即用”。探索高资信企业出口锂电池包装“一企一策”“合格保证+检查验证”模式，助力龙头企业20亿元锂电池产品通关出口。

年内，武汉海关运用“稽侦联动、稽核联动、查处联动”三项机制，建立稽查“分析、行动、审核”3个专班，稽查查发问题97起，核查查发问题494起。建立“典型案例、常用法条、常见问题”三张清单，组建两级涉检验检疫行政处罚工作专班，建立疑难问题研讨、即时报告制度，办结涉检验检疫案件54起。新培育AEO企业22家，总数达到150家。推进飞机保税维修“客改货”项目，监管飞机5架。

（李晓勤）

【海关检疫】2023年，武汉海关完成出入境人员监测体检3.17万人次，检出传染病318例。实施预防接种5万人次，签发预防接种证书1.58万份。完成特殊物品检疫审批2173批次，口岸卫生许可185批次，开展口岸卫生监督6614次，捕获病媒生物1344只。关区各口岸病媒生物监测618次、6164只，首次监测

▲2023年7月18日，武汉海关启动“进口食品企业安全责任年”活动，举办“责任·安全·发展”主题论坛　（甘润安/摄）

发现刺扰伊蚊、小拟态库蚊等13种、18只，输入性病媒生物15批次、118只，首次截获角喙栓蚤蝇等5种、52只。实验室开展种属鉴定6382只，病原体检测9批次。完成食品安全抽检检测工作任务，抽样实验室检测191批次样品，现场抽样快速检测225批次样品，实验室检测和快速检测检出不合格产品6批次。开展应急处置演练2次。开展猴痘病毒监测6241人次，口岸检出甲流、副溶血弧菌感染等传染病136例，检出关区首例艾滋病、梅毒合并感染阳性病例。严格入境检疫，有力把牢国门生物安全关口。在全省布置500个实蝇监测诱捕点，开展外来有害杂草监测和红火蚁、林木害虫等有害生物监测，监测非洲猪瘟、高致病性禽流感疫病5740种次，监控风险因子1174种次。统筹开展“严防外来物种入侵”三年专项行动，检出有害生物640种次，其中检疫性有害生物122种次。非贸渠道截获127条活体蜈蚣等禁止进境动植物及其产品422批次，从中查获外来物种64种次。探索实施动植检业务“一个资源库”“一套作业流程和关键控制图”“一套执法作业督查表”管理模式，开发“出境木质包装检疫智慧管理平台”实现木质包装防伪溯源，建设“外来杂草初筛鉴定图像识别”项目解决鉴定能力不足问题，2个项目均纳入海关总署智慧动植检早期收获成果。服务地方外贸优进优出，向湖北省政府提供湖北进口粮食供应、活猪供港情况专报，向海关总署推荐输泰水果注册果园和包装厂名单72家。全年监管进境粮食921批次、427万吨，引进种禽5.7万只、种猪1795头、鱼卵30万粒，保障活畜安全供港澳2.45万头，检疫出口柑橘类水果12万吨。

（凌小力　赵梦洁）

【税收征管】2023年，武汉海关建立综合治税领导小组“1+5”工作机制，组织5次税收预测摸底，每季度分析通报，开展企业合规自报源头管控，属地纳税人台账管理范围扩大至60家，税收覆盖度为70%。全年税收入库211.6亿元，同比下降8.68%。牵头坚果、文化艺术品全国性调研，参与生物制药、氢燃料电池等12个行业调研，研究报送政策修订建议28条，4条税率调整建议被国务院关税税则委员会采纳，1条取消监管证件建议被多部委采纳。参加智慧关税2个业务场景建设和首批“早期收获”项目“数智筛”集中攻坚，作为试点海关承接系统试运行工作。对388家企业开展RCEP实施情况调研，制定“服务专员”一对一重点帮扶，联合商务部门搭建RCEP综合服务平台，实现“一网通办”。

（戴文君）

【打击走私】2023年，武汉海关立刑事案件35起；立行政一般案件110起、立案案值2.06亿元。加强关区内全员打私工作的组织、业务协作和指导，2023年度武汉关区办理“简快”案件148起，同比增长13.85%；案值628.45万元，增长1.11倍；罚没缴库数63.65万元、增长94.35%。

年内，开展湖北省综合治理工作的组织推动和联系配合，制发反走私综合治理工作要点，规范各市州开展打私综治工作，指导11个地市召开打私工作会议，推动各市州落实全国打私办及省委省政府打私工作部署；推动完善警务协作机制，与地方公安开展多轮联合打击，破获毒品、迷奸系列案件20起，查获利用道具货物走私、骗税犯罪团伙，涉及企业3家和地下钱庄2个。

（蔡军）

【统计与研究】2023年，武汉海关组织承办海关总署一季度新闻发布会、全贸分中心主任单位交流研讨会，海关总署有关载体采用统计类要情26篇，上级部门采用15篇次。对地方特色产业、重点贸易对象、主要市场主体的外贸形势及发展路径开展深度挖掘研判，向地方政府报送海关信息68篇、海关专报6篇。提高统计数据质量，编发关区统计监督47期，通过系统开展检控，审核业务统计记录约20万条。发挥统计监督的载体作用，通报17例影响海关统计数据质量的典型案例。开展贸易景气、跨境电商、民营企业等专项统计调查调研工作26次。全年编制湖北省进出口月报11期，与5家地方行政机关签订统计服务共享协议。

（黄星）

【长江经济带发展与共建“一带一路”融合】 2023年，武汉海关与上海、南京等口岸海关协作配合，实施“联动接卸”“离港确认”“多次中转”等模式，推动长江沿线港口综合承载能力协同提升，监管水路运输货运量1704.7万吨，同比增长15.1%。指导鄂州花湖机场国际货运、国际快件业务开展，审批验收鄂州花湖机场2个监管作业场所，助力3类指定监管场地获得海关总署立项批复。为鄂州花湖机场量身定制海关监管模式，推行机坪直提直转、境内续驶等通关便利化举措，保障国际、国内航班4小时内衔接转运。4月，鄂州花湖机场开通国际货运首航航班，年内服务开通10条国际航线、13个国际航点，监管进出境全货机1022架次、货物4.2万吨。实施“中欧班列+江海直航”监管模式，指导开通海铁联运、公铁联运过境新业务，全面实施“车边验放”“运单归并”“铁路快通”等便利通关模式，监管班列、标箱均创历史新高。

（何博）

【“内河运费扣减”业务实施】 2023年，武汉海关针对进出口企业反映的转关运输货物内河段费用无法扣减等难题，开展调查研究，协调长江航务管理局定期发布长江流域重点航段运价水平，参与海关总署估价指引的撰写和研讨，推动“内河运费扣减”惠企政策在全国落地，全国首票享惠货物在武汉新港海关通关。经验做法入选全国海关主题教育“百个特色做法”。

（戴文君）

▲2023年8月20日，鄂州海关关员对鄂州花湖机场国际货运航班进行现场监管　（柯皓/摄）

【输美鲶鱼安全监管体系实地检查】 2023年9月12日—17日，武汉海关完成迎接美国农业部FSIS对中国输美鲶鱼监管体系等效性检查。美方检查组对包括武汉海关技术中心食品实验室、武汉省2家输美鲶鱼生产企业及1家鲶鱼养殖场开展政府监管体系及输美鲶鱼企业的卫生质量控制状况的检查。武汉海关全程跟踪迎检工作进展，召开5次迎检准备会、工作推进会及技术支持会，分析研判重点、难点环节，细化分工，落实责任。对迎检企业组织两轮预检，指出企业87项问题，形成问题整改清单，指导督促企业逐项整改。协调湖北省委省政府相关部门共同开展迎检工作，督促属地企业严格落实主体责任。

（韩菊杰）

【支持湖北国际贸易数字化平台建设】 2023年，武汉海关推进口岸物流信息化建设，不断完善水运、空运、铁路、邮快跨、特殊区域辅助管理，以及市场采购、物流一体化、保税飞机维修、国门生物安全、保金保函一体化管理等通关功能，将报关查验放行信息推送至“单一窗口”，开展数字化平台通关模块功能保障。推进国际贸易数字化平台线上应用，鄂州海关、汉阳海关结合鄂州花湖机场、首衡城企业特点，与当地商务局研讨系统框架建设，收集业务需求，规划功能布局，有关建议提交平台建设运营方。

（吕进）

长沙海关

【概况】长沙海关始建于1904年，1947年裁撤。1984年国务院批准恢复建设长沙海关，1985年9月5日对外开办业务。关区范围为湖南省全境。至2023年底，有内设机构18个，党委派驻纪检组8个，事业单位3个，另有海关总署委托管理的中国电子口岸数据中心长沙分中心设在长沙海关。设有隶属海关单位17个，分别是长沙黄花机场海关、长沙邮局海关、星沙海关、株洲海关、韶山海关、衡阳海关、邵阳海关、岳阳海关、常德海关、张家界海关、益阳海关、郴州海关、永州海关、怀化海关、娄底海关、湘西海关和长沙海关风险防控分局。

2023年，长沙海关推进智慧海关建设和“智关强国”行动，支持湘粤港“跨境一锁”快速通关改革推广应用至湖南省4个海关监管场所，获评全国海关推动外贸稳规模优结构典型案例。推动黑茶在《协调制度》具体列名的建议获得WCO协调制度委员会第72次会议采纳。航空口岸卫生检疫实训教学点获批第一批全国海关业务实训示范点，橘子洲海关公廨挂牌湖南省红色法治文化基地、法治宣传教育基地，长沙邮局海关践行新时代“枫桥经验”工作室入选全国海关“枫桥经验”培育示范点。年内，长沙海关监管进出口货物2537.5万吨，同比增长5%；监管运输工具5.7万辆（艘、架）次，增长23.91%；税收入库134.17亿元，增长4.89%；检出各类传染病种450例；检出检疫性有害生物205种次；检出不合格商品（含食品化妆品）987批次；立案侦办走私犯罪案件42起，案值18.6亿元。

年内，长沙海关创成全国海关党建示范（培育）品牌6个，长沙邮局海关监管科获“全国青年文明号”称号。长沙邮局海关获评第六批全国“扫黄打非”进基层示范点，星沙海关驻浏阳办事处获评全国海关系统先进集体。《长沙海关年鉴（2022）》获评湖南省“一等年鉴”，获国家级奖项保密宣传作品2件。

（罗武）

【海关监管】2023年，长沙海关建成海关风险情报工作站和联合研判工作站，开展“清邮”“风刃”等风险防控专项行动。查获涉动植物检疫风险物品63起、特殊物品303起、毒品5起、“异宠”3起、固体废物7起、濒危动植物及其制品403起。货物口岸查验发现问题报关单509票，查发洋垃圾走私情事1起；快邮、旅检等非贸渠道查获涉濒危物品1253件、枪支类7件、毒品类224件、外来生物259件、跨境赌博及电信诈骗类763件。开展“打击进出口危险品伪瞒报”专项行动，深化危险品口岸综合治理，推广“直提直装”改革，

▲2023年5月22日，邵阳海关关员开展出口打火机检验监管　（陈思慧/摄）

实现口岸危险品“动态清零”。建成风险情报站、联合研判站，严格镓、锗等禁限管理，安全准入查获数同比增长47.6%，出口危险品不合格检出量增长22.5%。落实口岸监管环节反恐怖工作要求，组织开展涉恐、涉生化等反恐怖应急演练32次。支持湖南融入共建“一带一路”，以及西部陆海新通道、长江经济带和粤港澳大湾区建设等国家战略（倡议），监管中欧班列开行1157列，增长9.5%。开展“龙腾行动2023”，启动知识产权保护措施886批次，实际扣留侵权嫌疑货物879批次，数量2.5万件，价值12.28万元，涉及商标权263项、著作权3项。查办的输往“一带一路”共建国家（地区）侵权玩具案获评“2023年中国海关知识产权保护典型案例”。

年内，长沙海关强化食品安全监管，检验监管进出口食品化妆品2.47万批、68.18亿元，分别增长5.19%、下降4.76%。监督抽检计划，抽取样品718个；执行出口动物源性食品风险监测计划，抽取样品234个。完成4365家进口食品境外生产企业注册评审工作任务，协助海关总署进出口食品安全局对22家进口食品境外生产企业开展视频检查。打通“南美—非洲—长沙”冰鲜进口路线，检验监管进口冰鲜三文鱼1317.3吨、1.1亿元；检验监管进口乳品31.89亿元；检验监管出口茶叶9亿元、4.5万吨；检验监管出口禽蛋2.5亿元，增长56.25%。通过美国农业部食品安全检验局对中国输美鲶鱼监管体系实地检查。首次承办“全国食品安全宣传周”海关总署主题日活动，以“崇信尽责，共护国门食品安全”为主题，举行专家现场访谈、发布行业倡议、食品安全现场宣传、食品安全口岸行活动。

年内，长沙海关检验进出口工业品6.44万批、209.27亿元；检验进口危险化学品201批、9.7亿元；检验出口危险化学品4066批、27亿元。出口危险货物包装检验5.8万批，其中出口危险货物包装性能检验2.19万批，增长23.28%；出口危险货物包装使用鉴定4.24万批，增长5.96%。2个进出口危险品及其包装检验不合格案例分析被海关总署相关载体采用。

年内，长沙关区备案进出口企业2.92万家，新增4983家；AEO企业增至104家，新增42家、增长67.7%，实现湖南省14个市州全覆盖。新增保税仓库2家、出口监管仓库1家，至年底有保税仓库12家、出口监管仓库5家。加工贸易进出口值695.4亿元，增长3.8%。保税维修业务增长37.2%，保税研发业务“破零”。办结稽查作业110起；办理涉检验检疫行政处罚案件60起，增长44.74%；办结企业“主动披露”作业28起，为企业减免税款滞纳金1067.2万元。办结核查作业612起，查发问题作业592起。属地查检出口货物13.48万批、进口货物1902批。协助海关总署开展对非AEO互认合作，派员随海关总署代表团赴东非共同体会谈，签署AEO互认行动计划；协调布隆迪海关派员赴湖南医药装备出口企业开展AEO认证观摩。

（卞玲飞）

【海关检疫】2023年，长沙海关提升口岸公共卫生核心能力建设，检疫出入境交通工具6017架（艘）次，同比增长2.95倍。加强“多病同防”，检出各类传染病450例。处置2021年以来全国口岸首例输入性霍乱病例。开展口岸区域本底监测85次，捕获病媒生物573只；截获输入性病媒生物39批次、54只，分别增长2.55倍、35%，其中维丽斯璐蠊、蓝翠蝇、野麻蝇、肥躯金蝇和瘦叶带绿蝇5种系湖南口岸首次截获。开展口岸食品生产经营单位监督401次、饮用水供应单位监督20次、公共场所监督270次、储存场地监督22次、出入境交通工具监督248次、固液体废弃物监督46次，办理口岸卫生许可155件次，查发卫生监督行政案件6起。完成出入境人员健康检查及预防接种2.76万人次，增长14.05%。

年内，长沙海关检疫进出境动植物产品574亿元，增长18.9%，其中进口356.4亿元，增长17.5%，出口217.7亿元，增长21.2%。截获外来入侵物种和有害生物1008种次，增长2.15倍，其中检疫性有害生物16种、205种次，分别增长1.66倍和3.88倍，首次从进境木材中截获云杉短鞘天牛、光胸断眼天牛等检疫性有害生物。检疫出

▲2023年6月27日，郴州海关关员对湖南首批供港鲟鱼实施检疫　（陈昊/摄）

口蔬菜126亿元，出口供港澳活猪13.7万头，出口杂交稻种1.2亿元，出口水果18.5亿元。应对美国金针菇李斯特菌、输马达加斯加稻粒黑粉病等技术性贸易壁垒。完成尼日利亚大豆，坦桑尼亚辣椒、玉米，马拉维干辣椒，印度硫酸软骨素，多哥水生动物6项准入和智利禽流感解禁风险评估。

（孙小洁　梁德）

【税收征管】2023年，长沙海关税收入库134.17亿元，增长4.89%，其中关税11.03亿元，增长3.96%，进口环节税123.14亿元，增长4.98%。签发各类出口货物原产地证书4.95万份，签证金额231.24亿元，为47.36亿元自优惠贸易协定成员方进口货物减让税款3.99亿元。深化税政调研，报送税政建议26条，推动产业结构调整指导目录建议获采用13条，政策调整建议被国务院关税税则委员会采纳8项。邮件自动征税放行通关改革实施。指导企业享受RCEP等自由贸易协定税收优惠14.3亿元，办理税款新型担保51.36亿元。“进口转关货物内河运费不计入完税价格”审价创新模式在全国海关推广实施，适用报关单2994票，扣减内河运费5878万元，为201家企业节约税费支出710.08万元。

（姜蔚）

【打击走私】2023年，长沙海关推进“国门利剑2023”联合行动，推动召开湖南省打击走私综合治理工作会，严厉打击海南离岛免税“套代购”等走私违法行为，缉私刑事立案42起，案值18.6亿元，行政立案284起，案值24亿元。其中，打击海南离岛免税“套代购”走私立案28起；立案非涉税走私犯罪案件11起，案值1364万元；开展夏季治安打击整治集中行动4次，刑事立案14起，行政立案103起，境外追回嫌疑人3人；联合地方公安开展打私专项行动，立案精神麻醉类毒品案2起，立案侦办涉嫌走私二手医疗设备案1起、涉嫌走私HPV九价疫苗案2起；侦办涉嫌伪报贸易性质走私电子产品案，案值17.17亿元；排查C类快件渠道走私出口稀土及其稀有金属类产品风险，刑事、行政立案18起，总案值约1亿元；联合大连、上海等缉私部门侦办B类快件系列走私案，案值6亿元。

（马刚）

【统计与研究】2023年，长沙海关服务宏观决策，牵头署级课题1项，参与署级课题4项，关级课题立项54个、子课题115个，理论研究成果获海关总署采编11篇，1项署级课题成果出版。组织撰写编发统计分析文章275篇，被海关总署采用17篇。开展月度专题分析研究，分析文章被湖南省委省政府采用60余篇。开展2022年贸易统计数据年度审核工作，审核数据记录87万条。开展2020—2022年度业务统计审核，审核数据40余万条。

（刘梁）

【“滞、瞒、逃、骗、害”综合治理】2023年，长沙海关针对“滞、瞒、逃、骗、害”5方面风险，成立5个工作专班，细化风险具体表现形式，制定39项针对性防治措施。疏通“滞”的堵点，深化危险品口岸综合治理，推广“直提直装”“区港联动”改革，口岸危险品作业时间压缩95%，进境水生动物口岸作业时间压缩30%，供港生鲜蔬菜当天组货、当天运抵。化解“瞒”的风险，严格镓、锗等禁限管理，安全准入查获数同比增长47.6%，出口危险品不合格检出量增长22.5%。打击“逃”的行为，开展“国门利剑2023”“国门勇士2023”等联合专项行动，稽侦联动，查获移交走私出口稀土案例入选全国海关2023年打击走私十大典型案例。整治“骗”的行径，清理规范综合保税区内企业523家，维护统计数据真实性，制发统计监督40期，预警风险企业1652家；相关行政处罚40起，移交立案调查10起。防范“害”的入境，在全国邮递渠道首次查获日本核污染水产品。

（罗武）

【促进新业态发展】2023年，长沙海关制定促进跨境电商发展措施14条，推进跨境电商零售一般出口跨关区退货试点，推动实现湖南14个市州全覆盖，湘西“十八洞村”电商出口“破零”，跨境电商零售出口31.9亿元。推动市场采购贸易发展，出口货值67.06亿元，出口范围持续扩大，辐射6大洲、165个国家和地区。保税维修业务同比增长31.7%，保税研发业务“破零”。

（罗武）

【中非海关检验检疫合作】2023年，长沙海关依托长沙—内罗毕直达航线，推进长沙黄花国际机场与肯尼亚内罗毕肯雅塔机场建立卫生检疫合作机制，打造中非首个卫生检疫关际合作项目，推动防控“关口前移”，共同提升口岸公共卫生安全治理能力。与肯尼亚相关部门开展2轮互访交流，促成海关总署卫检司与肯尼亚卫生部公共健康与卫生司于2023年11月在长沙签署会谈纪要，商定协议文本。开展17个非洲国家（地区）食品安全管理体系研究工作，承担准入工作任务，派员参与尼加拉瓜牛肉安全管理体系及生产企业注册评审实地评估，37个非洲国家、345种农食产品获得输华准入。设立“对非食品安全培训工作站”，完成3769家境外生产企业注册评审工作，提升非洲输华食品企业注册效率。

（梁德）

【湘粤港“跨境一锁”快速通关改革推广应用】2023年，长沙海关联合深圳海关、香港海关推广应用“跨境一锁”快速通关改革（简称“跨境一锁”）。在湖南长沙举办湘粤港海关“跨境一锁”快速通关启动仪式，与海关总署口岸监管司、广东分署、香港海关开展工作会商，议定深化湘粤港三地海关执法合作，共同推动湖南“跨境一锁”业务发展。年内，“跨境一锁”推广至湖南省4个海关监管场所，长沙海关监管“跨境一锁”货物213车次，货值8.89亿元，工作成效在国务院自由贸易试验区工作部际联席会议简报刊发，获评全国海关主题教育“百个典型案例”、全国海关推动外贸稳规模优结构典型案例。

（李星洲）

【出口新能源汽车“分箱发运”】2023年，长沙海关经过实地调研、电池运输包装安全性能评估等，提出“出口汽车电池包装联动监管”模式，获海关总署批准同意并试点启用。该模式实现新能源汽车及车用锂电池直接从组货地“分箱发运”出口，每批次可节省运输时间7天，降低堆存、损耗、管理成本，通过

▲2023年10月12日，张家界海关关员对出境砂石画开展现场查验（李沛芸/摄）

联合监管、顺势监管，促进新能源汽车“零堵点”顺畅出口。年内湖南省出口新能源汽车25.9亿元，增长1.2倍。

（曹蔷）

【H986烟花智能审图】2023年，长沙海关承接海关总署烟花爆竹智能审图算法攻关项目，选取5大类产品开展机检图像制作，完成烟花爆竹扫图标注1.01万幅，开发烟花爆竹21种识别算法，建成烟花爆竹全品类机检图像库。新算法在全国海关复制推广。

（李星洲）

【服务保障第三届中非经贸博览会】2023年6月29日至7月2日，长沙海关组建4个工作专班，成立服务博览会青年突击队，针对通关监管中可能遇到的问题，制订23项解决预案，委派业务骨干全程开展驻场监管，设置展商、展品通关“绿色通道”，为来自18个非洲国家的65家参展商提供“一站式”海关服务。其间，核实准入1210项展品需求，受理展品报关70票、货值136.2万元，较上届同比分别增长25%、160.5%。相关工作获中央电视台、新华社、人民日报等中央媒体报道约50条次，全网监测相关信息约8900篇次。

（李星洲）

▲2023年6月29日，星沙海关关员在第三届中国—非洲经贸博览会现场巡馆　（黄勇华/摄）

【首届中国—非洲国家SPS合作论坛】2023年6月29日，第一届中国—非洲国家卫生与植物卫生（SPS）合作论坛在湖南长沙召开。该论坛由海关总署主办，长沙海关承办，聚焦“畅通农食产品输华贸易，推进中非SPS互联互通”主题，设置开幕式、指数发布、网站启动、主旨演讲、闭幕式等环节，19位中外嘉宾作主题发言。其间，中国海关首次发布中国—非洲国家贸易指数，发表《中国—非洲国家卫生与植物卫生（SPS）合作论坛联合声明》，启动中国—非洲国家SPS合作信息网站，签署两项非洲农食产品准入协议。来自13个非洲国家的15位农业及检验检疫主管部门部级官员、驻华大使，联合国工业发展组织、联合国国际贸易中心2个国际组织，海关总署相关部门、部分直属海关，以及学术界和企业代表约180人参加论坛。

（李洋）

广州海关

【概况】广州海关前身为清康熙二十四年（1685）清政府设置的粤海关。1950年1月31日，粤海关改称中华人民共和国广州海关。关区范围包括广州市（黄埔区、增城区除外）以及佛山、肇庆、韶关、清远、云浮、河源等市和深圳市大铲岛。至2023年底，有内设机构21个，党委派驻纪检组19个，以及海关总署委托管理的4个直属事业单位、中国电子口岸数据中心广州分中心和海关总署广州教育培训中心。设有隶属海关单位22个，其中副厅局级隶属海关单位3个，分别是广州白云机场海关、佛山海关、海关总署税收征管局（广州）；正处级隶属海关单位19个，分别是广州车站海关、广州邮局海关、广州会展中心海关、天河海关、越秀海关、海珠海关、荔湾海关、番禺海关、南沙海关、花都海关、从化海关、肇庆海关、韶关海关、清远海关、大铲海关、云浮海关、罗定海关、河源海关和广州海关风险防控分局。

2023年，广州海关监管进出口商品总值17406.4亿元，同比增长3.7%；税收入库607.61亿元，下降8.96%；监管运输工具21.4万艘（架/辆）次，增长51.5%；从进出境人员中检出重点关注传染病病例3451例；检出检疫性有害生物62种、3250种次，分别增长6.91%、63.5%；检出进口不合格食品化妆品357批次；检出进口不合格工业品1613批次；立刑事行政案件1.53万起，案值144.9亿元。

年内，广州海关7个集体和4人获评省部级以上荣誉。新增全国海关党建示范品牌1个、培育品牌2个，获评全国海关年度优秀“书记项目”1个，获评海关系统“党务之星”1人。

（马赛　顾诗颖）

【海关监管】2023年，广州海关落实总体国家安全观，开展禁限管控及重点敏感、“两高一低”商品监管，推进进出口危险品检验模式改革，自主研发“全流程实时动态监控”应用系统。查发进出口危险品伪瞒报1009.5吨，货值1335.6万元，向地方行业主管部门通报安全隐患35次。全年机检查验报关单5.9万票，机检查获各类异常情事3462起。健全监管体系，推动关区监管工作犬训练基地实体化运营，全年监管工作犬示警开箱1942件，截获违禁物1665千克。开展进出口企业管理，维护良好营商环境，全年备案进出口企业10.14万家、食品类特定资质备案企业5924家，同比分别增加16.04%、7.75%。

年内，广州海关创新监管模式，在南沙海关启动优化双人查验模式和出口拼箱货物“先查验后装运”模式试点，提升监管效能。助推全国首票国际航行船舶保税生物燃料油、广州市首票保税LNG加注业务落地南沙。保障关区首票TIR公约业务落地南海陆港，打通粤港澳大湾区首条TIR公约国际公路进境通道。落实综合保税区高质量发展综合改革23条措施，承接海关总署“优化分类监管货物管理”等6项改革，推动“优化账册核销作业”等10项改革举措在关区实施，全国首创区内直转监管制度。在进出境人员查验和行李邮递物品监管方面筑牢正面监管防线，建设“扫黄打非”工作机制，打击政治性有害出版物和涉枪、涉爆、涉毒、涉濒等走私违规行为，推进打击治理跨境赌博和电信网络诈骗工作，遏制“水客”走私反弹。支持中欧班列高质量发展，年内关区分别新增3条进、出口线路，监管中欧班列开行626列、发运标箱5.84万个、货值131.06亿元，分别增长84.66%、94%、69%。支持地方政府市场采购试点集聚区拓展，全年关区市场采购贸易出口货值243.2亿元。

年内，广州海关监管进出境邮件1409.63万件，同比下降21.76%；监管进出境快件2279.55万票，下降8.93%；监管印音制品381.64万件，增长

5.6%。智慧海关项目建设落地见效，完成跨境电商监管辅助系统、旅客通关“指尖申报”等4个主办项目建设与推广应用。开展订购人身份信息、支付信息验核试点，推进关企协同共治。推进智能审图应用工作，通过扫描图像查获违禁类物品增长1.1倍。开展进口食品“国门守护”行动，检出不合格进口食品化妆品357批次。推动“供澳冰鲜水产品‘三联三同’监管新模式”创新举措获海关总署备案。检验监管进出口法检商品39.4万批次、货值3141.9亿元，检出进口不合格商品1613批。开发微创新软件“玩具CCC产品标签智能识别小程序”助力一线关员检验监管。查发危险品伪瞒报情事，涉及1009.5吨。全年检验采信进口服装1012批、5.3万件，汽车1542批、3082辆。

（邓烨　王畅）

【海关检疫】2023年，广州海关“多病同防”检出传染病个案3446例。从出入境人员中检出猴痘、寨卡病毒病、疟疾、登革热等口岸重点关注传染病个案1000多例，其中猴痘为关区口岸首次检出。加强关地合作，在海关系统首次分离猴痘病毒毒株。

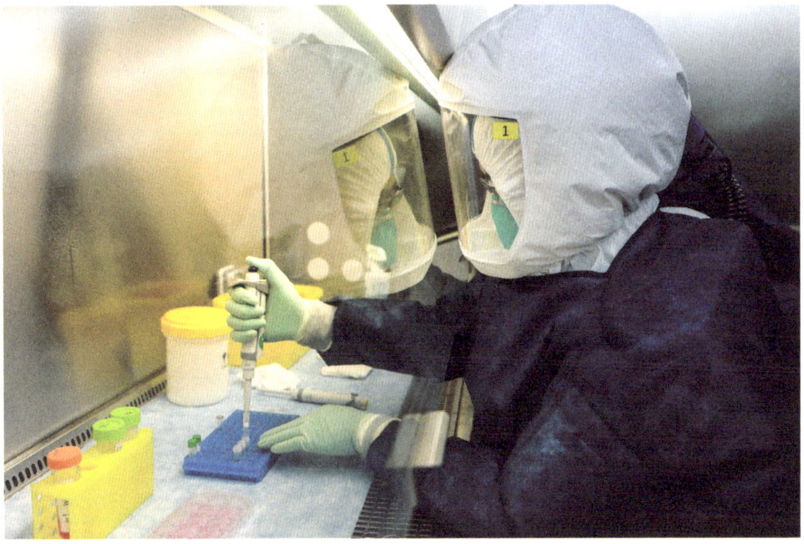

▲2023年8月1日，广州海关技术中心技术人员从猴痘患者疱疹液样本中分离猴痘病毒　（徐剑飞/摄）

年内，广州海关检疫监管进境动植物及其产品19.27万批次；办理进境动植物检疫审批1.3万批；截获进境植物有害生物656种、2.46万种次，从非贸渠道截获外来物种626批次；对193批检出不合格产品实施退回或销毁处理。助力国内荔枝首次出口非洲苏里南、广东柠檬首次出口加拿大。检疫监管来自23个国家的进口水果29种、40万吨。检疫监管进口粮食2596批次，同比增长1.18倍。检疫监管供港澳活猪32余万头。检疫监管进出境马匹5706匹次。参与智慧动植检建设，“进口粮食分拨中心新模式”支持金砖国家粮食进口增加2.2倍。检验监管进出口食品化妆品16.3万批次、货值691亿元，分别增长25.5%、28.1%。

年内，广州海关推动专业实验室高水平发展，联合共建的呼吸疾病全国重点实验室获科技部批复建设，实现海关系统全国重点实验室“零”的突破；与广州国家实验室签订战略合作协议；联合标法中心共建“国家技术性贸易措施研究与应对检测重点实验室”。

（田传熙）

【税收征管】2023年，广州海关税收入库607.61亿元。海关总署税收征管局（广州）分管商品征税占全国海关的逾五成。关区进口优惠贸易协定货物办理税款减让70.1亿元。开展税收专题调研，围绕“卡脖子”关键材料等24个重点行业课题，向海关总署报送59条税政调研建议，其中16项被国务院采纳，占全国海关的逾三成。加强关区重点敏感商品价格及“两高一低”风险商品管理。办理税款计核1179宗，同比增长51.5%；计核偷逃税款23.8亿元，增长1.1倍。实现关邮联网及快件、跨境电商税款电子支付，年内跨境电商电子支付率上升至90%，参与电商企业占比超九成。落实出口货物取消原产地企业备案红利，签发RCEP原产地证书1.9万份、受惠货值52.4亿元，分别增长23.9%、5.9%，培育认定经核准出口商134家。

（邵顺芹　傅睿轩）

▲2023 年 8 月 20 日，天河海关关员对全国首票“十四五”科普事业项目减免税货物进行后续监管　（韩建全/摄）

【打击走私】2023 年，广州海关保持打击走私高压态势，立案案值 144.9 亿元。开展“奋勇”号打私专项行动，查发移交刑事案件占比提升至 66.6%。向海关总署报送典型案例 6 个、专报 20 余篇，部分新型技战法被纳入海关总署“国门利剑 2023”典型案例战法汇编，在海关系统发布推广。开展“护航 2023”“打击涉海走私”等专项行动，侦办海南离岛免税“套代购”案件、“水客”案件数分别增长 60%、87.5%，打击海南离岛免税“套代购”走私相关案件获评全国缉私十大典型案例。在打击海上及粤港澳跨境走私活动中，查办水上走私案件占全国的半数以上；联合公安部门查获多个海上渠道走私龙虾、冻品犯罪团伙，获公安部通令嘉奖。打击涉枪涉毒走私，参与地方“双反”“清湾”等联合行动。与税务、银行等部门联合开展“打虚骗退”行动，破获多个犯罪团伙，案值超 10 亿元。首次破获跨境电商渠道走私伪造支付单团伙。针对“五害”开展排查、排序形成关区“三级风险清单”，全年处置风险 320 项。建立机动查缉工作机制，成立直属海关和隶属海关两级机动查缉队，开展查缉及防控工作。开展行动 181 次。打击海南离岛免税“套代购”查发走私案件案值 1.65 亿元；查处洋垃圾、濒危野生动植物制品、危险货物等一批突出走私案件。

（杨真真　赵俞程）

【统计与研究】2023 年，广州海关审核已结关全口径报关单记录条数 2133.7 万条，同比增长 11.6%，下发需核查报关单 5536 条；完善打击虚假贸易工作机制，制定广州海关维护统计数据真实性工作措施，提高综合治理打击效能；向商务、外管、税务等部门通报涉嫌不实贸易企业情况，配合地方开展三部委调研相关企业核查工作。完成“广州海关统计数据查询服务系统”测试并上线试运行，印发《广州海关统计数据查询服务应用系统管理办法（试行）》，解决各部门的自主查询需求，全年向地方行政

▲2023 年 2 月 7 日，广州海关缉私警察清点查获的走私雪茄　（广州海关/供图）

机关、社会公众提供海关统计数据服务815次。完成关区月度业务统计数据审核上报工作，发现、纠正数据差错35项；参与海关总署统计分析司智慧海关早期收获项目“海关业务统计指标系统”开发集中工作，牵头分析研究应用模块、进境动植物疫情和行邮监管类指标构建等工作；参与全国海关业务统计资料恢复刊印工作。配合海关总署组织开展出口先导指数调查，中国海关贸易景气、跨境电商统计调查，产业链外迁、海关服务高水平开放等专项调查调研30次，参与问卷填报的关区企业4662家次，每期填报及时率和完成率均为100%。

（张宝闪）

【服务粤港澳大湾区建设】2023年，广州海关出台服务粤港澳大湾区建设高质量发展25项措施，其中推进南沙方案全面落地见效工作入选海关总署主题教育“百个特色做法”。会同广州市出台2批科研用物资跨境正面清单及便利措施。加强粤港澳食品安全合作，设立供港澳食品属地查检绿色通道，确保鲜活产品“零等待”“零滞留”；取消2项港澳食品监管报告证明文件，协助地方部门发布蔬菜、水果、畜禽肉、鲜蛋等4大类产品15项食品安全基础要求，助力粤港澳“菜篮子”保障稳定供应。

年内，广州海关推进口岸与港澳互联互通，支持地方政府将南沙客运港客轮班次逐步恢复至“3进3出”，配合地方政府推进南沙邮轮母港口岸对外开放验

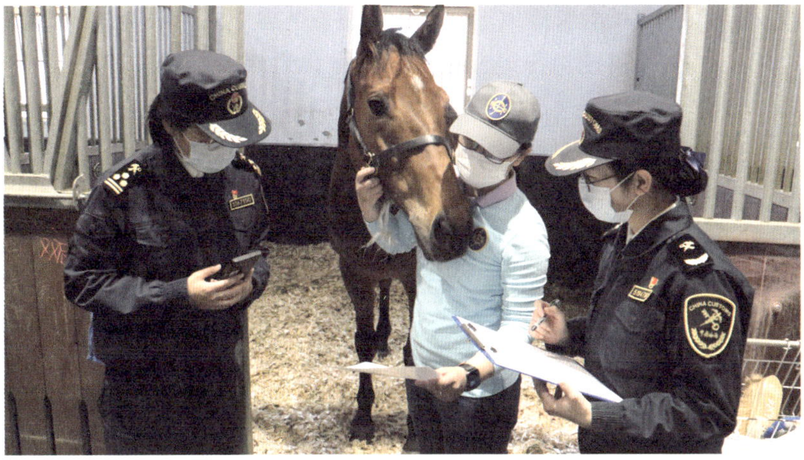

▲2023年2月7日，从化海关关员监管保障赛马通关　（肖雪岗/摄）

收。推动琶洲港澳客运码头投入使用，琶洲往返香港航线由初期“1进1出”增至“5进5出”。推动“一带一路”联动发展，支持粤港澳大湾区首列“中吉乌”国际公铁联运班列开行，形成“14出7进”。支持南沙港构建“内陆港+海铁联运班列+驳船支线”立体物流服务网络，推动“湘粤非”铁海联运通道建设，助力开通“湖南至非洲”茶叶、吉利汽车等特色出口专列。全年监管关区开行进出口班列626列。

（冯丹丹）

【支持特色产业高质量发展】2023年，广州海关推广出口海外仓企业备案“无纸化”“一地备案、全国通用”便利措施，新增出口海外仓企业9家，达39家，监管出口海外仓货物4.3亿元，同比增长2.5倍。支持“独立站”“跨境电商+外综服”等模式发展，拓展“跨境电商+空运联程”丰富物流路径。建立“市场监管—商务—海关”三方监管配合机制，服务市场采购贸易出口预包装食品政策落地，覆盖中小微商户1036家。落实“港澳药械通”政策，建立与广东省药监局等部门信息互通机制，19个药品、5个医疗器械纳入“港澳药械通”目录；开设服务专窗，全年监管“港澳药械通”进口药械1784.7万元，增长1.9倍。

（张小勇）

【助力南沙重点项目发展】2023年，广州海关助力南沙区口岸营商环境优化，该区外贸进出口2912.1亿元，跃居广州市各区首位。创新“跨境电子商务零售进口退货中心仓”“特殊区域跨境电商出口集拼”等监管模式，实现跨境电商退货货物和出口货物综合保税区内“同仓存储、同仓运作、集拼合包、拼柜出境”。落实自由贸易试验区提升战略，创新“1+N”保税监管模式，支持全球优品分拨中心、塑料粒亚太分拨中心、生物医药分拨中心等重点产业发展。支持全球人道

主义应急仓库和枢纽落地运作，全年监管出口救援物资181票、2541万件，发往全球33个国家和地区。全面推进平行进口汽车安全性能检验结果采信，支持新能源汽车技术性贸易措施研究评议基地于4月在南沙揭牌。支持粤港澳大湾区技术性贸易措施研究评议基地建设及研究，年内对170余项国外技术性贸易措施开展评议，研提特别贸易关注议题23项次。支持科技创新融合，将香港科技大学（广州）纳入试点，助力内地与香港高校科研合作。与澳门地区实现AEO企业通关便利互认。

（冯丹丹）

【支持广州“国家智慧口岸试点城市”建设】2023年，广州海关研究制发智慧海关建设实施方案，明确51项建设任务。推动海关智慧海港、智慧空港等15个项目纳入广州市“智慧口岸”建设，支持广州获批国家智慧口岸试点建设城市。在白云空港推进广州航空物流信息平台建设并上线，实现“出口空运联程转关货物快速验放”等5大海关功能模块上线或扩大应用，为8.2万家企业提供一站式综合服务。在南沙海港依托南沙物流作业关港联动平台，建设智慧堆场等6大海关功能模块，支持南沙口岸全流程通关无纸化。在广州市来往港澳码头实现船舶联网核放。依托“单一窗口”实施21项海关业务一个平台集成应用。

（冯丹丹）

【服务共建“一带一路”】2023年，广州海关制定实施16项措施，服务共建“一带一路”。年内，广州市对共建“一带一路”国家（地区）外贸进出口4593.6亿元。支持构建“一带一路”立体互联互通网络，保障国际物流大通道畅通。支持广州国际港（广州铁路集装箱中心站）、南沙港南站等站点海关监管作业场所建设，拓展线路和业务。支持中欧班列货物通过“多程转关”方式办理海关手续，加强班列运输与内陆、内河、海运贸易通道对接。支持打造以广州白云国际机场、南沙新港和广州国际港为核心，融合“水铁”“空铁”“公铁”等多式联运网络布局，提升口岸集疏运能力。依托南沙港铁路创新试点“一港通”铁海联运模式，促进铁路运输畅通辐射广东省内外。利用“一港通”综合信息服务平台，全年“一港通”模式监管16.5万标箱，辐射10个城市、20条航线。

年内，广州海关拓展多边监管合作试点，参与中欧“安智贸”航线试点计划，重启广州—费利克斯托口岸关际合作，支持地方政府扩大欧盟合作试点城市范围。年内，监管“安智贸”航线进口货物8.97万吨，货值27.48亿元；出口货物3.69万吨，货值23.96亿元。

（冯丹丹）

【“加强小码头现场监管”专项行动】2023年，广州海关针对关区小码头现场监管风险隐患，组织开展为期两个月的“加强小码头现场监管”专项行动。从加强卡口系统建设、场所管理及查验作业等方面制定加强小码头现场监管12条措施，开展作业监控和监督检查，防范夹藏、夹带、换货等风险。

（邹敏）

【供港生乳检验监管模式优化】2023年，海关总署与香港环境及生态局签署《关于内地供港生乳安全监管的合作安排》，推行供港生乳监管模式改革试点。广州海关细化监管措施，促进新模式落地，提升监管效能，供港生乳检测比例由100%降至20.95%。全年，检验监管供港生乳958批、1.83万吨。

（于晓阳）

【服务汽车产业高质量发展】2023年，广州海关出台支持汽车产业进出口高质量发展10项具体措施，支持南沙汽车口岸打造“滚装海运+海铁联运”等运输模式，助力新能源汽车企业通过中欧班列拓展出口业务，以及在技术创新、研发项目等方面享受通关便利及税收优惠，解决异地进口通关等问题。对符合免予办理“CCC认证”的进口汽车零部件，实施“先声明，后验证”，对取得认证的进口汽车零部件，原则上不再实施抽样送检。提高海关AEO便利措施覆盖面，将40家汽车产业链企业培育为AEO企业。推动首个国家级新能源汽车技术性贸易措施研究评议基地挂牌运作。支持拟出口车型赴境外目的市场开展技术法规、准入认证及适应性测

▲2023 年 1 月 12 日，广州车站海关监管广东首列国产新能源汽车中欧班列通关　（吴卓航/摄）

试，获取相关国家汽车准入认证，开拓国际新市场。加强对国外汽车技术性贸易措施的研究应对，经过广州海关的研究评议及交涉，促使阿联酋修改该国发布的不利于中国电动汽车出口的技术法规。支持新能源汽车产业享受进口税收优惠。全年出口汽车 24.93 万辆，货值 214.93 亿元，同比分别增长 63.69%、70.25%。

（张小勇）

【服务广交会】2023 年，广州海关服务保障第 133 届、第 134 届广交会全面恢复线下举办，通过专题新闻发布会进行介绍、解读，提升“海关直播间”宣传影响力。保障 123 批次的暂时进境展品通关。推动展品税收优惠新政落地，为省内 30 余家科研、医疗机构及企业“面对面”解读税收优惠政策，“一对一”办理留购、免税等通关手续。开展咨询服务，实施“送政策进展会”“候鸟式政务公开专区”等便利举措，梳理 80 余条企业高频咨询热点，针对国外贸易壁垒、参展品免担保等企业关切问题开展政策宣讲近千人次。

（邹敏）

▲2023 年 10 月 15 日，广州会展中心海关关员到第 134 届广交会现场开展调研　（池兆恩/摄）

深圳海关

【概况】深圳海关前身为1887年于香港设立的九龙关，1949年10月，经“护产起义”，九龙关总部机构由香港迁至深圳，1950年更名为中华人民共和国九龙海关，1997年7月1日更名为中华人民共和国深圳海关。关区范围为广东省深圳市（大铲岛除外）和惠州2市。至2023年底，有内设机构21个，党委派驻纪检组31个，事业单位10个，另有海关总署委托管理的中国电子口岸数据中心深圳分中心设在深圳海关。设有隶属海关单位32个，分别是皇岗海关、深圳宝安机场海关、深圳湾海关、罗湖海关、文锦渡海关、沙头角海关、蛇口海关、大鹏海关、莲塘海关、大铲湾海关、三门岛海关、西九龙站海关、深圳邮局海关、梅林海关、福强海关、沙湾海关、南头海关、福中海关、前海海关、同乐海关、布吉海关、笋岗海关、福田海关、梅沙海关、观澜海关、西沥海关、龙岗海关、坪山海关、惠州海关、惠州港海关、惠东海关和深圳海关风险防控分局。

2023年，深圳海关贯通推进两批主题教育，推进智慧海关建设和“智关强国”行动，2个项目获评海关总署智慧海关建设“2023年度十佳”项目，1项获评海关总署“智关强国”行动“2023年度十优”项目；出台优化营商环境20条措施，实施跨境贸易便利化专项行动，助推深圳外贸总额达3.87万亿元，实现出口“内地城市31连冠”；推进全面从严治党，开展纪律作风建设。年内，监管进出口货物总值8.35万亿元，同比下降0.5%；税收入库1732亿元，下降5.9%；监管运输工具834.7万辆（艘、架）次，增长2.66倍；检出各类传染病26种、8981例；检出检疫性有害生物3790种次；检出不合格商品（含食品化妆品）1056批次；立案侦办走私犯罪案件698起；查扣侵权货物2652万件，查发进出口危险品伪瞒报情事563起。推进通关模式改革，“两步申报”通关模式平稳运行，应用率39.52%；进、出口提前申报率分别为80.16%和76.42%。

年内，深圳海关49个集体、74人获评省部级及以上荣誉，跨境控制下交付“深圳模式”荣获2023年联合国环境规划署亚洲环境执法奖。“涂琳劳模和工匠人才创新工作室”获评“2023年广东省劳模和工匠人才创新工程”荣誉称号，为深圳海关首个省级工作室。

（乐小刚）

【海关监管】2023年，深圳海关创新监管模式，实现车箱体智审嵌入流程，完成作业8.6万车次，查发异常533起；实施口岸属地协同监管模式试点并复制推广至黄埔关区，服务高精尖商品“口岸直通、抵厂查验”，快捷验放商品货值294.6亿元；开发途中运输智能化管控平台，监控

▲2023年11月13日，文锦渡海关关员保障文锦渡口岸全面恢复旅检通关（孟桦/摄）

途中运输工具5863辆次，预警处置329票；实施“海空港畅流计划”，海港场站效能和空港场站效能分别提升20%、45%；“大湾区组合港”实现粤港澳大湾区内地城市全覆盖并延伸至粤西，入选海关总署主题教育“百个典型案例”；保障粤港澳大湾区首票TIR公约直航国际跨境公路货运线路开通，打通深圳至中亚继空运、海运、铁运之后的第4条货运通道。提升寄递业务物流管控和对企服务信息化水平，推广“数字清关”业务模式，实现从下单到清关、派送的全流程数字化，简化申报手续。支持快件中心扩容升级，打通盐田场站到盐田港码头的“陆海联运”线路，支持新开9条跨境电商空运专线，监管跨境电商货物24.2亿票；建成启用风险缉私纪检联合研判中心，开展“使命2023”、“云战—断流2023”打击毒品走私、“风云2023”等行动30次，查获藏匿冰毒、海运夹藏可卡因、小船走私燕窝和电子产品等大案；查获固体废物82批、704.3吨；货运渠道查获象牙等濒危野生动植物及其制品走私情事31起、1.8万件；查获违禁印刷品音像制品39.4万件。

年内，深圳海关开展综合保税区进口食品“集中检验分批核销”改革试点；配合海关总署开展动物源性食品准入评估。承办进口生产用零部件智慧检验监管场景，试点“合格保证+符合性验证”模式，保障142批高新技术货物“即到即用”。开展进出口商品质量安全风险分析研判和结果应用，采集评估风险信息3772条，实施专项风险监测175批。建立重大项目进口成套设备“一站式”通关服务机制，获评“智关强国”行动“2023年度十优”项目。

年内，深圳海关新增AEO企业79家，总数达480家。关区新增备案报关单位1.98万家，总数达18.69万家；完成全国首家港澳企业办理内地海关企业备案；开展专项稽查行动33个，办结稽查作业1115起，办结核查作业2512起。上线运行属地查检系统及“云签发”模式，出具检验检疫证书2.48万份。企业管理和稽查实训示范点（深圳）获评全国首批海关业务实训示范点。开展“龙腾行动2023”“净网行动2023”“蓝网行动2023”等专项执法行动和粤港澳海关保护知识产权联合执法行动，查获涉嫌侵权货物物品1.01万批次、2652万件。

（郑琨）

【海关检疫】2023年，深圳海关建立疫情风险“月度评估、季度详评、突发疫情专评”制度；开展“多病同防”，探索建立“疫情监测分析+联防掌握情报+口岸精准布控”模式，检出年内全国口岸首例入境艾滋病合并梅毒感染病例、全国口岸首例出境猴痘病例；编制涵盖60种传染病的“口岸‘多病同防’快查手册”，指导一线关员规范开展流调、排查、采样送检。承办智慧卫检“全球疫情智慧监测”场景方案，被纳入海关总署首批早期收获成果；改革出入境特殊物品卫生检疫监管方式，将进境特殊物品纳入口岸属地协同查验改革试点。保障关区首批mRNA核酸疫苗出境香港开展临床试验，保障香港白血病患者造血干细胞移植配型检测用血样快速检疫通关。建立病媒生物精准监测体系，“一口岸一方案”“一病媒一措施”开展监测。强化口岸公共卫生核心能力建设，西九龙站、莲塘、蛇口、妈湾4个口岸高标准通过海关总署口岸核心能力验收。

年内，深圳海关牵头承办智慧动植检“鲜活农产品出口申报前检疫监管”场景建设，协办“进境粮食智慧检疫监管（2023）”等5个项目建设。实施宠物入境全流程无纸化作业、出境水生动物属地查检分级分类、进境水生动物种质资源绿色通道、动植检类企业注册登记行政审批事项便利化措施，深圳关区九成以上进口种苗享受附条件提离便利化措施。助力中国农业科学院深圳农业基因组研究所完成深圳首批特许审批科研用种进口，年内国内进境鳗鱼苗均从深圳口岸进境。推动全国首个离岸现货交易大豆保税交易库在深圳通过认定。开展严防外来物种入侵三年专项行动、“国门绿盾2023”行动、“跨境电商寄递‘异宠’综合治理”专项行动。

年内，深圳海关与长沙海关签署合作备忘录，实现供港蔬菜食品安全监管子系统共建共享；与南宁海关签署供港蔬菜检验检疫监管合作备忘录，强化“口岸+属地”联动监管；保障活猪102.21万头、蔬菜57万吨、水果21.1万吨供港。开展深港动物检疫合作，香港赛马会饲料饲草、生物制品等样品“客带货”模式出境落地。开展9个国家8种产品准入及回顾性评估16次，对48家境外农产品企业、1家输华大豆企业开展远程视频检查11次，开展境外疫情风险分析及输华产品检疫风险评估13次，开展部分国家输华烟叶产地预检等工作，助力科摩罗首批输华农产品贸易开展。

（郑琨）

【税收征管】2023年，深圳海关政策性退税113.12亿元，同比增长43.56%；试点深圳关区首单LNG全流程线上返税，办理效率提升超50%；联合地方政府共建重大石化项目海关事务协调服务工作机制，助力重点外资项目落地；扩大“减免税快审+ERP联网”试点，落实分期纳税政策，扶持集成电路生产企业用好用足税收减免红利；实施科研仪器开放共享简易程序，便利27家科研单位提升免税进口设备使用效能。拓展智慧关税应用场景，在旅检、邮件、快件、跨境电商零售进口领域全面推广税款电子支付，实现税款征缴全流程信息化；创新跨境电商商品条码应用，通过“单一窗口”自动校验、标记结果、回执提醒，促进企业合规申报。扩大集团财务公司担保、汇总征税等实施范围，关区汇总征税税款1137亿元。关区进口自由贸易协定及优惠贸易安排货物13.5万票，增长3.99%。关区签发原产地证书63.2万份，增长11.42%，涉及货值1436亿元。关区应税进口涉及贸易救济措施货物3.89万票，减少4.62%。

年内，深圳海关5项税政调整建议得到关税调整方案采纳实施。1人当选WCO估价技术委员会主席。深圳海关研究提出的议题入选WCO协调制度第七审议循环议题。

（林玥波）

【打击走私】2023年，深圳海关开展“国门利剑2023”“护航2023”等系列联合行动，抓获走私团伙250余个。侦办走私罪案件698起，同比增长51.4%；案值80亿元，下降89%。查办走私行为案件7788起，增长8倍；案值27.3亿元，增长2倍。查办违规案件2.23万起，增长1.3倍；案值49亿元，增长44%。打击海南离岛免税“套代购”走私，刑事立案56起，案值5亿元，在全国“护航2023”行动中连续3次获评优秀。开展打击“水客”走私专项行动21次，破获犯罪团伙80余个，案值36亿元。开展“蓝天2023”专项行动，查扣固体废物400余吨。开展“清风”“国门绿盾2023”专项行动，查获陆龟、蟒蛇700余只/条以及其他珍贵动物一批。开展“国门勇士2023”缉枪行动9次，查获枪支140余支、配件9000余件。破获多起大宗毒品走私案，缴获冰毒、可卡因等毒品1.6吨，与香港海关开展“云战—断流2023”打击毒品走私联合行动、打击“水客”“云战—清流2023”联合行动7次，抓获犯罪嫌疑人60余名。开展跨境情报交流、案件协查、司法协助、控制下交付200余次，协助境外执法机关抓获犯罪嫌疑人17名，涉及各类毒品约250千克、濒危植物540株，获联合国环境规划署授予“亚洲环境执法

▲2023年2月1日，深圳海关开展“使命2023—03”暨“云战—断流2023”打击毒品走私联合行动，查获冰毒452千克　（吴培勇/摄）

奖（创新奖）”。打击重点涉税商品走私和跨境电商等新兴业态走私，侦办偷逃税款千万元以上重特大案件30余起。常态化打击虚开骗税违法犯罪活动，查办案件6000余起。与深圳市检察院、法院和中国人民银行等部门密切合作，以走私洗钱双罪名移诉案件3起，涉洗钱金额约26亿元。开展“昆仑”行动，查证涉嫌走私的人体血液12.84万管、九价HPV疫苗22万支；查证国家资源性产品锡条35.8吨、稀土产品50吨、危险化学品1110吨。

（吴飞鸿）

【统计与研究】2023年，深圳海关围绕中央决策和重大战略开展分析研究，推进“智关强国”行动计划落实落地，报送6篇专题调研报告，结合关区实际制定细化措施341条、自选专项任务10项，推动多个早期收获项目落地，1个项目获评海关总署“智关强国”行动“2023年度十优”项目。牵头2项、参与6项署级课题，组织开展5大类、65项关级课题，推动研究成果转化，3篇入选海关总署主题教育“百篇优秀调研报告”，2篇入选广东海关十大优秀调研成果，5篇在海关总署研究中心主题征文获奖。撰写报送外贸分析报告300余篇，部分建议被转化为地方促进外贸保稳提质措施；向地方政府提供多维度、个性化数据261万项。牵头全国海关贸易统计数据最终复核，审核全国大金额数据90.7万条，发现和纠正差错数据70.5亿元。开展企业数据核实、统计核查，核实数据涉及差错金额20.9亿元。参与中国海关贸易景气指数编制方案评估工作，完成该指数统计调查合并转换，确保占全国近十分之一的439家深圳关区样本企业全覆盖。

（林静怡）

【“滞、瞒、逃、骗、害”综合治理】2023年，深圳海关全面落地“海空港畅流计划”，海港、空港场站效能分别提升20%、45%；优化双人查验试点推动查验效能提升32%，车箱体智能审图实现秒级验放。推广“稽侦联动”模式，稽查作业查发率提升，移交刑事立案78起。实施“扩线、断链、阻源”综合治理强化政治保卫，1个集体、2人获评国家级“扫黄打非”先进。全国首次检出出境猴痘病例；查发进出口危险品伪瞒报情事563起。“国门利剑2023”联合行动战果丰硕，抓获3人以上走私团伙141个，查获涉枪涉爆情事96起，可卡因等毒品1.6吨，“云战—断流2023”打击毒品走私联合行动入选全国海关缉毒十大典型案例之首，跨境控制下交付“深圳模式”获2023年亚洲环境执法奖。

（喻广智）

【服务“双区”建设】2023年，深圳海关推进前海深港现代服务业合作区（简称“前海合作区”）、河套深港科技创新合作区（简称“河套合作区”）“双区”建设。落实海关总署支持前海合作区全面深化改革开放若干措施，联合深圳市前海管理局确定15个年度重点项目，推动全国首个离岸现货交易大豆保税交易库、电子元器件和集成电路国际交易中心落地，在服务前海合作区港澳企业在海关备案、特定商品检验结果采信、机场与保税区物流一体化、综合保税区进口食品实施“一次检验、分批核销”模式等方面取得阶段性成果。落实河套合作区深圳园区发展规划，以“通关模式创新”和“前瞻性科技创新”为抓手，推进新皇岗口岸建设；配合海关总署研究撰写海关监管办法，研究构建河套合作区“一线”“二线”监管模式。支持粤港澳大湾区跨境物流发展，在全国首创口岸属地协同监管模式试点，并复制推广至黄埔关区，实现深圳关区内以及跨直属海关的联动监管；开通粤港澳大湾区首条TIR公约直达国际跨境公路货运线路；推进“大湾区组合港”拓线增量，年内新增航线10条，实现100%覆盖粤港澳大湾区内地九市并延伸至粤西地区。

（张胜浩）

【“汇心桥”枫桥经验品牌创建】2023年，深圳海关创新实践新时代“枫桥经验”，在所属罗湖海关打造“汇心桥”调解服务工作站，7月21日投入使用，创建“12360”工作法，以实体工作站作为践行新时代“枫桥经验”阵地，组建“专职调解员+兼职调解员”2支队伍，运用“换人、换场地、换思维”方法开展执法纠纷多元化解。发挥“调解服务、规范执法、文明执法”3项功能，实施“调解干预、业务纠偏、执法规范、法治建设、队伍培育、外联提升”等6项工作机制。拍摄14期“案例解析”和“罗盘说法”短视频，编发调解案例汇编等12期、45个案例，举办调解技巧专题培训5期、512人次。年内，罗湖海关依托工作站化解各类执法纠纷430起。“汇心桥”调解服务工作站获评首批全国海关践行新时代“枫桥经验”示范点，入选海关系统新时代“枫桥经验”百佳案例，相关经验做法在《法治日报》等媒体刊出。

（林玥波）

▲2023年6月28日，笋岗海关关员监管深圳至中亚TIR公约国际跨境公路货车　（李安/摄）

【首条TIR公约跨境公路货物运输线路开通】2023年，深圳海关对接乌鲁木齐海关，梳理TIR公约国际跨境公路运输业务模式操作流程，实施货物运输途中监管，协同制订出境地验放方案。加强与国际道路运输联盟、中国道路运输协会联系配合，确保流程衔接。

（王璐）

【首创“仓厂联动”】2023年，深圳海关开展保税仓库与加贸工厂“仓厂联动”监管改革。针对货物从保税仓库流转至加贸工厂报关批次多、时间长等问题，将加贸工厂企业资源计划系统（ERP）、保税仓库管理系统（WMS）与海关对接实现智能监控，简化企业计划性报备手续，实施“批次出库、集中报关”模式，实现生产料件“出仓即上线”“零库存”生产制造。该模式自6月1日实施至年底，放行出库单5.03万票，集报货值175.77亿元。

（李敏桂）

【实训体系建设】2023年，深圳海关新建危险品检验安全监管实训教学点，对8个实训教学点进行统一验收评估并实施挂牌管理。企业管理和稽查、人工检查、关税技术3个教学点获评全国海关实训示范点。印发业务实训教学点管理办法及3个细化指引，创新制定“十个一”创建标准和“六步验收”工作法。建设实训“四库”资源，遴选78名实训兼职教师、112门课程课件、174个案例、4789道试题。建设智慧实训课堂平台，将实训资源集成在统一平台，形成智能化互联互通，满足沉浸式、实战性培训需求，提升学员参训获得感和实训效能。全年开展“教、学、练、战”一体化实训100余期。

（傅皓颢）

拱北海关

【概况】拱北海关前身是清光绪十三年（1887）设立在澳门的拱北关。1949年11月5日，由中国人民解放军石岐市军事管制委员会接管。1950年1月28日，海关总署将拱北关命名为“中华人民共和国拱北海关”。1984年6月9日，经国务院批准升格为海关总署直属正厅局级海关。拱北海关关区范围为广东省珠海市和中山市。至2023年底，有内设机构20个，党委派驻纪检组12个，事业单位7个，另有海关总署委托管理的中国电子口岸数据中心拱北分中心设在拱北海关。设有隶属海关单位13个，分别是中山海关、高栏海关、湾仔海关、九洲海关、万山海关、闸口海关、港珠澳大桥海关、青茂海关、香洲海关、横琴海关、斗门海关、中山港海关和拱北海关风险防控分局。

2023年，拱北海关推进智慧海关建设和“智关强国”行动，“横琴粤澳深度合作区智慧监管”获评海关总署智慧海关建设“2023年度十佳”项目。全国首笔数字人民币缴纳行邮税落地。创新小型乘用车顶照式检查设备智能审图项目。珠澳“枫”景工作室获评首批全国海关践行新时代“枫桥经验”示范点。中山海关技术中心获评首批海关总署科普基地。“行政争议多元化解机制”获评司法部全国法治创建典型案例。《拱北海关年鉴（2022）》获评广东省“优秀一等年鉴”。

年内，拱北海关入选全国海关主题教育“四个一百”项目11个，党建教育实训中心获全国海关基层党建实训示范点挂牌，“弘扬海关队伍优良作风”课题入选海关总署优秀“书记项目”。“坚决打私、文明执法，在为国把关中践行政治担当”等4个课程获评海关系统“好课程”，所属闸口海关旅检业务技能实训点获评首批全国海关业务实训示范点。21个集体、17人获省部级以上荣誉表彰。

年内，拱北海关接受申报进出口货物总值4605.46亿元，同比下降16.98%；税收入库140.71亿元，下降8.18%；监管运输工具782.82万辆（艘）次，增长94.84%。检出各类传染病1275例，截获输入性病媒生物3107只，截获检疫性有害生物252批次，截获外来物种1591种次，检出不合格商品（含食品化妆品）1023批次。查获各类走私违法案件1.92万起，案值52.34亿元。

（陈进利）

【海关监管】2023年，拱北海关与珠海市政府签署《支持海关特殊监管区域高质量发展合作备忘录》。实施“风控+缉私+现场”联动，整合关区业务协同防控机制，制定业务风险防控联系配合办法，制定核生化有害因子监测工作规程、业务系统规范操作指引，组织反恐培训演练54次。实施跨境电商一般出口企业分级

▲2023年3月21日，横琴海关关员在企业开展现场监管　（徐梦超/摄）

分类监管。开展小型乘用车顶照式检查设备智能审图攻关，辅助现场查获手机等物品情事逾400起。组织“龙腾行动2023”等专项执法行动6次，查扣侵权嫌疑商品2865批次、6.6万件，查办跨境电商渠道侵权系列案入选“2022年中国海关知识产权保护典型案例”。推进粤港、粤澳海关货物查验结果参考互认，验放参考互认货物208批次。开展“打击进出口危险品伪瞒报”专项行动，查获涉危险品情事190起。与澳门海关开展风险管理合作，向中资（澳门）职业介绍所协会通报违法违规劳工“水客”情况。推动实施冰鲜冷冻肉类、蛋类、奶类和蔬果等内地鲜活食品在指定时段经港珠澳大桥供香港，实现全品类内地鲜活食品供香港。创新进口危险化学品检验“线上集审+线下集办”，试点实施进出口危险品及其包装检验“企业分类、风险分级、管理分层”，进口企业一次申报差错率减少至10%以下。年内检出不合格进出口商品1023批，同比增长8.6%，其中不合格食品化妆品526批及非洲猪瘟病毒核酸阳性样品26个、进口再生金属原料不合格46批（2745.18吨）、固体废物1批（48吨）。

年内，拱北海关关区报关单位2.71万家，增长9.7%，AEO企业155家，增长18.25%。开展加工贸易监管和属地查验改革，免征加工贸易风险担保金28.37亿元，开展进出口货物属地查检2.2万批。办结稽核查作业1357起。开展核查叠加创新作业模式39起，核查领域部门间联动执法，压缩检查点40%，压缩单个企业平均检查时间50%。协助海关总署与菲律宾、突尼斯、贝宁等10个国家（地区）海关开展AEO国际互认工作。完成600家进口食品境外生产企业注册评审工作。

（许青）

【海关检疫】2023年，拱北海关落实口岸卫生监督抽检计划，湾仔口岸、港珠澳大桥珠海公路口岸、青茂口岸、横琴口岸通过海关总署口岸公共卫生核心能力达标考核，旅检通道“合作查验、一次放行”卫生检疫模式拓展到横琴口岸客货车通道。开展澳门动植物产品送检样品检测，依授权审批377批，审批时长从20个工作日压缩至5个工作日。构建关区监测哨点网络，发布风险评估报告6期、监测预警信息17期；编报世界动物疫情信息250期。实施“多病同防”，开展猴痘、霍乱、登革热等重点传染病口岸防控，检出各类传染病1275例。截获输入性病媒生物3107只，首次截获国内未见分布物种红腹棘蝇（*Phaoniarufiventris*）。查发肉毒杆菌注射液、人体胎盘素注射液等出入境特殊物品不合格情事33起。开展珠澳跨境合作，建立供澳门食用水生动物“检疫前推，合作监管”模式，“企业集中申报+海关安全风险监测+属地、口岸海关协同监管”检疫监管模式推广应用至供澳门蔬菜监管。年内检验检疫供澳门活猪9.5万头、活牛1450头。属地查检供港澳食用水生动物4.7万吨、水果2.86万吨、蔬菜8.74万吨、种苗花卉1006批次。新增供港澳农产品种植、养殖和加工企业注册企业9家。截获禁止携带进境物3万批次。检出有害生物3.7万种次。截获外来入侵物种1591批次，刑事立案2起。

（赖梅）

【税收征管】2023年，拱北海关落实减税降费措施和“十四五”进口税收优惠政策，办理返（退）税款14.72亿元。落实以企业为单元的税款担保改革，备

▲2023年10月3日，高栏海关关员开展入境国际船舶登临检疫　（王锋/摄）

案担保物201份，涉及担保额度9.77亿元。落实取消出口货物原产地企业备案事项便利举措，运用原产地证书自助打印、“智能审核”等改革措施为企业减负增效。签发出口原产地证书12.19万份、签证金额461.45亿元，其中签发RCEP原产地证书5218份、签证金额15.99亿元。验放RCEP项下进口货物7.17亿元。组织RCEP等优惠贸易协定政策宣讲7次，覆盖企业代表460人次、在线用户2.8万人次。办理全国首笔数字人民币缴纳行邮税业务、全国首批试点B类快件行邮税线上缴税业务。

（王天颖）

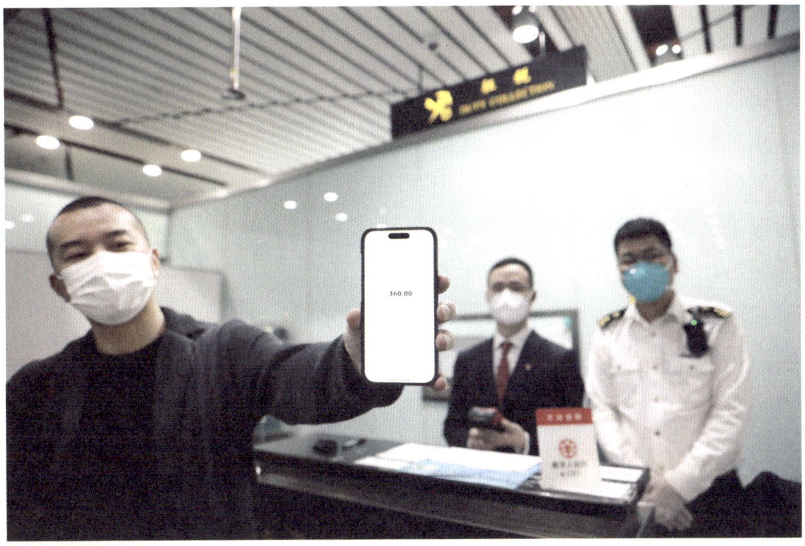

▲2023年3月30日，全国首笔数字人民币行邮税在拱北口岸完成缴纳，图为首笔数字人民币行邮税缴纳完成界面　（俞波/摄）

【打击走私】2023年，拱北海关在粤澳执法合作框架下开展跨境执法，巩固反走私立体化防控格局。开展打击走私“国门利剑2023”联合行动和“滚雷2023”等专项行动。查办各类走私违法案件1.92万起，案值52.34亿元。其中，立案查办“水客”走私案件1.27万起，案值19.97亿元；立案侦办海（水）上渠道走私案件16起，案值7848.04万元；查办海南离岛免税“套代购”走私案件3起，案值391万元；查办澳门“单牌车辆”（入出珠海横琴的澳门牌照机动车）走私案件201起，案值5.48亿元；查办洋垃圾案件74起，查办濒危动植物及其制品案件59起，移诉全国首起非法引进外来入侵物种案件。查办毒品走私案件18起，缴获可卡因、冰毒、海洛因、大麻等毒品901.93克，哌吡坦等麻精药品2530粒。查办枪支走私案件4起，缴获疑似枪支59支、枪支配件365件。查获重点涉税商品走私大要案12起，案值11.6亿元，抓获涉案团伙36个涉案160人。侦破出口鲜活水产品逃避商检罪案件2起，涉案货值11.16亿元。

（江莉）

【统计与研究】2023年，拱北海关服务宏观决策，承担海关总署贸易分析专项工作任务86次，编发统计监测分析专刊233期，获海关总署载体采用40篇次。政策研究成果获海关总署政策研究载体采用21篇，获评海关总署主题教育“百篇优秀调研报告（解决方案）”3篇。参与海关总署统计新闻发布保障工作任务7次，编报各类稿件逾30篇次。组织关区外贸形势分析会议11次，部署服务外贸稳规模优结构工作138项。与地方商务等部门开展工作交流8次，通报风险5次，向地方税务、外汇部门发函协查企业有关情况12次。调查调研企业逾1700家次。完成横琴粤澳深度合作区免保税货物简化申报要素研究工作，对免保税货物分类实行“极简”“次简”备案管理。加强海关业务数据安全管理，维护海关统计数据真实、准确、安全。

（陈进利）

【支持和服务横琴粤澳深度合作区建设】2023年，拱北海关支持和服务横琴粤澳深度合作区建设，配合海关总署研究起草对横琴粤澳深度合作区的监管办法及配套制度。加强智慧海关建设，以“一站式监管、一二线联动、一码通溯源、一体化管控”为理念，开发海关智慧监管平台，同步推进41项业务场景应用重点项目建设和41项配套监管改革。“横琴粤澳深度合作区智慧监管”获评海关总署智慧海关建设“2023年度十佳”项目。协助横琴粤澳深度合作区执行委员会对横琴“一线”口岸、“二线”通道建设改造，配合地方建设横琴粤澳深度合作区智慧口岸公共服务平台，建立健全反走私、信用管理等管理制度机制，促进海关管理与地方管理有效衔接，开展封关运作前压力测试、人力资源配置、业务培训等工作。配合海关总署推动与农业农村部联合出台允许澳门居民携带进入横琴粤澳深度合作区的动植物产品清单，参与“澳门新街坊”等重点项目建设，支持跨境保税仓储配送业务发展，服务促进澳门经济适度多元的产业发展。

（王天颖）

▲2023年5月14日，闸口海关关员在进境旅客携带物中截获濒危野生动物豹纹陆龟、红脚陆龟　（朱伟俊/摄）

【国门生物安全屏障建设】 2023年，拱北海关推动关区4个口岸通过口岸公共卫生核心能力达标考核。开展严防外来物种入侵三年专项行动、“跨境电商寄递‘异宠’综合治理”专项行动等，截获外来物种1591批次，截获的刺状魔锯天牛（*Mallodonspinibarbis*）为全国口岸首例。发挥“口岸海关+实验室专家”现场联合监测模式作用，截获输入性病媒生物178批次，截获的红腹棘蝇（*Phaoniarufiventris*）为全国口岸首例。探索实施横琴粤澳深度合作区跨境病媒生物的跨境联合监测。打造科普场馆+实物资源库+实验室“三位一体”科普体系，推进国门生物安全实物资源库建设，保存病媒生物标本逾700种、7.5万头，收录DNA条形码数据2.8万条。中山海关技术中心获评首批“海关总署科普基地”（2023年—2027年），中山港海关“青篱”国门生物安全教育基地获评“广东省科普教育基地”。开展生物安全知识进校园、进企业、进社区“三进”科普宣传活动30次，覆盖6000人次。

（江莉）

【进出口商品规范申报智能审核系统】 2023年6月30日，拱北海关自主开发的“进出口商品规范申报智能审核系统”上线运行。该系统通过自动抓取关区属地企业进口涉税商品数据，将人工逐行审核调整为计算机计算校验报关单申报数据，并提示审核结论，减少人工审核数量，提升商品规范申报审核效率和准确率。年内，该系统自动抓取关区属地企业进口涉税商品数据55.35万条，发现不规范数据1.23万条，占比2.23%，企业对不规范数据处置整改及时率提升2~4倍。关区规范申报率从96.98%提升至99.38%。

（陈进利）

【科技创新“1+X”研究室揭牌】 2023年12月20日，拱北海关与中国海关科学技术研究中心在珠海签署战略合作协议并为科技创新“1+X”研究室揭牌，合作共建“腹泻病检测研究室”“海洋濒危鱼类鉴定研究室”“烘焙食品质量控制与分析研究室”3个科技创新“1+X”研究室。拱北海关所属国家腹泻病检测重点实验室（珠海）、国家外来病检测重点实验室（珠海）、国家焙烤食品检测重点实验室（中山）纳入中国海关科学技术研究中心科技创新“1+X”合作模式。

（许青）

【珠海高栏港综合保税区封关运作】 2023年6月5日，珠海高栏港综合保税区封关运作。拱北海关落实海关总署推动综合保税区高质量发展23条措施，成立专项工作组，制订工作方案，与地方政府沟通协调，推动免税保税衔接发展、分类监管货物管理、卡口分类分级管理等项目落地。建立“关长送政策上门”及“问题清零”机制，组织及参与招商宣讲活动30余次，开展企业调研15家次、解答问题20余个，制定支持珠海高栏港综合保税区拉美（中国）综合保税物流枢纽项目加快投产措施。推进拱北海关特殊监管区域系统测试和上线试运行，推动“区港联动”监管模式应用，推动入区企业信息化系统与海关联网，推动地方政府建设智慧管理平台，实现“关地企”三方数据共享。珠海高栏港综合保税区总规划面积2.51平方千米，2018年2月经国务院批准设立，2023年2月10日通过国家七部委联合验收，是珠海市首个综合保税区。年内，“二线”进出口总值9.08亿元，征收税款1046.38万元。

（赖梅）

▲2023年6月5日，珠海高栏港综合保税区封关运作　（冯校圣/摄）

【助力乡村振兴土特产发展】 2023年，拱北海关在乡村振兴对口帮扶茂名市高州市分界镇工作中发挥职能优势，定制“出口、电商、加工”帮扶组合措施，助力“土特产”发展。帮助当地办理首家果园、干果加工企业出口注册登记，促成分界镇荔枝首次直供澳门，龙眼首次经港珠澳大桥直供香港，是拱北关区自7月1日开放全品类内地鲜活食品在指定时段经港珠澳大桥供香港后的首票新鲜水果。帮扶当地企业出口特色干鲜果57.7吨，货值110万元。为果农链接电商平台，助销干鲜果33万单、800余吨，货值2300万元，帮助加工企业建设全景式直播间，实现月销售额100万元。提供技术检测服务，提升农产品品质。中央电视台等媒体平台宣传帮扶事迹50篇次，帮扶工作入选全国海关第一批主题教育“百个特色做法”。

（江莉）

【《拱北海关年鉴（2022）》发布会】 2023年6月9日，拱北海关举办《拱北海关年鉴（2022）》发布会。珠海电视台、南方报业传媒集团等媒体予以报道。《拱北海关年鉴（2022）》全书43万字，是拱北海关首部年鉴。

（陈进利）

汕头海关

【概况】汕头海关前身可追溯至清康熙二十四年（1685）粤海关下设的庵埠总口。清咸丰三年（1853），粤海关在汕头妈屿岛设立海关，称潮州新关，辖庵埠总口及其所辖各口。清咸丰十年（1860），被洋税务司控制的潮海关设立。1949年中华人民共和国成立后，国家收回潮海关主权，于1950年更名为中华人民共和国汕头海关。1984年，汕头海关升格为正厅局级海关，直属海关总署领导。管辖范围为广东省汕头、潮州、揭阳、梅州、汕尾5个地级市和深汕特别合作区。至2023年底，有内设机构18个，党委派驻纪检组9个，事业单位8个，另有海关总署委托管理的中国电子口岸数据中心汕头分中心设在汕头海关。设有隶属海关单位15个，分别是潮汕机场海关、汕头港海关、广澳海关、澄海海关、龙湖海关、濠江海关、潮阳海关、梅州海关、汕尾海关、潮州海关、揭阳海关、饶平海关、海城海关、普宁海关和汕头海关风险防控分局。

2023年，汕头海关在开展第一批、第二批主题教育中，6个项目、2人入选海关总署“四个一百”。培育新时代“枫桥经验”基层示范点3个。组织“十佳民生暖心事”评选，开展“我为海关提建议”活动。2个案例入选全国海关践行新时代“枫桥经验”争议化解典型案例，1个案例入选海关总署2022年行政执法典型案例。全年获评省部级及以上奖项11项（次）。

年内，汕头海关推进智慧海关建设和“智关强国”行动。承办的“运行监控监督”及相应业务场景建设获评海关总署智慧海关建设“2023年度十佳”项目。作为首批大数据智能布控关区级应用的4个直属海关之一，以“专家智慧+智能”在全关区应用上线大数据智能布控模型。推进“业务运行智慧监控平台2.0”迭代升级。优化“汕头海关综合行政管理平台”，推进智慧缉私建设。推动内外贸同场智能卡口通用管理模块、粤东电子口岸“整船换装”模块上线运行。优化通关流程，强监管优服务，“提前申报”“两步申报”应用率分别为83.1%、44.1%。

年内，汕头海关监管进出口货物总值2466.4亿元，同比增长42.6%；税收入库145.4亿元，增长84.1%；监管运输工具0.6万辆（艘、架）次，增长24.7%；检出各类传染病6种、89例；检出检疫性有害生物64种次；检出不合格食品化妆品52批次；检出不合格商品（含食品化妆品）148批次；立案侦办走私犯罪案件52起，案值28.8亿元。

（卓庆越　洪榕铭）

【海关监管】2023年，汕头海关监管进出口货运量6551万吨，对657艘次进出境船舶实施登临

▲2023年7月26日，汕头港海关关员在汕头国际集装箱码头开展现场监管（袁国宏/摄）

检查。开展“打击进出口危险品伪瞒报”专项行动，行动期间在口岸监管环节查获涉危伪瞒报货物5批次。监管进出境邮递物品13.7万件、进出境印刷品和音像制品邮件7474件。监管跨境电商出口货值363.3亿元，同比增长21.7%，出口海外仓备案企业7家。新增通过验收的海关监管作业场所2个。监管进出口法检商品货值1376亿元，增长1.45倍，检出不合格进出口商品96批。开展进口液化气检验监管工作调研，提出的“降低进口液化气品质检验取样送检比例”“优化进口大宗资源散装危险货物危险特性检测鉴定”等建议获得海关总署采纳。检验检疫监管进口食品化妆品10.8亿元、出口食品化妆品130.6亿元。协助海关总署开展对爱尔兰等62个国家或地区1596家境外食品企业（包括水产品、肉类、植物性食品企业）注册评审工作。完成年度安全监督及风险监测送样任务3171个，检出52批不合格食品化妆品。开展境外通报核查31次，督促企业诚信守法经营。

年内，汕头关区新增报关单位备案1113家，新增AEO企业8家，主动修复失信企业3家。定期通报企业“红黑名单”，规范守信联合激励和失信联合惩戒管理。落实海关总署推动加工贸易持续高质量发展16条改革措施，推进加工贸易单耗参数化管理模式改革，加工贸易进出口总值155.2亿元。服务保障重点能源安全，审批设立关区首个石油能源保税仓库。开展“金钥2023”“商神2023”等系列专项行动，办结稽查作业123起，办结核查作业751起。设立进出口鲜活易腐农食产品属地查检绿色通道，实施优先查检、“7×24小时”预约查检，做到“即报即检，即检即放”，涉及产品7296批次。

（蔡燕）

▲2023年2月16日，梅州海关关员对头盔生产企业开展日常监管　（袁国宏/摄）

【海关检疫】2023年，汕头海关检疫进出境交通工具4017架（艘）次，开展口岸采样2392人次；完成出入境人员监测体检1641人次，预防接种1526人次，国际旅行健康咨询3167人次；开展口岸卫生监督1232次，发现问题160个，均按要求落实整改；完成口岸食品快速检测254个样、实验室口岸食品安全抽检191个样，均合格；口岸截获输入性病媒生物43批、1108只；出具特殊物品卫生检疫审批单171单，同比增长41.32%，审批时长比规定时长压缩90%。推进口岸传染病快速检测能力建设，落实海空现场健康申报模式改革。3个专用码头通过海关总署口岸公共卫生核心能力建设达标考核验收。

年内，汕头海关办理动植物检疫行政审批92件，其中进境动植物检疫审批18件，出境动植物及动植物产品企业注册74件。新增注册出境动植物及动植物产品企业26家。完成进出口饲料及食用动物安全风险监控4392项次。截获有害生物131种、483种次，分别增长32.6%、73.1%，其中检疫性有害生物64种次，增长1倍。开展国门生物安全监测，布设检疫性实蝇监测点345个，舞毒蛾监测点15个。开展严防外来物种入侵三年专项行动，截获外来物种14种、91种次。

（曹振轩　郭建红）

【税收征管】2023年，汕头海关

实现税收入库 145.4 亿元，同比增长 84.1%。完成汕头海关参与、承接的海关总署和广东分署 8 项课题。向海关总署提交支持科技创新的税收政策建议 17 条。通过送政策上门、大型宣讲会等形式为关区 400 多家企业解读关税政策。帮助关区企业用好优惠贸易协定减让、天然气增值税先征后返、多元化担保等减税享惠政策与纳税通关便利措施。深化通关便利化改革，优化行邮税征管机制，实现关邮（局）信息互联和智能对账汇缴，推动关区跨境电商条码申报应用试点和天然气先征后返线上系统落地。

（詹泳钦）

【打击走私】 2023 年，汕头海关推进“国门利剑 2023”“护航 2023”等专项行动，立案 331 起，案值 31 亿元。其中，刑事案件 52 起，案值 28.8 亿元；行政案件 279 起，案值 2.2 亿元。破获海上走私毒品大案，现场缴获毒品可卡因约 1.3 吨。连续开展“2301”“2302”“2303”专项行动，其中“2301”专案实现多次扩案至案值 19.2 亿元。侦办的“422”涉嫌逃避商检出口冻海产品、骗取出口退税案，查证涉嫌骗取出口退税 1.1 亿元。承建“全国走私重点人员智能预警管控系统”。智慧缉私团队开发的“飞数”调证数据处理工具取得全国公安基层技术革新专项活动三等奖，获得全国缉私情报实战比武决赛三等奖，电子取证团队获“美亚杯”第九届中国电子数据取证大赛三等奖。19 次在“中国反走私”微信公众号等新媒体开展反走私宣传，中央电视台《新闻直播间》深度报道该关查获“2301”案件的情况。

▲2023 年 3 月 13 日，揭阳海关关员到企业开展病虫害防治和农业投入品控制工作 （袁国宏/摄）

（陈思帆）

【统计与研究】 2023 年，汕头海关参与全国海关统计数据质量控制中心 4 个分中心的日常和专项工作，审核报关单记录 59.3 万条，针对市场采购、跨境电商监管方式等开展专项数据审核，组织数据核查 30 次，涉及数据 12 批次、企业 800 余家。向地方商务部门致函协请开展重点企业核查 2 批次，涉及 18 家企业，参加汕头市商务局召集的进出口数据核查工作情况分析会议 1 次，通过走访、调研等方式加强海关统计相关法律规定宣传。参与联合国货物贸易统计标准修订工作，参与中国海关贸易景气指数编制工作，开展贸易景气统计试点调查分析，牵头撰写全国海关调查报告。参与海关总署外资企业供应链、专精特新企业、新能源企业运力等专项调查研究分析，上报调研报告 22 篇。向粤东 5 市推送外贸进出口快报和分析报告，在门户网站发布月度外贸进出口快报 60 期，发布主要进出口数据报表 240 张，向地方管理部门提供统计服务 57 次，向社会公众提供统计服务 14 次。

（张林聪）

【首票“汕头广澳—深圳蛇口”组合港实船实柜测试】 2023 年 6 月 16 日，汕头港广澳港区完成首票“汕头广澳—深圳蛇口”组合港项目实船实柜测试业务，粤东港口与粤港澳大湾区港口实现港口资源与监管资源的共享联通。在这一模式下，出口货物在广澳港区办结海关通关手续，通过驳船调拨至深圳蛇口港后可以直接换装船出口，全程只需一次报关、一次查验、一次放行，广澳港区与深圳枢纽港实现

“两港如一港”，压缩物流整体时长，提高码头场地和集装箱周转率。

（张欣宏）

【中委广东石化 2000 万吨/年重油加工工程产品码头通过对外开放验收】 2023 年，汕头海关推动关区口岸扩大开放，与各有关部门联合推动中委广东石化 2000 万吨/年重油加工工程产品码头对外开放进程。4 月 23 日，该码头通过对外开放验收。5 月 18 日，通过海关监管作业场所注册许可。年内，通过该码头出口航空煤油 151.5 万吨、89.2 亿元，出口汽油 1.2 万吨、0.7 亿元。

（曹泽祥）

【小漠港码头首条汽车滚装外贸航线开通】 2023 年，汕头海关落实与深汕特别合作区管委会签订的合作备忘录，制定支持深汕特别合作区建设具体措施 20 项，汕头海关所属汕尾海关成立工作专班，助力小漠国际物流港码头获批对外开放。开展“送政策上门”活动，为深汕特别合作区 20 多家新能源汽车产业链企业提供政策指导。依托“互联网+”模式，线上办理首船进境各项海关手续。1 月 4 日，小漠国际物流港口岸对外开放及新能源汽车出口首航仪式在深汕特别合作区举行，215 台新能源汽车出口沙特阿拉伯，小漠国际物流港码头首条汽车滚装外贸航线开通。

（郑凯旋）

【助力外贸创新发展】 2023 年，汕头海关在落实推动外贸保稳提质“十项行动”基础上，制定贯彻海关优化营商环境 16 条若干措施及 45 项具体工作任务分工。支持汕头港广澳港区增开 5 条外贸班轮航线，促成汕头港恢复冷链食品进口，潮汕机场海关保障 5 条东南亚航线安全复航，广澳海关完成首票“汕头广澳—深圳蛇口”组合港实船实柜测试，开启关区首票“整船换装”业务。支持汕头综合保税区新增保税维修、保税研发业务，制定 6 项措施支持梅州综合保税区运营发展，关区 2 个综合保税区监管业务量增长 75.7%。促成省级重点建设项目广东石化产品码头对外开放，揭阳海关监管进口原油 1821.7 万吨、出口成品油 124.9 万吨。汕尾海关监管出口汽车 2.01 万辆、货值 26.9 亿元。

（黄钰）

【农产品出口保障】 2023 年，汕头海关开展从种植、养殖到出口全程安全质量监管，保障供港澳鲜活农产品安全稳定。全年供港澳活猪 6.5 万头、食用水生动物 7104.1 吨、果蔬 1500 多吨。指导帮助 26 家企业完善防疫及管理制度，获得对外注册登记。指导油甘种植果园获得全国首家注册登记，指导蜜柚种植场获输美、俄注册各 3 家。帮扶 41 种农产品实现首次出口，其中鱼苗首次输越南，中药材首次销往加拿大及中国台湾。汕头关区中药材全年出口种类达 230 余种，货值同比增长 1.17 倍。指导出口种子企业开展病虫衍生防控工作，监管出口种子 155.2 吨，增长 69.8%。“汕头海关深化‘提质护航’行动推动凤凰单丛茶出口逆势增长”获评 2023 年全国海关推动外贸稳规模优结构典型案例。支持水产品、牛肉丸、卤味狮头鹅、单丛茶、竹笋罐头等 40 余种农食产品走出国门，促进粤东特色农食等传统外贸支柱产业创新发展、做大做强。

（吴楚钊　许道斌）

▲2023 年 3 月 9 日，海城海关关员在航空企业进行现场监管　（袁国宏/摄）

黄埔海关

【概况】黄埔海关的前身是1950年10月设立的黄埔支关。1980年10月直属海关总署领导，1988年8月升格为副厅局级单位，2000年12月升格为正厅局级单位。关区范围包括广州市黄埔区、增城区和东莞市。至2023年底，内设机构21个，党委派驻纪检组13个，事业单位6个及海关总署委托管理的中国电子口岸数据中心黄埔分中心。设有隶属海关单位15个，分别是海关总署风险防控局（黄埔），黄埔老港海关、黄埔新港海关、穗东海关、东江口海关、萝岗海关、增城海关、东莞海关、新沙海关、常平海关、太平海关、凤岗海关、东莞长安海关、沙田海关和黄埔海关风险防控分局。

2023年，黄埔海关推进智慧海关建设和“智关强国”行动，承办“1+16”智慧海关建设场景项目，7个早期项目落地见效，取样送检全流程信息监控获评海关总署智慧海关建设“2023年度十佳”项目。“东莞—香港国际空港中心”项目入选首批粤港澳大湾区规则衔接机制对接典型案例，获评海关总署“智关强国”行动“2023年度十优”项目。

年内，黄埔海关“四强”党支部推进会提档升格为广东省现场交流会，东莞片区党建实训中心获评全国海关首批示范点。沙田海关新时代“枫桥经验”基层工作站入选海关总署首批基层“枫桥经验”示范点，培塑“埔关公律”品牌，关区公职律师队伍发展至101人。卫生检疫、进出口食品监管业务实训教学点获评全国海关示范点，黄埔海关技术中心获批设立广东省博士工作站，3门精品课程被评为2023年海关“好课程”。全年黄埔海关获评省部级及以上奖项22个。

年内，黄埔海关监管进出口货物总值1.6万亿元，同比下降6.9%；税收入库1137.9亿元，下降17.3%；监管进出境船舶28456艘次，下降6.29%；监管海运进出口货运量8059.28万吨，增长14.06%；公路转关及跨境快速通关13.5万票，增长171.8%。检出各类传染病10种、129例，检出有害生物6.6万种次；查获原产日本禁止进口食品38批次，检出不合格汽车1717辆。刑事立案376起，案值203.21亿元。

（林泓泓　徐甜甜）

【海关监管】2023年，黄埔海关建设风险防控数字、智能、协作“三张网”，推进大数据智能布控模型建设，在全国40个直属海关推广应用。全面推广现场即决式布控，完成海关大数据通用分析平台（云擎）本地化接口联调。牵头全国海关智慧风控业务场景建设统筹，创新“滞、

▲2023年3月3日，沙田海关关员监装包船出海集装箱上船　（柯建明/摄）

瞒、逃、骗、害”智能分析处置平台建设，打造海关全球风险预警监测平台，推动风险管理数字化转型、智能化升级。办理海关监管作业场所行政许可19票，完成37个水运码头风险评估，提升场所监管能力。保障粮食供应链稳定，完成中粮码头粮食场地预验收和新沙码头11、12号泊位进境粮食指定监管场地扩容事宜。

年内，黄埔海关开展“进口食品企业安全责任年”活动，与香港食物安全中心、澳门经济及科技发展局就保障供港澳食品化妆品安全建立粤港澳协作机制，关区销往香港食品化妆品货值同比增长42%。开展输华食品准入评估、境外国家体系评估工作7次；完成境外生产企业书面评审706家次。查获不合格进口汽车314批次，报送海关总署重大风险案例7起，提请海关总署发布风险警示通报3篇次，促使缺陷问题车辆召回1251辆，对16批、658辆进口车辆实施退运处置；开展固体废物属性鉴别127票，排查确认固体废物64票。创新打造进口危险化学品“白名单”通道，降低物流和仓储成本近50%，压缩检验时长超90%。牵头制定进口电动汽车检验规程行业标准，推动进口汽车第三方检测数据对接海关信息化系统，开发进出口汽车质量安全风险预警管理平台。推进矿产品“先放后检”、“依申请检验”、降低煤炭取样送检比例等改革便利化措施，全年“先放后检”进口矿产品346.2万吨，增长5.11%；进口煤炭2694.84万吨，增长43.33%。

年内，黄埔海关落实AEO便利化措施，关区AEO企业270家，同比增长11.6%。关区加工贸易企业3324家，加工贸易实际进出口总值4701.3亿元。推进企业集团加工贸易监管改革，办理免收保证金（保函）约1.87亿元。推进残次品管理改革，帮助企业降低经营成本。推动关区产业链高质量发展，筛选生物技术、汽车制造、新能源等11条重点产业链45家“链主”企业，关领导担任海关“链长”，该项特色做法获评2023年全国海关主题教育“百佳典型案例”。开展“多查合一”工作机制，实现“进一次门、办多项事”。拓展主动披露政策红利，受理企业主动披露226起，增长98%，依法对29家企业减免滞纳金202万元。组织开展“金钥2023”“商神2023”稽查专项行动，查发大要案66起，增长88.57%。办结稽查执法事项584件，核查执法事项1989件，参加全国海关稽查岗位练兵团体技能比武获二等奖。

（王静　向彬）

【海关检疫】2023年，黄埔海关对出入境交通工具实施卫生检疫1.8万艘次、对出入境人员实施卫生检疫24.6万人次，登临检疫进境船舶2084艘次，在入境船员中检出传染病129人次，其中1名船员检出疟疾合并登革热阳性，为关区首例。实施口岸食品实验室检测43份；截获输入性病媒生物77批次，同比增长近25倍，检出携带病原体阳性3批次，在关区首次截获蛆症异蚤蝇、斑蠊；检出口岸病媒生物携带病原体阳性4批次，关区首次截获台湾蔑蠓、同体库蠓。参与智慧卫生检疫建设，其中“出境D级特殊物品收货人非必填”建议获海关总署采纳，黄埔海关出

▲2023年3月9日，增城海关关员查看出口果园的蓝莓生长情况　（徐晖/摄）

境D级特殊物品审批单数量同比压缩95.8%。在所属萝岗海关建立优化审批作业工作点，关区D级出入境特殊物品卫生检疫审批作业时长同比降低37.4%。签发特殊物品出入境卫生检疫审批单5363份，出入境特殊物品9851批，查发不合格特殊物品26批，其中实施退运处理12批，销毁处理14批。全年检疫监管进口粮食1599.6万吨，货值501.6亿元。完成全国首船巴西进口玉米、全国首船南非进口玉米和全国首船巴西进口散装橙纤维颗粒验放。推动进口观赏鱼被黄埔区列为乡村振兴5大扶持产业，隔离检疫观赏鱼478批、1941万尾，其中金龙鱼4万尾，带动73户农户创收近1亿元。截获有害生物703种、66034种次，其中检疫性有害生物51种、3708种次，种次同比增长10.23%，在全国海关系统首次截获有害生物5种。检疫来自非洲猪瘟疫区船舶789艘，封存来自疫区猪肉及其产品588批、62800千克。推动葡萄、柿子、草莓、山楂等新鲜水果首次出口，开拓西班牙、泰国、马来西亚等新兴市场。支持地方特色农产品出口，竹木草制品出口货值133.46亿元；监管供香港蔬菜2.31万批、23.92万吨，重量增长20.93%。

（符灵　张洁）

【税收征管】2023年，黄埔海关征收税款1137.9亿元。为关区1314家企业办理关税总担保2367份，分别同比增长1%和17.5%，担保总额844.56亿元，减少3.47%。关区汇总征税率34.5%，税款金额占税收总额的60%。推动跨境电商商品条码申报，作为全国首批跨境电商进口税款电子支付试点海关，完成全国首票跨境电商电子支付税单，实现关区跨境电商企业电子支付全覆盖。推动RCEP生效实施，签发RCEP出口原产地证书2.29万份，增长27.5%；关区企业运用RCEP享惠进口货值39.37亿元，优惠税款9660.26万元，分别增长39.4%和50.2%。通过数据建模监控事中、事后报关单处置时效，压缩验估作业用时，验估风险排查及时率99.83%，验估风险排查有效率97.77%。加强税则研究，提出税政建议获国务院关税税则委员会采纳7项。

（杨宇）

【打击走私】2023年，黄埔海关打击关联犯罪立案38起，其中打击虚开骗税刑事立案实现“零”的突破，涉及金额139.49亿元。打击“水客”走私，立案47起，案值10.74亿元。完善全员打私工作机制，实施“关警110式协同联动”工作机制，所属各缉私分局成立“110式出警”快速响应小分队；建立“关警合成作战室”，开展专案2起。建立与地方相关部门的联系配合机制，联合烟草部门开展3轮打击走私雪茄专项行动，立案51起。建立水上驻守、巡航、研判、查缉“四位一体”的新型水上勤务模式，实现从“以打为主”向“打防管控”并举的转变。

（张宇航）

【统计与研究】2023年，黄埔海关推动“中国海关贸易景气指数调查”落地，开展统计调查企业宣讲，为关区250家样本企业颁发证书。开展外贸跟踪监测，配合地方开展经贸分析，通报外贸动态，每月为地方经济运行分析会提供外贸分析。跟踪关区重点商品进出口情况以及欧美、RCEP成员方等主要市场的贸易走势，完成分析文章65篇、专题报告40余篇。创建东莞通关指数评价指标体系，拓展海关统计工作内容与统计服务形态。建立“专题、专班、专家”三专研究机制，形成阶段性研究成果220余份，推动形成制度文件49份，细化落实措施133项。

（孟海滨　吴晓宇）

【“滞、瞒、逃、骗、害”综合治理】2023年，黄埔海关防范化解“滞、瞒、逃、骗、害”5类风险，提高全要素监管效能。疏通“滞”的堵点。指导建立“一企一档”“一人一档”“一运输工具一档”，形成千万量级企业及实控人关系图谱；推动将监管经验转化为大数据，指导开发智能布控模型，智能布控有效率17.21%；推进重大事故隐患排查整治，查获危险品伪瞒报377起。化解“瞒”的风险。规范监管作业场所管理，提升口岸监管效能；关注跨境电商风险新趋势，开展“10·12”专项行动，打击贸易碎片化“瞒逃骗”行为；组织开展重大走私案件回溯分析，反馈正面监管。打击“逃”的行径。统筹通关便利化与依法科学征管，税款入库

1137.9亿元，应征尽征、应入尽入；建立“关警合成作战室”，创新“110式出警”模式，深入推进“国门利剑2023”联合行动，刑事立案案值203.21亿元。整治“骗”的行为。树立查发导向，实施“稽侦联动”模式，核查实质查发数261起；开展知识产权保护，查获的案件连续7年入选全国海关“十大案例”；组织虚假贸易综合管控，确保统计数据真实可靠。防范“害”的输入。保持打击洋垃圾走私高压态势，查证固体废物52.8万吨；实施“多病同防”开展进出境动植物检疫，开展防范外来入侵物种三年行动，截获有害生物6.6万种次；监管进出口食品商品质量安全，查获原产日本禁止进口食品38批次，检出不合格汽车1717辆。

（黄铃珊　赖志凯）

【华南电子元器件分拨中心】2023年，黄埔海关依托虎门港综合保税区，助力打造华南电子元器件分拨中心。东莞电子元器件特色产业向集群化、高端化、品牌化发展，分拨中心进出口值1072亿元，同比增长25.4%。针对集成电路供应链企业发展面临的商品编码不统一、价格倒挂、知识产权调查频率较高等问题开展专题研究，出台海关扶持发展措施6项，协调东莞市政府出台电子元器件扶持措施16条，帮助企业将货物进口后复出境模式转变为通过综合保税区往境内分拨配送，节省企业运营成本800万元。建设电子元器件产业“1+N”发展体系，以物流分拨为基础，高附加值的“保税+”业务为新增长极，支持企业设立集成电路软件升级中心，助力芯片预烧录国际服务外包增值项目落地，实现集成电路产品区内升级，压缩升级时间5天，节约物流成本70%。构建电子元器件上下游供应链服务体系，贯穿上游供应商、分销商、下游终端厂商全链条，服务全球前20名电子元器件生产商8家、全球前50名电子元器件渠道分销商26家、世界500强先进制造品牌商46家。

（刘晓庆　杨恒）

【支持跨境电商高质量发展】2023年，黄埔海关出台措施助力跨境电商头部平台在关区落地。发挥“新业态+中欧班列”“新业态+空港中心”优势，实施组货拼箱、申报、查验、放行一站式服务，货物出口辐射至212个国家（地区）。开通全国首批跨境电商出口跨关区退货通道，支持符合条件出口商品免税退运进境。向海关总署上报支持电商进口高质量发展建议，进口税款电子支付，订购人身份信息、支付信息验核等已落地，支持保税进口跨关区退货、开展药品试点等分别写入海关总署优化营商环境措施和地方政府工作方案。支持守法合规企业拓展进口业务类型，6月初在东莞国际快件中心开展天猫平台直购进口业务（指境内个人通过电子商务平台交易，境外打包运输至境内消费者的进口模式）。

（周凌子）

【服务共建“一带一路”高质量发展】2023年，黄埔海关服务共建“一带一路”高质量发展大局，班列业务覆盖中欧、中

▲2023年11月9日，东莞海关关员监管跨境电商邮件包裹　（何映虹/摄）

亚、中老、中越4大主线，6条去程线路、7条回程线路，通达12国23城。监管国际班列发行444班次，其中中欧进口7班、出口327班，中亚进口26班、出口28班，中老进口1班、出口55班，货运量27.20万吨、货值109.89亿元，同比分别增长24.08%、14.99%，平均单列货值超过2500万元。推动“多式联运+中欧班列”高效联动，建立关、铁、企紧密联系机制，推广铁路快速通关模式，促进高水平对外开放。

（邓君君）

【助力汽车进出口增长】2023年，黄埔海关监管进口汽车24.2万辆；监管出口汽车13.4万辆，其中新能源汽车出口5万辆，同比增长3.4倍。发挥“整车口岸+综合保税区”功能优势，创新“一单多车”智能化监管模式，叠加入区“两步申报”、出区分送集报等便利化举措，提高物流周转效率。引进滚装船直航航线4条，增加舱位3万余个，助力辖区企业汽车首次出口以色列、欧洲、日本和泰国等地。拓展“多式联运”物流新模式，吸引西南、中南地区2.3万辆出口汽车通过铁路到码头集港，降低车企物流成本超20%。牵头制定海关系统首个出口汽车检疫及熏蒸处理规程，填补国内技术空白，助力新沙码头打造输澳大利亚汽车标杆港口，相关做法入选海关总署主题教育“百个特色做法”。

（伍琪瑶　夏俊丰）

▲2023年7月17日，新沙海关关员在台风“泰利”间隙查验进口车辆（叶志雄/摄）

【取样送检全流程信息监控】2023年，黄埔海关按照智慧海关建设要求，从参数应用、流程优化、信息公开等方面推进取样送检业务场景建设，12月19日，在全国海关系统率先进行取样送检全流程信息监控业务场景试点，年底复制推广到大连、南京、宁波、厦门、青岛、长沙等6个直属海关，场景荣获海关总署智慧海关建设2023年度“十佳项目”。通过科技赋能，深化检查作业系统与实验室系统互联互通，送检单操作效率提升70%以上；创建全流程监控模块，顺势采集节点信息，建设电子台账和业务全景展示等功能，推动作业“进系统、可追溯”；在国际贸易“单一窗口”新增“取样送检进度通知”功能，支持企业随时查看送检进度，助力打造稳定、可预期的通关环境。

（夏玉灵）

【锚地直提模式创新】2023年，黄埔海关创新“锚地直提”监管模式，提出无纸化申报、智能化监控等优化措施10项，实施进口大宗散货“锚地直提”试点40艘次、货物121.3万吨，作业时间平均减少5天，货物损耗平均减少约3‰。制定海关锚地监管作业规程，建立商品、企业“白名单”，结合“一次登临”完成运输工具检疫和货物查验顺势监管，吸引终端企业7家。开发锚地监管无纸化系统，为企业节省70%往返办理手续时长。搭建“锚地智慧监管平台”，将广州港作业等多方数据链、信息链嵌入海关全过程监管，实现船舶信息、货物状态以及通关运行情况的可视化、智能化管控；开展与广州电子口岸等单位外部数据信息实时交互。推动港口浮吊作业等设施设备升级改造，在锚地实现“江海联运”

的基础上，打造“海上散货码头”。直提货物物流链已辐射至珠三角、粤西、粤北、广西等地区，保障东江、西江、北江沿线的火力发电、金属加工等市场需求。

（邓君君 程旭）

【江海联运“一单制”】 2023年10月20日，黄埔海关完成首票“一单制”进境业务。企业凭一份提单办理运输手续，实现集装箱运输“中途不换箱、全程不开箱、一箱到底”，货物一体化运输。叠加提前申报、“船边直提”等便利化措施，减少物流链作业环节，进口货柜抵达香港后即可转运至黄埔海关辖区内码头，中转时间从平均4天缩短至1.5小时。

（吴耀达）

【广东省口岸安全智能化检测重点实验室】 2023年，黄埔海关向广东省科技厅申报广东省口岸安全智能化检测重点实验室获批立项，5月22日揭牌。作为省内海关唯一一家广东省重点实验室，开展口岸安全快速检测技术、信息技术和检测技术融合等研究，建设创新应用孵化平台、创新人才聚集基地和对外合作交流窗口，为智慧海关“创新埔关”建设提供支撑。实验室获批立项科技项目9项，其中省部级科研项目6项、广州市重点研发项目1项、东莞市科技项目2项，并完成申办广东省博士工作站。

（谢俊敏）

▲2023年3月3日，黄埔新港海关关员对进境粮食进行查验 （黄捷/摄）

【关警合成作战室】 2023年，黄埔海关探索构建全员打私新格局，建立“关警合成作战室”，建设防控、监管、打击三位一体海关反走私工作体系。缉私部门与海关风控、监管、稽查等相关业务部门，采取连续驻场和分散集中相结合的方式，针对日常海关监管和缉私情报工作中发现的走私风险，开展联合研判和联合处置，防范和打击走私。缉私部门与风控部门联合开展“HP2023-09”打击电子产品走私专项行动，案值23.02亿元；与监管、稽查部门联合开展“10·12”打击跨境电商渠道走私专项行动，案值2.02亿元。

（梁静）

江门海关

【概况】江门海关前身是1904年设置的江门关，1950年2月更名为中华人民共和国江门海关，2006年经国务院批准升格为正厅局级海关。关区范围为广东省江门市和阳江市。至2023年底，有内设机构18个，党委派驻纪检组7个，直属事业单位4个。设有隶属海关单位9个，分别是外海海关、高沙海关、新会海关、鹤山海关、开平海关、台山海关、恩平海关、阳江海关和江门海关风险防控分局。

2023年，江门海关推进智慧海关建设和“智关强国”行动，承办的“江门海关‘云擎’大数据应用实训教学点”项目获评全国海关业务实训示范点及2023年度广东省内海关优秀改革项目；践行新时代“枫桥经验”，编报1个行政争议化解指南、2个执法案例入选全国海关践行新时代“枫桥经验”典型；为首届RCEP（中国·江门）国际商品博览会提供通关政策服务，签发RCEP原产地证书数量和货值同比分别增长20%和21%；支持江门侨乡预制菜产业发展，助力“海捕水产品”“新会陈皮”“台山鳗鱼”等特色农产品扩大出口；支持珠西物流中心建设，监管开行中欧班列6趟。

2023年，江门海关全年监管进出口货物货值1299.2亿元，同比下降12.9%；税收入库56.9亿元，下降18%；监管进出境船舶7016艘次，增长0.5%；检出肝炎、流感等各类传染病3种、30例；检出检疫性有害生物137种次；检出不合格商品（含食品化妆品）129批次；立案侦办走私犯罪案件37起，案值5.61亿元。结关报关单量21.7万份，增长0.2%；进出口整体通关时间分别为4.08小时、0.18小时。

年内，江门海关获评省部级及以上奖项12个。

（周嘉俊）

【海关监管】2023年，江门海关建立业务职能与口岸现场“两张网”风险监测机制，对涉枪爆、涉毒、涉濒危野生动植物、危险品、固体废物等高风险影子商品开展监控分析，筑牢全链条监管防线。推进“蓝天2023”专项行动，防范洋垃圾入境，货运渠道查获进口多晶硅、镍钴锰氢氧化物、鹿皮二层皮胚固体废物案件3起；寄递渠道查获安全准入情事1025起，查获涉毒大麻种子、列管精神药物、涉管制刀具、涉濒危野生动植物及其制品等禁限物品多批。落实海关总署“打击进出口危险品伪瞒报”专项行动，应用“云擎”系统构建危险品伪瞒报监测排查模型，推进“专家+现场”双向互动。开展安全生产检查，落实“清单式管理+常态化检查”机制，拓宽全员参与吹哨预警覆盖面，全年实现重大安全事故“零发生”。推进进出口危险品检验监管，化解“滞”的堵点和

▲2023年12月22日，高沙海关关员现场监管出口预制菜　（李保华/摄）

“瞒”的风险，查处不合格情事73起。规范开展固体废物排查和固体废物属性鉴别工作，全年鉴定确认固体废物3批、48.11吨。持续推进进口能源资源商品检验监管模式改革，监管进口铁矿390.9万吨，同比增长82.5%。创建“法检取样字典”等3个关区业务场景项目，开展进出口商品质量安全风险预警和快速反应监管体系建设，采集进出口商品质量安全各类风险信息517条。

年内，江门海关推进进口食品“国门守护”行动，运用自主创建的“关区首次进口食品监控模型”推进进口食品监控，检出未准入境食品10批，服务保障食品外贸健康发展。支持侨乡预制菜产业发展，助力“冰鲜禽”“海捕水产品”等特色农产品出口货值76.7亿元。巩固稽查业务改革成果，开展纸质印刷品和塑料制品行业单耗专项管理，协助完成香港食物环境卫生署检查，推进信用培育工作，将9家企业纳入“重点企业培育库”，全年新增AEO企业5家。

（丰威　冯慧屏）

【海关检疫】2023年，江门海关开展口岸卫生检疫，全年检疫进出境人员6.19万人次。建立“海关—地方”基因测序实验室共用机制，测序结果由双方认可并共用，保障基因测序工作的开展。实施“多病共防”，在口岸增配传染病快速检测设备，实现检测结果实时上传、数据智慧化收集检测时长总体压缩75%；落

▲2023年7月24日，外海海关关员开展红火蚁监测　（梁伟源/摄）

实“采送检”提速，口岸检疫整体流程时长平均压缩30%，检出肝炎、流感等其他传染病9例。筑牢国门生物安全屏障，截获输入性病媒生物超20万只，口岸捕获病媒生物中检出携带奇异变形杆菌、鞘氨醇单胞菌、阴沟肠杆菌、河生肠杆菌、粪肠球菌等多种病原微生物，首次在关区口岸区域病媒生物监测捕获成蚊中检出疟原虫核酸阳性、鼠类监测中检出柏禽刺螨。参与海关总署智慧卫生检疫作业应用试点工作，参与署级课题“智慧卫生检疫管理模式研究”，《打造国境卫生检疫智慧口岸全面推进“智关强国”行动》一文获海关总署优秀论文。推进口岸公共卫生核心能力建设，新会水运口岸通过海关总署考核。

年内，江门海关推进动植物检疫监管，防范动植物疫情疫病传入和外来物种入侵。开展“国门绿盾2023”和严防外来物种入侵三年专项行动，截获植物有害生物种次同比增长59.9%，全国首次检出经纬大眼象等3种有害生物，查获2只活体“异宠”红耳彩龟属中国重点管理外来入侵物种。19人次参与智慧动植检应用场景建设等工作，进境粮食自动化取制样设施研发应用列入海关总署2023年度智慧动植检早期收获项目。

（许雨绚　王蕊）

【税收征管】2023年，江门海关推进综合治税工作，全年税收入库56.88亿元。落实“十四五”期间进口税收优惠政策，为科研机构制发“征免税确认通知书”70份、减免税款1579.31万元，同比分别增长4.4倍、2.3倍。推动RCEP等自由贸易协定落地见效，签发优惠贸易协定原产地证书4.4万份、货值145.1亿元。培育11家AEO企业为经核准出口商，增长83%，企业自主开具RCEP原产地声明624份、

货值9.04亿元。

（岑嘉悦）

【打击走私】2023年，江门海关开展“国门利剑2023”联合行动，刑事立案37起，案值5.61亿元；行政立案205起，案值3.39亿元。与地方禁毒部门合成作战，开展6次打击毒品走私联合行动。推进“蓝天2023”专项行动，查获水上非设关地走私洋垃圾案件1起，现场查扣涉嫌从香港走私进境的旧衣服116.16吨，货运渠道查获禁止进口固体废物48.1吨，退运27.5吨。打击关区“水客”及海南离岛免税“套代购”走私，破获22起“水客”及海南离岛免税“套代购”走私案件，案值3303.86万元。打击粤港澳海上跨境走私及沿海非设关地重点涉税商品走私，查获涉海走私案件10起，案值1.74亿元。组织开展打击低报价格走私轮胎专项行动，案值1.5亿元。打击骗取留抵退税和出口退税违法犯罪，联合地方监管部门，破获逃避商检、骗取出口退税案件5起，抓获犯罪嫌疑人42名，查证涉嫌高报货物价值8亿元、骗取出口退税款9700万元。推进关区重点水域水道、非设关码头、渔港重点区域巡防管控，联合开展联合执法行动，查获水上非设关地走私冻品案件5起，涉案冻品515吨。

（吴超）

【统计与研究】2023年，江门海关推进课题研究工作，开展各级课题研究72个，其中署级课题7个；组织开展关区对接落实海关总署“十四五”海关发展规划实施方案的督办评估2次；参加海关总署统计分析司、研究中心、广东分署等部门组织的征文投稿34篇，获采用15篇，2篇获评为海关总署研究中心优秀论文。

（林锦朗）

【“滞、瞒、逃、骗、害”综合治理】2023年，江门海关制订年度防范化解重大、系统性风险工作方案，建立“一机制两体系”，即关区防范化解重大、系统性风险工作机制，关区风险排查、排序、排除、跟踪评价、监督检查5项制度体系和风险监测排查模型体系。围绕“滞、瞒、逃、骗、害”等方面的风险，结合关区实际梳理形成关区风险、责任、措施3张清单，明确每项风险特征和排查重点事项，并动态调整排查清单内容。以风险监测排查清单为基础，运用“云擎”大数据平台建成风险监测排查模型40个，实现大数据应用的体系化集约化。年内组织排查处置各类风险点166个。

（张华坚）

【“组合港（一港通）”航线开通】2023年，江门海关创新物流监管新模式，助力建设江门市外贸物流便捷新通道。成立工作专班，联合地方商务部门开展业务研究对接，多次赴蛇口、盐田、南沙等粤港澳大湾区重点枢纽港口实地调研，对港口企业、货主企业和船务公司开展政策宣传，推动江门关区内高新港、高沙港、新会港等分别与蛇口港、盐田港、南沙港达成战略合作协议。年内推动拓展“组合港（一港通）”业务，开通航线4条，监管出口货物2.7万个标箱，货物到枢纽港装船出运的时间平均压减3天，为企业节省物

▲2023年6月12日，外海海关关员监管“江门高新港—深圳蛇口”组合港航线货物　（黄天蕾/摄）

流成本 800 万元。

（黄英霞）

【服务首届 RCEP（中国·江门）国际商品博览会】2023 年，江门海关对接开展首届 RCEP（中国·江门）国际商品博览会暨第十二届珠中江进出口商品展销会服务工作。制订工作方案，组建工作专班，在现场设置服务站，将具体任务分工细化到单位、落实到人。派出税收、通关、法律业务专家为现场进出口企业和参观人员提供海关通关、税收等政策咨询服务，讲解 RCEP 原产地规则、享惠政策及通关政策，指引企业了解 RCEP 关税减让政策，开拓国际市场，惠及企业 200 家。

（岑嘉悦）

【陈锡亮统计研究工作室】2023 年，江门海关发挥全国“人民满意的公务员”陈锡亮的先进典型示范引领作用，为海关总署公务员初任培训班学员、晋升衔级关员、关区青年关员培训授课 18 场次，800 多人参训；制作并上线全国海关“钉钉”App 课程，2 万人次参加学习。承接广东省社会科学院江门分院、江门市委关于乡村振兴和绿色低碳外贸产业的课题，与江门市税务局联合开展预制菜产业调研，完成调研报告；完成工作室实体示范点建设，乌鲁木齐海关、江门市税务局等在此开展学习先进典型实地教学。

（郑晓阳）

【知识产权海关保护】2023 年，江门海关落实“龙腾行动 2023”等专项行动部署，结合产业特点制定知识产权保护措施，建立“货运渠道重点商品侵权风险监测模型”，完善快速反应模式，通过知识产权海关保护护航企业创新发展，助力优化口岸营商环境，助力外贸保稳提质。全年采取知识产权海关保护措施保护货物 45 批次，数量 6.64 万件，货值 415 万元，其中与广州海关邮递渠道联合打击服装鞋帽侵权系列案，查获 3152 件标有多个知名品牌商标的服装鞋帽等物品，是海关跨区域执法合作的典型案例。

（何家城）

【技术性贸易措施研究评议工作室】2023 年，江门海关设立“江门海关技术性贸易措施研究评议工作室”，集中关区 24 名技术性贸易措施骨干人才开展信息收集、分析研判和处置，构建“信息收集—分析研判—交涉应对—精准帮扶”联合工作模式。年内收集企业诉求 15 个，撰写特别贸易关注议题 9 项，其中 2 项 TBT 特别贸易关注议题、2 项 SPS 特别贸易关注议题获海关总署采用并通过 WTO 机制进行沟通，助力企业维护自身权益。

（何家城）

【服务特色农产品扩大出口】2023 年，江门海关开展技术指导，服务大宗商品和特色产业发展，助力高质量发展。推动形成“科学标准生产养殖+龙头企业示范带动”的鳗鱼养殖新业态，探索供港活鸡苗“全接驳”通关模式助力供港活鸡苗产业高质量发展。年内监管出境活鳗 9027 吨，同比增长 28.24%；监管供港活鸡苗 238 万只，增长 10.59%，出口量全国占比 85.9%。帮扶 100 多吨开平沃柑首次出口加拿大、印度尼西亚等国家，监管 2 批次新会柑首次“新鲜”供港，助力货值 289.9 万元陈皮“出圈”国际市场，增长 89.5%。

（王蕊）

▲2023 年 3 月 24 日，开平海关关员监管关区首票出口沃柑　（钟延/摄）

湛江海关

【概况】湛江海关于1950年成立，1980年受海关总署直属领导，2006年升格为正厅局级机构，负责广东省湛江市、茂名市的各项海关管理工作。至2023年底，设有内设机构18个，党委派驻纪检组4个，事业单位4个。设有隶属海关单位9个，分别是湛江机场海关、霞山海关、东海岛海关、海东新区海关、徐闻海关、霞海海关、廉江海关、茂名海关和湛江海关风险防控分局；副处级办事处1个，为茂名海关驻水东办事处。

2023年，湛江海关监管进出口货物总值11636.94亿元，同比增长7.30%；税收入库366.77亿元，增长0.5%；监管运输工具0.483万艘（架）次，增长11.3%；检出检疫性有害生物541种次；检出不合格商品85批次；缉私立案805起，案值18.2亿元。

年内，湛江海关入选全国海关主题教育“四个一百”项目5个，全国海关党建示范（培育）品牌增至6个，“关地党建联学共建”获评海关总署优秀“书记项目”。湛江海关培育新时代“枫桥经验”基层工作站1个，入选全国海关百个争议化解典型案例2个。“红树林海岛卫士”普法项目获得2022—2023年度广东省“谁执法谁普法”优秀项目表彰，连续4年获评该荣誉。研发应用“云擎”系统数据风险甄别模型33个，布控查获并退运禁止进口固体废物液晶玻璃面板16万片，重12.82吨，入选全国海关固体废物查发十大案例。推动湛江综合保税区（一期）通过正式验收并封关运营。推动茂名特色水果、廉江小家电技术性贸易措施研究评议基地获批同意建立，应对印度尼西亚SNI小家电强制认证新规，向WTO/TBT第92次会议提交特别贸易关注。隶属海关全部完成政务公开标准化规范化工作，“湛江海关12360服务热线”微博入选2023年“全国十大海关微博”。

（郑树坚）

【海关监管】2023年，湛江海关制定防范化解关区重大、系统性风险工作实施办法，建立“职能—风控—现场”三位一体风险防控体系，建设“教、学、练、战”一体化风险防控实训基地。创新实施保税物流中心（B型）“先出区后报关+区港联动+抵港直装”港区一体化监管模式，监管货运量65.04万吨、货值22.46亿元，同比分别增加219.45%、133.23%。研发“查验管控”系统，开发“查验等待时间过长、实施时间过长、实施时间过短、隔天查验”等6个功能模块，开展“切片式”风险验证机动查验，查验8253票快

▲2023年7月24日，东海岛海关关员对出口航空煤油开展船边监管（孙梅强/摄）

件，查获异常1102票。强化口岸监管专项领域管控，查获濒危动植物制品54.4克。推进“船边直提”和“抵港直装”试点，涉及货物555批次、货运量2312.4万吨。开展经粤港澳大湾区内港口中转的外贸内支线业务。指导服务大唐雷州电厂码头、博贺新港区广港码头、博贺新港区粤电煤炭码头、吉达港区东华能源码头临时开放，支持博贺新港区广港码头进境粮食指定监管场地启用。推进知识产权海关保护，开展侵权风险分析布控，核实侵权嫌疑线索23条，查获3.91万件侵权货物、货值34.81万元。

年内，湛江海关开展进口食品“国门守护”行动，对70批进口食品实施退运或销毁，对2批出口食品采取不予出口措施。通过美国农业部食品安全检验局（FSIS）检查组对输美鲶鱼安全卫生管理体系核查。帮扶水海产业等传统产业转型升级，推动关区虾滑、免浆带皮罗非鱼片、金汤酸菜鱼等7种水产预制菜首次出口英国、韩国、新西兰。指导企业完善质量管理体系，支持冷冻禽肉产品首次出口科特迪瓦、柬埔寨、冈比亚，支持速冻菠萝、果汁浓浆首次出口日本。建立关区危险品“五同”信息共享机制，开展关区进出口危险品检验监管业务技能竞赛。开展常态化口岸危险品综合治理，口岸危险品保持36个月零滞留，检出不合格危险品13批次，查获冒用他人包装性能证书出口危险

▲2023年4月10日，霞山海关关员清点侵权货物 （胡艺林/摄）

货物情事2批。检验监管进口煤炭1233.68万吨，退运4.99万吨不符合要求的进口动力煤。落实“先放后检”、依企业申请实施检验、危险化学品“批批验核+抽批检测”等改革措施，保障5132.3万吨铁矿、4115.1万吨原油快速通关。

年内，湛江海关制订关区“专精特新”企业培育计划，建设湛江海关AEO培育实训点。开展养殖场备案调研并协助海关总署修订出台出口水产品原料养殖场备案管理办法，开展备案养殖场合规排查50家。开展“金钥2023”涉税稽查和“商神2023”涉检稽查专项行动，办结检验检疫行政处罚案件39起，查发某乳胶制品加工贸易企业走私违规案件。开展51家高风险企业虚假贸易稽核查，年内办结稽查作业34起、核查作业178起，办理主动披露59起。推广应用“属地查检业务管理系统”、出口检验检疫证书“云签发”模式，开辟农食产品出口属地查检绿色通道，监管出境各类农食产品1670批次。

（郑树坚）

【海关检疫】2023年，湛江海关落实“多病同防”开展口岸检疫，开展口岸卫生监督88次，口岸病媒生物监测527次，捕获病媒生物2000余只，截获输入性病媒生物58批次、5000余只。联合地方卫健、疾控部门出台应对口岸重点关注传染病疫情和突发公共卫生事件合作机制，与属地政府联合签署湛江口岸突发公共卫生事件联防联控应急处置协作机制，开展3轮模拟考核、1轮应急实操演练。东海岛港区、调顺港区、海东港区3个海运口岸通过全国口岸公共卫生核心能力建设达标考核。开展“国门绿盾2023”行动，截获植物有害生物357种、4177种次，同比增长43.37%和20.44%。开展严防外来物种入侵三年专项行动，截获外来物种4种、8种次。加强

国门生物安全监测，发现4种检疫性实蝇，外来有害杂草22种次。创新使用云端“电子眼”、RFID智能识别等科技手段辅助供港活猪检疫监管，年内供港活猪4.94万头，增长49.04%。支持对虾种苗繁育产业发展，指导22家进境亲虾指定隔离检疫场规范化建设，保障亲虾进口13万尾。支持特色水果扩大出口，菠萝、百香果首次出口朝鲜、加拿大。推进霞山海关“进境粮食检验检疫监管实训点”建设，建成关区首个有害生物和外来物种初筛鉴定室。举办国门生物安全技能比武大赛、国门生物安全宣传教育图片展，开展国门生物安全宣讲“进校园”“进社区”“进船舱”等“十进”活动。

（江鹰翔）

【税收征管】2023年，湛江海关实施综合治税，全年税收入库366.77亿元。开展税收专项治理，查发属地纳税人异地申报差错报关单61票。开展税政指导，采取专班对接、分类指导、精准施策、问题清零方式，为提供政策帮扶。推广多元化担保，实现湛江口岸原油、煤炭、钢铁、造纸、石化等重点商品多元化担保全覆盖。为主动披露企业办理滞纳金减免116.43万元；加强各类减税降费政策研究和宣传，审核确认减免税税款4836.27万元。指导企业用好各类自由贸易协定优惠政策，全年进口享惠总值74.09亿元，减让税款3.68亿元，签发出口原产地证书1.88万份，签证金额约68.59亿元。积极参与“海南自由贸易港简税制下进口环节税收政策研究”“完善远洋渔业企业运回自捕水产品不征税政策研究”2项海关总署课题研究，参与起草中国—尼加拉瓜原产地管理办法，联合海关总署税收征管局（广州）编撰印发《进口锆矿验估指引》《进口钛矿验估指引》。

（张传枝）

【打击走私】2023年，湛江海关缉私立案805起，案值18.20亿元，其中刑事立案80起，行政立案725起。打击治理海南离岛免税“套代购”走私，推进徐闻港执法勤务中心建设，在港口、车站开展巡查防控，开展集中收网行动8轮，打掉“套代购”走私团伙32个。开展2轮集中打击海上跨境走私专项行动，抓获犯罪嫌疑人44名，打掉卷烟走私组织、运输、销售团伙6个，其中“12·06”走私卷烟案被公安部作为“夏季行动”重点案件挂账督办。开展打击海上跨境走私行动25次，查扣走私卷烟5255万支、涉案车辆53台、船舶9艘。开展“清源截流2023”专项行动，立案侦办1起通过邮递渠道走私麻精药品案。打击重点涉税商品走私，破获1起案值9060万元的快件渠道走私日用品案。开展3轮打击逃避商检和骗取出口退税专项行动，立案侦办出口逃避商检犯罪案件5起。开展追逃拔钉行动，29名在逃人员被缉捕到案，其中从境外劝返、缉捕3名嫌疑人到案。推广“稽侦联动”机制，推动全员打私工作。深化与地方公安机关、海警的协同配合，推动地方落实综合治理主体责任。推进反走私“五进”宣传活动，推动地方创建无走私示范村15个，联合开展反走私“五进”宣传活动18次。

（胡真）

【统计与研究】2023年，湛江海关开展调查研究，形成调研报告26篇，向海关总署报送关级调研报告4篇。开展跨境电商统计调查、中国海关贸易景气指数调查、“十四五”规划实施中期企业评估等，举办湛江、茂名两片区外贸形势调研座谈会暨中国海关贸易景气统计调查样本企业授牌仪式。开展政策研究，编发相关研究刊物14期，推进研究成果转化，5篇分析报告获海关总署采用。加强统计监测预警，上报监测预警信息266篇次。打击贸易造假，维护统计数据真实性，向地方政府通报贸易造假高风险企业名单6批次、107家。优化“日监控、月审核、半年复核、年度集中复核”的数据审核机制，复核报关单记录24.5万条，审核业务统计指标记录6.8万条。

（邱晓荣）

【湛江综合保税区建设】2023年，湛江海关推动湛江综合保税区（一期）通过国家正式验收并封关运营。复制推广“仓储货物按状态分类监管”等自由贸易试验区创新经验，推进增值税一般纳税人改革试点、“优化‘一票多车’一线进出区流程”等改革措施落地，推动“智慧综保”建设，实现区港联动智能监管，监管进出区货运量84.19万吨，货值22.18亿元。推动地方建立跨部门综合治理机制，完善协同管理机制，加快推进湛江综合保税区二期、三期规划建设。

（王婷）

【“智慧商检—大宗资源性商品监管（铁矿石）”项目试运行】 2023年，湛江海关建设以机器代替人工、以科技赋能监管的进口铁矿石智慧监管新模式，创新研选铁矿实时检测技术，应用国内首创的近红外光谱分析仪以及机器视觉系统、通道式放射性监测装置3种新型技术装备，收集1625批主流铁矿石数据建立正面清单数据库，研发形成6类智能算法模型，搭建“大宗资源性商品智慧商检业务场景”应用平台及移动端App，实现对进口铁矿自来源国（地区）启运到进境卸货、检测完毕、堆存位置全流程的数字化、可视化管理，推行对进口铁矿石顺势检测与安全准入风险智能研判，每年可为试点企业节省综合物流成本2000万元以上。11月1日，该业务场景项目在宝钢湛江钢铁有限公司主原料码头上线试运行。

（邝留奎）

【打击治理海南离岛免税“套代购”走私】 2023年，湛江海关开展“护航2023”专项行动，打击“套代购”走私轮战基地在徐闻港现场警务室建成。组织关警员24批次、862人次对徐闻港口、车站开展巡查防控，查获“套代购”走私行政违法人员417人，查扣涉案免税品13429件，行政立案433起，案值约1318.43万元。与银行反洗钱部门合作，开展资金流向分析和可疑账户研判，组织集中收网行动8轮，全链条打掉“套代购”走私团伙32个，刑事立案53起，案值约3.58亿元，开展“套代购”走私风险分析，建立以大数据应用为核心、以双平台建模为引擎的“一核双擎”风险防控模式，建设风险预警分析模型28个，向海口海关推送10批、425名“套代购”违法人员名单，实施离岛免税购物联合惩戒措施。侦破“深蓝8号”等“套代购”走私重大案件，全年侦办案值超千万以上“套代购”案件7起，其中被海关总署缉私局列为一级挂牌管理案件3起、二级2起，在全国“护航2023”专项行动考评中，被海关总署评为优秀。

（胡真）

【湛江中欧测试班列发运】 2023年，湛江海关与地方口岸部门沟通协作，与班列出境地呼和浩特海关建立关际协调机制，为企业量身定做便利监管方案，开展中欧班列相关业务测试工作。3月22日，湛江中欧测试班列在办理报关、转关手续后发运，经二连浩特铁路口岸出境，抵达俄罗斯莫斯科。

（李晓飞）

【“深湛组合港”业务启动】 2023年，湛江海关响应企业需求，与深圳海关召开“组合港”建设推进会，指导深圳、湛江两地港口、船公司密切对接；与地方商贸主管部门、行业协会开展座谈，针对货源组织及运费成本方面的问题，提前介入、谋划，开展政策宣传；与深圳海关联合推进“组合港”叠加内外贸集装箱同船运输业务，通过共享蛇

▲2023年4月26日，霞山海关关员对“深湛组合港”首票出口货物进行船边监装　（黄翔/摄）

口港、湛江港港口代码，实现货物一次申报、一次查验、一次放行，缩短中转时间 3 天以上，节约物流成本约 200 元/柜，湛江港成为开展“组合港”业务的首个粤港澳大湾区外港口。4 月 26 日，首艘“深湛组合港”模式集装箱驳船，从湛江港启运至深圳蛇口港，直接搭乘国际货轮出口。

（林豪）

【保障东华能源码头获批临时开放】2023 年，湛江海关多次调研吉达港区及东华能源项目，收集企业意见建议，开展政策法规宣讲，沟通协调广东省人民政府口岸办公室、交通运输部等部门，保障 2023 年 3 月 20 日东华能源（茂名）有限公司码头获批临时对外开放（半年）；7 月茂名港吉达港区获国务院批复同意扩大开放，开放涉及泊位为东华能源（茂名）有限公司码头东二港池 1#、2#液体散货 2 个泊位；10 月 9 日东华能源（茂名）有限公司码头获批临时对外开放续期半年。

（黄禄青）

【茂名口岸物流协同平台上线运行】2023 年，湛江海关与广东省人民政府口岸办公室、茂名市商务局统筹推动，依托（广东）国际贸易“单一窗口”，拓展“单一窗口”地方特色应用服务，上线运行茂名口岸物流协同平台，实现进出口货物智能查验、一站式办单、车辆资源共享、驳船舱单互通、通关时效分析、移动应用等功能。4 月 6 日平台正式上线至年底快速查验进出口货物 265 票，放行 1770 票。

（黄禄青）

南宁海关

【概况】南宁海关成立于1951年10月9日，时称“南宁关”；1980年2月9日，南宁关升格为厅局级机关，同年8月1日，南宁关改名为中华人民共和国南宁海关。南宁海关关区范围为广西壮族自治区全境。至2023年底，南宁海关内设机构18个，党委派驻纪检组18个，事业单位4个，另有海关总署委托管理的中国电子口岸数据中心南宁分中心，南宁海关风险防控分局。设有正处级隶属海关23个，分别是南宁吴圩机场海关、南宁邮局海关、邕州海关、北海海关、钦州海关、钦州港海关、防城海关、东兴海关、峒中海关、爱店海关、友谊关海关、凭祥海关、水口海关、硕龙海关、龙邦海关、平孟海关、贺州海关、梧州海关、桂林海关、玉林海关、贵港海关、柳州海关、河池海关。

2023年，南宁海关监管进出口货运量1.93亿吨；进出口货物总值8845.9亿元；税收入库480.23亿元；监管进出口报关单86.9万份；监管进出境运输工具97.8万辆（艘、架）次；监管边民互市贸易进出口总量357.17万吨、货值427.17亿元；监管进出境邮件22.96万件；监管跨境电商进出口货值174.24亿元，下降6.3%；截获检疫性有害生物8067种次；在非贸易渠道截获外来物种27种次；检验进出口危险化学品5970批、1761.3万吨，检出不合格211批次；立案查办各类案件3915起，案值77.38亿元。

年内，南宁海关获评省部级及以上荣誉17个，其中国家级集体荣誉3个，分别为2个全国“扫黄打非”先进集体（口岸监管处、南宁邮局海关）、1个二星级全国青年文明号（邕州海关）。

（覃锋）

【海关监管】2023年，南宁海关参与海关总署智慧风控业务场景应用建设6项，推进关区“智关强国”行动重点任务26项。开展打击海南离岛免税“套代购”、洋垃圾走私和“打击进出口危险品伪瞒报”等专项行动，立案查办海南离岛免税“套代购”案件44起；布控查获固体废物97起、6380.6吨；查获危险品伪瞒报情事286起；监管渠道缉私立案356起，查发刑事立案35起，案值40.21亿元。

年内，南宁海关开展进出口食品安全监督抽检和风险监测“国门守护”行动，全年监督抽检1.01万批次，检出不合格食品161批次并依法做退运或销毁处理。助力广西口岸稀土进口“零”的突破；铜精矿“保税混矿”项目入选“2023年度中国关务行业观察优秀实践案例”；推广关区进出口危险品检验模式改革，进口危险化学品现场检查量减少74%，通关时间压缩56%；检验进出口危险化学品5970批、1761.3万吨，检出不合格211批次，查发进出口危险

▲2023年8月28日，峒中海关查获未申报危险品　（吕伟源/摄）

品伪瞒报情事207起；开展进口机电、消费品质量安全风险监测134批，检出不合格27批；推进进口服装检验采信，关区首批实施第三方检验结果采信进口服装货值331万元。

年内，南宁海关推进AEO认证观摩实训基地建设，新增6家AEO企业；扩大“保税+ERP”试点范围，柳工集团加工贸易监管模式改革案例入选海关总署推动外贸稳规模优结构典型案例；支持保税新兴业态发展，推动凭祥综合保税区发展分类监管业务，支持北海综合保税区保税维修业务发展壮大，促进钦州综合保税区进口离岸大豆保税现货交易落地；推进关区属地查检业务管理提质增效，完成美国农业部对输美鲶鱼监管体系实地检查迎检工作；推行属地查检绿色通道，惠及82家企业；推广出口检验检疫证书“云签发”模式，制发各类出口环节检验检疫证近3.5万份；推进“远程视频查检”业务改革，开展“远程视频查检”工作641次，惠及企业103家。

年内，南宁海关推进西部陆海新通道建设，推行“直提直装”模式，实施海铁联运“批量转关”、北部湾港保税燃油供应监管新模式，助力北部湾港集装箱吞吐量突破800万标箱，海铁联运班列突破9000列。2023年边境口岸日均出入境车辆2201辆次，同比增长78.4%。支持南宁临空经济发展，推动临空智慧物流平台、空侧转运中心建设，实施“虚拟卡口”监管模式，助力南宁机场国际货邮吞吐量接近9万吨，增长22.5%。友谊关、龙邦、峒中等3个边境口岸开放建设项目通过国家验收，推动广西实现7类指定监管场地全覆盖。支持边民互市贸易规范发展，监管边民互市贸易进出口总量357.17万吨、货值427.17亿元，分别增长78.27%、1.1倍。支持跨境电商新业态贸易发展，实施区港联动“无感式通关”改革，支持南宁、钦州、崇左等地新设或增设跨境电商监管场地，全年监管跨境电商平台清单出口货值超174亿元。开展第20届中国—东盟博览会监管服务工作，保障东盟10个国家、201家参展商的15万件货物参展。

（蓝丹阳）

【海关检疫】2023年，南宁海关实施“1+2”陆路口岸智慧卫生检疫模式，建成以“一系统、二平台”为基础的陆路口岸智慧卫检模式，出入境车辆平均过卡时长加快90%，旅客通关时长加快超300%，相关经验被海关总署“智关强国”行动专刊采用。口岸重点关注传染病检出再创新高，检疫查验入境人员408万人次。开展“多病同防”，实施猴痘病毒监测1.2万余人次。与广西壮族自治区卫健委首次签订信息通报机制合作协议，举办中越“两国四方”第三次边境卫生检疫合作会谈，首次举办中越边境口岸公共卫生核心能力建设培训班。开展口岸核心能力建设，关区4个口岸均以优异成绩通过考（复）核，桂林机场口岸成为关区首个达到国际卫生机场申报资格的口岸。全年捕获病媒生物近1.7万只，检出钩端螺旋体阳性8例，协助海关总署完成“一带一路”专项病媒生物监测；开展日常卫生监督593次，双抽计划任务全部完成，开展压舱水核辐射监测2次。

▲2023年2月24日，南宁吴圩机场海关关员在机场辖区开展外来入侵物种监测普查　（谢琪辉/摄）

年内，南宁海关开展严防外来物种入侵三年专项行动。筑牢口岸检疫安全防线，全年截获检疫性有害生物8067种次，同比增长95.06%。开展中越边境地区实蝇联合监测，一体推进主要入境口岸外来入侵物种普查，完成为期2年的普查工作和数据汇交，发现36种外来入侵物种；诱捕到实蝇15种、28.08万头，总数增加26.11%；监测到检疫性杂草8种、外来入侵杂草11种；动物疫病监测采样1.19万份，检出重要动物疫病7种并依法实施检疫处理。开展国外官方检疫证书联网核查，核查存疑证书3320余份，查处伪造证书188份。

（鲁俊飞　梁科）

【税收征管】2023年，南宁海关入库税收480.23亿元，同比增长7.68%，12月单月和全年入库税收均创历史新高。参与各项课题研究，与广州、上海海关联合撰写报送《智关强国视角下支持企业提升FTA利用率更好服务外贸高质量发展研究》报告，撰写《南宁海关关于提升国门经济安全治理能力 推进"智关强国"行动的调研报告》。

（刘薇）

【打击走私】2023年，南宁海关开展"国门利剑2023"、"护航2023"、打击涉海走私等联合行动，全年立案查办各类案件3915起，案值77.38亿元，同比分别增长98.03%、23.23%。全年，立案侦办"GN"系列走私大要案37起，案值61.46亿元，海关总署挂牌管理案件23起；推进"涉越涉桂"情报大数据平台、陆海联动中心等重点项目建设应用，破获重大走私案件9起，涉案金额约17亿元；会同地方部门对走私及洗钱、骗税、骗补贴等关联犯罪开展全链条打击46次，打掉走私及关联犯罪团伙74个。落实"党政军警民"五位一体联防联控机制，全年组织或参与联合行动78次。

（甘丽雅）

【统计与研究】2023年，南宁海关组织开展2项全国专项调查，搭建"1+1+N+N"数据审核网格体系，及时向海关总署上报处置高风险企业数据121家和向地方部门通报进出口异动风险23次。定期开展关区业务数据提供和发布自查，制定南宁海关数据安全责任制。关区157个调查研究课题顺利开展并结题，2篇研究报告获评海关总署主题教育"百篇优秀调研报告"。开展外贸形势分析研判，分析报告获广西壮族自治区党委政府信息采用38篇次。打击虚假贸易，有效防范和惩治统计数据造假。

（陈辉）

【与东盟国家进行SPS合作研究和跨境监管合作】2023年，南宁海关协助海关总署举办首届"一带一路"海关食品安全合作研讨会、第六次中国—东盟SPS合作技术工作组会议，与东盟等共建"一带一路"国家（地区）SPS合作研究和跨境监管合作。与越南开展动植物疫情联防联控、农产品贸易合作交流，年内开展对越交流36次，对边境地区外来有害生物开展联合监测。参与海关总署与越南官方的水生动物技术会谈，促进进口龙虾和出口鲟鱼等贸易发展。完善"中国—东盟SPS合作信息"网站，推动我国与东盟各国相关政策、规则、标准、信息联通共享。

（覃锋）

▲2023年7月20日，发展中国家培训班官员到南宁海关技术中心参观交流（杨鸿飞/摄）

▲2023 年 5 月 5 日，邕州海关关员在南宁国际铁路港对首票海关监管与铁路安检平行作业货物进行验核　（林丹莉/摄）

【支持西部陆海新通道建设】2023 年，南宁海关落实海关总署 15 项支持举措，协同区域海关出台 49 条细化措施，助力北部湾港集装箱吞吐量突破 800 万标箱，海铁联运班列突破 9000 列。倡议建立西部陆海新通道技术性贸易联盟，与重庆、长沙等海关建立跨关区合作的技术性贸易协作机制，联合编发针对大宗水果、机电产品出口的技术性贸易专刊 6 期。

（覃锋）

【支持广西进出口水果交易中心建设】2023 年，南宁海关协助政府制订出台进出口水果交易中心建设实施方案，协助海关总署对广西建设进出口水果交易中心研究制定 9 条“个性化”支持措施。推进东盟国家农食产品准入，广西口岸进口水果、水产品货值居全国第一。服务沿边临港产业发展，支持中国—东盟产业合作区和水果、海鲜等东盟进口商品交易集散中心建设。

（覃锋）

【大中心实验室联合体建设】2023 年，南宁海关完成关区实验室运行管理机制改革，以技术中心为龙头、10 个设在隶属海关的实验室建立“工作站”为支点，组建关区“大中心”实验室联合体并实体化运作，全年新增检测项目 3000 余项、达 1.9 万项，法检自检率提升至 99%，平均检测周期压缩至 3.2 天，该项改革入选“2023 年中国关务行业观察贸易管理优秀实践案例”。

（覃锋）

【“国门绿盾”智慧工作室】2023 年，南宁海关搭建境外源头智能管控、智慧动植食大数据应用等 4 大信息化平台，综合运用大数据、AR 技术等手段，完善“中心+现场”式有害生物快速筛查机制，推动钦州港、北海、防城、梧州 4 个隶属海关有害生物初筛鉴定室获得海关总署核定。

（覃锋）

【支持农食产品出口】2023 年，南宁海关助力“新三样”、六堡茶、螺蛳粉等特色产品扩大出口，迎接美国农业部、欧盟食品安全监管机构来华检查工作，促进广西“零问题”通过输美鲶鱼和输欧盟动物源性食品安全卫生监管体系检查。建立技术性贸易措施交涉应对服务重点企业库，推动广西茧丝绸、柑橘、六堡茶等特色产品新增 14 个出口目的地，南宁沃柑、茶叶、糖果等产品开拓新加坡、孟加拉国、印度、朝鲜、欧盟及俄罗斯等市场，玉林蔬菜首次进入英国市场，融安金桔首次出口加拿大。实施技术性贸易措施服务，促成全国首个茧丝绸技术性贸易措施研究评议基地落户广西。推动产地直供香港蔬菜通关，对供港澳活猪实施“AR 远程辅助监管”模式，保障 10.35 万头活猪供应港澳地区，合格率 100%。

（覃锋）

海口海关

【概况】海口海关的前身是清光绪二年（1876）成立的琼州海关。1950年5月1日，由海南军政委员会接管。1950年6月1日，经中央人民政府政务院批准，成立中华人民共和国海口海关。1984年6月9日，经国务院批准升格为海关总署直属正厅局级海关。海口海关管辖海南省全境的海关业务。至2023年底，有内设机构19个，党委派驻纪检组8个，事业单位7个。设有隶属海关单位12个，分别是洋浦海关、海口美兰机场海关、海口港海关、椰城海关、三亚海关（下设副处级驻三亚国际邮轮港办事处）、八所海关、博鳌机场海关、文昌海关、马村港海关、三沙海关、三亚机场海关和海口海关风险防控分局。

2023年，海口海关推进智慧海关建设和“智关强国”行动。建设“一人一码、一企一账、一物一链、一呼一应”——“四个一”海南自由贸易港海关智慧监管体系，制订14个场景方案，选取离岛免税等4个作为“早期收获”项目内容。推进海关智慧监管平台建设，海南自由贸易港项目群建设启动立项。创新“一船两用”监管模式，全国首船首单业务在海南落地。推出“医疗药品器械一体化管理创新”入选自由贸易港第十六批制度创新案例。打击治理海南离岛免税“套代购”走私相关做法作为海关系统唯一推荐案例入选中央主题教育“百个案例”。

年内，海口海关监管进出口货物总值2312.8亿元，同比增长15.3%；税收入库144.62亿元，增长14%；监管运输工具1.03万辆（艘、架）次，增长86.3%；检出各类传染病16种、449例；检出检疫性有害生物269种次；检出不合格商品（含食品化妆品）174批次；立案侦办走私犯罪案件1971起，案值10.4亿元。

（吴宛珊）

【海关监管】2023年，海口海关开展洋垃圾、外来物种等口岸监管查缉，查发5起进口固体废物情事，查获各类非法出版物3328本（张）；邮检现场监管进出境邮递物品7.1万件，在全国口岸中首次查获外来物种墨西哥无刺蜂8只。落实海关总署“龙腾行动2023”“净网行动2023”“蓝网行动2023”专项行动部署，查获知识产权侵权案件17批次、查扣侵权商品26727件、涉案货值近450万元，同比分别增长6.25%、81%及5.9倍。查获2起大额侵权洋酒案件，其中查扣侵权洋酒26652件、涉案货值440万，系海南口岸历史以来涉案货值最大的侵权案件。牵头推动离岛免税“即购即提”“担保即提”新提货政策落地实施，

▲2023年4月1日，海口国际免税城离岛免税“即购即提”“担保即提”新提货模式落地 （李想/摄）

全年监管“即购即提”购物件数282万件，购物人数128万人次，销售金额25.1亿元；“担保即提”购物件数608件，购物人数605人次，销售金额6127万元。全年海南离岛免税销售金额437.6亿元，增长25.4%。全年监管进出口货运总量3732万吨，增长8.3%。其中，进口货运量3019万吨，增长9.6%；出口货运量714万吨，增长3.1%。监管集装箱约23.3万箱次，增长21%。监管进出境运输工具10268艘（架）次，增长86.3%。其中，监管进出境船舶4468艘次，减少10.7%；监管进出境飞机5800架次，增长9.4倍；监管进出境游艇22艘次，增长37.5%。

（杨刚）

【海关检疫】2023年，海口海关助力海南省国际客运航线恢复到31条。落实“多病同防”要求，结合海南口岸实际重点开展登革热、猴痘等传染病防控。全年完成出入境人员检疫78.81万人次、交通工具检疫1.03万艘（架）次。检出登革热、甲型流感病毒等传染病449例，输入性病媒生物14批次、165只，创近5年新高。支持引进优质种质资源服务种业发展，帮扶优质农产品扩大出口，“中转基地进境植物繁殖材料特许审批新模式”获海关总署备案，支持海南活猪首次供应澳门、新鲜椰子首次进口，服务海南特色农业外贸发展和海南自由贸易港建设。全年截

▲2023年10月8日，洋浦海关关员对进口椰子进行检疫查验　（郭涵/摄）

获外来有害生物385批次、1318种次，同比分别增长26.64%和48.26%，其中检疫性有害生物140批次、269种次，分别增长154.55%和166.34%。开展进口食品“国门守护”行动，全年监管进口食品123亿元，增长22.7%；出口食品38亿元，增长2.5%。严防洋垃圾入境，全年监管进出口工业产品4.33万批，查验2793批，检出不合格253批，其中鉴别确定固体废物5批次、101.7吨，退运汽车5辆，退运服装273件。推进进口服装、进口水泥检验结果采信，推动进口水泥智慧商检采信模式全国首船首单落地洋浦，获评“2023年中国关务行业观察之贸易管理优秀实践典型案例”。

（刘佛民　杨巽）

【税收征管】2023年，海口海关开展税收政策研究，形成10余篇海南自由贸易港税收制度研究成果，结合海南产业特点及实际情况，提出11项税政调研建议被纳入重点行业调研课题，为自由贸易港建设提供政策储备。推动“零关税”政策、加工增值30%免关税政策等海南自由贸易港早期收获政策扩容增效，推动22项商品增列入“零关税”交通工具及游艇清单，自政策实施至2023年12月31日，“零关税”3张清单进口货值194.9亿元，减免税款36.9亿元，加工增值出区内销货值46.7亿元，减免关税4.22亿元。推动税收征管改革创新，完成离岛免税物品自动核税功能改造，实现离岛免税超值部分进境物品进口税单电子化，牵头推进担保办理电子化，实施租赁进口货物差别化担保及跨境电商小微企业担保创新举措。运用“云擎”系统建模，开展涉税风险排查，聚焦“大税源、高风险”商品开展专项监

控，筑牢自由贸易港税收安全屏障。全年税收入库 144.62 亿元，同比增长 14.39%，创历史新高，其中关税入库 10.31 亿元、增长 10%，进口环节税 133.79 亿元、增长 14.29%，船舶吨税 0.52 亿元、增长 10.64%。

（许晓君）

【打击走私】2023 年，海口海关查发各类走私案件 1971 起，其中刑事立案 192 起，案值约 6.4 亿元；行政立案 1779 起，案值约 4 亿元。开展震慑式警务、劝阻式执法 452 场次，对 3100 余人次进行现场查问、教育惩戒，2100 余人主动办理退货手续，退货货值达 1930 余万元。打击危害国家生物安全走私犯罪，联合海南省公安厅海岸警察总队、森林公安局和深圳、黄埔等地缉私部门，打掉 1 个走私“异宠”专业通关团伙和 14 个非法“异宠”繁育基地，查获各类“异宠”活体 4350 只。全力打击涉海走私，联合海岸警察总队查获走私越南槟榔 9.88 吨，查获各类品牌香烟 6148 条。立案侦办该关首起涉验检疫检案件，联合昌江县公安局破获 3 起逃避商检系列案件，涉案货值约 3000 余万元。

（房晶）

【统计与研究】2023 年，海口海关开展数据监控 400 余次，编发统计监督信息 13 期。审核关区进出口报关单 11.1 万份，记录条 218.2 万条，纠正各类差错 352 条，涉及 41.5 亿元；审核业务统计指标 3.4 万条，纠正差错 26 个。强化数据安全管理保障海关数据有效利用，制定海口海关进一步加强数据安全工作规定，向海南省政务信息共享交换平台共享 26 项数据。加强外贸进出口监测分析服务各级领导决策，外贸分析工作专报获海南省委省政府载体采编 34 篇，推动地方政府出台支持罗非鱼等特色产业发展政策措施。结合主题教育扎实开展调查及课题研究，推动完成 9 项关级调研、151 项处级领题调研、150 篇处级领导政研论文，组织推动 2 项署级课题、20 项关级课题研究，3 篇获评全国海关“百篇优秀调研报告”，1 篇调研报告被海关总署推荐上报国家机关工作委员会，21 篇研究成果在署省载体刊发。

（王柔柔）

【支持海南自由贸易港建设】2023 年，海口海关围绕“放、管、建、立、试”总要求，配合做好推进海南自由贸易港建设工作专班（部委层面）2 次在海南开展工作，会同“海南自由贸易港建设海关工作专班”集中攻关，推动海南自由贸易港早期收获扩大实施成效，支持海南自由贸易港开展更高水平压力测试。配合完成“零关税”交通工具及游艇政策优化调整，推动“零关税”三张清单扩容增效，全年监管“零关税”进口货物 46.5 亿元，减免税款 10.5 亿元。推动加工增值 30% 内销免关税政策扩大试点，推动上线公共版 ERP，为试点企业降低成本，全年监管 23 家试点企业内销货值 18.2 亿元，减免税款 1.7 亿元。推动洋浦保税港区 11 项政策措施扩大到洋浦经济开发区。2023 年，海南自由贸易港货物贸易进出口总值 2312.8 亿元，同比增长 15.3%。其中，进口 1570.7 亿元，增长 22.4%；出口 742.1 亿元，增长 2.8%。

（廖逸婷）

【推进封关运作】2023 年，海口海关推动自由贸易港海关智慧监管平台项目获批国家发展改革委批复初设及概算，并启动项目实质建设。推动国际旅行卫生保健中心、智慧监管业务技术用房、技术中心实验室建设、海口植物隔离检疫中心文昌和三亚苗圃升级改造 4 个封关运行保障重点项目获国家发展改革委批复初设及概算，年内项目主体工程顺利封顶。推动自由贸易港对外开放口岸及“二线口岸”项目建设，研究形成“二线口岸”整体通关流程设计方案，参与起草海南自由贸易港“二线口岸”运行管理总体方案。

（廖逸婷）

【打击治理海南离岛免税“套代购”走私】2023 年，海口海关统筹打击治理海南离岛免税“套代购”走私专项行动、“护航 2023”联合专项行动和综合整治工作，办理案件 1830 起，案值 6.38 亿元，相关案例入选中央主题教育“百个案例”。

联合海南省商务厅完成海政通溯源管理应用功能优化升级，运用溯源码辅助全国海关查缉走私人员1252名。加强监管，连接免税企业ERP数据，对出入库免税商品集中审单规范执法标准，成立3支关警联合执法队伍，开展免税店面和提货点巡查，劝阻拟携带免税商品出隔离区旅客4113人。聚焦“人流、物流、资金流”，向海南省大数据管理局等部门获取海南离岛免税销售、支付、提货、购买人员行程等数据，与中国人民银行等部门开展跨部门研判，提炼线索173条，缉私部门据以立案94起，案值约3亿元。建立“公安+缉私”工作机制，整合公安机关技侦、网警、海岸、铁路、港航等警种部门资源，实施合成作战、集群打击。向地方打私办推送“套代购”违规人员严重失信惩戒名单1473人，对6名严重失信人员予以失信联合惩戒。

（周秀琳）

【洋浦保税港区政策措施（第一批）扩区试点首单业务落地】2023年，海口海关落实推进党中央关于将洋浦保税港区相关政策措施扩大至洋浦经济开发区加大压力测试的部署，开展政策实施准备工作。配合海南省有关部门选定3家试点企业，围绕企业实际情况分析解读相应政策，指导企业做好ERP联网、申报、信息化系统改造升级等工作。研

▲2023年4月13日，洋浦保税港区政策措施（第一批）扩区试点首单业务在儋州洋浦落地　（郭瀚/摄）

究提出海关监管需求，推动海南自由贸易港公共服务平台新增相关应用模块，组织开展联调测试，协调试点企业、系统运维公司、机场货站等分别在测试环境和真实环境中模拟试点政策措施业务测试，确保政策落地后首单落地。4月13日，货值41.24万元的造纸机用成型网入境后直接运往试点企业厂区查检，标志着洋浦保税港区政策措施（第一批）中“简化企业申报”政策正式扩大至洋浦经济开发区实施。

（黄昭宜）

【“一船两用”监管模式创新】2023年，海口海关创新提出“一船两用”新模式，即海关接受第三方检验鉴定机构（如SGS）出具的装油卸油数重量证书或关企三方认可的计量方式，赋予船舶“海上管线（承运国产燃料油）+油料配送（保税油加注）”功能，建立全国首个运油供油跨区域、跨部门行政执法联合监管机制，突破船舶保税供油的单一功能限制，提升船舶使用效率，降低企业经营成本。在“一船两用”新模式下，试点船舶可在保证保税油与国产油分舱独立运输，做好物理隔离的前提下同时开展保税油加注与国内燃料油短程运输业务。

（黄翔）

【进口水泥智慧商检采信模式全国首单落地海南】2023年，海口海关推动全国首单进口水泥智慧商检采信模式落地。对水泥取制样、监装、发卸货、存样等关键环节开展全流程音视频监控，依据采信机构出具的检验报告进行综合评定放行，进口水泥通关放行时间从40日压缩至3~5日，

▲2023 年 9 月 17 日，全国首单采用智慧商检采信模式的越南进口水泥在海南洋浦港顺利卸货　（郭瀚/摄）

助力企业持续提升跨境供应链运转效率。该案例获评“2023 年度中国关务行业观察之贸易管理优秀实践典型案例”。

（高爽）

【支持种质资源引进】2023 年，海口海关派员入驻全球动植物种质资源引进中转基地服务中心，通过一站式咨询和“多审合一”，实现种质资源引进中转相关审批事项统一归结，集中受理。与主要引种口岸海关建立沟通机制，联合开展榴莲苗引进风险分析，对引种涉及的查验、抽检、实验室鉴定等环节进行梳理，建立口岸与属地信息共享机制，促进口岸通关时效提升 50%以上，年内引进 3.6 万株榴莲苗，支持榴莲实现国产化。

（杨巽）

【支持博鳌乐城打造医疗产业创新高地】2023 年，海口海关支持博鳌乐城国际医疗旅游先行区打造药械进口平台高地，助力乐城先行区落地 376 种全国首例创新药械临床应用。指导乐城先行区 3 家医疗机构享惠自由贸易港自用生产设备“零关税”政策，进口货值 7464.8 万元，减免税款 1126.97 万元。简化生物制品入境审批环节，审批时效由 20 个工作日缩减到 2 个工作日，全年为乐城先行区办理生物制品入境审批 78 批次。

（相鲁川）

重庆海关

【概况】重庆海关前身是重庆新关，成立于清光绪十七年（1891），清光绪二十八年（1902），对外始称重庆关。1949年12月，重庆市军管会接管重庆关。1950年12月，中央人民政府关闭长江上游沿岸海关，重庆关撤销。1980年5月，恢复设立重庆海关（正处级），对外称中华人民共和国重庆海关，监管区域包括四川省全境。1984年6月9日，重庆海关升格为正厅局级。1997年8月1日，海关总署调整重庆关区管辖范围为重庆直辖市下辖区县。现有处级内设机构18个，党委派驻纪检组6个，事业单位4个。设有隶属海关单位12个，分别是重庆江北机场海关、重庆港海关、重庆邮局海关、两路寸滩海关、两江海关、西永海关、渝州海关、永川海关、涪陵海关、万州海关、黔江海关和重庆海关风险防控分局。

2023年，重庆海关监管进出口货物总值1041.93万吨，同比增长23%；监管运输工具10.89万辆，减少13%；关税入库151.96亿元，下降13.57%；检出各类传染病12种、597例；检出检疫性有害生物28种次；检出不合格商品（含食品化妆品）914批次；立案侦办走私犯罪案件34起；签发出口原产地证书2.8万份。

年内，重庆海关服务国家重大发展战略，支持西部陆海新通道建设，推动重庆市与海关总署签订新一轮署市合作备忘录；首创中新（加坡）“两国四方”模式，在重庆召开中新（加坡）关际合作四方会议。西永海关监控一科获全国海关系统准军事化纪律部队建设先进集体，王卿获WCO杰出贡献荣誉表彰。

（涂茜）

【海关监管】2023年，重庆海关出台支持帮扶外贸市场主体发展20条细化措施，受理“两步申报”“提前申报”模式的报关单4.8万票、39.9万票；实现上海洋山外港、南京太仓等主要长江进口口岸至重庆所有水运港口离港确认模式全覆盖；扩大重庆市生物医药研发用物品“试点清单”范围，进口研发用物品种类增加到15个；推进真空包装等高新技术货物布控查验模式应用，推进“构建一体化风险防控体系”“西部陆海新通道沿线海关风险一体化防控”建设，研发全国平台级“云擎”模型36个，2个优秀监测模型在全国海关推广应用。年内，监管进出境邮件173.98万件、进出境快件195.07万件；查获出口濒危植物甘松7.4吨，货值37.1万元；查获管制刀具80把，同比增长5倍；查获管制药品案件21起，毒品案件19起。

年内，重庆海关助推重庆果园港成为内陆地区首个具备进口肉类、粮食、水果指定监管场地“三合一”资质的水运口岸。永川综合保税区通过验收，两路果园港综合保税区通过规划调整验收，西永综合保税区验收结果得到海关总署批复同意，重庆港扩大开放至万州新田港区、涪陵龙头港区、江津珞璜港区进入国家部委审理阶段。“海关特殊监管区域货物进出区‘四化’监管新模式”被海关总署纳入《推动综合保税区高质量发展综合改革实施方案》。重庆综合保税区年内进出口4662.85亿元，占同期重庆外贸总值的65.3%。

年内，重庆海关开展“进口食品企业责任年”活动，70多家企业参加，签署进口食品安全承诺书700多份，开展“追踪2023”食品进口记录销售记录专项核查；与成都海关建立统一的进口冰鲜三文鱼快速验放机制，联合检查腌渍蔬菜企业94家。首次查获进口美国冷冻猪肠猪繁殖与呼吸综合征病毒阳性。建立“重点企业培育库”，打造“一张龙头骨干清单、一组潜力企业名录、一套信用管理模式、一份惠企政策礼包、一个答疑释难团队”的“五个一”服务体系，新增AEO企业14家，AEO企业增至100家。

（罗森）

【海关检疫】2023年，重庆海关检疫查验出入境航空器8752架次，出入境人员87.23万人次，检出猴痘等各传染病452例。完成出入境特殊物品卫生检疫审批1214票，发现不合格特殊物品8批次。出入境监测体检1.65万人次，检出传染病151例。实现“国际旅行健康检查证明书”和“疫苗接种或预防措施国际证书”川渝地区通办。口岸截获病媒生物49批次、65只，首次在重庆口岸截获东方蜚蠊。

年内，重庆海关开展严防外来物种入侵三年专项行动等专项行动，检出非洲猪瘟等动物疫病12批次，截获锹甲、泰国斗鱼等“异宠”4批次，截获毛叶番荔枝等外来物种10种次。开展进出境动植物疫情和外来物种监测，覆盖检疫性实蝇等31个类别，设置监测点456个，监测防除南瓜实蝇、长芒苋等检疫性有害生物13种。指导重庆江北国际机场、重庆水运口岸（果园港）进境水果、粮食、种苗、食用水生动物指定监管场地建设，开展果园港集装箱进口粮食可行性分析，保障果园港首批304吨进口加拿大豌豆检疫合格放行。承接进境粮食检疫审批终审权限，优化进境粮食初审、调运手续，监管中转进境粮食379万吨，同比增长56%。

（周冠邑）

▲2023年6月6日，黔江海关关员在出口果园检查实蝇智能监测设备（黔江海关/供图）

【税收征管】2023年，重庆海关开展跨境电商零售进口税款电子支付应用试运行，关区税款电子支付率超99.99%。推行集成电路、新型显示器件等产业减免税申请“ERP联网升级+快速审核”模式，审核减免税货值1.56亿美元，减免税款5000多万元。推动启运港退税政策落地，办理启运港退税报关单5.3万票，涉及货物342.96亿元、企业2535家。自10月12日实施海铁联运境内铁路运费扣减举措以来，扣减运费552.5万元，减征税款66.22万元。建立“内河运费扣减”“中欧班列回程境内段运费扣减”台账管理机制，扣减运费7306万元，减征税款1058.8万元。支持重庆国际贸易“单一窗口”开发建设原产地享惠服务功能，经核准出口商数量同比增长4倍。推广运用“智能审单+自助打印+邮递签证”模式，签发出口原产地证书2.8万份，金额约29亿美元。推广预裁定服务，签发预裁定决定书25份。开展全国海关涉税化验统计分析12次，牵头建立西部陆海新通道沿线海关涉税化验疑难会商机制，组建区域海关涉税化验技术专家组。参加储能产业、风力发电、化肥农药、种业振兴等7项专项行业税政调研，“新增种用甜玉米进口暂定税率”等建议被关税调整方案采纳。

（宁悟）

【打击走私】2023年，重庆海关组织开展“国门利剑2023”“护航2023”等专项行动，打击海南离岛免税“套代购”、“水客”、固体废物、毒品、文物、税源商品、烟草走私违法犯罪，刑事立案侦办各类走私犯罪案件34起，案值约4378.7万元，同比增长91.9%；立案调查各类行政违法案件341起，案值1.01亿元，破获关区首起通过中欧班列铁路货运渠道走私改性沥青刑事案件，查发关区首起利用邮递渠道伪报贸易性质、低报价格走私高档雪茄烟进境刑事案件，首次完成境外在逃嫌疑人抓捕遣送回国任务。联合公安、市场监管等部门开展冻品交易市场集中清理整治，规范冻肉产品市场流通秩序。

（涂茜）

【统计与研究】 2023年，重庆海关完成贸易景气调查等统计专项调查任务24次。牵头海关总署全球贸易监测分析中心重庆区域中心工作，48篇贸易监测分析报告被海关总署相关刊物采用，20余篇被中共中央办公厅、国务院办公厅采用。向重庆市委市政府报送重庆外贸专题分析、调研报告20余篇，分析结果及相关建议转化为重庆市政府《重庆市推进外贸稳规模优结构若干措施》《“渝车出海”行动计划》具体措施。围绕海关服务西部陆海新通道建设、成渝地区双城经济圈建设，完成国家发展改革委立项课题1项，上报调研报告12篇，2篇入选海关总署百篇优秀调研报告。参与的“专精特新”企业进出口专题研究获中央和国家机关工委“关键小事”调研攻关一等奖。查处申报不实影响统计类案件66起。

（宁悟）

【“4+14+N”智慧海关建设框架体系】 2023年，重庆海关承办“进境活动物智慧检疫监管”“智慧综保区”“长江经济带智慧物流监管”“西部陆海新通道物流联动”4个署级智慧海关业务场景应用建设，参与14个业务场景应用建设，形成关区“4+14+N”智慧海关建设框架体系。“长江物流智慧监管系统”，促成汽车整车出口滚装船“江海联运”新模式落地。“进境活动物智慧检疫监管”系统，实现活动物进境全流程进系统、全品类全覆盖，检疫作业智能化，全流程同步防范廉政风险以及疫病统计分析4大功能，年内检疫放行种猪918头。“智慧综保区”项目取得“实施卡口分类分级管理”“优化核放单验放逻辑”“简化生产用设备解除监管手续”3项早期收获，在金关二期加工贸易及保税监管子系统上线运行。融入数字重庆建设，“西部陆海新通道物流联动”项目和“长江经济带智慧物流监管”项目在全国内河监管实现“船、箱、货”全维度、全过程、全流域途中实时监控，港口疏运效率提升30%。助推果园港建成内陆首个“三合一”水运口岸。

（罗森　涂茜）

【“滞、瞒、逃、骗、害”综合治理】 2023年，重庆海关查获境外卫星信号接收器3套，查获砷化镓外延片、射钉弹、铅蓄电池电解液等涉危货物瞒报问题21起，货值946.82万元。检出不合格危险品318批，检出率9.47%。开展涉税要素风险排查处置，归类、审价、原产地补税增长1.66倍。查发以低报价格方式走私赛车级轮胎2起，案值1200多万元，查获毒品药品54.8千克。查获自香港进境废旧充电电路板、磁性传感器。首次在重庆口岸检出“四病合一”（合并艾滋病、鼻病毒、肠致病性大肠埃希菌、肠聚集性大肠埃希菌感染）病例，截获植物疫情增长131.7%，截获检疫性有害生物增长316.7%。查获不合格进出口食品8批，首次在美国进口猪冻肠中检出蓝耳病病毒。

（刘春婉）

【支持西部陆海新通道建设】 2023年，重庆海关协助海关总署出台海关支持西部陆海新通道建设15条重点举措。牵头西部陆海新通道沿线15个直属海关制定49项细化措施，支持西部陆海新通道高标准建设、高质量发展。组织区域海关召开支持西部陆海新通道建设工作座谈会，先后与南宁海关、长沙海关签订合作备忘录，将区域海关合作机制由“13+2”扩容至“13+3”。试点海铁联运进口集装箱铬矿检验监管优化模式，实现战略性资源直通西南战略大后方，货物全程运输时间缩短至20天左右。推行西部陆海新通道“境内铁路运费扣减”政策，年内重庆经西部陆海新通道运输货值279.24亿元，增长11%。

（肖宝林）

【支持成渝“双圈”建设】 2023年，重庆海关加强成渝区域协同发展，落实海关总署出台的支持成渝地区双城经济圈建设12条重点举措。与成都海关签署新一轮合作备忘录，确立畅通国际物流通道等7大类、25项合作事项，联合印发《重庆海关成都海关共同支持成渝地区双城经济圈建设2023—2024年重点任务》，将“上海—重庆”进口转关“离

▲2023年9月12日，重庆港海关关员对进口铬矿进行取样　（冉从勇/摄）

港确认”监管模式扩大至四川泸州、宜宾港，压缩在港作业时间2/3以上。与成都海关联合推出“关银一KEY通”川渝通办集成化改革并获评全国自由贸易试验区最佳实践案例，在全国首次实现电子口岸卡跨关区代办，在川渝两地设立银行制卡代理点40个，业务办理时间缩短2/3，办理入网业务近1.3万次，新入网企业超2.5万家。2023年，成渝地区双城经济圈进出口值1.66万亿元，占同期西部地区进出口值的44.2%。

（肖宝林）

【海铁联运集装箱铬矿检验监管优化模式试点】 2023年9月1日，海关总署同意重庆海关在全国率先落地“海铁联运集装箱铬矿检验监管优化模式”。重庆海关对重庆某公司从南非进口铬矿实施监管优化试点。该公司进口铬矿由广西钦州港口岸入境，经铁路集装箱原箱运输至重庆果园港海关监管作业场所。试点后，减少了口岸检验所需的堆存、短驳、掏装箱等环节，货物运输时间比江海联运模式减少至20天左右，平均单箱节约成本1700多元。9月21日，首批试点40个集装箱、1050吨铬矿由广西钦州口岸入境，9月25日运抵重庆果园港海关监管作业场所，9月26日实现全流程顺利放行。年内3批铬矿完成试点，合计115个集装箱、货重3017吨。

（王洪亮）

【西部陆海新通道首列新能源汽车铁海联运班列开行】 2023年，重庆海关深化与西部陆海新通道沿线海关协作，加强与地方政府部门、运营主体和龙头企业的沟通协调，指导企业抓住新能源汽车铁路运输政策机遇。3月22日下午，首列载有重庆本土品牌的50辆新能源汽车的西部陆海新通道班列从重庆鱼嘴站发运，出口欧洲地区。依托西部陆海新通道铁海联运，从重庆出发2天后，出口汽车可在广西钦州港上船出海，比江海联运模式缩减了10～20天。

（刘春婉）

【生物医药研发用物品进口“试点清单”】 2023年，重庆海关推动生物医药研发用物品进口试点政策实施，与重庆市商务、科技、经信、药监等地方职能部门协作，完善新监管措施和服务模式，发布2批重庆市生物医药研发用物品“试点清单”，对纳入“试点清单”生物医药研发用物品免予提交进口药品通关单，执行单证审核和数量核销，享受政策的企业拓展到3家，进口研发用物品种类增加至15个，保障3批次“试点清单”物品顺利通关。

（周冠邑）

【支持农食产品出口】 2023年，重庆海关推动19家出口企业获得注册/备案资质，新增出口农产品示范基地4家。年内出口食品3202批，重量8.4万吨，货值13.5亿元。推动奉节脐橙首次出口新加坡，忠县柑橘首次出口俄罗斯，铜梁萝卜首次出口越南，虫草花首次出口越南。设立鲜活易腐农食产品属地查检“绿色通道”，推动丰都鲟鱼首次出口老挝，鲜鸡蛋首次出口所罗门群岛，辖区鲜鸡蛋、鲟鱼等鲜活易腐农食产品出口2555批次。推动黔江羊肚菌首次出口加拿大，秀山“秀橙”首次出口东南亚国家，石柱火锅底料首次出口乌兹别克斯坦，酉阳茶油、黄精产品等特色农产品5次赴马来西亚、新加坡等国参加农食产品展会；助力城口香菇、巫溪鸡蛋和中山杉种苗等12个新品种实现重庆关区首次出口；无刺花椒首次出口日本，花椒、粉条等特色农食产品出口866批次，货值1.30亿元。

（周冠邑）

【大足市场采购贸易方式试点】2023年，重庆海关推动大足市场采购贸易方式试点，发布《关于实施市场采购贸易方式试点的公告》，制定重庆海关市场采购贸易监管实施细则，设立大足海关监管作业场所，从启动建设到通过综合验收用时73天。打通“市场采购贸易+中欧班列、中老班列、跨境公路、江海联运”出口新线路，推行出口货物装箱环节“监装溯源”，对工厂货物装箱过程进行远程监

▲2023年9月19日，黔江海关关员对黔江羊肚菌龙头企业首批出口产品开展现场监管　（侯宏旭/摄）

控。推行市场采购贸易一体化市内组货模式，节约物流时间约1小时，节省物流成本约2000元/箱。9月，首票市场采购贸易通过全国通关一体化模式在重庆市顺利通关。10月，关区首列市场采购贸易专列通过中欧班列（渝新欧）发出。年内，监管市场采购贸易报关单1726票、货值12.5亿元，一体化模式报关单1240票、货值10.4亿元，转关模式报关单486票、货值2.1亿元，贸易铁路专列5列次。

（刘春婉）

成都海关

【概况】成都海关始于1981年11月15日，重庆海关派出对成都至香港首次直航包机进行监管的工作组。1982年1月，海关总署决定成立重庆海关驻成都办事处，2月改名重庆海关成都分关，10月1日正式对外办公。1985年2月，成都分关改称为成都海关，仍隶属于重庆海关。1989年7月，成都海关升格为副厅局级海关，直属海关总署，监管区域为川西、川北地区；2000年12月，升格为正厅局级海关。成都海关关区范围为四川省全域。至2023年底，有内设机构18个，党委派驻纪检组7个，事业单位5个，另有海关总署委托管理的中国电子口岸数据中心成都分中心设在成都海关。设有隶属海关单位19个，分别是成都双流机场海关、成都邮局海关、青白江海关、锦城海关、天府新区海关、绵阳海关、自贡海关、攀枝花海关、泸州海关、德阳海关、广元海关、遂宁海关、内江海关、乐山海关、宜宾海关、南充海关、达州海关、广安海关和成都海关风险防控分局。

2023年，成都海关保障天府国际机场国际航班顺利转场，完成大运会海关监管保障任务，在天府国际机场开展“智慧旅检”建设，推动成都高新综合保税区发展绩效评估连续4年位列全国综合保税区第一。参与的航空口岸“智慧旅检”业务场景、进境粮食全流程智慧监管、智慧属地查验监管3个业务场景项目获评海关总署智慧海关建设“2023年度十佳”项目。成都双流机场海关旅检二科获评“全国海关系统准军事化纪律部队建设先进集体”“一星级全国青年文明号”，青白江海关监管二科获评“全国海关系统先进集体”，锦城海关综合科业务二科获评全国“巾帼文明岗”，成都双流机场海关综合科获评“2022年全国打击骗取留抵退税违法犯罪工作成绩突出集体”。

年内，成都海关监管进出口货物总值7228.5亿元，同比下降8.1%；税收入库187.1亿元，下降19.2%；监管进出境航班2.5万架次，增长114.3%；检出各类传染病13种、917例；检出检疫性有害生物1684种次；检出不合格商品（含食品化妆品）154批次；立案走私犯罪案件37件，立案走私行为案件62起，违规及其他违法案件（含“简快”案件）510起；查获象牙等濒危野生动植物及其制品469.1千克，增长489.2%，其中象牙及其制品36.4千克，增长189.1%；查扣侵权货物2.8万件。

（李超）

【海关监管】2023年，成都海关在航空、铁路口岸和水运港口开展“直提直装”试点，全年采用“直提直装”业务进出口货物65票，货值3096.5万美元。在泸州港、宜宾港开展“离港确认”业务，全年115票。推广“铁路快通”等模式，全年1529票。支持进境TIR公约国际公路运输业务发展，保障四川首条“中吉乌”TIR公约国际跨境公路运输通关，保障四川首批进境TIR公约国际公路运输冷链货物通关。支持四川省各指定监管场地发展，2023年12月，天府国际机场综合性指定监管场地列入海关总署对外公布名单。推广真空包装等高新技术货物布控查验模式，19家企业、1652个商品项获海关总署备案。

年内，成都海关检验进出口法检商品1.82万批、273.7亿元，检出不合格199批，查发不合格进口机电产品39批。开展医美行业突出问题专项治理，查获不合格医美产品2.4万件，查获旅客携带未申报美容针剂161盒。开展“打击进出口危险品伪瞒报”专项行动，查发进出口危险品伪瞒报5票。推动进出口危险品检验模式改革，口岸进口危险化学品平均通关时长压缩26.4%。发挥成都国际铁路港整车口岸功能，支持3995辆汽车进口。年内，新增海关备案报关单位1.1万家，新增AEO企业

19 家。开展“金钥 2023”涉税及“商神 2023”检验检疫专项行动，办结稽查作业 80 起。释放海关主动披露政策红利，办结主动披露作业 85 起，企业依法申请减免滞纳金 623 万元。推广核查作业统筹叠加模式，实现“下一次厂，核多项事”，办结核查作业 702 起。办结涉检检疫行政处罚案件 81 起。

（李建　谢佳）

【海关检疫】2023 年，成都海关依托智慧海关建设，实现出入境人员体温监测、健康申报、旅客仓单、精准拦截等数据及功能“并联”，单名旅客 8 秒内完成“卫检+行查”双预检。现场采取“1+X”医学巡查、增加快筛试剂、加强流行病学调查等措施强化检疫排查，全年检疫进出境航班 2.5 万架次，进出境人员 288.4 万人次，检出传染病 879 例；从入境航空器、旅客行李物品、快件及集装箱中截获输入性病媒生物 6 批次、16 只。开展出入境人员监测体检 2.6 万人次，检出梅毒、乙肝、丙肝、肺结核等传染病 497 例。对成都双流国际机场、成都天府国际机场的口岸食品、饮用水、公共场所等经营企业开展卫生监督 1362 家次，审核发放卫生许可证 163 份；开展食品、饮用水、微小气候抽样检测 6889 项次；开展病媒生物监测，捕获病媒生物 1933 只。联合成都市温江区政府省内首创线下跨关区联合风险评估，助力全省首个国产创新 TROP2-ADC 新药上市获批，案例入选 2023 年四川省自由贸易创新案例。

年内，成都海关完成进口食品境外生产企业注册评审 802 家、视频评审 2 次，派员参加海关总署体系评估 2 次、现场评审 1 次。排查 49 家出口腌渍蔬菜备案生产企业，督促整改不合格问题 148 项。核查境外通报不合格出口食品生产企业 20 家。开展“国门守护”“健安 2023”等专项行动，检出进口问题食品农产品 28 批次，拦截不符合要求跨境电商进口食品 11 批次，监督销毁跨境电商进口临期、过期食品 12 万余件。组织开展“进口食品企业安全责任年”活动，172 家企业签署承诺书，开展培训 43 次，1060 名企业人员参加。深入开展“国门绿盾 2023”“跨境电商寄递‘异宠’综合治理”专项行动和严防外来物种入侵三年专项行动，从入境旅客携带、寄递渠道截获猪肉制品中检出非洲猪瘟病毒核酸阳性 23 例；截获有害生物 1684 种次，其中检疫性有害生物 202 种次；口岸查获禁止进境物 197 种次，其中外来入侵物种 19 种、23 种次。支持新建改造大熊猫隔离检疫场 5 个，保障 8 批次、15 只大熊猫顺利归国。支持优质种质资源引进，安全高效引进欧洲栎苗木 300 株、虹鳟鱼受精卵 200 万粒。

（林魏　黄菊）

【税收征管】2023 年，成都海关开发“成都海关跨境电商税款担保信息交互平台”，压降企业跑窗口次数 60%以上，担保当日办结率提升至 90%。深化综合治税，税收入库 187.08 亿元。服务 RCEP 等自由贸易协定发挥效能，优惠贸易项下进口货物税款减让 2.4 亿元，同比增长 16.5%；签发出口原产地证书 2.49 万份，签证金额 44.3 亿美元、增长 15.2%。其中，RCEP 项下税款减让 1139.3 万元，增长 2.8 倍；签发证书 2946 份，签证金额 25.6 亿美元、增长 27.7%。落实进口税收优惠政策，减免税款 5.8 亿元，其中科创项下减免税款 2.7 亿元，增长 40.9%。推广中欧班列运费扣减举措，推动内河运费扣减举措落地见效，为企业扣减运费 496.6 万元，减征税款 69.3 万元。

（李国良）

【打击走私】2023 年，成都海关缉私局刑事立案 37 起，案值 6480.07 万元；行政立案 572 起（含“简快”案件 415 起），案值 1.09 亿元。开展“国门利剑 2023”等专项行动，严厉打击海南离岛免税“套代购”、“水客”走私和涉废、涉濒、涉枪、涉毒走私，查办海南离岛免税“套代购”走私刑事案件 8 起、行政案件 4 起。推进全员打私，“关警联合战队”先后查获成都关区近三年最大宗快件渠道走私毒品案、成都天府国际机场通航后首起走私毒品案；立案侦查公安部目标案件项下寄递渠道走私入境国家管制类麻精药品案 2 起；全年立案侦查走私毒品案 13 起，查获毒品总重 6.3 千克。严打洋垃圾走私入境，行政立案 1 起。严打象牙等濒危野生动植物及其制品走私，刑事立案 1 起、行政立案 348 起。落实多部委常态化打击虚开骗税、骗取留抵退税等涉税违法犯罪工作，立案调查申报不实影响出口退税行政案件 9 起。立案侦查逃避商检案 1 起。强化多警种合作，全年向地方公安机关移交案件线索 67 条，其中 50 条已刑事立案。

（谢文燕）

【统计与研究】 2023 年，成都海关制订工作方案和统计数据调查性处置暂行工作指引，建立重点任务协作机制，压紧压实隶属海关主管责任，联合商务、外管、税务完善联防联控机制，形成管控闭环，防控统计数据瞒骗造假。提升监测分析研究质效，向海关总署报送调研报告篇。加强四川外贸多维度监测分析，报送外贸专报 16 篇。落实外贸形势分析会议工作机制，推动研判成果转化为促进农食产品出口、优化营商环境等多项配套措施。参与完成署级课题 5 项，组织完成关级课题 76 项。针对大熊猫进出境申报问题，完成申报规范，并在全国海关推广。提升智慧统计水平，以用户需求为导向，拓展完善“蓉 e 统”系统功能，从科技“微创新”提升至关级信息化项目立项，月均访问量超过 3000 人次。

（张汉　钟赫曦）

【“滞、瞒、逃、骗、害”综合治理】 2023 年，成都海关围绕海关监管面临的“滞、瞒、逃、骗、害”5 大风险开展调研，实施综合治理。疏通“滞”的堵点，开发“成都海关数据决策支持平台”，建立货物通关流程跟踪机制，形成报关单“监控—分析—监督—处置”闭环；设立鲜活易腐农食产品属地查检“绿色通道”，为 1347 批出口新鲜蔬果提供优先查检、预约查检。防范“瞒”的风险，统筹推进危险品检验模式改革和“打击进出口危险品伪瞒报”专项行动，查发进出口危险品伪瞒报 5 票，检出进出口危险品及其包装不合格 154 批；深化执法协作联动，加大知识产权海关保护力度，查获侵权货物 2.8 万件。堵截“逃”的行径，开展打击走私“国门利剑 2023”联合行动，查获枪支散件 246 件、弹药散件 6 万件。遏制“骗”的行为，开展“金钥 2023”“商神 2023”专项行动。拦截“害”的输入，做好“多病同防”工作，开展严防外来物种入侵三年专项行动。

（胡学言　杨博溢）

▲2023 年 2 月 1 日，成都邮局海关关员在进境邮件中查获濒危植物岩牡丹、连山牡丹　（唐竹/摄）

【支持西部陆海新通道建设】 2023 年，成都海关落实海关总署支持西部陆海新通道建设 15 条重点举措，联合区域海关共同发布 49 条细化措施，支持西部陆海新通道扩量提质增效。牵头建立西部陆海新通道区域海关知识产权保护常态化合作机制。对接西部陆海新通道沿线海关，建立西部陆海新通道沿线海关涉税化验疑难会商机制。

年内，成都海关联合贵阳海关对国内白酒龙头企业出口白酒外包装问题进行技术性贸易措施调查研究。联合昆明海关成立中老国际班列“铁路快速通关”跨关区专项工作组，促进中老班列提质增效。与乌鲁木齐海关、南宁海关建立常态化通关合作机制，共同推进西部陆海新通道通关便利化。支持中老班列及铁海联运班列开行，支持开行个性化班列，丰富进出口商品类型，监

▲2023 年 4 月 3 日，青白江海关关员在成都国际铁路港对通过中欧班列进口的整车开展查验　（梁磊/摄）

管保障 12 月 12 日首趟泰国农产品专列通关。支持“广西北部湾城市—成都—欧洲”班列常态化开行，实现“双通道联运”。常态化运行上海至重庆港、宜宾港、泸州港江海联运进口转关“离港确认”监管模式。促成交通运输部发布上海至泸州外贸进口航线平均运价，推动“内河运费扣减”审价模式落地，至年底为 22 家企业扣减运费合计 217.3 万元，减征税款合计 36.1 万元。

（胡学言　杨博滋）

【支持成渝地区双城经济圈建设】 2023 年 3 月 28 日，成都海关、重庆海关在成都签署新一轮合作备忘录，明确 25 项合作事项。推进“多程转关”模式试点，减少货物运输时间 20%～30%；联合支持打造中欧班列集结中心示范工程，促进两地现有线路与口岸资源共享互通，年内两地海关监管保障中欧班列（成渝）开行 5300 余列，运输箱量超 43 万标箱。支持成渝地区“航空+陆运”多式联运和国际中转业务发展，年内两地海关监管进出境航班 3.4 万架次，验放进出境人员 380 万人次。深化川渝自由贸易协作，联合推出的“‘关银一 KEY 通’川渝一体化模式”被国家发展改革委列为成渝地区双城经济圈跨区域协作经验做法向全国推广。推动全国跨境电商零售进口税款电子支付改革在两地率先启动试点，两地相关企业参与率超过 90%。

（胡学言　杨博滋）

【保障成都大运会通关监管】 2023 年 7 月 28 日至 8 月 8 日，成都海关强化海关联合保障，严守国门安全防线，提高通关服务水平，圆满完成第三十一届世界大学生夏季运动会（成都大运会）涉赛人员、物资通关保障工作。北京、上海、广州、深圳、成都、乌鲁木齐 6 个成都大运会进出境口岸海关建立参赛人员及物资通关保障协同工作机制，统一设置专用通道和窗口，实现信息通报共享、异常突发情况联动处置。对涉赛物资实施“提前对接、专人保障、即到即办”模式，验放效率提升 50%。创新打造入境一体化智能通道，单人卫生检疫和手提行李机检压缩至 5 秒。开发大运会进境人员信息核查系统，将赛事举办方的涉赛人员抵离系统与海关舱单系统对接，实现 100% 人员信息比对。大运会期间，成都海关协同北京、上海、广州、深圳、乌鲁木齐海关监管验放大运会进出境航班 840 架次、人员 1.3 万人次、物资 156 批次。

（尹蒙　赵磊）

【支持成都天府国际机场航空口岸对外开放】 2023 年，成都海关配合推进成都天府国际机场对外开放国家验收工作。1 月 17 日，成都天府国际机场航空口岸通过海关总署（国家口岸管理办公室）会同国家移民管理局、中国民用航空局、中央军委联合参谋部组成的国家验收组验收。3 月 26 日零时起，原在成都双流国际机场运行的国际和地区客运航班转场至成都天府国际机场，当日验放出入境航班 35 架次、旅客 3372 人次。全年，成都双流机场海关验放通过成都天府国际机场出入境的客运航班 1.7 万架次、旅客 237.6 万人次。支持成都天府国际机场口岸指定监管场地申建，9 月 5 日—6 日，海关总署专家组对成都天府国际机场综合性指定监管场地开展现场

▲2023年12月26日，锦城海关关员在成都高新综合保税区开展巡查（马强/摄）

考核验收，12月7日，根据海关总署对外公布的进境指定监管场地名单，成都天府国际机场综合性指定监管场地（进境水果、种苗、食用水生动物和冰鲜水产品指定监管场地）获批投运。

（李建　单城竹）

【推动成都高新综合保税区发展】2023年，成都海关推动成都高新综合保税区内企业从加工制造业延伸至保税维修业务等高附加值产业发展，成都高新综合保税区实现进出口值4070.1亿元，保税维修业务进出口值192.5亿元。推进“数智综保”系统建设，空箱识别系统全面试运行，全面推广“高新数智综保”移动端平台运行，搭建海关、园区管理部门、企业之间即时信息智能交互平台。深化成都高新综合保税区自研自产药品联合监管模式，支持区内制药企业打通药品内销堵点，开辟国内市场，2023年企业第4种批号新研发药品内销。

（黄鑫明　段建萍）

【归国大熊猫进境检疫】2023年，成都海关支持新建改造大熊猫隔离检疫场5个，高效办理进境检疫审批，做到“即报即审即批”。成立口岸检疫保障专项小组，实施“提前申报+机上查验+机边提离”快速通关验放机制，1小时内完成口岸现场验放作业。指导属地海关依法实施隔离检疫，做好健康监测，严格防疫管理。密切与林草、公安、交通运输等部门协作配合，强化运输安全保障、疫情疫病防控。年内保障8批次、15只大熊猫归国。

（黄菊）

【保障三星堆新出土文物赴港展览】2023年9月27日至2024年1月8日，由四川广汉三星堆博物馆联合成都金沙遗址博物馆、四川省文物考古研究院、成都文物考古研究院4家共同组展的“凝视三星堆——四川考古新发现”专题展在香港故宫文化博物馆举办。展品近半数为2020至2022年间三星堆遗址最新发掘的重要文物，部分属首次在四川省外展出。成都海关成立通关监管工作专班，与三星堆管委会、四川省文物局、国家文物出境鉴定四川站建立四方沟通机制，前置监管流程，优化监管环节，联合国家文物出境鉴定四川站进行现场审核。该批展品由成都海关全程提供通关监管服务，9月15日从成都天府国际机场出境展出，涉及文物120件/套，其中一级文物23件/套，估值3.9亿元。

（李建）

贵阳海关

【概况】贵阳海关1988年3月成立（正处级），1995年6月升格为副厅局级海关，2002年4月升格为正厅局级海关。关区范围为贵州省全境。有内设机构14个，党委派驻纪检组3个，直属事业单位3个。设有隶属海关单位9个，分别是贵阳龙洞堡机场海关、筑城海关、贵安新区海关、六盘水海关、凯里海关、毕节海关、兴义海关、遵义海关和铜仁海关。

2023年，贵阳海关监管进出口货物总值759.5亿元，同比增长11.5%；税收入库7.6亿元，下降7.2%；监管进出境运输工具（飞机）346架次，增长57倍；监管跨境电商网购保税进口清单5.8万份，货值1636.51万元，增长26%。检出各类传染病14种、61例；检出检疫性有害生物1种次；检出危险品不合格16批，增长60%；检出不合格进出口工业品17批，其中出口电池、打火机等不合格典型案例7个。立案侦办走私案件104件，案值1663.57万元。向地方有关部门移交沉香木制品26.97克、象牙制品37.8克，涉案美容针剂等6281盒；销毁涉案化妆品756件、侵权物资521台。

年内，贵阳海关推进智慧海关建设和“智关强国”行动，与上海海关共同承办的“航空口岸‘智慧旅检’业务场景”项目获评海关总署智慧海关建设“2023年度十佳”项目。贵阳龙洞堡机场海关胡安琳获评全国巾帼建功标兵、全国海关系统先进工作者；贵阳海关缉私局张琦悦、李沅岭，铜仁海关达瓦次仁获评2022年全国打击骗取留抵退税违法犯罪工作成绩突出个人。

（王艺璁）

【海关监管】2023年，贵阳海关监管进出境货物258.59万吨，同比减少19.58%；监管进出境邮件5.19万票，减少0.69%；提高货物通关效率，两步申报应用率53.9%，提前申报占比62.5%。做好自由贸易区海关监管创新制度复制推广，推动分送集报监管模式在贵阳综合保税区落地。推动贵州省首单二手车出口业务落地，助力贵阳综合保税区打造二手车出口基地。开展“关长送政策上门”活动，指导企业向综合保税区内聚集发展保税维修业务，年内贵阳、贵安、遵义综合保税区保税维修进出口值为6.72亿元，维修企业11家。贯彻落实海关总署关于推动综合保税区高质量发展综合改革措施，3个综合保税区年内进出口货值199.5亿元。在2022年度综合保税区绩效评估全国综合排名中，贵阳、贵安、遵义综合保税区分别位居第72名、第104名、第125名，分别提升57位、

▲2023年11月6日，贵安新区海关关员开展出口危险货物属地查验（吴波/摄）

28位、5位，均由C类提升至B类。开展海南离岛免税“套代购”专项行动，运用大数据挖掘高风险人群，年内移交缉私刑事立案3起，总案值1400余万元。开展洋垃圾、濒危野生动植物、“异宠”专项风险防控，查获外来物种（“异宠”）5批次，查发固体废物风险情事3起。下发风险预警30篇，其中获海关总署风险管理司采用2篇。加大对非货物贸易渠道风险研判，设置、调整布控规则50条，查获安全准入情事235起，增长2倍。强化“用数治理”建立“云擎”数据监控模型10个。开展“打击进出口危险品伪瞒报”专项行动，成立专项行动领导小组，聚焦进出口危险品“涉危不报”“高危低报”“多危少报”问题，从危险品申报管理、风险分析、现场监管等8个方面持续推进，查获危险品伪瞒报案例7个，实施立案行政处罚5起。开展重大事故隐患专项排查整治2023行动，细化21项工作任务，排查整治风险隐患117个，全年安全生产零事故。

年内，贵阳海关完成进出口食品安全监督抽检和风险监测样品数147个，获得检测结果799项次。对121家出口食品生产企业、出口食品原料种植/养殖场开展监督检查。开展3批次境外不合格食品通报调查工作。开展进口食品风险同步处置演练1次。开展进口食品安全检查专项行动5次。联合农业农村、商务部门制订促进贵州省农产品出口贸易工作方案，推动地方农特产品出口。全年，贵州省农食产品出口61.95亿元，同比增长12.6%。推进危险化学品检验模式改革，推广“指令+作业指导书”作业模式，开展危险品专题培训考核，对一线危险化学品检验监管进行实时监控。落实国家宏观调控政策，完成法定检验出口磷肥130.5万吨，检出不合格7批次。

年内，贵阳关区新增进出口企业1617家，同比增长75%。完成3家企业AEO认证工作。首次获准协助海关总署开展对哈萨克斯坦AEO国际互认工作。支持国内首家企业开展熔炼铌加工贸易业务，实现黔西南州加工贸易业务“零”的突破。办结稽查作业15起；办结核查作业340起，查发286起；办理相关行政处罚案件63起。组织开展打击虚假贸易专项稽核查行动，行政立案处罚58起，涉案货值102亿元。开启主动披露作业5起。

（孟鸿洲　李蕾）

【海关检疫】2023年，贵阳海关联合贵州省卫生健康、贵州民航产业集团等8部门（单位）建立贵州省口岸疫情疫病数据共享协作机制，开展多部门联合演练。加强登革热、猴痘等口岸重点关注传染病防控，做好检疫查验、联防联控、能力保障及安全防护等工作，实施“一采多检”，严防疫情叠加。健全关区口岸突发公共卫生事件应急处置机制，组织开展口岸突发事件应急演练5次。运用“专人联络+现场指导+快速审批”监管模式，全年查发特殊物品不合格案例154例。截获活体动植物及微生物43种、50种次，其中外来物种15种、16种次，“异宠”2种、25只，增长2.5倍，从进境旅客携带物截获的4批次水果中检出植物疫情。组织开展关区主要入境口岸外来入侵物种普查数据质量核查，普查和监测布点数7个，普查面积1.34万亩，发现外来入侵物种22个，包括植物18种、昆虫2种、真菌1种、软体动物1种。推动贵州省加强进口粮食安全风险防控工作，调运监管进境粮食63.9万吨。从贵阳龙洞堡机场口岸入境首批进境种苗。推动属地查检业务管理系统及“云签发”模式试运行，全年通过“云签发”模式签发检验检疫出口证书2819份。技术中心实验室通过CNAS、CMA二合一现场评审，新增检测能力65项，入围法定检测资格的农产品质量安全检测机构。国家果蔬检测重点实验室（六盘水）通过核查验收，入选六盘水市科普教育基地名单。

（陈沛　金瑶）

【税收征管】2023年，贵阳海关税收入库7.6亿元，同比下降7.2%。组织开展价格专项核查。强化非货物贸易税收征管，制订试点方案，加强部门间协同配合，做好舆情监测处置，推动进境邮件税款信息联网项目试点。贯彻落实“减免税管理办法”和“十四五”各项税收优惠政策，年内办理征免税证明476份，减免税款3638.3万元。签发各类原产地证书7356份，增长15.9%，货值13.4亿美元，下降

4%。其中，RCEP 原产地证书 480 份，货值 1.2 亿美元。

（孟鸿洲）

【打击走私】 2023 年，贵阳海关推进打击走私“国门利剑 2023”联合专项行动、夏季治安打击整治“百日行动”、“护航 2023”联合专项行动等，通过风险研判联合机制开展跨单位执法协作，提升多警种协作战斗力。年内刑事立案 9 起，案值 1551 万元；行政立案 95 起，同比上升 2.1 倍，案值 112.57 万元。查获国际邮件渠道，走私毒品案件 4 起。缴获疑似毒品大麻油 2 瓶、缴获 LSD 邮票约 1.11 克、大麻花 16.15 克。查办雪茄烟、烟丝走私案件 2 起。

（吕玥）

【统计与研究】 2023 年，贵阳海关向海关总署报送统计分析报告 72 篇。积极组织和参与海关总署课题研究，推动完成署级课题 1 项、调研报告 7 篇。参与全球贸易全景展示监测工作，完成约稿 2 篇。服务地方政府决策参考，完成新材料、轮胎、茶叶等重点商品专题分析 8 篇。

（朱清）

【贵广铁海联运“一港通”快速通关模式】 2023 年，贵阳海关与广州海关建立跨关区专项对接机制和异常处置机制，签订《广州海关 贵阳海关“一港通”贵广铁海联运模式联系配合办法》，通过优势互补、资源共享、执法互助、监管互认，率先实现贵广铁海联运“一港通”快速通关模式。5 月 27 日，在“一港通”模式下，贵州首趟测试班列从贵阳国际陆港顺利起运，企业进出口货物在筑城海关完成申报、查验、放行全部通关手续后，原箱快速出入广州南沙港，节约口岸掏箱及各类人工辅助作业成本约 3000 元/柜，缩短整体物流时间 3~5 天。

（孟鸿洲）

【贵阳海关“一局四中心”运营】 2023 年 6 月 30 日，贵阳海关做好“一局四中心”［即国际邮件互换局、国际航空货运中

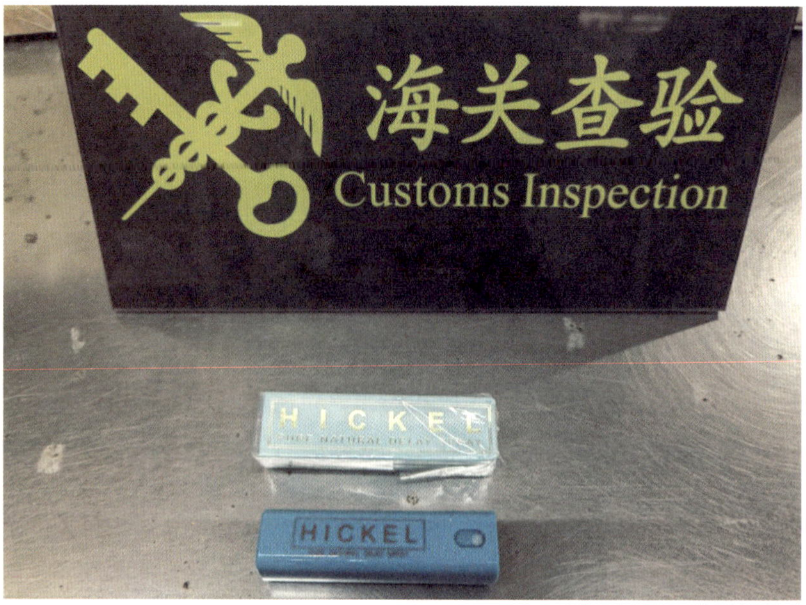

▲2023 年 8 月 17 日，龙洞堡机场海关在邮递渠道查获国家管制一类精神药品　（倪新智/摄）

▲2023 年 10 月 23 日，筑城海关关员监管“一港通”贵广铁海联运班列　（左耘/摄）

心、国际快件中心、保税物流中心（B 型）和综合服务中心，包括新申建的进境肉类、进境水果、进境冰鲜水产品、进境食用水生动物指定监管场地，迁建进境植物种苗指定监管场地］项目总体规划布局，国际航空货运中心海关监管作业场所通过贵阳海关验收，启动监管业务；10 月 18 日，贵阳龙洞堡国际机场进境冰鲜水产品、水果、食用水生动物监管场地正式通过海关总署验收批复；12 月 13 日，国际邮件互换局邮检作业场地通过贵阳海关验收并于当日开展邮件放行业务；国际快件中心、保税物流中心（B 型）和海关监管中心主体已基本建成。年内，监管全货运包机 8 架次，进境货物 48.9 吨，货值约 38 万美元。

（孟鸿洲）

【全国首个白酒、茶叶技术性贸易措施实体化展示中心设立】 2023 年，贵阳海关依托全国唯一的 WTO/TBT-SPS 绿茶、白酒

▲2023 年 8 月 25 日，遵义白酒产品技术性贸易措施研究评议基地工作人员对白酒企业开展培训　（孙瑜霞/摄）

产品技术性贸易措施研究评议基地，以“产业分析+关键工艺+标准样品+评议基地”模式建立全国首个白酒、茶叶综合技术性贸易措施实体化展示中心。围绕所涉茶叶和白酒产品，开展相关标准、技术法规收集，逐步完善国内外技术法规储备库。密切跟踪国外绿茶、白酒产品技术性贸易措施动态，开展风险信息分析和研判，利用各类媒体，加大技术性贸易措施研究评议工作宣传力度，向食品安全日报报送各类食品化妆品信息 19 条，向辖区企业发布“绿茶技贸预警快讯”26 期、国外酒精饮料技术性贸易预警信息 30 余条。

（朱清）

昆明海关

【概况】昆明海关前身为1889年成立的“蒙自关”，1942年始称“昆明关”。1950年，昆明关成为中国共产党领导下的人民海关。1980年昆明关正式更名为“昆明海关”，是首批升格为正厅局级的9个直属海关之一。成立于1928年春的中共蒙自关党支部，是中国共产党在海关行业建立的第一个党的基层组织。昆明海关关区范围为云南省。至2023年底，有内设机构17个，党委派驻纪检组15个，事业单位16个。另有海关总署委托管理的中国电子口岸数据中心昆明分中心设在昆明海关。设有隶属海关单位31个，分别是昆明长水机场海关、昆明邮局海关、滇中海关、瑞丽海关、畹町海关、芒市海关、盈江海关、章风海关、腾冲海关、大理海关、怒江海关、丽江海关、香格里拉海关、孟定海关、南伞海关、沧源海关、西双版纳海关、打洛海关、勐腊海关、思茅海关、勐康海关、孟连海关、河口海关、蒙自海关、金水河海关、天保海关、都龙海关、田蓬海关、曲靖海关、玉溪海关和昆明海关风险防控分局。

2023年，昆明海关推进智慧海关建设和“智关强国”行动，承办、参与“2+23”个署级应用场景，支持西部陆海新通道建设、深化“澜湄”合作等15个特色“智关强国”专项行动。推动磨憨铁路口岸成为我国连接东盟最大的铁路口岸，2个准入项目纳入第三届“一带一路”高峰论坛元首外交成果清单，19项周边优质农食产品准入输华。首创屠宰用肉牛规模化、持续性进口检疫监管模式。支持缅甸热处理桑蚕茧产业化进口。主办的“进口食品企业安全责任年”活动亮相国家级展会平台。与越、老、泰等国海关开展外事活动25次，推介“三智”理念，分享中国海关方案。“昆明海关查办进口涉嫌侵犯知识产权案争议化解案例”入选全国海关新时代“枫桥经验”百个典型案例名录。

年内，昆明海关监管进出口货物总值2218.9亿元，同比增长5%；税收入库142.64亿元，增长0.6%；监管出入境运输工具776.7万辆（艘、架）次，增长464.8%；监管边民互市货运量615.7万吨，增长41.5%；检出各类传染病808例；检出检疫性有害生物44种、478次，在全国首次截获北方花生根结线虫、心斑坡天牛、沙梨果实蝇；检出不合格商品（含食品化妆品）59批次；立案侦办走私犯罪案件2223起、增长63%，案值39.6亿元，其中办理刑事案件159起。

年内，昆明海关入选全国海关主题教育“四个一百”项目6个，汇编“书记项目”成果10篇。“海关行业建立的第一个党的基层组织”研究成果在中国海关博物馆展陈。培育署级党建品牌7个，获评海关系统优秀党支部工作法2个，在全国海关宣传推广。举行首次边关工作荣誉章颁授仪式，104人获边关荣誉章。5个集体和个人获省部级及以上表彰。昆明海关综合实训营获评“全国海关综合性业务实训示范点”。

（张周　阮旭东）

【海关监管】2023年，昆明海关紧盯“滞、瞒、逃、骗、害”等各类风险，开展“筑篱”“国门肃毒”“加强运输工具监管”等7个专项行动。实施“一会两机制”运行流程，推进跨部门风险联合研判机制，推进“预定+即决”风险布控模式，形成业务风险的排查、排序、排除闭环。实体化运作22个开展口岸业务的隶属海关三级监控指挥中心。开展“审图+现场”查缉连线，对审图异常情况100%转人工查验，查发包括夹藏毒品、危险品、濒危野生动植物制品等案件情事157起。开展“打击进出口危险品伪瞒报”专项行动，建立关地协作监管机制，促成8个重点口岸建设危险品存放仓库纳入云南省口岸三年发展行动规划，16个隶属海关与属地政府、监管场所签订协作监管机制协议，14个隶属海关在口岸区域配备地方政府指定危险品临时停放场地，降低口岸环节安全生产风险。全年检验监管进出口危险化学品6189批次，重量1487.35万吨；查获危险品伪瞒报175批次，重量605.9吨。查发进口洋垃圾案件10起，重量107.26吨；通过稽查打击洋垃圾进境，查证案值40.54万元的以“再生铝块”名义进口固体废物违法行为。开展“金钥2023”稽查专项行动。

年内，昆明海关运用“进出口商品质量安全风险智慧分析预警模块”，对危险品、再生金属原料等10余类重点敏感商品自主开展业务核查。修订进口矿产品作业指导书，推动进口铜精矿实验室检测项目工作。牵头组织编写海关打击进出口假冒伪劣商品工作指引。拍摄“危险品查发安全防护和处置”“进口再生钢铁原料现场检验”教学视频，编写昆明关区常见危险品、毒品查缉及安全防护手册。完成进口食品境外生产企业注册书面评审729家，受理注册审核10339家（次）。依托远程视频查检平台，对出口食品生产企业食品安全卫生控制和出口食品追溯等方面进行严格管理。将边民互市进口食品监督抽检和风险监测专项计划载入全国统一版边民互市管理系统并开展随机布控，实现“一般贸易+边民互市”进口食品监管全覆盖。全年完成6332个样品、12.29万项次检测，检出不合格食品化妆品59

▲2023年9月29日，腾冲海关关员在滇滩货场对进口矿产品实施放射性检测 （姜吉栋/摄）

批。编写进境中药材检疫监管操作指引，完成缅甸27种中药材风险分析，全年进口中药材3.9万吨、货值4.1亿元。实施出口鲜活农产品实施“7×24小时”预约优先通关，创新出口新鲜蔬菜安全监管措施，缩短通关时间，保证蔬菜品质，降低企业成本15%～20%。全年云南省进口农产品273.3亿元，同比增长18.5%。

年内，云南省特殊区域进出口货物总值234.01亿元。推动23项综合改革措施。“‘综合保税区飞行模拟器培训’监管新模式”通过海关总署备案在昆明片区开展试点。建成运行跨境电商园区13个，海外仓备案13个、覆盖7个国家。支持云南2家公司取得海关AEO高级认证。

（杨立律　代玉）

【海关检疫】2023年，昆明海关建立疫情信息监测机制，编发22期《疫情信息监测报告》。与云南省卫生健康委员会签订《加强云南口岸传染病联防联控工作合作备忘录》。规范关区卫生监督“双随机、一公开”抽查工作，核发口岸卫生许可证66份，开展卫生监督303次。制订昆明海关口岸病媒生物监测工作方案（2023年—2026年），开展国境口岸区域病媒生物监测544次，捕获病媒生物11990只，在捕获鼠类样本中检出汉坦病毒6次、钩端螺旋体阳性1次；截获输入性病媒生物33批次、133只，截获输入性登革热媒介生物埃及伊蚊70只。磨憨铁路、勐康公路、昆明长水机场、腾冲猴桥口岸通过口岸公共卫生核心能力考核、复核。出具特殊物品出入境卫生检疫审批单136份，指导隶属海关查获违规入境人体组织案例1

起。开展“国门绿盾 2023”“跨境电商寄递‘异宠’综合治理”和“清风”行动，推进严防外来物种入侵三年专项行动和国门生物安全“筑篱”专项行动，从非贸渠道截获外来活体动植物 290 种、460 种次；从进境植物及其产品中检疫截获有害生物 424 种、6234 种次，全国首次截获检疫性有害生物北方花生根结线虫、沙梨果实蝇。全国首次截获外来物种心斑坡天牛。

年内，昆明海关落实国门生物安全监测，完成 1187 份进境食用水生动物样品、8 批次进境虹鳟鱼卵、90 份出境水生动物疫病样品监测；设置监测点 424 个，监测到有害生物 33 万头。发布进境老挝屠宰用肉牛检疫工作方案，采取检疫审批“一次办理，分批核销”，隔离场所“分区对应，分批隔离”，进口肉牛“即进即宰，科学处置”的新监管模式，支持老挝屠宰用肉牛输华。配合开展缅甸口蹄疫免疫无疫区评估工作，解除缅甸贵概部分地区口蹄疫疫情。开展缅甸输华 8 种水果检疫要求回顾性评估，促成老挝鲜食芒果获准输华。探索进境屠宰用动物检疫工作“数据进系统、流程标准化、作业智能化、环节可追溯”，编制进境屠宰用动物智慧监管业务场景应用方案，实现屠宰用动物检疫风险快速预警和流程智能管控。加强重点农食产品监管，规范综合保税区、跨境电商等进出口食品检验监管。对进口即食生制动物性水产品和即食藻类水产品开展为期 3 个月的诺如病毒和霍乱弧菌风险监测。全年监管进出口食品 143.2 亿元，同比减少 11.1%；检出不合格进口食品 59 批，检验检疫不合格食品 332 批。

（金海　李凤）

【税收征管】2023 年，昆明海关税收入库 142.64 亿元，同比增长 0.6%。构建税收征管两级监控制度，制定 14 个操作指引，依托“海廉”“云擎”建立监控模型 20 余个，制定 3 个税收征管相关指引和细则。办理征免税确认通知书 8033 份，减免税款 15.91 亿元。与云南省商务厅联合举办五期 RCEP 原产地规则及关税减让培训，共同发布 RCEP 重点规则运用指引。签发 RCEP 项下优惠原产地证书 5276 份，货值 2.4 亿美元。推行原产地便利签证措施，签发各类原产地证书 10.9 万份。深化多元化税收担保改革，为 218 家属地企业办理税款担保备案 347 份、保额 12.94 亿元。签发归类预裁定决定书 107 份。落实国家减税降费政策，各项措施减退税 94.56 亿元。

（高大维　相俊昆）

【打击走私】2023 年，昆明海关开展“国门利剑 2023”联合行动，推进“护航 2023”专项行动、打击海南离岛免税“套代购”走私；组织开展“清风”、“国门绿盾 2023”、“护松 2023”“筑篱”和跨境电商寄递“异宠”综合治理等专项行动；分析边境管控形势和周边国家局势变化，开展对禁限物品、敏感物资的打击和管控。开展非设关地专题调研 16 次，推动开展联合整治工作，防止非设关地走私风险反弹。立案办理各类案件 2223 起，同比增长 62.9%；案值 39.6 亿元，下降 11.7%。

（张桃芬）

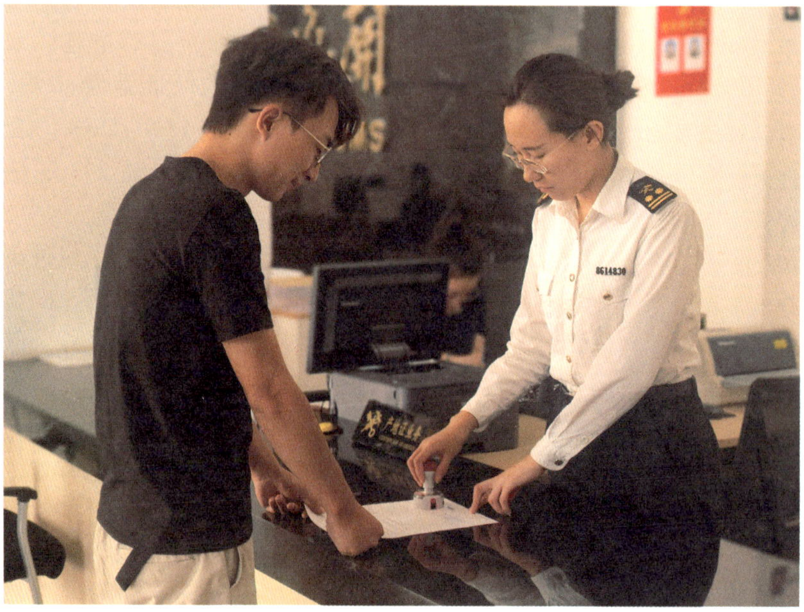

▲2023 年 4 月 18 日，玉溪海关关员为企业办理 RCEP 原产地证书　（玉溪海关/供图）

【统计与研究】2023年，昆明海关推进两批主题教育159个重点选题调研，解决678个企业群众急难愁盼问题，上报调研报告10篇，2篇调研报告入选全国海关主题教育“四个一百”，工作经验获简报交流。落实昆明海关外贸形势分析会议制度，牵头组织12次外贸形势分析会议。参与海关总署宏观经济分析研究、全球贸易监测工作，组织撰写监测预警文章224篇，20篇分析被海关总署信息载体采用。强化外贸监测预警与“智关强国”行动、虚假贸易管控、信息会商、涉缅工作等机制的协调融合。参与署级课题4项，完成种质资源、氢储能等海关总署指定研究任务，2篇专题研究获《海关统计分析工作》登载。落实关区统计数据质量管控工作机制，全年审核报关单48.3万份、144.5万条，纠正数据差错1357条。推进数据安全与开放利用，开展数据出境安全评估及报备；建立向地方党政行政机关提供海关统计数据服务机制，全年开展数据咨询提供服务240余次。

（陈华凌　乔晶）

【打造中老铁路“黄金线路”】2023年，昆明海关制定实施支持昆明市托管磨憨镇共建国际口岸城市的8项措施。与磨憨口岸联动，推行“区港联动”“场场联动”，实现口岸功能延伸与互补发展。改革通关模式，推进“运抵直通”“铁路快通”“附条件提离”等便利化模式。推广铁路快通模式，接收办理4414票“铁路快通”业务申请。支持“自贸+综保+经开+中老经济合作区”4区联动发展。支持“中老铁路+”多种贸易方式联动发展，推动跨境运输方式转型升级，支持建设多式联运中心、“一单制”试点，“中老铁路+中欧班列”“沪滇·澜湄线”顺利开行。创新通关模式，服务保障中老铁路国际客运开通、货运增长，全年监管中老铁路跨境货物410.7万吨，同比增长89.8%，运输范围覆盖全国31个省（自治区、直辖市）、12个共建“一带一路”国家（地区）。

（杨西蒙　宋玉泉）

【昆明长水国际机场创建“国际卫生机场”】2023年9月6日，昆明长水国际机场通过世界卫生组织实地测评验收，被授予“国际卫生机场”称号，获得对国际通航港口安全及卫生控制能力国际认证，成为全国第14个、也是4年来全国首批获得“国际卫生机场”称号的机场。

（李凤）

【边民互市贸易监管】2023年，昆明海关在河口、天保等15个口岸（通道）复制推广“互联网+边民互市”业务模式。推进全国首个水运边民互市点营业，3月27日，关累港边民互市贸易市场正式开展业务。配合云南省商务厅出台《云南省边民互市贸易操作指引（试行）》。完成德宏、西双版纳、红河等7个地州备案落地加工企业41家。全年监管边民互市贸易进出口货运量615万吨、同比增长41.5%，货值200亿元、增长55.3%；“互联网+边民互市”线上结算57.8万票，总金额53.3亿元。

（刘芳）

▲2023年11月21日，勐腊海关关员对进口老挝铁矿开展检查　（黄中磊/摄）

【“中国—南亚博览会·进口食品企业安全责任年”活动】 2023年8月17日，第7届中国—南亚博览会期间，由昆明海关、云南省商务厅联合主办的“中国—南亚博览会·进口食品企业安全责任年”活动在昆明举行。此次活动以“共担责任、共保安全、共促发展”为主题，旨在进一步推动进口食品（含化妆品）各类生产经营主体履行食品安全主体责任，从源头防范化解进口食品安全风险。海关总署标法中心专家现场对参会企业进行专题培训。昆明海关向各界发起共同守护食品安全、共同优化营商环境、共同加强安全监管的倡议。缅甸、越南、老挝、孟加拉国、柬埔寨等国驻昆明总领事馆及境外企业作为境外食品生产商代表，各类进口企业作为进口食品主体代表就落实进口食品安全主体责任进行表态发言，316家参会进口食品企业进行“我尽责　你安心”安全责任承诺。

▲2023年8月17日，昆明海关主办的“中国—南亚博览会·进口食品企业安全责任年”活动在昆明举行　（何若成/摄）

（代玉）

拉萨海关

【概况】拉萨海关前身是成立于1962年5月10日的西藏地区人民海关，1974年9月设立拉萨海关，统一管理西藏地区海关事务。1984年6月9日，经国务院批准升格为海关总署直属正厅局级海关。拉萨海关关区范围为西藏自治区全境。至2023年底，有内设机构16个，党委派驻纪检组3个，事业单位4个。设有隶属海关9个，包括拉萨贡嘎机场海关、八廓海关、聂拉木海关、吉隆海关、普兰海关、亚东海关、日喀则海关、狮泉河海关、林芝海关。

2023年，拉萨海关监管进出口货物总值72.93亿元，同比增长110.1%；税收入库1.60亿元，增长1.79倍；监管运输工具1.35万辆（艘、架）次，增长1.23倍；检出各类传染病82例；检出检疫性有害生物15批次；立案侦办走私犯罪案件10起，案值2018.8万元。拉萨海关获评“全国青年文明号”“自治区民族团结进步模范单位”“西藏五一劳动奖章”等20项国家级、省部级集体和个人荣誉，全国、全区文明单位复查通过考核验收，在自治区着力创建全国民族团结进步模范区主题知识竞赛中获冠军。

（霍力）

▲2023年7月10日，八廓海关对出口洗净羊毛开展查验监管　（盛志超/摄）

【海关监管】2023年，拉萨海关落实维护西藏稳定第一任务，全年各渠道查获违禁品7.14万件。推动“龙腾行动2023”“蓝网行动2023”知识产权海关保护专项行动，全年查获进出口环节涉嫌侵犯知识产权货物18批，2.72万件（个），总价值约40万元。改革监管资源配置，开展单兵装备、快查快检设备配备使用，监管查验设备配发72台、维护校准134台；开展对综合保税区、进境指定口岸和监管场地发展指导，推进里孜口岸、樟木口岸边民互市贸易区场地建设，助力拉萨贡嘎机场新监管场所和普兰、亚东边民互市贸易场所规范化建设。

年内，拉萨海关推进“一对一关企联络”工作制度，搭建合作联系平台，建立关区AEO企业培育库，培育1家本土企业获得AEO资质。将地方优势企业、规模企业、龙头企业转化为海关备案企业，集中解决涉及企业备案、通关等25项共性问题，助力7家规模企业、龙头企业成为外贸经营单位主体。备案特定资质企业26家，其中出口食品生产企业14家，食品化妆品进口商12家；注册备案报关单位219家。推动“多查合一”，稽查查发问题作业4起。支持综合保税区、跨境电子商务综合试验区“区区联动”，入区海关备案企业增长77.78%。

（法蒂玛）

【海关检疫】2023年，拉萨海关成立口岸防控工作专班，助力西藏口岸双向通关完成。全年检疫出入境人员28.18万人次，其中旅客3.69万人次，边民23.26万人次，司乘人员1.23万人次，运服人员20人次。实现关区运行中口岸核酸快检设备和免疫法快检设备配备全覆盖，全年完成样本快速检测3390人次。全年完成口岸食品安全抽检实验室检测182批次，口岸公共场所和饮用水实验室检测498批次，隶属海关现场快速检测102批次。开展严防外来物种入侵三年专项行动，开展各类监测473次，首次监测到新种实蝇8种，发现紫荆泽兰、野生大麻小规模爆发情形，联合地方政府清理野生大麻近5万余株，在非贸渠道查获禁止进境动植物及其产品442批次、594.88千克，检出有害生物31批次，其中非检疫性有害生物16批次；调研西藏主要入境口岸外来入侵物种情况并报送西藏入境口岸外来入侵物种状况。

（丁赞中）

【税收征管】2023年，拉萨海关减、免、退税1.34亿元，其中为民用航空飞机进口高等院校科研教学设备进口等货物审核确认征免税确认通知书496份，减免税款1.18亿元、同比增长20.72倍；审核优惠原产地进口报关单89份，增长7.09倍。推广汇总征税、自报自缴、多元化税收担保等纳税便利化措施，采用汇总征税方式申报报关单817票，“汇总征税”率为53.89%；“自报自缴”报关单1529票，自报自缴率为72.77%；“新一代电子支付”方式支付税款税单2497票，新一代电子支付率为100%。通过减免税快审系统审批航材减免税申请222份。

（丁增欧珠）

▲2023年7月19日，吉隆海关监管首批尼泊尔输华青贮饲料　（孙小丁/摄）

【打击走私】2023年，拉萨海关开展“国门利剑2023”打击走私联合专项行动。立案侦办走私犯罪案件10起，同比增长1.5倍；案值2018.8万元，增长5.2倍。立案查办走私及其他违规案件11起，案值274.49万元；快速办理案件26起，案值280.55万元。其中，侦办1起走私珍贵动物制品案，抓获犯罪嫌疑人3人，案值137.49万元；侦办1起走私药材案，抓获犯罪嫌疑人6人，案值751.53万元；侦办2起绕关走私案件，抓获犯罪嫌疑人4人，查获从禽流感疫区不丹绕关走私进境的孔雀羽毛46.64万根、901.05千克，案值124.39万元；首次从邮递渠道查获“三唑仑”，抓获犯罪嫌疑人1人；打击重点商品走私，侦办1起走私黄金案，抓获犯罪嫌疑人2人，查获走私出境黄金14千克，案值757.89万元。

（黄泽光）

【统计与研究】2023年，拉萨海关针对西藏自治区重点进出口商品和领域，与商务部门签订对外贸易数据共享合作协议；配合开展西藏“专精特新”企业和“上市企业”专题调研，5家企业成为中国海关贸易景气统计调查样本企业。建立拉萨海关青年政策研究及评审工作机制，完成第一轮21项选题征集和7项结题及成果转化，参与2项署级课题研究工作，2篇政研文章被海关总署载体采编。

（格桑卓玛）

【“滞、瞒、逃、骗、害”综合治理】2023年，拉萨海关聚焦“滞、瞒、逃、骗、害”风险，梳理形成关区17方面、24种具体风险表现形式，研究提出43项防范化解风险针对性对策措施。制定关区风险、责任、措施“三张清单”，建立风险防控5项机制。实施“天路e点通”项目，出口农产品检验检疫证书出证时间由1天压缩至5分钟。开展打击进出口危险品伪瞒报专项行动，查办危险品伪瞒报案件3起，查获侵权货物18批。追踪属地注册企业异地查发行政处罚案件14起，对14家综合保税区企业“经济区划、统计经济区域”代码进行清理纠正。

（法蒂玛）

【支持高原特色产业发展】2023年，拉萨海关为3167批次高原特色产品提供检测服务3万余项。2项署级科研项目通过验收，获国家发明专利2项、国家新型实用专利1项。强化企业培育，培育西藏首家本土乳制品出口生产企业，助力“水茶乳蜜菌、香草花毛绒”等更多高原特色产品成为优势商品走向国际市场。

（格桑卓玛）

▲2023年9月1日，聂拉木海关关员指导旅客进行进出境申报　（珠次仁/摄）

【边民互市贸易监管】2023年，拉萨海关支持吉隆边境经济合作区建设发展，支持各口岸政府部门开展边民身份认定、“边民互助”经营主体培育，指导企业申请国际道路运输资质，配合自治区做好15个传统边民互市贸易点恢复相关工作，推动普兰、亚东、聂拉木3个边民互市贸易点恢复并发展，支持吉隆边民互市贸易进口商品“落地加工”。吉隆海关首次在边民互市贸易渠道上线电子关锁智慧监管，实现进出口货物全流程监管。推广上线边民互市贸易管理系统，实现边民“人脸+身份证”或“指纹+身份证”无纸化申报。全年监管边民互市贸易进口4648.60万元，首次由边民互市贸易渠道进口尼泊尔生产的预包装食品262.64吨，总值225.29万元。

（法蒂玛）

【落实《中尼联合声明》】2023年，拉萨海关确保吉隆、樟木、普兰口岸恢复客货双通运行，保障里孜口岸验收开放、贡嘎机场国际航班复航。樟木口岸单日进出境突破2000人次，吉隆口岸新能源汽车出口超4000辆，普兰口岸实现多项业务“零”的突破，里孜口岸进出境人员超6000人次。全年，西藏与共建“一带一路”国家（地区）进出口货物总值72.13亿元，同比增长69.5%。对尼泊尔输华中药材检疫监管开展回顾性审查，拟定尼泊尔植物源性中药材输华植物检疫要求议定书，完成15种新增尼泊尔输华药材检疫准入，5家输华药材加工企业完成注册登记。研究制订尼泊尔青贮饲料输华工作方案，助力首批82.8吨、8.9万元的尼泊尔青贮饲料从吉隆口岸进口。

（格桑卓玛）

西安海关

【概况】1981年，国务院批准开通西安至香港航线，设立西安航空口岸，同时批准设立西安海关（正处级），为海关总署垂直管理单位。1984年5月1日，西安海关正式开关，关区范围为陕、甘、宁、青4省（自治区），1989年9月调整为陕西省。2000年升格为正厅局级海关。至2023年底，内设部门18个、事业单位4个。设有隶属海关单位11个，分别是西安咸阳机场海关、西安车站海关、西安邮局海关、关中海关、宝鸡海关、榆林海关、延安海关、渭南海关、汉中海关、商洛海关和西安海关风险防控分局。

2023年，西安海关监管进出口货物总值4042.1亿元，同比减少14.9%。

（裴杨）

▲2023年8月17日，西安车站海关查获侵权玩具车3.57万件　（李瑞奇/摄）

【海关监管】2023年，西安海关推进“两步申报”“两段准入”等通关业务改革，“两步申报”应用率为14.17%，“两段准入”计944票。加强国外技术性贸易措施影响调查和交涉应对，完成关区内336家企业常规调查、25家企业专项调查，对40家农产品出口企业开展技术性贸易措施培训。加大对寄递渠道进出口商品侵权打击力度，查扣涉嫌侵权货物及物品832批次，同比增长17.7%，创历史新高。

年内，西安海关加强进出口太阳能光伏产品质量安全风险一级监测点建设，完成监测报告3份。开展各类风险监测31批，包括进口婴童用品、小家电等社会关注度较高商品，涵盖跨境电商、出口危险货物包装等重点领域，检出不合格4批。推动进口煤炭、矿石、棉花等大宗商品检验监管模式改革，依企业申请对进口棉花实施重量鉴定及品质检验，出具重量证书和品质证书194份，检出短重477.383吨，帮助企业索赔770.66万元。

年内，西安海关开展“打击进出口危险品伪瞒报”专项行动，查发出口危险货物涉危不报2批，重量20吨，申报金额315.2万元；查发进口未申报危险化学品1批，20千克，货值8.8万元。审批设立宝鸡综合保税区跨境电商出口监管中心和陕西中检海关监管库2家海关监管作业场所。打击文物走私，查发3起旅客携带文物出境案。完成关区2家申请企业、94项商品评估备案，对21家企业开展事前风险评估。查发安全准入情事1396起，同比增长29.86%，其中邮递渠道215起、快件渠道1030起、旅客渠道151起。自主研究建立“云擎”大数据模型20余个，发布站点级模型6个。

年内，西安海关开展“金钥2023”、“商神2023”、打击虚假贸易骗取出口退税等专项行动。开展稽查作业54起，办结49起，查发45起，办理主动披露31起，涉及货值1.11亿元，减免滞纳金1.63万元。加强核查业务规范管理，开展核查作业204起，办结219起，查发159起。办理涉检验检疫行政处罚18起，查发危险品违规行为案件5起。开展企业信用管理工作，关区AEO企业达47家，同比增长11.9%，为5家新增AEO企业争取省外贸专项补贴50万元。办理报关单位备案2559家，增长41.6%；现有报关单位18483家，增长16.8%。办理进口食品进口商备案51家，现有395家，增长14.7%；办理出口食品生产企业备案106家，现有477家，增长28.6%。

（牛晴君）

▲2023年6月5日，商洛海关关员到香菇菌棒出口企业开展调研　（赵海波/摄）

【海关检疫】 2023年，西安海关开展入境人员猴痘监测检测6769人次。开展出入境人员传染病监测，发现83例感染病例。完成口岸卫生许可85批，蚊类成蚊鉴定1527只，鼠类鉴定3只。开展朝觐人员体检290人次。建立猴痘传染病疫情信息双向共享机制，建立西安海关与陕西省疾病预防控制局口岸公共卫生合作机制。修订完善口岸应对突发公共卫生事件处置预案，开展相关应急处置演练。年内监管入出境航班5719架次、旅客56.94万人次。

年内，西安海关开展严防外来物种入侵三年专项行动，截获外来物种53种、56种次，首次截获四星角雏兜、德赛提斯大兜虫等外来物种。实施国门生物安全监测和进出口食用农产品监督抽检及安全风险监测，悬挂苹果蠹蛾诱捕器360个，设置实蝇监测诱捕器515个，实施动物疫病监测614批、917项次，进出口食用农产品风险监测189批、1504项次。开展国门生物安全进学校、进社区等活动37场次，参与群众超3万人次。首次启用航空口岸肉类、种苗指定监管场地，恢复使用进境水生动物指定监管场地和陆运口岸肉类指定监管场地，首次进口荷兰树莓种苗，泰国顶蛇鳗、龙虾，乌兹别克斯坦樱桃、芸豆。助力延安苹果首次出口加拿大、菌棒首次出口美国、鲜香菇首次出口韩国，商洛猕猴桃首次出口沙特阿拉伯，柞水木耳首次出口乌兹别克斯坦；保障3532头、超1亿元货值的活牛安全供应港澳市场。帮助建成陇县进境种羊隔离检疫场、富县进境种猪隔离检疫场并通过海关总署验收，支持杨凌自由贸易试验区种质资源进口与研发，争取海关总署优惠政策3项。联合西北农林科技大学举办“进出境动植物检疫监管培训班”，新增动植检岗位资质人员139人。

年内，西安海关监督抽检进出口食品、化妆品83批，检测419项次，检出进口不合格9批；全面排查4家出口腌渍蔬菜备案生产企业，发现并处置问题4个。开展西亚12国食品安全管理体系及准入研究，7篇报告被选入“世界各国（地区）进出口食品安全管理体系研究”系列丛书，完成对4家阿曼拟输华水产品境外企业远程视频检查，协助海关总署完成143家境外食品生产企业注册评审。举办“进口食品企业安全责任年”活动启动仪式，发布“共担责任，共促安全”进口食品企业安全责任倡议，举办“责任、安全、发展”主题论坛。开展进出口食品安全监管专题培训2次、联合培训宣讲5次，实操教学1次；开展进出口食品安全监管岗位“大练兵大比武”线上预赛和现场决赛；组织加工食品签证官岗位资质考试，40人获得资质。

（李一鼎）

【税收征管】2023年，西安海关征收税款41.63亿元。制发西安关区减免税业务操作指引，对80余家企业开展减免税政策集中宣讲和“一对一”政策辅导。推进税款担保改革，办理担保备案及变更65份，担保额度10.33亿元。推广原产地证书自助打印，协调推动自助打印进驻10个地方政务服务中心，自助打印率52.3%，证书智能审核率超七成。关区2家企业取得经核准出口商资质，签发原产地证书2.03万份，货值151.4亿元。

（裴杨）

【打击走私】2023年，西安海关开展“国门利剑2023”联合行动，刑事立案23起，同比下降41%；案值606.1万元，下降71.7%。行政立案131起，增长94.1%；案值12576.1万元，下降14.5%；行政结案121起，增长53.2%；案值10763.2万元，下降49.4%。严厉打击重点涉税商品走私，立案侦办涉嫌走私雪茄案5起，查扣涉嫌走私雪茄9076支。严厉打击毒品走私，侦办走私毒品案件10起，查获毒品冰毒6.08克、毒品大麻2.51千克，查获1批国家精神管制类药品咪哒唑仑及三唑仑。

（牛晴君）

【统计与研究】2023年，西安海关编发统计类送阅件22期。建立“一专班一例会”工作机制，每月“加快”发布贸易数据，“加深”分析外贸形势，分析海关监管重点问题，研判陕西省外贸运行及未来走势。聚焦重点企业、重点贸易方式、重点商品实时监控，查发处置虚假贸易数据。强化报关单数据质量管控，审核报关单记录119万余条，纠正差错记录1623条，涉及统计金额3.01亿元，提交“云擎”模型参数建议42项。

（李一鼎）

【“滞、瞒、逃、骗、害”综合治理】2023年，西安海关成立虚假贸易管控工作专班，加强信息沟通、线索移送，与商务、税务、外汇管理部门密切配合，通报虚假贸易高风险企业名单4次。对关区存疑数据进行风险核查处置。规范提前申报、删单重报所涉汇率、税率修正事宜。处置海关总署验估指令409条。核查处置非贸涉税风险报关单2.19万票。针对洋垃圾、濒危及野生动物等重大风险下达15条专项布控规则，贸易渠道查发侵权货物3万余件。

（李一鼎）

【中国—中亚峰会保障与推动】2023年，西安海关顺利完成中国—中亚峰会通关保障。在航空口岸开辟绿色通道和专用通关窗口，应用健康申报后台大数据分析，加强自助校验终端等科技化设备应用，提升峰会礼宾通关体验。制定西安海关落实习近平总书记来陕考察重要讲话精神措施清单，提出31条措施促进陕西与中亚扩大贸易往来。开展陕西—中亚贸易专题统计分析，为陕西在中亚国家打造大宗商品交易中心提供政策建议和数据支持。全程跟进中国—中亚人文旅游首发专列和哈萨克斯坦西安码头项目。推动运用“空铁联运”“卡车航班”等多式联运模式，畅通对中亚开放通道。西安在全国率先实现中亚“五国六城”通航全覆盖，陕西与中亚进出口贸易额达到57.9亿元，增长178%。

（裴杨　牛晴君）

【中欧班列西安集结中心建设】2023年，西安海关研发“西安海关物流监控子系统”，初步实现铁路物流可视化监管，与满洲里海关共同编制完成智慧海关建设事中监管进出境物流监管铁路口岸业务场景应用方案，依托“西安海关物流监管子系统（一期）”，在全国铁路口岸率先实现海关、铁路、场站数据互联互通。设立铁路散货出口集拼中心，通过集拼中心出口的散货，整体通关时间节省2~3天。利用西安综合保税区口岸作业区集结中欧班列（西安）出口货物，打通海关与铁路数据链路，通过铁路安检前置于综合保税区口岸作业区，“一站式”完成铁路安检和海关查验，通过港区卡口联动，在途智能锁监管以及GPS可视化监控，出口货物实现“直抵”铁路中心站、“直上”班列。与青岛海关协同创新“陆海

▲2023 年 5 月 26 日，西安车站海关关员监管西安—中亚比亚迪新能源汽车专列　（马超/摄）

联动　海铁直运”监管模式，节约货物在港堆存等待口岸验放时间 24 小时以上。

（李一鼎）

【西安—哈萨克斯坦 TIR 公约国际跨境公路货运线路开通保障】2023 年，西安海关积极走访企业宣传 TIR 公约业务政策，了解企业需求，制定通关业务流程，协调口岸海关强化协作配合，6 月关区首票 TIR 公约往返运输业务从西安始发经阿拉山口口岸出境运送至哈萨克斯坦多斯托克地区，标志着陕西省 TIR 公约业务双向贯通。

（裴杨）

【《紧密合作机制备忘录》签署】2023 年，西安海关与陕西省文物局签订《紧密合作机制备忘录》，将陕西历史博物馆、秦始皇帝陵博物院等 4 家博物馆（院）承办的进境文物展览按海关驻会监管模式办理。邀请文物部门专家走进海关口岸监管现场，开展文物鉴定专业知识培训，提高海关人员文物鉴别能力。实时跟进文物出境审批、装运、到港情况，开辟绿色通道，提前赴场点查，确保文物顺利进出境。

（牛晴君）

【支持综合保税区建设】2023 年，西安海关会同相关陕西省级部门联合验收西安航空基地综合保税区（二期）基础和监管设施，获海关总署批复。年内，陕西省综合保税区进出口货物总值 2101.9 亿元，占全省的 52%。西安高新综合保税区在 2022 年度综合保税区发展绩效评估中排名第 26 名，继续保持全国和中西部（含东北）双 A 类。多渠道组织综合保税区高质量发展 23 条综合改革措施政策宣讲会，加快优惠政策措施落地见效。调研摸底关区保税维修业务情况，参加陕西省商务部门组织的多部门联合区外保税维修研讨会，研究具体落实推动方案。

（李一鼎）

兰州海关

【概况】兰州海关于1989年9月28日经国务院批准成立，建制为副厅局级直属海关；2006年9月18日升格为正厅局级直属海关。关区范围为甘肃省全境。兰州海关有内设机构14个，党委派驻纪检组3个，直属事业单位4个。设有隶属海关7个，分别是兰州中川机场海关、金城海关、敦煌机场海关、天水海关、酒泉海关、平凉海关、金昌海关。

2023年，兰州海关推动西部大开发等政策落地，跟进中川国际机场三期扩建，推动敦煌莫高国际机场口岸通过口岸公共卫生核心能力达标考核，保障全货运洲际航线开通和5条国际班列发出。出台支持兰州新区综合保税区高质量发展专项措施，实施抽样即放、分送集报等政策，推动区内委内加工、分类监管业务开展。运用西部陆海新通道及黄河流域等关际合作机制，支持打造“四向五条”开放通道。支持国际货运班列精准对接产业业态发展，创新“班列+整车、农产品、化工品”“班列+跨境电商”监管服务模式，助力粮油加工产业借助“一带一路”粮食通道优势，入区开展保税加工业务。主动融入甘肃“优化营商环境攻坚突破年”行动，量身定制支持措施58条。推动“腹舱带货”“机坪直提”“抵港直装”等试点业务改革落地，通过“区港联动”优化全链条业务流程，进出口整体通关时间同比分别压缩58.1%和41.9%，贸易便利化水平显著提升。

年内，兰州海关监管进出口货物总值334.5亿元；税收入库27.6亿元；监管进出境航班405架次；检出各类传染病13例；检出检疫性有害生物5种类10种次；检出进出口商品检验不合格11批，危险品及其包装检验不合格32批；立案侦办走私犯罪案件4起，案值0.03亿元。

（李艳麟）

【海关监管】2023年，兰州海关推动各项业务改革落地，以澳大利亚种羊入境为试点，推动“机坪直提”方式放行改革落地；开辟绿色通道全力保障新鲜水果通关“零延时”，曼谷—兰州客运航班以“腹舱带货”方式进口首票金枕榴莲；以锂电池类危险货物出口为试点，开展“抵港直装”模式，在提升危险品通关效率的同时，降低危险品在港区滞留风险。开展重点敏感商品检验监管，退运1批“以旧充新”进口设备。应用“先期机检+智能审图”项目，查缉截留旅客携带动植物及其产品等违禁品173批次、728件。坚持人工精准布控导向，全面推行现场即决式布控，查获侵权、军品、赌具等情事37起。组建“丝路护航队”，开展专项行动，探索

▲2023年12月15日，金昌海关关员现场查检出口危险化学品　（董培龑/摄）

属地查检和核查联动，办结稽查作业15起。推进属地查检作业系统和“云签发”模式运行，“云签发”证书5986份，查发异常处置102批。开展打击进出口危险品伪瞒报专项行动及打击虚假贸易工作，下发核查作业46起，进出口危险品不合格检出率同比增长68.4%。推进“龙腾行动2023”，查办关区首票货运包机出口侵权案件。开展跨境电商网购保税进口食品“健安2023”“进口食品企业安全责任年”等专项行动，制订关区进出口食品安全风险监督抽检和安全风险监测工作方案，完成关区98个监测样品的检测任务。

年内，兰州海关关区新增企业备案729家，增长30.18%，企业平均备案时间减少28.9%；统筹完成关区2家企业AEO认证工作，甘肃省AEO企业增加至8家；支持原油加工企业开展保税航煤加工出口，全年出口保税航煤3.41万吨，呈现逐年扩量发展；全年各业务现场通过属地查检业务管理系统接受企业出口申报5875批，货值3.29亿美元；对关区65家企业开展主动披露政策宣传贯彻，办结主动披露作业2起，涉及税款22万元，减免滞纳金3.9万元，享惠企业数量增长1倍。

（李琳　李鋆）

【海关检疫】2023年，兰州海关在出入境人员中开展艾滋病、传染性肺结核、病毒性肝炎和性病等传染病监测体检，检出传染病13例。开展口岸卫生监督抽检和口岸食品安全抽检工作，实现

▲2023年6月6日，天水海关关员开展国门有害生物监测工作　（贾刚/摄）

监督全覆盖。开展病媒生物监测，捕获并送检病媒生物3224只。实施特殊物品卫生检疫审批25批次，涉及货值290余万美元。实施“国门绿盾2023”行动和“跨境电商寄递‘异宠’综合治理”专项行动，支持优质种畜等种质资源引进，建设国门生物安全监测预警体系，跟踪非洲猪瘟等重大动植物疫情动态，组织开展年度国门生物安全监测，保障进口粮食和重要农产品产业链安全。检疫监管供港澳活牛1081头，进口丹麦及美国虹鳟鱼卵435万粒、进口牛血清3.55吨，全年无疫病检出；保障1585头澳大利亚种羊进境，检出5种二类进境动物检疫疫病阳性49只；从进口的种子中截获检疫性有害生物5种类10种次。3家供港澳活牛育肥场全部通过香港食物环境卫生署动物疫病防控体系有效性审查；输欧盟番茄、辣椒植物种子的控制体系通过欧盟委员会卫生和食品安全总局检查和认可。支持兰州新区、武威进口肉类指定监管场地实现常态化运营，通过欧盟检查组对动物源性食品残留监控体系现场检查和认可。

（张艳　姜笑）

【税收征管】2023年，兰州海关落实属地纳税人管理，提升税收治理水平。防控税收风险，“日常监控+专项分析”相结合，排查税收要素数据，调整申报税号47起；开展跨境电商税收专项核查，纠正归类、价格、数量申报差错。开展税政调研，“未锻轧非合金镍”“高纯铜”等商品降低出口关税税率建议被国务院采纳，涉及甘肃省4项高新技术产品。推进担保改革，指导企业应用汇总征税担保本地税款17.8亿元，占同期入库总额的64.7%，缓解企业资金压力。落实进出口税收优惠政策，签发原产地证书4536份，签证额3.2

亿美元，证书自助打印率74.5%。其中，RCEP原产地签证额1299万美元；指导企业出具关区首份RCEP原产地自主声明。强化关税专业技术服务与支持，签发农产品、化工品、仪器设备等归类预裁定决定书5份；对内提供技术支持化解争议，办理7起归类专业认定。开展关税“跟班作业、互学共进”活动，组织10余名骨干到业务集中的现场跟班作业；举办税收风险防控集中工作暨专题培训班，邀请税管局4位专家授课；4次召开关区关税业务研讨会，提升关区征管规范性和风险防控有效性。

（张维婧）

【打击走私】2023年，兰州海关开展“国门利剑2023”“蓝天2023”“护航2023”“国门勇士2023”等专项行动，发挥“防控监管打击”三位一体打私体系作用，保持对打击洋垃圾、象牙等濒危野生动植物及其制品等走私高压态势，增强缉私专业打击和海关监管主战场合力。拓展“全员打私”，常态化打击海南离岛免税“套代购”走私，全年侦办刑事案件5起，调查行政案件33起，案值5737.2万元。

（李刚）

【统计与研究】2023年，兰州海关开展进出口监测统计分析，组织监测预警小组成员报送监测分析类要情60余篇，被海关总署采编9篇，中办和国办合计采编4篇；参与海关总署外贸进出口新闻发布工作机制，完成2期全球经贸新闻摘编周报工作；完成我国与莫桑比克进出口分析1篇。立足海关职能，分析外贸形势发展变化，为甘肃省委省政府准确把握外贸运行情况、制定外贸领域决策提供政策支持，报送月度分析报告11篇、专题分析报告3篇，其中2篇报告分别被甘肃省委省政府决策参考全文采用。《关于甘肃省外贸进出口形势及对策建议的报告》推动甘肃省出台外贸高质量发展三年行动方案，外贸发展指标纳入地方绩效考核。组织开展课题研究，参与并完成署级课题2项；围绕“智关强国”行动开展专项研究，全年完成18项重点课题和11个主题教育调研课题。

（徐莲）

【“滞、瞒、逃、骗、害”综合治理】2023年，兰州海关盯紧“滞、瞒、逃、骗、害”全要素风险，运用“一会两机制”开展常态化风险研判，提升风险防范、实际监管工作成效。推进“打击进出口危险品伪瞒报”专项行动，精准实施“源头治理”，检验危险品及其包装2199批次，检出不合格32批次，查发伪瞒报情事1起。打击虚假贸易，开展“稽侦联动”、协同治理，核查46起，查发40起，25亿元贸易统计数据实施暂缓统计。

（李鋆）

【支持甘肃“四向五条”开放通道格局】2023年，兰州海关支持甘肃省构建中欧、中亚、南亚、“西部陆海新通道”以及中吉乌班列的“四向五条”立体开放通道，改革海关监管方式，建设“中欧班列+丝路电商”新模式，推广中欧班列运费分段结算估价管理改革，实施班列货物属地查验业务，推动出口拼箱货物“先查验后装运”等便利化

▲2023年12月25日，天水海关关员监管首趟西部陆海新通道中国陇南—韩国平泽、菲律宾马尼拉国际货运班列　（赵南启/摄）

措施，支持班列高质量发展和常态化发运。新开通3条国际货运航线，兰州、敦煌国际航空口岸开通17条国际货运航线、40条国际（地区）客运航线。国际班列和航空货运航线网络不断完善，实现第九类危险品锂电池货物、鲜花等冷链货物出口“零”的突破，“走出去”的货物品类由最初的粮食拓展至新能源汽车、汽车零配件、服装鞋帽等，货物价值持续增长、贸易结构持续优化。

（程璐）

【保障“兰州—莫斯科”首条全货运洲际航线开通】2023年，“兰州—莫斯科”全货运国际航线正式开通，提高甘肃在西北地区国际货物集散能力，推动甘肃省外向型经济发展。兰州海关为企业提供“一对一”帮扶服务，出台便利化通关方案，保障货运包机常态化运营。利用“人等货”“7×24小时预约通关”等机制，跟进舱单传输、转载上报及货物结关情况，办理通关手续。调整货运包机全流程监管机制，实施岗位联动和信息共享，依托风险分析、系统数据监控、现场查验等，提升通关监管效能。发运“兰州—莫斯科”全货运洲际航线合计40架次，货值5.51亿元。

（陈雪）

【推进外繁制种产业发展】2023年，兰州海关助力共建农产品质量安全体系、推动特色农产品扩大进出口、农业技术交流合作，与甘肃省农业农村厅签署《兰州海关 农业农村厅推进甘肃农业高质量发展合作备忘录》，在促进外繁制种业高质量发展等3方面9个项目上展开合作。签署《兰州海关 酒泉市人民政府推进外繁制种产业高质量发展合作备忘录》，筹建“酒泉种业公共检测平台”，协同甘肃省农业农村厅、市场监管局、商务厅、外事办及酒泉、张掖两地政府，迎接并通过欧盟植物检疫官方控制体系检查。与甘肃省植保站沟通联系，开展“信息互通、执法互助、优势互补”等三方面合作，联合地方农业农村部门开展专项执法行动7次，对7.79吨涉疫不合格种子采取管控措施，阻挡不合格种子传出国门。2023年，甘肃出口种子6.1亿元，约占全国出口种子份额的80%。

（林茜茜）

【助力“甘味”特色农产品出口】2023年，兰州海关编印《甘肃主要出口产品技术性贸易措施应对指南（2023）》，提升水果、种苗、动物及其制品等出口优势农产品技术性贸易措施应对能力，保障外繁种子稳定出口欧盟市场，助力苹果、鲜梨等鲜活农产品开拓新兴市场。指导企业解决出口“脱水洋葱”退税问题，每年增加效益逾千万元，行业每年获益近亿元。开展关地合作，完成欧盟出口动物源性食品和出境种苗监管体系检查，获欧盟官方认可。与甘肃省政府相关部门和地市签署合作备忘录，推进农业高质量发展合作和种业公共检测平台建设，建立鲜活易腐农食产品属地查检绿色通道机制，推动“甘味”特色农产品出口29.3亿元，同比增长18.9%，出口市场拓宽至110个国家和地区。

（张艳）

【践行新时代“枫桥经验”】2023年，兰州海关发挥调解在预防化解矛盾纠纷中的基础性作用，通过释理说法，以“海关积

▲2023年11月3日，敦煌机场海关关员对出口葡萄开展现场监管（赵冠宏/摄）

极引导、企业主动撤回”方式实质性化解2起行政复议案件。撰写的践行新时代“枫桥经验”案例分别入选全国海关主题教育“百个典型案例”和“全国海关100个争议化解典型案例选”，兰州海关经验做法在全国海关践行新时代“枫桥经验”现场推进会上予以肯定。制订印发《兰州海关党委关于深入践行新时代“枫桥经验”实施方案》，构建运用新时代“枫桥经验”预防化解矛盾纠纷的治理机制，召开兰州海关践行新时代“枫桥经验”现场推进会，组织关区法律顾问和公职律师开展交流研讨，发挥法制审核队伍的服务保障作用。举办海关典型执法案例解析专题培训，对日常执法中容易忽视的法律文书寄递、行政处罚委托代理等细节进行提示和解析。组织学习全国海关行政复议诉讼案件有关情况通报，以案为鉴。

（席艳燕）

西宁海关

【概况】西宁海关于1998年10月8日经国务院批准成立，是受海关总署直接领导的正厅局级直属海关，2018年4月青海出入境检验检疫局职责和队伍划入西宁海关。关区范围为青海省全境。至2023年底，内设机构13个，党委派驻纪检组2个，事业单位4个。设有隶属海关单位3个，分别是西宁曹家堡机场海关、西海海关、格尔木海关。

2023年，西宁海关落实习近平总书记“把青藏高原打造成为全国乃至国际生态文明高地”和加快建设产业“四地”的重要指示，开展“青货出海”专项行动，牵头实现青海高原冷凉蔬菜直接出口“零”的突破，推动智慧海关建设，开展全链条安全监管，梳理形成“滞、瞒、逃、骗、害”5大风险问题清单，移交线索并联合公安、税务部门侦办青海省首起骗取出口退税案件，涉案金额2.4亿余元。精准实施一揽子促稳提质措施，依托沿黄海关协作机制推动青海“铁海联运”班列实现首发。青海省外贸进出口总值48.7亿元，同比增长20.3%，增速位居全国第4位。全年监管进出口货物总值14.3亿元，增长144.6%；税收入库7151万元，增长39.7%；监管运输工具16架次；检出不合格商品9批次，检出不合格危险品33批次。

年内，西宁海关获评省部级以上荣誉6个，所属西海海关获评一星级全国青年文明号、全国海关系统先进集体、青海省依法治省工作先进集体；机关党委获评青海青年文明号。

（韩晓珍）

【海关监管】2023年，西宁海关梳理关区重大、系统性风险，制定防范化解措施。开展对“虚假贸易数据”排查，研判风险，分析数据、撰写调研报告。定期开展跨领域联合研判与态势分析，密切与业务现场联动，发挥风险管理委员会决策作用；构建外部风险协同防控机制，开展情报信息共享和联合研判，实施口岸重大安全风险综合治理，共享多批次线索、数据。应用“云擎”大数据平台，建立非货物贸易渠道、危险品、跨境电商、进出口商品数据分析模型。以海关稽查线索为起点，会同税务部门、公安机关侦办青海省首起骗取出口退税案件，涉案金额达2.4亿元。

年内，西宁海关开展“健安2023”专项行动。做好进出口食品农产品监督抽检和风险监测工作，完成署级抽检16批次，检测320项次，完成补充抽检54批次，检测900项次，合格率100%。年内开展风险研判3次，发布进出口食品安全信息25期、315条。组织兰州海关、西宁海关、银川海关开展进出口食品安全检验监管岗位“大练兵、大比武”实操竞赛。联合青海省海东

▲2023年10月24日—26日，西宁、兰州、银川海关联合开展2023年进出口食品安全检验监管岗位“大练兵、大比武”实操竞赛　（赵子婧/摄）

市政府等6家单位开展“食品安全宣传周”启动仪式，组织线上线下活动16场、开展咨询205次，参与受众达2000余人次。创新打造高原冷水鱼智能无感海关监管模式，对企业养殖、捕捞、加工等环节实现24小时无死角监控。

年内，西宁海关开展对进出口医疗器械、机电产品、危险品、化肥等商品法定检验，共检出38批次不合格进出口商品，同比增长81%。防范“洋垃圾”瞒报、伪报、夹带走私进境，对1批进口旧机电开展重点监管，排除洋垃圾入境风险。强化进出口危险品检验监管，全年检验进出口危险品569批、2.62万吨，货值4.95亿元，其中检验出口锂离子电池281批、3852.5吨，货值2.73亿元；检出不合格危险品33批次、1513.1吨，货值612.76万元。开展进出口商品质量安全风险监测，强化事中事后监管，开展风险监测2次，抽查进出口商品62批次，检出不合格商品9批次。

（贺珍　蒋文文）

【海关检疫】2023年，西宁海关与地方有关部门联系配合，完成2200名朝觐群众卫生检疫保障工作。维护口岸卫生安全，规范开展日常卫生监督、食品安全抽检和病媒生物监测工作，开展国境口岸卫生监督202次，进行现场快速检测254批次，实验室检测182批次，检出不合格14批次；维护国门生物安全，开展鼠及其体表寄生虫监测4次，二氧化碳诱蚊灯监测12次，伊蚊诱卵器监测6次，开展蠓类监测6次，捕获蚊类22只。完善构建协作机制，建立关区多部门口岸疫情疫病数据共享协作机制，与青海省疾控局签署口岸公共卫生合作机制，建立和完善11项工作机制，提升口岸传染病联合防控能力。落实海关总署智慧卫生检疫建设的顶层设计和整体谋划，推进业务流程与信息系统实现智能化整合，完成西宁海关第一批“部署应用智慧旅检系统”项目，实现数据对接、精准拦截、快速通关。

年内，西宁海关全力保障进境粮食安全，全年验放进境亚麻籽6132.9吨，进境燕麦918吨，开展进口粮食后续监管，执行进口粮食植物疫情联防联控制度，全年未发现重大植物疫情风险或引起重大植物疫情。开展“国门绿盾2023”行动、严防外来物种入侵三年专项行动、“跨境电商寄递渠道‘异宠’综合治理”专项行动、“清风行动”、“护松2023”打击涉松材线虫病疫木违法犯罪行为专项整治行动、非洲猪瘟等重大动植物疫情防控等工作，检查海关特殊监管区及监管场所2个，排查企业及经营场所35家。组织实施进出境动植物检疫能力提升工程，提升口岸动植物检疫监管的装备水平，规范实验室及口岸初筛鉴定室建设。开展“4·15”国家安全教育日专题讲座等系列活动，依托西宁海关国门生物安全展示馆，组织寒暑假研学、支部联学共建等活动32次，受众1100余人次。西宁海关国门生物安全展示馆被授予海关总署首批科普教育基地、青海省少先队校外实践教育基地（营地）。

（贾娟娟　吴妍雯）

【税收征管】2023年，西宁海关落实税收政策，服务国家开放大局，挖掘税收潜力，开展综合治

▲2023年8月6日，西宁海关关员对出口蔬菜进行现场监管　（仁青措/摄）

税。召开关区综合治税工作会议，开展税收形势研判，推进属地纳税人管理工作，实施税收进度监控和预测，提前完成海关总署税收指导任务。2023 年，西宁海关税收入库 7151.18 万元，同比增长 39.7%。落实“十四五”税收优惠政策，为高等院校、科研院所等进口科研设备减免关税、增值税 2319.2 万元，增长 20.4%。深入推进减免税业务改革、税款担保改革，优化业务流程，压缩办理时限，提供通关便利。

（汪成源）

【打击走私】2023 年，西宁海关开展“国门利剑 2023”联合行动，推动海关全员打私和多警种合成打私，实施反走私综合治理。刑事立案走私珍贵动物制品案件 1 起，劝返涉嫌走私濒危野生动物境外犯罪嫌疑人 1 名；移送西宁市检察院起诉案件 2 起。行政立案走私及违规案件 3 起，办结行政案件 4 起。协查离岛免税“套代购”案件 2 起，协助抓获嫌疑人 1 名、调取书证 70 余份。

（郭灏）

【统计与研究】2023 年，西宁海关开展各类统计调查调研 20 余次，加强海关统计制度方法研究，开展统计基础培训，不定期梳理并通报关区常见报关单数据错误类型，针对问题开展原因分析并加强数据质量源头管控。强化虚假贸易管控，聚焦综合保税区、跨境电商等虚假贸易高风险领域，建立数据监控模型，梳理高风险企业名单。立足海关职能，分析外贸形势发展变化，向地方政府报送统计监测预警分析文章及专题报告 25 篇，向社会公众提供海关统计服务 43 次，召开青海省外贸进出口情况新闻发布会 4 次。完成“‘智慧动植检’口岸一线应用现状及展望”署级课题研究，被海关总署评为 2023 年度精选课题。

（汪成源）

【保障高原冷凉蔬菜首次销往香港】2023 年，西宁海关牵头实现青海高原冷凉蔬菜首次直接销往香港。发挥职能、政策、技术优势，与青海省农业农村厅签订《共建高原冷凉蔬菜输出地战略合作协议》，与深圳海关建立监管互助、应急联动配合机制，全流程跟进解决申报、查验、通关问题。提供“7×24 小时”预约通关服务，平均通关时间为 1 小时，实现青海冷凉蔬菜 52 小时直达香港的常态化供应。开展风险监测，实施供港蔬菜质量安全风险监测计划，对 245 项农残和污染物开展检测，合格率 100%。8 月 7 日，首批 8 种、10 吨蔬菜自海东互助直供香港，全年青海省销往香港蔬菜 521 吨、395.2 万元，品种由最初的苦菊、生菜、红菜苔等 8 种增至 13 种。

（吴妍雯）

【支持外贸综合服务平台上线运行】2023 年，西宁海关聚焦本地外贸企业需要，探索建设外贸综合服务机制，优化营商环境。4 月 26 日，青海省首家跨境电商综合服务平台正式运营，促进青海省跨境电商贸易量达到 7.2 亿元，增幅 96.3%。11 月 20 日，青海省首个外综服平台——西宁市外贸服务发展平台正式上线运营，助力打通海关、税务、金融、保险、港口和企业等外贸相关系统，为实现简化通关手续、提高通关效率、降低贸易成本、促进产业发展提供平台支撑。

（贺珍）

【“三江源”生态保护和外来物种监测普查专项行动】2023 年，西宁海关联合青海省林业和草原局，首次赴青海省玉树藏族自治

▲2023 年 9 月 7 日—9 日，西宁海关关员在三江源核心区进行外来物种监测普查 （魏玉海/摄）

州、果洛藏族自治州“三江源”核心区开展外来物种监测普查工作，覆盖面积达4.8万平方公里，涉及高寒灌丛、高寒草甸等7种植被类型，捕获各类有害生物超400头。开展入境口岸监测调查，沙漠蝗、检疫性实蝇、外来有害杂草、梨火疫病、马铃薯斑纹病菌、红火蚁、小火蚁等高风险外来有害生物监测工作，在口岸、进境粮食加工厂等周边设立国门生物安全监测点220个，捕获有害生物932头，监测到杂草148种，未发现检疫性有害生物。对出境冷冻虹鳟鱼开展1种鱼类疫病检疫，监测结果为阴性。外来入侵物种普查发现植物类外来入侵物种15种，昆虫类外来入侵物种4种。

（吴妍雯）

【“格尔木—老挝万象”直达汽运首次开行】2023年7月8日，青海省海西藏族蒙古族自治州格尔木市企业生产的30.8吨氯化镁通过公路运输方式经云南省磨憨口岸出境抵达老挝万象，打通青海对老挝贸易的陆路通道，为青海和老挝开展国际贸易奠定良好基础。

（蒲利民）

▲2023年10月28日，“西宁号”铁海联运首发班列从西宁综合保税区出发发往青岛港运往泰国　（赵子婧/摄）

【铁海联运班列】2023年10月28日，青海省首趟铁海联运班列开行，载运1080.5吨PVC颗粒的班列从西宁综合保税区装铁路集装箱，发往青岛港运往泰国。此次班列编发首次采取“区港联动”模式，设置“铁海联运”专用通道，采用分送集报的方式，实现“分批出区、一单申报”顺势监管及外贸发展“通道+平台+产业”良性循环，为青海特色产品出口探索一条“青货出海”新通道。

（王英）

【空运大重量锂电池出口】2023年11月23日，西宁海关助力青海某电池公司600KG的高端锂电池搭乘航班抵达德国法兰克福机场，实现了“青字号”大重量动力锂电池首次航空运输出口。西宁海关实施“一企一策”，为企业提供锂电池出口相关政策法规服务，通过对申报资料提前审核、采信第三方合规检测机构报告等方式，使企业一次性报检。对出口锂电池的危险货物包装进行现场监管和检验，完成相关鉴定后出具海关出境危险货物包装使用鉴定结果单。

（王英）

银川海关

【概况】银川海关1995年8月由国务院批准成立，1997年10月26日正式建关，关区范围为宁夏回族自治区全境。有内设机构13个，党委派驻纪检组1个，直属事业单位4个。设有隶属海关单位4个，分别是银川河东机场海关、兴庆海关、石嘴山海关、中卫海关。

2023年，银川海关监管进出口货运量13.5万吨，同比下降90.2%；监管进出口货物总值4.95亿元，下降62.5%；税收入库3.52亿元，下降9.1%；监管运输工具177架；检出各类传染病7种、265例；出口商品中检出不合格危险化学品及其包装容器100批；入境种畜中检出动物疫病2种；监测到番茄褐色皱纹果病毒4批次、马铃薯纺锤块茎类病毒4批次、番茄斑萎病毒1批次、辣椒轻斑驳病毒10批次、黄瓜花叶病毒3批次，首次发现宁夏分布新纪录植物酸浆和外来入侵植物鲍氏苋。

年内，银川海关获评“第六届中国—阿拉伯国家博览会先进单位”；银川海关所属银川河东机场海关获评“全国海关系统准军事化纪律部队建设先进集体”和宁夏回族自治区“全区民族团结进步模范集体”；银川海关所属银川河东机场海关旅检三科获评“二星级全国青年文明号”。银川海关自2019年以来连续4年获宁夏回族自治区政府通报表彰，效能目标管理考核连续3年被评为优秀等次。2017年11月创建“全国文明单位”并保持至2023年底。

（汤寿武）

【海关监管】2023年，银川海关依托黄河流域关贸通智慧平台建设，通过在启运地和目的港“集拼”，推动属地海关和口岸海关“一次查验、一次放行”，实现一单到底、一箱到底全程联运。“集拼”改革实施以来，铁路运输较传统公海运输方式压缩国内运输时间6~10天。年内，监管进出境运输工具177架次，登临检疫27架次。截获动植物及其产品145批次，其中含生草、东非分枝榈为我国口岸首次截获。牵头复制推广国务院第7批自由贸易试验区改革试点经验“检验检疫证单‘云签发’”事项，完成40项涉及海关职能的国务院7批自由贸易试验区改革试点经验复制推广工作。帮助企业解决商品归类、通关流程难题，助力黑果花楸浓缩汁、宁夏螺旋藻片、宁夏冷冻手切羊肉条制品出口，助推螺旋藻荞麦方便面实现宁夏首次出口。为固原市马铃薯产业企业提供快速通关措施，马铃薯薯条出口国家由泰国增加至印度尼西亚、菲律宾、斐济等14个国家。年内检验监管进出口货物2695批，其中出口危险化学品1535批，检出不合格100批（包含危险货物包装容器使用鉴定不合格55批）。

年内，银川海关建立“选训育”信用培育工作法，组织开展海关信用管理教育培训5次，“一对一”专属认证培育3家次，近64家企业100人次参加培训。其中，1家企业通过海关AEO认

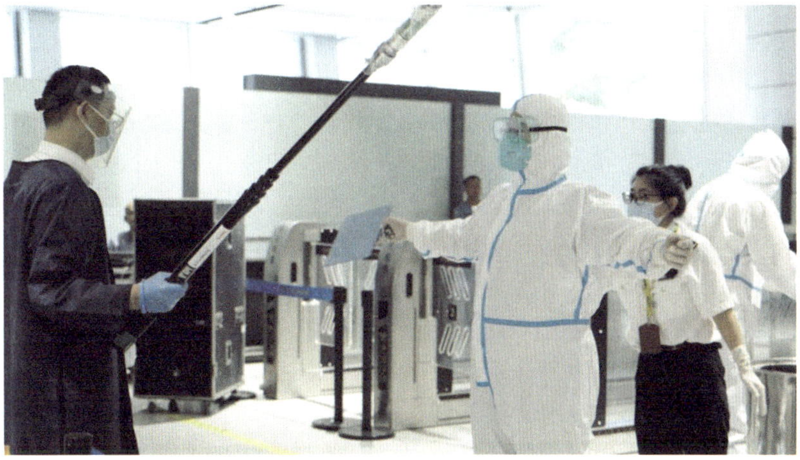

▲2023年8月29日，银川海关联合宁夏回族自治区生态环境厅开展核与辐射应急演练　（杨姣/摄）

证，协助海关总署筹备并推动中国海关—卡塔尔海关经认证的经营者（AEO）互认工作组会议在卡塔尔多哈举行，会议期间，中卡双方签署互认合作行动计划。通过“多证合一”渠道办理备案300个，同比增长733.33%，办理各类进出口食品备案116个，增长28.89%。清理僵尸企业164家，通过“注销便利化”渠道办理注销3个。组织开展银川海关“金钥2023”涉税专项行动及“商神2023”涉检专项行动，全年办结稽查作业4起、主动披露作业8起，完成贸易调查1起，查发大案要案1起。为企业减免滞纳金25.3万元。组织开展全链条打击虚假贸易骗补骗税工作，查获一起伪报税号骗取出口退税重大案件线索，涉及货值2.06亿元，涉嫌骗取出口退税1907万元。

（崔啸天　杨姣）

【海关检疫】2023年，银川海关开展保障朝觐出入境卫生检疫，完成朝觐群众健康体检和预防接种，保障朝觐包机出入境；制订完善国境口岸卫生监督方案，加强培训演练，推进口岸重点传染病排查处置规范化；参与智慧海关建设，探索搭建朝觐保障“一站式”服务平台。联合宁夏回族自治区卫生健康委员会印发猴痘疫情监测预警工作方案。与宁夏回族自治区卫生健康委员会、公安厅、教育厅等联防联控单位协同处置3例宁夏籍输入性登革热病例、1例外籍艾滋病抗体阳性病例、1例外籍留学生传染性肺结核病例等，防止输入性传染病造成本土传播。首次在行李物品查验渠道截获德国小蠊（若虫）4只。确定银川海关全面提升口岸疫情疫病防控能力任务分工，开展宁夏地区涉及出入境特殊物品企业及海关监管现状调研，将出入境D级特殊物品卫生检疫审批下放至银川海关所属银川河东机场海关；分阶段推进“全民国家安全教育日”“全国疟疾日”“世界艾滋病日”宣传活动有序开展，提高出入境人员防病意识和手段。全年完成出入境人员体检5618人（含朝觐人员2970人），同比增长321%，预防接种3983人，增长341%。检出出入境人员传染病261例（含朝觐人员传染病197例），总检出率为4.65%，增长90.87%。结合关区口岸卫生监督工作实际，制订银川海关口岸食品安全抽检实施方案、国境口岸卫生监督工作实施方案及“双随机、一公开”抽查方案，开展日常卫生监督21次、开展公共场所微小气候监测8次、受理卫生许可企业4家，均按期办结。制订银川河东机场口岸病媒生物的监测方案，按计划开展鼠及体表寄生虫、成蚊、蠓类等病媒生物的监测工作。落实“智国强国”行动，服务宁夏回族自治区“六特”（葡萄酒、枸杞、牛奶、肉牛、滩羊、冷凉蔬菜）等特色产业高质量发展。破解“六特”产业技术壁垒，应对泰国农业部对我国进口水果的最新要求及韩国对我国出口枸杞实施加严检验措施。开展“六特”产业风险监测，完成宁夏、青海等枸杞主产区200批次枸杞样品中农药残留摸底调查工作，涉及400余项指标，检测8万余项。帮扶“六特”等产业拓展海外市场，针对辖区黄原胶出口受阻，组织搜集、查询并翻译欧盟官方要求，研究解决办法，打通关区黄原胶进军欧盟市场的“最后一公里”。参与海关总署智慧动植检项目中国门生物安全监测、进境活动物和供港澳活动智慧监管等3个场景建设。主动对接3个业务场景建设牵头海关，开展业务场景应用方案修订和各方案交叉互审工作。完成关区主要入境口岸外来入侵物种普查重点名单内39种外来入侵物种的普查任务。落实严防外来物种入侵三年专项行动，截获外来物种15种次，2种次为全国口岸首次截获。37人通过2023年动植物检疫岗位资质考试。支持农产品进口取得新进展，顺利完成3473只种羊及240头种牛的入境检疫监管工作，监管调运进口亚麻籽8.5万吨。年内关区农产品进出口总值20.4亿元，增长38.8%。

（盛婷婷　柳丽娟）

【税收征管】2023年，银川海关开展属地纳税人管理，对可能存在特许权使用费未申报问题的3家企业开展风险研判，防范税收风险隐患。开展与天津、青岛等大宗散货主要进口海关的联系沟通，协调解决锰矿通关过程中的难点堵点。针对税收入库、贸易救济措施执行、减免税以及非贸征管等情况，开展关区“双反”措施执行和主要税源商品价格专项监控。签发预裁定证书1份，解决商品归类难题。为关区企业办理“一保多用”担保备案

5690.5万元，帮助企业减负增效。全年审核确认减免税款3188.55万元，办理2份内资限上鼓励项目产业政策条目确认。参与海关总署特色农产品、光伏产业等2项专项行业调研，建议为宁夏回族自治区枸杞制品单列税目，为光伏产业关键零部件调降进口关税税率税政调研报告均已完成并上报。参与海关总署破解非贸监管业务领域风险项目，承担更新完善禁限物品表、行邮物品完税价格表，明确执法依据和执法标准研究。年内，税款入库3.52亿元。

（黎祝凤）

【打击走私】2023年，银川海关推进“国门利剑2023”联合行动，全年立案侦办刑事案件1起，缴获疑似毒品裸盖菇220克；办结刑事案件2起，案值1349万元。立案调查行政案件19起，其中“简快”案件15起、一般行政案件4起，案值17.1亿元，查获砗磲等濒危动物制品2.28千克。办理协查案件29起，抽调3人前往海南参加“护航2023”联合专项行动轮战。与呼和浩特、海口、北京、南宁等海关缉私部门签订执法协作备忘录。与宁夏回族自治区市场监管厅、银川市人民检察院等联合开展“6·26国际禁毒日”“反走私你知多少”系列有奖答题及反走私“五进”主题宣传活动，完成2023年度反走私调查研究课题4项。宁夏回族自治区全区申建反走私普法教育示范点2个，开展反走私“五进”活动181场次，宣传覆盖人数8万余人；实地走访商户企业200余家，发放宣传物料4.5万余份，现场咨询答疑660余次。综合运用海关大数据分析研判银川海关关区反走私态势，规范税款计核、商品归类等。组织开展关区“简快”案件办理、案件线索移交处置、新行政办案系统使用等业务培训，提高现场查缉处置能力，实现海关业务部门查发移交缉私刑事立案数占比100%。

（水雅妮）

【统计与研究】2023年，银川海关履行统计调查职能，每月对银川海关关区贸易景气统计调查企业开展线上问卷调研工作，完成跨境电商统计调查、民营企业经营状况调研、企业出口情况调研、贸易景气调查回访调研、上市公司企业编码调研、订单产能向境外转移调研等专题调查调研。筛查贸易异常数据，进行重点分析比对和核查印证，年内开展数据核查15次。开展数据质量审核，利用系统平台每日开展报关单数据审核，每月开展报关单数据质量监控分析系统数据比对，全年完成88起核查、协查事项。进行业务运行监测，每月开展银川海关关区报关单、货运量、货值等业务数据梳理分析，开展银川海关关区业务运行态势分析。开展统计新闻发布工作，年内参加关区新闻发布会2次，在各类新闻媒体发布稿件30余篇次。

（吴文涛）

【保障第六届中阿博览会】2023年，银川海关出台12项便利措施，服务保障第六届中阿博览会，抽调骨干力量入驻国际会展中心，开展通关、监管、现场咨询等保障服务。制订个性化通关服务保障预案，开通“业务联系专线”，提供24小时政策咨询，保障叙利亚文物展出。

（杨姣）

▲2023年9月21日，银川海关关员到第六届中阿博览会进行现场监管（孙芳/摄）

【推动宁夏“六特”等产业发展】2023年，银川海关落实宁夏回族自治区第十三次党代会推进葡萄酒、枸杞、牛奶、肉牛、滩羊和冷凉蔬菜“六特”产业高质量发展的部署要求，成立促进“六特”等优势特色产业高质量发展工作专班，从优化服务、深入改革、强化监控和做好国外技术性贸易措施应对等方面推动“六特”等优势特色产业扩大出口。开展技术性贸易措施应对，对涉及宁夏地区和枸杞产业（SPS）通报进行研究评议，提出特别贸易关注被WTO/SPS会议集中审议采用。出台《银川海关优化营商环境21条举措》，实施“关长直通服务”“问题清零”等机制，推广原产地优惠政策，通过专题讲座、实地走访、业务平台等方式开展RCEP税收优惠政策宣讲培训。办理减免税手续，助力企业应享尽享税收优惠红利，全年为蒙牛乳业（宁夏）有限公司进口设备审核确认减免税货值337.09万美元，减免税款308.17万元；为宁夏伊利乳业有限责任公司审核确认减免税货值1084.27万美元，减免税款929.89万元。建设新鲜易腐农食产品“绿色通道”，采取“随报随审、随审随放”快速验放模式，提升通关效率。完成1批新西兰进口3557只种羊和1批新西兰进口240头种牛的检疫监管工作。开展主产区枸杞农药残留监测和贺兰山东麓酿酒葡萄及葡萄酒风险监测工作，为出口枸杞和葡萄酒质量提升持续提供技术支持。发挥中宁枸杞技术性贸易措施研究评议基地平台作用，应对韩国对关区出口枸杞继续实施加严检验措施，指导企业按照进口国要求加工生产，确保输韩枸杞顺利出口。

（潘涛）

【严防外来物种入侵】2023年，银川海关启动严防外来物种入侵三年专项行动，全年监测番茄褐色皱纹果病毒4批次、马铃薯纺锤块茎类病毒4批次、番茄斑萎病毒1批次、辣椒轻斑驳病毒10批次、黄瓜花叶病毒3批次，首次发现宁夏分布新纪录植物酸浆和外来入侵植物鲍氏苋。完成主要入境口岸外来入侵物种普查。实施24小时驻场隔离检疫，防止动物疫情跨境传播风险。全年监管进口种羊3557只、种牛240头，阳性检出51头。开展对进境粮食植物疫情防控，建立省级进口粮食疫情联防联控工作机制。年内新增2家进口小麦、大麦加工存放企业，监管进口小麦2.7万吨，进口亚麻籽8.5万吨。落实检疫审批制度，全年办理检疫审批19单，包括活畜、活禽、丰年虫卵、牛冻精等产品。旅检渠道截获动植物及产品146批次，其中15种次被鉴定为外来物种，含生草、东非分枝榈为全国口岸首次截获。在旅检渠道查获2批次涉濒危物品，砗磲手串和大砗磲，其中大砗磲为宁夏口岸首次截获单体量最重。走进学校讲解“海关日常工作”“警惕外来物种入侵”“保护野生动物”等国门生物安全常识，展示银川海关近年来维护国门生物安全方面的执法成效。

（胡诗瑶）

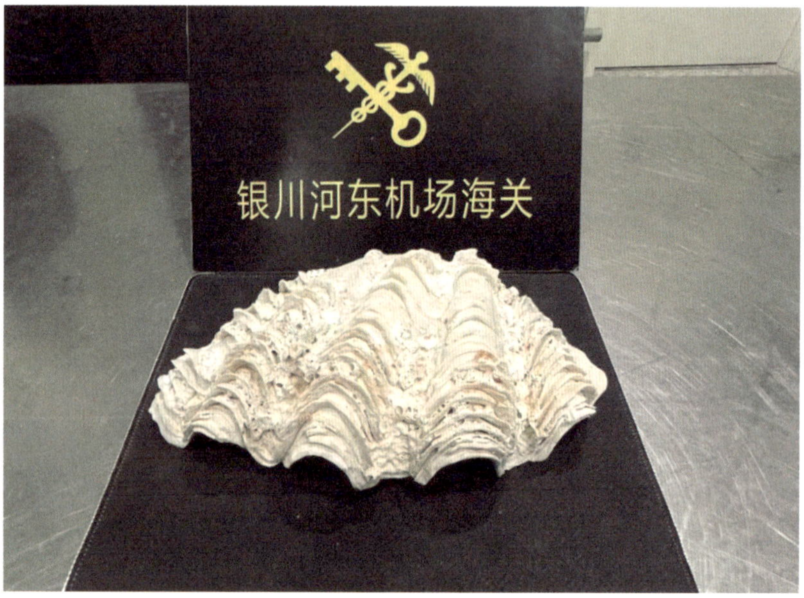

▲2023年11月27日，银川河东机场海关查获砗磲贝壳实体　（银川河东机场海关/供图）

乌鲁木齐海关

【概况】乌鲁木齐海关始建于1944年，时称“新疆关”。1950年3月，中华人民共和国海关总署发布通令，将“新疆关”更名为“中华人民共和国迪化关”。1954年2月，海关总署电令“迪化关”更名为“乌鲁木齐关”。1981年8月，正式称为“中华人民共和国乌鲁木齐海关”。关区范围为新疆维吾尔自治区（简称“新疆”）全境，是全国监管区域面积最大的直属海关。至2023年底，设有内设机构18个，党委派驻纪检组9个，所属事业单位9个。设有隶属海关单位22个，包括喀什海关、乌鲁木齐地窝堡机场海关、乌鲁木齐邮局海关、乌昌海关、红其拉甫海关、卡拉苏海关、伊尔克什坦海关、吐尔尕特海关、都拉塔海关、霍尔果斯海关、霍尔果斯国际边境合作中心海关、伊宁海关、阿拉山口海关、塔城海关、吉木乃海关、阿勒泰海关、哈密海关、石河子海关、库尔勒海关、阿克苏海关、和田海关和乌鲁木齐海关风险防控分局。

2023年，乌鲁木齐海关监管进出口货运量7470.7万吨，同比增长8.6%；监管进出境运输工具185.2万辆（架、节）次，增长30.6%。新疆外贸进出口总值3573.3亿元，增长45.9%，增速居全国第2位。检疫监管进出境人员171.1万人次，增长22.1倍。

年内，乌鲁木齐海关创新构建立体式党建管理体系，推动党的组织力量直达基层一线。建成“四强”党支部91个，2个基层党组织被授予全国海关先进集体，新增及复核通过9个全国海关党建示范（培育）品牌。34个集体、15名个人分别获得全国民族团结进步示范单位、全国工人先锋号、新疆平安建设先进个人等省部级以上荣誉，1名关员当选为第十九届团中央候补委员。

（党晓明）

【海关监管】2023年，乌鲁木齐海关聚焦防范“滞、瞒、逃、骗、害”全要素风险，立足新疆特殊区情社情，构建全链条安全监管体系，维护新疆社会稳定和长治久安。部署开展“打击进境车辆及运服人员夹藏夹带违法行为专项行动”，完善“监管设备配备、查验指令下达、实训基地建设”3个全覆盖机制，推动海关总署开展专题研究。聚焦公路口岸运输途中监管风险，制定进一步加强公路运输途中监管工作的7项措施，切实提升实时监控和后续处置能力。推进监管设备和智能审图技术应用，对进境运输工具、货物、物品实施100%机检。开展危险化学品伪瞒报、濒危野生动植物及其制品、跨境电商寄递“异宠”、骗取出口退税等专项风险防控，开展“清邮”专项行动，防范贸易渠道、非货物贸易渠道风险。推动构建“企业管理+属地查检+核查监督+稽查联动”工作机制，开展“金钥2023”“商神2023”“打击虚假贸易”专项稽查行动，推动属地查检与核查执

▲2023年9月6日，霍尔果斯海关关员开展进境管输天然气检验监管（祖尔米兰木·阿布都米吉提/摄）

法联动。办结稽查作业114起、核查作业252起、属地查检作业1736起；办结涉检验检疫行政处罚案件75起，涉案货值1994万元，同比分别增长1.1倍、4.9倍。发挥基层立法作用，制定《中国—哈萨克斯坦霍尔果斯国际边境合作中心中方区域海关监管办法》《乌鲁木齐海关关于实施市场采购贸易方式试点的公告》2件行政规范性文件。

年内。乌鲁木齐海关开展“打击进出口危险品伪瞒报”专项行动，建立伪瞒报高风险商品清单，查获不合格危险品59批次，其中伪瞒报28批次，清退违规存放危险品54批次。落实食品安全“四个最严”要求，开展进口食品“国门守护”行动，检出不合格进口食品50批、货重1289.1吨，分别增长9倍、3.8倍；开展出口食品监督抽检与风险监测工作，检出不合格出口食品5.2吨、货值46.2万元，分别增长1倍、7倍。开展进出口商品质量安全监管，检出不合格进口商品73批、货值1.6亿元，查获固体废物6批、货重60.8吨；完成进出口商品质量安全风险监测任务109批次，检出不合格36批次；创新检验监管模式，申请陆路运输进口煤炭采信模式改革试点获海关总署批准先行先试。

（崔盛杰）

▲2023年5月16日，吐尔尕特海关关员开展国门生物安全监测　（夏永涛/摄）

【海关检疫】 2023年，乌鲁木齐海关推进口岸公共卫生核心能力建设，对7个口岸达标情况组织开展考核，提出并整改问题25项。聚焦“多病同防”要求，跟踪周边国家（地区）疫情数据信息，开展疫情风险分析研判和监测预警。开展病媒生物监测346次，捕获病媒生物1469只，检出鼠疫F1抗体阳性4例、巴尔通体8例、嗜吞噬细胞无形体阳性10例、新型布尼亚病毒5例。保障国门生物安全，开展“国门绿盾2023”、“跨境电商寄递‘异宠’综合治理”等专项行动，截获各类有害生物162种、2.9万种次，同比分别增长29.6%、183.2%。深入开展严防外来物种入侵三年专项行动，普查到入侵物种41种、280种次。

（翟俊丽）

【税收征管】 2023年，乌鲁木齐海关税收实际入库148.44亿元，同比下降0.37%。开展税收形势分析研判，实施涉税风险联防联控，涉税指令处置及时率保持100%。开展税政调研，针对企业反映高纯铝出口关税税率调增后影响产品出口的诉求，研提关税政策调整建议，被国务院关税税则委员会采纳并批准实施，实现关区税政调研工作15年来的首次突破，助推高纯铝产业发展。参与海关总署智慧验估业务场景应用方案撰写，关区自选项目“原产地证书自助打印便企服务”建成，在石河子海关打造“出口原产地审签实训点”。持续释放自由贸易协定政策红利，培育3家AEO企业成为经核准出口商，助力企业叠加享受RCEP和AEO便利化政策，提高国际市场竞争力。全年签发原产地证书9628份、签证金额10.6亿美元，分别下降39.8%、9.2%。落实税收优惠政策，开展集中宣传、“一对一”调研培训等，为企业减免税1.1亿元，同比下降36.9%。

（崔盛杰）

【打击走私】2023年，乌鲁木齐海关开展“国门勇士2023”“净边2023”等缉枪缉毒行动，破获武器弹药走私案件1起，查获仿真枪、子弹等；破获毒品走私案件4起。开展“国门利剑2023”“蓝天2023”“护卫2023”“清风2023”等专项行动，破获走私固体废物、走私珍贵动物及其制品、走私入境大马士革羊等案件。打击整治“水客”走私，破获案件36起，案值5.03亿元。发挥各级打私办和“全调中心”新疆工作站功能作用，推动召开新疆打击走私综合治理工作会议，提高反走私综合治理工作合力。全年立案侦办刑事案件52起、案值5.1亿元，同比分别增长40.5%、0.2%；立案调查行政案件2124起、案值7.4亿元，分别增长2.2倍、46.5%。

（翟俊丽）

▲2023年4月12日，塔城海关关员在出境货物中查获仿真枪　（才登加甫·腾格斯/摄）

【统计与研究】2023年，乌鲁木齐海关开展中国外贸出口先导指数、中国海关贸易景气指数等调查，编报关区月度出口景气指数、进口景气指数、进出口综合分析报告。全年审核报关单数据记录202.8万条。完成全国海关及关区2022年贸易统计数据审核；对关区2020~2022年度业务统计数据进行自查。建立虚假贸易专项核查机制，开展跨部门联动协作，向地方政府及有关部门制发提醒函15份，通报涉嫌虚假贸易企业182家。开展统计数据运用和安全管理，紧盯全球经贸形势、大宗商品进口、国别贸易变化等热点及新疆外贸形势开展分析，27篇监测分析报告被海关总署采用。围绕重点事项向海关总署报送调研报告14篇。开展“6+29”项署级、关级课题研究，16篇政策研究文章在海关总署载体刊发或获奖，关区“点靓边关”平台刊发研究成果206篇。

（崔盛杰）

【学习宣传贯彻习近平总书记给红其拉甫海关全体关员重要回信精神】2023年，在海关关衔制度实行20周年暨红其拉甫海关被国务院授予“艰苦奋斗模范海关”荣誉称号18周年之际，习近平总书记给红其拉甫海关全体关员回信，体现习近平总书记心系雪域边疆，时刻关心惦记坚守在边关的同志们，这是红其拉甫海关也是全国海关最高的荣誉、无上的光荣，在海关发展历程中具有重要里程碑意义。乌鲁木齐海关深刻感悟习近平总书记殷切关怀和厚重嘱托，掀起深入学习宣传贯彻习近平总书记给红其拉甫海关全体关员重要回信精神热潮，全体干部职工深刻领悟“两个确立”的决定性意义，坚决做到“两个维护”。收到习近平总书记重要回信后，第一时间召开乌鲁木齐海关党委（扩大）会议认真学习领会重要回信精神，选派红其拉甫海关优秀代表参加全国海关巡回宣讲，组织先进典型代表在关区开展主题演讲，推动关区上下不断将学习宣传贯彻习近平总书记给红其拉甫海关全体关员重要回信精神走深走实。开展“重走红关路 再强边关志”等系列专题活动，46名业务骨干上高原开展沉浸式跟班锻炼，系统内外2900余人次赴红其拉甫海关交流学习。对照习近平总书记给红其拉甫海关全体关员重要回信中的6方面明确要求，开展“学回信、找差距、查不足、抓落实”活动，将学习贯彻习近平总书记给红其拉甫海关全体关员重要回信精神付诸行动、见之于成效，为强国建设、民族复兴贡献力量。

（翟俊丽）

【保障西向国际物流大通道高效畅通】2023 年，乌鲁木齐海关立足新疆作为亚欧黄金通道和向西开放桥头堡的重要定位，采取系列举措，提升口岸通行效能。针对公路口岸通行中遇到的问题，与周边国家边境海关开展沟通磋商，就“拥堵标准及处置”与哈萨克斯坦边境海关达成共识，为保障口岸通行顺畅提供制度支撑。围绕外方延长通关时间诉求，在重点口岸实行（试行）“7×24 小时”“7×14 小时”等工作制。开展葵籽类产品“查验转场”，企业货物运转效率提升，帮助企业节省运营成本。创新实施重要矿产品“口岸+卸货地”联合监管，进口铜精矿通行周期由原来的 10～15 天压缩到 3～5 天。助推“跨境电商+中欧班列”“跨境电商+TIR”“跨境电商+货运包机”等模式开行，支持“中吉乌”等多式联运业务发展，拓宽物流运输通道，提升货物集疏运能力。

（王均祥）

【支持中欧班列高质量发展】2023 年，乌鲁木齐海关监管中欧（中亚）班列 1.4 万列，同比增长 8.5%。创新实践“产地组货集结”“内外贸混编运输”等举措，定制针对性监管方案，助力提升乌鲁木齐班列集结中心的组货能力，提高新疆外贸承载力和吸引力。整合海关监管通关环节与铁路作业运行流程，与铁路部门建立联系沟通机制，通报协调解决工作中遇到的问题，共建铁路物流模式。开展与重庆、成都、郑州等中欧班列始发地海关协作配合，建立联络协调机制，协同共治。推广实施“铁路快通”业务模式，降低企业运营成本，支持更多本地产品搭载中欧班列“走出去”，监管本地申报出境快通模式舱单 1881 票，占关区监管总量的 37.4%。

（王均祥）

▲2023 年 12 月 28 日，喀什海关关员查验喀什综合保税区进出口货物（迪丽努尔·艾尔肯/摄）

【支持新疆口岸开放发展】2023 年，乌鲁木齐海关落实新疆“一港、两区、五大中心、口岸经济带”及“八大产业集群”部署，研究出台优化营商环境 23 条、促进南疆高质量发展 30 条等具体举措，促成新一轮署区合作备忘录、首份海关总署新疆生产建设兵团合作备忘录签署。助力新疆自由贸易试验区申建，推动 22 项政策措施纳入《中国（新疆）自由贸易试验区总体方案》，占总数的 16.3%。推动中哈霍尔果斯国际边境合作中心全面恢复“综合保税区与境外之间的物流货物”业务，8 月 1 日—12 月 31 日，监管货运量 1025 吨、贸易额 1.9 亿元，较 2019 年同期分别增长 88.3%、27.2%。全力支持别迭里口岸对外开放，推动伊宁机场口岸顺利通过国家验收。制定落实综合保税区综合改革 14 项措施，新疆 4 个综合保税区进出口总值 1457.5 亿元，同比增长 71.4%。支持市场采购贸易发展，推动乌鲁木齐边疆宾馆商贸市场、阿拉山口亚欧商品城列入市场采购贸易试点范围。发挥“综保区+综试区”政策叠加优势，巩固“简化申报”“清单核放”“汇总统计”等优惠政策落地生效，促进跨境电商发展。

（王均祥）

【边境海关国际合作】2023年，乌鲁木齐海关落实中国—中亚峰会、第三届“一带一路”国际合作高峰论坛等重大外事活动成果，推动实现我国与中亚国家公路口岸农副产品快速通关“绿色通道”全覆盖，被列入元首外交成果清单。落实中国—中亚海关署长会晤机制，全面激活与周边国家边境海关联络机制，参加海关总署、新疆重要外事活动34场，组织开展与外方各层级会谈会晤61次，其中时隔6年再次与巴基斯坦边境海关举行视频会谈，时隔4年再次与哈萨克斯坦举行边境海关负责人实地会谈，与吉尔吉斯斯坦海关多次开展电话会谈。开展边境海关检验检疫机制性合作，推进“中国—中亚区域生物安全合作管理平台”建设，配合推进我国与乌兹别克斯坦签署AEO互认协议，举行中哈动植物检疫技术交流会谈。推动周边国家优质农食产品扩大进口，协助完成哈萨克斯坦玉米粕等4国、12种农产品准入程序，牵头完成乌兹别克斯坦输华葡萄果园、包装厂审查106家。办理外方行政互助协查来函20份，涉及单证214票、同比增长2.3倍。打造“边境海关国际合作创新工作室”，被评为新疆“劳模和工匠人才创新工作室”。

（崔盛杰）

【“公路口岸+属地直通”业务改革】2023年，针对新疆公路口岸通行中存在的问题，乌鲁木齐海关创新推动“公路口岸+属地直通”改革。通过通关流程优化、智能监管设备应用及场地智慧化升级改造，实现部分申报信息和手动操作环节的自动化，达到“优流程、减环节、提效能、降成本”的综合效果。腹地城市出口货物在属地完成申报、查验、放行等流程后，直接在口岸办理出境手续，转关车辆在口岸停留时间减少；通行成本大幅降低，进出境车辆平均通行效能提升，减轻企业换装、仓储等费用成本。该项目入选全国海关“智关强国”行动“2023年度十优”早期收获项目，被写入新疆2024年政府工作报告，纳入新疆“智慧口岸”整体规划，面向全疆公路口岸推广实施。

（崔盛杰）

【打造科技效能综合管理平台】2023年，乌鲁木齐海关完成3个信息系统的等级保护测评复测，拦截高风险网络探测行为3.2万余次。推进智慧数据中台建设，部署应用及改进完善8个关级信息化系统，网络安全基础和科技支撑能力得到提升。入网升级改造174台监管设备，实现设备统一化、标准化联网管理。开展实验室能力建设，关区技术机构新增检测能力530项，6个区域中心实验室通过海关总署核查验收。推进技术机构改革，制定4方面、28项改革措施，乌鲁木齐海关技术中心6个分场所通过CMA和CNAS评审。组织申报省部级以上科研项目23项，获批海关总署科研立项4项、新疆科技计划立项6项，2项科技成果获海关三级成果。开展专业技术人才建设，1人获批享受国务院政府特殊津贴，3人入选新疆“天山英才”培养计划青年拔尖人才项目。组织参加全国海关及新疆科普讲解比赛，乌鲁木齐海关科技处获优秀组织奖，6人次获个人奖项，其中1人代表新疆参加第十届全国科普讲解大赛获优秀奖。

（翟俊丽）

▲2023年12月22日，乌鲁木齐海关与哈萨克斯坦财政部国家收入委员会在中哈霍尔果斯国际边境合作中心开展2023年度中哈边境海关负责人会谈（龙腾/摄）

人物、集体荣誉

先进人物

海关系统获评 2023 年全国优秀共青团干部名单

刘国昌	广州海关所属罗定海关

海关系统获评 2023 年全国三八红旗手名单

耿丽敏	长春海关所属延吉海关

海关系统获评 2023 年“中国好人” 名单

高　玲	南京海关所属泰州海关

海关系统获评 2023 年全国最美家庭名单

杨晓军（家庭）	南京海关动植物与食品检测中心

海关系统获评全国归侨侨眷先进个人名单

张　捷	中国海关科学技术研究中心

全国海关系统先进工作者名单

王德伟	海关总署卫生检疫司综合处处长
刘　艳（女）	北京海关所属首都机场海关旅检一处旅检八科科长
潘　娟（女）	天津海关保健中心卫生检疫实验室副主任
赵红山（蒙古族）	呼和浩特海关所属乌拉特海关监管三科科长
韩　健	满洲里海关口岸监管处副处长
刘晶玮	沈阳海关所属沈阳桃仙机场海关旅检二科科长
赵　娜（女）	长春海关机关党委（政工办）政工宣传科二级主任科员
陈义虎	南京海关所属新生圩海关监管一科副科长
金　涛	杭州海关所属嵊泗海关办公室主任、四级高级主办
江山宁	宁波海关所属梅山海关查验三科科长
王　威	济南海关所属淄博海关关长
胡浩森	郑州海关所属郑州新区海关跨境电商一科科长
余炜烨（女）	武汉海关所属武昌海关综合业务科科长
袁　浩	广州海关所属佛山海关驻顺德办事处跨境电商监管科四级主办
陈慧敏（女）	深圳海关所属深圳湾海关旅检二科科长
王　萱（女）	拱北海关口岸监管处行李物品监管科科长
蔡雪妍（女）	汕头海关卫生检疫处卫生检疫监测管理科科长

郭伟锡	黄埔海关所属黄埔老港海关船舶监管办事处船舶监管一科副科长
谌舜韬	江门海关风险防控分局风险分析一科科长
程　洁（女）	南宁海关所属南宁吴圩机场海关监管三科副科长
云小云（女）	海口海关保健中心虫媒和传染病检测实验室主任
胡安琳（女）	贵阳海关动植物和食品检验检疫处动植物检疫科四级主管
褚涵玲（女）	昆明海关所属怒江海关综合业务科科长
王东华	拉萨海关所属吉隆海关监管二科副科长
高　翔	上海海关学院财务处处长

全国海关系统准军事化纪律部队建设先进个人名单

解学农	海关总署风险管理司风险业务一处副处长
刘　乐	海关总署人事教育司干部监督处处长
雷　波	驻署纪检监察组第五纪检监察室主任
张其明	广东分署巡视工作处处长
闫爱民	天津特派办稽查工作处二级调研员
赵洪刚	北京海关机关党委（政工办）准军事化建设科科长
曹　玮	天津海关所属天津新港海关综合业务一处运行管理科科长
刘运来	天津海关所属静海海关稽核科科长
孙　涛	石家庄海关所属曹妃甸海关物流监管一科科长
崔　涛	石家庄海关所属京唐港海关人事政工科科长
朱江涛	太原海关机关党委（政工办）综合科科长
武建梅（女）	呼和浩特海关所属二连海关铁路监管一科科长
米俊明	满洲里海关所属满洲里车站海关副关长
刘　丹（女）	大连海关所属大连港湾海关综合业务一科科长
圣叶宏	大连海关所属大窑湾海关查检二处查检六科副科长
张祥煜（女）	沈阳海关所属沈阳邮局海关监管一科副科长
乔　桥（女，蒙古族）	长春海关所属珲春海关铁路口岸监管科科长
方孟颀	哈尔滨海关所属冰城海关驻邮局办事处快件监管科副科长
熊雯雯（女）	上海海关所属洋山海关综合业务一科科长
崔金鑫	南京海关所属张家港海关查验二科副科长
但晨幻	南京海关教育处培训科科长
楼家毅	杭州海关所属舟山海关监管六科副科长
江　言	宁波海关机关党委（政工办）综合科科长
张　磊	宁波海关所属北仑海关驻临港办事处查验三科科长
林　栋	合肥海关所属庐州海关稽核查科科长
游　康	福州海关所属马尾海关综合业务一科副科长
洪　军	厦门海关机关党委（政工办）准军党廉建设科副科长
肖传斌	南昌海关所属吉安海关查检一科科长
任瑞东	青岛海关机关党委（政工办）准军建设科科长
王文正	青岛海关所属临沂海关旅检科科长

赵　森	济南海关机关党委（政工办）主任
李荟芳（女）	郑州海关所属商丘海关综合业务科科长
申卫军	武汉海关所属武汉新港海关查验科四级高级主办
陈　芳（女）	长沙海关所属星沙海关驻浏阳办事处综合业务科副科长
粟邵华	广州海关机关党委（政工办）准军事化管理科科长
张丽姝（女）	深圳海关所属皇岗海关旅检三处旅检一科科长
党延刚	深圳海关所属文锦渡海关监控科科长
肖秋兴	拱北海关所属闸口海关旅检四科科长
郭克野	拱北海关所属横琴海关监管二科科长
关世猛（满族）	汕头海关所属广澳海关出口监管科科长
刘　曜	黄埔海关所属新沙海关查验三科科长
潘秀桥	江门海关所属阳江海关人事政工党廉科科长
胡　鹏	湛江海关所属霞山海关监管二科科长
朱春梅	南宁海关科技处安全与运行科科长
辜振成	海口海关所属海口美兰机场海关副关长
陈俊利	昆明海关所属河口海关综合保障科科长
孙明宝	昆明海关法规处一级主任科员
张宝川	拉萨海关人事教育处副处长
王　靖（女）	西安海关所属西安车站海关保税监管科科长
孙　超	乌鲁木齐海关所属喀什海关查检处查检一科科长

2023 年全国海关荣获“光荣在党 50 年”纪念章名单

海关总署机关（21 名）

殷　宁	王　勇	于瑞升	白　伟	许　丁	夏守达	安保华	李兰海	奎自强
吴家煌	黄　林	张树桐	王　炜	叶　剑	王霓霓	侯　燕	李艳萍	马随军
巨采青	李卫民	施凤珍						

广东分署（2 名）

彭晓辉	郑少斌

北京海关（16 名）

万志朝	魏欣平	崔宝祥	贺舟群	凌少江	赵建荣	杜国春	徐清渔	杜惠玲
郝建山	胡　刚	彭明涛	刘会欣	李　平	刘淑明	张荣娜		

天津海关（10 名）

刘新平	宁潜智	林晓生	高伟平	任庆顺	尚　为	于弘宇	罗树青	郑元财
赵秀华								

石家庄海关（10 名）

王　玲	王　炽	李成军	孙敬武	甄少甫	张志国	邱玉范	赵　磊	王克山
杨建勋								

太原海关（4 名）

黄文斌	王　华	李恒林	宁纯友

呼和浩特海关（2名）

王振林　金　字

大连海关（39名）

吕诺曼　宫国杰　孔　靖　苑德信　杨民生　吕世东　丁乐寿　郑淑其　刘绍芬
刘占平　李国邦　朱昌厚　徐景清　康淑兰　沈尔力　郭新义　仲维光　张玉平
车兆宽　冯小关　闫保林　隋玉和　曲德佐　王立永　荣晓帆　孙元民　史宝龙
刘济平　王万玉　杨书德　李秀绵　宋秀萍　高荣扶　石国英　孙福群　侯家彬
王　杰　张景波　齐海涛

沈阳海关（1名）

郑宝金

长春海关（14名）

赵树林　杨守春　曾凡亮　陈志诚　李　录　梁　财　周广仁　王立成　崔守华
朴春锡　李元春　罗庆财　韩光日　金哲雄

哈尔滨海关（4名）

孟燕京　赵文金　郭祥云　高绪财

上海海关（50名）

徐　枫　闻学祥　王阿才　金玉根　夏立法　杨文兰　柳康松　王万云　丁洁心
潘纯菊　朱凤英　王永明　李　莉　应锦洪　郑谷锋　周成扣　徐正东　王海品
刘健荣　徐国良　孙自援　陈海福　孔　良　曹怀满　连甲赓　孙锦娥　张伯根
连前进　黄贵玉　何国雄　杨玉英　邓海涛　羌锦元　赵金生　范伟民　包振建
苏产良　郑志和　沈志高　黄文川　陶莉芳　沈莉华　王贝发　宋晓平　徐光梅
沈　伟　张云娣　王才广　房忠明　蔡勤生

南京海关（32名）

王一民　刘方明　杨文家　顾晨光　吴燕燕　姚　宁　刘　玉　胥晓林　刘红斌
马玉笙　王　斑　章荣亮　丁盘生　周小牛　尹苏龙　华洛珍　杨雪瑛　王润荣
王建华　张庆富　李俊霞　徐佃才　庄学甫　于巧荣　杨金城　姜历利　陈锦华
徐立春　孙　波　汪　洁　张锦丽　邱卫东

杭州海关（8名）

张　中　周文明　章红琦　周信尧　阎　震　戴　军　范义生　陈高跃

宁波海关（8名）

余良中　阎志辉　应启达　耿玉良　胡树钦　徐　康　李照明　李纯水

合肥海关（3名）

杨吉和　施恒耀　于光伟

福州海关（7名）

郭守义　张荣庆　赵昆生　陈成旗　陈小明　何簪文　夏仲海

厦门海关（17名）

黄云英　陈和杰　蔡荣裕　王元跃　周长山　郑炳川　戴森泉　祁红武　欧晓明
郭天生　李战和　殷凤琴　田明厦　应丽莱　丁秋棠　林雅萍　王　萍

南昌海关（3名）

方幸福　路海波　熊赛英

青岛海关（25名）

高思胜 宫云岐 邹朝银 袁安庆 孔祥君 臧瑞芝 陈爱民 张祥义 任松昌

都兴春 宋小竹 孙玉林 王振忠 张新志 张丽华 王云贤 李亚平 卓建康

刘　敏 姜修仁 吕仁佳 冯继宗 周善仁 王文启 沈鲁宁

济南海关（4名）

褚长云 陶兰芬 李胜利 张启瑞

武汉海关（14名）

李依谦 徐　斌 孙叔礼 刘中南 杨明发 王涟生 胡江南 周维吉 乔爱林

戴建生 李克元 汪建华 程诗业 刘克喜

长沙海关（3名）

葛增富 高健玄 付举正

广州海关（32名）

戴智光 封灿宏 李庆方 梁伟源 吴伯彦 吕秀琴 冯结祥 王国光 刘成潘

胡斯叟 李晓钟 古松荣 曾炽诚 赵淑贞 孙　庆 甄宇江 毕列佳 林志根

吴波波 周秋娥 黎满全 谭惠如 陈仕金 黄宝春 郭波旋 魏俊福 邱良炳

霍燕琼 梁　勇 侯胜殿 宋汉基 李勤明

深圳海关（22名）

周丽霞 朱声立 欧宗莲 孙美良 吴　元 张月英 李婉珊 刘培基 胡五福

吴惠元 杨廷煌 李辉业 许奕松 陈钦禄 叶清权 张运发 曾运光 刘泽华

干毅明 王少亭 丘瑞娇 宋　敏

拱北海关（11名）

吴海平 佘容强 岳宝树 吴华昌 李　金 黄飞燕 苏洪英 罗源端 张智泳

苏福海 楼松茂

汕头海关（9名）

魏高典 王镜春 刘家晴 罗东桂 黄四方 彭景顺 李林川 李东来 郭廷旺

黄埔海关（12名）

曹灵孝 牛莎莉 刘志辉 贺中华 伍建华 邹援卫 王庆华 王素英 司毅军

罗兴荣 俞熙方 关玉琼

江门海关（4名）

曾纪枢 胡柏周 李玉辉 李德闻

湛江海关（6名）

黎仲贤 张武良 张珠江 陈凤平 杨亚九 曾　海

南宁海关（5名）

梁灯塔 韦日飞 祝亚雄 赖尚平 孙宝华

海口海关（4名）

刘立妹 符　冰 丁　克 符大旺

重庆海关（2名）

邹化才 崔锡光

成都海关（2名）

罗　建 印晓丰

昆明海关（4名）

李锡昌　王　军　李桂忠　赵有文

拉萨海关（2名）

平　措　刘荷兰

西安海关（3名）

单维华　赵俊儒　王志雄

兰州海关（3名）

朱蕴智　芦国爱　王旭东

西宁海关（1名）

周志毅

乌鲁木齐海关（2名）

牛存收　郗东阳

上海海关学院（2名）

张泰山　黄捍东

中国海关管理干部学院（1名）

郎淑清

2023年获得海关扎根艰苦地区边关工作金质荣誉章人员名单

海关总署关于为王恩来等250名同志颁发海关扎根艰苦地区边关工作金质荣誉章的通知（署人发〔2023〕17号）

为以下250名扎根艰苦地区边关工作累计时间满30年的同志颁发海关扎根艰苦地区边关工作金质荣誉章：

（一）呼和浩特海关7人

王恩来　王静中　李　宏　周建平　定金凤　赵景恒　贺东平

（二）满洲里海关27人

万　军　马德才　王卫东　王润铎　田守江　冯　建　朱金国　纪　茵　苏　惠
李春明　李树航　李鹏举　轩辕佐胜　张　义　张　伟　张　华　张爱军　陈　瑜
赵云成　赵秀至　胡艳平　郭小青　黄忠民　惠洪洲　遇海峰　焦　杰　魏怀颖

（三）大连海关2人

郝陶光　戴启家

（四）长春海关17人

王　洋　尹光哲　朴龙贤　朴锦华　朴熙文　权伍光　朱铁军　刘昌明　刘勇先
李龙根　李延臣　谷昭盛　赵常伟　咸永学　董龙哲　谭立新　穆翠英

（五）哈尔滨海关52人

丁安国　丁洪涛　于广福　王　旭　王　韬　王传松　王建东　王俊峰　孔庆东
叶林海　申延东　田　丰　田振龙　司学兵　成洪艳　朱洪峰　朱洪彬　刘　锋
刘沈齐　刘彦海　牟维功　李　壮　李文月　李传芝　杨文胜　杨勇祥　杨福军
宋长武　宋兆德　张　帆　张　英　苑立彬　周长森　周华峰　单国庆　孟　伟
赵文山　赵晓龙　柳长彦　姜彦春　贾永安　徐　锋　徐自平　郭正军　崔佳嵋
梁　君　葛　晶　蒋　森　谢　宁　蒲庭江　鲍　逊　潘秀霞

（六）南宁海关28人

方　志　邓　诚　古　谨　朱南光　庄实龙　刘　飞　许介淑　苏　维　苏德彬

李耀华　肖　扬　吴尚泽　何成伟　何祥健　宋启运　陈武宁　林秀红　郑新川
唐国林　黄守业　黄克竣　黄忠柱　黄俊杰　阎广生　覃金峰　廖锦柏　谭　沣
禤永福

（七）昆明海关 45 人

王　盛　王青友　邓　强　龙忠保　史林斌　白永华　向世宁　刘　钧　刘文廷
江润楠　孙兵召　李　军　杨　蕾　杨定坚　杨建华　杨建明　杨艳青　吴保宁
吴深醒　汪　明　张国友　张娟瑜　陈永娥　陈家兴　范旭东　林碧庆　郑慧芳
赵宏武　郝柏然　胡灿恩　柯金发　饶志晓　袁中奇　夏友学　倪东林　高　华
高　峰　高正良　黄　英　黄黔慧　盛志强　寎继华　曾建林　蔺以东　谭鑫福

（八）拉萨海关 7 人

王仁俊　多吉旺堆　吴　刚　陈春生　唐军华　新　功　德吉央宗

（九）兰州海关 2 人

白智军　高建国

（十）西宁海关 2 人

苏小民　李连通

（十一）乌鲁木齐海关 61 人

于丽萍　于勇华　王　岩　王开钧　王明科　王建强　王春国　王雪丽
巴合提古丽·马米汗　巴特尔　玉山·热合曼　石娅梅　叶可本·托鲁木汗　宁　静
加尔肯·曲库尔汗　师海涛　伍　江　刘　波　刘志杰　刘爱平　关原园
苏晓峰　李　伟　李　降　李　斌　李惠杰　杨卫兵　邱　军　邱中华
何银华　邹　良　宋洪波　阿布力米提·阿布都克力木　范伟功　尚　锋　迪丽拜尔·沙比提
依明江·吐尔地　周晓彬　郑　芳　郑　丽　胡书铭　姜卫东　姚江军
骄　娃　袁江伟　夏勒哈尔·阿克苏力坦　高　云　高　磊　高新平　高新楼
郭勇刚　海拉提·木哈地里　黄卫东　康　莹　斯日格林　程　涛　童　舜
温　娉　谢　明　靳小龙　薛超坤

2023 年国务院“授衔令”（二级关务监督及以上）

一、国务院关于授予和晋升康玉燕等 75 名同志海关关衔的命令（国函〔2023〕10 号）

（一）授予以下同志一级关务监督关衔

康玉燕　刘心同

（二）以下同志由二级关务监督关衔晋升为一级关务监督关衔

蹇志惠

（三）授予以下同志二级关务监督关衔

袁少权　陈　勇　刘　清　吴大为　杨海涛　肖国平　赵征才　顾建锋　姜朝阳
戴云徽　吴新华　罗建国　邵树坚　章建胜　俞仁贤　卜延刚　陈德镁　方　驹
徐应奎

（四）以下同志由三级关务监督关衔晋升为二级关务监督关衔

尹　霞　段　凯　陈　平　武　明　崔维华　石金峰　王　华　李春忠　张　军
宋志超　张富慧　韩　勇　索凤英　许　政　徐学武　黄万里　顾礼鉴　刘卫言
周明晨　蔡嘉福　李永江　陈新东　张　建　徐兴忠　颜　斌　夏　阳　刘武斌
王少川　郭云玲　梁　斌　赖良忠　张少兰　韦　江　姬立群　张展辉　原喆鹏

洪　滨	陆建辉	刘　芳	梁　斌	惠　东	郑小茹	陈　竹	刘云宁	刘亚宁
王永基	王卫民	于静友	陈树森	李　鸣	冯建民	兰胜斌	李清华	

二、《国务院关于授予和晋升袁文泽等 **83** 名同志海关关衔的命令》（国函〔**2023**〕**51** 号）

（一）授予以下同志一级关务监督关衔

袁文泽	张　赞	朱秋明	刘文敏	张艺兵	许顺华	张晓略	江兴培

（二）以下同志由二级关务监督关衔晋升为一级关务监督关衔

张志学	刘向东	赵　阳	赵　飞	杨占强	张亚平	沈善庚	王蔚冰	丁三寅
吴志秀	张　翼	唐永飞	周荣秋	叶　云	王忠亮	徐晓捷	钟文新	彭伟鹏
周运保	李　辉	龙卫东	褚碧波	孙　伟	杨　卓	詹水旭	樊　堃	

（三）授予以下同志二级关务监督关衔

王晓巍	张树文	李东春	王海涛	金　翕	郭　强	陈丽辉	蒋海宁	陈清国
徐　宁	任　华	蔡亨忠	任忻生	孙艺健	车程辉	周仲芳	丁国允	邹　超
陈　涛	黄宏辉	陈仕雄	罗宝成	彭　坚	刘文丽			

（四）以下同志由三级关务监督关衔晋升为二级关务监督关衔

蔡　毅	王伊梁	赵加印	李春玲	刘志辉	王　威	于严冬	张占军	刘荣齐
沈洪淇	吕　期	宋晓华	杨路平	李晓红	陈媛媛	曾宪君	谢　兰	苏小秀
陈国耀	叶华山	黄　怡	鞠春梅	孙建明	尼玛次仁	张东方		

三、《国务院关于授予和晋升白露等 **121** 名同志海关关衔的命令》（国函〔**2023**〕**145** 号）

（一）授予以下同志一级关务监督关衔

白露　　王晓红

（二）以下同志由二级关务监督关衔晋升为一级关务监督关衔

王善婷	王　可	朱兆银	苏玉军	朴明华	杨国海	钟就华	宏　军	谢　斌
赵秋霞								

（三）授予以下同志二级关务监督关衔

陈　东	金　霞	蔺　婧	徐国栋	王金凤	廉荣常	邸彦波	闫玉芳	闫国清
傅英文	刘光伟	王慧红	单学时	程维勇	袁建国	林　军	康继韬	梁铭明
陈行书	缪传真	竺剑波	肖玲清	李少平	杨荣鑫	李建强	郑家利	陈长法
叶向勇	沈志刚	赵俊胜	邹全意	孙　勇	鞠　波	许　立	刘　强	郭明星
陈建华	马洪波	张兴慧	曹建全	吴愈柏	卓金焕			

（四）以下同志由三级关务监督关衔晋升为二级关务监督关衔

高仁祥	夏　俊	冯国清	李武军	王少华	杨旌旗	韩晓明	曹　雷	李　庆
袁春龙	常　义	周　竣	吴泽元	高洪生	李文生	李　欣	高志福	张　湛
赵文斌	姚漪娟	毛雅君	掌孝恩	马红兰	吴方玲	徐建中	王国军	温端庆
陈照民	乐培宏	平海琳	李西锋	张春芳	王　军	王春晖	吴银霞	赖永伟
孙雅玲	姚　伟	张术杰	王　蔚	殷志江	李金华	曲道静	杨鲁泉	刘元洪
李兆明	于　勇	夏惠文	刘天竹	李继军	祝自力	刘探担	吴喜洲	王　俊
高泳庄	刘晓昀	彭肖颜	肖伟华	谭健生	余绣文	张　潇	覃克卫	马　琨
张建华	陈新明	黄　群						

四、《国务院关于晋升吴海平同志海关副总监关衔的命令》（国函〔**2023**〕**160** 号）

海关总署副署长吴海平同志由一级关务监督关衔晋升为海关副总监关衔。

先进集体

海关系统获评 2023 年全国五四红旗团支部名单

昆明海关所属章凤海关团支部

海关系统获评 2023 年全国公安机关成绩突出青年集体名单

上海海关缉私局侦查处一科
宁波海关所属北仑海关缉私分局侦查科

海关系统获评第十批全国民族团结进步示范区示范单位名单

乌鲁木齐海关所属红其拉甫海关

海关系统获评 2023 年亚洲环境执法奖名单

深圳海关联合研判工作站（深圳海关缉私局、深圳海关风险防控分局、深圳海关所属深圳邮局海关）

海关系统获评 2022 年中国版权金奖保护奖名单

宁波海关综合处

全国海关系统先进集体名单

海关总署口岸监管司场所监管处（口岸运行监控指挥中心）
广东分署检验检疫工作处
天津特派办办公室
上海特派办办公室
北京海关综合业务处
天津海关机关党委（政工办）
石家庄海关所属京唐港海关
太原海关卫生检疫和进出口食品安全处
呼和浩特海关所属呼和浩特白塔机场海关旅检科
满洲里海关所属满洲里车站海关查验科
大连海关大连国际旅行卫生保健中心（大连海关口岸门诊部）
大连海关所属大连周水子机场海关旅检四科
沈阳海关所属锦州海关驻港口办事处
长春海关所属珲春海关监管二科
哈尔滨海关所属哈尔滨太平机场海关
上海海关所属上海浦东国际机场海关值机处
上海海关所属洋山海关综合业务一科

南京海关所属常州海关
杭州海关科技处
宁波海关所属北仑海关驻穿山办事处
合肥海关所属庐州海关监管一科
福州海关所属莆田海关
厦门海关卫生检疫处
厦门海关所属海沧海关查验一科
南昌海关所属赣州海关
青岛海关卫生检疫处
青岛海关所属青岛胶东机场海关查检科
济南海关所属滨州海关
郑州海关所属郑州邮局海关
武汉海关所属汉口海关稽查一科
长沙海关所属星沙海关驻浏阳办事处
广州海关技术中心卫生检疫研究所
深圳海关所属蛇口海关前海综合保税区监管一科
拱北海关所属横琴海关综合业务四科
汕头海关所属广澳海关
海关总署风险防控局（黄埔）风险处置处
江门海关所属阳江海关物流监控科
湛江海关所属东海岛海关综合业务科
南宁海关动植物和食品检验检疫处
海口海关自贸区和特殊区域发展处
重庆海关所属两路寸滩海关
成都海关所属青白江海关监管二科
昆明海关所属打洛海关口岸监管科
拉萨海关所属聂拉木海关
西安海关所属关中海关
兰州海关所属金昌海关
西宁海关所属西海海关
银川海关所属兴庆海关
乌鲁木齐海关所属红其拉甫海关
乌鲁木齐海关所属阿拉山口海关查检一科

全国海关系统准军事化纪律部队建设先进集体名单

海关总署办公厅档案处
海关总署卫生检疫司检疫管理处
海关总署企业管理和稽查司信用管理处
广东分署机关党委（政工办）
上海特派办稽查工作处

北京海关所属首都机场海关综合业务处运行监控科
海关总署税收征管局（京津）参数管理处风险规则管理科
天津海关所属天津南疆海关查验三科
石家庄海关所属秦皇岛海关技术中心
太原海关所属运城海关
呼和浩特海关机关党委（政工办）组织宣传科
满洲里海关所属海拉尔海关旅检科
大连海关所属大连长兴岛海关
沈阳海关所属辽中海关监管二科
长春海关所属延吉海关古城里口岸监管科
哈尔滨海关所属抚远海关
上海海关所属浦江海关
上海海关所属外高桥港区海关综合业务一科
南京海关所属苏州海关驻邮局办事处邮件查验一科
杭州海关所属杭州萧山机场海关旅检四科
宁波海关卫生检疫处
厦门海关所属厦门机场海关航维保税科
厦门海关所属漳州海关
南昌海关所属九江海关
青岛海关所属黄岛海关综合业务二处综合业务三科
济南海关所属潍坊海关综合业务一科
郑州海关所属新郑海关综合业务二科
武汉海关机关党委（政工办）党风廉政建设科
长沙海关所属长沙黄花机场海关旅检四科
广州海关所属大铲海关
广州海关所属南沙海关政务服务科
深圳海关所属三门岛海关
拱北海关所属港珠澳大桥海关综合业务一科
汕头海关所属揭阳海关
黄埔海关机关党委（政工办）准军事化建设科
黄埔海关所属东莞长安海关综合业务二科
江门海关所属外海海关综合业务二科
湛江海关风险防控分局非贸风险科
南宁海关所属邕州海关综合业务科
重庆海关所属西永海关监控一科
成都海关所属成都双流机场海关旅检二科
贵阳海关所属遵义海关
昆明海关机关党委（政工办）
拉萨海关所属亚东海关
兰州海关所属敦煌机场海关

西宁海关所属格尔木海关
银川海关所属银川河东机场海关
乌鲁木齐海关所属卡拉苏海关查检科
上海海关学院党校工作部（继续教育部）
中国海关管理干部学院人事政工处（党委办公室、离退休干部办公室）

第21届全国青年文明号星级认定名单(海关系统)

二星级全国青年文明号

北京海关所属首都机场海关旅检一处
石家庄海关所属唐山海关报关大厅
呼和浩特海关所属乌拉特海关
长春海关所属长春兴隆海关综合业务科
宁波海关所属大榭海关“智慧物流”监管中心
福州海关所属福州长乐机场海关旅检岗
南昌海关所属南昌昌北机场海关
青岛海关所属荣成海关综合业务一科
郑州海关所属新郑海关综合业务一科
武汉海关所属武汉天河机场海关旅检三科
南宁海关所属邕州海关综合业务组
贵阳海关所属贵阳龙洞堡机场海关
拉萨海关所属贡嘎机场海关
银川海关所属银川河东机场海关旅检三科
乌鲁木齐海关所属红其拉甫海关

一星级全国青年文明号

海关总署广东分署大数据实验室研究分析小组
天津海关所属天津新港海关查验一处进口查验一科
石家庄海关所属张家口海关报关大厅
太原海关所属运城海关
呼和浩特海关所属额济纳海关
满洲里海关所属满洲里十八里海关旅检四科
大连海关所属金石滩海关人事政工科
沈阳海关所属辽中海关综合业务科
哈尔滨海关所属哈尔滨太平机场海关旅检四科
上海海关所属洋山海关综合业务一科
上海海关所属上海浦东海关综合业务一处综合业务一科
南京海关所属苏州工业园区海关查验中心
杭州海关所属舟山海关驻金塘通关监管现场
杭州海关 12360 服务热线
宁波海关所属北仑海关机检查验科
合肥海关所属宿州海关报关厅

厦门海关所属东山海关报关大厅
青岛海关所属威海海关驻机场办事处
济南海关所属莱芜海关业务大厅
郑州海关所属安阳海关综合业务科
武汉海关所属十堰海关综合业务科
长沙海关所属长沙邮局海关监管科
广州海关所属清远海关清远港监管科
广州海关所属韶关海关查检科
深圳海关所属皇岗海关旅检三处旅检一科
深圳海关所属蛇口海关前海综合保税区监管综合岗
拱北海关所属中山海关“博爱”先锋服务队
拱北海关所属横琴海关志愿服务队
汕头海关统计处“统计梦工厂”团队
海关总署风险防控局（黄埔）“e 防控”大数据应用小组
江门海关 580 科技服务队
湛江海关所属霞海海关非贸审单科
海口海关所属三亚机场海关
重庆海关所属重庆邮局海关
成都海关所属成都双流机场海关旅检二科
昆明海关技术中心食品实验室
西安海关所属关中海关综合业务一科
西宁海关所属西海海关业务一科

附录

海关统计资料

进出口年度总值表

年度	人民币（亿元）			美元值（亿美元）		
	进出口	出口	进口	进出口	出口	进口
1993	11271	5285	5986	1957	917	1040
1994	20382	10422	9960	2366	1210	1156
1995	23500	12452	11048	2809	1488	1321
1996	24134	12576	11557	2899	1510	1388
1997	26967	15161	11807	3252	1828	1424
1998	26850	15224	11626	3239	1837	1402
1999	29896	16160	13736	3606	1949	1657
2000	39273	20634	18639	4743	2492	2251
2001	42184	22024	20159	5097	2661	2436
2002	51378	26948	24430	6208	3256	2952
2003	70483	36288	34196	8510	4382	4128
2004	95539	49103	46436	11546	5933	5612
2005	116922	62648	54274	14219	7620	6600
2006	140975	77598	63377	17604	9690	7915
2007	166924	93627	73297	21762	12201	9561
2008	179921	100395	79527	25633	14307	11326
2009	150648	82030	68618	22075	12016	10059
2010	201722	107023	94700	29740	15778	13962
2011	236402	123241	113161	36419	18984	17435
2012	244160	129359	114801	38671	20487	18184
2013	258169	137131	121037	41590	22090	19500
2014	264242	143884	120358	43015	23423	19592
2015	245503	141167	104336	39530	22735	16796
2016	243386	138419	104967	36856	20976	15879
2017	278099	153309	124790	41071	22633	18438
2018	305010	164129	140881	46224	24867	21357
2019	315627	172374	143254	45779	24995	20784
2020	322215	179279	142936	46559	25900	20660
2021	387392	214255	173137	59954	33160	26794
2022	416728	236337	180391	62509	35444	27065
2023	417510	237656	179854	59360	33790	25569

2023年进出口月度总值表

月份	进出口				出口				进口			
	人民币（亿元）	同比（%）	美元值（亿美元）	同比（%）	人民币（亿元）	同比（%）	美元值（亿美元）	同比（%）	人民币（亿元）	同比（%）	美元值（亿美元）	同比（%）
合　计	417510.1	0.2	59359.8	-5.0	237656.4	0.6	33790.4	-4.7	179853.7	-0.3	25569.4	-5.5
2023年1月	33312.2	-7.9	4769.6	-15.9	19862.6	-3.6	2844.1	-12.0	13449.6	-13.5	1925.5	-21.1
2023年2月	27520.5	7.1	4052.6	0.5	14159.3	3.5	2086.4	-2.9	13361.3	11.2	1966.2	4.2
2023年3月	36060.2	12.9	5278.2	5.0	20656.1	19.2	3024.5	10.8	15404.1	5.4	2253.7	-2.0
2023年4月	33694.1	7.6	4911.1	-0.1	19762.2	15.4	2880.8	7.1	13932.0	-1.8	2030.3	-8.8
2023年5月	34151.3	0.1	4966.9	-6.6	19314.4	-0.9	2809.2	-7.6	14836.9	1.4	2157.7	-5.3
2023年6月	34689.0	-6.0	4972.0	-10.2	19762.4	-8.3	2833.8	-12.4	14926.6	-2.9	2138.2	-7.1
2023年7月	34512.8	-8.0	4821.6	-13.4	20090.0	-9.0	2807.8	-14.3	14422.8	-6.7	2013.8	-12.1
2023年8月	35821.3	-2.3	5004.6	-8.0	20310.0	-3.0	2838.4	-8.6	15511.3	-1.4	2166.2	-7.2
2023年9月	37226.6	-1.1	5177.9	-6.6	21313.6	-1.4	2964.5	-6.8	15913.0	-0.8	2213.3	-6.3
2023年10月	35374.2	0.8	4925.3	-2.6	19690.8	-3.3	2742.0	-6.6	15683.4	6.4	2183.4	3.0
2023年11月	37055.6	1.4	5161.9	0.1	21006.0	1.9	2926.3	0.7	16049.7	0.6	2235.6	-0.6
2023年12月	38092.2	2.8	5318.3	1.3	21729.0	3.7	3032.8	2.1	16363.2	1.7	2285.5	0.3

2023年进出口国别（地区）前30位总值表

进口原产国（地） 出口最终目的国（地）	进出口		出口		进口	
	人民币（亿元）	同比（%）	人民币（亿元）	同比（%）	人民币（亿元）	同比（%）
总　计	417510.1	0.2	237656.4	0.6	179853.7	-0.3
美国	46694.7	-6.6	35195.0	-8.1	11499.7	-2.0
日本	22381.5	-5.8	11073.4	-3.5	11308.1	-7.9
韩国	21845.1	-8.7	10466.1	-2.2	11379.0	-14.0
中国香港	20260.4	0.8	19302.0	-1.4	958.4	84.2
中国台湾	18842.8	-10.7	4818.5	-11.1	14024.4	-10.6
俄罗斯	16924.9	32.8	7818.8	53.8	9106.1	18.8
越南	16181.4	4.9	9682.9	1.5	6498.6	10.4
澳大利亚	16166.1	10.2	5192.4	-0.3	10973.7	16.0
德国	14542.5	-3.6	7068.4	-8.2	7474.1	1.1
马来西亚	13387.2	-0.1	6142.0	1.1	7245.3	-1.1
巴西	12798.3	12.3	4158.2	1.0	8640.0	18.6
印度尼西亚	9793.9	-1.1	4585.8	-2.2	5208.1	0.0
印度	9580.7	7.2	8278.2	6.5	1302.5	12.3
泰国	8873.9	0.2	5321.5	4.5	3552.5	-5.6
荷兰	8231.3	-4.9	7037.1	-10.0	1194.2	43.1
新加坡	7613.2	2.1	5403.8	3.3	2209.5	-0.5
沙特阿拉伯	7530.9	-2.1	3013.5	20.6	4517.4	-13.0
中国	7321.7	-8.9	—	—	7321.7	-8.9
墨西哥	7047.9	11.9	5729.6	11.5	1318.3	13.5
英国	6896.8	1.1	5483.2	2.0	1413.6	-2.4
阿联酋	6679.1	1.4	3915.9	10.3	2763.2	-9.0
加拿大	6260.7	-1.8	3170.3	-10.0	3090.3	8.3
法国	5550.5	3.1	2926.6	-3.0	2623.8	10.8
菲律宾	5049.2	-11.6	3679.3	-12.0	1369.9	-10.5
意大利	5045.4	-2.0	3128.4	-6.7	1917.1	6.8
智利	4390.1	-1.1	1371.0	-7.6	3019.0	2.1
瑞士	4169.1	9.0	403.0	-20.5	3766.1	13.5
南非	3907.7	4.0	1660.5	4.4	2247.2	3.7
伊拉克	3498.2	-1.0	1005.2	11.0	2493.0	-5.2
西班牙	3413.3	-0.2	2790.7	0.8	622.6	-4.3
* 东南亚国家联盟	64107.6	0.1	36807.7	0.0	27299.9	0.3
* 欧洲联盟	55052.6	-2.0	35224.4	-5.3	19828.2	4.6
* 亚太经济合作组织	253720.6	-1.2	140509.8	-1.3	113210.8	-1.2

注：

1. 本表根据进出口总值排序，取前30位国别（地区），带 * 不参与排序。
2. 东南亚国家联盟包括：文莱、缅甸、柬埔寨、印度尼西亚、老挝、马来西亚、菲律宾、新加坡、泰国、越南。
3. 欧洲联盟包括：比利时、丹麦、德国、法国、爱尔兰、意大利、卢森堡、荷兰、希腊、葡萄牙、西班牙、奥地利、芬兰、瑞典、塞浦路斯、匈牙利、马耳他、波兰、爱沙尼亚、拉脱维亚、立陶宛、斯洛文尼亚、捷克、斯洛伐克、保加利亚、罗马尼亚、克罗地亚27国。
4. 亚太经济合作组织包括：文莱、中国香港、印度尼西亚、日本、马来西亚、菲律宾、新加坡、韩国、泰国、越南、中华人民共和国、中国台湾、俄罗斯、智利、墨西哥、秘鲁、加拿大、美国、澳大利亚、新西兰、巴布亚新几内亚。
5. 表中“—”代表无数据。

2023 年进出口贸易方式总值表

贸易方式	进出口		出口		进口	
	人民币（亿元）	同比（%）	人民币（亿元）	同比（%）	人民币（亿元）	同比（%）
合　计	417510.1	0.2	237656.4	0.6	179853.7	-0.3
一般贸易	270596.2	2.0	153495.9	2.4	117100.3	1.4
国家间、国际组织无偿援助和赠送的物资	36.7	-16.7	36.7	-16.9	0.1	861.0
其他捐赠物资	4.9	41.6	0.9	-69.4	3.9	1064.6
来料加工装配贸易	10361.4	-10.0	4798.7	-13.3	5562.7	-6.8
进料加工贸易	65726.1	-9.9	44248.0	-8.6	21478.1	-12.5
寄售、代销贸易	19.1	78.7	8.9	1735.8	10.2	0.2
边境小额贸易	3983.4	33.4	3344.4	35.8	639.1	22.1
加工贸易进口设备	11.1	-36.7	—	—	11.1	-36.7
对外承包工程出口货物	913.6	27.9	913.6	27.9	—	—
租赁贸易	197.1	43.8	163.6	101.9	33.5	-40.2
外商投资企业作为投资进口的设备、物品	61.9	-25.7	—	—	61.9	-25.7
出料加工贸易	73.1	256.2	33.1	262.8	40.0	250.9
易货贸易	18.4	-20.5	8.0	-26.9	10.4	-14.9
免税外汇商品	0.2	64.6	—	—	0.2	64.6
免税品	254.7	22.9	—	—	254.7	22.9
保税监管场所进出境货物	17570.4	3.4	4963.5	-2.5	12606.9	5.9
海关特殊监管区域物流货物	37708.0	7.7	17044.2	15.3	20663.8	2.1
特殊监管区域进口设备	318.2	-35.8	0.0	—	318.2	-35.8
其他贸易	9655.8	-5.3	8597.2	-8.5	1058.6	32.1

注：表中“—”代表无数据。

2023 年进出口收发货人所在地总值表

收发货人所在地	进出口		出口		进口	
	人民币（亿元）	同比（%）	人民币（亿元）	同比（%）	人民币（亿元）	同比（%）
合　计	417510.1	0.2	237656.4	0.6	179853.7	-0.3
北京市	36448.5	0.2	5999.5	2.0	30449.1	-0.1
天津市	8008.6	-3.4	3631.4	-2.6	4377.2	-4.0
河北省	5828.4	7.6	3504.2	9.3	2324.2	5.1
山西省	1691.2	-7.5	1050.3	-12.3	640.9	1.6
内蒙古自治区	1960.0	30.1	781.0	27.3	1179.0	32.0
辽宁省	7667.3	-3.0	3534.9	-1.2	4132.4	-4.5
吉林省	1678.8	7.7	627.0	24.8	1051.8	-0.5
黑龙江省	2980.1	12.4	760.6	39.4	2219.5	5.4
上海市	42135.3	0.8	17371.7	1.6	24763.6	0.2
江苏省	52495.4	-3.2	33716.1	-2.5	18779.3	-4.3
浙江省	48997.6	4.6	35662.8	3.9	13334.8	6.7
安徽省	8053.0	7.8	5230.4	11.3	2822.6	1.9
福建省	19739.6	-0.2	11765.4	-2.7	7974.2	3.8
江西省	5686.3	-10.4	3928.1	-17.3	1758.2	10.4
山东省	32665.9	1.8	19428.6	1.1	13237.3	2.9
河南省	8108.4	-3.8	5280.0	2.4	2828.4	-13.5
湖北省	6441.9	5.6	4325.3	4.5	2116.7	7.9
湖南省	6173.4	-12.1	4008.6	-21.9	2164.7	14.5
广东省	83017.2	0.3	54374.3	2.5	28642.9	-3.6
广西壮族自治区	6913.9	7.0	3625.4	1.1	3288.4	14.3
海南省	2313.9	15.4	740.3	2.5	1573.7	22.6
重庆市	7128.5	-10.9	4776.5	-6.2	2352.0	-18.9
四川省	9558.1	-4.1	6031.0	-1.4	3527.2	-8.5
贵州省	759.5	11.5	520.5	22.6	239.0	-6.8
云南省	2588.0	-17.9	925.9	-36.3	1662.1	-2.2
西藏自治区	109.8	138.3	98.2	127.7	11.5	295.3
陕西省	4042.0	-14.9	2630.6	-11.5	1411.4	-20.6
甘肃省	491.6	-13.0	123.8	3.8	367.8	-17.5
青海省	48.7	20.4	29.5	23.0	19.2	16.7
宁夏回族自治区	205.5	-4.2	149.8	-7.0	55.7	4.0
新疆维吾尔自治区	3573.6	46.0	3024.6	45.6	549.1	47.7

2023年进出口关别总值表

关别	进出口		出口		进口	
	人民币（亿元）	同比（%）	人民币（亿元）	同比（%）	人民币（亿元）	同比（%）
合　计	417510.1	0.2	237656.4	0.6	179853.7	-0.3
北京海关	7415.5	1.3	1652.8	-9.0	5762.7	4.7
天津海关	18278.6	-6.7	9481.3	-6.8	8797.3	-6.6
石家庄海关	4941.2	10.4	1139.9	22.0	3801.3	7.3
太原海关	345.7	21.5	69.2	60.2	276.5	14.5
满洲里海关	997.2	58.2	611.7	122.9	385.5	8.4
呼和浩特海关	1362.9	54.2	367.9	62.4	995.0	51.4
沈阳海关	1581.0	16.5	264.4	2.5	1316.6	19.8
大连海关	9489.5	-1.1	4313.1	4.9	5176.5	-5.7
长春海关	717.7	12.2	251.6	43.3	466.1	0.4
哈尔滨海关	2405.7	15.0	604.0	38.9	1801.7	8.7
上海海关	77337.2	0.5	46220.9	1.8	31116.3	-1.4
南京海关	35922.0	1.6	17921.7	-0.3	18000.3	3.5
杭州海关	17260.1	10.9	9643.8	12.9	7616.3	8.4
宁波海关	23984.8	-3.7	17366.0	-2.9	6618.8	-5.8
合肥海关	3805.1	10.2	1822.6	22.8	1982.6	0.7
福州海关	3945.6	2.6	1626.3	-1.2	2319.4	5.4
厦门海关	11997.0	-5.1	8100.7	-5.4	3896.3	-4.7
南昌海关	2385.3	16.8	1086.9	28.9	1298.4	8.3
青岛海关	32457.1	-0.1	16271.6	-3.0	16185.4	2.9
济南海关	5940.2	0.1	3212.4	-1.6	2727.9	2.3
郑州海关	6521.8	-10.6	4117.9	-4.6	2403.8	-19.4
武汉海关	3508.0	-1.1	1961.8	-3.4	1546.2	2.0
长沙海关	1962.7	3.2	842.1	-8.3	1120.7	14.0
广州海关	17405.8	3.7	12443.1	8.4	4962.7	-6.4
黄埔海关	15982.2	-6.9	8304.2	-2.6	7678.0	-11.2
深圳海关	62441.9	-0.9	42599.9	-1.7	19842.0	0.7
拱北海关	4605.2	-17.0	3090.3	-17.4	1514.9	-16.1

续表

关别	进出口		出口		进口	
	人民币（亿元）	同比（%）	人民币（亿元）	同比（%）	人民币（亿元）	同比（%）
汕头海关	2468.6	42.7	1113.0	10.5	1355.6	87.7
海口海关	1749.0	-0.2	544.1	4.6	1204.9	-2.2
湛江海关	2928.3	-10.2	334.0	-6.6	2594.3	-10.7
江门海关	1299.3	-12.9	868.3	-8.9	431.0	-19.9
南宁海关	8819.0	15.5	3959.4	16.0	4859.6	15.1
成都海关	7242.2	-7.9	4022.1	-9.2	3220.1	-6.2
重庆海关	5729.5	-12.4	3830.5	-10.7	1899.0	-15.7
贵阳海关	272.7	-0.5	154.4	10.3	118.4	-11.8
昆明海关	2242.7	8.8	859.3	9.0	1383.4	8.6
拉萨海关	54.5	91.3	49.4	80.6	5.1	349.0
西安海关	3078.3	-21.8	2031.1	-20.2	1047.1	-24.6
乌鲁木齐海关	6352.9	42.6	4460.8	66.6	1892.0	6.5
兰州海关	227.7	-20.5	20.7	-12.7	207.0	-21.2
银川海关	34.3	-28.9	14.0	-45.6	20.3	-9.8
西宁海关	14.3	144.6	7.4	319.4	6.9	69.1

2023 年进出口运输方式总值表

运输方式	进出口		出口		进口	
	人民币（亿元）	同比（%）	人民币（亿元）	同比（%）	人民币（亿元）	同比（%）
合　计	417510.1	0.2	237656.4	0.6	179853.7	-0.3
水路运输	269893.5	-1.4	163682.1	-1.6	106211.4	-1.1
铁路运输	6691.8	5.8	4277.3	5.7	2414.5	6.0
公路运输	55803.2	18.2	30635.8	26.1	25167.4	9.9
航空运输	74907.4	-7.0	33037.0	-9.7	41870.4	-4.8
邮件运输	186.9	-11.1	101.0	-6.6	85.9	-15.8
固定设施	35.3	20.2	35.3	20.2	—	—
旅客携带	0.8	6942.3	0.5	4186.8	0.3	6292545.3
其他运输	9991.2	15.0	5887.3	19.5	4103.9	9.1

2023 年进出口企业性质总值表

企业性质	进出口		出口		进口	
	人民币（亿元）	同比（%）	人民币（亿元）	同比（%）	人民币（亿元）	同比（%）
合　计	417510.1	0.2	237656.4	0.6	179853.7	-0.3
国有企业	66766.5	-1.0	18904.4	0.1	47862.1	-1.4
中外合作企业	620.0	-1.7	374.5	-9.1	245.5	12.4
中外合资企业	34162.0	-8.4	19362.7	-8.3	14799.3	-8.5
外商独资企业	91285.3	-8.9	48125.4	-9.6	43159.9	-8.2
集体企业	4648.2	-4.7	3031.8	-6.7	1616.4	-0.6
私营企业	218775.5	6.6	147345.2	6.0	71430.3	7.8
个体工商户	138.1	2.6	123.3	0.2	14.8	29.1
其他	1114.5	41.2	389.1	38.6	725.4	42.7

2023 年进出口商品类章总值表

商品类章	进出口		出口		进口	
	人民币（亿元）	同比（%）	人民币（亿元）	同比（%）	人民币（亿元）	同比（%）
合　计	417510.1	0.2	237656.4	0.6	179853.7	-0.3
第一类 活动物；动物产品	4898.1	-5.8	1013.4	-7.9	3884.7	-5.3
01 章 活动物	68.0	-29.3	34.9	-4.2	33.1	-44.6
02 章 肉及食用杂碎	1947.7	-8.5	70.3	6.1	1877.4	-9.0
03 章 鱼、甲壳动物、软体动物及其他水生无脊椎动物	2050.5	-1.0	733.0	-10.0	1317.5	4.9
04 章 乳品；蛋品；天然蜂蜜；其他食用动物产品	616.9	-9.3	52.9	11.7	564.0	-10.8
05 章 其他动物产品	215.1	-4.5	122.4	-9.4	92.7	2.9
第二类 植物产品	10187.8	8.6	2045.6	8.1	8142.1	8.8
06 章 活树及其他活植物；鳞茎、根及类似品；插花及装饰用簇叶	56.6	5.6	37.0	-1.4	19.5	22.0
07 章 食用蔬菜、根及块茎	1009.7	8.1	774.3	14.3	235.4	-8.3
08 章 食用水果及坚果；甜瓜或柑桔属水果的果皮	1742.3	17.8	419.0	13.6	1323.3	19.3
09 章 咖啡、茶、马黛茶及调味香料	392.2	8.8	266.0	4.2	126.3	20.0
10 章 谷物	1513.4	11.6	72.7	1.5	1440.7	12.1
11 章 制粉工业产品；麦芽；淀粉；菊粉；面筋	209.3	-12.1	63.1	-11.1	146.2	-12.5
12 章 含油子仁及果实；杂项子仁及果实；工业用或药用植物；稻草、秸秆及饲料	5042.7	7.1	232.1	10.2	4810.6	6.9
13 章 虫胶；树胶、树脂及其他植物液、汁	192.3	-12.0	162.7	-11.2	29.6	-16.1
14 章 编结用植物材料；其他植物产品	29.3	-2.4	18.7	9.4	10.6	-18.1
第三类　动、植物油、脂及其分解产品；精制的食用油脂；动、植物蜡	1312.8	3.3	246.3	3.0	1066.5	3.3
15 章 动、植物油、脂及其分解产品；精制的食用油脂；动、植物蜡	1312.8	3.3	246.3	3.0	1066.5	3.3

续表1

商品类章	进出口		出口		进口	
	人民币（亿元）	同比（%）	人民币（亿元）	同比（%）	人民币（亿元）	同比（%）
第四类　食品；饮料、酒及醋；烟草、烟草及烟草代用品的制品	6043.7	12.0	3500.2	11.2	2543.5	13.2
16 章 肉、鱼、甲壳动物、软体动物及其他水生无脊椎动物的制品	800.8	-1.1	757.5	-3.4	43.4	73.5
17 章 糖及糖食	485.0	17.1	211.9	24.1	273.1	12.2
18 章 可可及可可制品	103.4	11.6	30.4	4.5	73.0	14.8
19 章 谷物、粮食粉、淀粉或乳的制品；糕饼点心	645.4	4.1	185.2	13.3	460.2	0.8
20 章 蔬菜、水果、坚果或植物其他部分的制品	850.5	8.6	694.7	5.2	155.8	26.8
21 章 杂项食品	918.2	17.0	487.4	15.7	430.8	18.6
22 章 饮料、酒及醋	611.9	17.9	210.0	34.3	401.9	10.8
23 章 食品工业的残渣及废料；配制的动物饲料	825.1	9.2	277.2	7.2	547.9	10.3
24 章 烟草、烟草及烟草代用品的制品	803.3	30.4	646.0	28.3	157.3	39.6
第五类 矿产品	59393.6	5.0	4804.7	-0.5	54588.9	5.5
25 章 盐；硫磺；泥土及石料；石膏料、石灰及水泥	1754.1	24.4	250.3	-10.4	1503.8	33.0
26 章 矿砂、矿渣及矿灰	17045.0	12.7	253.6	-1.9	16791.3	12.9
27 章 矿物燃料、矿物油及其蒸馏产品；沥青物质；矿物蜡	40594.5	1.4	4300.7	0.2	36293.8	1.6
第六类 化学工业及其相关工业的产品	26765.1	-9.4	13816.4	-15.2	12948.7	-2.2
28 章 无机化学品；贵金属、稀土金属、放射性元素及其同位素的有机及无机化合物	4236.2	-2.5	2402.4	-7.9	1833.8	5.5
29 章 有机化学品	8883.2	-16.2	5468.1	-19.0	3415.0	-11.5
30 章 药品	3822.0	6.1	792.9	-14.6	3029.2	13.3
31 章 肥料	1077.4	-1.2	683.6	-9.9	393.8	18.9
32 章 鞣料浸膏及染料浸膏；鞣酸及其衍生物；染料、颜料及其他色料；油漆及清漆；油灰及其他类似胶粘剂；墨水、油墨	1004.9	-3.3	665.4	-3.9	339.6	-2.2
33 章 精油及香膏；芳香料制品及化妆盥洗品	1775.1	-7.5	534.1	10.9	1240.9	-13.7

续表2

商品类章	进出口		出口		进口	
	人民币（亿元）	同比（%）	人民币（亿元）	同比（%）	人民币（亿元）	同比（%）
34 章 肥皂、有机表面活性剂、洗涤剂、润滑剂、人造蜡、调制蜡、光洁剂、蜡烛及类似品、塑型用膏、“牙科用蜡”及牙科用熟石膏制剂	886. 1	-2. 0	494. 3	8. 6	391. 8	-12. 7
35 章 蛋白类物质；改性淀粉；胶；酶	607. 7	-4. 2	316. 9	-2. 0	290. 8	-6. 5
36 章 炸药；烟火制品；火柴；引火合金；易燃材料制品	87. 7	-2. 1	79. 2	-2. 8	8. 5	4. 6
37 章 照相及电影用品	325. 7	-0. 8	89. 1	-6. 0	236. 6	1. 3
38 章 杂项化学产品	4059. 1	-18. 6	2290. 5	-26. 8	1768. 6	-4. 7
第七类 塑料及其制品；橡胶及其制品	17125. 1	-3. 1	11603. 3	1. 5	5521. 8	-11. 4
39 章 塑料及其制品	13594. 7	-5. 2	9237. 8	-1. 2	4356. 9	-12. 8
40 章 橡胶及其制品	3530. 4	6. 3	2365. 5	13. 5	1164. 9	-5. 7
第八类 生皮、皮革、毛皮及其制品；鞍具及挽具；旅行用品、手提包及类似品；动物肠线（蚕胶丝除外）制品	3576. 6	6. 6	2857. 0	5. 6	719. 6	10. 9
41 章 生皮（毛皮除外）及皮革	268. 2	-4. 3	63. 3	-1. 4	204. 9	-5. 2
42 章 皮革制品；鞍具及挽具；旅行用品、手提包及类似容器；动物肠线（蚕胶丝除外）制品	3152. 6	8. 5	2695. 7	7. 6	456. 9	14. 1
43 章 毛皮、人造毛皮及其制品	155. 8	-8. 2	98. 0	-28. 7	57. 8	78. 9
第九类 木及木制品；木炭；软木及软木制品；稻草、秸秆、针茅或其他编结材料制品；篮筐及柳条编结品	2488. 6	-11. 3	1218. 0	-8. 1	1270. 5	-14. 2
44 章 木及木制品；木炭	2370. 9	-11. 4	1104. 6	-7. 9	1266. 2	-14. 2
45 章 软木及软木制品	6. 0	13. 4	3. 3	27. 3	2. 7	0. 3
46 章 稻草、秸秆、针茅或其他编结材料制品；篮筐及柳条编结品	111. 7	-11. 5	110. 1	-11. 7	1. 6	5. 3
第十类 木浆及其他纤维状纤维素浆；纸及纸板的废碎品；纸、纸板及其制品	4649. 7	3. 8	2344. 5	-0. 8	2305. 2	8. 8
47 章 木浆及其他纤维状纤维素浆；纸及纸板的废碎品	1694. 0	10. 8	20. 3	-27. 1	1673. 7	11. 5
48 章 纸及纸板；纸浆、纸或纸板制品	2528. 1	0. 5	2040. 8	-0. 4	487. 3	4. 8

续表3

商品类章	进出口		出口		进口	
	人民币（亿元）	同比（%）	人民币（亿元）	同比（%）	人民币（亿元）	同比（%）
49 章 书籍、报纸、印刷图画及其他印刷品；手稿、打字稿及设计图纸	427.7	2.3	283.4	-1.1	144.3	-4.6
第十一类 纺织原料及纺织制品	22547.1	-2.5	20441.8	-2.8	2105.3	0.6
50 章 蚕丝	62.0	-8.1	56.3	-9.2	5.7	4.2
51 章 羊毛、动物细毛或粗毛；马毛纱线及其机织物	339.5	-4.4	143.9	-3.5	195.6	-5.1
52 章 棉花	1382.4	-7.4	747.5	-14.9	634.9	3.2
53 章 其他植物纺织纤维；纸纱线及其机织物	211.7	17.4	112.6	3.8	99.1	37.9
54 章 化学纤维长丝	2159.1	2.2	2011.8	2.6	147.3	-3.5
55 章 化学纤维短纤	1030.5	-3.2	928.1	-3.4	102.4	-1.7
56 章 絮胎、毡呢及无纺织物；特种纱线；线、绳、索、缆及其制品	609.5	1.1	530.7	1.9	78.8	-4.0
57 章 地毯及纺织材料的其他铺地制品	287.7	10.9	281.3	11.0	6.3	6.2
58 章 特种机织物；簇绒织物；花边；装饰毯；装饰带；刺绣品	419.4	-0.8	399.0	-0.3	20.3	-10.4
59 章 浸渍、涂布、包覆或层压的纺织物；工业用纺织制品	741.2	-4.6	650.4	-3.9	90.8	-9.5
60 章 针织物及钩编织物	1560.3	-4.6	1512.7	-4.0	47.5	-21.3
61 章 针织或钩编的服装及衣着附件	6075.8	-2.9	5796.9	-3.0	278.9	-0.2
62 章 非针织或非钩编的服装及衣着附件	5311.6	-1.7	4937.8	-2.1	373.7	3.6
63 章 其他纺织制成品；成套物品；旧衣着及旧纺织品；碎织物	2356.4	-5.6	2332.7	-5.6	23.7	-7.3
第十二类 鞋、帽、伞、杖、鞭及其零件；已加工的羽毛及其制品；人造花；人发制品	5654.3	-6.5	5103.7	-7.9	550.5	9.8
64 章 鞋靴、护腿和类似品及其零件	4167.0	-6.9	3726.9	-8.2	440.1	5.8
65 章 帽类及其零件	438.7	-6.9	420.9	-7.4	17.8	5.8
66 章 雨伞、阳伞、手杖、鞭子、马鞭及其零件	230.5	-3.0	229.5	-3.2	1.0	49.1
67 章 已加工羽毛、羽绒及其制品；人造花；人发制品	818.1	-5.0	726.5	-8.5	91.6	35.5

续表4

商品类章	进出口		出口		进口	
	人民币（亿元）	同比（%）	人民币（亿元）	同比（%）	人民币（亿元）	同比（%）
第十三类 石料、石膏、水泥、石棉、云母及类似材料的制品；陶瓷产品；玻璃及其制品	5199.2	-5.9	4531.7	-5.4	667.4	-9.3
68章 石料、石膏、水泥、石棉、云母及类似材料的制品	1039.8	-9.4	915.5	-8.5	124.3	-15.5
69章 陶瓷产品	1933.1	-10.9	1833.6	-11.1	99.5	-7.3
70章 玻璃及其制品	2226.3	0.8	1782.7	3.2	443.6	-7.9
第十四类 天然或养殖珍珠、宝石或半宝石、贵金属、包贵金属及其制品；仿首饰；硬币	10189.1	13.6	2197.2	10.0	7992.0	14.6
71章 天然或养殖珍珠、宝石或半宝石、贵金属、包贵金属及其制品；仿首饰；硬币	10189.1	13.6	2197.2	10.0	7992.0	14.6
第十五类 贱金属及其制品	28870.6	-4.4	18830.8	-3.7	10039.9	-5.9
72章 钢铁	7419.4	-5.2	4836.7	-1.6	2582.7	-11.4
73章 钢铁制品	7448.9	-3.9	6828.8	-4.1	620.1	-1.7
74章 铜及其制品	5118.4	-2.8	704.3	0.2	4414.0	-3.3
75章 镍及其制品	914.7	-1.8	106.8	36.0	807.9	-5.3
76章 铝及其制品	3323.0	-6.5	2452.7	-11.6	870.2	11.6
78章 铅及其制品	40.9	51.6	33.4	61.2	7.6	19.9
79章 锌及其制品	97.2	35.1	12.4	-61.5	84.8	113.1
80章 锡及其制品	94.9	-7.8	24.7	-6.7	70.2	-8.2
81章 其他贱金属、金属陶瓷及其制品	628.0	-30.5	344.6	-19.6	283.4	-40.3
82章 贱金属工具、器具、利口器、餐匙、餐叉及其零件	1836.2	3.1	1653.8	4.5	182.4	-8.5
83章 贱金属杂项制品	1949.1	-2.2	1832.6	-1.6	116.5	-10.5
第十六类 机器、机械器具、电气设备及其零件；录音机及放声机、电视图像、声音的录制和重放设备及其零件、附件	151449.8	-2.6	98942.6	-0.5	52507.1	-6.3
84章 核反应堆、锅炉、机械器具及零件	49793.9	-0.3	35892.1	-1.8	13901.8	3.8
85章 电机、电气设备及其零件；录音机及放声机、电视图像、声音的录制和重放设备及其零件、附件	101655.9	-3.7	63050.6	0.3	38605.3	-9.5
第十七类 车辆、航空器、船舶及有关运输设备	22953.0	18.1	17100.1	28.8	5852.9	-4.9

续表5

商品类章	进出口		出口		进口	
	人民币（亿元）	同比（%）	人民币（亿元）	同比（%）	人民币（亿元）	同比（%）
86 章 铁道及电车道机车、车辆及其零件；铁道及电车道轨道固定装置及其零件、附件；各种机械（包括电动机械）交通信号设备	864.7	-31.0	824.3	-32.3	40.4	12.1
87 章 车辆及其零件、附件，但铁道及电车道车辆除外	18542.7	20.9	13556.1	35.7	4986.6	-6.9
88 章 航空器、航天器及其零件	1263.4	26.4	474.6	52.3	788.8	14.7
89 章 船舶及浮动结构体	2282.3	24.2	2245.1	27.5	37.2	-52.1
第十八类　光学、照相、电影、计量、检验、医疗或外科用仪器及设备、精密仪器及设备；钟表；乐器；上述物品的零件、附件	11187.5	3.4	5364.3	5.8	5823.2	1.2
90 章 光学、照相、电影、计量、检验、医疗或外科用仪器及设备、精密仪器及设备；上述物品的零件、附件	10341.9	3.0	4880.5	5.8	5461.4	0.6
91 章 钟表及其零件	664.1	10.5	337.4	6.6	326.7	14.8
92 章 乐器及其零件、附件	181.6	0.3	146.4	2.2	35.1	-6.9
第十九类 武器、弹药及其零件、附件	15.7	-14.3	14.7	-18.6	1.0	263.0
93 章 武器、弹药及其零件、附件	15.7	-14.3	14.7	-18.6	1.0	263.0
第二十类　杂项制品	17150.7	-1.3	16705.4	-1.1	445.4	-7.9
94 章 家具；寝具、褥垫、弹簧床垫、软坐垫及类似的填充制品；未列名灯具及照明装置；发光标志、发光名牌及类似品；活动房屋	8719.6	0.9	8547.1	1.1	172.5	-8.5
95 章 玩具、游戏品、运动用品及其零件、附件	6409.7	-6.6	6229.3	-6.7	180.4	-3.2
96 章 杂项制品	2021.5	8.0	1929.0	9.4	92.5	-14.9
第二十一类艺术品、收藏品及古物	192.1	3.7	79.3	24.7	112.8	-7.3
97 章 艺术品、收藏品及古物	192.1	3.7	79.3	24.7	112.8	-7.3
第二十二类特殊交易品及未分类商品	5659.9	46.1	4895.2	46.0	764.7	46.6
98 章 特殊交易品及未分类商品	5494.4	57.8	4729.7	59.7	764.7	46.6
99 章 跨境电商 B2B 简化申报商品	165.5	-57.7	165.5	-57.7	—	—

注：表中“—”代表无数据。

海关重要文献目录

2023 年海关总署署长令目录

文号	标题
署令〔2023〕261 号	海关总署关于公布《海关总署关于废止部分规章的决定》的令
署令〔2023〕262 号	海关总署关于公布《海关总署关于修改部分规章的决定》的令
署令〔2023〕263 号	海关总署关于公布《海关总署关于修改部分规章的决定》的令

2023 年海关总署修订规章目录

序号	标题	文号
1	《中华人民共和国海关对保税仓库及所存货物的管理规定》	海关总署关于修改部分规章的决定（中华人民共和国海关总署令第 263 号）
2	《中华人民共和国海关对出口监管仓库及所存货物的管理办法》	
3	《进出口商品抽查检验管理办法》	
4	《中华人民共和国海关预裁定管理暂行办法》	海关总署关于修改部分规章的决定（中华人民共和国海关总署令第 262 号）
5	《中华人民共和国海关加工贸易货物监管办法》	
6	《中华人民共和国海关加工贸易企业联网监管办法》	
7	《中华人民共和国海关对平潭综合实验区监管办法（试行）》	
8	《中华人民共和国海关对横琴新区监管办法（试行）》	
9	《中华人民共和国海关关于超期未报关进口货物、误卸或者溢卸的进境货物和放弃进口货物的处理办法》	
10	《中华人民共和国海关对上海钻石交易所监管办法》	
11	《中华人民共和国海关行政裁定管理暂行办法》	
12	《中华人民共和国海关对进出境快件监管办法》	
13	《进出口商品数量重量检验鉴定管理办法》	
14	《进口商品残损检验鉴定管理办法》	
15	《进出境转基因产品检验检疫管理办法》	
16	《出入境邮轮检疫管理办法》	
17	《国际航行船舶出入境检验检疫管理办法》	
18	《进出境集装箱检验检疫管理办法》	
19	《中华人民共和国海关对用于装载海关监管货物的集装箱和集装箱式货车车厢的监管办法》	
20	《中华人民共和国海关关于境内公路承运海关监管货物的运输企业及其车辆的管理办法》	
21	《中华人民共和国海关对免税商店及免税品监管办法》	
22	《进出口饲料和饲料添加剂检验检疫监督管理办法》	
23	《进境动物遗传物质检疫管理办法》	
24	《进出境非食用动物产品检验检疫监督管理办法》	
25	《进境动植物检疫审批管理办法》	

2023 年海关总署公告目录（202 项）

文号	标题
公告〔2023〕1 号	海关总署关于进口菲律宾鲜食榴莲植物检疫要求的公告
公告〔2023〕2 号	海关总署关于进口科摩罗食用水生动物检疫和卫生要求的公告
公告〔2023〕3 号	海关总署关于防止霍乱疫情传入我国的公告
公告〔2023〕4 号	海关总署 农业农村部关于防止尼日利亚非洲马瘟传入我国的公告
公告〔2023〕5 号	海关总署关于 2023 年自澳大利亚进口两类农产品触发水平数量的公告
公告〔2023〕6 号	海关总署关于调整海关统计数据在线查询平台访问地址的公告
公告〔2023〕7 号	海关总署关于进口冈比亚饲用鱼粉、鱼油等水生动物蛋白及油脂检疫和卫生要求的公告
公告〔2023〕8 号	海关总署 农业农村部关于解除哥伦比亚部分地区古典猪瘟和口蹄疫疫情禁令的公告
公告〔2023〕9 号	海关总署 农业农村部关于防止伊拉克口蹄疫传入我国的公告
公告〔2023〕10 号	海关总署 农业农村部关于防止阿塞拜疆绵羊痘和山羊痘传入我国的公告
公告〔2023〕11 号	海关总署关于进口伊朗养殖水产品检验检疫要求的公告
公告〔2023〕12 号	海关总署关于废止 2001 年第 13 号等 5 部公告的公告
公告〔2023〕13 号	海关总署 农业农村部关于防止秘鲁、玻利维亚和土耳其高致病性禽流感传入我国的公告
公告〔2023〕14 号	海关总署关于调整进口货物报关单申报要求的公告
公告〔2023〕15 号	海关总署关于防止猴痘疫情传入我国的公告
公告〔2023〕16 号	海关总署关于进口柬埔寨食用水生动物检疫和卫生要求的公告
公告〔2023〕17 号	海关总署关于进口伊朗乳品检验检疫要求的公告
公告〔2023〕18 号	海关总署关于进口伊朗鲜食苹果植物检疫要求的公告
公告〔2023〕19 号	海关总署 农业农村部关于防止新加坡非洲猪瘟传入我国的公告
公告〔2023〕20 号	海关总署关于对外国政府、国际组织无偿赠送及我国履行国际条约规定进口物资减免税审核确认事宜的公告
公告〔2023〕21 号	海关总署关于进口水泥采信要求的公告
公告〔2023〕22 号	海关总署 农业农村部关于防止阿根廷高致病性禽流感传入我国的公告
公告〔2023〕23 号	海关总署 农业农村部关于防止厄立特里亚等国家非洲马瘟传入我国的公告
公告〔2023〕24 号	海关总署关于进口白俄罗斯有机栽培介质植物检疫要求的公告
公告〔2023〕25 号	海关总署 财政部 税务总局关于增加海南离岛免税购物“担保即提”和“即购即提”提货方式的公告
公告〔2023〕26 号	海关总署 农业农村部关于防止智利高致病性禽流感传入我国的公告
公告〔2023〕27 号	海关总署关于开展属地查检业务管理系统及检验检疫证单“云签发”模式试运行的公告
公告〔2023〕28 号	海关总署关于公布《特殊物品海关检验检疫名称和商品编号对应名录》的公告

续表1

文号	标题
公告〔2023〕29 号	海关总署关于进一步加强进口危险化学品检验监管的公告
公告〔2023〕30 号	关于防止利比亚口蹄疫传入我国的公告
公告〔2023〕31 号	海关总署关于废止海关总署 2019 年第 74 号等 8 部公告的公告
公告〔2023〕32 号	海关总署关于进口马来西亚水产饲料检疫和卫生要求的公告
公告〔2023〕33 号	海关总署关于进口西班牙鲜食柿子植物检疫要求的公告
公告〔2023〕34 号	海关总署关于进口马来西亚鲜食菠萝蜜植物检疫要求的公告
公告〔2023〕35 号	海关总署关于进口法国鲜食软枣猕猴桃植物检疫要求的公告
公告〔2023〕36 号	海关总署关于进口法国饲用乳制品检疫和卫生要求的公告
公告〔2023〕37 号	海关总署关于发布海关行业标准《海关统计国家（地区）名称代码》的公告
公告〔2023〕38 号	海关总署关于进口西班牙扁桃仁检验检疫要求的公告
公告〔2023〕39 号	海关总署关于进口法国种猪检疫卫生要求的公告
公告〔2023〕40 号	海关总署关于进口法国猪精液检疫卫生要求的公告
公告〔2023〕41 号	海关总署公布《中华人民共和国海关关于〈中华人民共和国政府和尼加拉瓜共和国政府关于自由贸易协定早期收获的安排〉项下进出口货物原产地管理办法》的公告
公告〔2023〕42 号	海关总署关于通过深圳前海联合交易中心进口大豆有关通关事项的公告
公告〔2023〕43 号	海关总署关于开展《货物进口证明书（汽车、摩托车）》和《进口机动车辆随车检验单》“两证合一”改革试点的公告
公告〔2023〕44 号	海关总署关于进一步拓展吉林省内贸货物跨境运输业务范围的公告
公告〔2023〕45 号	海关总署关于实施中国—乌干达海关“经认证的经营者”（AEO）互认的公告
公告〔2023〕46 号	海关总署关于进口巴西陆生动物蛋白饲料检疫和卫生要求的公告
公告〔2023〕47 号	海关总署关于发布《进出口工业产品风险分级基本要求》等 84 项行业标准并废止 5 项行业标准的公告
公告〔2023〕48 号	海关总署关于进口法国猪肉检验检疫要求的公告
公告〔2023〕49 号	海关总署关于实施内地—澳门海关“经认证的经营者”（AEO）互认的公告
公告〔2023〕50 号	海关总署关于进口法国腌制猪肉制品检验检疫要求的公告
公告〔2023〕51 号	海关总署关于进口法国熟制猪肉制品检验检疫要求的公告
公告〔2023〕52 号	海关总署 农业农村部关于防止科摩罗口蹄疫传入我国的公告
公告〔2023〕53 号	海关总署关于《区域全面经济伙伴关系协定》对菲律宾实施有关事宜的公告
公告〔2023〕54 号	海关总署关于进口塞尔维亚宠物食品检疫和卫生要求的公告
公告〔2023〕55 号	海关总署关于进口塔吉克斯坦鲜食葡萄植物检疫要求的公告
公告〔2023〕56 号	海关总署关于进口吉尔吉斯共和国鲜食葡萄植物检疫要求的公告
公告〔2023〕57 号	海关总署关于进口乌兹别克斯坦鲜食葡萄植物检疫要求的公告
公告〔2023〕58 号	海关总署关于进口津巴布韦鲜食柑橘植物检疫补充要求的公告

续表2

文号	标题
公告〔2023〕59 号	海关总署关于进口塞尔维亚蜂蜜检验检疫要求的公告
公告〔2023〕60 号	海关总署关于澳门输内地肉制品检验检疫要求的公告
公告〔2023〕61 号	海关总署关于进口乌兹别克斯坦禽肉检验检疫要求的公告
公告〔2023〕62 号	海关总署关于进口哈萨克斯坦野生水产品检验检疫要求的公告
公告〔2023〕63 号	海关总署关于公布香港 CEPA 项下经修订的原产地标准的公告
公告〔2023〕64 号	海关总署关于进口巴基斯坦热处理牛肉检验检疫要求的公告
公告〔2023〕65 号	海关总署关于进口哈萨克斯坦食用豌豆、兵豆植物检疫要求的公告
公告〔2023〕66 号	海关总署关于进口哈萨克斯坦葵花籽粕（饼）、红花籽粕（饼）、大豆粕（饼）、亚麻籽粕（饼）检验检疫要求的公告
公告〔2023〕67 号	海关总署关于进口洪都拉斯咖啡豆植物检疫要求的公告
公告〔2023〕68 号	海关总署关于进口洪都拉斯鲜食香蕉植物检疫要求的公告
公告〔2023〕69 号	海关总署关于进口洪都拉斯养殖水产品检验检疫要求的公告
公告〔2023〕70 号	海关总署 农业农村部关于解除波兰 30 月龄以下剔骨牛肉禁令的公告
公告〔2023〕71 号	海关总署 农业农村部关于解除比利时 30 月龄以下剔骨牛肉禁令的公告
公告〔2023〕72 号	海关总署 农业农村部关于解除意大利其他地区猪水泡病疫情禁令的公告
公告〔2023〕73 号	海关总署关于发布《杭州 2022 年亚运会和亚残运会海关通关须知》的公告
公告〔2023〕74 号	海关总署关于实施中国—哥斯达黎加海关“经认证的经营者”（AEO）互认的公告
公告〔2023〕75 号	海关总署关于进一步规范保税仓库、出口监管仓库管理有关事项的公告
公告〔2023〕76 号	海关总署关于调整小轿车、越野车进出口商品归类有关技术特性要求的公告
公告〔2023〕77 号	海关总署关于进口波兰鲜食蓝莓植物检疫要求的公告
公告〔2023〕78 号	海关总署关于进口波兰宠物食品检疫和卫生要求的公告
公告〔2023〕79 号	海关总署关于进口新西兰鲜食猕猴桃植物检疫要求的公告
公告〔2023〕80 号	海关总署关于进口意大利鲜梨植物检疫要求的公告
公告〔2023〕81 号	海关总署关于进口比利时芽球菊苣植物检疫要求的公告
公告〔2023〕82 号	海关总署关于中国与新西兰原产地电子联网升级有关事宜的公告
公告〔2023〕83 号	海关总署关于发布《成都第 31 届世界大学生夏季运动会海关通关须知》的公告
公告〔2023〕84 号	海关总署 农业农村部关于防止克罗地亚非洲猪瘟传入我国的公告
公告〔2023〕85 号	海关总署 农业农村部关于防止波斯尼亚和黑塞哥维那非洲猪瘟传入我国的公告
公告〔2023〕86 号	海关总署关于发布《进口离岸现货交易大豆监督管理规范（试行）》的公告
公告〔2023〕87 号	海关总署关于进口波兰牛肉检验检疫要求的公告
公告〔2023〕88 号	海关总署关于进口所罗门群岛椰子粕检验检疫要求的公告
公告〔2023〕89 号	海关总署关于进口蒙古国洗净毛绒检疫和卫生要求的公告
公告〔2023〕90 号	海关总署关于进口马达加斯加羊肉检验检疫要求的公告

续表3

文号	标题
公告〔2023〕91号	海关总署 农业农村部关于解除缅甸部分地区口蹄疫疫情的公告
公告〔2023〕92号	海关总署关于进口蒙古国屠宰用绵羊和山羊检疫卫生要求的公告
公告〔2023〕93号	海关总署关于发布《2023年第六届中国国际进口博览会海关通关须知》和《海关支持2023年第六届中国国际进口博览会便利措施》的公告
公告〔2023〕94号	海关总署关于发布2023年商品归类决定的公告
公告〔2023〕95号	海关总署关于印度尼西亚魔芋粉输华检验检疫要求的公告
公告〔2023〕96号	海关总署关于进口巴基斯坦干辣椒植物检疫要求的公告
公告〔2023〕97号	海关总署关于进口印度尼西亚天竺黄植物检疫要求的公告
公告〔2023〕98号	海关总署关于聚碳酸酯有关商品编号申报要求的公告
公告〔2023〕99号	海关总署 农业农村部关于解除南非部分地区口蹄疫禁令的公告
公告〔2023〕100号	海关总署关于防止猴痘疫情传入我国的公告
公告〔2023〕101号	海关总署 农业农村部关于解除俄罗斯牛结节性皮肤病疫情禁令的公告
公告〔2023〕102号	海关总署关于实施中国—塞尔维亚海关“经认证的经营者”（AEO）互认的公告
公告〔2023〕103号	海关总署关于全面暂停进口日本水产品的公告
公告〔2023〕104号	海关总署关于综合保税区内开展保税货物租赁的补充公告
公告〔2023〕105号	海关总署关于修改海关总署公告2015年第59号第十条的公告
公告〔2023〕106号	海关总署关于调整健康申报有关要求的公告
公告〔2023〕107号	海关总署关于进口南非鲜食鳄梨植物检疫要求的公告
公告〔2023〕108号	海关总署关于调整进口铅矿砂及其精矿、锌矿砂及其精矿检验监管方式的公告
公告〔2023〕109号	海关总署关于增列保税展品及保税中转监管方式的公告
公告〔2023〕110号	海关总署关于废止原质检总局2012年第131号公告的公告
公告〔2023〕111号	海关总署关于实施中国—南非海关“经认证的经营者”（AEO）互认的公告
公告〔2023〕112号	海关总署关于进口尼加拉瓜牛肉检验检疫要求的公告
公告〔2023〕113号	海关总署 农业农村部关于防止阿曼口蹄疫传入我国的公告
公告〔2023〕114号	海关总署关于进口贝宁鲜食菠萝植物检疫要求的公告
公告〔2023〕115号	海关总署关于进口委内瑞拉咖啡豆植物检疫要求的公告
公告〔2023〕116号	海关总署 农业农村部关于解除芬兰30月龄以下剔骨牛肉禁令的公告
公告〔2023〕117号	海关总署关于出口越南乳品检验检疫要求的公告
公告〔2023〕118号	海关总署关于进口委内瑞拉鲜食鳄梨植物检疫要求的公告
公告〔2023〕119号	海关总署关于进口柬埔寨鲜食椰子植物检疫要求的公告
公告〔2023〕120号	海关总署关于进口赞比亚鲜食蓝莓植物检疫要求的公告
公告〔2023〕121号	海关总署 农业农村部关于防止瑞典非洲猪瘟传入我国的公告
公告〔2023〕122号	海关总署关于进口埃及鲜食芒果植物检疫要求的公告

续表4

文号	标题
公告〔2023〕123 号	海关总署 农业农村部关于解除俄罗斯符合检疫要求猪肉输华限制的公告
公告〔2023〕124 号	海关总署 农业农村部关于防止保加利亚绵羊痘和山羊痘传入我国的公告
公告〔2023〕125 号	海关总署关于解除马来西亚高致病性禽流感风险警示的公告
公告〔2023〕126 号	海关总署关于进口尼泊尔植物源性中药材植物检疫要求的公告
公告〔2023〕127 号	海关总署关于处理主动披露违规行为有关事项的公告
公告〔2023〕128 号	海关总署关于进口芬兰麦芽检验检疫要求的公告
公告〔2023〕129 号	海关总署关于进口芬兰热处理猪肉产品检验检疫要求的公告
公告〔2023〕130 号	海关总署关于进口缅甸养殖水产品检验检疫要求的公告
公告〔2023〕131 号	海关总署关于发布“导热液体”商品归类决定的公告
公告〔2023〕132 号	海关总署 农业农村部关于解除俄罗斯部分区域口蹄疫禁令的公告
公告〔2023〕133 号	海关总署关于进口巴拿马野生水产品检验检疫要求的公告
公告〔2023〕134 号	海关总署关于进口缅甸野生水产品检验检疫要求的公告
公告〔2023〕135 号	海关总署关于进口阿曼野生水产品检验检疫要求的公告
公告〔2023〕136 号	海关总署关于取消出口货物原产地企业备案事项的公告
公告〔2023〕137 号	海关总署关于进口泰国鲜食西番莲植物检疫要求的公告
公告〔2023〕138 号	海关总署关于进口智利鲜食核果植物检疫要求的公告
公告〔2023〕139 号	海关总署 农业农村部关于防止比利时蓝舌病传入我国的公告
公告〔2023〕140 号	海关总署 农业农村部关于防止荷兰蓝舌病传入我国的公告
公告〔2023〕141 号	海关总署 农业农村部关于防止卢旺达小反刍兽疫传入我国的公告
公告〔2023〕142 号	海关总署关于进口埃塞俄比亚咖啡豆植物检疫要求的公告
公告〔2023〕143 号	海关总署关于进口老挝鲜食芒果植物检疫要求的公告
公告〔2023〕144 号	海关总署关于进口油品计量单位换算标准及有关申报要求的公告
公告〔2023〕145 号	海关总署关于进口斯里兰卡锡兰肉桂植物检疫要求的公告
公告〔2023〕146 号	海关总署关于进口阿根廷原羊毛检疫和卫生要求的公告
公告〔2023〕147 号	海关总署关于进口塞尔维亚苹果植物检疫要求的公告
公告〔2023〕148 号	海关总署关于支持综合保税区内高级认证企业分送集报免除担保的公告
公告〔2023〕149 号	海关总署关于老挝腰果输华检验检疫要求的公告
公告〔2023〕150 号	海关总署关于进口老挝植物源性中药材植物检疫要求的公告
公告〔2023〕151 号	海关总署关于优化调整健康申报模式的公告
公告〔2023〕152 号	海关总署关于进口匈牙利原羊毛检疫和卫生要求的公告
公告〔2023〕153 号	海关总署关于乌兹别克斯坦沙枣干输华检验检疫要求的公告
公告〔2023〕154 号	海关总署关于进口印度尼西亚食用水生动物检疫和卫生要求的公告
公告〔2023〕155 号	海关总署关于进口哥伦比亚藜麦植物检疫要求的公告

续表5

文号	标题
公告〔2023〕156号	海关总署关于发布《检测实验室质量安全风险管理 通则》等60项行业标准的公告
公告〔2023〕157号	海关总署 农业农村部关于防止莫桑比克高致病性禽流感传入我国的公告
公告〔2023〕158号	海关总署关于进一步规范综合保税区电子账册管理有关事项的公告
公告〔2023〕159号	海关总署关于进口蒙古国工业用陆生动物制品检疫和兽医卫生要求的公告
公告〔2023〕160号	海关总署关于进口智利养殖水产品检验检疫要求的公告
公告〔2023〕161号	海关总署关于进口印度尼西亚野生水产品检验检疫要求的公告
公告〔2023〕162号	海关总署关于进口俄罗斯野生水产品检验检疫要求的公告
公告〔2023〕163号	海关总署关于进口巴基斯坦乳品检验检疫要求的公告
公告〔2023〕164号	海关总署 商务部 税务总局 市场监管总局 国家外汇局关于进一步便利电子口岸企业入网手续办理的公告
公告〔2023〕165号	海关总署关于进口斯里兰卡野生水产品检验检疫要求的公告
公告〔2023〕166号	海关总署关于实施放宽加工贸易深加工结转申报时限等措施的公告
公告〔2023〕167号	海关总署关于进口哥伦比亚冷冻牛肉检验检疫要求的公告
公告〔2023〕168号	海关总署关于进口白俄罗斯蜂蜜检验检疫要求的公告
公告〔2023〕169号	海关总署 农业农村部关于防止希腊绵羊痘和山羊痘传入我国的公告
公告〔2023〕170号	海关总署关于失信企业认定标准相关事项的公告
公告〔2023〕171号	海关总署关于进口马耳他养殖水产品检验检疫要求的公告
公告〔2023〕172号	海关总署关于发布《海关信息化应用软件质量要求》等2项海关行业标准的公告
公告〔2023〕173号	海关总署关于进口乌拉圭鲜食柑橘植物检疫要求的公告
公告〔2023〕174号	海关总署关于进口哈萨克斯坦鲜食核果植物检疫要求的公告
公告〔2023〕175号	海关总署 农业农村部关于防止英国蓝舌病传入我国的公告
公告〔2023〕176号	海关总署关于进口乌拉圭食用水生动物检疫和卫生要求的公告
公告〔2023〕177号	海关总署关于实施中国-澳大利亚海关“经认证的经营者”（AEO）互认的公告
公告〔2023〕178号	海关总署关于优化铁路快速通关业务模式的公告
公告〔2023〕179号	海关总署 农业农村部关于解除阿塞拜疆高致病性禽流感疫情禁令的公告
公告〔2023〕180号	海关总署 农业农村部关于解除芬兰高致病性禽流感疫情禁令的公告
公告〔2023〕181号	海关总署关于发布《工业脂肪酸及其盐和酯中脂肪酸组成的测定》等8项海关行业标准的公告
公告〔2023〕182号	海关总署关于发布《中华人民共和国海关行政处罚裁量基准（一）》的公告
公告〔2023〕183号	海关总署关于进口乌拉圭运动马检疫和卫生要求的公告
公告〔2023〕184号	海关总署关于进口越南鲜食西瓜植物检疫要求的公告
公告〔2023〕185号	海关总署关于优化综合保税区仓储货物按状态分类监管的公告
公告〔2023〕186号	海关总署关于2024年中国海关统计数据公布时间的公告

续表6

文号	标题
公告〔2023〕187 号	海关总署关于发布《中华人民共和国海关行政处罚裁量基准（二）》的公告
公告〔2023〕188 号	海关总署关于进口芬兰禽肉检验检疫要求的公告
公告〔2023〕189 号	海关总署关于进口乌拉圭羊肉检验检疫要求的公告
公告〔2023〕190 号	海关总署关于公布《中华人民共和国海关关于〈中华人民共和国政府和尼加拉瓜共和国政府自由贸易协定〉项下进出口货物原产地管理办法》的公告
公告〔2023〕191 号	海关总署 农业农村部关于防止土耳其小反刍兽疫传入我国的公告
公告〔2023〕192 号	海关总署关于进口乌拉圭牛肉检验检疫要求的公告
公告〔2023〕193 号	海关总署关于进口原油采信要求的公告
公告〔2023〕194 号	海关总署关于修订澳门输内地肉制品检验检疫要求的公告
公告〔2023〕195 号	海关总署关于发布《高风险特殊物品卫生检疫准入管理办法》的公告
公告〔2023〕196 号	海关总署关于执行 2024 年关税调整方案等政策有关事宜的公告
公告〔2023〕197 号	海关总署关于修订《〈中华人民共和国海关进出口货物减免税管理办法〉实施有关事项的公告》的公告
公告〔2023〕198 号	海关总署关于发布《中华人民共和国海关行政处罚裁量基准（三）》的公告
公告〔2023〕199 号	关于推进《内地海关及香港海关陆路进/出境载货清单》无纸化工作的公告
公告〔2023〕200 号	关于进一步优化综合保税区进出区管理的公告
公告〔2023〕201 号	关于发布《鲁氏耶尔森氏菌检测技术规范》等 37 项行业标准的公告
公告〔2023〕202 号	关于发布《中华人民共和国海关对横琴粤澳深度合作区监管办法》的公告

专有名词解释

“12 个必”重点工作：海关总署党委于 2022 年 10 月 24 日在全国海关学习宣传贯彻党的二十大精神视频会议上提出的工作要求，包括：一、口岸疫情防控海关必坚守；二、建设贸易强国海关必要强；三、促进高水平开放海关必作为；四、共建“一带一路”海关必贡献；五、海南自由贸易港建设海关必担当；六、确保粮食、能源资源、重要产业链供应链安全海关必尽责；七、防范化解重大风险海关必上心；八、国门生物安全关口海关必把牢；九、多双边合作海关必促进；十、建设堪当民族复兴重任的高素质干部队伍海关必力推；十一、青年工作海关必远谋；十二、正风肃纪反腐败斗争攻坚战持久战海关必打赢。

“1+1+6”重点任务：第一个“1”是全面学习、全面把握、全面落实党的二十大精神，确保二十大精神在海关走深走实；第二个“1”是以建设智慧海关为抓手全面推进中国特色社会主义现代化海关建设，以海关高效率监管，服务高质量发展和高水平开放；“6”是着力构建全链条安全监管体系、守牢疫情防控第一道防线、落实一揽子外贸促稳提质措施、服务高质量共建“一带一路”、打造高水平对外开放平台、坚持高标准全面从严治党 6 项重点任务。

12360 海关热线：中国海关于 2012 年 10 月 1 日对外公布的社会公益服务号码，用于受理海关业务咨询。

1210：海关监管方式代码，全称“保税跨境贸易电子商务”，境内个人或电子商务企业在经海关认可的电子商务平台实现跨境交易，并通过海关特殊监管区域或保税监管场所进出的电子商务零售进出境商品。

9610：海关监管方式代码，全称“跨境贸易电子商务”，境内个人或电子商务企业通过电子商务交易平台实现交易，并采用“清单核放、汇总申报”模式办理通关手续的电子商务零售进出口商品。

9710：海关监管方式代码，全称“跨境电商 B2B 直接出口”，境内企业通过跨境电商平台与境外企业达成交易后，通过跨境物流将货物直接出口至境外企业。

9810：海关监管方式代码，全称“跨境电商 B2B 出口海外仓”，境内企业先将货物通过跨境物流出口至海外仓，通过跨境电商平台实现交易后从海外仓送达境外购买者。

AEO：Authorized Economic Operator，经认证的经营者，以任何一种方式参与货物国际流通，并由海关当局认定符合海关组织或相应供应链安全标准的一方。

CSD：海关总署报关单数据质量检控分析系统。

CMA：China Inspection Body and Laboratory Mandatory Approval，检验检测机构资质认定。

CNAS：China National Accreditation Service for Conformity Assessment，中国合格评定国家认可委员会。

CPTPP：Comprehensive and Progressive Agreement for Trans-Pacific Partnership，跨太平洋伙伴关系协定。

CSSCI：中文社会科学引文索引。

DEPA：Digital Economy Partnership Agreement，数字经济伙伴关系协定。

D 级特殊物品：D 是指低风险等级，即低风险等级特殊物品。

EI：工程索引。

ERP：Enterprise Resource Planning，企业资源计划。

GAP：生产质量管理规范。

H2018：新一代海关信息系统，是目前海关办理通关业务的主要应用系统。

H4A：金关二期系统，包括加工贸易账册系统与加工贸易手册系统。

H986：海关大型集装箱/车辆检查系统。

HB：中国海关办公平台。

HSC：协调制度委员会。

IAEA：International Atomic Energy Agency，国际原子能机构。

LNG：Liquefied Natural Gas，液化天然气。

LPG：Liquefied Petroleum Gas，液化石油气。

MCC：Multi-Country Consolidation，国际中转集拼。

MPA：公共管理硕士。

NQI：National Quality Infrastructure，国家质量基础设施。

ODS：Operational Data Store，消耗臭氧层物质。

OA：办公自动化系统。

PICARD：Partnership in Customs Academic Research and Development，海关学术研究与发展伙伴关系，是WCO建立的一个海关与学术界合作框架项目。

RFID：Radio Frequency Identification，射频识别，俗称电子标签。

RCEP：Regional Comprehensive Economic Partnership，《区域全面经济伙伴关系协定》。

SPS协定：Agreement Sanitary and Phytosanitary Measures，《实施卫生与植物卫生措施协定》。

SOP：Standard Operating Procedure，标准作业程序，指将某一事件的标准操作步骤和要求以统一的格式描述出来，用于指导和规范日常的工作。

SSCI：社会科学引文索引。

SCI：科学引文索引。

TBT协定：Agreement on Technical Barriers to Trade，《技术性贸易壁垒协定》。

TIR公约：Transport International Routier，国际公路运输公约。

TSD：新一代通关管理系统贸易统计子系统。

WCO：World Customs Organization，世界海关组织。

WTO：World Trade Organization，世界贸易组织。

WOAH：World Organization for Animal Health，世界动物卫生组织。

“安智贸”项目：中欧（盟）安全智能贸易航线试点计划，是全球第一个全面落实WCO《全球贸易安全与便利标准框架》的示范性项目，通过中、欧海关以及海关与企业间合作，为实现对集装箱及箱内货物的全程监控，建立安全、便利、智能化的国际贸易运输链而实施的一个试点计划。

“船边直提”：以进口货物向海关提前申报为基础，企业充分利用货物在途运输时间办理报关税款缴纳等通关手续，进境船舶抵港后，无须海关查验的货物即可放行并由企业车辆从船边直接接卸、提货。

裁量基准：裁量基准是行政机关结合本地区本部门行政管理实际，按照裁量涉及的不同事实和情节，对法律、法规、规章中的原则性规定或者具有一定弹性的执法权限、裁量幅度等内容进行细化量化，以特定形式向社会公布并施行的具体执法尺度和标准。

大运会：世界大学生运动会。

“抵港直装”：以出口货物向海关提前申报为基础，企业充分利用货物运输至港口的时间办理报关等通关手续，货物运抵港口后，无须海关查验的货物即可放行并由企业车辆直接将货物运至船边装船出运。

“单一窗口”：参与国际贸易和运输的各方，通过单一的平台提交标准化的信息和单证以满足相关法律法规及管理的要求。

“多证合一”：在“三证合一”“五证合一”“两证整合”登记制度改革的基础上，将有关涉及市场主体登记、备案等各类证、照（即信息采集、记载公示、管理备查类的一般经营项目涉企证照事项）以及企业登记信息能够满足政府部门管理需要的涉企证照事项，进一步整合到营业执照上。企业在办理营业执照后即能达到预定可生产经营状态，大幅度缩短企业从筹备开办到进入市场的时间。

非贸：非贸易货物。

"关铁通"项目："海关—铁路运营商推动中欧班列安全和快速通关伙伴合作计划"项目。

广交会：中国进出口商品交易会。

"共线分拣"：将跨境电商商品验放指令接入企业现有分拣线，实现快件和电商包裹同时上线分拣，分别处置。

海关特殊监管区域货物进出区"四化"监管新模式：精细化、差异化、智能化、一体化。

海合会：海湾阿拉伯国家合作委员会，简称"海湾合作委员会"或"海合会"，是海湾地区最主要的政治经济组织。海合会成立于1981年，总部设在沙特阿拉伯首都利雅得，成员国包括沙特阿拉伯、阿联酋、卡塔尔、科威特、阿曼、巴林6国。

汇总征税：海关对进出口纳税义务人在一定时期内多次进出口货物应纳税款实施汇总计征。

进博会：中国国际进口博览会。

金二系统：金关工程（二期）加工贸易管理系统。

经核准出口商：经海关依法认定，可以对其出口或者生产的、具备相关优惠贸易协定项下原产资格的货物开具原产地声明的企业。

集疏运体系：包括集疏设施、集疏运方式及集疏运管理，其中集疏设施通常指公路、铁路、港口、机场、仓库、堆场等；集疏运方式主要有水路运输、铁路运输、公路运输和航空运输；集疏运管理指对运输计划的制订、组织、协调等。

"跨境一锁"：是海关总署"公路跨境快速通关"改革与香港海关"多模式联运转运货物便利计划"（ITFS）有机融合的一种便利跨境转关监管模式。

"两步申报"：适应国际贸易特点和安全便利需要，企业无须一次性提交全部申报信息及单证，第一步凭提单概要申报即可提货，第二步在规定时间内完成完整申报的通关制度。

"两段准入"：以进境货物准予提离口岸海关监管作业场所（场地）为界，分段实施"是否允许货物入境"和"是否允许货物进入国内市场销售或使用"两类准入监管（分别简称"第一段监管"和"第二段监管"）的监管作业方式。

"两轮驱动"：以随机抽查掌控风险防控覆盖面，以精准布控靶向锁定风险目标，在分析布控中坚持"科学随机+人工精准"两轮驱动协同分工、优势互补的风险防控方式。

"两类通关"：逐步将邮寄、快递、跨境电商纳入全国通关一体化，针对邮寄、快递的物品及该渠道的小批量、多批次货物，统一规范通关模式，形成货运渠道和寄递渠道"两类通关"。

"两优一先"：在党的系统中，指"优秀共产党员""优秀党务工作者"和"先进基层党组织"；在团的系统中，指"优秀共青团员""优秀共青团干部"和"先进基层团组织"。

"离港确认"：将口岸国际物流的"串联作业"优化为"并联作业"，企业申请江海联运转关和海关审核放行转关申报单时，无须等待码头理货和江船订舱，只需在离港确认时自动完善转关申报单境内运输信息，在收到"可离港"回执后货物即可离港。

"联动接卸"：上海及周边港口与海关联手推出的政策"组合拳"，即外地港口相关进口货物可在洋山港办理进口放行手续，经专用驳船转运至外地港口后直接提离；出口货物在外地港口办理报关手续后，经专用驳船从当地港口运抵洋山港后，也可直接搭载远洋货轮离境。

"六新六特六优"："六新"——新型材料、清洁能源、装备制造、数字信息、现代化工、轻工纺织；"六特"——葡萄酒、枸杞、牛奶、肉牛、滩羊、冷凉蔬菜；"六优"——文化旅游、现代物流、现代金融、健康养老、电子商务、会展博览。

"三互"：信息互换、监管互认、执法互助。

"三实"："求实、扎实、朴实"新时代海关文化。

“三应”：“响应、呼应、反应”运行机制。

“三个同防”：指“人、物、环境同防”、“多病同防”、“水陆空”同防的三个同防体系。

“三会一课”：定期召开支部党员大会、支部委员会、党小组会，按时上好党课。

“三定”：定职责、定机构、定编制。

“三智”：智慧海关、智能边境、智享联通，是以“智能化”为依托，以高新技术驱动制度创新，推动海关一体治理、边境协同治理、全球合作治理，共促全球贸易安全与便利。

“套代购”：“套代购”走私是一种新型的走私违法犯罪活动，“套代购”包括“套购”和“代购”两种形式。所谓“套购”，是指组织利用他人购买离岛免税品的资格和额度购买免税品并且在国内市场再次销售牟取非法利益的行为。“代购”是指利用自己购买离岛免税品的资格和额度为他人购买免税品，同时又收取代购费的行为。

“双区”：粤港澳大湾区和深圳中国特色社会主义先行示范区。

“双特”：特殊关系影响成交价格和特许权使用费。

“四优四提促五子”：即北京海关通过优平台，改革提效能；优通道，通关提速度；优环境，服务提质量；优产业，政策提优势举措，助力北京市“五子”联动融入新发展格局，促进外贸保稳提质。“五子”为北京市提出以“五子”联动服务和融入新发展格局，这“五子”包括国际科技创新中心建设、“两区”建设、全球数字经济标杆城市建设、国际消费中心城市建设、京津冀协同发展。

“四个一百”：海关总署开展全国海关主题教育“百个特色做法”、“百个典型案例”、“百篇优秀调研报告（解决方案）”、“百名学习标兵”评选。

“四不两直”：不发通知、不打招呼、不听汇报、不用陪同接待，直奔基层、直插现场。

“四强”党支部：政治功能强、支部班子强、党员队伍强、发挥作用强的党支部。

“四个最严”：最严谨的标准、最严格的监管、最严厉的处罚、最严肃的问责。

“四个特别”：维护党的集中统一领导态度特别坚决、明辨大是大非立场特别清醒、铸牢中华民族共同体意识行动特别坚定、热爱各族群众感情特别真挚。

“四自一简”：综合保税区内企业自主备案、合理自定核销周期、自主核报、自主补缴税款、海关简化业务核准手续。

水水中转：进出口货物办理转关运输的一种方式，水路运输到指定地点，换乘交通工具后，仍然通过水路运输方式运往下一个地点。

上合示范区：中国—上海合作组织地方经贸合作示范区。

逃逸式辞职：以提前退休、辞职等方式妄图逃避党纪国法的惩处，或者到原业务管辖范围内企业任职、兼职，利用政商“旋转门”捞好处，是新型隐形变异腐败的一种。

“提前申报”：进出口货物的收发货人、受委托的报关企业可以在取得提（运）单或者载货清单（舱单）数据后，向海关提前申报。

“铁路快通”模式：即“铁路进出境快速通关”模式，指海关通过对铁路舱单电子数据进行审核、放行、核销，实现对铁路列车所载进出口货物转关运输监管，无须运营企业另行申报并办理转关手续。

先放后检：“先放”是指进口商品经海关现场检查（信息核查、取制样等）符合要求后，企业即可开展卸货、转运工作；“后检”是指对进口货物开展实验室检测并进行合格评定。

“新三样”：新能源汽车、锂电池、光伏产品。

“一单制”海铁联运业务模式：由单一承运人承担“内陆—港口—国外目的港”全程责任，签发具有物权凭证的全程联运提单，通过一次结算，一次保险，全程由一个且不变的集装箱装载，在铁路运输和海运转换运输方式的过程中不对货物进行换装作业的多式联运组织形式。

“一保多用”：一份担保即可整合汇总征税、

纳税期限、征税要素三类海关税款担保及暂时进出境、修理物品、租赁货物三项特定业务担保，并实现在保函、保单列明的申报地海关共用。

“一案双查”：外查走私案件与内查违纪违法问题同步进行。

“一报告两评议”工作：地方党委常委会每年向全委会报告工作时，要专题报告年度干部选拔任用工作情况，并在一定范围内接受对本级党委干部选拔任用工作和新选拔任用领导干部的民主评议。

“云签发”：一种“企业自主申报、海关智能审核、企业自助出证”的便利化新模式。

亚运会：亚洲运动会。

中欧班列：按照固定车次、线路等条件开行，往来于中国、欧洲及共建“一带一路”国家（地区）的集装箱国际铁路联运班列。

智慧海关 N+X：“N”是海关各业务条线的实施方案，聚焦职能管理明确各条线的建设目标和主要任务，在纵向维度推进智慧海关建设；“X”是海关各业务场景的应用方案，聚焦现场作业明确各业务场景的建设目标和主要任务，在横向维度推进智慧海关建设。智慧海关“N+X”方案体系166个方案，包括12个重点统筹事项实施方案、22个部门事项实施方案和132个业务场景应用方案。

智慧海关“四全”机制：建立全链条严密顺势监管机制、全过程多维一体防控机制、全方位便捷高效服务机制和全领域协同顺畅运行机制。

智慧海关“六化”转型：实现业务系统全面生态化、操作规范全面程序化、政策要求全面参数化、监管数据全面多源化、知识经验全面数字化和作业管理全面智能化。

智慧海关“五大平台”：应用支撑平台、大数据分析平台、业务协同平台、监控指挥平台和基础设施支撑平台。

智慧海关“三项机制”：应用系统开发机制、科研项目研发机制和基础设施建设机制。

海关总署各部门、各在京直属企事业单位全称简称对照表

序号	全称	简称
	海关总署各部门	
1	办公厅	办公厅
	国家口岸管理办公室	国口办
2	政策法规司	法规司
3	综合业务司	综合司
4	自贸区和特殊区域发展司	自贸司
5	风险管理司	风控司
6	关税征管司	关税司
7	卫生检疫司	卫检司
8	动植物检疫司	动植检司
9	进出口食品安全局	食安局
10	商品检验司	商检司
11	口岸监管司	监管司
12	统计分析司	统计司
13	企业管理和稽查司	稽查司
14	缉私局（全国打击走私综合治理办公室）	缉私局（全国打私办）
15	国际合作司（港澳台办公室）	国际司（港澳台办）
16	财务司	财务司
17	科技发展司	科技司
18	督察内审司	督审司
19	人事教育司	人教司
20	机关党委（思想政治工作办公室）	机关党委（政工办）
21	离退休干部局	离退局
	海关总署党委巡视工作领导小组办公室	巡视办
	海关总署各在京直属企事业单位	
1	全国海关教育培训中心	教培中心
2	海关总署物资装备采购中心	采购中心
3	全国海关信息中心（全国海关电子通关中心）	信息中心（电通中心）
4	海关总署机关服务中心	服务中心
5	中国电子口岸数据中心	数据中心
6	海关总署研究中心	研究中心
7	中国海关博物馆	博物馆
8	中国海关传媒中心	传媒中心
9	海关总署国际检验检疫标准与技术法规研究中心	标法中心
10	中国海关科学技术研究中心	海科中心
11	中国海关出版社有限公司	出版社

索引

说　明

1. 本索引中文标目按汉语拼音顺序排列，同音字按笔画数多少排列。首字母为阿拉伯数字的主题词，排列在本索引之首。

2. 索引名称后的阿拉伯数字表示内容所在的页码，拉丁字母 a、b、c 分别表示左、中、右栏。

3. 本年鉴的特载、专记、人物荣誉、大事记、海关统计资料、附录均未作索引。

1—9

A

B

C

D

E

F

G

H

J

K

L

M

W

X

Y

Z

“中国海关史料丛书”
编委会